MAHABHARATA

(Buch 12 Teil 1)

Band 6 von 9

Deutsche Komplettübersetzung nebst Bildern von

Undine und Jens

aus den englischen Versionen von
Kisari Mohan Ganguli (1883-1896) und
Manmatha Nath Dutt (1895-1905)

Ausgabe: 2018

www.mahabharata.pushpak.de

Inhaltsverzeichnis

12.1. Buch - Shanti Parva - Das Buch des Friedens

Rajadharmanusasana Parva - Die Gesetze der Könige

Kapitel 1 - Die Fragen von Yudhishthira an Narada

OM! Sich vor Nara und Narayana verbeugend, diesen Höchsten der männlichen Wesen, und auch vor Sarasvati, der Göttin des Lernens, möge das Wort Jaya *(Sieg)* erklingen.

Vaisampayana sprach:
Nachdem sie die Opfergaben des Wassers für all ihre Freunde und Angehörigen dargebracht hatten, blieben die Söhne des Pandu mit Vidura, Dhritarashtra und allen Damen der Bharatas noch eine Weile hier *(an den Ufern des heiligen Stromes)*. Die hochbeseelten Pandavas wünschten die Zeit der Trauer *(bzw. der Unreinheit)* für einen Monat außerhalb der Kuru Stadt zu verbringen. Und als der gerechte König Yudhishthira die Wasserriten vollendet hatte, kamen viele hochbeseelte und mit asketischem Erfolg gekrönte Heilige, sowie viele zweifachgeborene Rishis, um den Monarch zu sehen. Unter ihnen waren der Inselgeborene *(Vyasa)*, Narada, der große Rishi Devala, Devasthana und Kanwa. Sie wurden alle durch die Besten ihrer Schüler begleitet. Und viele weitere Mitglieder der Brahmanen Kaste, voller Weisheit und vollendet in den Veden, die ein häusliches Leben führten oder der Snataka Klasse angehörten, kamen, um den Kuru König zu sehen. All diese Hochbeseelten wurden durch Yudhishthira bei ihrer Ankunft ordnungsgemäß verehrt. Dann nahmen die großen Rishis ihre Plätze auf kostbaren Teppichen ein. Sie akzeptierten die Verehrung, die dieser Zeit *(der Trauer und Unreinheit)* angepaßt war und saßen in der standesgemäßen Ordnung um den König. Tausende von Brahmanen offerierten ihren Trost und erfreuten diesen König der Könige, der mit äußerst kummervollem Herzen an den heiligen Ufern der Bhagirathi verweilte. Und nachdem Narada die Rishis mit dem Inselgeborenen als Ersten angesprochen hatte, wandte er sich zur rechten Zeit an Yudhishthira, den Sohn von Dharma.

Narada sprach:
Durch die Kraft deiner Arme und die Gnade von Madhava *(Krishna)* wurde die ganze Erde gerechterweise von dir gewonnen, oh Yudhishthira. Durch ein gutes Schicksal bist du mit dem Leben aus diesem schrecklichen Kampf entkommen. Nachdem du die Aufgaben eines Kshatriyas erfüllt hast, warum freust du dich jetzt nicht, oh Sohn des Pandu? Solltest du nicht deine Freunde beglücken, nachdem deine Feinde besiegt wurden, oh König? Du hast all diesen Wohlstand gewonnen, hoffentlich quält dich nun kein Kummer mehr?

Und Yudhishthira antwortete:
Wahrlich, die ganze Erde wurde von mir durch mein Vertrauen in die Kraft der Arme von Krishna, durch die Gnade der Brahmanen und durch die Kraft von Bhima und Arjuna bezwungen. Doch dieser schwere Kummer sitzt immer noch

in meinem Herzen, daß ich durch Begierde dieses schreckliche Gemetzel unter Verwandten verursacht habe. Vor allem durch den Tod des lieben Sohnes von Subhadra und den Söhnen der Draupadi erscheint mir dieser Sieg, oh Heiliger, im Licht einer Niederlage. Was wird meine Schwägerin Subhadra aus dem Vrishni Stamm zu mir sagen? Was werden die Leute in Dwaraka zum Madhu Vernichter sprechen, wenn er dorthin zurückkehrt? Auch Draupadi tut mir äußerst leid, die ständig bestrebt ist, uns Gutes zu tun, und nun all ihre Söhne und Verwandten verloren hat. Und es gibt noch ein anderes Thema, oh heiliger Narada, über das ich mit dir sprechen möchte. Aufgrund der Verschwiegenheit von Kunti bezüglich einer sehr wichtigen Sache habe ich besonders großen Kummer. Dieser Held *(Karna)*, der die Kraft von zehntausend Elefanten hatte, der in dieser Welt ein konkurrenzloser Wagenkrieger war, der den Stolz und Gang eines Löwen besaß, der mit großer Intelligenz und Mitgefühl begabt war, der Großzügigkeit hatte und viele hohe Gelübde übte, der die Zuflucht der Dhritarashtras war, der seine Ehre aufmerksam bewahrte und unwiderstehliche Heldenkraft besaß, der bereit war, alle Verletzungen zurückzuzahlen, der uns zornvoll im Kampf in wiederholten Begegnungen schlug, der schnell im Waffengebrauch war, jede Kriegskunst kannte, der gelehrt und mit wunderbarer Tapferkeit begabt war - dies war ein Sohn der Kunti, der heimlich von ihr geboren wurde und deshalb ein leiblicher Bruder von uns war. Während wir die Opfergabe des Wassers den Toten darbrachten, sprach Kunti von ihm als einem Sohn von Surya. Mit jeder Tugend begabt, wurde dieses Kind dem Wasser übergeben. Kunti legte ihn in einen Weidenkorb und vertraute das Kind dem Strom der Ganga an. Er, der durch die Welt als ein Suta Sohn und von Radha geboren betrachtet wurde, war in Wirklichkeit der älteste Sohn der Kunti und deshalb unser leiblicher Bruder. Ach, im Begehren nach dem Königreich habe ich diesem Bruder von mir unwissentlich den Tod gebracht. Dies ist es, was meine Glieder verbrennt, wie ein Feuer einen Haufen Baumwolle. Arjuna mit den weißen Rossen kannte ihn nicht als seinen Bruder. Weder ich, Bhima noch die Zwillinge haben ihn als solchen erkannt! Doch er, dieser ausgezeichnete Bogenschütze, wußte um uns *(als seine Brüder)*. Wir haben gehört, daß eines Tages Kunti zu ihm ging, und, um unseren Nutzen zu suchen, ihm offenbarte: „Du bist mein Sohn!“ Dieser berühmte Held weigerte sich jedoch, den Wünschen der Kunti zu folgen. Später erfuhren wird, daß er zu seiner Mutter sprach:
Ich bin nicht fähig, Duryodhana in diesem Kampf zu verlassen. Wenn ich das tue, würde dies eine unehrenhafte, grausame und undankbare Tat sein. Und wenn ich deinen Wünschen folge und Frieden mit Yudhishthira schließe, werden die Leute sagen, daß ich nur Angst vor Arjuna mit den weißen Rossen hatte. Wenn ich jedoch Arjuna zusammen mit Kesava im Kampf besiegt habe, dann werde ich Frieden mit dem Sohn von Dharma schließen.

Dies waren seine Worte, wie es uns berichtet wurde. Und nach dieser Antwort sprach Kunti noch einmal zu ihrem Sohn mit der breiten Brust:
So kämpfe gegen Arjuna, aber schone meine vier anderen Söhne!

Darauf antwortete der intelligente Karna mit gefalteten Händen seiner zitternden Mutter:

Wenn ich deine vier anderen Söhne unter meine Gewalt bekomme, werde ich sie nicht töten. So werden dir, oh Göttin, auch in Zukunft fünf Söhne gehören. Wenn Karna durch Arjuna stirbt, sollst du fünf haben! Und wenn Arjuna fällt, sollst du mit mir ebenfalls fünf haben!

Und bestrebt, ihren Kindern Gutes zu tun, sprach seine Mutter noch einmal zu ihm: „So geh, oh Karna, und tue deinen Brüdern das Gute, das du selbst suchst." Nach diesen Worten begab sich Kunti wieder zu ihrer Wohnstätte zurück. Und dieser Held wurde nun durch Arjuna getötet, der leibliche Bruder durch den leiblichen Bruder! Weder Kunti noch er hatten jemals dieses Geheimnis offenbart, oh Herr. Deshalb wurde der Held und große Bogenschütze durch Arjuna im Kampf getötet. Erst hinterher erfuhr ich, oh Bester der Zweifachgeborenen, daß er mein leiblicher Bruder gewesen ist. Wahrlich, erst durch die Worte von Kunti habe ich erfahren, daß Karna unser Ältestgeborene war. Und nachdem ich nun den Tod meines Bruders verursacht habe, brennt mein Herz voller Schmerz. Hätte ich sowohl Karna als auch Arjuna zu meiner Hilfe gehabt, wäre sogar der Sieg über Indra mit all seinen Heerscharen möglich gewesen. Während ich damals in der Mitte der Versammlung von den übelgesinnten Söhnen des Dhritarashtra gefoltert wurde, fand mein plötzlich provozierter Zorn sogleich Abkühlung beim Anblick von Karna. Sogar bei den harten und bitteren Worten von Karna während unseres Würfelspiels, die er sprach, um Duryodhana Gutes zu tun, wurde mein Zorn beim Anblick der Füße von Karna abgekühlt. Denn es schien mir, daß diese Füße von Karna den Füßen unserer Mutter Kunti ähnelten. Um den Grund dieser Ähnlichkeit zwischen ihm und unserer Mutter herauszufinden, habe ich lange nachgedacht. Doch selbst mit all meiner Anstrengung, scheiterte ich, die Ursache dafür zu finden. Warum verschlang die Erde die Räder seines Wagens während des Kampfes? Warum wurde mein Bruder so verflucht? Ach, mögest du mir all das erklären. Dies wünsche ich, oh Heiliger, von dir zu hören! Denn du siehst alles in dieser Welt und kennst sowohl die Vergangenheit als auch die Zukunft.

Kapitel 2 - Die Geschichte von Karna

Vaisampayana sprach:
Als dieser Erste der Redner, der weise Narada, so befragt wurde, erzählte er alles darüber, wie der vermeintliche Sohn eines Suta einst verflucht wurde.

Und Narada sprach:
Es ist wirklich so, oh Starkarmiger, wie du sprichst, oh Bharata. Niemand könnte Karna und Arjuna im Kampf widerstehen. Oh Sündloser, das, was ich dir nun erzählen möchte, ist nicht einmal den großen Göttern bekannt. Höre von mir, oh Held, was sich in früheren Tagen ereignete. Damals stand die Frage, wie all die Kshatriyas durch Waffen gereinigt zu den Bereichen der Seligkeit gelangen sollten *(um die bedrückte Erde von ihrer übermäßigen Last zu befreien)*. Dafür wurde ein Kind durch Kunti in ihrer Jungfräulichkeit empfangen, das fähig war, einen umfassenden Krieg zu provozieren. Mit größter Energie begabt, kam dieser Sohn in den Stand eines Sutas. Er erwarb dann die Wissenschaft der Waffen vom Lehrer *(Drona)*, diesem großen Nachkomme des Angiras. Doch

beim Anblick der Kraft von Bhima, der Schnelligkeit von Arjuna im Gebrauch der Waffen, der Intelligenz von dir selbst, oh König, der Demut der Zwillinge, der Freundschaft zwischen Vasudeva und dem Träger des Gandiva von frühsten Jahren an und der Zuneigung der Leute für euch alle, wurde dieser junge Mann vom Neid verbrannt. So schloß er damals die Freundschaft mit König Duryodhana. Dabei führte ihn das Schicksal, seine eigene Natur und der Haß, den er gegen euch alle hegte. Beim Anblick von Arjuna, der in der Waffenkunst allen überlegen war, näherte sich Karna eines Tages dem Drona unter vier Augen und sprach zu ihm:
Ich wünsche, die Brahma Waffe zu kennen, mit all ihren Mantras und die Macht ihrer Anrufung, weil ich mit Arjuna kämpfen möchte. Zweifellos ist die Zuneigung zu jedem deiner Schüler genau so groß, wie zu deinem eigenen Sohn. Ich bitte darum, daß mich durch deine Gnade alle Meister der Waffenkunst als einen Vollendeten in den Waffen betrachten können.

So angesprochen von ihm, antworte Drona aus Zuneigung für Arjuna, wie auch durch sein Wissen über die Boshaftigkeit von Karna:
Niemand außer einem Brahmanen, der alle Gelübde ordnungsgemäß beachtet, oder einem Kshatriya, der strenge Buße geübt hat, sollte die Brahma Waffe kennen!

Nach dieser Antwort von Drona, verehrte ihn Karna, entfernte sich und ging unverzüglich zu Parasurama *(Rama mit der Axt, Sohn des Jamadagni)* weiter, der auf den Mahendra Bergen wohnte. Er näherte sich Parasurama, neigte seinen Kopf und sprach: „Ich bin ein Brahmane aus dem Stamm des Bhrigu.“ Dies verschaffte ihm die nötige Würde. Und mit dem Wissen über seine Geburt und Familie empfing ihn Parasurama freundlich und sprach: „Sei willkommen!“ Worauf Karna höchst erfreut war. So wohnte er auf den Mahendra Bergen, die dem Himmel selbst gleichen, zusammen mit vielen Gandharvas, Yakshas und Göttern. Und dort lebend, erwarb er alle Waffen ordnungsgemäß und wurde ein großer Liebling der Götter, Gandharvas und Rakshasas. Eines Tages streifte er auf der dem Ozean zugewandten Seite der Einsiedelei umher. Er wanderte mit Bogen und Schwert bewaffnet, allein und frei. Und während Karna umherstreifte, tötete er, unachtsam und ohne es zu wollen, die Homa Kuh eines Brahma Sprechenden, der täglich seinen Agnihotra Ritus durchführte. Und als er erkannte, daß er diese unachtsame Tat begangen hatte, informierte er den Brahmanen darüber. Wahrlich, um den Eigentümer zu beruhigen, sprach Karna wiederholt zu ihm:
Oh Heiliger, ich habe ohne Absicht deine Kuh getötet! Vergib mir diese Tat!

Doch mit Zorn erfüllt, rügte ihn der Brahmane und sprach:
Oh Übelgesinnter, du verdienst es, getötet zu werden! Die Frucht dieser Tat, oh Gemeiner, möge dein sein! Während du mit jenem kämpfst, oh Übeltäter, den du ständig herausforderst und wofür du dich jeden Tag so sehr bemühst, soll die Erde das Rad deines Wagens verschlucken! Und während dein Wagenrad im Schlamm versinkt, wird dein Feind seine Heldenkraft zeigen und deinen verblendeten Kopf abschlagen, während du unaufmerksam bist. So geh, oh gemei-

ner Mensch! Weil du unachtsam meine Kuh getötet hast, wird auch dein Kopf fallen, während du unachtsam bist!

Trotz dieses Fluchs bemühte sich Karna immer noch, diesen Besten der Brahmanen zu beruhigen, indem er ihm Kühe, Reichtum und Juwelen anbot. Doch der antwortete ihm:
Alle deine Worte werden nicht fähig sein, die von mir gesprochenen Worte unwahr werden zu lassen. Geh nun oder bleibe, wie es dir beliebt!

So angesprochen durch den Brahmanen, kehrte Karna mit freudlos hängendem Kopf furchtsam zu Parasurama zurück und dachte ständig über dieses Ereignis nach.

Kapitel 3 - Karna empfängt die Brahma Waffe und wird verflucht

Narada sprach:
Parasurama, dieser Tiger der Bhrigus, war mit der Kraft der Arme von Karna, seiner Zuneigung, Selbstdisziplin und Dienstbarkeit für seinen Lehrer sehr zufrieden. Voll asketischer Buße, übertrug Parasurama mit Freude in ordnungsgemäßer Form seinem bußeübenden Schüler alles über die Brahma Waffe mit ihren Mantras und ihrer Anrufung. Nachdem er die Kenntnisse dieser Waffe erworben hatte, begann Karna seine Tage wieder glücklich in der Einsiedelei von Bhrigu zu verbringen, und mit wunderbarer Heldenkraft begabt, widmete er sich mit großer Begeisterung der Wissenschaft der Waffen. Eines Tages fühlte sich der höchst intelligente Parasurama während einer Wanderung mit Karna in die Umgebung seiner Einsiedelei etwas schwach aufgrund eines Fastengelübdes, das er gerade beachtete. Und voller Zuneigung und Vertrauen, legte der müde Sohn des Jamadagni seinen Kopf auf den Schoß von Karna, um sich im Schlaf zu erholen. Und während sein Lehrer so auf seinem Schoß schlief, näherte sich ein schrecklicher Wurm, dessen Biß höchst schmerzhaft war, und der von Schleim, Fett, Fleisch und Blut existierte. Und dieser blutsaugende Wurm kroch auf den Schenkel von Karna und begann sich dort einzubohren. Doch aus Furcht, seinen Lehrer aufzuwecken, konnte Karna den Wurm weder abwehren noch töten. Und obwohl sich dieser Wurm durch seinen Schenkel bohrte, oh Bharata, ertrug der Sohn von Surya diesen Schmerz, als wäre es ihm ein Vergnügen, um seinen Lehrer nicht zu stören. Selbst als der Schmerz unerträglich wurde, ertrug ihn Karna mit heroischer Geduld und hielt den Sohn des Bhrigu weiter auf seinem Schoß, ohne im geringsten zu zittern oder irgendein Zeichen des Schmerzes zu zeigen. Als schließlich sein Blut über den Körper von Parasurama floß, erwachte dieser und sprach ärgerlich:
Ach! Ich bin unrein geworden! Was tust du hier? Sag mir ohne Furcht die Wahrheit von dem, was hier geschieht!

Da berichtete ihm Karna über den Biß dieses Wurmes. Und Parasurama erkannte, daß dieser Wurm die Form eines Schweins hatte. Er besaß acht Füße und sehr scharfe Zähne, war mit Borsten bedeckt, die alle wie Nadelspitzen waren. Mit dem Namen Alarka gerufen, begannen seine Glieder *(angstvoll)* zu schrump-

fen. Und sobald Parasurama seine zornvollen Augen auf ihn richtete, gab der Wurm seinen Lebensatem auf und verschmolz mit dem Blut, das er gesaugt hatte. All das war höchst wunderbar. Und am Himmelsgewölbe wurde ein Rakshasa in schrecklicher Gestalt sichtbar. Er war von dunkler Farbe und hatte einen roten Hals, konnte nach Wunsch jede beliebige Form annehmen und stand auf den Wolken. Der Rakshasa hatte sein Ziel erreicht und sprach mit gefalteten Händen zu Parasurama:
Oh Bester der Asketen, du hast mich aus dieser Hölle gerettet! Gesegnet seist du, ich verehre dich, denn du hast mir Gutes getan!

Da fragte ihn der energievolle und starkarmige Sohn des Jamadagni:
Wer bist du? Und warum fielst du in die Hölle? Erzähle mir alles darüber!

Und er antwortete:
Früher war ich ein großer Dämon namens Dansa. Im *(goldenen)* Krita Zeitalter, oh Herr, war ich im gleichen Alter wie Bhrigu. Doch ich schändete die geliebte Gattin dieses Weisen. Und durch seinen Fluch fiel ich in Form eines Wurmes hinab zur Erde. Zornvoll sprach dein Vorfahre zu mir: „Oh Übeltäter, du sollst von Urin und Schleim existieren und ein Leben der Hölle führen!“ Ich flehte ihn an: „Wann, oh Brahmane, soll dieser Fluch enden?“ Darauf antwortete mir Bhrigu: „Dieser Fluch soll erst durch Parasurama aus meinem Stamm enden.“ So geschah es, daß mein Leben den Weg nahm, den unreine Seelen gehen. Oh Rechtschaffener, durch dich wurde ich aus diesem sündhaften Leben gerettet!

Diese Worte sprach der große Dämon, neigte seinen Kopf vor Parasurama und ging davon. Dann wandte sich Parasurama zornig an Karna und rief:
Oh Schuft, kein Brahmane könnte solche Schmerzen erleiden. Deine Leidensfähigkeit ist die eines Kshatriyas. Sage mir ohne Furcht die Wahrheit!

So gefragt, antwortete Karna, einen Fluch fürchtend und bemüht, den Weisen zu beruhigen:
Oh Nachkomme des Bhrigu, kenne mich als einen Suta aus einer Familie, die aus einer Mischung von Brahmanen mit Kshatriyas entsprungen ist. Die Leute nennen mich Karna, den Sohn der Radha. Oh Nachkomme des Bhrigu, sei gnädig mit meinem armen Selbst, das mit dem Wunsch handelte, Waffen zu erlangen. Zweifellos ist ein ehrwürdiger Lehrer der Veden und der anderen Zweige des Lernens wie der eigene Vater. Deshalb habe ich mich als eine Person aus deiner Familie vorgestellt.

Und zum freudlosen und zitternden Karna, der mit gefalteten Händen auf der Erde niedergeworfen lag, sprach der Erste der Bhrigus, lächelnd, aber mit Zorn erfüllt:
Weil du aus Habgier für Waffen dich hier unwahrhaft verhalten hast, deshalb, oh Unwissender, soll diese Brahma Waffe nicht beständig in deiner Erinnerung wohnen *(dich nicht im Inneren erleuchten)*. Und weil du kein wahrhafter Brahmane bist, soll dich diese Brahma Waffe kurz vor deinem Tode verlassen, wenn du auf einen dir ebenbürtigen Krieger treffen wirst. Gehe nun! Das ist kein Ort hier für

Personen mit unwahrhaftem Verhalten wie du. Geh in die Welt, wo dir im Kampf kein Kshatriya gleich sein wird!

So angesprochen von Parasurama ging Karna davon, nachdem er ordnungsgemäß seinen Abschied genommen hatte. Und als er zu Duryodhana zurückkam, berichtete er ihm: „Ich habe alle Waffen gemeistert!“

Kapitel 4 - Karna beschützt Duryodhana bei der Entführung einer Jungfrau

Narada sprach:
Als Karna auf diese Weise die Waffen vom Nachkommen des Bhrigu erhalten hatte, begann er seine Tage glücklich in der Gesellschaft von Duryodhana zu verbringen, oh Stier der Bharatas. Und eines Tages, oh Monarch, begaben sich viele Könige zu einer Gattenwahl in die Hauptstadt von Chitrangada, dem Herrscher des Landes der Kalingas. Die Stadt, oh Bharata, war voller Wohlstand und unter dem Namen Rajapura bekannt. Hunderte Herrscher begaben sich dorthin, um die Hand der Jungfrau zu gewinnen. Als Duryodhana hörte, daß sich dort viele Könige versammelt hatten, fuhr auch er in Begleitung von Karna auf seinem goldenen Wagen dahin. Und während die Festlichkeiten dieser Gattenwahl begannen, warben die verschiedenen Herrscher, oh Bester der Könige, um die Hand der Jungfrau. Unter ihnen waren Sisupala, Jarasandha, Bhishmaka, Vakra, Kapotaroman, Nila, Rukmi mit der unschlagbaren Heldenkraft, Shrigala, Asoka, Satadhanwan und der heroische Herrscher der Bhojas. Außer diesen kamen noch viele andere, die in den südlichen Ländern lebten, viele Lehrer *(der Waffenkunst)* aus den Mlecha Stämmen, und viele Herrscher aus dem Osten und Norden, oh Bharata. Sie alle waren mit goldenen Ornamenten geschmückt und glänzten mit der Herrlichkeit von reinem Gold. Mit strahlenden Körpern waren sie wie kraftvolle Tiger. Nachdem alle Könige ihre Plätze eingenommen hatten, oh Bharata, trat die Jungfrau in die Arena, begleitet von ihren Dienerinnen und einem Eunuchen als Wächter. Und während die Namen der Könige bekanntgegeben wurden, ging diese Jungfrau mit dem schönsten Teint auch am Sohn von Dhritarashtra vorbei *(wie bereits an vielen vor ihm)*. Doch Duryodhana aus dem Kuru Stamm konnte diese Zurückweisung seiner selbst nicht erdulden. Alle Könige verachtend, befahl er der Jungfrau anzuhalten. Und berauscht vom Stolz über seine Kraft, und sich auf Bhishma und Drona verlassend, entführte König Duryodhana diese Jungfrau und zog sie mit Gewalt auf seinen Wagen. Und mit dem Schwert bewaffnet und in Rüstung und ledernen Armschutz gehüllt, fuhr Karna, dieser Erste aller Waffenträger, auf seinem Wagen gleich hinter Duryodhana her. Da erhob sich ein großer Lärm unter den Königen, und alle wurden vom Wunsch nach Kampf getrieben. Überall hörte man „Legt eure Rüstungen an! Laß die Wagen anspannen!“ Und voller Zorn verfolgten sie Karna und Duryodhana, und schütteten über die beiden ihre Pfeile aus, wie sich eine dunkle Wolkenmasse an einem Bergrücken abregnet. Doch als sie so verfolgt wurden, zerschlug Karna ihre Bögen und ließ ihre Pfeile zu Boden fallen, jeden mit einem einzelnen Pfeil von ihm. Viele verloren ihre Bögen, andere stürmten mit dem Bogen in der Hand weiter voran, schossen ihre

Pfeile ab, und wieder andere verfolgten sie mit Speeren und Keulen bewaffnet. Doch begabt mit der großen Leichtigkeit der Hand, schlug sie Karna, dieser Erste aller Krieger, ganz allein zurück. Er beraubte viele Könige ihrer Wagenlenker und besiegte damit all diese Herren der Erde. Schließlich nahmen sie selbst die Zügel ihrer Rosse auf, riefen „Geht dahin! Geht dahin!“, und wandten sich mit enttäuschten Herzen vom Kampf ab. So fuhr Duryodhana voller Freude unter dem Schutz von Karna davon und brachte die Jungfrau mit sich in die Stadt, die nach dem Elefanten benannt wurde *(Hastinapura)*.

Kapitel 5 - Karnas Kampf mit König Jarasandha

Narada sprach:
Als der Herrscher der Magadhas, König Jarasandha, von der berühmten Kraft von Karna hörte, da forderte er ihn zu einem Zweikampf heraus. Beide kannten die himmlischen Waffen, und so fand ein wilder Kampf zwischen ihnen statt, in dem sie sich gegenseitig mit verschiedenen Waffenarten schlugen. Schließlich, als ihre Pfeile erschöpft, die Bögen und Schwerter zerbrochen, und beide ihrer Waagen beraubt waren, begannen sie voller Kraft, wie sie waren, mit bloßen Armen zu kämpfen. Während dieses Ringens auf Leben und Tod begann Karna, die zwei Teile des Körpers seines Gegners zu trennen, die einst durch die Rakshasi Jara zusammengefügt wurden *(siehe MHB2.17)*. Und als König Jarasandha dabei unerträglichen Schmerz fühlte, warf er jeden Wunsch nach Feindschaft ab und sprach zu Karna: „Ich bin zufrieden mit dir!“ Und aus Freundschaft übergab er Karna die Stadt Malini. Zuvor war dieser Tiger unter den Männern und Feindebezwinger *(Karna)* nur König der Angas gewesen. Aber seit dieser Zeit begann dieser Vernichter von feindlichen Kräften in Übereinstimmung mit den Wünschen von Duryodhana auch über Champa zu herrschen, wie du bereits weißt. So wurde Karna für seine Tapferkeit und die Kraft seiner Arme höchst berühmt auf Erden.

Als dann später der Herr der Himmlischen von Karna seine natürliche Rüstung und die Ohrringe zu deinem Wohl erbat, gab er, getäuscht durch diese göttliche Erscheinung, diesen wertvollen Besitz hin. Und ohne seine Ohrringe und die natürliche Rüstung wurde er schließlich durch Arjuna in Anwesenheit von Vasudeva getötet. Aufgrund des Fluchs des Brahmanen wie auch des Fluchs des berühmten Parasuramas, des Segens, den er Kunti gewährte, der göttlichen Täuschung durch Indra, seiner Erniedrigung durch Bhishma als „halber Wagenkrieger“ bei der Aufzählung der Rathas und Atirathas, durch die Verringerung seiner Energie durch *(die scharfen Reden)* von Shalya, der Politik von Vasudeva und letztendlich durch die himmlischen Waffen, die Arjuna von Rudra, Indra, Yama, Varuna, Kuvera, Drona und dem berühmten Kripa erhalten hatte, war der Träger des Gandiva fähig, Karna zu schlagen, der den Glanz von Surya *(dem Sonnengott)* hatte. Auf diese Weise wurde dein Bruder mehrfach verflucht und betrogen. Doch da er im Kampf gefallen ist, solltest du dich nicht um diesen Tiger unter den Männern grämen.

Kapitel 6 - Yudhishthira verflucht alle Frauen, kein Geheimnis mehr zu bewahren

Vaisampayana sprach:
Nach diesen Worten schwieg der himmlische Rishi Narada. Und der königliche Weise Yudhishthira, der voller Kummer war, versank in Nachdenklichkeit. Beim Anblick dieses Helden, der freudlos und durch Sorgen entmannt war, wie eine Schlange seufzte und reichlich Tränen verschüttete, sprach Kunti, die selbst voller Kummer war und durch die Sorgen fast ihrer Sinne beraubt wurde, zu ihm mit folgenden süßen Worten voller Bedeutung und der Situation angemessen:
Oh starkarmiger Yudhishthira, es ziemt sich nicht für dich in solche Sorgen zu versinken. Du bist mit großer Weisheit gesegnet, so besiege diesen Kummer in dir und höre, was ich sage. Ich versuchte damals, Karna von der Bruderschaft mit dir zu überzeugen. Auch der Sonnengott Surya versuchte es, oh Erster aller Rechtschaffenen. Alles, was ein wohlwollender Freund mit dem Wunsch, Gutes zu tun, zu jemandem sprechen sollte, sprach dieser Gott in einem Traum und noch einmal in meiner Anwesenheit zu Karna. Weder durch Kummer noch durch Begründungen waren Surya oder ich erfolgreich, ihn zu beruhigen oder zu veranlassen, sich mit dir zu vereinen. Dem Einfluß der Zeit unterlegen, wurde er immer entschlossener, diese Feindseligkeit gegen dich zu hegen. Und weil er geneigt war, euch alle zu verletzen, gab ich selbst jeden weiteren Versuch auf.

So angesprochen von seiner Mutter, antwortete König Yudhishthira mit tränenreichen Augen und kummerbedrückten Herzen: „Weil du dein Geheimnis in dir verborgen hieltest, hat mich dieses große Leiden eingeholt!“ Und voll mächtiger Energie verfluchte der gerechte König sorgenvoll alle Frauen der Welt und sprach: „Künftig soll es keine Frau mehr schaffen, ein Geheimnis zu bewahren!“

Dann erinnerte sich der König an seine Söhne, Enkel, Angehörigen und Freunde, und wurde von Furcht und Trauer erfüllt. Gequält von Sorgen, glich der intelligente König einem rauchverhüllten Feuer und wurde von Verzweiflung überwältigt.

Kapitel 7 - Die Klage von Yudhishthira und sein Wunsch zur Entsagung

Vaisampayana sprach:
Der hochbeseelte Yudhishthira begann mit bedrücktem Herzen und in Sorgen brennend, sich um diesen mächtigen Wagenkrieger Karna zu grämen. Wiederholt seufzte er und sprach zu Arjuna:
Wenn wir, oh Arjuna, ein Leben als Bettler in den Städten der Vrishnis und Andhakas geführt hätten, dann hätte uns dieses jämmerliche Ende nicht getroffen mit dem Tod all unserer Angehörigen. Unsere Gegner, die Kauravas, haben Wohlstand *(im Himmel)* gewonnen, während wir alles wirklich Wertvolle im Leben verloren haben. Denn was für Früchte der Gerechtigkeit könnten noch unser sein, nachdem wir an der Selbstvernichtung unseres Stammes schuldig geworden sind? Schande auf das Wirken der Kshatriyas, Schande auf Kraft und

Tapferkeit, und Schande auf den Zorn, weil uns dadurch diese große Katastrophe eingeholt hat! Gesegnet sei Vergebung, Selbstdisziplin und Reinheit mit Verzicht und Demut, Friedfertigkeit und Wahrhaftigkeit bei allen Gelegenheiten, wie es von den Waldeinsiedlern geübt wird. Voller Stolz und Arroganz sind wir selbst durch Habgier und Narrheit mit dem Verlangen nach den Freuden der Herrschaft in diese Notlage gefallen. All die Angehörigen vor Augen, die beim Kämpfen um die weltliche Herrschaft auf dem Schlachtfeld getötet wurden, hat uns solches Leiden getroffen, daß uns nicht einmal die Herrschaft über die drei Welten noch erfreuen könnte. Ach, um dieser Erde willen sind solche Herrscher getötet wurden, die es nie verdient hatten, durch uns getötet zu werden. So tragen wir jetzt das ganze Gewicht der Existenz, aller Freunde beraubt und ohne alles, was lebenswert ist. Wie eine Schar Hunde untereinander um ein Stück Fleisch gekämpft haben, so hat uns diese große Katastrophe eingeholt! Und nun bringt uns dieses Stück Fleisch keinerlei Freude mehr. Im Gegenteil, es müßte sogar verworfen werden. Denn die getötet wurden, sollten nicht einmal um der ganzen Erde willen, oder um Berge von Gold, oder für alle Pferde und Kühe dieser Welt getötet werden.

Mit Neid und Verlangen nach all den irdischen Dingen erfüllt, sowie unter dem Einfluß von Zorn und Lust haben sie sich auf die lange Straße des Todes begeben, die zu den Bereichen von Yama führt. Durch Askese und Verzicht, Wahrhaftigkeit und Entsagung wünschen sich die Väter Söhne, die mit jeder Art von Wohlstand begabt sind. In gleicher Weise, durch Fasten, Opfer, Gelübde, heilige Riten und verheißungsvolle Zeremonien empfangen die Mütter. Dann tragen sie den Fötus für zehn Monate und verbringen diese Zeit voller Plage. Und in Erwartung der Frucht, fragen sie sich oft voller Angst: „Wird das Kind sicher den Mutterleib verlassen? Wird es nach der Geburt leben? Wird es kraftvoll wachsen und auf Erden geachtet sein? Wird es uns Glück in dieser und der kommenden Welt bringen?“ Ach, da nun ihre Söhne, jung an Jahren und mit Ohrringen geschmückt, getötet wurden, werden ihre Erwartungen unerfüllt bleiben! Ohne die Freuden dieser Welt genossen zu haben und ohne die Schulden gegenüber ihren Eltern und den Göttern abzuzahlen, haben sie sich zur Wohnstätte von Yama begeben. Ach, oh Mutter, diese Könige und Prinzen fielen gerade in einer Zeit, als ihre Eltern die Früchte ihrer Kraft und ihres Reichtums ernten wollten. Sie waren noch voller Neugier und sehnten sich nach den irdischen Dingen. Sie waren noch stark dem Ärger und der Freude unterworfen. Deshalb konnten sie niemals und nirgends erwarten, sich an den Früchten eines Sieges zu erfreuen. Ich denke, daß all jene unter den Panchalas und Kurus, die *(in diesem Kampf)* fielen, verloren sind. Und warum sollten wir, die getötet haben, durch diese Taten die Bereiche der Seligkeit erreichen? Wir werden als Ursache des Untergangs betrachtet, der über diese Welt gekommen ist. Die Schuld ist jedoch in Wirklichkeit den Söhnen von Dhritarashtra zuzuschreiben. Das Herz von Duryodhana war stets der Unwahrheit geneigt. Böswilligkeit hegend, war er an Betrug gewöhnt. Und obwohl wir ihn nie verletzten, benahm er sich doch immer feindlich gegen uns.

Wahrlich, wir haben unser Ziel nicht gewonnen, noch sie das ihrige. Wir haben sie nicht besiegt, noch haben sie uns besiegt. Die Dhritarashtras konnten diese Erde nicht genießen, noch ihre Frauen oder Musik. Denn sie mißachteten all die Ratschläge von Ministern, Freunden und Schriftgelehrten. Wahrlich, sie konnten sich nie an ihren kostbaren Juwelen, gut gefüllten Schatzkammern und ausgedehnten Territorien wirklich erfreuen. Sie brannten im Haß gegen uns und konnten weder Glück noch Frieden finden. Beim Anblick unseres Wachstums verlor Duryodhana jegliche Farbe, wurde blaß und abgezehrt. Darüber informierte Shakuni, der Sohn von Suvala, König Dhritarashtra. Und als Vater duldete Dhritarashtra, der voller Zuneigung zu seinem Sohn war, die schlechte Politik, die sein Sohn verfolgte. Zweifellos traf der alte König durch Nichtbeachtung von Vidura und dem hochbeseelten Sohn der Ganga, und aufgrund seiner Versäumnisse in der Zurückhaltung seines übelgesinnten und begehrlichen Sohnes, der völlig durch seine Leidenschaften regiert wurde, auf den Untergang, wie ich selbst. Zweifellos verlor Duryodhana, der seine leiblichen Brüder in den Tod trieb und seinen Eltern brennenden Kummer brachte, all seinen strahlenden Ruhm. Im Haß brennend, den er gegen uns trug, war Duryodhana stets der Sünde zugeneigt. Welcher Hochgeborene würde sonst aus Begierde zum Kampf solche Worte zu seinen Verwandten sprechen und das sogar in Gegenwart von Krishna? Durch die Schuld von Duryodhana sind wir *(Kurus)* auf ewig verloren, der wie eine Sonne mit seiner Energie alles ringsherum verbrannte. Dieser Übelgesinnte, diese Verkörperung der Feindschaft, war unser schlechter Stern. Ach, wegen der Taten von Duryodhana allein, ist unser Stamm ausgerottet worden. Wir haben diejenigen getötet, die wir nie hätten töten sollen, und haben dafür den Tadel der Welt verdient.

König Dhritarashtra, der diesen übelgesinnten Prinz mit den sündigen Taten, diesen Vernichter seiner Rasse, als Herrscher eingesetzt hatte, ist nun zu großem Elend verurteilt. Und auch wir haben eine Sünde begangen, als wir unsere heroischen Gegner getötet haben. Ihre Besitztümer und Königreiche sind verloren. Zwar sind sie alle geschlagen, und unser Zorn ist gestillt, doch mich betäubt größter Kummer! Oh Arjuna, eine begangene Sünde wird durch besondere Taten gesühnt, durch rückhaltloses Bekennen, durch Bereuen, durch Almosengeben, durch Buße, durch den Besuch von Tirthas nach umfassender Entsagung, oder durch beständige Meditation über die heiligen Schriften. Doch unter all diesen wird allein der wahrhaft Entsagende als fähig betrachtet, auch zukünftige Sünden zu vermeiden. Die Srutis erklären, daß man durch Entsagung sogar Geburt und Tod überwinden kann, und den rechten Weg findend kann dieser Beständige zu Brahma gelangen. Ich werde deshalb, oh Arjuna, in die Wälder gehen und mit deiner Erlaubnis, oh Feindevernichter, alle Paare der Gegensätze *(Kälte und Hitze, Freude und Leid, usw.)* überwinden, das Gelübde der Schweigsamkeit annehmen und den Weg der Erkenntnis gehen. Oh Arjuna, die Srutis erklären es, und ich selbst habe es mit eigenen Augen erkannt, daß niemand, der an diese Erde gebunden ist, irgendein wahrhaftes Verdienst erreichen kann. Bestrebt, die Dinge dieser Erde zu gewinnen, habe ich Sünden begangen, welche, wie die Srutis erklären, Geburt und Tod verursachen. Deshalb werde ich mein ganzes Königreich und all die weltlichen Dinge aufgeben und in die Wälder gehen, um den Verstrickungen dieser Welt zu entfliehen und das Leiden, sowie jegliche Anhaftung zu überwinden. Regiere du, oh Arjuna, diese Erde, die nun von allen Dornen befreit und wieder voller Frieden ist. Oh Bester der Kurus, ich habe kein Bedürfnis mehr nach dem Königreich oder weltlichen Freuden!

Nach diesen Worten schwieg der gerechte König Yudhishthira. Und sein jüngerer Bruder Arjuna rüstete sich zu einer Antwort.

Kapitel 8 - Arjuna über Armut und Reichtum

Vaisampayana sprach:
Wie eine Person, die sich sträubt, eine Beleidigung zu vergeben, antwortete Arjuna, der mit Energie, Heldenkraft und scharfer Rede begabt war, und verriet seine große Aufregung, indem er seine Mundwinkel leckte. So sprach er die folgenden, bedeutenden Worte mit einem Lächeln:

Oh wie schmerzhaft, wie quälend! Ich bin betrübt, diese große Bedrängnis deines Herzens zu sehen. Nachdem diese übermenschliche Leistung erreicht wurde, bist du geneigt, diesen großen Wohlstand aufzugeben! Deine Feinde sind besiegt und die Herrschaft über die Erde errungen, gewonnen durch die Beachtung der Pflichten deiner eigenen Kaste. Warum willst du alles aufgeben mit unbeständigem Herzen? Wo auf Erden hat ein Eunuch oder ein Zweifler jemals Souveränität gewonnen? Warum hast du, unbeeindruckt vom Zorn, alle Könige der Erde geschlagen? Wer von Bettelei leben möchte, kann niemals die guten Dinge der Erde genießen, wie er sich auch bemühen mag. Ohne Wohlstand und Mittel kann er nie Ruhm auf Erden gewinnen oder Söhne und Reichtum. Wenn du, oh König, dieses aufblühende Königreich verwirfst und im Gelübde der besitzlosen, von Bettlern geführten Lebensweise leben willst, was soll die Welt von dir sagen? Warum sprichst du davon, all diese guten Dinge der Erde aufzugeben und ohne Wohlstand und Mittel ein Leben der Bettelei zu führen wie ein Armer? Du bist in diesem Stamm der Könige geboren! Und nachdem die ganze Erde erobert wurde, möchtest du aus Narrheit in die Wälder gehen und auf jegliche Tugend und Gewinn verzichten? Wenn du dich in die Wälder zurückziehst, wird in deiner Abwesenheit die Ungerechtigkeit wachsen, und die Opfer werden vergehen. Diese Sünde wird dich sicher verunreinigen. König Nahusha, der viele sündvolle Handlungen in einem Zustand der Armut getan hatte, rief einst „Schande über diesen Zustand", und erkannte, daß Armut für Einsiedler da ist. Ein Leben, ohne an morgen zu denken, ist eine Übung für Rishis. Dies weißt du sehr gut. Das jedoch, was die Religion des Königtums genannt wird, hängt stark vom Wohlstand ab. Wer deshalb einen anderen *(König)* seines Reichtums beraubt, beraubt ihn damit auch seiner Religion. Wer unter uns, oh König, würde es deshalb vergeben, wenn er ausgeraubt wird? Man sieht überall, daß ein armer Mensch, selbst wenn er gutmütig ist, in der Welt kritisiert wird. Armut ist ein Zustand, der durch Sünde geschieht. Du solltest deshalb diese Armut nicht allzusehr loben. Dies ist die Armut von einem, oh König, der in dieser Welt gramvoll gefallen ist. Hier sehe ich keinen Unterschied zwischen einem gefallenen Menschen und einem armen Menschen. Alle Arten lobenswerter Taten fließen aus dem Besitz von Reichtum *(sogenanntes „Vermögen“)* wie von einem Berg. Aus diesem Vermögen entspringen alle religiösen Handlungen, alle Freuden und sogar der Himmel, oh König! Ohne Vermögen kann ein Mensch kaum die nötigen Mittel finden, um sein Leben zu unterhalten. Die Taten einer unwissenden Person, die ihr Vermögen nicht achtet, werden austrocknen, wie seichte Bäche in der Sommerzeit. Wer Vermögen hat, hat Freunde. Wer Vermögen hat, hat Nachkommen. Wer Vermögen hat, wird in der Welt als ein wirklicher Mensch betrachtet. Wer Vermögen hat, gilt als klug. Wenn jemand ohne Vermögen ein spezielles Ziel erreichen will, wird er sicherlich scheitern. Und Vermögen eröffnet den Zugang zu weiterem Vermögen, wie ein Elefant dem anderen folgt. Religiöse Handlungen, Lust, Heiterkeit, Mut, Eifer, Lernen und der Sinn der Würde kommen alle aus dem Vermögen, oh König! Aus Vermögen erwirbt man Familienehre. Aus Vermögen wächst das eigene religiöse Verdienst. Wer ohne Vermögen ist, hat weder diese Welt, noch die folgende, oh Bester der Menschen! Der Mensch, der kein Vermögen hat, kann seine religiösen Handlungen nicht erfolgreich ausführen, weil diese aus dem Vermögen kommen, wie Flüsse von einem Berg strömen. Ein Mensch wird nicht arm genannt, wenn sein Körper mager ist. Er wird arm genannt, wenn seine Rosse, Kühe, Diener und Gäste hungern müssen.

Urteile aufrichtig, oh König, und schaue auf das Verhalten der Götter und Danavas. Oh König, war es nicht schon immer der Wunsch der Götter, ihre Verwandten *(die Dämonen)* zu schlagen? Wenn nichts gewonnen werden dürfte, was anderen gehörte, wie, oh Monarch, sollten Könige auf dieser Erde Tugend und Gesetz üben? Diese Erkenntnis haben die Weisen in den Veden niedergelegt. Und die Gelehrten sagen, daß Könige jeden Tag die drei Veden leben, sich um Vermögen bemühen und mit dem so erworbenen Reichtum sorgfältig Opfer durchführen sollen. Die Götter haben trotz vernichtender Kämpfe ihren Stand im Himmel bewahrt. Und wenn sogar die großen Götter ihren Wohlstand durch vernichtenden Kampf gewonnen haben, welcher Fehler könnte in einer solchen Auseinandersetzung sein? Die Götter, wie du siehst, handeln auf diese Weise. Die zeitlosen Gebote der Veden bestätigen es auch. Zu lernen, zu lehren, zu opfern und zu helfen, dies sind unsere Hauptaufgaben. Der Reichtum, den Könige von anderen gewinnen, wird zum Mittel ihres Wohlstandes. Noch nie haben wir Reichtum gesehen, der gewonnen wurde, ohne ihn irgendwem wegzunehmen. Auf diese Weise erobern die Könige diese Welt. Und einmal gewonnen, nennen sie diesen Reichtum ihr eigen, gerade wie Söhne als der Reichtum ihrer Väter bezeichnet werden. Die königlichen Weisen, die den Himmel erreicht haben, erklärten dies als Aufgabe der Könige. Wie die Wasser aus allen Richtungen in den Ozean fließen, so fließt dieser Reichtum von überall her in die Schatzkammern der Könige.

Diese Erde gehörte früher den Königen Dilipa, Nahusha, Ambarisha und Mandhatri. Nun gehört sie dir, oh König! Deshalb erwartet dich ein großes Opfer mit reichen Geschenken jeder Art, das einen umfangreichen Vorrat an den Produkten der Erde benötigt. Wenn du dieses Opfer, oh König, nicht durchführst, dann werden alle Sünden *(der Untertanen)* dieses Königreichs dein sein. Denn jene Untertanen, deren König ein Pferdeopfer mit reichlichen Geschenken durchführt, werden alle gereinigt und geheiligt durch die Reinigung *(des Königs)* am Ende des Opfers. Sogar Mahadeva *(Shiva)* in seiner universalen Form reinigte in einem großen Opfer, das alle Arten von Fleisch verlangte, alle Wesen als Opfergabe und schließlich sich selbst. Ewig ist dieser verdienstvolle Pfad. Seine Früchte werden nie zerstört. Das ist der große Pfad, der Dasaratha genannt wird *(die Straße der „Zehnspänner")*. Wenn du alles verwirfst, oh König, wohin soll das führen?

Kapitel 9 - Yudhishthira über Weltentsagung

Yudhishthira sprach:
Oh Arjuna, konzentriere einen Moment deine Aufmerksamkeit, betrachte deinen Geist und höre auf deine innere Seele. Wenn du meine Worte in solch einer seelischen Verfassung hörst, dann werden sie auf deine Zustimmung treffen. Alle weltlichen Vergnügungen aufgebend, werde ich mich auf diesen Pfad begeben, den die Rechtschaffenen beschreiten. Ich werde nicht für eigensinnige Ziele den Weg betreten, den du empfiehlst. Wenn du mich fragst, welchen vorzüglichen Pfad man beschreiten sollte, dann werde ich dir davon erzählen. Doch auch ungefragt, höre mich an:

Die Freuden und Gelübde der Weltmenschen aufgebend und strengste Buße übend, werde ich im Wald mit den Tieren wandern, die dort wohnen und von Früchten und Wurzeln leben. Ich werde zur rechten Stunde die Opfergaben ins Feuer gießen und am Morgen und Abend meine Waschungen ausführen. Ich werde mich durch Fasten abmagern, nur mit Tierhäuten bedecken und verfilzte Locken auf dem Kopf tragen. Kälte, Wind und Hitze, wie auch Hunger, Durst und Mühe erleidend, werde ich meinen Körper durch Buße auszehren, wie es die Schriften gebieten. Bezaubernd für Herz und Ohr werde ich täglich den klaren Rufen der fröhlichen Vögel und Tiere lauschen, die in den Wäldern wohnen. Ich werde den Duft von blühenden Bäumen und Kletterpflanzen genießen, und verschiedenste, zauberhafte Geschöpfe sehen, die im Walde wachsen. Ich werde dort in den Wäldern viele ausgezeichnete Einsiedler treffen, die keinem Wesen die geringste Verletzung antun. Was soll mir das Leben in der Stadt? Ein zurückgezogenes Leben führend und der Kontemplation gewidmet, werde ich von reifen und unreifen Früchten leben, und die Ahnen und Götter mit Darbringungen von wilden Früchten, Wasser und Lobliedern befriedigen. Auf diese Weise werde ich ein streng gezügeltes Waldleben führen und meine Tage damit verbringen, gelassen auf die Auflösung meines Körpers zu warten. Einsam lebend und das Schweigegelübde beachtend, werde ich mit glattrasiertem Kopf meine Nahrung gewinnen, indem ich jeden Tag nur einen Baum darum bitten werde. Meinen Körper mit Asche beschmierend und den Schutz von verlassenen Häusern suchend oder am Fuße von Bäumen liegend, werde ich leben und alle weltlichen Dinge aufgeben, die geliebten wie die verhaßten. Ohne in Leid und Freude, Tadel und Ehre, Hoffnung und Enttäuschung verstrickt zu sein, alles mit dem Auge der Einheit betrachtend und alle Gegensätze überwindend, werde ich leben und den Dingen der Welt entsagen. Ohne mit irgend jemandem zu sprechen, werde ich die äußere Form eines blinden und tauben Dümmlings annehmen, während ich in Zufriedenheit lebe und das Glück aus meiner innersten Seele strömen lasse. Ohne den vier Arten der Lebewesen die kleinste Verletzung anzutun, werde ich mich zu allen Wesen gleich verhalten, ob sie nun aufmerksam ihre Pflichten erfüllen oder nur dem Diktat ihrer Sinne folgen. Ich werde über niemanden spotten, noch über irgend jemanden die Stirn runzeln. Alle meine Sinne zurückhaltend, werde ich eine beständig klare Sicht gewinnen. Ohne irgend jemanden nach dem Weg zu fragen, werde ich jeden Weg gehen, der mir zufällt, und ohne Rücksicht auf Landesgrenzen und Himmelsrichtungen immer weitergehen. Wohin ich auch gehe, ich werde unabhängig sein und niemals zurückblicken. Mich vom Begehren und Zürnen befreiend, und meinen Blick nach innen gerichtet, werde ich weitergehen, und den Stolz der Seele und des Körpers abwerfen. Die Natur geht immer voran, deshalb wird Essen und Trinken irgendwie gegeben werden. So möge ich all jene Gegensätze überwinden *(bzw. vergessen)*, die einem solchen Leben hinderlich sind. Wenn reines Essen selbst in kleinen Mengen nicht im ersten Haus gegeben wird, werde ich im nächsten darum bitten, aber nicht mehr als sieben Häuser nacheinander besuchen, um meine Wünsche zu erfüllen. Erst wenn der Rauch aus den Häusern verebbt, ihre Herdfeuer gelöscht, die Kochgerätschaften beiseite gelegt wurden, alle Hausbewohner ihr Essen eingenommen haben und Diener und Gäste versorgt sind, werde ich die Zeit für meine Bettelrunde wählen und Almosen in zwei, drei oder höchstens sieben Häusern erbitten. Ich werde über die Erde wandern, nachdem die Fesseln der Begierde gebrochen sind. Gelassenheit in Erfolg und Mißerfolg bewahrend, möge ich großes asketisches Verdienst erreichen. Weder werde ich mich benehmen wie einer, der das Leben liebt, noch wie einer, der den Tod sucht. Ich werde weder Zuneigung für das Leben noch Abneigung gegen den Tod hegen. Ob mir jemand einen Arm abschlägt oder ihn mir mit Sandelholzpaste einreibt, ich werde dem einen weder Übles wünschen, noch dem anderen besonders Gutes. Entsagend aller Taten, die man zur Förderung des Wohlstandes im Leben vollbringt, wird meine einzige Handlung das Öffnen und Schließen der Augen sein, und ich werde nur soviel essen und trinken, um das Leben gerade noch zu erhalten. Ohne jemals an einer Handlung anzuhaften und stets die Funktionen der Sinne zügelnd, werde ich alle Wünsche aufgeben und die Seele von allen Unreinheiten befreien. Und befreit von allen Anhaftungen, alle Fesseln und Bande gelöst, möge ich frei wie der Wind leben. In solcher Freiheit von Anhaftung, wird zeitlose Zufriedenheit sein.

Aus Begierde habe ich *(wie viele andere Menschen)* in Unwissenheit große Sünden begangen. Identifiziert mit einer bestimmten Klasse von Menschen, die hier sowohl heilsame als auch unheilsame Handlungen begehen, versorgen die Menschen ihre Ehepartner, Kinder und Angehörigen und sind vielfach gebunden durch Verwandtschaft, sowie durch Ursache und Wirkung. Wenn ihre Lebenszeit abläuft, werfen sie ihre geschwächten Körper ab, aber nehmen die Wirkungen all ihrer sündigen Taten mit sich, weil immer der Täter die Folgen seiner Taten trägt. Eben durch diese Last der Handlungen kommen die Wesen in dieses Rad des Lebens, das sich ständig wie ein Wagenrad dreht. Und wie sie hier erscheinen, so treffen sie auch ihre verkörperten Gefährten. Wer jedoch diesem Lauf des weltlichen Lebens entkommt, das in Wahrheit, obwohl alles so real und ewig erscheint, nur ein vergängliches Trugbild ist, und durch Geburt, Tod, Alter, Krankheit und Schmerz gequält wird, der wird sicherlich Seligkeit erreichen. Wenn sogar die großen Götter aus dem Himmel fallen und die großen Rishis von ihren jeweiligen Zuständen der Verehrung, wer würde, wenn er die Wahrheit von Ursache und Wirkung einmal erkannt hat, selbst noch himmlischen Wohlstand wünschen? Sogar schwache Könige, die verschiedene Handlungen bezüglich der kraftvollen Mittel der Könige *(Versöhnung, Geschenke, Bestechung, usw.)* einsetzten, konnten damit häufig andere Könige schlagen. Über diese Verhältnisse nachdenkend, ist dieser Nektar der Weisheit zu mir gekommen. Ihn erreicht, wünsche ich einen dauerhaften, ewigen und unvergänglichen Ort zu finden. Beständig in dieser Weisheit und auf diese Weise handelnd, werde ich mich auf den befreienden Pfad des Lebens begeben, und diese körperliche Begrenzung überwinden, die Geburt, Tod, Alter, Krankheit und Schmerz unterworfen ist.

Kapitel 10 - Bhima über die Pflichten im Leben

Darauf sprach Bhima:
Dein Verständnis, oh König, ist hoffentlich nicht blind für die Wahrheit geworden, wie das eines dummen und unwissenden Rezitators der Veden, aufgrund der endlosen Wiederholungen jener Schriften. Wenn du die Aufgaben der Könige tadelst und ein Leben der Untätigkeit führen willst, dann, oh Stier der Bharatas, war dieser Untergang der Dhritarashtras vollkommen unangebracht. Sind Vergebung, Mitgefühl, Entsagung und Friedfertigkeit nicht auch in jemandem zu finden, der den Pfad der Kshatriya Pflichten geht? Wenn wir gewußt hätten, daß diese Weltentsagung deine Absicht war, hätten wir nie die Waffen erhoben, um irgendein Wesen zu töten. Dann hätten wir das Leben als Bettler bis zur Auflösung des Körpers gelebt. Und dieser schreckliche Kampf zwischen den Herrschern der Erde wäre niemals geschehen.

Die Gelehrten haben gesagt, daß alles, was wir sehen, die Nahrung für die Kraftvollen ist. Wahrlich, diese belebte und unbelebte Welt ist für uns, die wir kraftvoll sind, das Reich der Taten. Und die Weisen, die mit den Kshatriya Aufgaben vertraut sind, haben auch erklärt, daß jene *(Kräfte)*, die der Herrschaft über die Erde im Wege stehen, besiegt werden sollten. Aus dieser Schuldigkeit haben wir all jene geschlagen, die als Feinde gegen unser Königreich standen. Sie sind besiegt, oh Yudhishthira. Regiere nun gerecht diese Erde! Dieses Königreich jetzt aufzugeben, wäre wie jemand, der einen Brunnen gräbt und kurz vor dem Erreichen des Wassers, mit feuchtem Schlamm beschmiert, heraufkommt und aufgibt. Oder wie jemand einen hohen Baum besteigt, um Honig zu sammeln, aber dann den Hönig verschmäht und herabspringt. Oder wie jemand hoffnungsvoll einen langen Weg geht, aber kurz vor dem Ziel verzweifelt umkehrt. Oder wie jemand, der alle seine Feinde getötet hat, oh Nachkomme des Kuru, sich aber schließlich selbst tötet. Oder wie ein vom Hunger Gequälter das Essen verweigert. Oder wie jemand, der aus Leidenschaft eine Frau heiratet, aber dann nicht mit ihr zusammenleben will.

Wir wären tadelnswert, oh Bharata, wenn wir dir als ältestem Bruder folgen, der jetzt solche Schwäche zeigt. Wir haben mächtige Waffen, umfangreiches Wissen und große Energie. Und sollen jetzt den Worten eines Eunuchen wie völlig Hilflose gehorsam sein? Wir selbst sollten die Zuflucht aller Hilflosen sein! Wenn uns die Leute jetzt betrachten, warum sollten sie nicht behaupten, daß wir bezüglich unserer Ziele völlig kraftlos sind? Bedenke meine Worte gut! Es steht geschrieben, daß ein Leben der Weltentsagung von Königen nur in Zeiten der Not angenommen werden sollte, im hohen Alter oder wenn man von Feinden besiegt wurde. Weise Menschen loben deshalb nie die Weltentsagung als Aufgabe eines Kshatriya. Und jene, die eine klare Sicht haben, wissen auch, daß solch ein Lebensweg für einen Kshatriya sogar mit dem Verlust der Tugend verbunden ist. Wie könnten jene, die in einer Kaste geboren wurden, den Methoden dieser Kaste gewidmet sind und darin Zuflucht genommen haben, ihre eigenen Aufgaben tadeln? Wahrlich, wenn diese Aufgaben tadelnswert sein sollen, warum tadeln wir nicht gleich den Höchsten Lenker? Nur jene, die des Wohlstands und Reichtums beraubt wurden und keinen Glauben haben, proklamieren diese Moralität *(über die Weltentsagung für Kshatriyas)* als Wahrheit der Veden. Doch in Wirklichkeit ist es für einen Kshatriya unangebracht. Wer fähig ist, durch seine Kraft das Leben zu schützen und sich durch eigene Anstrengungen erhalten kann, aber nicht leben will, der fällt durch die heuchlerischen Oberflächlichkeiten dieser Weltflucht von seiner eigentlichen Aufgabe ab. Nur jener Kshatriya ist wirklich fähig, ein einsames Leben der Seligkeit in den Wäldern zu führen, der außerstande ist, Söhne, Enkel, Götter, Rishis, Gäste und Ahnen zu versorgen. Wie Hirsch, Eber und Vogel *(obwohl sie ein Waldleben führen)* nicht den Himmel erreichen können, so können jene Kshatriyas, die noch die *(schöpferische)* Kraft in sich haben, ebenfalls nicht zum Himmel gelangen, indem sie nur ein Waldleben führen. Sie sollten religiöses Verdienst auf anderen Wegen erwerben.

Wenn, oh König, irgend jemand das Vollkommene durch Verzicht erreichen könnte, dann würden es Berge und Bäume sicher gewinnen! Denn wie man sieht, führen sie ständig ein asketisches Leben. Sie verletzen niemanden, sind stets fern von der Weltlichkeit und leben als Brahmacharins. Wenn es wahr ist, daß die Vollkommenheit einer Person von ihrem Weg im Leben abhängt und nicht von äußerlichen Dingen, dann solltest du dich *(als Kshatriya)* betätigen. Denn wer auf Handlungen verzichtet, kann nie Vollkommenheit finden. Wenn jene, die nur ihre eigenen Mägen füllen *(und nicht zum Wohle aller handeln)*, das Vollkommene erreichen könnten, dann würden es auch alle Fische gewinnen, weil diese niemanden ernähren müssen, außer sich selbst. Erkenne doch, wie sich diese ganze Welt bewegt, indem jedes Wesen entsprechend seiner Natur handelt. Deshalb sollte man sich betätigen. Denn der Mensch, der auf Handlungen verzichtet, kann nie vollkommen sein.

Kapitel 11 - Arjuna über den Verdienst des Hauslebens

Arjuna sprach:
Diesbezüglich, oh Stier der Bharatas, wird eine alte Geschichte von einem Gespräch zwischen einigen Asketen und Indra erzählt. Einst gaben einige junge Brahmanen von vornehmer Herkunft, aber mit wenig Verständnis und noch ohne die behaarten Ehrenzeichen der Männlichkeit ihre Häuser auf und gingen in die Wälder, um ein Waldleben zu führen. Dies als Tugend betrachtend, verließen diese reichen Jugendlichen ihre Brüder und Väter und strebten nach dem Leben der asketischen Brahmacharis. Da geschah es, daß Indra mit ihnen Mitleid empfand.

Er nahm die Gestalt eines goldenen Vogels an und sprach zu ihnen:
Das, was Personen vollbringen, welche die Reste eines Opfers essen, ist die schwierigste aller Taten, die Menschen erreichen können. Solch eine Tat ist höchst lobenswert. Das Leben solcher Menschen ist jeder Verehrung würdig. Indem sie das Ziel des Lebens erreichen, gewinnen diese Menschen, die der Tugend gewidmet sind, das höchste Sein.

Diese Worte hörend, sprachen die Rishis:
Hört, dieser Vogel lobt jene, die von den Resten der Opfer leben! Er spricht zu uns, weil wir uns von solchen Resten ernähren.

Darauf sprach der Vogel:
Ich lobe nicht euch! Ihr sitzt im Schmutz und seid unrein. Von Abfällen lebend, seid ihr übelgesinnt. Ihr seid keine, die von den Resten des Opfers leben!

Die Rishis antworteten:
Wir betrachten diesen Weg unseres Lebens als höchst segensreich. Doch sage uns, oh Vogel, was zu unserem Heil ist. Deine Worte inspirieren uns zu großem Vertrauen.

Darauf sprach der Vogel:
Wenn ihr mir wirklich Vertrauen schenkt und eurem besseren Selbst folgt, dann werde ich euch wahrhafte und nützliche Worte verkünden.

Die Rishis sprachen:
Wir möchten deine Worte hören, oh Herr, denn all die verschiedenen Wege sind dir bekannt. Oh Rechtschaffener, wir wünschen auch, deinen Geboten zu folgen. Belehre uns jetzt!

So sprach der Vogel:
Unter den Vierfüßlern ist die Kuh die Beste, unter den Metallen, das Gold, unter den Worten, die Mantras, und unter Zweifüßern sind die Brahmanen die Besten. Die Mantras regeln alle Riten des Lebens eines Brahmanen, das mit den Mantras der Geburt beginnt und mit denen des Todes und der Verbrennung endet. Diese vedischen Riten sind sein Himmel, sein Pfad und das Erste aller Opfer. Wenn es anders wäre, wie könnte ich dann sehen, daß all ihre Taten durch Mantras erfolgreich werden? Wer in dieser Welt seine Seele ehrt und sie beständig als eine Gottheit besonderer Art betrachtet, erreicht Erfolg im Einklang mit der Natur

dieser Gottheit. Die Zeit, die durch die Monatshälften gemessen wird, führt zur Sonne, dem Mond oder den Sternen. *(Der Tod im zunehmenden Licht führt in die seligen Bereiche der Sonne, im abnehmenden Licht zu den Bereichen des Mondes und zur Wiedergeburt. Wer aber von Anhaftung befreit ist, geht in die Regionen der Sterne zu Brahma.)* Diese drei Arten des Erfolgs sind von den Handlungen abhängig, und jedes Wesen strebt danach. Darunter ist das Leben eines Hausvaters das höchste und heiligste, und wird das Feld der Erfolge genannt. Welchem Pfad folgen jene Menschen, die das Handeln verweigern? Mit wenig Verständnis und ohne Verdienst sammeln sie Sünde an. Und weil diese unwissenden Menschen leben, indem sie die ewigen Pfade der Götter, der Rishis und des Brahman aufgeben, betreten sie Wege, die von den heiligen Schriften getadelt werden. Dort gibt es ein Mantra, das besagt:

„Ihr Opfernden, vollbringt die Opfer durch wahrhafte Gaben! So werde Ich euch Glück geben, das durch Söhne, Wohlstand und himmlische Seligkeit erstrahlt!"

So wird gesagt, in Einklang mit der Ordnung *(dem Dharma)* zu leben, ist die höchste Askese der Asketen. Deshalb solltet ihr dieses Opfer und solche Buße in Form von wahrhaften Gaben durchführen. Die rechte Erfüllung der ewigen Aufgaben, wie die Anbetung der Götter, das Studium der Veden, die Befriedigung der Ahnen oder auch der achtsame Dienst am Lehrer wird als strengste Buße bezeichnet. Die Götter selbst haben durch diese äußerst schwierige Buße höchsten Ruhm und Macht erreicht. Ich rate euch deshalb, die sehr schwere Last der Pflichten eines Hausvaters zu tragen. Zweifellos ist Entsagung die Beste aller Handlungen und die Wurzel aller Wesen. Doch diese Askese wird vor allem durch ein Leben der Häuslichkeit erreicht, wovon diese ganze Welt abhängt. Jene, die die Reste der Mahlzeiten essen, nachdem die Nahrung ordnungsgemäß am Morgen und Abend unter den Angehörigen verteilt wurde, gelangen schließlich zu dem, was so unvorstellbar schwer zu erreichen ist. So nennt man sie die „Esser von Opferresten", weil sie ihre Nahrung zu sich nehmen, nachdem Gäste, Götter, Rishis und Angehörige versorgt wurden. Deshalb werden diese Personen, die ihre eigentlichen Aufgaben vollbringen, heilsame Gelübde üben und wahrhaftig leben, in der Welt höchst geachtet. Darüber hinaus gewinnen sie einen beständigen Glauben. Frei von Stolz gelangen die Verdienstvollen in dieser schwierigsten Aufgabe zum Himmel und leben zeitlos in den Bereichen von Indra.

Arjuna fuhr fort:
Als jene Asketen diese Worte hörten, die voller Gewinn und Tugend waren, gaben sie ihre Neigung zum Verzicht auf, sprachen „Damit ist nichts zu erreichen!", und begaben sich in ein Leben der Häuslichkeit. Deshalb, oh Kenner der Gerechtigkeit, vertraue dieser ewigen Weisheit und regiere diese weite Erde, oh Monarch, die jetzt frei von Feinden ist!

Kapitel 12 - Nakula über das Opfern in der Welt

Vaisampayana sprach:
Nach diesen Worten von Arjuna, oh Feindevernichter, schaute Nakula mit den mächtigen Armen und der breiten Brust, gemäßigt in der Rede und voller Weisheit, mit einem Gesicht, das der Farbe von Kupfer glich, auf den König, diesem Ersten aller Gerechten, und sprach folgende Worte, um das Herz seines Bruders zu bewegen.

Nakula sprach:
Die großen Götter haben ihre Opferfeuer im Bereich Visakhayupa entzündet. So erkenne, oh König, daß sogar die Götter von den Früchten der Handlungen abhängen. Auch die Ahnen, die das Leben aller, sogar der Ungläubigen stützen, bewahren die Gebote *(des Schöpfers und der Veden)* und handeln dadurch, oh König. So erkenne jene als zutiefst Gottlose, welche die Gebote der Veden zurückweisen. Wer die Veden erfahren hat und ihren Geboten in all seinen Taten folgt, oh Bharata, erreicht den höchsten Bereich des Himmels auf dem Pfad der Götter. Dies wird von allen, die in die vedischen Wahrheiten Einsicht haben, als die höchste aller Lebensweisen gepriesen. Erkenne, oh König, das jener, der als Opfer den gerecht erworbenen Reichtum an die Brahmanen gibt, welche die Veden bewahren, und seine Seele zügelt, ein wahrhaft Entsagender ist. Wer jedoch die Freuden dieser Welt *(im häuslichen Leben)* überspringt und die nachfolgende Lebensweise *(des Einsiedlers)* ergreift, dieser Entsagende, oh Monarch, wird von der natürlichen Qualität der Trägheit *(Tamas)* geplagt. Der Mensch, der keine Heimat mehr hat, der ungebunden durch die Welt wandert, der am Fuße eines Baumes Schutz findet, der das Gelübde der Schweigsamkeit übt, der nie für sich selbst kocht und bemüht ist, alle Sinnesfunktionen zu zügeln, der ist, oh Pandava, ein Entsagender, der das Gelübde der Besitzlosigkeit beachtet. Auch der Brahmane, der Zorn und Freude sowie jegliche Unwahrheit überwindet und seine Zeit vollkommen dem Studium der Veden widmet, ist ein Entsagender, der das Gelübde der Besitzlosigkeit beachtet. Die vier verschiedenen Lebensweisen *(Schüler, Hausvater, Waldeinsiedler, Besitzloser)* sollten in der Welt ausgewogen sein. Die Weisen sagen, oh König, wenn man die Häuslichkeit auf eine Waagschale legen würde, dann müßten die anderen drei auf der anderen Waagschale zur Balance führen. Betrachte das Gleichgewicht dieser Waage, oh Yudhishthira, und erkenne dadurch, oh Bharata, daß das häusliche Leben, das allein sowohl den Himmel als auch die Weltfreude beinhaltet, der Weg der großen Rishis und die Zuflucht aller war, die zur Erkenntnis auf den Wegen der Welt gelangt sind. Deshalb, oh Nachfahre des Bharata, sind jene, die sich in dieser Lebensweise betätigen, indem sie erkennen, daß es ihre Aufgabe ist, und jegliches Begehren nach den Früchten aufgeben, die wahren Entsagenden, und nicht jene Menschen mit umwölkten Verstand, die ihrem Haus und ihrer Umgebung entfliehen, um in die Wälder zu ziehen. Dagegen ist jemand, der unter dem heuchlerischen Gewand der Tugend seine Begierde nie überwunden hat *(obwohl er in den Wäldern lebt)*, auch weiterhin vom grimmigen König des Todes gebunden, der ihm seine tödlichen Fesseln um den Hals legt.

All jene Taten, die aus Hochmut *(bzw. Eigensinn)* getan werden, gelten als verdienstlos. Dagegen, oh Monarch, bringen jene, die in einem Geist der Entsagung vollbracht werden, stets gute Früchte. Stille, Selbstdisziplin, Standhaftigkeit, Wahrhaftigkeit, Reinheit, Einfachheit, Opfer, Beständigkeit und Gerechtigkeit werden vor allem von den Rishis als Tugenden gelobt. In der Häuslichkeit lobt man jene Taten, die zum Wohle der Ahnen, Götter und Gäste sind. In dieser Lebensweise allein, oh Monarch, kann das dreifache Ziel *(von Dharma, Artha und Kama)* erreicht werden. Der Entsagende, der in dieser Lebensweise beständig ist, in der man alle verdienstvollen Handlungen vollbringen kann, wird weder hier noch zukünftig auf seinen Untergang treffen.

Der sündlose Herr aller Wesen, dessen Seele die Gerechtigkeit *(das Dharma)* ist, erschuf die Wesen mit der Absicht, daß sie ihn durch Opfer mit wahrhaft reichen Gaben verehren mögen. Blumen, Bäume, Kräuter und Tiere, die rein sind, sowie geklärte Butter, wurden als geheiligte Opfergaben geschaffen. Diese Leistung des Opfers ist für einen häuslich Lebenden voller Herausforderungen. Deshalb sagt man, daß diese Lebensweise äußerst schwierig und entbehrungsreich ist. Denn jene Personen, die im Hausstand leben und Reichtum, Getreide und Tiere besitzen, aber keine Opfer darbringen, ernten damit, oh Monarch, ewige Sünde. Selbst die Rishis vollbringen ihre Opfer. Einige durch das Studium der Veden, und andere betrachten die Meditation als das große Opfer, das sie in ihrem Geist ausführen. Die großen Götter, oh Monarch, suchen die Gesellschaft solcher Zweifachgeborenen, die aufgrund ihrer Schritte auf diesem Weg *(der Opfer)* in geistiger Vertiefung mit Brahma eins geworden sind. Wenn du dich aber nun weigerst, im Opfer diesen vielfältigen Reichtum hinzugeben, den du von deinen Feinden gewonnen hast, zeigst du eine unvollkommene Einsicht. Ich habe, oh Monarch, noch nie einen häuslich lebenden König gesehen, der seinem Reichtum auf andere Weise entsagt hätte als im Rajasuya, Asvamedha oder einer anderen Art des Opfers. So vollbringe, oh König, wie Indra, der König der Himmlischen, diese Opfer, wie sie von den Brahmanen gelobt werden.

Der König, dessen Untertanen durch seine Unachtsamkeit von Räubern heimgesucht werden, und der ihnen keinen Schutz gewährt, obwohl er als Herrscher berufen wurde, gilt als eine Verkörperung von Kali *(der Zerstörung)*. Wenn wir ohne die Gaben von Rossen, Kühen, Dienern, Elefanten mit Ausrüstung, Dörfern, Städten, Feldern und Häusern an die Brahmanen in die Wälder ziehen, mit Herzen, die kein Mitgefühl mit unseren Angehörigen hegen, werden auch wir, oh Monarch, solche Kalis der königlichen Kaste sein. Denn jene Mitglieder der königlichen Kaste, die weder Wohltätigkeit üben noch Schutz bieten, sammeln Sünde an. Das Leiden wird ihr zukünftiger Anteil sein und nicht die Seligkeit. Wenn du dich, oh Herr, ohne große Opfer und die Riten zu Ehren deiner verstorbenen Vorfahren und ohne Reinigung im heiligen Wasser in ein Leben der Wanderschaft begibst, dann wirst du auf deinen Untergang treffen wie eine kleine Wolke, die sich von einer großen Masse ablöst und vom Winde verweht wird. So wirst du aus beiden Welten fallen und deine Geburt unter Gespenstern nehmen. Ein wahrer Entsagender wird nur, wer jede innere und äußerliche Anhaftung überwindet, und nicht, wer das Hausleben verwirft, um in den Wäldern zu wohnen. Ein Zweifachgeborener, der unter Beachtung dieser Gebote lebt, wird alle Hindernisse überwinden und fällt weder aus dieser noch der kommenden Welt. Wer die Aufgaben der eigenen Kaste bewahrt, die von den Alten respektiert und von den Besten der Menschen geübt werden, warum sollte er sich grämen? Besonders du, oh Yudhishthira, der du in kürzester Zeit deine im Wohlstand schwimmenden Feinde im Kampf besiegt hast, wie Indra die Armeen der Dämonen. Du hast unter Beachtung der Kshatriya Pflichten die Welt durch deine Heldenkraft gewonnen. Nun beschenke *(durch deinen Dienst als König)* jene, welche die Veden bewahren. Dann kannst du, oh Monarch, in die Bereiche aufsteigen, die höher als der Himmel sind. Es ziemt sich nicht für dich, oh König, dem Kummer anzuhängen!

Kapitel 13 - Sahadeva über die Ichlosigkeit

Sahadeva sprach:
Indem man allein die äußerlichen Dinge abwirft, oh Bharata, erreicht man nie Vollkommenheit. Selbst wenn man die geistige Anhaftungen abwirft, ist der Erfolg noch zweifelhaft. Überlaß das religiöse Verdienst und Glück, das man gewinnt, wenn man die Äußerlichkeiten abwirft, aber der innere Geist noch begehrt, als Anteil deinen Feinden! Dagegen möge das religiöse Verdienst und Glück, von dem, der die Erde regiert, während er alle innere Anhaftung überwunden hat, der Anteil unserer Freunde sein. Das Wort Mama *(„Mein")*, das aus zwei Silben besteht, ist der Tod selbst, während das entgegengesetzte Wort Namama *(„Nichtmein")*, aus drei Silben besteht und das ewige Brahman ist. Brahma und Tod, oh König, wohnen unsichtbar in jeder Seele und veranlassen zweifellos alle Wesen zum Handeln. Wenn dieses Wesen, oh Bharata, das Seele genannt wird, nicht absolut vergänglich ist, dann kann auch keine absolute Schuld sein, wenn *(im Kampf)* der äußerliche Körper der Wesen zerstört wird. Wenn aber anderseits die Seele und der Körper eines Wesens gemeinsam geboren und zerstört werden, so daß, wenn der Körper stirbt, auch die Seele vergeht, dann würde der Weg der *(in den Schriften beschriebenen)* Riten und Handlungen sinnlos sein. Deshalb sollte der Weise alle Zweifel an der Unsterblichkeit der Seele vertreiben, und diesen Pfad annehmen, der durch die Rechtschaffenen in alten und ältesten Zeiten beschritten wurde.

Das Leben eines Königs ist sicher unfruchtbar, wenn er die ganze Erde mit ihren belebten und unbelebten Geschöpfen gewonnen hat, um dann die Herrschaft abzulehnen. Bedenke, oh König, wer im Wald von wilden Früchten und Wurzeln lebt, aber die Vorstellung von „Mein" nicht aufgelöst hat, der lebt im Rachen des Todes. Oh Bharata, erkenne die Herzen und äußeren Formen aller Geschöpfe einzig und allein als Manifestationen deines Selbst. Wer alle Wesen als sein eigen Selbst betrachtet, entgeht der großen Angst *(vor dem Tod)*. Du bist mein Herr, du bist mein Beschützer, mein Bruder, mein Ältester und Lehrer. So mögest du mir diese zusammenhanglose Rede einer mit Sorge geschlagenen Person vergeben. Wahr oder falsch, was ich gesprochen habe, oh Herr der Erde, sprach ich mit tiefstem Respekt, den ich für dich, oh Bester der Bharatas, empfinde.

Kapitel 14 - Die Rede der Draupadi

Vaisampayana sprach:

Oh Monarch, als der Sohn der Kunti, der gerechte König Yudhishthira, sprachlos blieb, nachdem er seinen Brüdern zugehört hatte, wie sie diese Wahrheiten der Veden verkündeten, sprach jene Beste der Frauen, die lotusäugige Draupadi mit der großen Schönheit und edlen Abstammung zu diesem Stier unter den Königen, der in der Mitte seiner löwenhaften Brüder saß, wie der Führer einer Elefantenherde. Die liebevolle Beachtung all ihrer Ehemänner, besonders von Yudhishthira, war ihr sicher, denn sie wurde stets mit Zuneigung und Nachsicht vom König behandelt. Mit ihren Aufgaben bekannt und stets bestrebt, sie zu beachten, richtete diese Dame mit den wohlgeformten Hüften die Augen auf ihren Herrn. Sie suchte seine Aufmerksamkeit mit lieben und süßen Worten und sprach dann wie folgt:

Deine Brüder, oh Pandava, klagen und reden sich die Gaumen trocken, aber du erfreust sie nicht. Oh Monarch, beruhige mit den rechten Worten deine Brüder, die wilden Elefanten gleichen, diese Helden, die bereits den Becher des Elends getrunken haben. Warum, oh König, sprachst du damals zu ihnen am Dwaita See, wo wir zusammen lebten und Kälte, Wind und Sonne erlitten, die heroischen Worte:

„Eilt zum Kampf für den Sieg! Wir wollen Duryodhana schlagen und uns der Erde erfreuen, die jeden Wunsch erfüllen kann. Wenn die großen Wagenkrieger ihrer Wagen beraubt werden, die riesigen Elefanten geschlagen und das Kampffeld mit den Körpern der Wagenkrieger, Reiter und Helden bestreut wird, werdet ihr, oh Feindevernichter, große Opfer mit vielfältigen Gaben im Überfluß vollbringen. Dieses ganze Leiden wegen des Lebens im Exil der Wälder wird dann im Glück enden."

Oh Erster aller Tugendhaften, du selbst hast diese Worte zu deinen Brüdern gesprochen. Warum, oh Held, bedrückst du nun unsere Herzen so sehr? Ein Kraftloser kann niemals Wohlstand genießen. Ein Unfruchtbarer kann niemals Nachkommen haben, wie in einem ausgetrockneten Teich kein Fisch mehr leben kann. Ein Kshatriya ohne Herrscherstab kann niemals wachsen, und ein Kshatriya ohne Herrscherstab kann niemals die Erde erfreuen. Die Untertanen eines Königs ohne Herrscherstab können niemals glücklich leben. Freundschaft mit allen Wesen, Wohltätigkeit, Studium der Veden und Entsagung sind vor allem die Aufgaben eines Brahmanen und nicht eines Königs, oh Bester der Könige! Die Übelgesinnten zurückzuhalten, die Ehrlichen zu hegen und sich nie vom Kampf zurückzuziehen, dies sind die höchsten Aufgaben der Könige. So gilt ein König als pflichtbewußt, in dem Vergebung und Zorn, Geben und Nehmen, Respekt und Furchtlosigkeit, Bestrafung und Belohnung zu finden sind. Weder durch Studium, noch durch Geschenke oder Bettelei, hast du diese Erde gewonnen. Du hast, oh Held, diese gewaltige Armee des Feindes geschlagen und besiegt, die bereit war, dich mit ihrer ganzen Energie zu überwältigen, mit zahllosen Elefanten, Pferden und Wagen, gestärkt durch die drei Arten der Kräfte und beschützt durch Drona, Karna, Aswatthaman und Kripa! Deshalb bitte ich dich, erfreue nun diese Erde! Du hast, oh Mächtiger, mit deiner Kraft den Kontinent gewonnen, der Jambu genannt wird und mit vielen Völkern besiedelt ist. Und wie Jambudvipa, hast du, oh Herrscher der Menschen, mit deiner Kraft auch den anderen Kontinent gewonnen, der Kraunchadvipa genannt wird und im Westen des großen Meru liegt. Und wie Kraunchadvipa hast du, oh König, mit deiner Kraft auch den Sakadvipa im Osten des großen Meru gewonnen. Und wie Sakadvipa, hast du, oh Tiger untern den Männern, auch den Kontinent Bhadrasva im Norden des großen Meru mit deinem Herrscherstab erobert! Du bist sogar in den Ozean vorgedrungen und hast dort mit deiner Kraft, oh Held, weitere Bereiche und große Inseln im Meer mit vielen völkerreichen Ländern gewonnen. Nachdem du, oh Bharata, solche unermeßlichen Leistungen erreicht und damit sogar die Verehrung der Brahmanen gewonnen hast, wie kommt es, daß deine Seele nicht zufrieden ist?

Sieh deine Brüder an, oh Bharata, diese Helden, voller Kraft wie Stiere oder wilde Elefanten. Warum sprichst du nicht erfreuliche Worte zu ihnen? Ihr alle seid wie Himmlische. Ihr alle seid fähig, euren Feinden zu widerstehen und sie zu überwinden. Wenn nur einer von euch mein Ehemann geworden wäre, selbst dann wäre mein Glück sehr groß gewesen. Was soll ich dann noch sagen, oh Tiger unter den Männern, nachdem ihr alle fünf meine Männer geworden seid, wie die fünf Sinne die körperliche Hülle beleben. Die Worte meiner Schwiegermutter *(Kunti)*, die mit großem Wissen und weiser Voraussicht gesegnet ist, können doch niemals unwahr sein. Sie sprach zu mir: „Oh Prinzessin von Panchala, Yudhishthira wird stets dein Glück bewahren, oh ausgezeichnete Dame!“ Nachdem viele Tausende Könige mit mächtiger Heldenkraft geschlagen wurden, sehe ich, oh Monarch, daß du aus Narrheit dieser Errungenschaft jeden Sinn rauben willst. Wenn der älteste Bruder verrückt wird, scheinen ihm alle in den Wahnsinn folgen. Durch deinen Wahn, oh König, sind alle Pandavas auf dem Weg in die Verrücktheit. Wenn deine Brüder, oh Monarch, noch bei Sinnen wären, würden sie dich mit allen anderen Ungläubigen *(ins Gefängnis)* einsperren und selbst die Regierung der Erde übernehmen. Wer aus Dummheit handelt, kann niemals Wohlstand gewinnen. Der Mensch, der den Pfad des Wahnsinns betritt, sollte ärztliche Behandlung mit Hilfe von Düften, Salben, Drogen und anderer Medizin erhalten.

Oh Bester der Bharatas, ich bin die Unglücklichste meines ganzen Geschlechts, nachdem ich zuerst so erniedrigt wurde und dann noch all meine Kinder verloren habe. Du solltest die Worte nicht ignorieren, die von mir und deinen Brüder gesprochen wurden, und sich so anstrengen, dich zu überzeugen. Wahrlich, wenn du diese ganze Erde aufgibst, lädst du Unglück und Gefahr auf dich. Du erstrahlst gegenwärtig, oh Monarch, wie in alten Tagen jene zwei Besten der Könige, Mandhatri und Ambarisha, die von allen Herren der Erde geachtet wurden. Beschütze deine Untertanen gerecht und regiere diese Göttin Erde mit ihren Bergen, Wäldern und Inseln! Verliere nicht alle Freude, oh König! Verehre die Götter in verschiedenen Opfern! Kämpfe mit deinen Feinden! Gib den Brahmanen Geschenke an Reichtum, Kleidung und anderen erfreulichen Dingen, oh Bester der Könige!

Kapitel 15 - Arjuna über die Bedeutung der Herrschaft

Vaisampayana sprach:
Diese Rede der Tochter von Yajnasena hörend, ergriff Arjuna noch einmal das Wort, um den rechten Respekt für seinen starkarmigen ältesten Bruder mit dem unvergänglichen Ruhm zu zeigen.

Und Arjuna sprach:
Der mit dem Herrscherstab bewaffnete Mann regiert alle Untertanen und beschützt sie. Dieses Zepter sei wach, selbst wenn alle anderen schlafen. Dafür haben die Gelehrten das Zepter als Symbol der Gerechtigkeit selbst bezeichnet. Dieser Stab, oh König, beschützt die Gerechtigkeit, den Gewinn und sogar die Liebe *(Dharma, Artha & Kama)*. So symbolisiert dieser Herrscherstab das dreifache Lebensziel. Der Reichtum des ganzen Landes wird durch diesen Stab bewahrt. Erkenne das, oh Gelehrter, und ergreife das königliche Zepter aus Achtung für den Lauf dieser Welt. Viele der sündhaften Menschen widerstehen der Sünde aus Furcht vor diesem Herrscherstab in der Hand des Königs, wie auch manche von ihnen aus Furcht vor dem Stab von Yama, aus Furcht vor der kommenden Welt oder aus Furcht vor der Gesellschaft *(bzw. dem Stab der Brahmanen)* die sündigen Taten vermeiden. Deshalb ist in dieser Welt, oh König, die nun einmal so wirkt, vieles vom Herrscherstab abhängig. Es gibt sogar Menschen, die allein von diesem Herrscherstab zurückgehalten werden, sich gegenseitig zu verschlingen. Wenn dieser Herrscherstab die Leute nicht beschützte, würden sie in die Dunkelheit der Hölle versinken. Dieser Herrscherstab wurde durch die Gelehrten so genannt, weil er die Unbelehrbaren zügelt und die Übeltäter bestraft. Die Brahmanen sollten durch Worte gezügelt werden, die Kshatriyas durch Nahrungsentzug, so daß sie gerade noch leben können, die Vaisyas durch Geldstrafen und Enteignung, während es für Shudras keine entsprechende Strafe gibt *(weil wahre Diener besitzlos sind)*. Um die Menschen *(für ihre Aufgaben)* wachzuhalten und für den Schutz des Eigentums, oh König, wurden in der Welt Gesetze zur Bestrafung geschaffen. Dort, wo die Bestrafung als eine dunkle Erscheinung mit roten Augen droht, und der König eine gerechte Sicht hat, vergessen sich die Untertanen nie. Sei es der Brahmacharin oder der Hausvater, der Einsiedler im Wald oder der Bettelmönch, alle gehen ihren entsprechenden Weg aus Furcht vor irgendeiner Bedrängnis. Wer ohne jegliche Furcht ist, oh König *(und nicht einmal Ehrfurcht kennt)*, wird niemals ein Opfer durchführen. Wer ohne Furcht ist, wird das Geben nie lernen. Der Mensch, der ohne jegliche Furcht ist, wünscht nie irgendeine Verpflichtung oder einen Vertrag zu erfüllen. Ohne gegen andere zu kämpfen, ohne die schwierigsten Leistungen zu vollbringen und ohne das Wesen eines Fischers *(der vom Fischfang lebt)*, kann niemand großen Wohlstand erreichen. Ohne Kampf wäre kein Mensch fähig gewesen, Ruhm, Reichtum oder Untertanen in dieser Welt zu gewinnen. Indra selbst wurde durch den Sieg über Vritra zum großen Indra. Die kraftvollen und kämpferischen unter den Göttern werden von den Menschen viel mehr verehrt. Rudra, Skanda, Shakra, Agni und Varuna sind Kämpfer. Kala *(Zeit)*, Mrityu *(Tod)*, Vayu, Kuvera, Surya, die Vasus, Maruts, Sadhyas und Viswadevas, oh Bharata, sind ebenfalls Kämpfer. Im Respekt vor ihrer Heldenkraft

verneigen sich die meisten Leute vor diesen Göttern, aber nur wenige vor Brahma, Dhatri oder Pushan. Denn nur wenige Menschen sind in ihrer Gesinnung so edel und verehren in all ihren Taten diejenigen unter den Göttern, die allen Wesen gleich geneigt, zurückhaltend und friedlich sind.

Ich sehe in dieser Welt niemanden, der sein Leben fristet, ohne dabei irgend jemand anderen zu verletzen. Tiere leben von Tieren, der Stärkere vom Schwächeren. Der Mungo frißt Mäuse, die Katze frißt den Mungo, der Hund frißt die Katze und der Hund wird wiederum vom jagenden Leoparden verschlungen. So erkenne auch, daß alle Geschöpfe wiederum vom Zerstörer *(dem Tod)* verschlungen werden, wenn er kommt. Dieses ganze belebte und unbelebte Weltall ist Nahrung für die Lebewesen. Dies wurde von den Göttern so bestimmt. Der Weise ist diesbezüglich nicht verwirrt. Es ziemt sich für dich, oh großer König, das zu werden, was du von Geburt aus bist. Nur unwissende Kshatriyas verzichten auf Zorn und Freude, um in den Wäldern Zuflucht zu suchen. Die besten Asketen könnten ihr Leben nicht fristen, ohne irgendwelche Geschöpfe zu töten. Im Wasser, auf der Erde und selbst in den Früchten gibt es unzählige Wesen. Man sollte nicht denken, daß man ohne zu töten leben kann. Doch welche höhere Aufgabe gibt es, als das Leben zu bewahren? Es gibt endlos viele Wesen, die so klein sind, daß ihre Existenz nur geahnt werden kann. Sogar beim Schließen der Augenlider werden sie zerstört. Manche Menschen sieht man, die Zorn und Stolz unterdrücken, nach einem asketischen Leben streben, und Dörfer und Städte verlassen, um in die Wälder ziehen. Dort angekommen, sind sie oft so verwirrt, daß sie hier nicht anders leben, als in ihren Häusern. Andere kann man sehen, die *(in der Häuslichkeit)* den Boden beackern, Kraut ausreißen, Bäume fällen und Tiere töten, aber Opfer durchführen und schließlich zum Himmel gelangen.

Oh Sohn der Kunti, ich habe keinen Zweifel daran, daß die Taten aller Wesen von Erfolg gekrönt werden, wenn eine gerechte Herrschaft besteht. Wenn der Herrscherstab in der Welt abgeschafft würde, müßten die Geschöpfe bald untergehen. Wie die Fische im Wasser, so jagen die stärkeren Tiere die schwächeren. Diese Wahrheit wird seit alters her von Brahma selbst verkündet. Eine gerechte Herrschaft bewahrt die Geschöpfe. Betrachte das erlöschende Feuer, es lodert furchtvoll wieder auf, wenn es angeblasen wird. Das geschieht aus Furcht vor der Herrscherkraft *(von Vayu)*. Gäbe es keine Bestrafung in der Welt, die das Gute vom Schlechten unterscheidet, dann würde die ganze Welt in völlige Dunkelheit *(bzw. Unwissenheit)* gehüllt sein und alles im Chaos versinken. Sogar jene Übelgesinnten, die Gesetzesbrecher, Gottlosen und Verleumder der Veden, werden durch Bestrafung bald bereit sein, die Regeln und Grenzen zu beachten. Jeder wird in dieser Welt durch Bestrafung geführt und gestützt. Eine natürlich reine und gerechte Person ist höchst selten. Durch leidvolle Strafe sind die Menschen bereit, die Regeln und Grenzen zu akzeptieren. Diese Bedrängnis wurde vom Schöpfer selbst bestimmt, um Gerechtigkeit und Verdienst zu bewahren und damit das Glück aller vier Kasten in einem rechtschaffenen und bescheidenen Leben zu fördern. Wenn es keine Furcht vor dieser Bedrängnis gäbe, dann hätten Raben und Raubtiere alle anderen Tiere und Menschen bereits aufgefressen, wie die geklärte Butter im Opferfeuer. Wenn es in dieser Welt keine Bedrängnis gäbe, dann hätte niemand die Veden studiert *(bzw. nach Wahrheit gesucht)*, niemand hätte die Milchkuh gemolken *(bzw. nach Wohlstand gestrebt)*, und keine Jungfrau hätte je geheiratet *(und für Nachwuchs gesorgt)*. Wenn dieser Herrscherstab nicht erhoben und bewahrt wird, würde sich überall Chaos und Verwirrung erheben, alle Grenzen würden fallen und jegliche Achtung vor anderen Wesen verschwinden. Wenn der Herrscherstab nicht zum Schutz aufgerichtet wird, könnten die Leute niemals ihre jährlichen Opfer mit großen Geschenken durchführen. Ohne diesen Stab der Züchtigung, würde niemand, welcher Lebensweise er auch angehört, seine ihm gegebenen Aufgaben beachten, und keiner könnte wahrhafte Erkenntnis erreichen. Weder Kamele, noch Ochsen, Pferde, Maulesel oder Esel würden irgendeinen Wagen ziehen, wenn es den Stab der Züchtigung nicht gäbe. Alle Geschöpfe unterliegen irgendeiner Bedrängnis. Die Gelehrten sagen deshalb, daß diese Bedrängnis die Wurzel von allem ist. Auf dieser Bedrängnis beruht diese ganze Welt, sogar der Himmel, den sich die Menschen wünschen. Dort, wo der gerechte Herrscherstab wohldosiert die Feinde zerstört, wird sich kaum Sünde erheben, kein Betrug und keine Boshaftigkeit. Doch wo der Stab der Züchtigung fehlt, wird der Hund die Opferbutter lecken und die Krähe die erste Opfergabe davontragen.

Ob nun gerecht oder ungerecht, dieses Königreich ist jetzt von uns gewonnen. So sei es nun unsere Aufgabe, all das Elend zu überwinden. Deshalb erfreue dich und führe Opfer durch! Menschen, die glücklich sind, leben mit ihren lieben Ehefrauen *(und Kindern)*, essen gute Speise, tragen ausgezeichnete Kleidung und erwerben mit Freude Tugend. Alle unsere Taten sind zweifellos vom Wohlstand abhängig. Dieser Wohlstand hängt wiederum von der Herrschaft ab. Erkenne deshalb die Wichtigkeit der Herrschaft! Allein für die Erhaltung der Ordnung in der Welt wurden die jeweiligen Pflichten festgelegt. Hier sollte man unterscheiden zwischen dem Verzicht von Gewalt und der Gewalt mit gerechter Motivation. Von diesen beiden ist das höher, womit die Gerechtigkeit bewahrt werden kann. *(Es ist besser den Tiger zu töten, der in die Herde eingefallen ist, als aus Angst vor der Gewalt die Herde zu opfern.)* Denn es gibt keine Tat, die ganz ohne Sünde wäre, noch eine Tat, ganz ohne Verdienst. In allen Taten wird immer richtig und falsch zu finden sein. Haustiere werden kastriert, ihre Hörner gestutzt, sie müssen Lasten tragen, werden angebunden und gezüchtigt. In dieser Welt, die unbeständig, unvollkommen und leidvoll ist, oh Monarch, übe nun die älteste Pflicht der Menschen aus und folge den genannten Geboten und Gleichnissen. Führe Opfer durch, gib Almosen, beschütze deine Untertanen und übe Gerechtigkeit! Überwinde deine Feinde, oh Sohn der Kunti, und beschütze deine Freunde! Sei heiter, oh König, und siege! Wer so handelt, oh Bharata, sammelt keine Sünde an.

Wer eine Waffe ergreift und einen heranstürmenden, bewaffneten Feind tötet, begeht damit keine Sünde, weil es der Zorn des angreifenden Feindes ist, der sich gegen ihn selbst richtet. Die innerste Seele jedes Wesens ist unsterblich. Wenn aber die Seele unsterblich ist, wie könnte man von einem anderen getötet werden? Wie eine Person von einem Wohnhaus in ein anderes zieht, so geht das

Wesen in einen neuen Körper ein. Es legt die abgetragenen Formen ab und nimmt neue Formen an. Wer Wahrheit sehen kann, der erkennt, daß der Tod nichts anderes als diese Umwandlung ist.

Kapitel 16 - Bhima über Gesundheit

Vaisampayana sprach:
Nachdem Arjuna seine Rede beendet hatte, sprach der zorn- und energievolle Bhimasena zu seinem ältesten Bruder, wobei er seine ganze Geduld aufbrachte:

Du, oh Monarch, bist mit allen Aufgaben vertraut. Es gibt diesbezüglich nichts Unbekanntes für dich. Wir möchten stets deinem Verhalten folgen, aber leider können wir hier nicht mithalten! Ich wünschte wahrlich zu schweigen, doch von großem Kummer getrieben, werde ich zum Sprechen gezwungen. So höre meine Worte, oh Herrscher der Menschen! Durch dein verwirrendes Verhalten sind wir alle bedrückt, freudlos und schwach geworden. Wie kommt es, daß du als Herrscher der Welt, der in allen Zweigen des Lernens erfahren ist, durch diesen Kummer deinen Verstand so verdunkeln läßt wie ein Feigling? Die heilsamen und unheilsamen Wege der Welt sind dir bekannt. Es gibt nichts, was dir bezüglich der Zukunft oder Gegenwart verborgen ist, oh Mächtiger! So laß mich noch weitere Gründe aufzeigen, oh Monarch, damit du die Herrschaft ergreifen mögest. Höre mich mit ungeteilter Aufmerksamkeit:

Es gibt zwei Arten von Krankheiten, nämlich körperliche und geistige. Die eine entsteht jeweils aus der anderen. Keine von beiden kann als unabhängig betrachtet werden. Zweifellos kann geistige Krankheit aus körperlicher, sowie auch körperliche Krankheit aus geistiger entstehen. Das ist die Wirklichkeit. Wer der Sorge wegen vergangener physischer oder geistiger Leiden nachhängt, erntet Leid auf Leid und wird seine Sorgen stets vermehren. Kälte, Hitze und Wind sind die drei Grundeigenschaften des Körpers. Ihr Gleichgewicht ist ein Zeichen für Gesundheit. Wenn eine der drei über die anderen vorherrscht, sind Heilmittel beschrieben worden. Kälte wird durch Hitze ausgeglichen, und Hitze durch Kälte.

Güte, Leidenschaft und Dunkelheit *(Sattwa, Rajas, Tamas)* sind die drei Grundeigenschaften des Geistes. Ihr Gleichgewicht ist ein Zeichen für die geistige Gesundheit. Wenn eine von ihnen vorherrscht, sind ebenfalls Heilmittel beschrieben worden. Kummer wird durch Freude ausgeglichen und Freude durch Kummer. Wer gegenwärtig in Euphorie lebt, sollte das vergangene Leiden nicht vergessen. Wer gegenwärtig im Leiden versinkt, sollte sich an die vergangenen Freuden erinnern. Du jedoch warst *(durch deine wahrhafte Güte)* nie leidvoll im Kummer noch euphorisch in der Freude. Du müßtest deshalb nie dein Gedächtnis verwenden, um in freudvollen Zeiten der Trauer oder in leidvollen Zeiten der Freuden zu gedenken. Es scheint aber, daß das Schicksal übermächtig ist. Und wenn deine jetzige Niedergeschlagenheit aus deiner Natur kommt, warum bist du dann nicht geneigt, an jenen Anblick zu denken, als die wenig bekleidete Draupadi während ihrer Periode vor die Versammlung geschleppt wurde? Warum bist du nicht geneigt, an unsere Verbannung aus der Kuru Stadt zu denken, sowie an unser langjähriges Exil in den Wäldern, nur in Hirschfelle gekleidet? Warum hast du das Leiden vergessen, das durch Jatasura, dem Kampf mit Chitrasena oder die Beleidigung aus den Händen von Jayadratha, dem Sindhu König, uns begegnete? Warum hast du den Tritt von Kichaka vergessen, den Prinzessin Draupadi ertragen mußte, als wir im Verborgenen lebten?

Oh Feindevernichter, ein harter Kampf, der mit dem vergleichbar ist, den du mit Bhishma oder Drona gekämpft hast, steht nun vor dir, den du allerdings allein in deinem Geist bewältigen mußt. Wahrlich, dieser Kampf begegnet dir heute, wo keine Pfeile nötig sind, wo Freunde, Verwandte und Angehörige nicht helfen können, denn er will allein in deinem Geist gewonnen werden. Wenn du deinen Lebensatem aufgibst, bevor du in diesem Kampf gesiegt hast, dann wirst du einen anderen Körper annehmen und erneut gegen diese wirklichen Feinde kämpfen müssen. Deshalb beginne diesen Kampf noch heute, oh Stier der Bharatas, ohne Rücksicht auf die Leiden deines Körpers, aber mit Hilfe deiner Taten. Erkenne den Feind in deinem Geist und siege! Wenn du diesen Kampf nicht gewinnst, was soll aus dir werden? Wenn du aber siegst, oh Monarch, wirst du das große Ziel des Lebens erreichen. Verwende deine Vernunft dazu, um die richtigen und falschen Wege der Wesen zu erkennen, folge dem Pfad, den dein Vater vor dir gegangen ist, und regiere dein Königreich gerecht! Durch gutes Schicksal, oh König, wurde der sündhafte Duryodhana mit all seinen Anhängern geschlagen. Durch gutes Schicksal trägt Draupadi ihre Haare wieder wie früher. *(Draupadi trug ihre Haare unfrisiert, seitdem sie von Dushasana daran gezogen wurde.)* Führe mit den rechten Riten und reichen Gaben das Pferdeopfer durch! Wir sind deine Diener, oh Sohn der Pritha, wie auch Vasudeva mit der großen Energie.

Kapitel 17 - Yudhishthiras Antwort

Da sprach Yudhishthira:

Unzufriedenheit, unachtsame Anhaftung an irdische Güter, Unruhe, Narrheit, Hochmut und Angst - du begehrst die Herrschaft, oh Bhima, weil du von diesen Sünden betroffen bist. Befreie dich vom Begehren, sei jenseits von Freude und Leid, erreiche die zeitlose Stille und sei selig! Der unvergleichliche Monarch, der diese unbegrenzte Erde regieren will, wird auch einen eigenen Magen haben *(den er füllen muß)*. Warum lobst du diesen Weg des Lebens? Die eigenen Begierden, oh Stier der Bharatas, können weder an einem Tag noch in vielen Monaten oder in einem ganzen Leben erfüllt werden. Begierde wird niemals Erfüllung finden. So lange ein Feuer mit Brennstoff gefüttert wird, lodert es auf. Doch wenn es ungenährt bleibt, erlischt es. So lösche mit enthaltsamer Nahrung das Feuer, das in deinem Bauch lodert! Wer ohne Weisheit ist, stopft immer in sich hinein. Überwinde zuerst deinen eigenen Magen! Wenn du danach die Erde überwindest, wirst du das gewinnen, was dir langfristig Gutes bringt.

Du lobst das Begehren, die Freude und den Wohlstand? Doch nur jene, die allen Freuden entsagt und ihre Körper durch Buße erniedrigt haben, gelangen zu den Bereichen der Glückseligkeit. Der Erwerb und Erhalt eines Königreichs ist sowohl mit Gerechtigkeit als auch mit Ungerechtigkeit verbunden. Dieser

Wunsch lebt in dir. Befreie dich von deinen großen Sorgen und übe Entsagung! Der Tiger muß viele Tiere töten, um immer wieder seinen Magen zu füllen. Andere Tiere, die kraftlos sind, leben als Beute dieses Tigers. Wenn Könige irdische Besitztümer akzeptieren, ohne Entsagung zu üben, werden sie nie Zufriedenheit finden. Erkenne die Vernunftlosigkeit darin! Wahrlich, nur jene, die *(symbolisch)* von den herabgefallenen Blättern der Bäume leben, die nur zwei Steine oder ihre Zähne verwenden, um ihr Korn zu schälen, oder allein von Wasser und Luft existieren, werden die Hölle überwinden können. Zwischen einem König, der über diese weite, unbegrenzte Erde herrscht, und jenem, der Gold und Kieselsteine als gleichwertig betrachtet, sagt man vom Letzteren, daß er das Ziel seines Lebens erreicht hat. Hinsichtlich der ewigen Zuflucht der Seligkeit, sowohl hier als auch zukünftig, entsage dem begierdevollen Handeln und Hoffen, und beende die Anhaftung daran! Wer das Wünschen und Erfreuen aufgegeben hat, muß sich nicht mehr grämen. Du aber grämst dich noch um die Freuden. Überwinde Begierde und Vergnügungen! Dann wirst du es schaffen, dich von unwahrhafter Rede zu befreien. Es gibt zwei wohlbekannte Pfade, den Pfad der Ahnen *(den Väterweg)* und den Pfad der Götter *(den Götterweg)*. Jene, die Opfer durchführen, gehen auf dem Väterweg, während jene, die Erlösung suchen, den Götterweg beschreiten. Durch Buße, Enthaltsamkeit und der Suche nach Wahrheit werfen die großen Rishis ihre Körperlichkeit ab und gehen in die Bereiche, die jenseits der Macht des Todes sind. Weltliche Begierden sind als Fesseln geschaffen worden. Sie werden auch als karmisches Handeln bezeichnet. Befreit von diesen zwei Sünden, erreicht man das höchste Ziel. Höre diesen Vers, der einst von König Janak gesungen wurde, der von Gegensätzen befreit war, wie auch von Begierde und Freude, und die Religion des Moksha *(der Befreiung)* beachtete.

„Meine Schätze sind riesig und doch habe ich nichts! Wenn ganz Mithila verbrennen würde und zu Asche zerfiele, ich würde nichts von mir verlieren!"

Wie jemand auf dem Bergesgipfel auf die Menschen unten im Tal schaut, so sieht jener, der den Gipfel der Erkenntnis erreicht hat, wie die Leute sich um Dinge grämen, die keiner Sorge wert sind. Der Unwissende jedoch, kann dies nicht erkennen. Er richtet seine Augen nur auf äußerliche Formen, spricht von Realität und meint, Augen und Verstand zu besitzen. Der Verstand wird deswegen so genannt, weil er Wissen und Verständnis von Unbekanntem und Unsichtbarem geben kann. Wer mit den Worten der Weisen vertraut ist, wessen Seele gereinigt wurde und wer das Sein von Brahma kennt, der kann wahrlich großen Ruhm erreichen. Wer die unendlich vielfältigen Geschöpfe als Alleinheit sieht, als unterschiedliche Erscheinungsformen der gleichen Essenz, der gilt als Kenner des Brahman. Wer diesen hohen Zustand der Kultur entfaltet, erreicht jenes höchste und selige Ziel, und nicht jene, die ohne höhere Erkenntnis sind, die gesunkenen und kleinlichen Seelen, die Vernunftlosen, die ohne Entsagung leben. Wahrlich, alles beruht auf dieser höchsten Erkenntnis!

Kapitel 18 - Arjuna über die Tugenden des Hauslebens

Vaisampayana sprach:
Als Yudhishthira nach diesen Worten verstummte, sprach Arjuna gequält von den Worten des Königs und in Sorgen und Kummer brennend noch einmal zu seinem ältesten Bruder:
Die Leute erzählen eine alte Geschichte, oh Bharata, über ein Gespräch zwischen dem Herrscher der Videhas und seiner Königin. Diese Geschichte überliefert die Worte, welche die tieftraurige Gattin des Herrschers der Videhas zu ihrem Herrn gesprochen hatte, als dieser sein Königreich aufgeben wollte und entschlossen war, ein Leben als Bettler zu führen. König Janak schor sich den Kopf, trug das Gewand eines Bettelmönches und entsagte Reichtum, Kindern, Ehefrauen, allem wertvollen Besitz, dem gewöhnlichen Pfad und sogar dem Opferfeuer selbst, um religiöses Verdienst zu erwerben. Seine liebende Gattin erblickte ihn ohne Reichtum im Gelübde der Bettelmönche, entschlossen, kein Wesen mehr zu verletzen, jeglichen Stolz verwerfend und bereit, von einer Handvoll Gerste zu leben, die vom Halm gefallen ist. Sie näherte sich ihrem Herrn, als niemand anderes zugegen war, und dann sprach die Königin, die mit großer Geisteskraft begabt war, furchtlos und entschlossen zu ihm:

Warum hast du ein Leben der Bettelei angenommen und dein Königreich aufgegeben, das mit Reichtum und Getreide gefüllt ist? Eine Handvoll herabgefallene Gerste kann für dich nicht das Rechte sein! Dein Handeln widerspricht der Tugend, die du beabsichtigst, wenn du dein großes Königreich aufgibst, oh König, um eine Handvoll Korn zu begehren! Mit dieser Handvoll Gerste willst du deine Gäste, Götter, Rishis und Ahnen befriedigen? Dieses Vorhaben wird vergeblich sein. Ach, alle diese Götter, Gäste und Ahnen verlassend, willst du ein Leben als wandernder Bettler führen, oh König, und alle Handlungen verwerfen. Du warst einst der Ernährer von tausenden Brahmanen, die in den drei Veden und vielem mehr erfahren sind. Wie kannst du nun von ihnen dein Essen erbitten? Deinen strahlenden Wohlstand gibst du auf und wirfst nun deine Blicke umher wie ein Hund *(nach Futter)*. Deine Mutter verliert heute durch dich ihren Sohn und deine Gattin, die Prinzessin von Kosala, wird zur Witwe gemacht. Viele abhängige Kshatriyas warteten dir für Erfolg und religiöses Verdienst auf und setzten all ihre Hoffnungen auf dich. Indem du nun ihre Hoffnungen zerstörst, in welche Bereiche wirst du gehen, oh König, besonders, wenn Erlösung zweifelhaft ist und die Wesen von ihren Handlungen abhängig sind? Von Sünde erfüllt, hast du weder diese Welt noch die kommende gewonnen, weil du leben möchtest, nachdem du deine anvertraute Ehefrau verlassen hast. Wahrlich, warum willst du ein Leben als wandernder Bettler führen, dich aller Handlungen enthalten und Girlanden, Düfte, Ornamente und Roben ablegen? Du warst ein großer und heiliger See für alle Geschöpfe, ein mächtiger, verehrungswürdiger Baum, der allen Schutz gewährte. Ach, wie kannst du nun anderen aufwarten und sie anbeten? Wenn ein Elefant alles Handeln vermeidet, würden Fleischfresser in Scharen kommen sowie unzählige Würmer und ihn einfach auffressen. Was wäre dann von dir zu sagen, der du noch kraftloser bist? Wie konnte dein Herz dieser Lebensweise verfallen, die einen irdenen Topf und einen dreiköpfigen Stock benötigt, die dich zwingt, deine eigentliche Kleidung abzulegen, und nur die Annahme einer Handvoll Gerste erlaubt, weil man allem entsagen will? Wenn du auch meinst, daß dir ein Königreich und eine Handvoll Gerste das Gleiche sind, warum verläßt du dann dein Königreich? Wenn diese Handvoll Gerste zum Ziel deiner Anhaftung wird, dann ist dein ursprünglicher Entschluß *(zur Entsagung von allem)* bereits zerfallen. Wenn du entschlossen bist, alles aufzugeben und niemand zu verletzen, wer bin dann ich zur dir und du zu mir, und wo ist dein Mitgefühl zu mir? Wenn du zum Mitgefühl neigst, dann herrsche über diese Erde! Wer sein Glück wünscht, aber sehr arm, verdienstlos und von allen Freunden verlassen ist, der möge diese Art der Entsagung üben. Aber wer dieses Leben als Bettler nur imitiert, indem er Paläste, Betten, Wagen, Roben und Ornamente verwirft, der handelt im Grunde ungerecht. Der eine nimmt immer nur, der andere gibt beständig. Erkenne den Unterschied! Wahrlich, welches dieser beiden sollte als Höher betrachtet werden? Wenn ein Geschenk dem gegeben wird, der immer nur nimmt, oder einem, der vom Stolz besessen ist, dann wird es vergeblich sein, wie geklärte Butter, die *(ohne Opfersprüche)* in einen unersättlichen Waldbrand gegossen wird. Wie ein Feuer nicht stirbt, oh König, bis es alles verbrannt hat, was hineingeworfen wurde, so kann auch ein Bettler seine Neigungen niemals stillen, so lange er von Almosen lebt.

In dieser Welt ist die Nahrung, die von einer wohltätigen Person gegeben wird, die sichere Ernährung der Frommen. Wenn aber sogar der König nicht gibt, wohin sollen die Frommen gehen, die nach Erlösung streben? Jene, die Nahrung besitzen, sind die Hausväter. Die Bettler werden von ihnen ernährt. Das Leben fließt aus der Nahrung. Wer deshalb Nahrung gibt, der gibt auch Leben. Geboren von denen, die ein Hausleben führen, leben Bettler von diesen Wohltätern, von denen sie kommen. Der Selbstgezügelte, der so handelt, erwirbt und genießt Ruhm und Kraft. Man wird nicht Bettelmönch genannt, nur weil man auf seine Besitztümer verzichtet, oder ein Leben der Abhängigkeit von Wohltätern annimmt. Nur wer dem Besitz und den Vergnügungen dieser Welt in einem aufrichtigen Geist entsagt, sollte als wahrer Bettelmönch betrachtet werden. Ungebunden im Innersten, obwohl er äußerlich abhängig erscheint, jenseits der Welt stehend, alle Fesseln gelöst, weder Freund noch Feind kennend, solch ein Mensch, oh König, gilt als Befreiter! Mit kahlgeschorenem Kopf und in braune Roben gekleidet, mag der Menschen nur aussehen, als ob er ein Leben als wandernder Bettelmönch führt, obwohl er noch durch vielfältige Fesseln gebunden ist und stets nach unnützem Reichtum Ausschau hält. Wer die drei Veden verwirft, seinen gewöhnlichen Beruf und seine Kinder, um ein Leben der Bettelei anzunehmen, indem er den dreiköpfigen Stab und die braune Robe ergreift, hat wirklich wenig Verstand. Ohne den Zorn und andere Sünden zu überwinden, nur die braune Robe anzuziehen, dies erkenne als Begehren, oh König, um die eigene Ernährung zu gewährleisten. Jene Kahlköpfigen, die das Banner der Tugend vor sich hertragen, tun dies oft für eigensinnige Ziele im Leben. Deshalb, oh König, zügle deine Leidenschaften und gewinne die Bereiche der Seligkeit, indem du jene unterstützt, die aufrichtig fromm unter den Menschen mit verfilzten Locken oder rasierten Köpfen, nackt oder in Lumpen, mit Fellen oder braunen Roben gekleidet sind. Wer ist tugendhafter als der, der sein heiliges Feuer bewahrt, der Opfer mit Geschenken von Tieren und Dakshinas durchführt und tagtäglich Wohltätigkeit übt?

Arjuna fuhr fort:
König Janak wird in dieser Welt als ein Kenner der Wahrheit betrachtet. Doch sogar er war in dieser Sache der Illusion verfallen. Mögest du frei von Täuschung sein! Denn so werden die Aufgaben der Häuslichkeit von jenen beachtet, die Wohltätigkeit üben. Indem wir das Wohl aller suchen, indem wir Begierde und Haß überwinden, zum Schutz aller Geschöpfe handeln, die ausgezeichnete Aufgabe der Wohltätigkeit beachten und letztlich durch unseren Dienst an Höhergestellten und Altehrwürdigen, werden wir jene Bereiche der Seligkeit erreichen, die wir wünschen. Durch ordnungsgemäße Befriedigung der Götter, Gäste und aller Wesen, durch Verehrung der Brahmanen und durch Wahrhaftigkeit werden wir sicher zu jenen wünschenswerten Bereichen der Glückseligkeit gelangen.

Kapitel 19 - Yudhishthira über das schwer Erklärbare

Yudhishthira sprach:
Ich kenne sowohl die Veden, als auch die Schriften über das Erreichen von Brahman. In den Veden findet man beide Tugendregeln, den Pfad der Handlung und den Verzicht auf Handlung. Die Schriften sind diesbezüglich verwirrend, denn ihre Schlüsse beruhen auf Begründungen. Die tiefere Wahrheit aber, die in diesen Sprüchen verborgen liegt, ist mir bekannt. Du bist vor allem in den Waffen erfahren und siehst den Weg der Helden. Damit kannst du die Wahrheit der Schriften kaum verstehen. Wenn du die Pflichten wahrhaft kennen würdest, dann hättest du verstanden, daß solche Worte wie diese nicht zu mir gesprochen werden müßten, nicht einmal von einem, der klarste Einsicht in die Bedeutung der Schriften hat und mit den Wahrheiten der Religion vertraut ist. Das jedoch, was du aus brüderlicher Zuneigung zu mir gesagt hast, war richtig und passend, oh Sohn der Kunti. Daher bin ich zufrieden mit dir, oh Arjuna! Es gibt in den drei Welten keinen ebenbürtigen in allen Aufgaben bezüglich des Kampfes und der Erfahrung in den verschiedensten Tätigkeiten. So mögest du auch über die Feinheiten diesbezüglich sprechen, die für andere undurchschaubar sind. Aber du solltest nicht, oh Arjuna, meine Intelligenz bezweifeln. Du bist mit der Wissenschaft des Kampfes vertraut, aber du hast nie den altehrwürdigen Weisen gedient. Du weißt nicht um die tiefgründigen Einsichten, die von jenen erreicht werden, die das Wesen dieser Welt im Allgemeinen und im Speziellen erkannt haben. Gerade das ist die Erfahrung der Weisen, die ihren Verstand der Erlösung widmen, daß unter der asketischen Buße, der Entsagung und der Erkenntnis des Brahman, das zweite höher als das erste ist, und das dritte höher als das zweite. Das jedoch, was du denkst, nämlich daß es nichts Höheres gibt als Reichtum, ist ein Fehler. Ich werde dich belehren, damit dir der Reichtum nicht mehr in diesem Licht erscheinen möge.

Wie man sieht, sind alle rechtschaffen Menschen der Entsagung und dem Studium der Veden *(bzw. der Suche nach der Wahrheit)* gewidmet. Auch die großen

Rishis, die viele ewige Bereiche gewonnen haben, besitzen das Verdienst der Entsagung. In der Stille der Seele haben sie keine Feinde mehr, wohnen in den Wäldern und sind durch Buße und vedisches Studium zum Himmel aufgestiegen. Fromme Menschen gehen nordwärts *(im zunehmenden Licht)* zu den Bereichen der Entsagenden, indem sie das Begehren nach weltlichem Besitz zügeln und jene Dunkelheit abwerfen, die aus der Unwissenheit geboren wird. Der südliche Pfad *(im abnehmenden Licht)* führt zu den Bereichen des Mondes für Menschen, die dem Handeln verbunden, und damit der Geburt und dem Tod unterworfen sind. Jene Bereiche aber, welche die nach Erlösung Suchenden vor Augen haben, sind unbeschreiblich. Yoga ist das beste Mittel, sie zu erreichen. Doch dies ist nicht einfach zu erklären. De Lernenden denken über die Schriften mit dem Wunsch nach, etwas zu finden, was noch nicht da ist. So werden sie häufig hierhin oder dorthin geführt, im Glauben, daß der Gegenstand ihrer Suche in diesem oder jenem besteht. Selbst wenn sie die Veden, die Aranyakas und andere Schriften gelesen haben, verpassen sie das Wahre, wie Menschen daran scheitern, festes Bauholz in einem abgeschlagenen Bananenbaum zu finden *(der keinen festen Kern hat)*. Sie mißtrauen der Einheit und betrachten ihre Seele, wie sie in dieser körperlichen Hülle wohnt, welche aus den fünf Elementen besteht und die Eigenschaften der Begierde und Abneigung hat. So dreht sich die Seele, unsichtbar durch das körperliche Auge, äußerst fein und unaussprechlich durch Worte, weiter im Rad *(der Wiedergeburten)* unter den Geschöpfen der Erde und stellt sich stets das vor, was die Wurzel der Handlungen ist. Wenn die Seele aber sich selbst *(bzw. dem Selbst)* näher kommt, was die Quelle aller Glückseligkeit ist, alle Begierde des Geistes zügelt und alle Arten der Handlung überwindet, kann man vollkommen unabhängig und selig sein. Wenn es einen solchen Weg gibt, der durch die Rechtschaffenen beschritten wird und durch Erkenntnis erreichbar ist, warum, oh Arjuna, lobst du den Reichtum, der jede Art des Leidens enthält?

Die Menschen in alten Zeiten, die jene heiligen Schriften verstanden, die stets der Hingabe, dem Opfer und der Handlung gewidmet waren, haben dies erkannt, oh Bharata! Es gibt viele Unwissende, die in der Wissenschaft der Beweisführung vollendet sind und kraft ihrer Überzeugungen aus vorherigen Leben die Existenz der Seele bestreiten. Es ist sehr schwierig, ihnen die Wahrheit von der höchsten Befreiung näher zu bringen. Denn diese übelgesinnten Menschen, die mit umfangreichem Wissen begabt sind, reisen überall durch die Welt und sprechen auf Versammlungen, um ihre oberflächlichen Ansichten zu manifestieren. Oh Arjuna, wer könnte verstehen, was niemand mit Gedanken begreifen kann? Wahrlich *(wie jene Menschen nicht die wahre Bedeutung der Schriften verstehen)*, so können sie auch die Weisen und Frommen nicht verstehen, die wahrlich groß sind und eine tiefe Erfahrung durch die Schriften gewonnen haben. Oh Sohn der Kunti, der wahrhafte Mensch erreicht das Brahman durch Askese und Intelligenz, und große Seligkeit durch Entsagung.

Kapitel 20 - Devasthana über das Opfern

Vaisampayana sprach:
Nachdem Yudhishthira geendet hatte, sprach der große und redegewandte Asket Devasthana die folgenden bedeutungsvollen Worte zum König.

Devasthana sprach:
Arjuna sagte zu dir, daß es nichts Höheres gibt als Reichtum. Ich werde dich diesbezüglich unterweisen. Höre mir mit ganzer Aufmerksamkeit zu. Oh Yudhishthira, du hast die Erde rechtschaffen gewonnen. Einmal gewonnen, solltest du sie, oh König, nicht grundlos wieder aufgeben. In den Veden werden vier Lebensstufen aufgezeigt *(Schüler, Hausvater, Waldeinsiedler, Bettelmönch)*. Durchlebe sie, oh König, nacheinander in der rechten Reihenfolge! Deshalb solltest du jetzt *(als Hausvater)* große Opfer mit reichen Gaben durchführen, wie die Schüler das Opfer des Vedenstudiums und die Asketen das Opfer der Erkenntnis darbringen. Oh Bharata, erkenne klar den Zusammenhang zwischen Reichtum, Handeln und Askese. Oh Bester der Könige, die asketischen Vaikhanasas sagen: Wer nicht nach Wohlstand sucht, ist höher, als jener, der danach strebt. Denn mit dem Streben nach Reichtum sind viele Sünden verbunden, die sich beständig vermehren. Für ihren Wohlstand sammeln die Leute immer mehr Dinge mit immer mehr Mühe an. Doch wer nach Reichtum dürstet und ihn ansammelt, verliert die Vernunft und erkennt nicht, daß er damit die Sünde begeht, ungeborenes Leben zu töten. Denn der Reichtum ist für jene da, die bedürftig sind. Doch die Frage nach dem Recht der Bedürftigkeit ist wahrlich nicht leicht. Deshalb sagt man: Der Höchste Lenker schuf den Reichtum für das Opfer, und die Menschen schuf er, um diesen Reichtum zu bewahren und die Opfer durchzuführen. Aus diesem Grunde sollte der ganze Reichtum *(und Besitz)* einer Person als Opfer gewidmet werden. Freude und Zufriedenheit wäre die natürliche Konsequenz.

Der höchst energievolle Indra übertraf in der Ausführung verschiedenster Opfer mit wertvollen Gaben alle anderen Götter. Damit hat er die Führerschaft gewonnen und erstrahlt im Himmel. Deshalb sollte alles als Opfer gewidmet werden. In Hirschfelle gekleidet wurde der hochbeseelte Mahadeva *(Shiva)* zum Ersten aller Götter, indem er sich selbst als Opfergabe im universalen Opfer hingegeben hat. Damit übertraf er alle Wesen im Universum und herrscht nun über sie in seinem strahlenden Glanz durch diese Leistung. Durch sein großes Opfer besiegte König Marutta, der Sohn von Avikshit, sogar Indra, den König der Götter. In seinem Opfer waren alle Behälter aus Gold, und Shri selbst *(die Göttin des Wohlstandes)* kam zu ihm. Du hast auch gehört, daß der große König Harishchandra durch seine Opfer großes Verdienst und Glück gewann. Obwohl es Menschen waren, konnten sie durch Verwendung ihres Reichtums sogar Indra besiegen. Aus diesem Grunde sollte alles als Opfer gewidmet werden.

Kapitel 21 - Devasthana über den Weg der Könige

Devasthana sprach:
Diesbezüglich wird auch eine alte Geschichte erzählt über die Belehrung, die Vrihaspati gab, als er von Indra befragt wurde.

Vrihaspati *(der Lehrer der Götter)* sprach damals:
Zufriedenheit ist der höchste Himmel. Zufriedenheit ist die höchste Seligkeit. Es gibt nichts Höheres als Zufriedenheit. Zufriedenheit ist das Höchste. Wenn man alle seine Wünsche zurückzieht, wie eine Schildkröte ihre Glieder, dann wird sich bald der wesenhafte Glanz der Seele entfalten. Wer kein Wesen fürchtet und von keinem gefürchtet wird, wer Zuneigung und Abneigung überwunden hat, der gilt als einer, der sein Selbst kennt. Wer sich in Worten und Gedanken wahrhaft bemüht, niemandem zu schaden und keine Wünsche mehr hegt, der gilt als einer, der das Brahman erreicht hat.

Oh Sohn der Kunti, welchem Glauben die Wesen auch folgen, sie erhalten stets die entsprechenden Früchte. Erwecke dich diesbezüglich selbst, oh Bharata! Manche loben die Ruhe, manche loben die Anstrengung, manche das Nachdenken und Meditieren und manche eine Mischung davon. Manche loben das Opfer, manche die Entsagung, manche das Geben und andere das Nehmen. Einige geben alles auf und leben in stiller Meditation. Manche loben die Herrschaft und das Beschützen der Untertanen, nachdem die Feinde geschlagen und besiegt wurden. Manche möchten ihre Tage ganz in der Einsamkeit verbringen. All das betrachtend, schlußfolgern die Gelehrten, daß die Religion, die im Nichtverletzen jeglicher Wesen besteht, der Beachtung für die Rechtschaffenen höchst würdig ist. Denn Friedfertigkeit, wahrhafte Rede, Gerechtigkeit, Mitgefühl, Selbstdisziplin, Bewahrung der Nachkommenschaft, Liebenswürdigkeit, Bescheidenheit und Geduld bezeichnete bereits der selbstgeborene Manu als die beste Praxis der Religion. Deshalb, oh Sohn der Kunti, beachte diesen Weg mit Sorgfalt! Der wahrhaftige Kshatriya, der die königlichen Aufgaben kennt, nimmt die Herrschaft an, zügelt beständig seine Seele, überwindet seine persönlichen Neigungen und lebt von den Resten der Opfergaben. Er bestraft die Übeltäter und fördert die Rechtschaffenen. Er führt sein Volk auf dem Pfad der Tugend, indem er selbst diesen Pfad beschreitet. Und schließlich übergibt er die Krone seinem Sohn, um sich selbst in die Wälder zurückzuziehen und dort von den Gaben der Wildnis zu leben und die vedischen Gebote zu erfüllen, nachdem er alle Trägheit *(und Unwissenheit)* abgeworfen hat. Der Kshatriya, der diesen Weg geht, welcher den wohlbekannten Aufgaben der Könige entspricht, wird zweifellos die ausgezeichneten Früchte sowohl in dieser Welt als auch in der folgenden ernten. Jene endgültige Befreiung, von der du sprichst, ist äußerst schwer zu erreichen, denn dieser Weg ist noch voller Hindernisse *(für dich)*. Wer jedoch seine Aufgaben vollbringt, Wohltätigkeit und asketische Buße übt, wer das große Mitgefühl kultiviert, von Begierde und Haß frei wird, wer seine Untertanen mit Gerechtigkeit regiert und für die Kühe *(den Wohlstand)* und die Brahmanen *(das geistige Fundament)* kämpft, wird mit der Zeit dieses hohe Ziel erreichen. Wie die Rudras mit den Vasus und Adityas, oh Feindevernichter, sowie die Sadhyas und die Heerscharen der Könige, so übe auch du diese Religion! Indem sie diesen Weg der Pflichten voller Achtsamkeit gegangen sind, erreichten sie durch ihre Taten den Himmel.

Kapitel 22 - Arjuna über die Berufung der Kshatriyas

Vaisampayana sprach:
Danach wandte sich Arjuna noch einmal an seinen ältesten Bruder mit dem unvergänglichen Ruhm, den freudlosen König Yudhishthira, und sprach:

Oh Kenner aller Arten der Pflichten, nachdem du in Erfüllung deiner Aufgaben als Kshatriya die Herrschaft errungen hast, die so sehr schwer zu gewinnen ist, und alle deine Feinde überwunden sind, warum brennst du so im Kummer? Oh König, für Kshatriyas wird der Tod im Kampf als verdienstvoller betrachtet als die Ausführung der verschiedensten Opfer. Dies wird in den Schriften erklärt, welche die Aufgaben der Kshatriyas beschreiben. Buße und Entsagung sind die eigentlichen Aufgaben der Brahmanen. Dies ist sogar das Gesetz der kommenden Welt. Wahrlich, oh Mächtiger, der Tod im Kampf ist nun einmal der Weg der Kshatriyas. Die Aufgaben der Kshatriyas sind sehr hart und stets mit dem Gebrauch von Waffen verbunden. So ist ihnen, oh Führer der Bharatas, wenn die Zeit gekommen ist, der Untergang durch Waffen auf dem Kampffeld bestimmt. Auch das Leben eines Brahmanen, oh König, der im Gelübde der Kshatriya Pflichten lebt, ist nicht tadelnswert, weil die Kshatriyas aus den Brahmanen entstanden sind. Doch für Kshatriyas, oh Herrscher der Menschen, ist weder Weltentsagung, noch Opferdienst, noch Buße oder Bettelei bestimmt worden.

Du kennst alle diese Aufgaben und bist rechtschaffen, oh Stier der Bharatas! Du bist ein kluger König, der in allen Handlungen erfahren ist. Du kannst unterscheiden, was in dieser Welt richtig oder falsch ist. Wirf diese Freudlosigkeit und das Bedauern ab, und wende dich mit starkem Willen zur Tätigkeit! Das Herz eines Kshatriyas ist vor allem hart wie Fels. Nachdem du durch die Erfüllung der Kshatriya Pflichten deine Feinde besiegt und ein Reich ohne Dornen gewonnen hast, überwinde nun deine Seele, oh Herrscher der Menschen, und betätige dich in Opfern und Wohltätigkeit. Indra selbst wurde als Brahmane durch seine Taten zum Kshatriya und kämpfte mit seiner dämonischen Verwandtschaft achthundertzehn Mal. Seine Taten, oh Monarch, sind verehrungs- und lobenswürdig. Durch sie gewann er, wie wir hörten, die Führerschaft der Götter. Deshalb, oh Monarch, führe wie Indra Opfer mit reichen Gaben durch, und befreie dich damit von deinem fiebrigen Kummer, oh Herrscher der Menschen. Gräme dich nicht, oh Bulle unter den Kshatriyas, über das Vergangene. Alle, die getötet wurden, sind zum höchsten Ziel gelangt, geheiligt durch die Waffen und entsprechend den Geboten der Kshatriyas. Das, was geschehen ist, war vorherbestimmt, um zu geschehen. Dem Schicksal, oh Tiger unter den Königen, kann keiner widerstehen!

Kapitel 23 - Vyasa erzählt die Geschichte von König Sudyumna

Vaisampayana fuhr fort:
Doch auch nach diesen Worten des schwarzgelockten Arjuna blieb der Kuru

König und Sohn der Kunti stumm. Daraufhin ergriff der Inselgeborene das Wort.

Und Vyasa sprach:
Die Worte von Arjuna, oh guter Yudhishthira, sind wahr. Die höchste Religion, wie sie in den Schriften erklärt wird, hängt von den Aufgaben der Hausväter ab. Du kennst alle Pflichten. So erfülle ordnungsgemäß die Aufgaben, die für dich *(als Hausvater)* vorgeschrieben sind. Ein Leben der Zurückgezogenheit in den Wäldern, womit du die Aufgaben des Hauslebens verwirfst, ist für dich nicht bestimmt worden. Die Götter, Ahnen, Gäste und Diener hängen alle von denen ab, die ein Leben der Häuslichkeit führen. Unterstütze sie alle, oh Herr der Erde! Vögel, Tiere und viele andere Geschöpfe, oh Herrscher, werden von den Menschen ernährt, die ein Hausleben führen. Deshalb ist der Hausvater wichtiger als alle anderen, und sein Leben der Häuslichkeit ist von allen vier Lebensweisen die schwierigste. So übe dich in dieser Lebensweise, oh Pandava, die so schwierig zu meistern ist von Menschen, die ihre Sinne nicht gezügelt haben.

Du hast gute Kenntnisse in allen Veden. Du hast großes asketisches Verdienst angesammelt. Es ziemt sich deshalb für dich, geduldig die Last deines väterlichen Königreichs zu tragen. Buße, Opferdienst, Vergebung, Studium, Bettelei, Sinneskontrolle, Meditation, Einsamkeit, Zufriedenheit und Selbsterkenntnis sollten, oh König, vor allem durch Brahmanen nach dem Besten ihrer Fähigkeiten erkämpft werden, um Erfolg zu erreichen. Die Aufgaben der Kshatriyas werde ich dir jetzt nennen, obwohl sie dir nicht unbekannt sind: Opfer, Studium, Anstrengung, Fleiß, Herrschaft, Zielstrebigkeit, Schutz der Untertanen, Weisheit der Veden, alle Arten der Buße, Güte, Wohlstand und Gaben an Würdige. Wenn diese, oh König, von Mitgliedern der königlichen Kaste wohl ausgeführt werden, dann gewinnen sie, wie wir gehört haben, diese Welt und auch die kommende. Unter diesen, oh Sohn der Kunti, wird der Stab der Herrschaft als Wichtigstes bezeichnet. In einem Kshatriya sollte stets die Kraft wohnen, denn von der Kraft hängt die Herrschaft ab. Diese Aufgaben, oh König, die ich erwähnt habe, sind die grundlegenden für Kshatriyas und tragen außerordentlich zu ihrem Erfolg bei. Diesbezüglich sang Vrihaspati auch den folgenden Vers:

„Wie eine Schlange, die eine Maus verschlingt, so verschlingt die Erde einen König, der zur Untätigkeit neigt, und einen Brahmanen, der das Hausleben nicht verlassen will.“

Es wird außerdem erzählt, daß der königliche Weise Sudyumna allein durch den Stab der Herrschaft höchsten Erfolg erreichte, wie Daksha, der Sohn von Brahma.

Da fragte Yudhishthira:
Oh Heiliger, durch welche Taten gewann Sudyumna, dieser Herr der Erde, den höchsten Erfolg? Ich wünsche die Geschichte dieses Königs zu hören.

Und Vyasa sprach:
Diesbezüglich wird folgendes erzählt: Einst lebten die Brüder Sankha und Likhita mit beständigen Gelübden in zwei getrennten Häusern, die beide schön

waren. Sie standen am Ufer der Vahuda und waren beide mit Bäumen geschmückt, die stets voller Blüten und Früchte waren. Eines Tages kam Likhita zum Haus seines Bruders Sankha, der jedoch ohne besonderes Ziel ausgegangen war. Und am Haus seines Bruders angekommen, riß Likhita einige reife Früchte ab, die dieser Zweifachgeborene ohne irgendwelche Gewissensbisse zu essen begann. Als er noch dabei war, kam Sankha zurück. Und seinen Bruder beim Essen sehend, sprach er zu ihm: „Woher hast du diese Früchte, und warum ißt du sie?" Da näherte sich Likhita seinem älteren Bruder, grüßte ihn und antwortete lächelnd: „Ich habe sie von deinen Bäumen genommen." Da sprach Sankha zornvoll zu ihm: „Du hast einen Diebstahl begangen, als du dir diese Früchte genommen hast. Geh zum König und bekenne ihm, was du getan hast! Sag ihm: „Oh Bester der Könige, ich habe das Verbrechen begangen, das zu nehmen, was mir nicht gegeben wurde. Erkenne mich als Dieb und erfülle die Pflicht deiner Kaste. Verfüge unverzüglich die Strafe eines Diebes über mich, oh Herrscher der Menschen!"" So angesprochen, begab sich der hochbeseelte Likhita mit den beständigen Gelübden auf Befehl seines Bruders zum König Sudyumna. Als der von seinen Torwächtern erfuhr, daß Likhita gekommen war, ging er ihm mit seinen Beratern persönlich entgegen. Dann sprach der König, der seine Pflichten kannte, zum Besten aller Zweifachgeborenen: „Sage mir, oh Verehrter, den Grund deines Kommens. Betrachte alles als bereits vollbracht." Und der Weise antwortete dem König Sudyumna: „Du hast bereits versprochen, alles zu erfüllen. Es ziemt sich deshalb für dich, nach dem du mich gehört hast, dein Versprechen zu halten. Oh Stier unter den Männern, ich aß einige Früchte, die mir von meinem älteren Bruder nicht gegeben worden waren. Dafür bestrafe mich unverzüglich, oh Monarch!" Und Sudyumna antwortete: „Wenn der König als fähig betrachtet wird, den Herrscherstab zu erheben, so sollte er, oh bester Brahmane, in gleicher Weise auch zur Vergebung fähig sein. Was deine Tat betrifft, oh Gelübdetreuer, so bist du bereits gereinigt, und ich betrachte dich als begnadigt. Sage mir nun, welche weiteren Wünsche du hast. Ich werde sicherlich all deine Befehle ausführen!"

Und Vyasa fuhr fort:
So geehrt vom hochbeseelten König, bat ihn der zweifachgeborene Weise Likhita um keine andere Gunst außer seiner Bestrafung. Daraufhin veranlaßte dieser Herrscher der Erde, daß die beiden Hände des hochbeseelten Likhita abgeschlagen wurden. Dieser ertrug die Strafe und ging davon. Und als er zu seinem Bruder Sankha zurückgekehrt war, sprach Likhita voller Zuneigung: „Du solltest jetzt diesem Übeltäter vergeben, der ordnungsgemäß bestraft worden ist." Und Sankha sprach: „Ich bin nicht böse auf dich, noch hast du mich verletzt, oh Erster aller Pflichtbewußten. Nur deine Tugend hatte einen Schlag erlitten. Ich habe dich aus dieser Notlage gerettet. Gehe nun unverzüglich zum Fluß Vahuda und befriedige ordnungsgemäß mit Opfergaben von Wasser die Götter, Rishis und Ahnen. Neige dich nie wieder zur Sünde." Nach diesen Worten von Sankha führte Likhita seine Waschungen im heiligen Strom durch und begann die Wasserriten. Darauf wuchsen ihm seine beiden Hände wieder am Ende der Stümpfe wie zwei Lotusblüten. Voller Erstaunen kam er zu seinem

Bruder zurück und zeigte ihm seine Hände. Darauf sprach Sankha zu ihm: „All das wurde durch meine Buße vollbracht. Sei nicht überrascht, denn das Schicksal war hier am Werk.“ Und Likhita fragte: „Oh Herrlicher, warum hast du mich nicht zuvor gereinigt, oh Bester der Zweifachgeborenen, wenn es die Energie deiner Buße vermochte?“ Darauf antwortete Sankha: „Ich konnte nicht anders handeln, denn ich bin für deine Bestrafung nicht zuständig. Der Herrscher *(der dich bestraft hat)* hat dich gereinigt, wie sich selbst und die Ahnen.“

Vyasa fuhr fort:
Dieser König, oh ältester Sohn des Pandu, wurde durch diese Tat bedeutend und erreichte den höchsten Erfolg, wie der große Ahnherr Daksha. Denn eben das ist die Aufgabe der Kshatriyas, nämlich die Herrschaft über sein Volk. Alles andere, oh Monarch, wird als Abweg für einen König betrachtet. Gib deinem Kummer nicht weiter nach! Oh Bester aller Pflichtbewußten, höre auf die wohlgemeinten Worte deines Bruders. Das Ausüben der Herrschaft ist die Aufgabe der Könige und nicht das Rasieren ihres Kopfes!

Kapitel 24 - Vyasa über die Aufgaben der Könige

Vaisampayana fuhr fort:
Noch einmal sprach der große Weise Krishna Dwaipayana *(Vyasa)* zu Yudhishthira, dem Kunti Sohn:

Oh Monarch, laß diese großen Wagenkrieger mit der starken geistigen Energie, laß deine Brüder, oh Yudhishthira, als Führer der Bharatas jene Wünsche erreichen, die sie hegten, während sie in den Wäldern wohnten. Herrsche über die Erde, oh Sohn der Kunti, wie einst Yayati, der Sohn von Nahusha. Lange Zeit lebtest du im Elend, während ihr in den Wäldern die asketischen Gelübde beachtet habt. Dieses Elend ist nun beendet, oh Tiger unter den Männern. Genieße deshalb das Glück für einige Zeit. Oh Bharata, ernte und genieße das religiöse Verdienst, den Reichtum und das Vergnügen mit deinen Brüdern, so lange es angebracht ist. Dann mögest du, oh König, in die Wälder zurückkehren. Doch befreie dich zuerst, oh Bharata, von der Schuld, die du vor den Ahnen und Göttern hast, sowie vor all denen, die von dir etwas erwarten könnten. Danach magst du, oh Sohn der Kunti, alle weiteren Lebensweisen annehmen. Führe das Sarvamedha und Asvamedha Opfer durch, dann wirst du, oh Monarch, später das höchste Ziel erreichen. Laß auch deine Brüder große Opfer mit reichlichen Gaben ausführen, so wirst du, oh Sohn des Pandu, großen Ruhm erwerben.

Oh Nachkomme des Kuru, wir wissen, was du *(bezüglich der Sünde, die den König einholen kann)* sagen willst. So höre von mir, wie ein König handeln sollte, damit er nicht von der Tugend und Gerechtigkeit abfällt:
Oh Yudhishthira, die Kenner des ewigen Dharma haben bestimmt, daß jede Person, die den Reichtum anderer ergreift, diese Schuld als Buße zurückzahlen muß. Ein kluger König, der die heiligen Schriften kennt, und unter Beachtung von Ort und Zeit auf diese Weise die Übeltäter bestraft, dient der Gerechtigkeit und sammelt damit keine Sünde an. Ein König aber, der ein Sechstel als Steuern

einnimmt, aber sein Königreich nicht beschützt, gilt als Sünder und sammelt damit ein Viertel aller Sünden seines Reiches an. Durch Beachtung und Befolgung der heiligen Schriften kann der König furchtlos leben und wird nicht vom Dharma abfallen. Der König, der geführt von einem Verständnis, das auf den heiligen Schriften basiert, Begierde und Haß überwindet, der unvoreingenommen handelt und wie ein Vater zu all seinen Untertanen ist, der bleibt von Sünde frei. Oh Strahlender, nur wenn ein König vom Schicksal überwältigt, seine gegebenen Aufgaben nicht vollbringen kann, gilt dies nicht als Vergehen. Durch Kraft und gute Politik sollte der König seine Feinde besiegen. Er sollte die Sünden nicht tolerieren, die in seinem Königreich begangen werden, sondern für Tugend sorgen. Brave Menschen, die sich anständig verhalten und tugendhaft handeln, sowie die Weisen, die in vedischen Texten und Riten versierten Brahmanen und alle anderen Verdienstvollen sollten besonders beschützt werden. Zur Anhörung von Klagen und zur Ausführung religiöser Handlungen sollten die besten Gelehrten eingesetzt werden. Dabei sollte ein vernünftiger König sein Vertrauen niemals nur auf eine Person setzen, selbst wenn sie vollkommen erscheint. Der König jedoch, der seine Untertanen nicht beschützt, dessen Leidenschaften ungezügelt sind, der voller Hochmut ist und Arroganz und Böswilligkeit hegt, sammelt Sünde an und verdient den Vorwurf der Tyrannei. Wenn die Untertanen eines Königs, oh Monarch, aus Mangel an Schutz abnehmen, von den Göttern bedrängt und durch Räuber unterdrückt werden, dann beschmutzt die Sünde von all dem den König selbst. Dagegen gibt es keine Sünde, oh Yudhishthira, wenn man mit Herzlichkeit handelt, nach reiflicher Überlegung und Beratung mit Menschen, die guten Rat geben können. Unsere Aufgaben scheitern oder gelingen durch das Schicksal. Solange jedoch tugendhafte Anstrengung dahinter steht, wird die Sünde den König nicht berühren.

Ich werde dir, oh Tiger unter den Königen, die alte Geschichte des heroischen Königs Hayagriva mit den unbefleckten Taten erzählen, der, nachdem er eine Vielzahl seiner Feinde im Kampf besiegt hatte, selbst besiegt wurde, während seine Soldaten nicht an seiner Seite waren. Nachdem er alles getan hatte, um seine Feinde unter Kontrolle zu bringen und alle vorzüglichen Mittel angewandt hatte, um die Menschen zu beschützen, erwarb Hayagriva großen Ruhm im Kampf und genießt jetzt große Seligkeit im Himmel. Zerfleischt von bewaffneten Räubern, kämpfte er tapfer gegen sie, und sein Leben im Kampf geopfert, erreichte der hochbeseelte Hayagriva, der stets seine Aufgaben beachtete, das Ziel seines Lebens und genießt die himmlische Seligkeit. Der Bogen war sein Opferpfahl und die Bogensehne das Seil, um das Opfer zu binden. Die Pfeile waren die kleineren Schöpflöffel und das Schwert der große. Das Blut war die geklärte Butter, die er vergoß. Sein Wagen war der Altar, und der Zorn, den er im Kampf fühlte, war das Opferfeuer. Die vier angespannten vorzüglichen Rosse waren die vier Hotris *(Opferpriester)*. Nachdem er in dieses Opferfeuer seine Feinde als Opfergabe gegossen hatte und seinen eigenen Lebensatem als Abschluß des Opfers, reinigte sich dieser kraftvolle Löwe unter den Königen von Sünde und vergnügt sich jetzt in den Bereichen der Götter. Indem er sein Königreich durch gute und kluge Politik beschützte, füllte der hochbeseelte

Hayagriva mit Selbstüberwindung, großer Geisteskraft und Hingabe im Opfern alle Welten mit seinem Ruhm und ist jetzt im Reich der Götter. Er gewann den Verdienst aus der Durchführung der Opfer, sowie jede Art von Verdienst, der mit weltlichen Angelegenheiten verbunden ist, übte die Herrschaft aus und regierte diese Erde mit Energie, aber ohne Hochmut. Dafür genießt der tugendhafte und hochbeseelte Hayagriva nun den Bereich der Götter. Mit Gelehrsamkeit begabt, voller Entsagung, die er mit Vertrauen übte, und voller Dankbarkeit verließ dieser König, nachdem er viele Taten vollbracht hatte, diese Welt der Menschen und gewann die verdienstvollen Bereiche, die für weise Könige bestimmt sind, die ihre Aufgaben vollbringen und ihr Leben im Kampf opfern. Nachdem er die Veden und die anderen Schriften studiert, sein Königreich gerecht regiert hatte und dafür sorgte, daß alle vier Kasten ihre jeweiligen Aufgaben befolgten, vergnügt sich der hochbeseelte Hayagriva nun voller Heiterkeit im Götterreich. Viele Kämpfe hat er gewonnen und seine Untertanen gehegt, den Soma Saft im Opfer getrunken und die Ersten der Brahmanen mit Gaben befriedigt, voller Vernunft den Herrscherstab über seinem Reich geschwungen und schließlich sein Leben im Kampf gegeben - nun lebt dieser König glücklich im Himmel. Sein Leben war jedes Lobes würdig. Erfahrene und aufrichtige Menschen würdigen ihn, der jede Würdigung verdient. Den Himmel und die Bereiche der Helden hat er sich gewonnen. So wurde dieser hochbeseelte Monarch durch tugendhafte Taten mit Erfolg gekrönt.

Kapitel 25 - Vyasa über Zeit, Glück und Leid

Vaisampayana sprach:
Als Yudhishthira die Worte des inselgeborenen Rishis hörte und den unzufriedenen Arjuna betrachtete, ehrte der Sohn der Kunti Vyasa und gab folgende Antwort.

Yudhishthira sprach:
Diese irdische Herrschaft und die verschiedenen Vergnügungen können meinem Herzen keine Freude mehr geben. Dieser scharfe Kummer *(durch den Verlust meiner Angehörigen)* frißt sich bis ins Innerste. Wenn ich die Wehklagen dieser Frauen höre, die ihre heroischen Männer und Söhne verloren haben, kann ich, oh Weiser, keinen Frieden finden!

Vaisampayana fuhr fort:
So angesprochen, antwortete ihm der tugendhafte Vyasa, der Erste aller Yogis, der mit großer Weisheit begabt und in den Veden höchst erfahren ist.

Und Vyasa sprach zu Yudhishthira:
Kein Mensch kann irgendetwas allein durch seine Taten, Gebete oder Opfer erreichen. Kein Mensch kann irgendetwas einem Mitmenschen geben. Der Mensch erwirbt alles durch den Lauf der Zeit. Der Höchste Lenker hat die Zeit als Mittel zum Erwerb geschaffen. Wenn die Zeit dafür nicht reif ist, kann der Mensch selbst durch größte Intelligenz keinen irdischen Besitz erwerben. Aber wenn die Zeit gekommen ist, kann sogar ein unwissender Narr großen Reichtum gewinnen. Zeit ist das wirksame Mittel für die Ausführung aller Taten. In Zeiten

des Unglücks bringen weder Wissenschaft noch Beschwörungsformeln oder Medikamente irgendwelche Erfolge. Aber in glücklichen Zeiten werden die gleichen Dinge, richtig angewandt, wirksam und erfolgreich sein. Durch die Zeit kann der Wind wehen. Durch die Zeit bilden sich die Regenwolken. Durch die Zeit werden Wasserstellen mit vielfältigen Lotusblüten geschmückt. Durch die Zeit tragen die Bäume ihre Blüten und Früchte. Durch die Zeit gibt es Tag und Nacht. Durch die Zeit nimmt der Mond zu und ab. Wenn die Zeit nicht reif ist, tragen die Bäume weder Blüten noch Früchte. Wenn die Zeit nicht reif ist, führen die Flüsse kein wild strömendes Wasser. Wenn die Zeit nicht reif ist, werden Vögel, Schlangen, Hirsche, Elefanten und andere Tiere nicht agil. Wenn die Zeit nicht reif ist, kann keine Frau empfangen. Durch die Zeit kommen Winter, Sommer und Regenzeit. Wenn die Zeit nicht reif ist, wird keiner geboren und keiner stirbt. Bis die Zeit nicht reif ist, bekommt kein Säugling die Kraft der Sprache. Bis die Zeit nicht reif ist, kommt kein Kind in die Pubertät. Nur durch die Zeit treibt der Samen den Sproß hervor. Wenn die Zeit nicht reif ist, erscheint keine Sonne am Horizont, noch geht sie hinter den Asta Bergen unter. Wenn die Zeit nicht reif ist, nimmt der Mond weder zu noch ab, und der Ozean mit seinen hohen Wogen schwillt weder an, noch ebbt er ab.

Oh Yudhishthira, diesbezüglich sprach bereits vor langer Zeit König Senajit voller Kummer:
Der unwiderstehliche Lauf der Zeit trifft alle Sterblichen. Alle irdischen Dinge, die mit der Zeit gewachsen sind, vergehen auch wieder. Jene, oh König, die heute töten, werden morgen getötet. Das ist die Sprache der Welt. Doch in Wahrheit besteht niemand und keiner wird getötet. Manche denken, der Mensch tötet. Andere denken, der Mensch tötet nicht. Doch in Wahrheit ist Geburt und Tod all den Geschöpfen nur bezüglich ihrer natürlichen Erscheinung bestimmt worden. Beim Verlust ihres Reichtums oder beim Tod von Ehefrau, Vater oder Kindern rufen sie „Ach, welches Leiden!“, und mit dieser Sorge lebend, wächst sie ständig an. Warum hängst du, wie ein Unwissender, dem Kummer nach? Warum grämst du dich um jene, die dem Kummer unterworfen sind? Erkenne doch, daß der Kummer wächst, indem man darin schwelgt, wie die Angst, der man nachgibt. Nichts auf dieser Erde gehört mir wirklich. Nicht einmal dieser Körper ist mein. Denn all die weltlichen Dinge gehören viel mehr den anderen als mir. Der Weise, der das erkennt, läßt sich diesbezüglich nicht täuschen. Es gibt viele tausend Gründe zur Sorge und vielleicht hundert Gründe zur Freude. Diese treffen Tag für Tag den Unwissenden, aber nicht den Weisen. Und im Laufe der Zeit werden diese zum Gegenstand der Zuneigung oder Abneigung und erscheinen als Glück und Leid, die sich ständig im Kreis drehen und die Lebewesen bedrängen. So gibt es nur Leiden in dieser Welt, aber kein beständiges Glück. Jedes Gefühl ist im Grunde leidvoll. Wahrlich, Sorgen entspringen aus dem Leiden, was man Begierde nennt, und Glück entspringt aus dem Leiden, was man Sorge nennt. So erscheinen nach jedem Glück neue Sorgen und nach jeder Sorge neues Glück. Man kann niemals immer nur Sorgen erleiden oder immer nur Glück genießen. Glück endet stets in Sorgen und kommt aus der Sorge wieder hervor. Wer deshalb ewiges Glück wünscht, muß beides

überwinden. Wenn Sorge nach Ablauf des Glücks und Glück nach Ablauf der Sorge entstehen muß, dann sollte man, wie eine Krankheit, das überwinden, woraus die Sorgen entstehen, dieses Brennen im Herzen, das durch Sorgen genährt wird und die Wurzel jeglicher Angst ist. Sei es Glück oder Leiden, angenehm oder unangenehm, was auch immer kommt, sollte mit gelassenem Herzen ertragen werden. Oh Strahlender, wenn du nur den kleinsten Teil verweigern willst, der für deine Ehefrauen und Kinder zum Guten ist, dann solltest du bedenken, wer wem gehört, warum und wofür. Wahrlich, nur die völlig Unwissenden und die völlig Erleuchteten können in dieser Welt glücklich sein. Alle anderen, die irgendwo dazwischen auf dem Weg wandeln, sind dem Leiden unterworfen.

Das, oh Yudhishthira, sprach Senajit mit der großen Weisheit, der erkannt hatte, was heilsam und unheilsam in dieser Welt ist, was Pflicht ist sowie Glück und Leiden. Wer am Leiden anderer verzweifelt, kann nie glücklich werden. Denn es gibt kein Ende des Leidens und aus jedem Glück entsteht neues Leiden. Glück und Unglück, Wohlstand und Elend, Gewinn und Verlust, Tod und Leben drehen sich endlos im Kreis für alle Geschöpfe. Aus diesem Grund sollte der weise Mensch mit ruhiger Seele weder durch Freude begeistert noch durch Sorgen deprimiert werden. Der Kampf wird als das Opfer der Könige bezeichnet. Die Achtsamkeit im Gebrauch der Herrschaft ist sein Yoga. Und die Dakshina Gaben von Reichtum im Opfer sind seine Entsagung. Diese gelten als Taten, die einen König reinigen und heiligen. Ein hochbeseelter König, der sein Reich mit Vernunft und guter Politik regiert, seinen Stolz überwindet, Opfer durchführt und alle mit Güte und Unparteilichkeit behandelt, der erfreut sich nach dem Tod am Bereich der Götter. Indem er Kämpfe gewinnt, sein Königreich beschützt, Soma Saft trinkt, seine Untertanen hegt, vernünftig den Herrscherstab gebraucht und seinen Körper im Kampf opfert, genießt ein König die Seligkeit im Himmel. Alle Veden und ihre Zweige studiert, das Königreich gerecht beschützt und dafür gesorgt, daß alle vier Kasten ihre jeweiligen Aufgaben befolgen - so wird ein König geheiligt und geht schließlich zum Himmel. Und der ist von allen Königen der Beste, dessen Verhalten auch nach seinem Tod noch von den Bewohnern von Stadt und Land, sowie von seinen Beratern und Freunden gelobt wird.

Kapitel 26 - Yudhishthira über die Probleme mit dem Reichtum

Vaisampayana fuhr fort:
Daraufhin sprach der hochbeseelte Yudhishthira zu Arjuna folgende bedeutungsvollen Worte:
Du denkst, oh Dhananjaya, daß es nichts Höheres als Reichtum gibt, und daß der arme Mann weder Himmel, Glück, noch alle seine Wünsche erreichen kann. Das ist nicht wahr. Es gab schon viele, die durch ihr Opfer in Form des Studiums der Veden mit Erfolg gekrönt wurden. Man sieht viele Heilige, die durch die Hingabe zur Buße die ewigen Reiche der Seligkeit erworben haben. Jene, oh Arjuna, die beständig die Methoden der Rishis beachten, sich der Entsagung

widmen und all ihre Aufgaben erkennen, werden von den Göttern als Brahmanas betrachtet. Du solltest stets die Rishis achten, die dem Studium der Veden und der Suche nach der Wahrheit gewidmet sind und aufrichtige Tugend leben. Denn all unsere Taten sollten mit Wahrhaftigkeit verbunden sein. Dies kennen wir als Meinung der Vaikhanasas, oh Mächtiger. So sind die Ajas, Prishnis, Sikatas, Arunas und Kitavas durch den Verdienst des vedischen Studiums zum Himmel gegangen. Denn durch jene Handlungen, oh Dhananjaya, die in den Veden beschrieben werden, nämlich Kampf, Studium, Opfer und Zügelung der Leidenschaften, die so schwierig sind, erreicht man den Himmel auf dem südlichen Weg der Sonne *(Dakshinayana, im abnehmenden Licht)*. Ich sagte dir bereits, daß diese großen Bereiche jenen gehören, welche die vedischen Riten befolgen. Du solltest aber erkennen, daß der nördliche Pfad *(Uttarayana, im zunehmenden Licht)* von denjenigen beschritten wird, die der Yogaentsagung gewidmet sind. Diese ewigen und lichtvollen Bereiche, zu denen dieser Pfad führt, gehören den Yogis. Die Kenner der heiligen Puranas loben von diesen beiden Pfaden vor allem den nördlichen.

Du solltest wissen, daß man den Himmel durch Zufriedenheit erreicht. Aus Zufriedenheit besteht die große Glückseligkeit. Es gibt nichts Höheres als Zufriedenheit. Für den Yogi, der Zorn und Freude überwunden hat, ist Zufriedenheit die höchste Ehre und der höchste Erfolg. Diesbezüglich wird eine Rede von Yayati überliefert. Wer diese Belehrung achtsam hört, wird fähig sein, alle seine Begierden zurückzuziehen wie eine Schildkröte ihre Glieder:

„Wer keine Angst vor irgendetwas hegt, wer von niemandem gefürchtet wird, wer keine Begierde mehr kennt und keinen Haß mehr trägt, der gilt als einer, der das Brahman erreicht hat. Wer sich zu keinem Wesen sündhaft verhält, weder in Taten, Worten noch Gedanken, der gilt als einer, der das Brahman kennt. Wer Egoismus und Unwissenheit überwunden und jegliche Anhaftung gelöst hat, dieser fromme Mensch mit strahlender Seele ist für die Erlösung bereit, die in der Auflösung der getrennten Existenz besteht."

Höre, oh Arjuna, mit ganzer Aufmerksamkeit meine Worte. Manche wünschen Tugend, manche gutes Verhalten und andere Reichtum. Natürlich kann man sich Reichtum wünschen *(als Mittel zum Erwerb von Tugend)*. Aber das Freisein von solchen Wünschen ist besser. Mit dem Reichtum sind viele Gefahren verbunden und folglich auch mit den religiösen Handlungen, die damit durchgeführt werden. Wir haben es mit unseren eigenen Augen gesehen, und du solltest es ebenfalls erkannt haben. Wer sich Reichtum wünscht, wird es schwer haben, das aufzugeben, was mit allen Mitteln aufgegeben werden sollte. Heilsames Handeln ist wahrlich selten bei denen, die Reichtümer anhäufen. Es wird gesagt, daß Reichtum nie erworben werden kann, ohne andere zu verletzen, und wenn er angesammelt ist, bringt er zahlreiche Schwierigkeiten mit sich. Ein kleinlicher Mensch, der alle Furcht vor der Reue in den Wind schlägt, begeht Gewalttaten gegen andere sogar wegen kleinstem Reichtum und bemerkt nicht die großen Sünden, die er die ganze Zeit durch seine Taten begeht. Um Reichtum zu erlangen, der so schwer zu gewinnen ist, brennt man sogar in Sorge, wenn man einen Teil davon seinen Dienern abgeben muß. Er fühlt dabei das gleiche Leid, als würden ihn Diebe ausrauben. Doch wenn man seinen Reichtum nicht teilt, wird man mit Schande überhäuft. Wer aber keinen Reichtum hat, wird niemals zum Ziel solcher Kritik. Jenseits von allen Anhaftungen kann man in jeder Hinsicht glücklich sein, indem man das Leben mit dem Wenigen ernährt, was man als Almosen erhalten kann. Keiner kann jemals durch den Erwerb von Reichtum glücklich werden. Diesbezüglich wird folgender Vers von Alterfahrenen in Opfern rezitiert:

„Der Schöpfer hat den Reichtum für das Opfer geschaffen, und den Menschen, um diesen Reichtum zu bewahren und die Opfer durchzuführen. Deshalb sollte der ganze Reichtum dem Opfer gewidmet sein."

Es ist nicht richtig, daß er für die Befriedigung von Begierden ausgegeben werden sollte. Der Schöpfer gab den Reichtum an Sterbliche als Opfer. Erkenne das, oh Sohn der Kunti, denn du bist der Erste aller Wohlhabenden! Aus diesem Grunde sind die Weisen überzeugt, daß auf Erden der Reichtum kein persönliches Eigentum ist. Man sollte damit Opfer durchführen und ihn mit vertrauensvollem Herzen hingeben. Man sollte stets zurückgeben, was man bekommen hat, und nichts verschwenden oder für die Befriedigung eigener Wünsche nach weltlichen Freuden ausgeben. Welchen Sinn hat noch das Ansammeln von Reichtum, wenn dieses heilsame Ziel der Hingabe besteht?

Die Unwissenden, die Reichtum denen geben, die von den Aufgaben ihrer Kaste abgefallen sind, müssen dafür zukünftig viele hundert Jahre im Schmutz und Sumpf existieren. Doch wer dem Würdigen geben will und nicht dem Unwürdigem, muß wahrhaft zwischen würdig und unwürdig unterscheiden. Dies macht die Tugendübung der Wohltätigkeit so überaus schwierig. So sind es die zwei großen Fallen, die stets mit gewonnenem Reichtum verbundenen sind: Wenn man einem Unwürdigen gibt oder wenn man es versäumt, einem Würdigem zu geben.

Kapitel 27 - Yudhishthiras Verzweiflung und Vyasas Antwort

Yudhishthira sprach:

Aufgrund des Todes des jungen Abhimanyus, der Söhne der Draupadi, des Dhrishtadyumna, Virata, Drupada, des pflichtbewußten Vasusena *(Karna)*, des königlichen Dhristaketu und vieler anderer Könige aus verschiedensten Ländern im Kampf, will der Kummer mich Elenden nicht verlassen, der ich zum Mörder von Verwandten wurde. Tatsächlich habe ich übermäßig nach dem Königreich begehrt und wurde zum Vernichter meines eigenen Stammes. Er, auf dessen Schoß ich als Kind zu spielen pflegte, ach, der Sohn der Ganga mußte im Kampf wegen meines Begehrens nach Herrschaft fallen. Als ich diesen Löwen unter den Männern, unseren Großvater sah, wie er durch Sikhandin angegriffen wurde, wie er zitterte und schwankte durch die Pfeile von Arjuna, die dem Donnerblitz an Energie glichen, und als ich seinen königlichen Körper sah, der überall mit flammenden Pfeilen durchbohrt war und wie ein alter Löwe dahinsank, da wurde mein Herz tief getroffen. Als ich diesen mächtigen Bedränger feindlicher Kampfwagen sah, wie er kraftlos mit dem Gesicht nach Osten von seinem Wagen fiel, wurden meine Sinne ganz taub. Dieser Nachkomme der Kurus, der mit Pfeil und Bogen in der Hand im wilden Kampf für viele Tage lang sogar Parasurama aus dem Bhrigu Stamm auf dem heiligen Feld der Kurus zufriedenstellte, dieser Sohn der Ganga, dieser Held, der in Varanasi, um Ehefrauen für seinen Bruder zu gewinnen, auf einem einzelnen Wagen die versammelten Kshatriyas der Welt zum Kampf herausgefordert hatte, der durch die Energie seiner Waffen den unschlagbaren und Ersten der Könige, Ugrayudha, geschlagen hatte, ach, dieser Held ist durch meine Schuld im Kampf gefallen. Obwohl er ganz genau wußte, daß Sikhandin, der Prinz der Panchalas, sein Untergang war, hielt sich der Held dennoch zurück, diesen Prinzen mit seinen Pfeilen zu töten. Ach, so ein großmütiger Krieger wurde durch Arjuna geschlagen. Oh Bester aller Weisen, in dem Moment, als ich den Großvater blutbedeckt auf der Erde liegen sah, ergriff ein heftiges Fieber mein Herz. Er, der uns als Kinder beschützt und erzogen hat, ach, er fiel durch meine sündhafte Begierde nach dem Königreich, so daß ich zum Mörder der Altehrwürdigen wurde und zum vollkommenen Dummkopf wegen einer Herrschaft, die nur kurze Zeit dauern kann.

Auch unser Lehrer, der große Bogenschütze Drona, der von allen Königen verehrt wurde, ist von mir bezüglich seines Sohnes belogen worden. Die Erinnerung an diese Tat brennt mir in allen Gliedern. Der Lehrer sprach zu mir: „Sage mir aufrichtig, oh König, ob mein Sohn noch lebt!“ Wahrheit von mir erwartend, fragte mich der Brahmane vor allen anderen. Durch das nur leise Hinzufügen des Wortes „Elefant“ benahm ich mich unwahrhaft zu ihm. Sünde trieb mich und Begierde nach dem Königreich. So wurde ich zum Mörder der Altehrwürdigen und benahm mich völlig unwürdig zu meinem Lehrer im Kampf, indem ich das Gewand der Lüge anlegte und zu ihm sprach, daß Aswatthaman getötet sei, obwohl nur ein Elefant gleichen Namens fiel. Zu welchen Bereichen werde ich gehen, nachdem ich solche unheilsamen Taten begangen habe? Ich trage auch die Schuld, daß mein ältester Bruder Karna getötet wurde, dieser furchterregende Krieger, der sich nie vom Kampf zurückzog. Wer ist hier sündiger als ich? Auf meinen Wunsch hin drang der jugendliche Abhimanyu, dieser Held, der einem Berglöwen glich, in die Reihen ein, die durch Drona selbst beschützt wurden. So trage ich sogar die Schuld eines Kindermörders. Sündig, wie ich bin, konnte ich seitdem weder Arjuna in die Augen schauen noch dem lotusäugigen Krishna. Ich gräme mich auch um Draupadi, die ihrer fünf Söhne beraubt wurde, wie die Erde ihrer fünf Berge. Ich bin ein großer Übeltäter, ein Sünder und ein Zerstörer der Erde! Ich sollte mich nie mehr von diesem Sitz erheben und meinen Körper abmagern, um auf den Tod zu treffen. So seht mich als Mörder meines Lehrers, wie ich hier sitze und das Praya Gelübde einhalte! Als Vernichter meines Stammes sollte ich diesen Weg gehen, um nicht in niederen Bereichen wiedergeboren zu werden! Ich sollte auf alles Essen und Trinken verzichten, und ohne diesen Platz zu verlassen, oh großer Asket, möge mein Lebensatem austrocknen, der mir so lieb ist. Ich bete zu dir in

Demut, gewähre mir die Erlaubnis dafür und geh dann, wohin du möchtest. Mögen mir alle die Erlaubnis dazu geben, diesen Körper abzuwerfen.

Vaisampayana fuhr fort:
Den Sohn der Pritha zurückhaltend, der betäubt durch den Kummer um seine Angehörigen solche Worte sprach, antwortete ihm Vyasa, dieser Beste der Asketen, ganz spontan: „Das kann nicht sein!"

Und Vyasa sprach weiter:
Es ziemt sich nicht für dich, oh Monarch, solchem heftigen Kummer anzuhängen. Ich werde wiederholen, was ich bereits gesagt habe. Das alles ist Schicksal, oh Mächtiger! Zweifellos streben alle Wesen, nachdem sie geboren wurden, zur Bildung bestimmter Formen, die sich schließlich wieder auflösen. Sie steigen wie Luftblasen im Wasser auf und verschwinden dann wieder. Alles, was sich zusammenballt, muß notwendigerweise wieder zerfallen, und alles was entsteht, wieder vergehen. Jede Verbindung endet in der Auflösung und jedes Leben im Tod. So endet auch die Untätigkeit, obwohl sie zeitweilig angenehm erscheinen mag, schließlich im Elend. Wohingegen erfahrungsvolle Tätigkeit, obwohl sie zeitweise leidvoll erscheint, im Glück endet. Reichtum, Wohlstand, Bescheidenheit, Zufriedenheit und Ruhm wohnen im Handeln und in der Erfahrung, aber nicht in der Untätigkeit. So wie der Freund kein beständiges Glück, noch der Feind beständiges Leid bringen kann, so kann Weisheit allein keinen Wohlstand und Reichtum allein kein Glück sichern. Erkenne, oh Sohn der Kunti, daß du vom Schöpfer zum Handeln bestimmt bist! Jeder Erfolg entspringt dem Handeln. Es ist nicht dein Weg, oh König, das Handeln zu vermeiden.

Kapitel 28 - Vyasa über die Weisheit

Vaisampayana sprach:
Dann versuchte Vyasa die Sorgen des ältesten Sohnes des Pandu zu zerstreuen, der wegen des Tötens seiner Angehörigen im Kummer brannte und entschlossen war, sich selbst ein Ende zu setzen.

Vyasa sprach:
Diesbezüglich wird eine alte Geschichte erzählt, oh Tiger unter den Männern, die unter dem Namen „Ashmas Rede" bekannt ist. Höre sie, oh Yudhishthira! Als Janak, der Herrscher der Videhas, einst von Sorgen und Kummer erfüllt war, fragte er den klugen Brahmanen Ashma, um seine Zweifel zu klären.

Janak fragte:
Wie sollte sich jemand, der sein Heil sucht, bezüglich Gewinn und Verlust von sowohl Angehörigen als auch Reichtum verhalten?

Und Ashma sprach:
Unverzüglich nach der Bildung eines menschlichen Körpers verbindet sich die Seele mit der Erfahrung von Freude und Leid. Weil nun diese beiden die Person überwältigen können, so wird sie von der jeweils beherrschenden schnell davongetragen, wie der Wind angesammelte Wolken vor sich hertreibt. In Zeiten des Wohlstands denkt man dann: „Ich bin von hoher Geburt! - Ich kann tun, was

ich möchte! - Ich bin ein besonderer Mensch!“ Durch diesen dreifachen Hochmut wird sein Geist geprägt. Und gewöhnt an all die irdischen Vergnügungen, beginnt er, den von seinen Vorfahren angesammelten Reichtum zu vergeuden. Dann verarmt er im Laufe der Zeit und betrachtet sogar die Aneignung von dem, was anderen gehört, als lobenswert. Wie ein Jäger, der ein Reh mit seinen Pfeilen durchbohrt, bestraft der König dann diese übelgesinnte Kreatur, diesen Dieb am Besitz anderer, diesen Übeltäter bezüglich Gesetz und Ordnung. Ohne seine hundert Jahre *(die übliche Zeit des menschlichen Lebens)* zu erreichen, lebt so ein Mensch kaum zwanzig oder dreißig Jahre. So sollte ein König das Verhalten aller Wesen sorgfältig beobachten und mit Hilfe seiner Intelligenz die Heilmittel anwenden, welche die großen Sorgen und Leiden seiner Untertanen vermindern.

Die Ursachen aller geistigen Leiden sind zweifach: die Wahnvorstellung des Geistes und das Ansammeln von Sorgen, ohne daß es eine dritte Ursache gäbe. Alle die verschiedenen Arten des Leidens, die den Menschen einholen, wie sie auch aus der Anhaftung an irdische Freuden entstehen, stammen aus diesen Quellen. Alter und Tod verschlingen wie zwei Wölfe alle Geschöpfe, seien sie stark oder schwach, klein oder groß. Kein Mensch kann dem Alter und dem Tod entkommen, nicht einmal der Eroberer der ganzen, vom Meer umgürteten Erde. Sei es nun Glück oder Leid, das die Wesen überkommt, es sollte heiter ertragen werden, ohne Euphorie oder Verzweiflung. Denn es gibt kein echtes Mittel zur Flucht vor ihnen. Die Übel des Lebens treffen jeden, oh König, im jungen, mittleren und hohen Alter. Sie können niemals vermieden werden, weil das, was man begehrt nie beständig sein kann. Die Abwesenheit des Angenehmen, die Anwesenheit des Unangenehmen, Gut und Böse sowie Glück und Leid folgen stets dem Schicksal. So ist auch die Geburt der Wesen und ihr Tod, ihr Gewinn und Verlust alles vorkonditioniert. Gerade wie Geruch, Farbe, Geschmack und Gefühl aus der Natur erscheinen, so entstehen Glück und Elend aus dem Schicksal. Sitze und Betten, Wagen, Wohlstand, Getränke und Essen begegnen den Wesen entsprechend dem Lauf der Zeit. So werden sogar Ärzte krank, die Starken werden schwach, und die Reichen verlieren alles und werden arm. Der Lauf der Zeit ist voller Wunder. Hohe Geburt, Gesundheit, Schönheit, Wohlstand und die Dinge des Vergnügens werden alle durch das Schicksal gewonnen. So haben die Armen häufig viele Kinder, obwohl sie es nicht wünschen. Die Wohlhabenden sieht man dagegen oft kinderlos. Wunderlich ist der Lauf des Schicksals. Die Übel von Krankheit, Feuer, Wasser, Waffen, Hunger, Gift, Fieber und Unfällen treffen einen Menschen gemäß dem Schicksal, unter dem er geboren wurde. So sieht man in dieser Welt, daß manche, ohne zu sündigen, verschiedene Erkrankungen ertragen müssen, während ein anderer sündigt und doch vom Unglück nicht erdrückt wird. Man sieht, wie einer im Vergnügen des Reichtums bereits in der Jugend sterben muß, während ein anderer, der arm ist, seine Existenz von Altersbeschwerden bedrückt für hundert Jahre erträgt. Ein Niedriggeborener kann ein sehr langes Leben haben, während ein Hochgeborener wie ein Insekt schnell vergeht. In dieser Welt ist es sehr verbreitet, daß Reiche keinen gesunden Appetit haben, während die Armen sogar Holzspäne verdauen können. Was auch für Sünden der Übelgesinnte, getrieben vom Schicksal und unzufrieden mit seinen Lebensumständen, mit der Überzeugung begeht „Ich bin der Handelnde!“, so betrachtet er doch alle seine Taten als gut für sich. Jagd, Würfeln, Frauen, Wein und Schlägereien werden von den Weisen getadelt. Doch viele, die sogar umfassende Kenntnisse in den Schriften haben, sieht man daran gewöhnt. Die Dinge, begehrenswert oder nicht, kommen über die Wesen aufgrund des Laufs der Zeit. Keine andere Ursache kann es sein. Luft, Raum, Feuer, Mond, Sonne, Tag, Nacht, Sterne, Planeten, Flüsse und Berge - wer erschuf sie und wer erhält sie? Kälte, Hitze und Regen kommen nacheinander durch den Lauf der Zeit. So auch, oh Stier unter den Männern, das Glück und Leid der Menschen. Weder Medizin, noch Beschwörungsformeln können den Mensch retten, der vom Alter angegriffen oder vom Tod eingeholt wird.

Wie zwei Holzstämme, die auf dem großen Ozean schwimmen, zusammenkommen und sich wieder trennen, gerade so kommen die Wesen zusammen und trennen sich wieder *(wenn die Zeit gekommen ist)*. Die Zeit wirkt in gleicher Weise auf alle Wesen, ob sie sich nun als Reiche an Musik und Tanz in Gesellschaft von Frauen erfreuen oder als Bettler von dem leben, was andere geben. In dieser Welt werden tausende Arten von Beziehungen gebildet, wie Mutter, Vater, Sohn oder Ehefrau. Doch in Wahrheit, wer sind sie und wer sind wir? Niemand kann irgend jemandem dauerhaft angehören. Unsere Verbindungen hier mit Frauen, Verwandtschaft und Wohlgesinnten gleichen denen der Reisenden auf einer Straße. „Wo bin ich? Wohin werde ich gehen? Wer bin ich? Wie komme ich hierher? Unter wem oder was leide ich?“ Wer über diese Fragen meditiert, gelangt zur zeitlosen Stille. Leben und Bedingungen kreisen ständig wie ein Rad und jegliche Gesellschaft mit denen, die uns lieb sind, wird vergehen. Die Verbindung mit Bruder, Mutter, Vater oder Freund gleicht den Reisenden, die sich in einem Gasthof treffen.

Die Menschen mit Weisheit schauen wie mit körperlichen Augen die kommende Welt, die noch unentfaltet ist. Wer nach dieser Weisheit sucht, sollte die heiligen Schriften nicht ignorieren sondern Vertrauen haben. Voller Weisheit sollte man die Riten durchführen, die bezüglich der Ahnen und Götter empfohlen sind und alle religiösen Aufgaben vollbringen, Opfer durchführen und mit Vernunft nach Tugend, Gewinn und Liebe streben. Ach, keiner versteht wirklich, daß die Welt im Ozean der Zeit versinkt, der so unergründlich tief und mit den gefräßigen Ungeheuern verseucht ist, die man Alter und Tod nennt. Viele Ärzte sieht man mit allen Verwandten leidend, obwohl sie die Wissenschaft der Medizin *(lit. des Lebens)* sorgfältig studiert haben. Auch wenn sie verschiedenste bittere und ölige Medizin einnahmen, sie konnten dem Tod nicht entkommen, wie die Kontinente dem Ozean nicht entfliehen können. Auch Alchemisten, die in der Chemie höchst erfahren sind und sie vernünftig anwenden, sieht man vom Alter gebrochen, wie Bäume durch Elefanten. Selbst jene, die asketisches Verdienst haben, dem Studium der Veden gewidmet sind, Wohltätigkeit üben und viele Opfer durchführen, können Alter und Tod nicht entfliehen. Alle geborenen Geschöpfe können weder die Jahre, Monate, Tage noch Nächte zurückbekommen, wenn sie einmal vergangen sind. Der Mensch, dessen Existenz so vergänglich ist, wird im

Laufe der Zeit gezwungen, ob er will oder nicht, diesen unvermeidlichen und großen Weg zu gehen, der von jedem Wesen beschritten werden muß. Ob nun der Körper aus dem Wesen entsteht oder das Wesen aus dem Körper, die Verbindung einer Person mit Freundinnen und Freunden gleicht den Reisenden in einem Gasthof. Es gibt keine beständige Gesellschaft mit irgend jemandem. Nicht einmal den Besitz des eigenen Körpers kann man erhalten. Wie könnte man dann mit anderen zusammen bleiben? Wo, oh König, ist dein Vater heute und wo dein Großvater? Du erblickst sie heute nicht mehr, noch erblicken sie dich. Oh Sündloser! Auch Himmel und Hölle kann niemand erblicken. Die heiligen Schriften können jedoch die Augen der Tugendhaften werden. Oh König, forme dein Verhalten gemäß diesen Geboten. Mit reinem Herzen sollte man zuerst das Brahmacharya Gelübde *(als Schüler)* üben, dann *(als Hausvater)* Kinder zeugen und Opfer durchführen, um die Schuld zu bezahlen, die man vor den Ahnen, Göttern und Menschen hat. Nachdem man so Brahmacharya *(Enthaltsamkeit)* geübt, geopfert und für Nachwuchs gesorgt hat, überwindet derjenige, der *(als Waldeinsiedler)* das Auge der Weisheit findet, jegliche Angst und entrichtet damit den Tribut an den Himmel, an diese Welt und seine Seele. Der König der sich zu dieser Tugend *(dem Dharma)* neigt, der vernünftig darum kämpft, Himmel und Erde zu gewinnen, und von den irdischen Reichtümern nur das nimmt, was *(als Anteil der Könige)* in den Schriften beschrieben wurde, gewinnt Ruhm, der sich über alle Welten und unter allen Wesen ausbreitet.

Vyasa fuhr fort:
Der Herrscher der Videhas hörte mit klarem Verstand diese bedeutungsvollen Worte, wurde vom Kummer befreit und ging mit Erlaubnis von Ashma nach Hause zurück. Oh unvergänglich Ruhmreicher, überwinde auch du deine Sorgen und erhebe dich! Du bist dem Indra gleich! Ertrage deine Seele, um selig zu werden! Du hast diese Erde durch Erfüllung deiner Kshatriya Pflicht gewonnen. Erfreue dich nun an ihr, oh Sohn der Kunti, und ignoriere meine Worte nicht!

Kapitel 29 - Krishna über Ruhm und Tod

Vaisampayana sprach:
Als Yudhishthira, der Erste der Könige und Sohn von Dharma, stumm blieb, wandte sich Arjuna an Krishna.

Und Arjuna sprach:
Dieser Feindevernichter, der Sohn von Dharma, brennt in Sorgen wegen seiner getöteten Verwandtschaft. Bitte tröste ihn, oh Madhava! Sonst versinken wir alle erneut in großer Gefahr. Mögest du, oh Starkarmiger, seinen Kummer zerstreuen.

Vaisampayana fuhr fort:
So angesprochen vom hochbeseelten Arjuna, wandte der lotusäugige Govinda mit dem unvergänglichen Ruhm sein Gesicht zum König. Auf ihn sollte Yudhishthira hören. Denn von frühester Jugend an liebte Yudhishthira ihn sogar mehr als seinen Bruder Arjuna. So ergriff der starkarmige Krishna den Arm des Königs, der mit Sandelholzpaste geziert war und einer Marmorsäule glich, und

begann, zur Freude aller zu sprechen. Dabei erstrahlte sein Gesicht mit den schönen weißen Zähnen und leuchtenden Augen wie eine voll aufgeblühte Lotusblume in der aufgehenden Morgensonne.

Und Krishna sprach:
Oh Tiger unter den Männern, hänge nicht solchem Kummer nach, der deinen Körper verzehrt! Jene, die in diesem Kampf getötet wurden, werden unter keinen Umständen wieder zurückkehren. Jene Kshatriyas, oh König, die in diesem großen Kampf gefallen sind, sind wie Dinge, die man in einem Traum erwirbt und welche beim Erwachen wieder verschwinden. Sie alle waren Helden und Juwelen des Kampfes. Sie wurden besiegt, als sie mit dem Gesicht zum Feind gewandt voranstürmten. Keiner unter ihnen fiel mit Wunden im Rücken auf der Flucht. Sie alle haben mit mächtigen Helden in der großen Schlacht gekämpft, ihr Leben geopfert und sind, geheiligt durch die Waffen, zum Himmel aufgestiegen. Du solltest sie jetzt nicht weiter bedauern. Den Aufgaben der Kshatriyas gewidmet, voller Mut und in den Veden und ihren Zweigen höchst erfahren, sind sie alle zu jenem glücklichen Ende gelangt, das durch Helden erreichbar ist. Du solltest dich nicht mehr grämen, wenn du wie aus längst vergangenen Tagen von diesen hochbeseelten Herren der Erde hörst, die aus dieser Welt gegangen sind. Diesbezüglich ist eine Belehrung von Narada überliefert, die er einst Srinjaya gab, als dieser vom Kummer wegen des Todes seines Sohnes tief gequält wurde.

Narada sprach:
Dem Glück und Leid unterworfen, müssen alle Geschöpfe, so wie du und ich, oh Srinjaya, irgendwann sterben. Welchen Grund zur Sorge gibt es diesbezüglich? Höre mir zu, wie ich über die große Glückseligkeit der alten Könige spreche. Höre mich mit konzentrierter Aufmerksamkeit an. Dann wirst du, oh König, deinen Kummer überwinden. Höre die Geschichten jener hochbeseelten Herren der Erde und wirf deine Sorgen ab. Oh Srinjaya, höre mich, wie ich dir ihre Schicksale ausführlich erzähle. Durch das Hören dieser bezaubernden und entzückenden Geschichten jener Könige aus alten Zeiten können sogar bösartige Sterne besänftigt werden, und die Lebenspanne verlängert sich.

Oh Srinjaya, wir hörten, daß es einen König mit Namen Marutta gab, ein Sohn von Avikshit. Auch er fiel dem Tod zur Beute, obwohl die Götter selbst mit Indra, Varuna und Vrihaspati an ihrer Spitze zum Viswasrij Opfer kamen *(wo der Opfernde all seinen Reichtum verteilt)*, das von diesem hochbeseelten Monarchen durchgeführt wurde. Zuvor hatte er Indra, den Führer der Götter, herausgefordert und im Kampf besiegt. Deshalb weigerte sich der gelehrte Vrihaspati, im Opfer von Marutta zu amtieren, um Indra Gutes zu tun. Daraufhin erfüllte Samvarta, der jüngere Bruder von Vrihaspati, die Bitte des Königs. Während der Regentschaft dieses Königs, oh Bester der Monarchen, gab die Erde reichlich Getreide, ohne daß man es anbauen mußte, und war mit verschiedensten Annehmlichkeiten geschmückt. Im Opfer dieses Königs saßen die Viswadevas als Höflinge, die Maruts handelten als Verteiler *(des Essens und der Gaben)*, und die hochbeseelten Sadhyas waren auch dabei. In diesem Opfer von Marutta tranken sogar die Maruts den Somasaft. Die Opfergaben dieses Königs übertrafen alle, die jemals von Göttern, Gandharvas oder Menschen dargebracht wurden. Wenn sogar dieser König, oh Srinjaya, der dich in religiösem Verdienst, Erkenntnis, Entsagung und Reichtum weit übertraf, und der reiner als dein Sohn war, eine Beute des Todes wurde, dann gräme dich nicht um deinen Sohn.

Oh Srinjaya, es gab noch einen anderen König mit Namen Suhotra, der Sohn von Atithi. Wir hörten, daß auch er zur Beute des Todes wurde. Während seiner Regentschaft ließ Maghavat *(Indra)* ein ganzes Jahr lang Gold auf sein Königreich regnen. Als dieser König ihr Herr war, trug die Erde zu Recht den Namen Vasumati *(die „Reiche")*. Die Flüsse beherbergten während der Herrschaft dieses Königs goldene Schildkröten, Krabben, Alligatoren, Haie und Delphine, die der verehrte Indra gewährte. Als der Sohn von Atithi diese goldenen Fische, Haie und Schildkröten zu Hunderten und Tausenden sah, war er höchst verwundert. Und Suhotra sammelte diesen ausgedehnten Reichtum an Gold, der die Erde bedeckte, führte das Kurujangala Opfer durch und übergab alles den Brahmanen. Wenn sogar dieser König, oh Srinjaya, der dich in den vier Qualitäten von religiösem Verdienst, Erkenntnis, Entsagung und Reichtum weit übertraf, und der reiner als dein Sohn war, eine Beute des Todes wurde, so gräme dich nicht um deinen Sohn. Dein Sohn führte nie ein Opfer durch und machte nie Geschenke. Erkenne das, beruhige deinen Geist und gib dich nicht weiter dem Kummer hin.

Oh Srinjaya, wir hörten auch, daß Vrihadratha, der König der Angas, dem Tod zum Opfer fiel. Er gab hunderttausend Rosse weg. Auch hunderttausend Jungfrauen, geschmückt mit goldenen Ornamenten, gab er als Geschenke in einem Opfer, das er durchführte, sowie hunderttausend Elefanten aus der besten Rasse in einem anderen Opfer. Im nächsten gab er hundert Millionen Stiere, die mit goldenen Ketten geschmückt waren und von jeweils tausenden Kühen begleitet wurden, als Opfergabe. Während der König von Anga seine Opfer auf dem Hügel Vishnupada durchführte, wurde Indra vom Soma berauscht, den er trank, und die Brahmanen von den Geschenken, die sie erhielten. In diesen Opfern, oh Monarch, die dieser alte König zu Hunderten durchführte, übertrafen die Geschenke alles, was jemals von den Göttern, Gandharvas und Menschen gegeben wurde. Kein anderer Mensch war geboren oder wird jemals geboren werden, der soviel Reichtum weggegeben hat oder weggeben wird, wie der König der Angas in den sieben Opfern gab, die er durchführte, und von denen jedes durch die Heiligung des Soma geprägt war. Wenn, oh Srinjaya, sogar dieser König Vrihadratha, der dich in den vier Qualitäten weit übertraf, und der reiner als dein Sohn war, eine Beute des Todes wurde, dann solltest du dich nicht um deinen Sohn grämen.

Oh Srinjaya, wir hörten auch, daß Sivi, der Sohn von Usinara, eine Beute des Todes wurde. Dieser König beherrschte die ganze Erde, wie man ein ledernes Schild im Griff hat. Auf einem einzelnen Wagen, der sich siegreich in jedem Kampf erwies, erfüllte König Sivi die ganze Erde mit dem Geratter seiner Räder und unterwarf alle Monarchen. Dieser Sohn von Usinara, gab in einem Opfer alle Kühe und Pferde weg, die er besaß, sowohl die gezähmten als auch die wilden. Der Schöpfer selbst erkannte, daß kein anderer der vergangenen und zukünftigen Könige solche Last ertragen kann, wie Sivi ertrug, dieser Erste der Könige, dieser mächtige Held, der dem Indra gleich war. Gräme dich deshalb nicht um deinen Sohn, der nie irgendein Opfer durchführte noch Geschenke machte. Wahrlich, oh Srinjaya, wenn Sivi, der dich in den vier Qualitäten weit übertraf und reiner als dein Sohn war, zur Beute des Todes wurde, dann solltest du deinen toten Sohn nicht übermäßig betrauern.

Oh Srinjaya, wir hörten auch, daß der hochbeseelte Bharata, der Sohn von Dushmanta und Shakuntala, der eine riesige und gutgefüllte Schatzkammer hatte, zur Beute des Todes wurde. Dieser energievolle König widmete in alten Zeiten dreihundert Pferde den Göttern am Ufer der Yamuna, zwanzig am Ufer der Sarasvati und vierzehn am Ufer der Ganga, und führte damit eintausend Pferdeopfer und hundert Rajasuyas durch. Keiner unter den Königen der Erde könnte die großen Taten von Bharata nachahmen, wie auch kein Mensch durch die Kraft seiner Arme ins Himmelsgewölbe aufsteigen kann. Er errichtete zahlreiche Opferaltäre, gab unzählige Pferde und unsäglichen Reichtum an den Weisen Kanwa *(Kanwa zog in seiner Einsiedelei Bharatas Mutter Shakuntala auf, die von der Apsara Menaka nach ihrer Geburt verlassen wurde, und Bharata selbst wurde in dieser Einsiedelei geboren)*. Wenn sogar er, oh Srinjaya, der dich in den vier Qualitäten weit übertraf und reiner als dein Sohn war, zur Beute des Todes wurde, dann solltest du deinen toten Sohn nicht übermäßig betrauern.

Oh Srinjaya, wir hörten auch, daß sogar Rama, der Sohn von Dasaratha, zur Beute des Todes wurde. Er hegte stets seine Untertanen, als ob es seine eigenen Kinder wären. Unter seiner Herrschaft gab es keine Witwen und niemanden, der arm und verlassen war. Wahrlich, Rama regierte sein Königreich stets wie sein Vater Dasaratha. Die Wolken entließen zur rechten Zeit Regen, und das Getreide wuchs reichlich. Während seiner Regentschaft gab es immer genügend Nahrung im Reich. Keiner starb durch Wasser oder Feuer. So lange Rama regierte, gab es keine Angst vor irgendwelchen Krankheiten im Königreich. Jeder Mensch lebte tausend Jahre und wurde mit tausend Kindern gesegnet. Während Rama herrschte, waren alle Menschen vollkommen, und jeder erreichte die Verwirklichung seiner Wünsche. Die Frauen stritten nicht miteinander, von den Männern ganz zu schweigen. Seine Untertanen waren stets der Tugend gewidmet. Sie waren zufrieden, mit jeglichem Erfolg gekrönt, furchtlos, frei und wahrhaftig, als Rama das Königreich regierte. Die Bäume trugen beständig Blüten und Früchte. Nirgends gab es Unfälle. Jede Kuh gab Milch und füllte die Gefäße bis zum Rand. Nachdem er vierzehn Jahre strenge Buße geübt und in den Wäldern gewohnt hatte, führte Rama zehn Pferdopfer mit großer Herrlichkeit durch, woran jeder teilhaben konnte. Jugendlich, mit dunklem Teint und roten Augen erschien er wie der Führer einer Elefantenherde. Er hatte Arme bis zum Knie, ein strahlendes Gesicht, Schultern wie ein Löwe und große Kraft in seinen Armen. Nachdem er den Thron von Ayodhya bestiegen hatte, herrschte er elftausend Jahre. Wenn sogar er, oh Srinjaya, der dich in den vier Qualitäten weit übertraf und reiner als dein Sohn war, zur Beute des Todes wurde, dann solltest du deinen toten Sohn nicht weiter betrauern.

Oh Srinjaya, wir hörten auch, daß König Bhagiratha starb. In einem Opfer dieses Königs zeigte der vom Soma berauschte Indra, der verehrenswerte Vernichter von Paka und Führer der Götter, die Kraft seiner Arme und besiegte viele tausende Dämonen. König Bhagiratha gab in einem großen Opfer, das er durchführte, eine Million mit goldenen Ornamenten geschmückte Jungfrauen weg. Jede dieser Jungfrauen saß auf einem Wagen und vor jedem Wagen waren vier Rosse angespannt. Jeder Wagen war von hundert Elefanten begleitet, die aus bester Rasse und mit Goldketten geschmückt waren. Hinter jedem Elefanten kamen tausend Rosse, hinter jedem Roß tausend Kühe, und hinter jeder Kuh tausend Ziegen und Schafe. Die *(Göttin)* Ganga, die auch Bhagirathi genannt wird, saß auf dem Schoß dieses Königs, der in ihrer Nähe wohnte, und wird deswegen auch Urvasi genannt *(die auf dem Schoß Sitzende)*. Die dreifach fließende Ganga *(im Himmel, auf Erden und in der Unterwelt)* war bereit gewesen, die Tochter des Bhagiratha aus dem Ikshvaku Stamm zu werden, diesem Monarchen, der stets mit der Ausführung von Opfern mit reichlichen Gaben an die Brahmanen beschäftigt war. Wenn sogar er, oh Srinjaya, der dich in den vier Qualitäten weit übertraf und reiner als dein Sohn war, zur Beute des Todes wurde, so solltest du deinen toten Sohn nicht übermäßig beweinen.

Oh Srinjaya, wir hörten auch, daß der hochbeseelte Dilipa zur Beute des Todes wurde. Die Brahmanen lieben es, seine unzähligen Taten zu besingen. In einem seiner großen Opfer gab dieser König mit völlig offenem Herzen die ganze Erde voller Reichtum an die Brahmanen. In jedem seiner Opfer erhielt der Hauptpriester als Opfergebühr tausend goldene Elefanten. In einem seiner Opfer war sogar der Pfahl *(an dem die Opfertiere gebunden wurden)* aus reinem Gold und erstrahlte in unvergleichlicher Schönheit. Er hatte all seine Aufgaben erfüllt, und so pflegten sogar die Götter mit Indra an der Spitze den Schutz dieses Königs zu suchen. Auf diesem goldenen Opferpfahl, der unvorstellbaren Glanz hatte und mit einem Ring geschmückt war, tanzten sechstausend Götter und Gandharvas voller Freude, und Viswavasu selbst spielte in ihrer Mitte auf seiner Vina die sieben Noten entsprechend den Regeln der Komposition. Solcher Art war die Musik von Viswavasu, daß jedes Wesen dachte, daß der große Gandharva für ihn allein spielte. Kein anderer Monarch könnte diese Erfolge von König Dilipa nachahmen. Die Elefanten dieses Königs, stolz und überall mit Gold geschmückt, pflegten sich auf den Straßen niederzulegen *(so reich und sicher war das Land)*. Jene Menschen erreichten den Himmel, die es schafften, nur einen Blick auf diesen hochbeseelten König zu erhaschen, der stets wahrhaft sprach und dessen Bogen hundert, höchst energievolle Feinde abwehren konnte. Drei Klänge verstummten nie im Hause von Dilipa, nämlich die Stimmen der vedischen Sänger, das Sirren der Bögen und die Rufe „Es sei gegeben!“. Wenn sogar er, oh Srinjaya, der dich in den vier Qualitäten weit übertraf und reiner als dein Sohn war, zur Beute des Todes wurde, solltest du dich nicht um deinen toten Sohn grämen.

Oh Srinjaya, wir haben gehört, daß auch Mandhatri, der Sohn von Yuvanaswa, zur Beute des Todes wurde. Die Götter, welche Maruts genannt werden, zogen dieses Kind aus der Seite seines Vaters heraus. Einer Menge von geklärter Butter, die durch Mantras geheiligt worden war *(und von seinem Vater anstatt seiner Gattin irrtümlich getrunken wurde)* entsprungen, wurde Mandhatri im Bauch des hochbeseelten Yuvanaswa geboren. Mit großem Wohlstand begabt, besiegte König Mandhatri die drei Welten. Als die Götter dieses Kind von himmlischer Schönheit auf dem Schoß seines Vaters sahen, da fragten sie sich: „Wer soll dieses Kind nun säugen?“ Darauf näherte sich Indra und sprach: „Er soll von mir gesäugt werden!“ So kam der Führer der Götter und gab dem Kind den Namen Mandhatri *(„An mir soll er saugen.“)*. Für die Nahrung dieses hochbeseelten Kindes von Yuvanaswa begann der Finger von Indra in dessen Mund einen Strahl von Milch abzugeben. Und am Finger des Indra säugend, wuchs er in wenigen Tagen zu einem kräftigen Jungen heran. Nach zwölf Tagen sah er wie ein Zwölfjähriger aus. An nur einem Tag kam die ganze Erde unter die Herrschaft dieses hochbeseelten, tugendhaften und tapferen Königs, der an Heldenkraft im Kampf dem Indra selbst glich. Er besiegte die Könige Angada, Marutta, Asita, Gaya und Vrihadratha, den König der Angas. Als der Sohn von Yuvanaswa gegen Angada kämpfte, dachten die Götter, daß das Firmament durch das Sirren seines Bogens zusammenbricht. Die ganze Erde, vom Ort des Sonnenaufgangs bis zum Orts des Untergangs, galt als das Reich von Mandhatri. Er führte Pferdeopfer und hunderte Rajasuyas durch und gab den Brahmanen viele Rohita-Fische. Diese Riesenfische waren zehn Yojanas lang und ein Yojana breit. Und das, was nach der Befriedigung der Brahmanen übrigblieb, wurde unter ihm selbst und den anderen Kasten aufgeteilt. Wenn sogar er, oh Srinjaya, der dich bezüglich der vier Qualitäten weit übertraf und reiner als dein Sohn war, zur Beute des Todes wurde, solltest du dich nicht um deinen toten Sohn grämen.

Oh Srinjaya, wir hörten auch, daß sogar Yayati, der Sohn von Nahusha, dem Tod zum Opfer fiel. Nachdem er die ganze Welt mit ihren Meeren erobert hatte, reiste er umher und bedeckte sie nach und nach mit Opferaltären, deren Abstände durch das Werfen eines schweren Stückes Holz ausgemessen wurden. Wahrlich, damit erreichte er die entferntesten Küsten der Meere, während er solche großen Opfer *(auf den Altären entlang seines Weges)* durchführte. Er vollbrachte tausende Opfer und hundert Vajapeyas und befriedigte die Ersten der Brahmanen mit drei Bergen von Gold. Nachdem er viele Daityas und Danavas im Kampf besiegt hatte, teilte Yayati, der Sohn von Nahusha, die ganze Erde *(unter seinen Söhnen auf)*. Schließlich verstieß er seine älteren Söhne, die durch Yadu und Drahyu angeführt wurden, setzte seinen jüngsten Sohn Puru auf den Thron und ging, von seiner Frau begleitet, in die Wälder. Wenn sogar er, oh Srinjaya, der dich an Qualitäten weit übertraf und reiner als dein Sohn war, zur Beute des Todes wurde, solltest du dich nicht um deinen toten Sohn grämen.

Oh Srinjaya, wir hörten auch, daß Ambarisha, der Sohn von Nabhaga, zur Beute des Todes wurde. Dieser Beschützer der Welt und Erster aller Könige wurde von seinen Untertanen als die Verkörperung der Tugend betrachtet. Dieser

Monarch übergab in einem seiner Opfer an die Brahmanen, die ihm aufwarteten, eine Million Könige, die selbst jeweils Tausende von Opfern durchgeführt hatten. Fromme Menschen lobten Ambarisha, den Sohn von Nabhaga, und sagten, daß solche Leistungen nie zuvor erreicht wurden, noch in Zukunft erreicht werden. Diese abertausend Könige *(die auf Befehl von Ambarisha in ihren Opfern den Brahmanen aufwarteten)*, wurden *(durch die Verdienste von Ambarisha)* mit den Früchten eines Pferdeopfers gekrönt und folgten ihrem Herrn auf dem südlichen Pfad *(in die Bereiche der himmlischen Seligkeit)*. Sogar er, oh Srinjaya, der dich an Qualitäten weit übertraf und reiner als dein Sohn war, wurde zur Beute des Todes. Also gräme dich nicht um deinen toten Sohn.

Oh Srinjaya, wir hörten auch, daß Sasabindu, der Sohn von Chitrasena, zur Beute des Todes wurde. Dieser hochbeseelte König hatte hunderttausend Ehefrauen und Millionen Söhne. Sie alle pflegten, goldene Rüstungen zu tragen, und waren ausgezeichnete Bogenschützen. Jeder Prinz heiratete hundert Prinzessinnen, und jede Prinzessin brachte hundert Elefanten mit in die Ehe. Mit jedem Elefanten kamen hundert Wagen, und mit jedem Wagen hundert Rosse, aus bester Rasse und mit goldenem Zaumzeug. Mit jedem Ross kamen hundert Kühe, und mit jeder Kuh hundert Schafe und Ziegen. Diesen unvorstellbaren Reichtum, oh Monarch, verteilte Sasabindu in einem Pferdeopfer an die Brahmanen. Und wenn sogar er, oh Srinjaya, der dich an Qualitäten weit übertraf und reiner als dein Sohn war, zur Beute des Todes wurde, warum grämst du dich so sehr um deinen toten Sohn?

Oh Srinjaya, wir hörten auch, daß Gaya, der Sohn von Amurtarajas, zur Beute des Todes wurde. Für hundert Jahre lebte dieser König von den Resten der Opferspeisen. Zufrieden mit solcher Hingabe wünschte Agni ihm Segen zu gewähren. Und Gaya wünschte sich: „Laß meinen Reichtum unerschöpflich sein, selbst wenn ich unaufhörlich gebe. Laß meine Tugendhaftigkeit ewig sein. Laß mein Herz stets Freude an der Wahrheit durch deine Gnade finden, oh Verzehrer der Opfergaben!“ Wir hörten, daß König Gaya all seine Wünsche von Agni erfüllt bekam. So führte er an den Tagen des Neu- und Vollmondes, sowie nach jedem vierten Monat für tausend Jahre immer wieder das Pferdeopfer durch. Am Ende jedes Opfers gab er hunderttausend Kühe und Hunderte von Mauleseln *(an die Brahmanen)*. Dieser Stier unter den Männern befriedigte die Götter mit Soma, die Brahmanen mit Reichtum, die Ahnen mit dem Swadha und die Frauen mit der Erfüllung all ihrer Wünsche. In seinem großen Pferdopfer ließ König Gaya einen goldenen Platz anfertigen, der hundert Ellen in der Länge und fünfzig in der Breite maß, und übergab ihn als Opfergebühr. Dieser Erste der Menschen, Gaya, der Sohn von Amurtarajas, gab soviel Kühe weg, wie es Sandkörner im Flußbett der Ganga gibt, oh König. Und wenn sogar er, oh Srinjaya, der dich an Qualitäten weit übertraf und reiner als dein Sohn war, zur Beute des Todes wurde, warum grämst du dich so sehr um deinen toten Sohn?

Oh Srinjaya, wir hörten auch, daß Rantideva, der Sohn von Sankriti, zur Beute des Todes wurde. Nachdem er die strengste Buße geübt und Indra höchst verehrt hatte, erhielt er dessen Segen, als er ihn bat: „Laß uns reichlich Nahrung und zahlreiche Gäste haben. Laß meinen Glauben niemals schwinden und laß uns niemals andere bitten müssen." Die Tiere, gezähmt oder wild, die in seinem Opfer geschlachtet wurden, pflegten von selbst zum hochbeseelten Rantideva mit den beständigen Gelübden und dem großen Ruhm zu kommen. Die Säfte, die von den Häuten der Tiere beim Opfer flossen, bildeten einen mächtigen und berühmten Fluß, der bis heute unter dem Namen Charmanwati bekannt ist *(der „Fluß der Häute", heute „Chambal")*. König Rantideva gab umfangreiche Geschenke an die Brahmanen. Als der König sprach „Dir gebe ich hundert Goldmünzen!", murrten die Brahmanen bereits. Aber wenn der König sprach „Ich gebe tausend Goldmünzen!", wurden alle Geschenke akzeptiert. Die Behälter und Teller für Speise und Trank im Palast von Rantideva, alle Weinkrüge, Töpfe, Pfannen und Schüsseln waren aus purem Gold. In jenen Nächten, während die Gäste in der Wohnstätte von Rantideva zu speisen pflegten, wurden zwanzigtausendeinhundert Kühe geschlachtet. Und sogar bei solchen Gelegenheiten sprachen die mit Ohrringen geschmückten Köche: „Es gibt reichlich Suppe. Nehmt so viel ihr wünscht. Aber das Fleisch ist wie immer etwas knapp." Oh Srinjaya, wenn sogar er, der dich an Qualitäten weit übertraf und reiner als dein Sohn war, zur Beute des Todes wurde, so laß nun ab, dich um deinen toten Sohn zu grämen.

So hörten wir auch, oh Srinjaya, daß der hochbeseelte Sagar zur Beute des Todes wurde. Er war aus dem Stamm von Ikshvaku, ein Tiger unter den Männern und von übermenschlicher Heldenkraft. Sechzigtausend Söhne pflegten hinter ihm zu gehen, wie Myriaden der Sterne, die dem Mond am wolkenlosen Firmament des Herbstes aufwarten. Seine Herrschaft erstreckte sich über diese ganze Erde. Er befriedigte die Götter, indem er tausend Pferdeopfer durchführte. Er gab an die würdigen Brahmanen ganze Paläste mit goldenen Säulen, die vollständig aus Edelmetallen gefertigt wurden, mit kostbaren Betten und Scharen schöner Damen mit Lotusaugen, sowie andere Arten von Reichtum. Auf sein Gebot hin teilten die Brahmanen diese Geschenke unter sich auf. In seinem Zorn ließ dieser König die Erde aufgraben, weshalb sie später den Ozean auf ihrer Brust trug, der aus diesem Grund auch Sagara genannt wurde. Und wenn sogar er, oh Srinjaya, der dich an Qualitäten weit übertraf und reiner als dein Sohn war, zur Beute des Todes wurde, warum grämst du dich so sehr um deinen toten Sohn?

Oh Srinjaya, wir hörten auch, daß König Prithu, der Sohn von Vena, zur Beute des Todes wurde. Die großen Rishis, die sich im dichten Wald versammelten, übergaben ihm die Souveränität der Erde. Und weil er dadurch die ganze Menschheit voranbringen sollte, wurde er Prithu genannt *(der Förderer)*. Und weil er auch die Leute vor Schaden *(Kshata)* beschützte, wurde er auch Kshatriya genannt *(Beschützer vor Schaden)*. Beim Anblick von Prithu, dem Sohn von Vena, riefen alle irdischen Wesen: „Wir sind ihm liebevoll verbunden." Wegen dieser liebevollen Verbindung zu allen Wesen, wurde er auch Raja genannt *(der Verbundenheit hervorbringt)*. Die Erde gab während seiner Herrschaft Getreide, ohne daß es angebaut werden mußte, jede Höhlung in den Bäumen war voller Honig und jede Kuh gab eine Kanne Milch. Alle Menschen waren gesund, und alle ihre Wünsche wurden mit Erfolg gekrönt. Sie hatten keinerlei Angst vor irgend etwas. Sie pflegten zu leben, wie es ihnen gefiel, im Freien oder in Häusern. Wenn Prithu wünschte, über einen See zu gehen, wurde das Wasser fest. Auch die Flüsse schwollen niemals an, als er sie durchqueren mußte, sondern blieben vollkommen ruhig. Die Standarte auf seinem Wagen wehte frei, ohne je auf irgendein Hindernis zu treffen. König Prithu gab in einem seiner großartigen Pferdopfer einundzwanzig große Berge von Gold an die Brahmanen. Und wenn sogar er, oh Srinjaya, der dich in den vier Qualitäten von religiösem Verdienst, Erkenntnis, Entsagung und Reichtum weit übertraf und reiner als dein Sohn war, zur Beute des Todes wurde, warum grämst du dich so sehr um deinen toten Sohn? Was sinnst du, oh Srinjaya, so schweigend? Es scheint, oh König, daß du meine Worte gar nicht hörst. Dann wäre meine Belehrung wie eine unfruchtbare Schwärmerei gewesen oder wie Medizin und Diät für einen Sterbenden.

Doch Srinjaya sprach:
Ich hörte wohl, oh Narada, deine bedeutungsvollen Worte, wie eine Girlande aus duftenden Blüten, diese Belehrung über das Verhalten der hochbeseelten königlichen Weisen mit lobenswerten Taten und größtem Ruhm, die zweifellos jede Sorge zerstreuen kann. Deine Rede, oh großer Weiser, war keine unfruchtbare Schwärmerei. Durch deinen Anblick war ich bereits vom Kummer befreit. Doch wie man durch das Trinken von Amrit nie übersättigt wird, so haben mich auch deine Worte nicht übersättigt. Wenn du, oh Herr mit der wahrhaften Sicht, geneigt bist, deine Gnade jemandem zu zeigen, der wegen des Todes seines Sohns trauert, dann wird dieser Sohn sicherlich auch durch deine Gnade wiederbelebt werden und erneut mit mir vereint sein.

Und Narada sprach:
So werde ich dir deinen Sohn Suvarnashthivin zurückgeben, den Parvata dir einst gewährte und der des Lebens beraubt wurde. Mit der Herrlichkeit des Goldes gesegnet, soll dieses Kind eintausend Jahre leben!

Kapitel 30 - Die Geschichte von Narada und Parvata

Da fragte Yudhishthira:
Wie wurde der Sohn von Srinjaya zu Suvarnashthivin *(„dessen Exkremente voller Gold sind")*? Und warum gab Parvata dieses Kind an Srinjaya? Und warum starb er? Wenn das Leben aller Menschen damals eintausend Jahre dauerte, warum starb der Sohn von Srinjaya bereits als Kind? Oder war er nur dem Namen nach Suvarnashthivin? Wie kam er dazu? Das wünsche ich alles zu erfahren.

Krishna sprach:
Ich will dir berichten, oh König, was damals geschah. Es gibt da zwei Rishis, die Ersten in der Welt, welche Narada und Parvata genannt werden. Wobei Narada der Onkel mütterlicherseits von Parvata ist und damit Parvata der Sohn von Naradas Schwester. Mit fröhlichem Herzen verließen einst Onkel und Neffe den Himmel, oh König, um auf einer angenehmen Wanderung auf Erden geklärte Butter und Reis zu kosten. So wanderten die Beiden, die mit großem asketischem Verdienst begabt waren, über die Erde und lebten von den gegebenen Speisen der Menschen. Voller Freude und mit großer gegenseitiger Zuneigung

trafen sie unter sich eine Abmachung, daß jeder Wunsch, der sich in ihnen regt, dem anderen mitgeteilt werden sollte. Und wenn sich einer nicht daran hält, möge ihn der Fluch treffen. Mit dieser Übereinkunft kamen diese beiden großen Rishis, die in allen Welten verehrt werden, zu König Srinjaya, dem Sohn von Sitya, und sprachen zu ihm: „Wir zwei möchten für dein Wohl ein paar Tagen bei dir wohnen. Oh Herr der Erde, kümmere dich entsprechend um all unsere Wünsche.“ Der König antwortete „So sei es!“, und sorgte persönlich für ihre gastliche Bewirtung. Nach einer Weile war der König eines Tages so voller Freude, daß er den berühmten Asketen seine wunderschöne Tochter vorstellte und sprach:
Meine Tochter wird euch beiden aufwarten. Sie ist so strahlend wie die Blütenblätter der Lotusblume, wunderschön und von makellosen Gliedern, vollendet und von guten Manieren und wird Sukumari *('höchst delikat')* genannt.

„Sehr gut“ antworteten da die Rishis. Worauf der König zu seiner Tochter sprach: „Oh Kind, kümmere dich um diese beiden Brahmanen, wie du dich um die Götter oder um deinen Vater kümmern würdest.“ Die tugendhafte Prinzessin erwiderte „So sei es.“, und begann, auf Geheiß ihres Vaters ihnen zu dienen. Ihr pflichtbewußter Dienst und ihre konkurrenzlose Schönheit entzündeten sehr bald in Narada eine zarte Flamme für sie. Dieses zärtliche Gefühl begann im Herzen des berühmten Heiligen wie der Mond in der zunehmenden Monatshälfte zu wachsen. Der tugendhafte Narada konnte jedoch, überwältigt von Scham, diese brennende Neigung seinem Neffen, dem hochbeseelten Parvata nicht offenbaren. Doch durch seine asketische Macht, wie auch durch die äußeren Zeichen, verstand Parvata alles. Und zornig gereizt war er geneigt, den von Liebe gequälten Narada zu verfluchen.

So sprach Parvata:
Du hast mit deiner eigenen Zustimmung diesen Vertrag mit mir geschlossen, daß jeder Wunsch, gut oder schlecht, der von einem von uns gehegt würde, dem anderen offenbart werden muß. Dies waren deine eigenen Worte, die du nun selbst verletzt hast. Oh Brahmane, dafür sollte ich dich verfluchen. Du sagtest mir nicht, daß dein Herz vom Charme der Jungfrau Sukumari durchbohrt worden ist! Dafür solltest du verflucht sein. Du bist ein Brahmacharin und mein Lehrer. Du bist ein Asket und Brahmane. Und dennoch hast du das Abkommen gebrochen, das du mit mir hattest. Mit Zorn erfüllt werde ich dich dafür verfluchen müssen. So höre mich: Diese Sukumari soll zweifellos deine Ehefrau werden. Doch von der Zeit deiner Ehe an, oh Mächtiger, soll sie, wie auch alle anderen Menschen, dich als einen Affen wahrnehmen. Deine wahren Eigenschaften mögen verschwinden, und eine Affengestalt soll erscheinen!

Als Narada diese Worte von seinem Neffen hörte, wurde auch er zornig und sprach zu ihm:
Obwohl du asketisches Verdienst, Entsagung, Wahrhaftigkeit und Selbstdisziplin hast, und obwohl du stets der Tugend gewidmet bist, sollst du es dennoch nicht schaffen, zum Himmel zurückzukehren.

So verfluchten sie sich gegenseitig voller Zorn und ohne Vergebung, wie zwei wütende Elefanten. Und seit dieser Zeit wanderte der hochbeseelte Parvata über die Erde und wurde seiner Energie gemäß verehrt, oh Bharata. Und Narada, dieser Erste der Brahmanen, erhielt mit den rechten Riten die Hand der Tochter von Srinjaya, der makellosen Sukumari. Und die Prinzessin erblickte Narada genauso, wie es der Fluch bestimmt hatte. Wahrlich, in dem Moment, als das letzte Mantra der Hochzeit rezitiert worden war, sah Sukumari den himmlischen Rishi mit einem Affengesicht. Doch sie verachtete ihren Ehemann dafür nicht, sondern widmete ihm ihre ganze Liebe. Wahrlich, diese reine Prinzessin gab sich völlig ihrem Herrn hin und hegte in ihrem Herzen nicht den kleinsten Wunsch nach einem anderen Ehemann unter den Göttern, Munis oder Yakshas. Doch eines Tages, als der berühmte Parvata im Laufe seiner Wanderungen in einen einsamen Wald kam, erblickte er dort Narada.

Er grüßte ihn und sprach:
Sei gnädig zu mir, oh Mächtiger, und erlaube mir zum Himmel zurückzukehren.

Und als Narada den freudlosen Parvata sah, wie er mit gefalteten Händen vor ihm kniete, da antwortete er, der ebenfalls ohne Freude war:
Du hattest mich zuerst verflucht, indem du sprachst *„Werde ein Affe!“*. Nach deinen Worten verfluchte auch ich dich und sprach *„Von diesem Tag an, sollst du nicht mehr im Himmel wohnen!“*. Es war damals nicht recht von dir, weil du wie ein Sohn zu mir bist.

Daraufhin befreiten sich die beiden Heiligen wieder von ihren gegenseitigen Flüchen. Als dann Sukumari ihren Ehemann in seiner himmlischen Gestalt mit seiner flammenden Herrlichkeit sah, da floh sie vor ihm, weil sie dachte, daß es jemand anderes als ihr Herr war. Und beim Anblick, wie die schöne Prinzessin vor ihrem Herrn floh, da sprach Parvata zu ihr: „Dies ist wahrlich dein Ehemann! Hege keine Zweifel! Dies ist der berühmte und mächtige Rishi Narada, der Erste aller Tugendhaften. Er ist dein Herr und eine Seele mit dir. Hab keinen Zweifel!“ So versichert auf verschiedene Weise durch den hochbeseelten Parvata und auch informiert über den Fluch ihres Herrn, gewann die Prinzessin ihre Gelassenheit zurück. Dann erhob sich Parvata zum Himmel und Narada ging in sein Haus.

Krishna fuhr fort:
Dieser berühmte Rishi Narada, der selbst an dieser Geschichte beteiligt war, ist nun hier. Durch dich befragt, oh Bester der Menschen, wird er dir alles erzählen, was weiterhin noch geschah.

Kapitel 31 - Narada erzählt die Geschichte von Suvarnashthivin

Vaisampayana fuhr fort:
Daraufhin sprach der königliche Sohn des Pandu zu Narada: „Oh Heiliger, ich wünsche von der Geburt des Kindes zu hören, dessen Exkremente voller Gold waren.“ So angesprochen vom gerechten König Yudhishthira, begann der Weise

Narada ihm alles zu erzählen, was im Zusammenhang mit diesem Kind mit den goldenen Exkrementen geschehen war.

Und Narada sprach:
Es ist, wie Krishna sagte, oh Starkarmiger. Gefragt von dir, werde ich nun den Rest dieser Geschichte erzählen. Ich selbst und mein Neffe, der große Asket Parvata, kamen *(bei einer anderen Gelegenheit)* zu Srinjaya, diesem Ersten aller siegreichen Könige, um bei ihm zu wohnen. Mit allen entsprechenden Riten verehrt und jeden Wunsch befriedigt, nahmen wir unseren Wohnsitz in seinem Haus. Nachdem die Regenzeit vergangen war, und die Zeit für unsere Abreise kam, sprach Parvata zu mir diese bedeutsamen Worte, die der Stunde angemessen waren:
Wir haben, oh Brahmane, im Haus dieses Königs für einige Zeit gelebt und wurden höchst geehrt von ihm. Bedenke, was wir ihm dafür zurückgeben sollten.

Daraufhin, oh Monarch, antwortete ich dem seligen Parvata:
Oh Neffe, dies gebührt dir, oh höchst Mächtiger. Alles hängt von dir ab. Durch deinen Segen laß den König glücklich werden und erfülle ihm seine Wünsche. Oder wenn du möchtest, dann laß ihn durch unseren asketischen Verdienst mit Erfolg gekrönt sein.

Da rief Parvata nach König Srinjaya, diesem Ersten aller Siegreichen, und sprach zu ihm:
Oh König, wir sind mit deiner Gastfreundschaft äußerst zufrieden, die du uns freundlich gewährt hast. Mit unserer Erlaubnis, oh Erster der Menschen, bedenke einen Segen, den du erbitten möchtest. Laß diesen Segen jedoch so sein, daß er keine Feindseligkeit mit den Göttern oder den Untergang von Menschen bewirken kann! Akzeptiere, oh König, einen Segen, denn wir denken, daß du ihn wirklich verdient hast.

Diese Worte hörend, antwortete Srinjaya:
Wenn ihr mit mir zufrieden seid, dann ist mein Ziel bereits gewonnen. Denn das ist mein größter Gewinn, und das betrachte ich als die Verwirklichung all meiner Wünsche.

Darauf sprach Parvata:
Oh König, bitte doch um jenen Wunsch, den du schon so lange in deinem Herzen hegst.

Und Srinjaya antwortete:
So wünsche ich mir einen heroischen und energievollen Sohn mit beständigen Gelübden, der ein langes Leben und die Herrlichkeit vom Führer der Götter haben soll.

Darauf sprach Parvata:
Dieser Wunsch möge dir erfüllt werden! Dein Kind wird allerdings nicht lange leben, weil dein Wunsch nach einem solchen Sohn die Herrschaft von Indra bedrängt. Er möge jedoch unter dem Namen Suvarnashthivin bekannt sein. Er

wird die Pracht vom Führer der Götter haben, aber gib acht, ihn stets vor diesem Gott zu schützen!

Daraufhin besann sich Srinjaya und begann den heiligen und hochbeseelten Parvata anzuflehen, etwas anderes zu bestimmen:
Oh Muni, laß meinen Sohn durch dein asketisches Verdienst langlebig sein!

Parvata blieb jedoch aus Parteilichkeit für Indra stumm. Und den äußerst traurigen König betrachtend, sprach ich zu ihm:
Denke an mich, oh König, *(in deiner Qual)* und ich verspreche, dann zu dir zu kommen. Gräme dich nicht, oh Herr der Erde! Ich werde dir dein geliebtes Kind wiedergeben, selbst wenn er in seiner lebenden Form sterben sollte.

Nachdem ich so zum Monarchen gesprochen hatte, verließen wir ihn beide, um nach Belieben weiterzuwandern, und Srinjaya ging erfreut in sein Haus zurück. Nachdem einige Zeit vergangen war, wurde dem königlichen Weisen Srinjaya ein Sohn mit großer Heldenkraft geboren, der in seiner Energie erstrahlte. Das Kind wuchs und erblühte wie eine große Lotusblüte in einem See und wurde zu Suvarnashthivin *(„dessen Exkremente voller Gold sind")* mit Namen und in Wirklichkeit. Diese außergewöhnliche Eigenschaft, oh Bester der Kurus, wurde in der Welt bald weithin bekannt. Auch der Führer der Götter erfuhr vom Ergebnis des Segens von Parvata. Er befürchtete aber seine Erniedrigung *(durch die Hand des Kindes, wenn er aufwachsen würde),* und so begann der Vernichter von Vala und Vritra auf eine Verfehlung des Prinzen zu warten. Er befahl seine himmlische Donnerwaffe in verkörperter Gestalt zu sich und sprach:
Oh Mächtiger, geh und nimm die Form eines Tigers an, um diesen Prinzen zu töten. Wenn er aufwächst, oh Donner, könnte mich dieses Kind von Srinjaya durch seine Fähigkeiten erniedrigen, wie Parvata gesagt hat.

So angesprochen durch Indra, begann die himmlische Donnerwaffe, dieser Bezwinger feindlicher Städte, von diesem Tag an ständig auf eine Gelegenheit zu warten. In der Zwischenzeit wurde Srinjaya, der dieses Kind erhalten hatte, dessen Herrlichkeit dem Indra glich, mit großer Freude *(aber auch Furcht)* erfüllt. So nahm der König, von seinen Ehefrauen und den anderen Damen seines Hauses begleitet, seinen Wohnsitz in der Mitte eines Waldes. Doch eines Tages lief der Junge an den Ufern der Bhagirathi in Begleitung seines Kindermädchens spielend umher, als wäre er auf der Jagd. Und obwohl er erst fünf Jahre alt war, fühlte er bereits die Kraft eines mächtigen Elefanten in sich. Während er so spielte, traf das Kind auf einen mächtigen Tiger, der ihn plötzlich überfiel. Der junge Prinz wurde von dieser Gewalt erschüttert, und vom Tiger zerfleischt, fiel er bald leblos zu Boden. Und nachdem der Prinz getötet war, verschwand der Tiger augenblicklich durch die illusionären Mächte von Indra. Beim Anblick des zerfleischten Jungen begann das Kindermädchen qualvoll und laut zu schreien. Der König hörte ihren Ruf und rannte in großer Sorge zu jenem Ort. Dort erblickte er seinen Sohn, überall blutend und leblos auf dem Boden liegend, als wäre der Mond vom Firmament gefallen. Er nahm den blutüberströmten Jungen auf seinen Schoß und begann, voller Kummer mitleiderregend zu klagen. Auch die königlichen Damen liefen gequält und schreiend schnell zu ihrem König

Srinjaya. In dieser Situation dachte der König mit konzentrierter Achtsamkeit an mich. Und als mir sein Gedanke bewußt wurde, erschien ich vor ihm. Dann erzählte ich dem mit Kummer geschlagenen König all jene Geschichten, oh Monarch, welche dir Krishna, dieser Held aus dem Yadu Stamm, bereits berichtet hat. So brachte ich das Kind von Srinjaya mit der Erlaubnis von Indra ins Leben zurück. Denn was bestimmt wurde, muß geschehen. Es ist unmöglich, daß es anders sein könnte.

Danach begann Prinz Suvarnashthivin mit großem Ruhm und Energie die Herzen seiner Eltern zu erfreuen. Mit seiner großen Heldenkraft erstieg er den Thron seines Vaters, nachdem sich dieser zum Himmel begeben hatte, und regierte dort eintausendundeinhundert Jahre lang. Er verehrte die Götter mit vielen großen Opfern, die von reichen Gaben begleitet waren. Und begabt mit großer Herrlichkeit, befriedigte er die Götter und Ahnen. Er brachte viele Söhne hervor, von denen alle ihren Stamm vergrößerten und ging schließlich nach vielen Jahren selbst den Weg alles Natürlichen, oh König. So zerstreue auch du, oh Erster der Könige, diesen Kummer, der in deinem Herzen geborenen wurde, genau wie Krishna und Vyasa mit der strengen Buße dir geraten haben. Erhebe dich, oh König, und trage die Last deines väterlichen Königreiches! Führe hohe und große Opfer durch, so daß du später jene Regionen erreichen kannst, die du dir wünschst!

Kapitel 32 - Vyasa über das heilsame Handeln

Vaisampayana sprach:
Als König Yudhishthira stumm blieb und immer noch voller Sorge war, ergriff der inselgeborene Vyasa, dieser große Asket, der die Wahrheiten der Religion kennt, erneut das Wort.

Und Vyasa sprach:
Oh Lotusäugiger, der Schutz ihrer Untertanen ist die Aufgabe der Könige. Jene Menschen, die stets ihre Aufgaben beachten, betrachten diese als ihr Schicksal. Deshalb wandle auch du, oh König, auf den Spuren deiner Vorfahren! Die asketische Buße ist eine Aufgabe der Brahmanen. Dies ist das ewige Gebot der Veden. Damit bildet Buße, oh Stier der Bharatas, die ewige Pflicht eines Brahmanen. Ein Kshatriya ist hinsichtlich seiner Aufgaben der Beschützer des Volkes. Jeder Mensch, der an irdische Besitztümer gewöhnt, eine gesunde Entsagung überschreitet, gilt als Angreifer der sozialen Harmonie und sollte mit starker Hand gezüchtigt werden. Dieser gefühllose Mensch, der sich bemüht, die Ordnung zu zerstören, sei er ein Angehöriger, ein Sohn oder sogar ein Heiliger, sollte, wie alle Menschen mit solch übelgesinnter Natur, mit jedem Mittel bestraft oder sogar getötet werden. Jeder König, der sich anders verhält, sammelt Sünde an. Wer die Tugend nicht beschützt, wenn sie mißachtet wird, ist selbst ein Gegenspieler der Tugend. Die Kauravas haben die Tugend mißachtet. Dafür wurden sie von dir mit ihren Anhängern geschlagen. So hast du die Aufgaben deiner Kaste beachtet. Warum, oh Sohn des Pandu, hängst du nun solchem Kummer nach? Der König sollte jene töten, die den Tod verdienen,

und jene beschenken, die der Wohltätigkeit würdig sind. So sollte er seine Untertanen gemäß der Ordnung beschützen.

Darauf sprach Yudhishthira:
Ich bezweifle die Worte nicht, die von deinen Lippen fließen, oh Askesereicher. Alles bezüglich Tugend und Pflicht ist dir weithin bekannt, oh Erster aller Weisen. Ich habe jedoch wegen dieses Königreichs den Tod vieler Personen verursacht. Diese Taten, oh Brahmane, verbrennen mich.

Vyasa sprach:
Oh Bharata, handelt das Höchste Wesen oder der Mensch? Geschieht alles durch Zufall in der Welt, oder sind die Früchte, die wir genießen oder erleiden, die Ergebnisse *(vergangener)* Handlungen? Wenn der Mensch, oh Bharata, alle Handlungen, gut oder schlecht, vom Höchsten Wesen gedrängt ausführt, dann sollten die Früchte dieser Taten auch dem Höchsten Wesen selbst gehören. Wenn eine Person mit der Axt einen Baum im Wald fällt, dann ist es auf jede Weise die Person, welche die Sünde *(bzw. das Karma)* ansammelt und nicht die Axt. Wenn man sagt, daß die Axt nur die materielle Ursache ist, dann sollte die Folge der Tat dem lebenden Akteur zugeordnet werden *(und nicht dem Werkzeug).* Man könnte auch noch behaupten, daß die Sünde *(des Baumfällens)* dem gehört, der die Axt gebaut hat. Aber das kann wohl kaum wahr sein. Oh Sohn der Kunti, wenn es also unvernünftig ist, daß ein Mensch die Konsequenzen von dem ansammelt, was andere getan haben, dann solltest du die ganze Verantwortung dem Höchsten Wesen übergeben. Wenn dagegen der Mensch all seine Taten selbst bestimmen könnte, dann gäbe es keinen Höchsten Lenker und niemand müßte leidvolle Konsequenzen ertragen, was auch immer er getan hat. Doch keiner, oh König, kann das verhindern, was ihm bestimmt wurde. Wenn das Schicksal als Ergebnis der Taten aus vergangenen Leben vorherbestimmt ist, dann kann dem Lebenden dafür keine Sünde anhaften, wie auch die Sünde des Baumfällens weder die Axt noch den Schöpfer der Axt betrifft.

Wenn du denkst, daß es nur der Zufall ist *(und nicht Ursache & Wirkung)*, der in dieser Welt handelt, dann könnte eine solche Tat der umfassenden Zerstörung nie geschehen noch müßte sie jemals geschehen. Um herauszufinden, was in dieser Welt gut oder schlecht ist, kümmere dich um die heiligen Schriften. Dort steht geschrieben, daß Könige mit dem erhobenen Herrscherstab aufrecht stehen sollten. Ich denke, oh Bharata, daß sich die guten und schlechten Taten hier beständig wie ein Rad drehen, und die Menschen sammeln entsprechend die Früchte ihrer Taten, seien sie nun gut oder schlecht. Eine karmische Tat ruft die nächste hervor. Deshalb, oh Tiger unter den Königen, vermeide alle karmischen Taten und gib dich nicht dem Kummer hin. Du solltest dich, oh Bharata, den Pflichten deiner Kaste widmen, auch wenn sie tadelnswert erscheinen. Dieser Selbstmord, oh König, steht dir nicht an! Sühne und Reinigung wurden für angesammeltes Karma bestimmt. Wer lebendig ist, kann sie vollbringen. Ein Toter ist dazu nicht fähig. Deshalb, oh König, bewahre dein Leben und führe jene reinigenden Handlungen durch. Wenn du das versäumst, könntest du es in der kommenden Welt bereuen.

Kapitel 33 - Yudhishthiras Klage

Yudhishthira sprach:

Oh Vyasa, unzählige Söhne, Enkel, Brüder, Väter, Schwiegerväter, Lehrer, Onkel, Großväter, hochgeborene Kshatriyas, Verwandte, Freunde, Begleiter, andere Angehörige und vorzügliche Männer aus verschiedensten Ländern sind in dieser Schlacht gefallen. Oh Großvater, sie alle wurden durch meinen Wunsch nach dem Königreich getötet. Nachdem ich zur Ursache wurde, daß so viele heroische Könige sterben mußten, die stets der Gerechtigkeit gewidmet waren und den Somasaft in Opfern getrunken hatten, was soll aus mir werden, oh großer Asket?! Wenn ich bedenke, daß diese Erde so viele Löwen unter den Königen verloren hat, von denen sich alle großen Wohlstands erfreuten, verbrenne ich noch immer unaufhaltsam. Daß ich dieses Schlachten von Verwandten und Millionen anderer Menschen mit ansehen mußte, will mich im Innersten zerstören, oh Großvater! Oh, wie groß wird die Not jener Besten der Damen sein, die ihrer Söhne, Männer und Brüdern beraubt wurden? Die Pandavas und Vrishnis als grausame Mörder tadelnd, werden sich diese Damen ganz abgezehrt und kummervoll auf die Erde werfen. Wenn sie ihre Väter, Brüder, Männer und Söhne nicht mehr sehen, werden sie qualvoll ihren Lebensatem aufgeben und zur Wohnstätte von Yama gehen, oh Bester der Brahmanen. Daran habe ich keinen Zweifel. Der Lauf der Tugend ist äußerst subtil. Doch klar ist, daß auch wir von der Schuld am Tod dieser Frauen befleckt werden. Nachdem wir unsere Angehörigen und Freunde getötet haben und damit eine unsühnbare Sünde begingen, werden wir mit dem Kopf voran in die Hölle fallen müssen. Oh Bester der Menschen, wir sollten deshalb unsere Körper mit strengster Buße abzehren. Sage mir, oh Großvater, zu welcher Lebensweise ich mich dafür hingeben sollte.

Kapitel 34 - Vyasa über die Sünde des Tötens

Vaisampayana fuhr fort:

Diese Worte von Yudhishthira hörend, dachte der inselgeborene Rishi für einige Zeit scharf nach und sprach dann zum Pandu Sohn wie folgt:

Erinnere dich an die Aufgaben eines Kshatriya, oh König, und gib dem Kummer nicht nach! All jene Kshatriyas, oh Bulle unter den Helden, sind bei der Erfüllung ihrer wahrhaften Aufgaben gefallen. Im Streben nach großem Wohlstand und Ruhm auf Erden waren all diese Ersten der Menschen dem Tode gewidmet und sind unter dem Einfluß der Zeit zugrunde gegangen. Du bist nicht ihr Mörder, noch deine Brüder Bhima, Arjuna oder die Zwillinge. Es ist die Zeit, die ihnen den Lebensatem nach dem großen Gesetz der Wandlung nahm. Die Zeit kennt weder Mutter noch Vater oder irgend jemand, dem sie geneigt wäre, eine besondere Gunst zu zeigen. Sie ist der Zeuge der Taten aller Wesen. Durch sie sind sie dahingegangen. Dieser Kampf, oh Stier der Bharatas, war nur eine von ihr bestimmte Gelegenheit. Sie veranlaßt den Untergang der Wesen, indem sie sich der Mithilfe der Wesen bedient. Das ist die Art und Weise, wie sie ihre unwiderstehliche Macht entfaltet. Erkenne, daß die Zeit *(im Spiel mit den Wesen)* von den karmischen Fesseln der Handlungen geprägt wird und damit der Zeuge aller heilsamen und unheilsamen Handlungen ist. Es ist die Zeit, welche die Früchte unserer Handlungen hervorbringt, die entsprechend voller Glück oder Leiden sind. Oh Starkarmiger, bedenke die Taten all jener Kshatriyas, die gefallen sind! Diese Taten waren die Ursachen ihres Unterganges, und nur dadurch wurden sie vernichtet. Bedenke auch deine Taten, insbesondere die Beachtung von Gelübden mit gezügelter Seele. Und bedenke auch, wie du vom Höchsten Lenker gezwungen wurdest, solche Taten auszuführen. Wie eine Waffe, die von einem Schmied oder Zimmermann gebaut wurde, unter der Kontrolle jener Person ist, die sie benutzt, und die sich bewegt, wie die Person sich bewegt, so wird dieses ganze Weltall von den Handlungen der Zeit kontrolliert *(bzw. gesteuert)* und bewegt sich entsprechend, wie sich die Handlungen bewegen. Wenn man erkennt, daß die Geburt und der Tod der Wesen kein dummer Zufall sind, sondern vollkommene Gesetzmäßigkeit *(des Höchsten Lenkers)*, dann werden Freude und Leid völlig essenzlos. Doch obwohl diese Verwicklungen deines Herzens, oh König, eine bloße Wahnvorstellung sind, bedarfst du trotzdem der reinigenden Riten *(um dich von deiner sogenannten Sünde zu befreien)*.

Es wird erzählt, oh Pandava, daß die Götter und Dämonen einst gegeneinander kämpften. Die Dämonen waren die älteren und die Götter die jüngeren Brüder. Wild war der Kampf zwischen ihnen im Begehren nach dem Wohlstand. Die Schlacht dauerte 32.000 Jahre. Nachdem die Erde ein ausgedehntes Meer aus Blut war, besiegten die Götter die Dämonen und gewannen sich den Himmel. Sogar eine große Schar Brahmanen, welche die Erde als Besitz erhielten und mit den Veden bekannt waren, bewaffneten sich damals und betäubt vom Stolz, halfen sie den Dämonen im Kampf. Sie waren als Salavrikas bekannt und zählten 88.000. Selbst sie wurden alle von den Göttern geschlagen. Denn jene Übelgesinnten, die den Untergang der Tugend wünschen und die Sündhaftigkeit vermehren, verdienen den Tod, wie auch die wütenden Dämonen durch die Götter getötet wurden. Wenn durch den Tod einer einzelnen Person eine ganze Familie gerettet werden kann oder durch den Tod einer einzelnen Familie ein ganze Königreich, dann wird solch eine Tat des Tötens keine Übertretung sein. Oft, oh König, erscheint die Sünde als Tugend oder die Tugend als Sünde. Nur jene mit Weisheit erkennen den Unterschied. So sei beruhigt, oh Sohn des Pandu, denn du hast die Weisheit der Veden. Du bist, oh Bharata, stets dem Pfad gefolgt, den einst die großen Götter gegangen sind. Menschen wie du fallen nicht in die Hölle, oh Stier der Pandavas. Tröste deine Brüder und all deine Freunde, oh Feindevernichter! Wer absichtlich sündige Taten begeht, der fühlt keine Scham *(wie du)*, folgt immer weiter diesem Weg und sollte wirklich ein „großer Sünder" genannt werden. Es gibt keine Sühne für ihn, und seine Sünden nehmen nicht ab. Doch du bist in einem edlen Geschlecht geboren. Gezwungen durch die Schuld von anderen, hast du diese Tat nicht gern getan und bereust sie sogar. So gebietet sich das großartige Pferdeopfer als Sühne für dich. Triff alle Vorbereitungen für dieses Opfer, oh Monarch, und du sollst von deinen Sünden befreit werden. Der göttliche Vernichter von Paka, der seine Feinde mit dem Beistand der Maruts besiegt hatte, führte nach und nach einhundert Opfer durch und wurde zum Satakratu *(Indra)*. Von Sünde befreit hat er den Himmel gewonnen und viele Bereiche der Seligkeit, des großen Glücks und des Wohlstandes. So erstrahlt Indra von den Maruts umgeben in seiner Herrlichkeit und erleuchtet alle Richtungen. Als Gatte von Sachi wird er im Himmel von den Apsaras verehrt. Die Rishis und alle anderen Götter beten ihn mit ganzer Hingabe an.

Du, oh Yudhishthira, hast die Erde durch deine Heldenkraft gewonnen. All die Könige wurden durch dich, oh Sündloser, mit deiner Heldenkraft besiegt. So begib dich, oh König, mit deinen Freunden in ihre Königreiche und setz ihre Brüder, Söhne oder Enkel auf ihren Thron. Verhalte dich voller Güte sogar zu den ungeborenen Kindern im Mutterleib und mach deine Untertanen froh und glücklich, indem du über die Erde herrschst! Und falls sie keine Söhne mehr haben, so inthronisiere ihre Töchter. Denn Frauen lieben Vergnügen und Macht. Damit werden sie ihre Sorgen überwinden und wieder glücklich sein. Und nachdem das ganze Reich auf diese Weise befriedet ist, oh Bharata, verehre die Götter in einem Pferdeopfer, wie es der tugendhafte Indra in alten Zeiten tat. Es ist nicht angemessen für uns, noch weiter um jene hochbeseelten Kshatriyas zu klagen, oh Stier deiner Kaste. Sie wurden durch die Macht des Zerstörers besiegt und sind in Erfüllung der Aufgaben ihrer Kaste gefallen. Du hast damit deine Pflicht erfüllt und die Erde ohne Dornen gewonnen. So beachte auch weiterhin deine Pflichten, oh Sohn der Kunti, dann kannst du, oh Bharata, großes Glück in der kommenden Welt erreichen.

Kapitel 35 - Vyasa über sündige und nichtsündige Handlungen

Yudhishthira fragte:
Nach welchen Taten sollte ein Mensch sich reinigen? Und was für Handlungen sollte er ausführen, um von der Sünde befreit zu werden? Sage mir das, oh Großvater.

Vyasa sprach:
Wer jene Handlungen versäumt, die ihm bestimmt sind, aber jene ausführt, die ihm verboten sind, und damit unwahrhaft lebt, sollte sich zur Sühne und Reinigung verpflichtet fühlen. Dazu gehört zum Beispiel jeder, der das Brahmacharya Gelübde beachtet, aber sich erst nach Sonnenaufgang aus dem Bett erhebt, der faulende Nägel oder schwarze Zähne hat, der noch vor seinem älteren Bruder heiratet, der von anderen schlecht spricht, der eine jüngere Schwester heiratet, bevor die ältere geheiratet hat, der eine ältere Schwester heiratet, nachdem er bereits die jüngere geheiratet hat, der ein Gelübde bricht, der einen Zweifachgeborenen schlägt oder tötet, der das Wissen der Veden an Unwürdige weitergibt, der dieses Wissen an Würdige nicht offenbart, der Tiere schlachtet und ihr Fleisch verkauft, der sein heiliges Feuer aufgegeben hat, der die Veden verkauft, der Frauen oder Diener schlägt, der in einer sündigen Familie geboren wurde, der selbstsüchtig Lebewesen tötet, der Brand stiftet, der durch Betrug lebt, der gegen seine Lehrer handelt oder einen Vertrag verletzt. Diese alle sind der Sünde schuldig, welche Reinigung verlangt. Ich werde jetzt noch andere Taten erwähnen, die Menschen nicht tun sollten, die sowohl durch die Welt als auch von den

Veden getadelt werden. Höre mich mit konzentrierter Achtsamkeit. Die Nichterfüllung der eigenen Aufgaben, das Greifen nach den Aufgaben anderer, einem Unwürdigem beim Opfern helfen, verbotene Speisen essen, einen Schutzsuchenden zurückweisen, Vernachlässigung von Dienern und Abhängigen, das Verkaufen von Alkohol und Drogen, das Töten von Vögeln und Tieren, die Zurückweisung einer werbenden Frau, obwohl man fähig wäre, die Vernachlässigung der täglichen Opfergaben, die Verweigerung des Dakshinas nach dem Opfer und die Beleidigung eines Brahmanen, all diese werden von Pflichtbewußten als unwürdige Handlungen bezeichnet. Sündig ist auch der Sohn, der sich mit seinem Vater streitet, der Schüler, der das Bett seines Lehrers beschmutzt, und der Ehegatte, der es versäumt, Nachkommen mit seiner Ehefrau zu zeugen. So habe ich dir jetzt kurz und ausführlich jene Taten und Unterlassungen erklärt, wodurch sich ein Mensch zu Sühne verpflichtet fühlen sollte.

Höre jetzt die Bedingungen, unter denen Menschen, wenn sie auch diese Handlungen begehen, unbefleckt von Sünde bleiben. Wenn du gegen einen vedenkundigen Brahmanen vorgehst, der die Waffen erhebt und zum Kampf stürmt, um dich zu töten, wirst du des Brahmanenmordes nicht schuldig. Dafür gibt es einen Vers in den Veden, oh Sohn der Kunti, der dies bestätigt. Denn ich erkläre dir hier nur jene Methoden, die den Veden entsprechen:

„Wer einen Brahmanen tötet, der von seinen Aufgaben abfällt und mit der Waffe in der Hand heranstürmt, um zu töten, der wird nicht wirklich zum Brahmanenmörder. Denn in diesem Fall wird der Brahmane durch seinen eigenen Zorn getötet."

Wer berauschende Getränke oder unreine Speisen in Unwissenheit oder auf den Rat eines tugendhaften Arztes in einem lebensbedrohlichem Zustand zu sich genommen hat, bleibt zwar ohne Sünde, aber sollte trotzdem die Reinigungszeremonien durchführen, oh Sohn der Kunti. Selbst die sexuelle Vereinigung mit der Frau des Lehrers muß den Schüler nicht beschmutzen, wenn es auf Befehl des Lehrers geschieht. Der Weise Uddalaka ließ zum Beispiel seinen Sohn Swetaketu von einem Schüler zeugen. Auch jemand, der in schweren Zeiten für seinen Lehrer etwa stiehlt, wird nicht mit Sünde befleckt. Wer jedoch stiehlt, um sich selbst etwas Erfreuliches zu beschaffen, oder Brahmanen beraubt, der wird befleckt. Unberührt von solcher Sünde bleibt nur der, der vollkommen uneigennützig handelt. So kann man sogar eine Lüge akzeptieren, um das Leben von sich und anderen zu bewahren, oder für das Wohl seines Lehrers, oder um eine Frau zu befriedigen oder eine Ehe zu schließen, wie auch das Brahmacharya Gelübde *(der Keuschheit)* nicht gebrochen wird, wenn man feuchte Träume hat. In solchen Fällen besteht die gewöhnliche Reinigung im Gießen von geklärter Butter in das aufflammende Feuer. Auch wenn der ältere Bruder gefallen ist oder der Welt entsagt hat, begeht der jüngere Bruder keine Sünde, wenn er sich *(vor seinem älteren Bruder)* verheiratet. So ist auch die Vereinigung mit einer Frau, wenn man darum gebeten wird, nicht zerstörend für die Tugend. Man sollte niemals ein Tier töten oder dessen Tod verursachen, außer im Geiste eines Opfers. Denn die Tiere sind durch die Güte des Schöpfers selbst als Opfer geheiligt worden. Diese Gnade *(der Reinigung im Opfer)* wurde ihnen vom Schöpfer in der von ihm aufgestellten Ordnung bestimmt. Auch wenn man aus Unwissenheit einem unwürdigen Brahmanen gibt, sammelt man keine Sünde an. Ebenso, wenn man *(aus Unwissenheit)* einem Würdigen gegenüber nicht freigiebig ist. Auch wenn man eine ehebrecherische Frau zurückweist, begeht man keine Sünde. Durch solche Behandlung kann die Frau gereinigt werden, und der Mann kann Sünde vermeiden. Wer das wahre Wesen des Somasaftes erkannt hat, kann ihn sogar verkaufen, ohne dadurch zu sündigen. So bleibt auch jener von Sünde frei, der einen Diener entläßt, der unfähig ist. Damit habe ich dir jene Umstände erklärt, bei denen man keine Sünde ansammelt. Desweiteren werde ich jetzt über die Reinigung im Detail sprechen.

Kapitel 36 - Vyasa über die Reinigung von Sünden

Vyasa sprach:
Durch Buße, religiöse Riten und Opfer kann sich ein Mensch, oh Bharata, von seinen Sünden reinigen, wenn er sie auch zukünftig vermeidet. Indem er nur von einer Mahlzeit pro Tag lebt, die er als Almosen erhält, indem er alle seine Arbeit selbst erledigt *(ohne die Hilfe von Diener)*, indem er seine Bettelrunde mit einem Totenschädel in der einen Hand und einem Khattanga *(einem Stab mit Totenkopf)* in der anderen macht, indem er ein Brahmacharin wird und alle Mühen erträgt, all seine Böswilligkeit abwirft, auf der blanken Erde schläft und seine Vergehen vor der Welt nicht verbirgt, und all das für ganze zwölf Jahre, dann kann sich eine Person sogar von der Todsünde eines Brahmanenmordes reinigen. Indem man von der Waffe eines Kshatriyas freiwillig nach dem Rat seines Lehrers geschlagen wird, indem man sich dreimal mit dem Kopf voran in ein aufflammendes Feuer stürzt, indem man hundert Yojanas pilgert und während dieser Zeit die Veden rezitiert, indem man seinen ganzen Besitz einem vedenkundigen Brahmanen schenkt oder zumindest so viel, daß er davon leben kann, oder zumindest ein wohlausgestattetes Haus, oder indem man die heiligen Kühe und Brahmanen beschützt, kann man von Todsünde gereinigt werden. Auch wenn man von einer kärglichen Mahlzeit pro Tag für sechs Jahre lebt, wird man von schwerer Sünde frei. Wenn man ein noch härteres Gelübde hinsichtlich des Essens beachtet, kann man in drei Jahren gereinigt werden. Wer nur von einer Mahlzeit pro Monat lebt, kann es sogar im Laufe eines Jahres schaffen. Und wenn man völlig fastet, könnte es sogar in noch kürzerer Zeit gelingen. Doch es gibt keinen Zweifel, oh Yudhishthira: Ein Pferdeopfer wird dich sicher reinigen. Denn Menschen, die der Todsünde schuldig geworden sind, aber das abschließende Reinigungsbad eines erfolgreichen Pferdeopfers nehmen, werden von all ihren Sünden frei. Das wird von den heiligen Schriften bestätigt.

Man kann aber auch sein Leben im Kampf für die Sache eines Brahmanen opfern, um von der Todsünde gereinigt zu werden. Auch wenn man 10.000 Kühe an würdige Personen schenkt, wird man davon befreit. Und wer 25.000 Kühe der Kapila Art weggibt, von denen jede ein Kalb hat, wird von all seinen Sünden gereinigt. Wer zum Zeitpunkt des Todes 1.000 Kühe mit Kälbern an arme, aber würdige Personen gibt, wird ebenfalls von Sünde befreit, wie auch jener Mensch, oh König, der hundert Rosse der Kamboja Rasse an Brahmanen mit gezügeltem Verhalten schenkt, oder wer an eine Person alles gibt, was sie wünscht, aber über diese Tat zu niemandem spricht. Wer einmal Alkohol getrunken hat, aber dann heißes Wasser trinkt, der hat sich davon jetzt und auch zukünftig geheilt. So schwindet auch jede Sünde, wenn man von stolzer Höhe in den Abgrund springt, wie in ein loderndes Feuer, oder auf eine ewige Reise geht, nachdem man der Welt entsagt hat. Durch das von Vrihaspati aufgestellte Opfer kann sogar ein Brahmane, der Alkohol trinkt, noch die Region des Brahma erreichen. Das wurde von Brahma selbst verkündet. Auch wer Alkohol getrunken hat, aber bescheiden wird und seinen Besitz opfert und sich künftig immer zurückhält, wird geheilt und gereinigt. Wer das Bett seines Lehrers beschmutzt hat, sollte sich auf eine heiße Eisenplatte legen, das Wahrzeichen seines Geschlechtes opfern und mit gesenktem Haupt die Welt für ein Leben in den Wäldern verlassen. Indem man seinem Körper entsagt, wird man von allen schlechten Taten gereinigt. Frauen reinigen ihre Sünden, indem sie ein gezügeltes Leben für viele Jahre führen. Wer ein besonders festes Gelübde einhält oder seinen ganzen Reichtum weggibt oder sein Leben für seinen Lehrer im Kampf opfert, wird von allen Sünden frei. Wer vor seinem Lehrer eine Lüge spricht oder gegen ihn handelt, wird gereinigt, indem er etwas Angenehmes für seinen Lehrer vollbringt. Wer vom Gelübde *(der Keuschheit)* abgefallen ist, kann gereinigt werden, indem er für sechs Monate eine Kuhhaut trägt und die für Todsünden aufgestellte Buße beachtet. Wer des Ehebruchs oder Diebstahls schuldig wurde, möge für ein Jahr asketische Gelübde einhalten. Falls man das Eigentum eines anderen gestohlen hat, sollte man ihm mit allen Mitteln, die in seiner Macht stehen, den gleichen Wert zurückgeben. Dann könnte er von dieser Sünde des Diebstahls befreit werden. Der jüngere Bruder, der vor seinem älteren geheiratet hat, sollte gemeinsam mit seinem älteren Bruder für zwölf Nächte asketische Gelübde mit konzentrierter Seele einhalten. Dann sollte der jüngere Bruder jedoch erneut heiraten *(nachdem der ältere geheiratet hat)*, um seine verstorbenen Ahnen zu retten. Durch diese zweite Hochzeit wird die erste Ehefrau gereinigt, und ihr Ehemann begeht mit dieser Heirat keine Sünde mehr. Die Schriftgelehrten erklären, daß Frauen sogar von größten Sünden gereinigt werden können, indem sie das Gelübde von Chaturmasya *(der viermonatlichen Riten)* beachten und entsprechend lang von kärglichem und reinigendem Essen leben. Doch diese Schriftgelehrten meinen damit nicht die Sünden, die Frauen in ihrem Herzen begehen können. Diese werden durch ihre Menstruation gereinigt, wie ein Metallteller mit Asche gescheuert wird. Denn Metallteller, von denen ein Unreiner gegessen hat, die von einem Tier abgeleckt oder durch das Gandusha *(die Mundspülung)* eines Brahmanen beschmutzt wurden, können mittels der zehn reinigenden Substanzen gereinigt werden *(die fünf Produkte der Kuh, sowie Erde, Wasser, Asche, Säure und Feuer)*.

Es wird gesagt, daß ein Brahmane das volle Maß der Tugend erwerben und ausüben sollte. Ein Kshatriya kann ein Viertel weniger, ein Vaisya noch ein Viertel weniger und ein Shudra sollte zumindest noch ein Viertel vom vollen Maß der Tugend erwerben und leben. Die Schwere oder Leichte von Sünden der vier Kasten sollte *(bezüglich der Reinigung)* ebenfalls nach diesen Grundsätzen bestimmt werden. Wer einen Vogel, ein anderes Tier oder lebende Bäume geschlagen hat, sollte seine Sünde bekennen und für drei Nächte fasten. Wer unerlaubten sexuellen Kontakt hatte, möge zur Sühne mit nasser Kleidung umherwandern und auf einem Bett aus Asche schlafen. Das, oh König, sind die Sühnen für sündige Taten entsprechend den Geboten der Schriften und der höheren Ordnung. Ein Brahmane kann von allen Sünden gereinigt werden, indem er das Gayatri Mantra an einem heiligen Ort rezitiert, lange Zeit von kärglicher Nahrung lebt, alle Böswilligkeit abwirft, Zorn und Haß überwindet, von Lob und Tadel unbewegt bleibt und sich der Rede enthält. Er sollte während der Tageszeit unter dem Schutz des freien Himmels leben und sich auch nachts dort niederlegen. Dreimal während des Tages und dreimal während der Nacht sollte er mit seiner Kleidung in einen Fluß oder See eintauchen, um seine Waschungen durchzuführen. Mit beständigen Gelübden möge er sich der Rede mit Frauen, Shudras und niedriggesinnten Personen enthalten. Durch solche Entsagung kann ein Brahmane von allen Sünden frei werden, welche er unbewußt begangenen hat. Jede Person erntet in der kommenden Welt die guten oder schlechten Früchte seiner Taten, welche durch das Wesen *(bzw. die Seele)* bezeugt werden. Sei es Tugend oder Laster, gemäß dem wahren Maß ihrer Ansammlung genießt oder erleidet man die entsprechenden Konsequenzen. So kann man durch Erkenntnis, Buße und gerechtes Handeln sein zukünftiges Wohl sichern oder sein zukünftiges Leiden, indem man ungerechte Taten begeht. Man sollte deshalb immer nach gerechten und damit heilsamen Taten streben und die unheilsamen vermeiden.

So habe ich dir nun erläutert, was die Sühnen von jenen Sünden sind, die zuvor erwähnt wurden. Es gibt für jede Sünde eine Reinigung, außer für jene Menschen, die keine Reue kennen. Bezüglich der Sünden hinsichtlich des unreinen Essens, der unwürdigen Rede usw., gibt es zwei Klassen, nämlich die bewußt begangenen und die unbewußt begangen. Alle Sünden die bewußt begangen werden, sind wesentlich ernster und schwerer als die unbewußten. Reinigung gibt es aber für beide. Wahrlich, jede Sünde kann durch Sühne entsprechend der beschriebenen Gebote abgewaschen werden. Diese Gebote sind jedoch nur für Gläubige wirksam, die Vertrauen haben. Sie wirken nicht für ungläubige Menschen ohne Reue, die von Stolz und Böswilligkeit beherrscht werden. Oh Tiger unter den Männern, wer jetzt und auch zukünftig Wohlergehen wünscht, sollte im heilsamen Verhalten Zuflucht suchen, bei rechtschaffenen Menschen und bei den Aufgaben, die ihm bestimmt wurden. Oh Erster aller Tugendhaften, aus den genannten Gründen wirst du, oh König, von aller Sünde frei sein, weil du deine Feinde in Erfüllung deiner Aufgaben als König, sowie zur Bewahrung deines Lebens und deines Erbes besiegt hast. Wenn du dich aber ungeachtet dessen immer noch als sündig betrachtest, dann reinige dich! Verwirf dieses Leben nicht wegen dieser Sorgen, die einem Weisen nicht anstehen!

Vaisampayana fuhr fort:
So angesprochen durch den heiligen Rishi, dachte der gerechte König Yudhishthira einige Zeit nach und sprach dann die folgenden Worte.

Kapitel 37 - Vyasa über das Geben und Nehmen

Yudhishthira fragte:
O Großvater, sage mir, welche Nahrung rein und welche unrein ist. Welches Geschenk ist lobenswert, und wer sollte als würdig und unwürdig für Geschenke betrachtet werden?

Vyasa sprach:
Diesbezüglich ist ein Gespräch zwischen einigen Asketen und dem großen Manu, jenem Vater der Schöpfung, überliefert. Im Krita Zeitalter näherte sich eine Gruppe von Rishis mit beständigen Gelübden dem mächtigen Stammvater der Schöpfung, und nachdem sie bequem saßen, fragten sie Manu über die Gebote:
Welche Nahrung sollte gegessen werden? Wer sollte als würdig für Gaben gelten? Welche Geschenke sollte man geben? Was sollte man lernen? Welche Buße sollte man durchführen? Welche Handlungen sollten getan und welche vermieden werden? Oh Herr der Schöpfung, belehre uns darüber!

So angesprochen von ihnen, antwortete der göttliche und selbstgeborene Manu:
Hört mir zu, wie ich die Gebote kurz und ausführlich erkläre. Stille Meditation, Entsagung und Selbsterkenntnis an reinen Orten und heiligen Flüssen, wo fromme Menschen wohnen - diese Handlungen und Orte werden als reinigend beschrieben. Auch bestimmte Berge, das Essen von Gold *(bzw. sattwiger Nahrung)* und das Baden im Wasser, in welches Juwelen und Edelsteine eingetaucht wurden, sind reinigend. Der Aufenthalt an heiligen Orten und das Essen von geheiligter Butter reinigen zweifellos schnell und sicher. Denn kein Mensch kann jemals als weise gelten, der dem Egoismus verfallen ist. Wer lange leben möchte, sollte für drei Nächte heißes Wasser trinken *(als innere Reinigung)*. Nur das zu nehmen, was gegeben wurde, Geschenke, Studium *(der Veden)*, Buße, Nichtverletzen, Wahrhaftigkeit, Freiheit von Zorn und Verehrung der Götter in Opfern - dies sind tugendhafte Eigenschaften. Doch bedenkt, oh Asketen, daß Tugend und Sünde gemäß den Bedingungen von Ort und Zeit unterschiedlich erscheinen können. So kann sogar Aneignung, Lüge, Verletzung oder Tötung unter bestimmten Verhältnissen zur Tugend werden.

(Zum Handeln:) Bei vernunftbegabten Menschen spricht man diesbezüglich von zwei Arten der Handlungen: tugendhaft oder sündhaft. Wobei Tugend und Sünde aus weltlicher und vedischer Sicht entsprechend heilsam oder unheilsam wirken. Aus vedischer Sicht kann man diese weltlichen Taten auch weiterhin in Handeln und Nichthandeln unterteilen. Das Nichthandeln *(die Ichlosigkeit)* führt zu Befreiung, während das *(ichhafte)* Handeln an das Rad von Geburt und Tod bindet. Aus weltlicher Sicht führen unheilsame Taten zum Schlechten und heilsame zum Guten. Damit kann man aus weltlicher Sicht Tugend und Sünde aufgrund ihrer guten oder schlechten Wirkungen entsprechend erkennen. So können manche Taten, die oberflächlich wie Sünden erscheinen, wenn sie im höheren Sinne der Götter, der heiligen Schriften, des Lebens selbst oder der Bewahrung des Lebens getan werden, gute Wirkungen hervorbringen.

(Zur Sühne:) Wenn eine Tat mit ichhafter Erwartung unternommen wurde, wenn man befürchtet, daß sie zukünftig anderen schaden könnte, oder wenn eine gutgemeinte Tat sich als schädlich erweist, dann ist stets Reue und Reinigung geboten. Wenn eine Tat aus Haß oder Verblendung durchgeführt wurde, dann ist Buße angebracht, indem man körperliche Schmerzen entsprechend den Beispielen in den Schriften erträgt, aber immer mit Vernunft. Wenn jedoch etwas Sündiges getan wurde, um den Geist zu erfreuen oder zu reizen, sollte die Sühne durch reinigende Nahrung und Rezitation von Mantras erfolgen. So sollte der König, der *(in einem besonderen Fall)* den Herrscherstab nicht gebrauchte, für eine Nacht fasten. Der Priester, der sich *(in einem besonderen Fall)* enthält, dem König eine Bestrafung zu empfehlen, sollte zur Sühne für drei Nächte fasten. Wer aus Kummer versuchte, mit Gewalt Selbstmord zu begehen, sollte ebenfalls für drei Nächte fasten. Doch keine Sühne gibt es für den, der die Aufgaben und Methoden seiner Kaste, seines Landes und seiner Familie mißachtet und in seinem Hochmut keinerlei Reue zeigt. Wenn bei einer Gelegenheit ein Zweifel aufsteigt bezüglich dem, was getan oder unterlassen werden sollte, dann möge man das als Gebot der heiligen Schriften betrachten, was mindestens zehn Vedengelehrte oder drei Yogis erklären.

(Zur Nahrung:) Kuhfleisch, Erde, kleine Ameisen, im Schmutz geborene Würmer oder andere unbekömmliche bzw. unreine Substanzen sollten Brahmanen nicht essen. Sie sollten auch keine Fische essen, die ohne Schuppen sind, oder vierfüßige Wassertiere, wie zum Beispiel Frösche, außer Schildkröten. Auch Wasservögel wie Bhasas, Enten, Suparnas oder Chakravakas, sowie Kraniche, Krähen, Geier, Falken, Eulen, alle fleischfressenden vierfüßigen Tiere mit scharfen und langen Zähnen, Vögel, Tiere mit zwei oder vier Zähnen, die Milch der Schafe, Esel, Kamele, Frauen und Hirsche sollten dem Brahmanen nicht als Nahrung dienen. Außerdem das Essen, das anderen Menschen bereits angeboten wurde, was von einer Frau gekocht wurde, die kürzlich entbunden hat oder was eine unbekannte Person gekocht hat. Die Milch einer Kuh, die kürzlich gekalbt hat, sollte nicht angenommen werden. Wenn ein Brahmane Essen annimmt, das durch einen Kshatriya gekocht worden ist, verringert sich seine Energie. Wenn es durch einen Shudra gekocht wurde, verdunkelt es seinen brahmanischen Glanz, und wenn es von einem Goldschmied oder einer Frau ist, die weder Mann noch Kinder hat, dann vermindert es seine Lebensspanne. Die Speise von einem Wucherer ist wie Schmutz, während die von einer Prostituierten wie Sperma ist. Die Speise eines Ehemannes, der die Unkeuschheit seiner Frauen duldet, oder der von ihnen beherrscht wird, ist ebenfalls unrein. Die Speise, die für ein bestimmtes Stadium eines Opfers bestimmt ist, die von einem Unfreundlichen, einem Geizigen, einem Somaverkäufer, einem Schuhmacher, einer unkeuschen Frau, einem Wäscher, einem Quacksalber, einem Wachmann, einem Ausgestoßenen, einem, der seinen Unterhalt mit tanzenden Mädchen verdient, einem, der vor seinem älteren Bruder geheiratet hat, einem beruflichen Sänger oder Barden, oder von einem Spieler gegeben wurde, sollte nicht angenommen werden, wie auch jene Speise, die mit der linken Hand gereicht wurde, die alt ist, die Alkohol enthält, von der bereits gegessen wurde und die Reste eines Ban-

ketts. Kuchen, Zuckerrohr, Küchenkräuter und in gezuckerter Milch gekochter Reis sollten nicht angenommen werden, wenn sie ihren Geschmack verloren haben. Mit Quark vermischte gemahlene Gerste und andere Arten gebratener Körner, die alt und abgestanden sind, sollten ebenfalls vermieden werden. In gezuckerter Milch gekochter Reis, mit Tila Samen vermischtes Essen, Fleisch und Kuchen, die den Göttern nicht gewidmet wurden, sollten von Brahmanen nicht gegessen werden, die ein Hausleben führen. Und solche Brahmanen sollten auch erst essen, nachdem die Götter, Rishis, Gäste, Ahnen und Hausgötter befriedigt wurden. Jeder Hausvater, der in seinem Haus auf diese Weise lebt, wird wie einer aus der Kaste der Mönche, die der Welt entsagt haben. Wer sich so verhält, während er mit seinen Ehefrauen das Hausleben führt, sammelt großes religiöses Verdienst an.

(Zum Schenken:) Keiner sollte ein Geschenk aus Begierde nach Ruhm, aus Angst *(vor Kritik und ähnlichem)* oder in Erwartung einer Gegenleistung machen. Ein tugendhafter Mensch sollte jene nicht beschenken, die ständig nur das Vergnügen von Gesang und Tanz suchen, sowie Berufsnarren, Trinker, Diebe, Verleumder, Dummköpfe, Wahnsinnige, Übelgesinnte, Ausgestoßene, Asoziale oder jene, die durch Gelübde ausgeschlossen wurden. Auch ein Brahmane, der die Veden mißachtet, sollte keine Gaben erhalten. Nur ein vedenkundiger Brahmane *(ein Srotriya)* ist der Gaben würdig. Ein unwürdiges Geschenk oder ein unwürdiges Empfangen ist unheilsam sowohl für den Geber als auch für den Empfänger. Wie eine Person, die sich bemüht, auf einem Stein den Ozean zu überqueren, zusammen mit dem Hilfsmittel versinkt, ebenso sinken *(in diesem Fall)* Geber und Empfänger gemeinsam. Wie ein Feuer, das mit nassem Brennstoff bedeckt wird, nicht aufflammt, so kann der Empfänger eines Geschenkes, der ohne Zügelung, Religion und Glauben ist, keinen wahren Nutzen daraus gewinnen. Wie das Wasser in einem Totenschädel und die Milch in einem Gefäß aus Hundehaut aufgrund der Unreinheit der Behälter verdirbt, in denen sie aufbewahrt werden, so werden alle Geschenke unfruchtbar bei einem übelgesinnten Menschen. Man mag aus Mitgefühl einem niederen Brahmanen geben, der ohne Gelübde und Erkenntnis ist, der die heiligen Schriften mißachtet und seinen Neid pflegt. Man mag aus Mitgefühl einer Person geben, weil sie arm, gequält oder krank ist. Aber man sollte solche Menschen nicht mit dem Glauben beschenken, daß man daraus irgendeinen höheren Nutzen ziehen oder dadurch religiöse Verdienste gewinnen kann. Es gibt keinen Zweifel daran, daß ein Geschenk, das einem vedenunkundigen Brahmanen gemacht wird, höchst unfruchtbar bleibt, aufgrund der Unwürdigkeit des Empfängers. Wie ein Elefant aus Holz oder eine Antilope aus Leder - so ist ein Brahmane, der die Veden nicht studiert und erfahren hat. Alle drei sind nur leere Namen. Wie ein Eunuch für Frauen unfruchtbar ist oder eine Kuh mit einer Kuh, wie ein federloser Vogel nicht mehr fliegen kann - ebenso ist ein Brahmane ohne vedische Erkenntnis. Wie ein Trankopfer in einen Aschehaufen, so ist ein Geschenk für einen unwissenden Brahmanen, der wie das Korn ohne Kern oder die Welle ohne Wasser ist. Ein unwissender Brahmane lebt wie ein Feind und wird zum Vernichter der Nahrung, die den Göttern und Ahnen dargebracht wird. Ein

Geschenk an eine solche Person ist vergeblich. Er lebt wie ein Räuber *(vom Wohlstand anderer)*. Er wird es nie schaffen, die Regionen der Seligkeit zu erreichen.

So habe ich dir, oh Yudhishthira, kurzgefaßt alles erzählt, was *(von Manu bei dieser Gelegenheit)* gesprochen wurde. Diese hohe Unterweisung sollten wahrlich alle hören, oh Stier der Bharatas.

Kapitel 38 - Die Rückkehr nach Hastinapura

Yudhishthira sprach:
Oh heiliger und großer Asket, ich wünsche ausführlich zu hören, was die Aufgaben der Könige sind, wie auch vollständig die Aufgaben aller vier Kasten. Ich wünsche auch zu erfahren, oh Erster der Brahmanen, wie man sich in Zeiten der Not verhalten sollte und wie man die Welt besiegen kann, indem man den Pfad der Tugend und Moral geht. Diese Worte über die Sühne und das Fasten haben meinen Wunsch nach dem Lernen geweckt und erfüllen mich mit Freude. Denn die Praxis der Tugend und die Erfüllung der königlichen Pflichten erscheinen mir immer noch unvereinbar. Obwohl ich ständig darüber nachdenke, wie man diese beiden in Einklang bringen kann, bleibt mein Geist diesbezüglich unklar.

Vaisampayana fuhr fort:
Da richtete Vyasa, dieser Erste aller Vedenkenner, seinen Blick auf Narada, auf jenen Uralten und Allwissenden, und sprach:
Wenn du, oh König, über die Pflichten, die Tugend und Moral so ausführlich hören möchtest, dann befrage Bhishma, oh Starkarmiger, den alten Großvater der Kurus. Er kennt alle Aufgaben und hat umfangreiches Wissen. So wird dir dieser Sohn der Bhagirathi alle Zweifel in deinem Herzen bezüglich dieses schwierigen Themas lösen. Jene Göttin *(Ganga)*, die Seele des dreiarmigen heiligen Flusses, brachte ihn zur Welt. Er sah mit seinen körperlichen Augen all die Götter mit Indra an ihrer Spitze. Mit seinem pflichtbewußten Dienst hat er die himmlischen Rishis befriedigt, die von Vrihaspati angeführt werden, und erwarb das große Wissen über die Aufgaben der Könige. Dieser Erste unter den Kurus erhielt ebenfalls die Wissenschaft mit ihren Interpretationen, welche Usanas *(der Lehrer der Dämonen)* und Vrihaspati, der Lehrer der Himmlischen, kennen. Mit beständigen Gelübden erwarb dieser Starkarmige das Wissen der ganzen Veden mit ihren Zweigen von Vasishta und von Chyavana aus dem Bhrigu Stamm. In alten Zeiten studierte er unter Sanatkumara, dem ältesten Sohn des Großen Vaters, der voll strahlender Herrlichkeit die tiefen geistigen Wahrheiten kennt. Dieser Stier unter den Männern erfuhr die Aufgaben der Yatis *(Asketen)* vollständig von den Lippen Markandeyas und erhielt alle Waffen von Parasurama und Indra. Obwohl er unter Menschen geboren wurde, hat er immer noch die Kontrolle über seinen Tod. Und trotz seiner Kinderlosigkeit, hat er, wie wir gehört haben, viele Bereiche zukünftiger Seligkeit gewonnen. Zweifachgeborene Rishis mit großen Verdiensten waren stets an seiner Seite. Es gibt nichts unter allen Dingen, die man wissen sollte, die ihm unbekannt sind. Wissend in allen Aufgaben und erfahren in den tiefen Wahrheiten der Moral und

Tugend, wird er dich über alles ausführlich belehren. Geh zu ihm, bevor er seinen Lebensatem aufgibt.

So angesprochen, antwortete der hochbeseelte und weise Sohn der Kunti folgendes dem Sohn von Satyavati, Vyasa, diesem Ersten aller Redegewandten.

Yudhishthira sprach:
Indem ich diese große und entsetzliche Schlacht unter Verwandten verursacht habe, bin ich ein Übeltäter und Zerstörer der Erde geworden. Und nachdem ich sogar verantwortlich dafür wurde, daß Bhishma selbst, dieser mächtige Krieger, der immer fair kämpfte, mit Hilfe einer Täuschung geschlagen wurde, wie könnte ich nun zu ihm gehen, um ihn *(über Pflicht und Moral)* zu befragen?

Vaisampayana fuhr fort:
Da wandte sich Krishna, der starkarmige und hochbeseelte Führer der Yadus, bewegt vom Wunsch, allen vier Kasten zu helfen, noch einmal an diesen Ersten der Könige.

Und Vasudeva sprach:
Es ziemt sich für dich nicht, solche Hartnäckigkeit in deinen Sorgen zu zeigen. Handle, oh Bester der Könige, wie der heilige Vyasa gesprochen hat! Die Brahmanen und deine energievollen Brüder stehen bittend vor dir, wie die Leute den Gott der Wolken *(Parjanya)* am Ende des Sommers anflehen. Die überlebenden Könige und das Volk aller vier Kasten deines Königreichs von Kurujangala sind hier versammelt, oh König. Für das Wohl dieser hochbeseelten Brahmanen, in Achtung vor den Geboten des altehrwürdigen Vyasas mit der unermeßlichen Energie, auf Bitten all deiner Wohlgesinnten, meiner selbst und Draupadi, handle, oh Feindevernichter, zu unserem Wohl und zum Wohle der ganzen Welt!

Und Vaisampayana fuhr fort:
So angesprochen durch Krishna, erhob sich der hochbeseelte König Yudhishthira mit den Lotusaugen von seinem Sitz zum Wohle aller. Auf Bitten von Krishna selbst, dem inselgeborenen Vyasa, Devasthana, Arjuna und vielen anderen warf Yudhishthira, dieser ruhmreiche Tiger unter den Männern, seine Sorgen und Befürchtungen ab. Wohlerfahren in den heiligen Schriften, ihren Kommentaren und in allem, was Menschen gewöhnlich hören und hörenswert ist, gewann der Sohn des Pandu seine innere Ruhe zurück und beschloß, was nun getan werden sollte. So versammelte er alle um sich, wie der Mond die Sterne, um mit König Dhritarashtra an der Spitze des Zuges zur Stadt aufzubrechen. Und mit dem Wunsch, die Stadt zu betreten, brachte der pflichtbewußte Yudhishthira den Göttern und Tausenden von Brahmanen seine Verehrung dar. Dort erhielt er einen neuen weißen Wagen, der mit Decken und Hirschfellen ausgelegt war, vor dem sechzehn weiße Ochsen mit glückverheißenden Zeichen angespannt waren und der mit vedischen Mantras geheiligt wurde. Dann bestiegt der König, verehrt durch Lobsänger und Barden, diesen Wagen, wie Soma *(der Mond)* sein ambrosisches Gefährt. Sein Bruder Bhima mit der furchterregenden Heldenkraft ergriff die Zügel und Arjuna hielt einen strahlendweißen Schirm

über sein Haupt, der auf dem Wagen so schön erschien, wie eine weiße Wolke am Firmament. Die zwei heroischen Söhne der Madri, Nakula und Sahadeva, hielten zwei Yak-Wedel, die weiß, wie die Strahlen des Mondes und mit Juwelen verziert waren, um dem König zu fächeln. So erschienen diese fünf mit Ornamenten geschmückten Brüder, als sie den Wagen erstiegen hatten, wie die verbundenen fünf Elemente *(aus denen alles besteht)*.

Oh König, auf einem weiteren, weißen Wagen, den gedankenschnelle Rosse zogen, folgte Yuyutsu gleich hinter dem ältesten Sohn des Pandu. Danach kam Krishna auf seinem hervorragenden Wagen aus Gold, an dem Saivya und Sugriva angespannt waren, mit Satyaki an seiner Seite. Und an der Spitze des ganzen Zuges saß Dhritarashtra, der älteste Onkel des Pritha Sohns, in Begleitung seiner Gemahlin Gandhari auf einer Sänfte, welche auf den Schultern von starken Männern getragen wurde. Die anderen Damen des Kuru Hofes, wie auch Kunti und Draupadi, bestiegen ebenfalls ihre ausgezeichneten Wagen, die durch Vidura angeführt wurden. Dahinter folgten eine Vielzahl weiterer Wagen, Elefanten, Rosse und Fußsoldaten, die alle mit Ornamenten geschmückt waren. So begab sich der König unter dem süßen Lobgesang der Barden in die Stadt, die nach dem Elefanten benannt wurde.

Oh Bharata, der Einzug von König Yudhishthira war so herrlich, wie es noch nie auf Erden gesehen wurde. In der Stadt wimmelte es von gesunden und fröhlichen Menschen, und der geschäftige Lärm unzähliger Stimmen war überall zu hören. Während des Einzugs des Pandu Sohns waren die Stadt und ihre Straßen mit lebhaften Bürgern geschmückt, die alle kamen, um den König zu verehren. Der Weg, den der König nahm, war mit Blumengirlanden und unzähligen Bannern verschönert. Die Straßen waren mit duftendem Wasser besprengt, überall roch es angenehm nach Blüten und duftenden Pflanzen, und alles war mit Girlanden und Kränzen behangen. Vor den Häusern standen blanke Metallgefäße, die bis zum Rand mit reinem Wasser gefüllt waren, und überall sah man Scharen von wunderschönen Jungfrauen. So betrat König Yudhishthira in Begleitung seiner Freunde und verehrt mit süßen Lobreden die Hauptstadt der Kurus durch ein wohlgeschmücktes Tor.

Kapitel 39 - Die Ankunft in Hastinapura

Vaisampayana sprach:
Als die Pandavas die Stadt betraten, kamen Tausende Bürger heraus, um sie zu sehen. Die schöngeschmückten Plätze und Straßen füllten sich mit Menschen so herrlich wie der Ozean, bei zunehmendem Mond anschwillt. Die großen Herrenhäuser an den Straßen waren mit jeglichen Ornamenten verziert und so mit Damen beladen, daß sie zu schwanken drohten. Mit weichen und sanften Stimmen sangen sie das Lob von Yudhishthira, Bhima, Arjuna und den zwei Söhnen der Madri. Und zu Draupadi sprachen sie:
Du bist vor allem des Lobes würdig! Oh selige Prinzessin aus Panchala, du dientest an der Seite dieser Besten der Männer, wie Gautami an der Seite der *(sieben)* Rishis. Oh Dame, deine Taten und Gelübde haben ihre Früchte getragen!

Auf diese Weise, oh Monarch, lobten die Damen die Prinzessin Draupadi. Und die ganze Stadt erfüllte sich mit diesen Lobgesängen, oh Bharata, mit angeregten Gesprächen und Rufen der Freude. Nachdem Yudhishthira die Straßen mit gebührendem Verhalten durchquert hatte, näherte er sich dem schönen Palast der Kurus, welcher mit jeglichen Ornamenten geschmückt war.

Die Einwohner von Stadt und Land standen am Palasttor und sprachen angenehme Worte für seine Ohren:
Ein Glück ist es, oh Bester der Könige, daß du deine Feinde besiegt hast! Durch ein glückliches Schicksal hast du dein Königreich mit Tugend und Heldenkraft wiedergewonnen. Oh Erster der Könige, sei unser Herrscher für hundert Jahre und beschütze deine Untertanen tugendhaft, wie Indra die Bewohner des Himmels!

So wurde er am Palasttor mit segnenden Reden verehrt und nahm auch die Segenssprüche der Brahmanen von jeder Seite entgegen. Dann fuhr der König, vom Sieg gekrönt und vom Volk gesegnet, in den Palasthof, der dem Wohnsitz von Indra glich, und stieg von seinem Wagen. Danach betrat der gesegnete Yudhishthira zuerst den Tempel der Hausgötter, um sie mit Juwelen, Düften und Blumenkränzen zu verehren. Mit Ruhm und Wohlstand begabt, kam der König wieder heraus und erblickte eine Schar Brahmanen, die mit glückverheißenden Utensilien in ihren Händen warteten, um ihn zu segnen. Von diesen segnenden Brahmanen umgeben erschien der König so herrlich wie der reine Mond inmitten der Sterne. Und begleitet von seinem Priester Dhaumya und seinem ältesten Onkel *(Dhritarashtra)* verehrte der Kunti Sohn mit Freude und den rechten Riten all die Brahmanen mit Gaben von Süßigkeiten, Juwelen und Gold im Überfluß, sowie mit Kühen, Roben und anderen wünschenswerten Dingen. Darauf erhoben sich Freudenrufe wie „Dies ist ein segensreicher Tag!“, und erfüllten das ganze Himmelsgewölbe, oh Bharata. Dieser heilige Klang war den Ohren aller Freunde und Wohlgesinnten der Pandavas süß und höchst befriedigend. Der König hörte diesen Gesang der gelehrten Brahmanen, so laut und klar wie Schwanengesang. Er hörte auch die Reden der Vedengelehrten, die voll wohlklingender Worte und tiefster Bedeutung waren. Danach, oh König, erhob sich das Donnern der Trommeln und der entzückende Klang von Muschelhörnern, die den Triumph verkündeten. Doch nach einer Weile, als die Brahmanen verstummt waren, sprach ein Rakshasa namens Charvaka, der sich als Brahmane verkleidet hatte, zum König. Er war ein Freund von Duryodhana und stand im Gewand eines Bettelmönchs. Mit einem Rosenkranz, einem Haarbüschel auf seinem Kopf und dem dreifachen Stab in der Hand, stand er stolz und furchtlos in der Mitte all jener Brahmanen, die hierhergekommen waren, um den König zu segnen. Es waren Tausende, oh König, die alle der Buße und den Gelübden gewidmet waren.

Doch diese übelgesinnte Kreatur, die den hochbeseelten Pandavas schaden wollte, sprach ohne jene Brahmanen gefragt zu haben, folgende Worte zum König:
Alle diese Brahmanen haben mich zu ihrem Sprecher gemacht und sagen:

Schande auf dich! Du bist ein übelgesinnter König! Du bist ein Mörder deiner Angehörigen! Was begehrst du jetzt noch, oh Sohn der Kunti, nachdem du deinen Stamm ausgerottet hast? Nach dem Tod deiner Höhergestellten und Lehrer wäre es für dich besser, dein Leben aufzugeben!

Durch diese Worte des übelgesinnten Rakshasas wurden die versammelten Brahmanen tief erschüttert. Getroffen von dieser Rede, erhob sich unter ihnen ein lautes Raunen. Oh Monarch, vor Furcht und Scham standen sie alle stumm vor König Yudhishthira.

Und Yudhishthira antwortete:
Ich verneige mich vor dir und bitte dich demütig um Gnade. Mögest du ruhig Schande über mich rufen. Ich sollte wahrlich diesem Leben bald entsagen.

Vaisampayana fuhr fort:
Daraufhin, oh König, riefen all jene Brahmanen laut: „Dies waren nicht unsere Worte! Heil dir, oh Monarch!“ Dann durchschauten jene Hochbeseelten, die in den Veden erfahren waren und durch ihre Buße eine klare Sicht gewannen, die Verkleidung des Sprechers mit ihrem geistigen Auge. Und sie sprachen:
Dies ist der Rakshasa Charvaka, der Freund von Duryodhana. Im Gewand eines Bettelmönchs, versucht er, seinen Freund Duryodhana zu rächen. Oh Gerechter, wir haben nichts in dieser Art gesagt. Laß deine Furcht zerstreut sein! Möge Wohlstand über dich und deine Brüder kommen!

Vaisampayana fuhr fort:
Dann sprachen die Brahmanen in ihrem gerechten Zorn die Silbe „Hum“. Selbst rein von allen Sünden, richteten sie damit diesen sündigen Rakshasa. Und verbrannt durch die Energie jener Brahma Sprechenden fiel Charvaka leblos zu Boden, wie ein mächtiger Baum, der von Indras Donner getroffen wurde. Dann verabschiedeten sich die Brahmanen, nachdem sie den König gesegnet hatten und auch sie gebührend verehrt wurden. Und der königliche Sohn des Pandu fühlte mit all seinen Freunden ein großes Glück.

Kapitel 40 - Die Geschichte von Charvaka

Da sprach Krishna, der Sohn von Devaki mit dem universalen Wissen zu König Yudhishthira, der dort mit seinen Brüdern stand:
In dieser Welt, oh Herr, sind für mich Brahmanen stets ein Gegenstand der Verehrung. Sie sind Götter auf Erden. Ihre Worte sind kraftvoll wie Gift und ihre Herzen weich wie Butter. Oh König, im goldenen Krita Zeitalter vollbrachte der Rakshasa Charvaka strengste Buße für viele Jahre in Vadari. Brahma bot ihm daraufhin wiederholt einen Segen an. Schließlich, oh Bharata, bat der Rakshasa um den Segen, vor jedem Wesen in diesem Weltall sicher zu sein. Der Herr des Universums gab ihm diesen hohen Segen der Immunität vor allen Wesen, aber mit der einzigen Bedingung, daß er sorgfältig darauf achten sollte, keine Brahmanen zu verletzen. Mit diesem Segen begann der sündhafte und mächtige Rakshasa, mit grimmigen Taten und großer Kraft die Götter zu quälen. Die Götter jedoch, die vom kraftvollen Rakshasa verfolgt wurden, näherten sich gemeinsam Brahma, um den Untergang ihres Feinds zu erreichen.

Der ewige und unveränderliche Gott antwortete ihnen:
Ich habe bereits die Mittel arrangiert, um bald den Tod dieses Rakshasa zu verursachen. Es wird einen König mit Namen Duryodhana unter den Menschen geben, und er wird der Freund dieser Kreatur sein. Gebunden durch seine Zuneigung zu ihm, wird der Rakshasa die Brahmanen beleidigen. Und getroffen durch das Unrecht, daß er ihnen damit zufügt, werden ihn die Brahmanen, deren Worte kraftvoll sind, in ihrem gerechten Zorn bestrafen, wodurch er auf seinen Untergang treffen wird.

Eben dieser Rakshasa Charvaka, oh Erster der Könige, der durch das Wort der Brahmanen geschlagen wurde, liegt nun hier, seines Lebens beraubt. Sei unbesorgt, oh Stier der Bharatas! Deine Angehörigen, oh König, sind alle bei der Erfüllung ihrer Kshatriya Aufgaben gefallen. Diese Bullen unter den Kshatriyas, diese hochbeseelten Helden, sind damit zum Himmel aufgestiegen. So kümmere dich jetzt um deine Aufgaben. Oh unvergänglich Ruhmreicher, überwinde deinen Kummer! Widerstehe deinen Feinden, beschütze deine Untertanen und ehre die Brahmanen!

Kapitel 41 - Yudhishthira wird zum Herrscher geweiht

Vaisampayana sprach:
So nahm der königliche Sohn der Kunti, vom Kummer und Fieber seines Herzens befreit, seinen Platz mit dem Gesicht nach Osten auf dem herrschaftlichen golden Thron ein. Auf einem anderen herrlichen Thron, der ebenfalls aus Gold gemacht war, saßen ihm zugewandt die beiden Feindevernichter Satyaki und Vasudeva. Und an den beiden Seiten des Königs saßen Bhima und Arjuna auf zwei schönen, mit Juwelen geschmückten Sitzen, während seine Mutter Kunti mit Sahadeva und Nakula auf einem weißen, goldverzierten Thron aus Elfenbein Platz genommen hatten. Sudharman *(der Priester der Kauravas)*, Vidura, Dhaumya und der Kuru König Dhritarashtra saßen auf weiteren Sitzen, die mit dem Glanz des Feuers strahlten. Yuyutsu, Sanjaya und die berühmte Gandhari nahmen ihren Platz an der Seite von König Dhritarashtra ein.

Als der hochbeseelte König Yudhishthira sich gesetzt hatte, berührte er die schönen, weißen Blumen, die Swastikas und die vollen Behälter mit verschiedenen Substanzen, wie Erde, Gold, Silber und Juwelen, welche ihm seine Untertanen darbrachten. Sie alle kamen, von den Priestern angeführt, um König Yudhishthira zu sehen und ihm diese glückverheißenden Dinge zu bringen. So wurden Erde, Gold, vielfältige Juwelen und alle anderen Dinge im Überfluß hereingetragen, welche für die Krönungszeremonie notwendig waren. Da gab es viele, bis zum Rand gefüllte Krüge aus Gold, Kupfer oder Silber mit Erde, Blumen, geröstetem Reis, Kusha Gras, Kuhmilch, Brennmaterial für das Opferfeuer aus dem Holz von Sami, Pippala und Palasa sowie Honig und geklärte Butter. Es gab auch die verschiedenen Schöpflöffel aus Udumbara Holz und goldverzierte Muschelschalen. Auf Bitten von Krishna errichtete dann Dhaumya, der Hauspriester von Yudhishthira, einen Feueraltar gemäß den Regeln, der nach Nordosten ausgerichtet war. Dann bot er dem hochbeseelten Yudhishthira mit Draupadi eine besonderen Sitz an, der Sarvatobhadra genannt wurde,

mächtige Füße hatte, mit Tigerfellen bedeckt war und im höchsten Glanz erstrahlte, und begann das Trankopfer von geklärter Butter mit den entsprechenden Mantras in das Opferfeuer zu gießen. Im Anschluß erhob sich Krishna aus dem Dasarha Stamm von seinem Sitz, nahm die Muschelschale und goß das geheiligte Wasser auf das Haupt des neuen Herrn der Erde, dem gerechten Yudhishthira, Sohn der Kunti. Der königliche Weise Dhritarashtra und alle anderen Untertanen taten auf Bitten von Krishna das gleiche. Danach erstrahlte der Sohn des Pandu mit seinen Brüdern in seiner ganzen Herrlichkeit, nachdem er auf diese Weise mit dem geheiligten Wasser der Muschel gekrönt worden war. Überall erklangen die Trompeten, Becken und Trommeln. Der gerechte König Yudhishthira akzeptierte all die Geschenke seiner Untertanen, und wie er stets in all seinen Opfern Geschenke im Überfluß gab, so ehrte der König auch wiederum seine Untertanen. Auch gab er tausend Goldmünzen an die Brahmanen, die ihn gesegnet hatten. Jeder von ihnen hatte die Veden studiert und war mit Weisheit und gutem Verhalten begabt. Zufrieden wünschten die Brahmanen dem neuen König Wohlstand und Sieg, und mit wohlklingenden Stimmen, wie der Gesang der Schwäne, priesen sie ihn mit den Worten:
Oh starkarmiger Yudhishthira, durch ein glückliches Schicksal ist der Sieg nun dein, oh Sohn des Pandu. Durch ein glückliches Schicksal, oh Herrlicher, hast du die Herrschaft durch deine Heldenkraft zurückgewonnen. Durch ein glückliches Schicksal seid ihr alle, Arjuna, Bhima, du selbst, oh König, und die zwei Söhne der Madri, wohlauf, nachdem ihr eure Feinde besiegt habt und mit dem Leben aus dem Kampf entkommen seid, der für so viele Helden tödlich war. Damit widme dich nun, oh Bharata, ohne weitere Verzögerung jenen Handlungen, die als nächstes getan werden sollten.

So wurde der gerechte König Yudhishthira an der Seite seiner Freunde, verehrt von diesen frommen Menschen, zum Herrscher dieses großen Königreichs geweiht, oh Janamejaya!

Kapitel 42 - Yudhishthira bestimmt die Staatsämter

Vaisampayana sprach:
Als König Yudhishthira das Lob seiner Untertanen hörte, welches Ort und Zeit angemessen war, antwortete er ihnen:
Wahrlich bedeutend müssen die Söhne des Pandu sein, dessen Verdienste, seien sie gerecht oder ungerecht, durch solche großen Brahmanen besungen werden, wie sie hier versammelt sind. Zweifellos sind wir alle gesegnet durch euch, weil ihr uns so freizügig mit solchen Attributen besingt. Doch König Dhritarashtra ist immer noch unser Vater und Gott. Wenn ihr also mein Wohl wünscht, dann achtet ihn stets und sorgt für sein Wohl. Nachdem ich all seine Angehörigen getötet habe, gehört mein Leben ihm allein. Meine große Aufgabe ist es, ihm stets und in jeder Hinsicht mit allem Respekt zu dienen. Wenn ihr, wie auch meine anderen Freunde also denkt, daß ich ein Gegenstand der Verehrung bin, dann möchte ich euch alle bitten, das gleiche Verhalten auch für Dhritarashtra zu zeigen. Er ist der Herr der Welt, von euch und von mir. Die ganze Welt mit

den Pandavas gehört ihm. Diese Worte von mir möget ihr stets in eurem Geist tragen.

Damit entließ der König all die Bürger und Leute der Provinzen. Und im Anschluß ernannte dieses Licht der Kurus seinen Bruder Bhima zum Yuvaraja *(Thronfolger)*. Und mit Freude bestimmte er den höchst intelligenten Vidura zu seinem Berater, damit er ihm mit seinen Ratschlägen helfe, die sechsfachen Staatsangelegenheiten zu überwachen *(Frieden, Krieg, Angriff, Rückzug, Verteidigung, Diplomatie, usw.)*. Den an Jahren gereiften Sanjaya, der mit höchsten Fähigkeiten begabt war, ernannte er zum Verwalter und Oberaufseher der Finanzen. Nakula setzte der König als Aufseher der Armee ein, um deren Versorgung und Bezahlung zu sichern und andere Angelegenheiten zu überwachen. Dann ernannte er Arjuna für die Abwehr feindlicher Kräfte und Bestrafung der Übeltäter. Dhaumya, dieser Erste der Priester, bekam die Aufgabe, sich täglich um die Brahmanen, alle Riten zu Ehren der Götter und andere religiöse Handlungen zu kümmern. Sahadeva bestimmte er dazu, stets an seiner Seite zu bleiben, weil der König dachte, oh Monarch, daß er unter allen Umständen von seinem Bruder beschützt werden sollte. Und voller Freude betraute der König noch viele andere mit verschiedensten Aufgaben, wie er sie für passend hielt. Dann sprach dieser Vernichter feindlicher Helden, der gerechte König Yudhishthira, der stets der Tugend gewidmet war, zu Vidura und dem hochbeseelten Yuyutsu *(und auch allen anderen)*:
Möget ihr stets bereitwillig und aufmerksam alles tun, was mein königlicher Vater Dhritarashtra wünscht. Und was auch immer bezüglich der Bürger und Einwohner der Provinzen getan werden sollte, möge entsprechend eurer jeweiligen Ämter nach Einholung der Erlaubnis des Königs vollbracht werden.

Kapitel 43 - Yudhishthira begleicht die Schulden

Vaisampayana sprach:
Danach veranlaßte König Yudhishthira mit der großmütigen Seele die Sraddha Riten *(Totenriten)* für alle im Kampf gestorbenen Angehörigen. Auch der ruhmreiche König Dhritarashtra gab zum Wohle seiner Söhne in der anderen Welt ausgezeichnete Speise, Kühe, viel Reichtum und viele schöne und kostbare Juwelen *(an die Brahmanen)*. Und Yudhishthira gab zusammen mit Draupadi viel Reichtum für Drona, den hochbeseelten Karna, Dhrishtadyumna, Abhimanyu, den Rakshasa Ghatotkacha *(den Sohn von Bhima und Hidimba)*, Virata, Drupada, die fünf Söhne der Draupadi und für alle andere Wohlgesinnten, die ihm loyal gedient hatten. Für jeden von ihnen befriedigte der König Tausende von Brahmanen mit Geschenken von Reichtum und Juwelen, Kühen und Kleidung. Der König führte die Sraddha Riten zum Wohlergehen in der kommenden Welt auch für jeden der Könige durch, die im Kampf gefallen waren, ohne Angehörige oder Freunde zurückzulassen. Und zum Wohle der Seelen all seiner Freunde ließ der König Häuser der Wohltätigkeit errichten, wo Nahrung und Wasser verteilt wurden, und in ihrem Namen Zisternen ausgraben. So bezahlte der König die Schuld ihnen gegenüber und vermied die Kritik der Welt. Damit wurde er wieder glücklich und begann, seine Untertanen gerecht zu beschützen. Er zeigte

auch weiterhin die gebührende Ehre für Dhritarashtra, Gandhari, Vidura, alle älteren Kauravas und Offiziere. Voller Güte ehrte und beschützte der Kuru König auch all jene Damen, die im Kampf ihre heroischen Männer und Söhne verloren hatten. Der mächtige König mit dem großen Mitgefühl erstreckte seine Gunst auch über die Armen, Blinden und Hilflosen, indem er ihnen Nahrung, Kleidung und Schutz gab. So begann König Yudhishthira, von allen Feinden befreit und die ganze Erde gewonnen, großes Glück zu genießen.

Kapitel 44 - Yudhishthiras Hymne an Krishna

Vaisampayana sprach:
Als König Yudhishthira mit der großen Weisheit und Reinheit nach der Zeremonie seiner Inthronisierung das Königreich zurückgewonnen hatte, faltete er seine Hände und sprach zum lotusäugigen Krishna aus dem Dasarha Stamm:
Durch deine Gnade, oh Krishna, durch deine Politik, Intelligenz und Heldenkraft, oh Tiger der Yadus, habe ich dieses väterliche Königreich zurückbekommen. Oh Lotusäugiger, ich verneige mich wiederholt vor dir, oh Feindevernichter! Du wirst als der Eine und Höchste Geist *(Purusha)* bezeichnet. Man nennt dich auch die Zuflucht aller Anbetenden. So verehren dich die Zweifachgeborenen unter unzähligen Namen. Ehre und Gruß sei dir, oh Schöpfer des Weltalls! Du bist die Seele des Universums, und alle Welten sind aus dir entsprungen. Du bist Vishnu, Jishnu, Hari, Krishna, Vaikuntha und das Höchste Wesen. Du hast, wie die Puranas erklären, deine Geburt siebenmal im Mutterleib von Aditi genommen. Du warst es, der seine Geburt auch im Leib von Prishni nahm *(eine andere Form von Aditi, die gesprenkelte Kuh)*. Die Gelehrten sagen, du selbst bist die dreigestaltige Zeit *(die Vergangenheit, Gegenwart und Zukunft)*. All deine Manifestationen sind heilig. Du bist der Herr unserer Sinne. Du bist der große Vater, der in den Opfern verehrt wird. Du wirst der große Schwan genannt. Du bist der dreiäugige Sambhu. Du bist der ewig Eine, obwohl du als Vibhu und Damodara bekannt bist. Du bist der große Eber, du bist das Feuer, du bist die Sonne, du trägst den Stier in deinem Banner und reitest auf Garuda. Du bist der Vernichter aller feindlichen Heerscharen, du bist das Wesen, das jede Form im Weltall durchdringt, und von unwiderstehlicher Kraft. Du bist das Erste aller Dinge, du bist die Urkraft und der Generalissimus in jedem Kampf. Du bist die Wahrheit, du bist die Nahrung des Lebens und der himmlische Führer. Selbst unvergänglich, läßt du deine Feinde dahinwelken und vergehen. Du bist der reine Brahmane und auch jeder Mischling. Du bist wahrlich groß. Du wanderst in der Höhe, du bist das Gebirge und wirst Vrishadarbha und Vrishakapi genannt. Du bist der ewige Ozean, hast drei Gipfel und drei Wohnstätten und bist jenseits aller Attribute. Du steigst aus dem Himmel herab und nimmst eine menschliche Form auf Erden an. Du bist Herrscher, König und Kaiser. Du bist der Führer der Himmlischen und die ewige Ursache, aus der das ganze Weltall entstanden ist. Du bist allmächtig und alldurchdringend. Du bist in jeder Form, aber selbst ohne Form. Du bist der Dunkle und das ewige Feuer. Du bist der Schöpfer, du bist der Vater der himmlischen Ärzte, du bist *(der Weise)* Kapila und der Zwerg *(der Vali geschlagen hat)*. Du bist das verkörperte Opfer, du bist Dhruva, Garuda und wirst Yajnasena genannt. Du bist Sikhandin, Nahusha und Vabhru. Du bist

das strahlende Firmament mit all den Sternenkonstellationen. Du bist das Verborgene, du bist das Uktha Opfer, du bist Sushena und die große Trommel *(die nach allen Seiten ihren Klang entfaltet)*. Deine Wagenräder berühren kaum die Erde. Du bist die Lotusblüte des Wohlstandes, du bist der fruchtbare Regen aus den Wolken und wirst mit Blumenkränzen geschmückt. Du bist unerschöpflich, mächtig und höchst subtil. Du bist es, den die Veden beschreiben. Du bist das große Wasser *(das Meer der Ursachen)*, du bist Brahma, du bist die heilige Zuflucht und der ewige Zeuge. Du wirst Hiranyagarbha *(das goldene Ei des Universums)* genannt und bist das heilige Mantra von Swadha und Swaha *(in den Götter- und Ahnenopfern)*. Oh Kesava, du bist die Quelle, aus der alles entsprungen ist, und die Auflösung von allem. Am Anfang warst du es, der das Weltall erschuf. Oh Schöpfer des Universums, nun bist du der Herrscher und Erhalter dieser Welten! Höchste Verehrung sei dir, oh Träger von Sarnga, Diskus und Schwert!

Diese Lobeshymne des gerechten Königs Yudhishthira inmitten des Hofes stimmte den lotusäugigen Krishna sehr zufrieden. Daraufhin begann dieser Erste der Yadavas den ältesten Sohn des Pandu mit vielen angenehmen Reden zu erfreuen.

Kapitel 45 - Die Pandavas gehen zur Nachtruhe in ihre neuen Paläste

Vaisampayana sprach:
Danach entließ der König alle seine Untertanen, die daraufhin zu ihren jeweiligen Wohnstätten zurückkehrten. Und um seine Brüder zu erfreuen, sprach Yudhishthira, der in seiner Herrlichkeit strahlte, zu Bhima, Arjuna und den Zwillingen:
Eure Körper wurden im großen Kampf von vielfältigen feindlichen Waffen zerfleischt. Ihr werdet nun außerordentlich müde sein, von Schmerz und Zorn ausgebrannt. Durch meine Schuld mußtet ihr, oh Bullen der Bharatas, das Elend des Exils in den Wäldern wie gemeine Menschen ertragen. So genießt nun mit Freude und glücklicher Ruhe diesen Sieg. Nach der nächtlichen Pause mögen wir uns morgen früh erholt und mit neuer Kraft wiedersehen.

Danach begab sich der starkarmige Bhima, wie Indra in sein wunderschönes Götterhaus, in den Palast von Duryodhana, der viele ausgezeichnete Gebäude und Gemächer hatte, der mit vielfältigen Juwelen geschmückt war, und wo es an männlichen und weiblichen Dienern nur so wimmelte. Diese Wohnstätte wurde ihm von Yudhishthira mit dem Einverständnis von Dhritarashtra zugeteilt. Der starkarmige Arjuna erhielt auf Befehl des Königs den Palast von Dushasana, der nicht weniger herrlich war, wie der von Duryodhana, der aus vielen schönen Strukturen bestand und mit einem goldenen Tor geschmückt war, und wo es Reichtum im Überfluß gab sowie viele Diener und Dienerinnen. Der Palast von Durmarshana war sogar noch herrlicher als der von Dushasana. Wie der Palast von Kuvera selbst war er mit Gold und jeder Art Juwelen geschmückt. König Yudhishthira gab ihn an Nakula, der ihn wahrlich verdient hatte, nachdem er im großen Wald am meisten ausgezehrt worden war. Und jener Erste der Paläste, der Durmukha gehört hatte, war ebenfalls wunderschön und mit Gold geschmückt. Hier gab es Ruhebetten und schöne Frauen mit Lotusaugen im Überfluß. Der König gab ihn an Sahadeva, der stets bemüht war, zum Wohle seiner Brüder zu handeln. Sahadeva freute sich darüber wie der Herr der Schätze über den Kailash. Auch Yuyutsu, Vidura, Sanjaya, Sudharman und Dhaumya gingen zu ihren Wohnstätten, oh Monarch, die ihnen seit je her gehörten. Und wie ein Tiger, der seine Höhle in den Bergen betritt, so ging Krishna, dieser Tiger unter den Männern, in Begleitung von Satyaki zum Palast von Arjuna. So verbrachten die Helden die Nacht glücklich, nachdem sie reichlich gegessen und getrunken hatten. Am Morgen wachten sie mit zufriedenem Herzen auf und begaben sich zu König Yudhishthira.

Kapitel 46 - Yudhishthira begibt sich zu Krishna

Janamejaya sprach:
Mögest du, oh erfahrener Brahmane, mir alles berichten, was Yudhishthira, der starkarmige Sohn von Dharma, als nächstes unternahm, nachdem er sein Königreich wiedergewonnen hatte. Und erzähle mir auch, oh Rishi, was der heroische Krishna, dieser höchste Herr der drei Welten, tat.

Und Vaisampayana sprach:
Höre mir zu, oh König, wie ich dir, oh Sündloser, ausführlich erzähle, was die Pandavas auf Geheiß von Krishna Vasudeva des weiteren unternahmen. Nachdem Yudhishthira, der Sohn der Kunti, das Königreich erhalten hatte, sorgte er dafür, daß die Menschen aller vier Kasten ihre jeweiligen Aufgaben erfüllten konnten. So gab er an tausend hochbeseelte Brahmanen der Snataka Kaste jedem eintausend Goldmünzen. Dann beschenkte er seine Diener und die Gäste, die zu ihm kamen, unabhängig von Status oder religiösen Ansichten. Seinem Priester Dhaumya gab er viele Kühe und Reichtum in Form von Gold, Silber und Roben verschiedenster Arten. Auch zu Kripa, oh Monarch, benahm sich der König so, wie es dem eigenen Lehrer gebührt. Und seinen Aufgaben treu, fuhr der König fort, auch Vidura außerordentlich zu bedenken. So befriedigte dieser Erste der Wohltäter alle Personen mit Geschenken von Nahrung, verschiedensten Roben und anderem Reichtum. Oh Bester der Monarchen, nachdem der Frieden in seinem Königreich wiederhergestellt war, erwies der ruhmreiche König auch Yuyutsu und Dhritarashtra die gebührende Ehre. Er legte das ganze Königreich zu Füßen von Dhritarashtra, Gandhari und Vidura, und so begann König Yudhishthira, seine Tage glücklich zu verbringen. Und als alle zufrieden waren, einschließlich der Bürger, begab sich Yudhishthira mit gefalteten Händen zum hochbeseelten Vasudeva. Er erblickte Krishna mit der Farbe einer blauen Wolke auf einem großen Sofa sitzend, das mit Gold und Juwelen verziert war. In gelbe Roben aus Seide gekleidet und geschmückt mit himmlischen Ornamenten erstrahlte seine Person mit der Herrlichkeit eines funkelnden Diamanten in einer Goldfassung. Seine Brust zierte das Kaustubha Juwel, und er erschien wie der Udaya Berg, den die Morgensonne bescheint. So herrlich sah er aus, daß man keinen Vergleich in den drei Welten kannte. König Yudhishthira näherte sich diesem Hochbeseelten, der Vishnu selbst in verkörperter Form war, und sprach sanft und lächelnd zu ihm:

Oh Erster aller Intelligenten, hast du die Nacht glücklich verbracht? Oh unvergänglich Ruhmreicher, bist du gut erholt und voller Energie? Oh Erster aller Weisen, ist dein Geist klar und still? Durch deine Gnade, oh Göttlicher, haben wir unser Königreich zurückgewonnen, und die ganze Erde ist unter unserer Herrschaft. Oh Zuflucht der drei Welten, durch deine Gnade gewannen wir den Sieg und großen Ruhm, ohne von den Aufgaben unserer Kaste abzufallen!

Doch so angesprochen von diesem Feindevernichter, dem gerechten König Yudhishthira, blieb der göttliche Krishna stumm und sprach kein Wort, weil er gerade in Meditation vertieft war.

Kapitel 47 - Krishna meditiert über Bhishma

Yudhishthira sprach:
Wie sonderbar, oh unermeßlich Kraftvoller, daß du in Meditation vertieft bist! Oh große Zuflucht des Weltalls, ist mit den drei Welten alles in Ordnung? Wenn du, oh Gott, dich *(von der Welt)* zurückziehst, oh Bulle unter den Männern, um den vierten Zustand anzunehmen, füllt sich mein Geist mit größtem Erstaunen. *(Gewöhnlich gibt es drei Bewußtseinszustände: traumhaftes Wachen, traumhaftes Schlafen und traumloses Schlafen. Der vierte Zustand ist das traumlose Wachen, auch Turiya genannt, und das Ziel der Yogis.)* Die fünf vitalen Winde, die im Körper wirken, hast du gezügelt und beruhigt. Deine lichtvollen Sinne hast du im Denken konzentriert und Rede und Denken, oh Govinda, in der höheren Vernunft. Wahrlich, so wurden all deine Sinne in deine Seele zurückgezogen. Die Härchen sträuben sich auf deinem Körper. Denken und Wahrnehmung sind beide still. Du bist jetzt, oh Madhava, ebenso unbewegt, wie ein Opferpfahl oder ein Stein. Oh ruhmreicher Gott, du bist ruhig wie eine Flamme an einem windstillen Ort, oder so unbewegt wie ein mächtiger Felsen. Wenn es für mich gut wäre, den Grund zu erfahren, und es kein Geheimnis von dir ist, dann bitte ich dich, oh Gott, zerstreue meine Zweifel und gewähre mir diese Gunst. Du bist der Schöpfer und Zerstörer. Du bist vergänglich und unvergänglich. Du bist ohne Anfang und Ende. Du bist das Erste und Höchste Wesen. Oh Bester aller Gerechten, offenbare mir die Ursache dieser Meditation. Ich erbitte deine Gunst und bin dein ergebener Verehrer, der sich demütig vor dir verneigt.

So angesprochen, rief der berühmte jüngere Bruder von Indra seinen Geist, das Denken und die Sinne in ihre gewöhnliche Sphäre zurück und antwortete mit einem sanften Lächeln.

Vasudeva sprach:
Der Tiger unter den Männern, Bhishma, der jetzt auf einem Bett aus Pfeilen liegt und einem Feuer gleicht, das am Erlöschen ist, denkt an mich. So habe ich auch meinen Geist auf ihn konzentriert. Auf ihn, dessen sirrende und schlagende Bogensehne selbst Indra nicht ertragen konnte, war mein Geist gerichtet. Auf ihn, der alle versammelten Könige *(zur Gattenwahl der Töchter des Königs von Kasi)* in kürzester Zeit besiegte und die drei Prinzessinnen für die Ehe seines Bruders Vichitravirya entführte, war mein Geist gerichtet. Auf ihn, der für dreiundzwanzig Tage mit Parasurama aus dem Bhrigu Stamm gekämpft hatte und unbesiegt

blieb, war mein Geist gerichtet. Alle seine Sinne gesammelt, konzentrierte Bhishma seinen Geist mit der Hilfe der Vernunft und suchte dadurch Zuflucht bei mir. So habe ich auch meinen Geist auf ihn konzentriert. Auf ihn, den die Ganga empfing und zur Welt brachte gemäß den gewöhnlichen menschlichen Gesetzen und den Vasishta als sein Schüler annahm, war mein Geist gerichtet. Auf diesen Helden mit der mächtigen Energie und großen Intelligenz, der alle himmlischen Waffen kennt, wie auch die vier Veden mit ihren Zweigen, war mein Geist gerichtet. Oh Sohn des Pandu, auf ihn, dem Lieblingsschüler von Parasurama, dem Sohn von Jamadagni, der ein reicher Hort des Wissens ist, war mein Geist gerichtet. Auf ihn, den Ersten aller Kenner von Tugend und Pflicht, der die Vergangenheit, Gegenwart und Zukunft durchschaut, war mein Geist gerichtet. Wenn dieser Tiger unter den Königen durch seine Verdienste zum Himmel aufsteigt, wird die Erde, oh Sohn der Pritha, wie eine mondlose Nacht erscheinen *(in ihrer Unwissenheit)*. Deshalb, oh Yudhishthira, nähere dich demütig dem Sohn der Ganga mit der furchterregenden Heldenkraft und befrage ihn darüber, was du zu erfahren wünschst. Oh Herr der Erde, befrage ihn über die vier Zweige des Wissens *(bezüglich Tugend, Gewinn, Liebe und Erlösung)*, über die Opfer und die Riten, welche den vier Kasten bestimmt wurden, über die vier Lebensweisen und über die umfangreichen königlichen Aufgaben. Wenn Bhishma, dieser Erste der Kurus, aus der Welt verschwindet, wird immenses Wissen mit ihm vergehen. Aus diesem Grunde dränge ich dich *(jetzt zu ihm zu gehen)*.

Diese wohlgemeinten Worte mit hoher Bedeutung von Vasudeva hörend, antwortete der rechtschaffene Yudhishthira mit tränenerstickter Stimme:
Was du, oh Madhava, über das hohe Ansehen von Bhishma gesprochen hast, ist vollkommen wahr. Ich habe nicht den geringsten Zweifel daran. Wahrlich, ich habe über die hohe Glückseligkeit wie auch die Größe dieses berühmten Bhishma von hochbeseelten Brahmanen gehört. Du, oh Feindevernichter, bist der Schöpfer aller Welten. Deshalb kann, oh Licht der Yadavas, nicht der geringste Zweifel an deinen Worten sein. Wenn dein Herz zu diesem Segen neigt, oh Madhava, dann sollten wir unter deiner Führung zu Bhishma gehen. Wenn sich der göttliche Surya wieder nach Norden wendet *(zur Wintersonnenwende)*, wird Bhishma diese Welt für jene Bereiche der Seligkeit verlassen, die er gewonnen hat. Dieser Nachkomme des Kuru verdient deshalb eine geistige Sicht auf dich, oh Starkarmiger. Bhishma möge diese große Sicht erhalten, auf dich als Höchste Gottheit, auf dich als ewig Vergänglichen und Unvergänglichen. Denn wahrlich, du bist es, oh Herr, in dem diese ganze Schöpfung ausgebreitet ist.

Vaisampayana fuhr fort:
Als Krishna diese Worte vom gerechten König Yudhishthira hörte, sprach der Madhu Vernichter zu Satyaki, der neben ihm saß: „Laß meinen Wagen anspannen!“ Daraufhin verließ Satyaki schnell die Seite von Kesava und ging hinaus, um Daruka zu befehlen: „Laß den Wagen von Krishna vorbereiten!“ Nach diesen Worten von Satyaki spannte Daruka schnell den Wagen von Krishna an. Dieses Erste aller Fahrzeuge, das mit Gold und Unmengen von Smaragden, Mond- und Sonnenjuwelen verziert ist, das goldbedeckte Räder hat und in seiner

Herrlichkeit wie die Morgensonne strahlt, das schnell wie der Wind ist, das eine wunderschöne Standarte besitzt, auf der sich Garuda niederläßt, das mit zahlreichen Bannern farbenfroh erglänzt und das unter anderen von den gedankenschnellen und goldgeschmückten Rossen Sugriva und Saivya gezogen wird. Und als sie angespannt waren, oh Tiger unter Königen, informierte Daruka mit gefalteten Händen Krishna, daß nun alles bereit sei.

Kapitel 48 - Bhishmas Hymne an Krishna

Janamejaya fragte:
Wie gab der Großvater der Bharatas, der auf einem Bett aus Pfeilen lag, seinen Körper auf, und welchen Yoga übte er?

Vaisampayana sprach:
Höre, oh König, mit reinem Herzen und konzentriertem Geist, wie der hochbeseelte Bhishma seinen Körper ablegte. Sobald die Sonne die Wintersonnenwende erreichte und dann wieder ihren nördlichen Lauf nahm, ließ Bhishma mit konzentriertem Geist seine Seele *(die mit dem Körper verbunden war)* in das Selbst eingehen. In Anwesenheit der Besten der Brahmanen, flammte dieser Held, dessen Körper von unzähligen Pfeilen durchbohrt war, in großer Herrlichkeit auf, wie Surya mit ihren unzähligen Strahlen. Dabei umgaben ihn der vedengelehrte Vyasa, der himmlische Rishi Narada, Devasthana, Asmaka, Sumantu, Jaimini, der hochbeseelten Paila, Sandilya, Devarata, der höchst intelligente Maitreya, Asita, Vasishta, der hochbeseelten Kausika, Harita, Lomasa, der intelligente Sohn von Atri, Vrihaspati, Sukra, der große Weise Chyavana, Sanatkumara, Kapila, Valmiki, Tumburu, Kuru, Maudgalya, Parasurama aus dem Bhrigu Stamm, der große Weise Trinavindu, Pippalada, Vayu, Samvarta, Pulaha, Katha, Kasyapa, Pulastya, Kratu, Daksha, Parasara, Marichi, Angiras, Kasmya, Gautama, der Weise Galava, Dhaumya, Vibhanda, Mandavya, Dhaumra, Krishnanubhautika, Uluka, der Erste der Brahmanen und große Weise Markandeya, Bhaskari, Purana, Krishna und Suta. Umgeben von diesen höchst Tugendhaften und vielen anderen hochbeseelten Weisen, die voller Vertrauen, Selbstdisziplin und geistiger Stille waren, erschien dieser Kuru Held wie der Mond inmitten der Planeten und Sterne. Hingestreckt auf seinem Bett aus Pfeilen, widmete sich Bhishma, dieser Tiger unter den Männern, mit reinem Herzen und gefalteten Händen in Gedanken, Worten und Taten allein Krishna. Mit einer fröhlichen und starken Stimme sang er die Lobeshymnen des Madhu Vernichters, diesem Meister des Yogas mit der Lotusblume im Bauchnabel *(auf der Brahma sitzt)*, diesem Herrn des Universums, der auch Vishnu oder Jishnu genannt wird. Mit gefalteten Händen pries der mächtige Bhishma mit der höchst tugendhaften Seele, dieser Erste aller Redegewandten, Vasudeva.

Und Bhishma sprach:
Oh Krishna, oh Höchstes Wesen, mögest du befriedet sein mit diesen Worten, die ich als Essenz und auch ausführlich rezitiere, um dein Lob zu besingen: Du bist rein und die Reinheit selbst. Du durchdringst Alles. Du bist, was die Leute DAS nennen. Du bist der Höchste Herr. Mit ganzem Herzen suche ich deine Zuflucht, oh universale Seele und Herr aller Wesen! Du bist ohne Anfang und

ohne Ende. Du bist das Höchste und das Brahman. Über dich wissen weder die Götter noch die Rishis etwas. Nur der göttliche Schöpfer allein, der Narayana oder Hari genannt wird, kennt dich. Und durch Narayana kennen die Rishis, Siddhas, großen Nagas, Götter und alle anderen Himmlischen einige Aspekte von dir. Du bist das Höchste von allem und kennst keinen Verfall. Die Götter, Dämonen, Gandharvas, Yakshas und Punnagas wissen nicht, wer du bist und woher du kommst. Denn alle Welten und alle Geschöpfe leben und bewegen sich in dir. Wie Perlen auf einem Faden *(der Seele)* aufgefädelt, so hängen alle Geschöpfe, die Eigenschaften besitzen, an dir, dem Höchsten Herrn. Das Universum ist dein Werk und das Weltall dein Körper. Dieses ganze Universum aus Geist und Materie wird durch deine ewige und alldurchdringende Seele zusammengehalten, wie ein Blumenstrauß durch einen festen Strick. Du wirst Hari genannt mit tausend Köpfen, tausend Füßen, tausend Augen, tausend Armen, tausend Kronen und tausend Gesichtern mit größter Herrlichkeit. Du wirst Narayana genannt, die Gottheit und Zuflucht aller Welten. Du bist das Kleinste und das Größte, das Mächtigste und das Höchste von allem. In den Vaks, Anuvaks, Nishads und Upanishaden wirst du als der Höchste Geist mit der unwiderstehlichen Kraft beschrieben. Im Saman Veda, der voller Wahrheit ist, wirst du die Wahrheit selbst genannt. Deine Seele ist vierfach *(Selbst, Ich, Geist und Bewußtsein)*. Du allein manifestierst dich in der Wahrnehmung *(aller Wesen)*. So bist du der Herr aller, die im Glauben mit dir verbunden sind. Oh Gott, du wirst *(von den Gläubigen)* durch vier kraftvolle, heilige und geheimnisvolle Namen verehrt *(Vasudeva, Sankarshana, Pradyumna und Aniruddha)*. Jedes Opfer ist stets in dir. Ausgeführt *(durch die Wesen, um dich zu befriedigen)*, lebt das Opfer als eine Form von dir. Denn du bist die universale Seele. Du bist das universale Wissen. Du bist das Weltall. Du bist allwissend und der Allschöpfer im Universum.

Wie zwei Feuerhölzer ein Feuer entfachen, so bist du durch Vasudeva und der göttlichen Devaki für die Bewahrung der Schöpfung auf Erden geboren worden. Für die ewige Erlösung schauen dich, oh Govinda, die frommen Verehrer mit einsichtigem Geist, der von allem Äußerlichen zurückgezogen und wunschlos ist, mit ihrer reinen Seele in ihrem eigenen Selbst. Du überstrahlst jede Sonne an Glanz. Du bist jenseits aller Sinneserfahrung und Gedanken. Oh Herr aller Wesen, ich gebe mich in deine Hände. In den Puranas wirst du als Purusha bezeichnet *(der alldurchdringende Höchste Geist)*. Zum Beginn der Yugas wirst du Brahma genannt und während der universalen Auflösung Sankarshana. Höchst verehrenswert bist du, und deshalb verehre ich dich. Du bist der Eine, aber in unzähligen Formen geboren. Du hast die Leidenschaften unter völliger Kontrolle. Deine frommen Verehrer, die vertrauensvoll die Riten aus den heiligen Schriften durchführen, opfern dir allein, oh Gewährer jedes Wunsches. Du wirst das Gefäß des Universums genannt. Alle Geschöpfe leben in dir. Wie Schwäne und Enten auf dem Wasser schwimmen, so trägst du alle Welten. Du bist Wahrheit. Du bist das Eine und Unvergängliche. Du bist Brahma und auch jenseits von Geist und Materie. Du bist ohne Anfang, Mitte und Ende. Weder die Götter noch die Rishis wissen etwas über dich. Doch stets verehren dich die Götter, Dämonen, Gandharvas, Siddhas, Rishis und die großen Nagas mit konzentriertem Geist. Du bist das große Heilmittel für alle Sorgen. Du bist ohne Geburt und Tod. Du bist die eine Gottheit. Du bist selbstgeschaffen, zeitlos, ungreifbar und jenseits von allem Wissen. Du wirst Hari und Narayana genannt, oh Mächtiger. Die Veden beschreiben dich als den Schöpfer des Universums und den Herrn von allem, was in den Welten existiert. Du bist der Höchste Beschützer des Weltalls. Du kennst keinen Verfall und du bist das, was man das Höchste nennt. Du bist der Glanz des Goldes und der Vernichter der Dämonen. Obwohl du Einer bist, gebar dich Aditi in Form von zwölf Göttern. Verehrung sei dir als Seele der Sonne! Verehrung sei dir als Soma *(klares Mondlicht)*, das als Führung aller Zweifachgeborenen bezeichnet wird, und das in der hellen Monatshälfte als Nektar die Götter befriedigt und in der dunklen Hälfte die Pitris! Du bist das eine Wesen mit alldurchdringendem Glanz, das jenseits der dichten Dunkelheit *(der Unwissenheit)* wohnt. Dich erkennend, überwindet man jede Angst vor dem Tod. Verehrung sei dir als das Ziel der Erkenntnis *(die klare Sicht der Yogis)*! Im großartigen Uktha Opfer verehren dich die Brahmanen als den großen Rig Veda. Im großen Feueropfer besingen sie dich als den Hauptpriester. Du bist die Seele der Veden. Verehrung sei dir als Wohnstätte des Rig, Yajur und Saman Veda! Du bist die fünf Arten der geheiligten Opfergaben. Du bist die sieben Mantras, die in den Veden verwendet werden. Verehrung sei dir in der Form des Opfers! Opfergaben werden in Begleitung von siebzehn Silben ins Opferfeuer gegossen. Du bist die Seele dieses Opfers. Verehrung sei dir als Purusha, der die Veden singt! Dein Name ist Yajus, die vedischen Verse sind deine Glieder, die drei Opfer der Veden sind deine drei Köpfe und das große Rathantara Opfer ist deine Stimme der Zufriedenheit. Verehrung sei dir in der Form der heiligen Hymnen! Du bist der Rishi, der im großen Opfer erschien, das für tausend Jahre von den Urvätern der Welten durchgeführt wurde. Du bist der große Schwan mit den goldenen Flügeln. Verehrung sei dir in Form dieses Schwans! Die Worte mit ihren Endungen sind deine Glieder, die Wortverbindungen deine Gelenke, die Konsonanten und Vokale deine Ornamente, und die Veden kennen dich als das große göttliche Wort. Verehrung sei dir in dieser Form des Wortes!

Du hast die Form eines Ebers angenommen, dessen Glieder durch Opfer gebildet wurden, um die versunkene Erde zum Wohle der drei Welten wieder hervorzuheben. Verehrung sei dir in dieser Form der unerschöpflichen Kraft! Du ruhtest im Yogaschlaf auf deinem tausendköpfigen Schlangenbett. Verehrung sei dir in dieser Form des Schlafes! Du bildest die Brücke aus Wahrheit, um den Ozean des Lebens mit den Mitteln der Erlösung und der Sinneskontrolle zu überqueren. Verehrung sei dir in dieser Form der Wahrheit! Die Menschen haben unterschiedlichen Glauben, und im Streben nach verschiedenen Früchten beten sie dich mit unterschiedlichen Riten an. Verehrung sei dir in dieser Form des Glaubens! Aus dir entspringen alle Geschöpfe. Du bist es, der alle Wesen belebt, die eine körperliche Hülle besitzen und dem Drang der Begierde folgen. Verehrung sei dir in dieser Form des Lebens! Die großen Rishis erkennen dein Unentfaltetes im Entfalteten. Denn als Kshetrajna *(Feldkenner)* bist du im Kshetra *(Feld)*. Verehrung sei dir in dieser Form des Kshetra! Du bist stets bewußt und gegenwärtig im Selbst. Die Sankhya Philosophen beschreiben dich als anwesend in den drei Stadien des Wachens, Träumens und Tiefschlafs. Sie sprechen weiterhin davon, daß du sechzehn Haupteigenschaften *(6 Sinne, 5 Handlungsorgane und 5 Elemente)* entfaltest und selbst die Zahl Siebzehn *(die Unendlichkeit)* repräsentierst. Verehrung sei dir in dieser Form, wie sie die Sandhyas darstellen! Indem sie die Schläfrigkeit *(bzw. Verträumtheit)* überwinden, den Atem kontrollieren und sich in ihr Selbst zurückziehen, schauen dich die Yogis mit gezügelten Sinnen als ewiges Licht. Verehrung sei dir in dieser Form des Yoga! Friedvolle Sannyasins erreichen dich, wenn sie von der Angst vor Tod und Geburt aufgrund der Vernichtung aller karmischen Lasten *(an Sünde und Verdienst)* befreit sind. Verehrung sei dir in dieser Form der Befreiung! Am Ende von eintausend Yugazyklen nimmst du die Form eines lodernden Feuers an und verbrennst alle Geschöpfe. Verehrung sei dir in dieser Form der Auflösung! Nachdem alle Geschöpfe aufgelöst und das Universum ein grenzenloses Meer ist, schläfst du auf dem Wasser in der Form eines Kindes. Verehrung sei dir in dieser Form der Maya *(Illusion)*! Aus dem Bauchnabel des Selbstexistenten mit den Lotusaugen, wird dann eine Lotusblume entspringen. Und auf dieser Lotusblüte wird *(Brahma)* dieses ganze Weltall wieder neu erschaffen. Verehrung sei dir in dieser Form der Lotusblume! Du hast eintausend Köpfe und durchdringst alles. Du bist von unermeßlicher Seele. Du hast die vier Arten der Begierde gezügelt, die so groß wie vier Ozeane sind. Verehrung sei dir in dieser Form der Yogavertiefung! Die Regenwolken sind die Haare deines Kopfes, die Flüsse deine beweglichen Glieder und die vier Ozeane dein Bauch. Verehrung sei dir in dieser Form des Wassers! Geburt und Wandel, die den Tod repräsentieren, entspringen dir allein. Alle Geschöpfe gehen zur universalen Auflösung wieder in dich ein. Verehrung sei dir in dieser Form als Ursache!

Du schläfst nicht in der Nacht und handelst den ganzen Tag. Du bist der Zeuge aller guten und schlechten Taten. Verehrung sei dir in dieser Form als *(universaler)* Zeuge! Es gibt keine Handlung, zu der du nicht fähig wärst. Dennoch bist du stets bestrebt, gerechte und heilsame Taten zu vollbringen. Verehrung sei dir in dieser Form der Tätigkeit, die Vaikuntha genannt wird! Zornvoll hast du im Kampf einundzwanzig Mal die Kshatriyas ausgerottet, welche die Tugend und Ordnung mit Füßen traten. Verehrung sei dir in dieser Form der Bestrafung! Indem du dich selbst fünffach geteilt hast, bist du zu den fünf vitalen Winden geworden, die in jedem Lebewesen wirken und deren Bewegung verursachen. Verehrung sei dir in dieser Form des Windes! Du erscheinst in jedem Yuga in der Form von Monaten, Jahreszeiten und Jahren und bist damit die Ursache für das Wachsen und Vergehen. Verehrung sei dir in dieser Form der Zeit! Die Brahmanen sind dein Mund, die Kshatriyas deine beiden Arme, die Vaisyas dein Bauch und die Schenkel, und in deinen Füßen leben die Shudras. Verehrung sei dir in dieser Form der Kasten! Das Feuer bildet deinen Mund, der Himmel ist die Krone deines Kopfes, der Luftraum ist dein Bauch, die Erde bildet deine Füße, die Sonne ist dein Auge, und die Himmelsrichtungen sind deine Ohren. Verehrung sei dir in dieser Form der Welt! Du bist höher als die Zeit, höher als jedes Opfer und höher als das Höchste. Du selbst bist ohne Ursprung, aber der

Ursprung des Universums. Verehrung sei dir in dieser Form des Universums! Die Menschen der Welt betrachten dich gemäß der Vaisheshika Theorie als Beschützer der Welt. Verehrung sei dir in dieser Form des Beschützers! In Form von Essen, Getränken und Brennstoff förderst du die Freude und Lebenskraft der Geschöpfe und bewahrst ihre Existenz. Verehrung sei dir in dieser Form der Nahrung! Um den Lebensatem zu erhalten, ißt du die vier Arten der Nahrung *(zum Kauen, Saugen, Lecken und Trinken)*. Dann nimmst du die Form von Agni in ihrem Bauch an und verdaust diese Nahrung. Verehrung sei dir in dieser Form des Verdauungsfeuers! Du erschienst in Form eines Löwenmenschen mit dunklen Augen und Mähne, der mit Zähnen und Klauen bewaffnet war, und nahmst dem Führer der Dämonen sein Leben. Verehrung sei dir in dieser Form der Macht! Über dich haben weder die Götter, noch die Gandharvas, Daityas oder Danavas irgendein wahres Wissen. Verehrung sei dir in dieser subtilen, unbegreifbaren Form! Indem du die Form des herrlichen, berühmten und mächtigen Ananta in der Unterwelt annimmst, stützt du diese ganze Welt. Verehrung sei dir in dieser Form der Schlangenkraft! Du bindest alle Wesen durch die Fesseln der Zuneigung und Liebe zur Fortsetzung der Schöpfung. Verehrung sei dir in dieser Form der Bindung! Die wahre Selbsterkenntnis *(wonach die Yogis streben)* durchschaut das *(weltliche)* Wissen über die fünf Elemente. Damit nähern sich dir die Menschen durch Erkenntnis. Verehrung sei dir in dieser Form der Erkenntnis! Dein Körper ist unermeßlich. Deine Intelligenz und deine Augen durchdringen alles. Du bist unendlich, jenseits von allem Meßbaren. Verehrung sei dir in dieser Form der Unermeßlichkeit! Du hast die Form eines Einsiedlers angenommen mit verfilzten Haaren, Bettelstab, rundem Bauch und einer Bettelschüssel als deinem Pfeilköcher. Verehrung sei dir in dieser Form des Brahma *(bzw. Brahmanen)*!

Du trägst den Dreizack, bist der Gott der Götter, der Dreiäugige *(Tryambaka)* und der Hochbeseelte. Dein Körper ist stets mit Asche beschmiert und dein Phallus aufgerichtet. Verehrung sei dir in dieser Form des Rudra! Der Halbmond schmückt deine Stirn und als heilige Schnur trägst du Schlangen, die sich um deinen Hals winden. Du bist mit Pinaka und Dreizack bewaffnet. Verehrung sei dir in dieser grimmigen Form! Du bist die Seele aller Wesen, ihr Schöpfer und ihr Zerstörer. Du bist ohne Zorn, Feindseligkeit und Anhaftung. Verehrung sei dir in dieser friedvollen Form! Alles ist in dir und alles kommt aus dir. Du bist alles und bist allgegenwärtig. Du bist für ewig Alles, was ist. Verehrung sei dir in dieser allseienden Form! Verehrung sei dir, dessen Werk das Universum ist! Verehrung sei dir, der Seele des Universums, aus dem das Universum entfaltet wurde und in dem alle Geschöpfe wieder aufgelöst werden! Dennoch bist du jenseits der fünf Elemente *(aus denen alle Geschöpfe gebildet werden)*. Verehrung sei dir, als die dreifache Welt und dem Jenseits! Verehrung sei dir, denn du bist der Raum mit all seinen Richtungen! Du bist Alles und das Gefäß von Allem. Verehrung sei dir, oh göttlicher Herr, oh Vishnu, oh ewiger Ursprung aller Welten! Du, oh Hrishikesha, bist der Schöpfer, der Zerstörer und der Unbesiegbare. Ich kann deine himmlische Form nicht überblicken, die du über Vergangenheit, Gegenwart und Zukunft ausbreitest. Doch deine ewige Form kann ich wahrhaftig erkennen. Du erfüllst den Himmel mit deinem Kopf, die Erde mit deinen Füßen und die drei Welten mit deiner Kraft. Du bist zeitlos und durchdringst alles im Universum. Die Richtungen des Raumes sind deine Arme, die Sonne ist dein Auge und die Kraft dein Lebenssamen. Du bist der Herr aller Wesen. Du stehst und zügelst die sieben Wege des Windes, dessen Energie unermeßlich ist. Von allen Ängsten werden jene befreit, die dich verehren, oh Govinda, du mit der unvergänglichen Heldenkraft, von der Farbe der Atasi Blüte *(blau)* und in gelbe Roben gekleidet. Schon ein demütiges Verneigen vor dir, oh Krishna, entspricht der Ausführung von zehn Pferdopfern. Doch der Mensch, der zehn Pferdopfer durchgeführt hat, ist noch nicht von der Bindung an die Wiedergeburt befreit. Wer sich jedoch vor Krishna verneigt, überwindet die Wiedergeburt. Wer Krishna als Gelübde hält, wer sogar in der Nacht an Krishna denkt und noch beim Aufwachen, der kann als Körper Krishnas gelten. Er wird in das Selbst von Krishna eingehen, wie eine mit Mantras geheiligte Opfergabe von geklärter Butter in das aufflammende Feuer.

Verehrung sei dir, oh Vishnu, der die Angst vor der Hölle zerstreut, und der ein sicheres Boot für alle ist, die mitten in die Wirbel des Ozeans des weltlichen Lebens getaucht wurden! Verehrung sei dir, oh Gottheit, die das Selbst der Zweifachgeborenen ist, die als Wohltäter für Brahmanen und Kühe wirkt, die das Wohl der ganzen Welt sucht und als Krishna und Govinda erscheint! Die beiden Silben „Hari“ sind ein Sack voller Gold für jene, die durch die Wildnis des Lebens reisen *(Samsara)* und eine wirksame Medizin, um alle weltlichen Anhaftungen zu heilen, sowie die Mittel, um Sorgen und Kummer zu lindern. Die Wahrheit ist von Vishnu erfüllt, die Welt ist von Vishnu erfüllt. Und wie Alles von Vishnu erfüllt ist, so möge auch meine Seele von Vishnu erfüllt sein und meine Sünde vernichtet! Ich suche deinen Schutz und bin dir ganz gewidmet, um das glückselige Ziel zu erreichen. Oh Lotusäugiger, oh Höchste Gottheit, bedenke, was zu meinem Heil ist! Selbst ohne Ursprung, oh Vishnu, bist du der Ursprung von Erkenntnis und Entsagung. So sei gepriesen! Oh Janardana, so verehrt in diesem Opfer der Rede, mögest du zufrieden mit mir sein, oh Gottheit! Die Veden seien Narayana gewidmet, die Entsagung sei Narayana gewidmet, die Götter seien Narayana gewidmet, denn Alles ist ewig und allein Narayana!

Vaisampayana fuhr fort:
Nachdem Bhishma diese Hymne an Krishna mit konzentriertem Geist gesungen hatte, sprach er „Verehrung sei Krishna!“, und verbeugte sich im Inneren tief vor ihm. Und als Madhava, der auch Hari genannt wird, durch seine Yogakraft die Hingabe von Bhishma gewahrte, segnete er ihn mit dem himmlischen Wissen über Vergangenheit, Gegenwart und Zukunft und ging seiner Wege. Als Bhishma dann verstummte, verehrten die Brahma Sprechenden diesen hochbeseelten Führer der Kurus mit tränenerwürgten Stimmen in exzellenten Worten. Denn auch diese Ersten der Brahmanen sangen ihr Lob auf Krishna, diesem Höchsten Wesen, und priesen dann mit sanften Stimmen immer wieder Bhishma. Als Krishna *(durch seine Yogamacht)* die Hingabe von Bhishma erfuhr, erhob sich dieser Erste aller Männer schnell von seinem Sitz, bestieg seinen

Wagen und fuhr gemeinsam mit Satyaki zu ihm. Auf einem anderen Wagen folgten jene zwei berühmten Helden, Yudhishthira und Arjuna. Bhima und die Zwillinge fuhren auf einem Dritten, dem wiederum jene Stiere unter den Männern, Kripa und Yuyutsu, zusammen mit dem Feindevernichter Sanjaya aus der Suta Kaste auf ihren Wagen folgten, von denen jeder wie eine Festung erschien. Sie kamen und ließen die Erde vom Geratter ihrer Wagenräder erzittern. Auf seiner Fahrt hörte Krishna, dieser Erste der Menschen, mit Freude die Lobesreden der Brahmanen. Und mit erfreutem Herzen grüßte dieser Vernichter von Kesin *(einem Dämon)* all diese Leute, die ihm entlang der Straße mit gefalteten Händen und geneigten Köpfen aufwarteten.

Kapitel 49 - Die Ankunft auf Kurukshetra

Vaisampayana sprach:
So fuhren Hrishikesha und König Yudhishthira, die anderen vier Pandavas und Kripa mit seinem Gefolge auf ihren Wagen, die wie befestigte Städte erschienen und mit Standarten und Bannern bedeckt waren, mithilfe ihrer schnellen Rosse zügig nach Kurukshetra. Dort betraten sie dieses Schlachtfeld, das mit Haaren, Mark und Knochen bedeckt war, und wo Millionen hochbeseelte Kshatriyas ihre Körper geopfert hatten. Überall sah man Berge, die aus den toten Körpern und Knochen von Elefanten und Rossen gebildet wurden. Menschliche Köpfe und Glieder lagen verstreut wie Muschelschalen *(am Meeresufer)*. Übersät mit tausenden Scheiterhaufen und bedeckt mit Rüstungen und Waffen, erschien die ausgedehnte Ebene wie ein Trinkgarten, den der Zerstörer persönlich benutzt und kürzlich erst nach einem wüsten Gelage verlassen hatte. Die mächtigen Wagenkrieger fuhren schnell weiter und sahen das Schlachtfeld voller Scharen von Geistern und sich drängenden Rakshasas. Und beim Weiterfahren sprach der starkarmige Kesava, die Freude aller Yadavas, zu Yudhishthira über die Heldenkraft von Parasurama, dem Sohn von Jamadagni:
Da drüben, oh Partha, siehst du die fünf Seen von Parasurama! Dort opferte er das Kshatriya Blut seinen Ahnen. Hier geschah es, daß der mächtige Parasurama die Erde einundzwanzig Mal von den Kshatriyas befreite, um seine Aufgabe zu vollbringen.

Darauf sprach Yudhishthira:
Ich habe große Zweifel an dem, was du über Parasurama sprichst, daß er damals einundzwanzig Mal die Kshatriyas ausgerottet haben soll. Wenn die Kshatriyas wirklich bis zu ihren Wurzeln von Parasurama vernichtet wurden, oh Bulle der Yadus, wie wurde die Kshatriya Kaste wiederbelebt? Wie, oh Heldenhafter, konnte die Kshatriya Kaste neu wachsen, nachdem sie vom berühmten und hochbeseelten Parasurama ausgerottet wurde? In schrecklichen Wagenkämpfen wurden Millionen Kshatriyas getötet. Die Erde, oh Erster der Redegewandten, war überall mit den Leichen der Kshatriyas bedeckt. Aus welchem Grund wurde die Kshatriya Kaste damals von Parasurama, dem hochbeseelten Nachkommen des Bhrigu ausgerottet, oh Tiger unter den Yadus? Oh Vrishni Held mit dem Garuda im Banner, zerstreue meine Zweifel! Oh Krishna, oh jüngerer Bruder von Balarama, das höchste Wissen kommt von dir.

Vaisampayana sprach:
Der mächtige ältere Bruder von Gada erzählte daraufhin dem unvergleichlich heldenhaften Yudhishthira alles, was damals geschehen war und wie die Erde erneut mit Kshatriyas bevölkert wurde.

Kapitel 50 - Die Geschichte von Parasurama

Vasudeva sprach:
Oh Sohn der Kunti, höre die Geschichte von Parasuramas Energie, Macht und Geburt, wie ich sie von den großen Rishis vernommen habe. Höre die Geschichte, wie Millionen Kshatriyas durch den Sohn von Jamadagni getötet wurden und wie jene, die erneut aus dem königlichen Geschlecht von Bharata entsprangen, wiederum geschlagen wurden: Jahnu hatte einen Nachkommen namens Valakashwa und König Valakashwa hatte einen rechtschaffenen Sohn *(bzw. Enkel)* namens Kushika. Dieser Kushika glich dem tausendäugigen Indra auf Erden und übte die strengste Buße, um einen Sohn zu gewinnen, der die drei Welten beherrschen könnte. Und als der tausendäugige Indra ihn mit dieser strengsten Buße sah und erkannte, daß er zu einem solchen Sohn fähig war, da erfüllte er selbst den König *(mit seiner Kraft)*. So wurde der große Herr der drei Welten, der Vernichter von Paka, zum Sohn von Kushika, der unter dem Namen Gadhi bekannt wurde. Und Gadhi hatte eine Tochter namens Satyavati, welche er als Ehefrau an Richika, einem Nachkommen des Bhrigu, gab. Ihr Gemahl aus dem Bhrigu Stamm war höchst zufrieden mit ihrem reinen Verhalten, oh Freude der Kurus. So bereitete er ein besonderes Opfermahl aus Milch und Reis, um für sich und seinen Schwiegervater Gadhi Söhne zu gewinnen. Dann rief Richika aus dem Bhrigu Stamm seine Ehefrau und sprach:
Dieser Teil der geheiligten Nahrung möge von dir und dieser andere Teil von deiner Mutter verspeist werden. Dann wird deiner Mutter ein Sohn geboren, der in seiner Energie lodernd ein Bulle unter den Kshatriyas sein wird. Unbesiegbar durch andere Kshatriyas auf Erden, wird er die Ersten der Kshatriyas schlagen. Und dir, oh gesegnete Dame, wird dieser Teil der Nahrung einen Sohn mit großer Weisheit geben, eine Verkörperung der Stille, der mit asketischer Buße der Erste aller Brahmanen sein wird.

Nachdem er diese Worte zu seiner Ehefrau gesprochen hatte, neigte sich der selige Richika aus dem Bhrigu Stamm wieder der Askese zu und ging in die Wälder. Ungefähr zur gleichen Zeit, kam König Gadhi auf einer Pilgerfahrt zu den heiligen Gewässern mit seiner Königin zur Einsiedelei des Richika. Da ergriff Satyavati freudig und in großer Hast die zwei Teile der geheiligten Nahrung und berichtete ihrer Mutter die Worte ihres Ehemannes. Doch die Königinmutter, oh Sohn der Kunti, gab den Teil, der für sie selbst vorgesehen war, ihrer Tochter, und sie selbst nahm in ihrer Unwissenheit den für ihre Tochter bestimmten. Daraufhin empfing Satyavati, während ihr Körper im Glanz entflammte, einen Sohn mit grimmiger Gestalt, welcher zum Vernichter der Kshatriyas werden sollte. Als ihr Gatte das Kind in ihrem Mutterleib gewahrte, sprach dieser Tiger unter den Bhrigus zu seiner himmlisch schönen Gattin:
Du wurdest durch deine Mutter getäuscht, oh selige Dame, indem sie die gehei-

ligten Anteile vertauschte. So wird dein Sohn ein Kshatriya mit grausamen Taten und rachsüchtigem Herzen werden. Dein Bruder aber, den deine Mutter gebären wird, wird ein der asketischen Buße gewidmeter Brahmane sein. In der geheiligten Nahrung, die für dich bestimmt war, lag der Samen *(zur Erkenntnis)* des höchsten und universalen Brahman, während in dem Anteil für deine Mutter die Summe aller Kshatriya Energie enthalten war. Doch nach dem Vertauschen der zwei Portionen, oh gesegnete Dame, wird das Beabsichtigte nun nicht geschehen. Deine Mutter wird einen Brahmanen zur Welt bringen, während du einen Kshatriya Sohn erhalten wirst.

So angesprochen von ihrem Herrn, verneigte sich die höchst selige Satyavati voller Demut und legte ihren Kopf auf seine Füße. Dann sprach sie zitternd:
Mögest du, oh Heiliger, nicht solche Worte zu mir sprechen, daß du einen Übeltäter unter den Brahmanen als Sohn erhalten wirst.

Darauf antwortete Richika:
Das war von mir nicht beabsichtigt für dich, oh selige Dame. Diesen Sohn mit grimmigen Taten hast du einfach nur durch das Vertauschen der geheiligten Anteile empfangen.

Doch Satyavati erwiderte:
Wenn du willst, oh Weiser, könntest du ganze Welten neu erschaffen. Was wäre da über ein Kind zu sagen? Mögest du mir, oh Mächtiger, einen Sohn schenken, der rechtschaffen und friedlich sein wird.

Aber Richika sprach:
Noch nie habe ich eine Lüge gesprochen, oh gesegnete Dame, nicht einmal im Scherz. Weshalb dann bezüglich der Herstellung von geheiligter Nahrung mit Hilfe von vedischen Formeln nach dem Entzünden eines Opferfeuers? Dies wurde bereits vor langer Zeit vom Schicksal so bestimmt, oh Reizende! Das habe ich alles durch meine Buße erkannt. Alle Nachkommen deines Vaters werden mit brahmanischen Tugenden begabt sein.

Und Satyavati sprach:
Oh Mächtiger, möge doch unser Enkel so werden. Aber laß mich, oh Erster der Asketen, einen friedlichen Sohn gebären.

Und Richika antwortete:
Oh Schöngesichtige, ich sehe keinen Unterschied zwischen einem Sohn und einem Enkel. Möge es sein, wie du sprichst, oh Reizende!

Vasudeva fuhr fort:
So brachte Satyavati einen Sohn im Stamme des Bhrigu zur Welt, der Jamadagni genannt wurde, friedvoll der Buße gewidmet und beständig in seinen Gelübden war. Und Gadhi, der Sohn von Kushika, bekam einen Sohn namens Vishvamitra. Begabt mit allen brahmanischen Attributen, war dieser Sohn *(obwohl in der Kshatriya Kaste geboren)* einem Brahmanen gleich. Und Jamadagni, der Sohn von Richika, dieser Ozean der Buße zeugte später einen Sohn mit grimmigen Taten. Dieser Erste der Menschen meisterte alle Wissenschaften einschließlich der

Waffenkunst. Einem aufflammenden Feuer gleich, war dieser Sohn Parasurama, der Vernichter der Kshatriyas. Als er auf den Bergen von Gandhamadana Mahadeva *(Shiva)* befriedigt hatte, bat er um die Waffen dieses großen Gottes, besonders die Axt mit der gewaltigen Energie aus seinen Händen. Aufgrund dieser konkurrenzlosen Axt mit feurigem Glanz und unwiderstehlicher Schärfe wurde er auf Erden unbesiegbar.

Zu jener Zeit hatte der mächtige Sohn von Kritavirya, der energievolle und höchst tugendhafte Arjuna aus der Kshatriya Kaste und Herrscher der Haihayas, der durch die Gnade des großen Rishi Dattatreya eintausend Arme bekam, durch die Kraft seiner Arme die ganze Erde mit ihren Bergen und sieben Inselkontinenten im Kampf erobert. So wurde er ein äußerst mächtiger Herrscher und widmete in einem großen Pferdopfer schließlich die ganze Erde den Brahmanen. Eines Tages brachte der tausendarmige Monarch mit der großen Heldenkraft auf Bitten des durstigen Feuergottes, diesem Gott ein umfangreiches Opfer dar, oh Sohn der Kunti. Und auf der Spitze seiner Pfeile lodernd, war der Feuergott bestrebt, mit seiner großen Energie alles zu verschlingen. Und so verbrannte er Dörfer, Städte, ganze Königreiche und auch die Weiler der Kuhhirten. Durch die Heldenkraft von diesem Ersten der Männer, vom Sohn des Kritavirya mit der großen Energie, verschlang der Gott sogar Berge und große Wälder. Mithilfe des Königs der Haihayas und des kraftvollen Windes verbrannte der Feuergott auch die unbewohnte, aber entzückende Einsiedelei des hochbeseelten Apava *(Vasishta)*. Als der energievolle Apava sah, daß sein Asyl durch den starken Kshatriya vernichtet wurde, verfluchte er diesen Monarchen zornvoll und sprach:
Weil du, oh Arjuna, ohne meinen wundervollen Wald zu verschonen hier alles verbrannt hast, wird Parasurama mit der Axt deine tausend Arme abschlagen!

Der mächtige Arjuna mit der großen Heldenkraft, oh Bharata, der stets dem Frieden gewidmet war, immer die Brahmanen achtete, allen Schutz gewährte, wohltätig und tapfer war, fühlte sich vom Fluch dieses hochbeseelten Rishis nicht getroffen. Doch seine mächtigen Söhne, die oft hochmütig und grausam waren, wurden aufgrund dieses Fluchs zur indirekten Ursache seines Todes. Diese Prinzen, oh Stier der Bharatas, ergriffen und raubten, ohne das Wissen ihres Vaters und Herrscher der Haihayas das Kalb der Homa Kuh von Jamadagni. Dies war der Grund für ein tadelndes Wort des hochbeseelten Jamadagni. Und der mächtige Parasurama, der Sohn des Jamadagni, schlug voller Zorn die tausend Arme von Arjuna ab und brachte das Kalb seinem Vater zurück, das innerhalb der Palastmauern des Königs gefangengehalten wurde. Daraufhin gingen die rachsüchtigen Söhne von Arjuna gemeinsam in die Einsiedelei des hochbeseelten Jamadagni und enthaupteten mit ihren scharfen Lanzen den schweigenden Rishi, oh König, während sein Sohn, der ruhmreiche Parasurama, gerade unterwegs war, um Gras und Brennholz für das heilige Feuer zu sammeln. Und höchst gereizt im Zorn über den Tod seines Vaters und getrieben von Rache gelobte Parasurama, die ganze Erde von den Kshatriyas zu befreien und erhob seine Waffen. Daraufhin vernichtete dieser Tiger unter den Bhrigus, der mit größter Energie begabt war, mit seiner Heldenkraft in kürzester Zeit alle

Söhne und Enkel von Arjuna sowie tausende Kämpfer der Haihayas. So, oh König, verwandelte dieser Nachkomme des Bhrigu in seiner Wut die Erde in einen blutigen Sumpf. Voll unerschöpflicher Energie hatte er die Erde bald von allen Kshatriyas befreit. Danach zog er sich wieder voller Mitgefühl in die Wälder zurück. Doch später, als einige tausend Jahre vergangen waren, wurde der mächtige Parasurama, der von Natur aus zornig war, vom Vorwurf der Feigheit getroffen. Oh Monarch, der Enkel von Vishvamitra und Sohn des Raivya, der großes asketisches Verdienst besaß und Paravasu genannt wurde, begann Parasurama öffentlich zu beschuldigen und sprach:
Oh Parasurama, waren jene rechtschaffenen Männer wie Pratardana, die damals zum Totenopfer des Königs Yayati versammelt waren, nicht auch geborene Kshatriyas? Dein Gelübde ist nicht wahrhaft, oh Parasurama! Es war nur leere Prahlerei für die Leute. Aus Angst vor diesen Kshatriya Helden hast du dich in die Berge zurückgezogen.

Als der Nachkomme des Bhrigu diese Worte von Paravasu hörte, ergriff er noch einmal die Waffen und bedeckte die Erde erneut mit Tausenden von Kshatriya Körpern. Doch die hundert Kshatriyas, oh König, die von Parasurama verschont wurden, vermehrten sich und wurden wieder mächtige Monarchen auf Erden. So vernichtete Parasurama sie erneut und verschonte auch ihre Nachkommen nicht, oh König. Wahrlich, so wurde die Erde noch einmal mit den Körpern der Kshatriyas und ihrem Nachwuchs bedeckt. Und sobald neue Kshatriyas geboren wurden, tötete er sie. Doch einige Kshatriya Damen schafften es immer wieder, ihre Kinder *(vor dem Zorn von Parasurama)* zu beschützen. Und nachdem die Erde einundzwanzig Mal von den Kshatriyas befreit wurde, gab der mächtige Bhargava *(Parasurama)* in einem Pferdeopfer die ganze Erde als Opfergabe an Kasyapa. Und um den Rest der Kshatriyas zu bewahren, oh König, erhob dieser mit ruhiger Hand den Opferschöpflöffel und sprach: „Oh großer Weiser, begib dich zu den Küsten des südlichen Ozeans. Du solltest, Oh Parasurama, nicht mehr innerhalb meines Herrschaftsgebietes wohnen!" Auf diese Worte hin erschuf der Ozean unverzüglich an seiner anderen Küste einen Bereich namens Surparaka für den Sohn von Jamadagni. Und nachdem Kasyapa, oh Monarch, die Erde als Geschenk akzeptiert und sie den Brahmanen weitergegeben hatte, begab auch er sich in den großen Wald zurück.

Doch mit der Zeit, oh Stier der Bharatas, begannen sich die Shudras und Vaisyas in ihrem Eigensinn mit den Ehefrauen der Brahmanen zu vereinigen. Und als damit die Anarchie auf Erden wuchs, wurden die Schwachen durch die Starken unterdrückt und kein Mensch war seiner mehr sicher. Ungeschützt durch pflichtbewußte und tugendhafte Kshatriyas und bedrückt von Übeltätern, sank die Erde aufgrund dieser Unordnung schnell in niederste Tiefen. Als der hochbeseelte Kasyapa die Erde angstvoll sinken sah, hielt er sie auf seinem Schoß. Und weil der große Rishi sie auf seinem Schoß *(Uru)* hielt, ist die Erde auch unter dem Namen Urvi bekannt. So suchte die Göttin der Erde ihre Zuflucht bei Kasyapa und bat um einen starken König.

Die Erde sprach:
Da gibt es, oh Zweifachgeborener, einige vorzügliche Kshatriyas, die von mir unter Frauen verborgen wurden. Sie wurden im Stamme der Haihayas geboren. Laß sie, oh Weiser, mich beschützen! Dann gibt es noch den Sohn von Viduratha aus dem Stamme des Puru, oh Mächtiger, der unter Bären in den Rikshavat Bergen aufgewachsen ist. Und der Sohn von Saudasa wurde aus Mitgefühl von Parasara mit der unermeßlichen Energie beschützt und ist stets mit Opfern beschäftigt. Und obwohl er unter Zweifachgeborenen zur Welt kam, dient er jetzt wie ein Shudra dem Rishi und wird deshalb Sarvakarman *(Diener aller Arbeiten)* genannt. Gopati, der Sohn von Sivi mit der großen Energie, ist im Wald unter Kühen groß geworden. Laß ihn, oh Weiser, mich beschützen! Auch Vatsa, der kraftvolle Sohn von Pratardana, der unter Kälbern in einem Kuhstall aufgezogen wurde. Laß diesen aus der königlichen Kaste mich beschützen! Anga, der Enkel von Dadhivahana und Sohn von Diviratha wurde vom Weisen Gautama an den Ufern der Ganga verborgen. Und Vrihadratha, dieser Prinz voller Energie und Segen, wurde von den Wölfen und den Bergen in Gridhrakuta beschützt. Auch viele Kshatriyas aus dem Stamm von Marutta konnten überleben. An Energie dem Herrn der Maruts gleich, hat sie der Ozean beschützt. Viele Nachkommen der Kshatriya Kaste sollen noch an den verschiedensten Orten existieren. Sie leben unter Handwerkern und Goldschmieden. Wenn sie mich beschützen, könnte ich weiterbestehen. Ihre Väter und Großväter wurden um meinetwillen durch Parasurama mit der großer Heldenkraft getötet. Es ist meine Aufgabe, oh großer Weiser, dafür zu sorgen, daß ihre Totenopfer *(auch weiterhin)* ordnungsgemäß durchgeführt werden. Ich wünsche nicht, daß ich von meinen gegenwärtigen Herren *(den Brahmanen)* beschützt werden sollte. Sorge du, oh Heiliger, unverzüglich dafür, daß ich weiterbestehen kann *(und nicht völlig in Anarchie versinke)*.

Krishna fuhr fort:
Daraufhin suchte der Weise Kasyapa jene energievollen Kshatriyas, welche die Göttin bezeichnet hatte, und setzte sie ordnungsgemäß als Könige ein *(um die Erde zu beschützen)*. All die Kshatriya Stämme, die heute existieren, sind damit die Nachkommen jener Prinzen. So geschah vor langer, langer Zeit das, wonach du mich, oh Sohn des Pandu, befragt hast.

Vaisampayana fuhr fort:
Dies erzählte der hochbeseelte Yadava Held dem König Yudhishthira, dem Ersten aller Gerechten, als sie auf ihrem schnellen Wagen fuhren und alle Himmelsrichtungen wie vom Sonnengott selbst erstrahlen ließen.

Kapitel 51 - Die Ankunft bei Bhishma

Vaisampayana sprach:
Als König Yudhishthira von diesen Leistungen Parasuramas hörte, wurde er mit Bewunderung erfüllt und sprach zu Krishna:
Oh Nachkomme des Vrishni, die Heldenkraft des hochbeseelten Parasuramas, der im Zorn die Erde von den Kshatriyas befreit hatte, glich der von Indra. Die Nachkommen der Kshatriyas wurden aus Angst vor Parasurama im Ozean,

unter Kühen, Leoparden, Bären und Affen versteckt. Wundervoll und jedes Lobes würdig ist diese Welt der Menschen! Und glücklich sind jene, die hier wohnen, wo eine solche Leistung, die schließlich gerecht war, von einem Brahmanen vollbracht wurde.

Nach diesem Gespräch fuhren jene zwei Berühmten, der unvergänglich ruhmreiche Krishna und König Yudhishthira, weiter zu jenem Ort, wo der mächtige Sohn der Ganga auf seinem Bett aus Pfeilen lag. Bald erblickten sie Bhishma, der auf seinem Heldenbett hingestreckt war und in seiner strahlenden Herrlichkeit der Abendsonne glich. Der Kuru Held war von vielen Asketen umgeben, wie Indra von den Göttern des Himmels. Und der Ort, wo er lag, war höchst heilig und befand sich an den Ufern der Oghavati. Als sie ihn schon von Weitem sahen, stiegen Krishna, der königliche Sohn von Dharma, die vier Pandavas und alle anderen mit Kripa an der Spitze von ihren Fahrzeugen, sammelten ihren ruhelosen Geist und all ihre Sinne und begaben sich zu den großen Rishis. Dort grüßten sie diese Ersten der Rishis mit Vyasa an der Spitze, und angeführt von Krishna und Satyaki näherten sie sich dem Sohn der Ganga mit dem großen asketischen Verdienst. Hier nahmen die Yadu und Kuru Prinzen, diese Ersten der Männer, ihre Plätze ein. Und als sie Bhishma wie ein erlöschendes Feuer sahen, da sprach Kesava mit leicht traurigem Herzen zu ihm:
Ist dein Geist noch klar wie früher? Ich hoffe, daß dein Verstand, oh Erster der Redegewandten, nicht getrübt wurde. Ich hoffe, daß du vom Schmerz nicht gefoltert wirst, der aus den Wunden der Pfeile strömt. Denn durch geistiges Leiden wird der Körper zusätzlich geschwächt. Durch den Segen, der dir von deinem Vater, dem gerechten Shantanu gewährt wurde, hängt dein Tod, oh mächtiger Held, von deinem Willen ab. Nicht einmal ich habe solchen hohen Verdienst, um einen solchen Segen zu erhalten. Die kleinste Nadel kann dem Körper Schmerz erzeugen. Was soll man da, oh König, von den hunderten Pfeilen sagen, die dich durchbohrt haben? Doch sicherlich wird dich der Schmerz nicht überwältigen können. Du, oh Bharata, wärst fähig, selbst die großen Götter bezüglich des Ursprungs und der Auflösung der Lebewesen zu belehren. Begabt mit großer Erkenntnis, ist dir alles bezüglich der Vergangenheit, Zukunft und Gegenwart wohlbekannt. Du weißt um die Auflösung aller Geschöpfe und den Lohn der Gerechtigkeit, weil du, oh Weiser, ein Ozean der Tugend und Pflicht bist. Während du im Vergnügen einer wachsenden Herrschaft lebtest, sah ich dich in Keuschheit, obwohl du mit einem schönen Körper, vollkommen gesund und umgeben von weiblichen Begleiterinnen warst. Außer dich, oh Bhishma, dem energievollen Sohn von Shantanu, der fest der Gerechtigkeit gewidmet und voller Heldentum ist, der die Tugend als einziges Ziel erstrebt, kennen wir niemanden in den drei Welten, der durch seine asketische Macht immer noch die volle Beherrschung über seinen Zustand hätte, obwohl er auf einem Bett aus Pfeilen am Rande des Todes liegt. Wir haben noch nie von jemand anderem gehört, welcher der Wahrheit, der Buße, dem Geben, dem Opfern, der Waffenkunst, den Veden, dem Schutz aller Schutzsuchenden, der Friedfertigkeit zu allen Geschöpfen, dem reinen Verhalten, der Selbstbeherrschung und dem Wohl aller Wesen so gewidmet war, wie du und außerdem so

ein großer Wagenkrieger war. Zweifellos wärst du fähig, auf einem einzelnen Wagen die Götter, Dämonen, Gandharvas, Yakshas und Rakshasas zu besiegen. Oh starkarmiger Bhishma, du wirst von den Brahmanen stets als der neunte Vasu bezeichnet. Durch deine Tugenden jedoch hast du sie alle übertroffen und bist dem Indra gleich. Ich weiß, oh Bester der Menschen, daß du sogar unter den Göttern für deine Heldenkraft gefeiert wirst. Unter den Menschen auf Erden kennen wir keinen, der diesbezüglich mit dir vergleichbar wäre. Oh Königlicher, du übertriffst die Götter in all deinen Eigenschaften. Durch deine asketische Macht könntest du eine ganze Welt mit belebten und unbelebten Geschöpfen hervorbringen. Was soll man da von den vielen seligen Bereichen sagen, die du mittels deiner großen Tugend erworben hast?

So zerstreue jetzt den Kummer des ältesten Pandu Sohns, der in Sorge wegen des Tötens seiner Angehörigen brennt. Alle Aufgaben, die bezüglich der vier Kasten und der vier Lebensweisen erklärt wurden, sind dir wohlbekannt. Auch alles, was in den vier Zweigen des Wissens aufgezeigt wird, in den vier Hotras, oh Bharata, sowie auch jene ewigen Ziele, die im Yoga und der Sankhya Philosophie aufgestellt wurden, die Tugenden und Untugenden der vier Kasten zusammen mit ihren Interpretationen, all das, oh Sohn der Ganga, ist dir wohlbekannt. Auch die Aufgaben für jene, die aus einer Vermischung der vier Kasten entsprungen sind, sowie für jene aus speziellen Ländern, Stämmen und Familien, die in den Veden und von weisen Menschen erklärt wurden, sind dir wohlbekannt. Die alten Geschichten und Puranas, sowie alle Schriften, die von Tugend und Pflicht handeln, wohnen in deinem Geist. Außer dir, oh Bulle unter den Männern, gibt es niemanden, der all die Zweifel entfernen kann, die bezüglich dieser Ansammlung von Wissen entstehen können, das in der Welt studiert wird. Oh Bester der Menschen, zerstreue mit Hilfe deiner Intelligenz die Sorgen des Pandu Sohns! Aus diesem Grund leben Personen mit so umfangreichem und hohem Wissen, nämlich um jenen zu helfen, deren Geist verdunkelt worden ist.

Vaisampayana sprach:
Diese Worte des weisen Vasudeva hörend, hob Bhishma seinen Kopf ein wenig und sprach mit gefalteten Händen folgende Worte.

Bhishma sprach:
Ich grüße dich, oh göttlicher Krishna! Du bist der Ursprung und die Auflösung aller Welten. Du bist der Schöpfer und der Zerstörer. Du, oh Hrishikesha, kannst von niemandem besiegt werden. Das Universum ist das Werk deiner Hände. Du bist die Seele des Weltalls, und die Welten sind aus dir entsprungen. Verehrung sei dir! Du bist das Ziel aller Geschöpfe und jenseits der fünf Elemente. Verehrung sei dir, der du die dreifache Welt bist und jenseits aller Welten. Oh Herr der Yogis, Verehrung sei dir als große Zuflucht von allen. Oh Höchstes Wesen, die Worte, die du über mich gesprochen hast, ermöglichten mir deine Göttlichkeit in den drei Welten verkörpert zu sehen. *(Durch diese Güte,)* Oh Govinda, erkenne ich auch deine ewige Form. Du stehst und zügelst die sieben Pfade des Windes, der mit unermeßlicher Energie begabt ist. Das Firmament ist von deinem Kopf erfüllt und die Erde von deinen Füßen. Die Him-

melsrichtungen sind deine Arme, Sonne und Mond deine Augen und Indra ist deine Kraft. Oh unvergänglich Ruhmreicher, an Farbe der *(blauen)* Atasi Blüte gleich und in gelbe Roben gekleidet erscheinst du uns wie eine Wolke, die voller Blitze ist. Bedenke, oh Bester der Götter, was zu meinem Wohle ist, für mein bescheidenes Selbst, das dir gewidmet ist und deinen Schutz sucht, oh Lotusäugiger, um ein glückliches Ende zu erreichen.

Und Vasudeva antwortete:
Weil deine Hingabe, oh Bulle unter den Männern, so überaus groß zu mir ist, habe ich dir meine himmlische Form offenbart. So zeige ich mich keinem, oh Erster der Könige, der mir nicht hingegeben ist, mich nicht verehrt und seine Seele nicht zügelt. Oh Bharata, du bist mir wahrlich gewidmet und achtest stets die Gerechtigkeit *(das Dharma)*. Mit reinem Herzen bist du immer selbstgezügelt und beachtest Entsagung und Hingabe. Durch deine Askese, oh Bhishma, bist du fähig, mich zu schauen. Jene Bereiche sind für dich bereitet, oh König, von denen es keine Rückkehr mehr gibt *(keine Wiedergeburt)*. Sechsundfünfzig Tage, oh Erster der Kurus, sind noch für dich zu leben. Dann wirst du deinen Körper ablegen, oh Bhishma, und die glückselige Belohnung deiner Taten erhalten. Höre von jenen Göttern und Vasus, die mit flammender Herrlichkeit begabt sind, wie sie auf ihren Wagen noch unsichtbar für dich bis zum Moment der Wintersonnenwende warten. Wenn der göttliche Surya, welcher der weltlichen Zeit unterworfen ist, seinen nördlichen Lauf nimmt, oh Erster der Menschen, sollst du jene Regionen erreichen, von denen kein Weiser jemals zu dieser Erde zurückkehrt. Wenn du, oh Bhishma, dafür diese Welt verlassen wirst, wird all das hohe Wissen mit dir gehen, oh Held. Aus diesem Grund haben sich diese Leute hier versammelt, um deine Belehrung über Pflicht und Tugend zu hören. So sprich Worte der Wahrheit, die voller Tugend und Yoga sind, vor allem zu Yudhishthira, der zwar in der Wahrheit gegründet ist, aber dessen Geist durch die Sorgen wegen des Tötens seiner Angehörigen umwölkt wurde, und zerstreue damit schnell seinen Kummer!

Kapitel 52 - Bhishma erhält den Segen der Leidlosigkeit

Vaisampayana sprach:
Diese Worte voller Tugend und Gewinn von Krishna hörend, antwortete ihm Bhishma, der Sohn von Shantanu:
Oh Meister aller Welten, oh Starkarmiger, oh Shiva, oh Narayana, oh unvergänglich Ruhmreicher, deine Worte haben mich mit Freude erfüllt. Aber welche Belehrung könnte ich in deiner Anwesenheit schon geben, oh Meister der Rede, wenn doch alles, was gesagt werden kann, stets deine Worte sind? Denn was auch immer in der Welt beabsichtigt oder getan wird, entsteht aus deiner Intelligenz, oh Gottheit. Über die Interpretation von Tugend, Gewinn, Liebe und Erlösung *(Dharma, Artha, Kama und Moksha, die vier indischen Lebensziele)* in deiner Anwesenheit zu reden, wäre wie eine Erklärung des Himmels vor dem Führer der Götter persönlich. Mein Geist, oh Madhu Vernichter, ist durch den Schmerz der Pfeilwunden äußerst bedrängt. Meine Glieder sind schwach, und mein Verstand ist getrübt. Ich werde, oh Govinda, durch diese Pfeile, die wie Gift und

Feuer wirken, so gequält, daß ich nicht die Macht habe, irgendetwas auszusprechen. Meine Kraft verläßt mich, und mein Lebensatem strebt davon. Die Lebensorgane meines Körpers brennen. Mein Geist ist umwölkt. Aus Schwäche wird meine Rede undeutlich. Wie kann ich damit eine Belehrung wagen? Oh Ruhm der Dasarhas, sei gnädig mit mir! Oh Starkarmiger, ich möchte nichts mehr sprechen. Vergib mir! Sogar der wahre Meister der Rede *(Vrihaspati)* würde bei deiner Anwesenheit zögern. Ich kann kaum noch die Himmelsrichtungen unterscheiden, noch den Himmel von der Erde. Nur durch deine Energie, oh Madhu Vernichter, kann ich das Leben gerade noch erhalten. So bitte ich dich, mögest du zum Wohle des gerechten Königs Yudhishthira sprechen, weil du die Quelle aller Gesetze bist. Wenn du, oh Krishna, als ewiger Schöpfer des Universums anwesend bist, wie könnte ich da belehren? Ich, ein Schüler in Gegenwart seines Lehrers?

Darauf antwortete Vasudeva:
Deine Worte sind wahrlich würdig für dich, oh Erster der Kurus, der du mit großer Energie begabt bist, hochbeseelt, voller Geduld und höchst gelehrt. Und wegen der Schmerzen von den Pfeilwunden, oh Bhishma, empfange durch meine Gnade diesen Segen von mir, daß dich Unbequemlichkeit, Verwirrung, Brennen, Schmerzen, Hunger und Durst nicht mehr bedrängen sollen, oh unvergänglich Ruhmreicher! Deine Wahrnehmung und dein Gedächtnis, oh Sündloser, mögen völlig klar sein *(dein inneres Licht möge alles erleuchten)*. Dein Verstand soll dich nicht verlassen. Der Geist, oh Bhishma, der von den Qualitäten der Leidenschaft und Dunkelheit befreit ist, wird stets die Qualität der Güte haben, wie der volle Mond ohne Wolken. Dein Verständnis soll in beliebige Themen eindringen, die von Pflicht, Tugend oder Gewinn handeln, wenn du an sie denkst. Oh Tiger unter den Königen, mit der himmlischen Sicht gesegnet wirst du, oh unermeßlich Kraftvoller, die vierfache Ordnung der Geschöpfe erkennen können. Mit dem Auge der Erkenntnis wirst du, oh Bhishma, wie ein Fisch im klaren Wasser alle Kreaturen erkennen, die du in deinen Geist rufen möchtest.

Vaisampayana fuhr fort:
Nach diesen Worten verehrten die großen Rishis zusammen mit Vyasa den göttlichen Krishna mit Lobliedern aus den Rig, Yajus und Saman Veden. Es regnete himmlische Blüten aller Jahreszeiten an jenem Ort, wo der Nachkomme des Vrishni mit dem Sohn der Ganga und dem Sohn des Pandu verweilte. Himmlische Musikinstrumente jeder Art erklangen im Himmelsgewölbe, und die Scharen der Apsaras begannen zu singen. Nichts Übles und kein unheilsames Omen konnte irgendwo erblickt werden. Eine verheißungsvolle, angenehme und reine Brise erhob sich, die jede Art lieblicher Düfte trug. Alle Himmelsrichtungen wurden klar und ruhig. Die Tiere und Vögel begannen friedlich umherzustreifen, und bald danach sah man den göttlichen Surya mit den tausend Strahlen im Westen niedersinken, wie ein großes Feuer in einem Wald am Ende der Welt. Die großen Rishis erhoben sich, grüßten Krishna, Bhishma und König Yudhishthira. Daraufhin verbeugten sich auch Kesava, die Söhne des Pandu, Satyaki, Sanjaya und Kripa, der Sohn von Saradwat, mit großer Verehrung. Und gewid-

met der Praxis der Gerechtigkeit *(dem Dharma)* gingen jene Weisen, verehrt von Kesava und den anderen, schnell in ihre jeweiligen Wohnstätten und sprachen: „Wir werden morgen zurückkehren.“ Danach wurde auch Bhishma von Krishna und den Pandavas verehrungsvoll umrundet, und die Helden bestiegen ihre herrlichen Wagen. Und begleitet durch viele andere Wagen, die mit goldenen Ornamenten geschmückt waren, sowie von kräftigen, bergeshohen Elefanten, von Rossen, so schnell wie Garuda, und von Fußsoldaten, die mit Bögen und Waffen gerüstet waren, brach diese schnellbewegliche Armee in zwei Abteilungen auf. Die eine marschierte an der Spitze und die andere hinter den Königen. Die Szene glich den zwei Strömen der großen Narmada an jenem Ort, wo sie durch die Riksha Berge geteilt wird. Zur Freude dieser großen Heerschar erhob sich der göttliche Chandramas *(der Mond)* am Firmament, um durch seine Kraft wieder die Feuchtigkeit hervorzurufen, die alle Kräuter und Bäume neu belebt, deren Saft durch die Sonne ausgesaugt worden war. Dann betraten dieser Stier der Yadus und die Söhne des Pandu die Kuru Stadt, die an Herrlichkeit der Stadt von Indra ähnelte, und gingen zu ihren jeweiligen Palästen, wie müde Löwen ihre Höhlen aufsuchen.

Kapitel 53 - Der nächste Tag beginnt

Vaisampayana sprach:
Der Madhu Vernichter Krishna zog sich auf sein Nachlager zurück und schlief glücklich. Ein halbes Yama *(zwei Stunden)* vor Tagesanbruch erwachte er und widmete sich der Meditation. Alle seine Sinne konzentrierend, meditierte er über das ewige Brahman. Dann begann eine guttrainierte und wohlstimmige Gruppe, die mit den Hymnen und Puranas bekannt waren, das Lob auf Vasudeva, diesem Herrn aller Wesen und Schöpfer des Weltalls anzustimmen. Sie klatschten den Rhythmus mit den Händen, rezitierten Lobeshymen und begannen zu singen. Muschelhörner und Trommeln erklangen zu Tausenden. Überall hörte man den entzückenden Klang der Vinas, Panavas und Bambusflöten. Der geräumige Palast von Krishna schien im Takt mitzulachen. Auch im Palast von König Yudhishthira hörte man die süßen Stimmen, welche allen das Beste wünschten, sowie den Klang von Liedern und Musikinstrumenten. Dann führte Krishna, der starkarmige Held mit dem unvergänglichen Ruhm, seine Waschungen durch, faltete seine Hände und rezitierte still seine geheimen Mantras, entzündete ein Feuer und goß die Opfergabe von geklärter Butter hinein. Er gab tausend Kühe an tausend Brahmanen, die vollkommen in den vier Vedas waren und nahm ihre Segenssprüche entgegen. Dann berührte er verschiedene Arten glücksverheißender Dinge und betrachtete sich selbst in einem klaren Spiegel. Schließlich sprach er zu Satyaki: „Begib dich, oh Nachkomme des Sini, zur Wohnstätte von Yudhishthira und erkunde, ob dieser energievolle König bereit ist, Bhishma zu besuchen.“ Nach diesen Worten von Krishna ging Satyaki schnell zum königlichen Sohn des Pandu und sprach zu ihm: „Der Erste aller Wagen, der dem weisen Vasudeva gehört, steht bereit, oh König, denn Janardana möchte den Sohn der Ganga besuchen. Oh gerechter und herrlicher König, er wartet auf dich. Mögest du jetzt tun, was als nächstes getan werden sollte.“ So angesprochen, sprach Yudhishthira, der Sohn von Dharma:

Oh Arjuna mit der unvergleichlichen Herrlichkeit, laß meinen besten Wagen vorbereiten. Wir sollten heute nicht von den Soldaten begleitet werden, sondern allein fahren. Dieser Erste aller Rechtschaffenen, Bhishma, sollte nicht verärgert werden. Laß deshalb die Wächter heute zurück, oh Dhananjaya. Von diesem Tag an, wird der Sohn der Ganga von großen Mysterien sprechen. Ich wünsche deshalb nicht, oh Sohn der Kunti, daß sich dort zu viel verschiedenartiges Volk versammelt.

Vaisampayana fuhr fort:
Diese Worte des Königs hörend, verkündete Arjuna, dieser Erste der Männer, daß sein bester Wagen bereits angespannt für ihn bereitsteht. So begaben sich König Yudhishthira, die Zwillinge, Bhima und Arjuna wie die fünf verbundenen Elemente zur Wohnstätte von Krishna. Und als die hochbeseelten Pandavas dort ankamen, bestieg auch der weise Krishna zusammen mit dem Enkel von Sini seinen Wagen. Ohne anzuhalten, grüßten sie sich auf ihren Wagen und erkundigten sich, ob die Nacht glücklich verbracht wurde. Dann fuhren jene Bullen unter den Männern auf ihren vorzüglichen Wagen dahin, deren Geratter dem Gebrüll der Wolken glich. Die Rosse von Krishna, nämlich Valahaka, Meghapushpa, Saivya und Sugriva, wurden von Daruka geführt. So jagten die Tiere von ihm angetrieben voran, oh König, und drückten ihre Hufe tief in die Erde. Begabt mit großer Kraft und Geschwindigkeit flogen sie dahin, als wollten sie den Himmel verschlingen. So überquerten sie schnell das heilige Feld der Kurus und kamen zu jenem Ort, wo der mächtige Bhishma auf seinem Bett aus Pfeilen lag, umgeben von jenen großen Rishis, wie Brahma selbst inmitten der Götter. Dort stiegen Govinda, Yudhishthira, Bhima, Arjuna, die Zwillinge und Satyaki von ihren Fahrzeugen und grüßten die Rishis, indem sie ihre rechte Hand erhoben. Umgeben von ihnen, näherte sich König Yudhishthira, wie der Mond inmitten der Sterne, dem Sohn der Ganga, wie Indra zu Brahma geht. Doch von Angst *(vor dem Zorn von Bhishma)* überwältigt, blickte der König furchtsam auf den starkarmigen Helden, der auf seinem Bett aus Pfeilen lag, wie die vom Firmament gefallene Sonne.

Kapitel 54 - Der Ruhm von Bhishma

Janamejaya fragte:
Als dieser Tiger unter den Männern mit der rechtschaffenen Seele und großen Energie, der fest in der Wahrheit gegründet war und alle Leidenschaften gezügelt hatte, dieser Sohn von Shantanu und Ganga, der Devavrata oder Bhishma genannt wurde, mit dem unvergänglichen Ruhm auf seinem Heldenbett lag und von den Söhnen des Pandu umgeben war, was wurde dort nach dieser gewaltigen Schlacht gesprochen, oh großer Weiser?

Und Vaisampayana sprach:
Als Bhishma, dieser Führer der Kurus, auf seinem Bett aus Pfeilen lag, kamen viele Rishis und Siddhas von Narada angeführt zu jenem Ort, oh König. Auch die überlebenden Könige mit Yudhishthira an ihrer Spitze, wie Dhritarashtra, Krishna, Bhima, Arjuna und die Zwillinge besuchten ihn. Diese Hochbeseelten näherten sich dem Großvater der Bharatas, der wie die vom Himmel gefallene

Sonne aussah, um ihn zu betrauern. Dann überlegte der göttergleiche Narada einen Moment und sprach zu den Pandavas und den restlichen Königen:
Ich denke, die Zeit ist für euch gekommen, um Bhishma *(über Tugend und Religion)* zu befragen, weil der Sohn der Ganga wie die Abendsonne im Begriff ist unterzugehen. Bald wird er seinen Lebensatem aufgeben. So solltet ihr ihn bitten, zu euch zu sprechen. Er kennt die verschiedenen Aufgaben aller vier Kasten. In seinem hohen Alter wird er nach dem Ablegen seines Körpers hohe Bereiche der Seligkeit erfahren. Bittet ihn deshalb ohne Verzögerung, die Zweifel zu klären, die in eurem Geist bestehen!

So aufgefordert durch Narada, näherten sich jene Prinzen dem Bhishma. Aber unfähig, irgendetwas zu fragen, schauten sie sich einander nur an. Dann sprach Yudhishthira der Sohn des Pandu zu Hrishikesha:
Es gibt keinen anderen als den Sohn der Devaki, der den Großvater befragen sollte. Oh Erster der Yadus, sprich deshalb du, oh Madhu Vernichter, zuerst. Du, oh Herr, bist der Erste von uns allen und mit jeder Pflicht und Tugend bekannt.

Auf diese Bitte des Pandu Sohnes näherte sich der berühmte Kesava mit dem unvergänglichen Ruhm dem unbesiegbaren Bhishma und sprach:
Hast du, oh Bester der Könige, die Nacht glücklich verbracht? Ist dein Verstand wieder klar? Strahlt deine Erkenntnis, oh Sündloser, aus deinem inneren Licht? Ich hoffe, daß dein Herz keine Schmerzen mehr erleidet, und dein Geist nicht mehr verwirrt ist.

Und Bhishma antwortete:
Brennen, Betäubung, Erschöpfung, Krankheit und Schmerz haben mich durch deine Gnade, oh Nachkommen des Vrishni, an einem einzigen Tag verlassen. Oh unvergleichbar Herrlicher, alles was Vergangenheit, Gegenwart und Zukunft ist, sehe ich ebenso klar wie eine Frucht in meinen Händen. Alle Aufgaben, die in den Veden und Vedantas *(Upanishaden)* erklärt sind, erkenne ich deutlich, aufgrund deines Segens, oh unvergänglich Ruhmreicher. Die Aufgaben, die von gelehrten und rechtschaffenen Personen erklärt wurden, wohnen in meinem Gedächtnis. Ich kenne auch, oh Janardana, die Aufgaben und Methoden bezüglich besonderer Länder, Stämme und Familien. Alles bezüglich der vier Lebensweisen ist in meine Erinnerung zurückgekommen. Ich kenne auch, oh Kesava, die Pflichten der Könige. Was auch immer gelehrt werden sollte, oh Janardana, ich bin bereit zu sprechen. Durch deine Gnade habe ich ein vorzügliches Verständnis gewonnen. Gestärkt durch die Meditation über dich, fühle ich mich wieder jung. Durch deine Gunst, oh Janardana, kann ich über das lehren, was *(für die Welt)* vorteilhaft ist. Doch warum, oh Heiliger, lehrst du nicht selbst alles Nützliche dem Sohn des Pandu? Welche Erklärung hast du diesbezüglich? Sprich, oh Madhava!

Und Vasudeva sprach:
Oh Nachkomme des Kuru, erkenne, daß ich die Wurzel von allem Ruhm und Segen bin. Alle Dinge, angenehm oder unangenehm, kommen aus mir. Wie es für die Welt selbstverständlich ist, daß der Mond kühle Strahlen hat, so ist für

mich das volle Maß an Ruhm selbstverständlich. Deshalb habe ich mich entschlossen, deinen Ruhm, oh Herrlicher, zu erhöhen. Nur dafür, oh Bhishma, habe ich dich gerade mit der großen Weisheit erfüllt. Ebensolange, oh Herrscher, wie diese Erde bestehen wird, so lange möge dein Ruhm mit unvermindertem Glanz durch alle Welten wandern. Was auch immer du, oh Bhishma, auf die Fragen des Pandu Sohnes sagen wirst, wird auf Erden als wahrhaft betrachtet werden, wie die Behauptungen der Veden. Wer sich gemäß deiner Belehrung verhalten wird, wird zukünftig den Lohn aller verdienstvollen Taten gewinnen. Deshalb habe ich dir, oh Bhishma, die himmlische Sicht gegeben, damit dein Ruhm auf Erden wachsen möge. Denn so lange der Ruhm eines Menschen in der Welt andauert, so lange gelten seine Errungenschaften als lebendig. Die überlebenden Könige sitzen gemeinsam um dich herum und warten darauf, deine Belehrung über Tugend und Pflicht zu hören. Sprich zu ihnen, oh Bharata! Du bist alt an Jahren, und dein Verhalten steht mit den Geboten der heiligen Schriften im Einklang. Du bist höchst erfahren in den Aufgaben der Könige und auch in jeder anderen Tugendlehre. Keiner hat jemals die geringste Übertretung von dir seit deiner Geburt bemerkt. Alle Könige kennen dich als Gelehrten auf allen Wissensgebieten von Tugend und Pflicht. Lehre ihnen deshalb die höchste Tugend, oh König, wie ein Vater seine Söhne belehrt! Du hast stets die Rishis und Götter verehrt. So solltest du nun ausführlich über diese Themen zu all jenen sprechen, die diese Belehrung über Tugend und Pflicht hören wollen. Denn jeder Gelehrte sollte sprechen, besonders wenn er darum gebeten wird. Dies haben die Weisen als hohe Pflicht erklärt. Oh Mächtiger, wenn du diesbezüglich nicht sprichst, wirst du Sünde ansammeln. Deshalb lehre, oh Bulle der Bharatas, befragt von deinen Söhnen und Enkeln, über die ewigen Aufgaben der Menschen!

Kapitel 55 - Yudhishthira wird zum Fragen aufgefordert

Vaisampayana fuhr fort:

Voller Energie ergriff Bhishma, die Freude der Kurus, das Wort und sprach:

Ich soll bezüglich der Aufgaben und Pflichten belehren. Meine Rede und mein Geist sind durch deine Gnade, oh Govinda, wieder beständig geworden, weil du die ewige Seele aller Wesen bist. Möge mich nun der gerechte Yudhishthira über Tugend und Pflicht befragen. Dann werde ich gern von allen Aufgaben sprechen. Möge mich der Sohn des Pandu befragen, der königliche Weise mit der tugendhaften und großen Seele, über dessen Geburt alle Vrishnis mit Freude erfüllt wurden. Möge mich der Sohn des Pandu befragen, der keinen Ebenbürtigen unter allen Kurus, Rechtschaffenen und berühmten Menschen kennt. Möge mich der Sohn des Pandu befragen, der mit Intelligenz, Selbstdisziplin, Entsagung, Vergebung, Gerechtigkeit, geistiger Energie und Macht begabt ist. Möge mich der Pandu Sohn befragen, der stets durch gutes Verhalten seine Verwandten, Gäste, Diener und andere Abhängige ehrt. Möge mich der Pandu Sohn befragen, in dem Wahrheit, Wohltätigkeit, Buße, Heldentum, Ruhe, Klugheit und Furchtlosigkeit vereint sind. Möge mich der hochbeseelte Sohn des Pandu befragen, der niemals eine Sünde unter dem Einfluß der Begierde nach Vergnügen oder Gewinn, oder aus Angst begehen würde. Möge mich der Pandu Sohn befragen, der stets der Wahrheit, Vergebung, Erkenntnis und Gastfreundschaft gewidmet ist und der immer Geschenke an Rechtschaffene gibt. Möge mir der Pandu Sohn, der beständig die Opfer, das Studium der Veden und die Praxis von Tugend und Pflicht übt, der immer friedlich ist und alle Mysterien kennt, seine Fragen offenbaren!

Vasudeva sprach:
Oh Bhishma, der gerechte König Yudhishthira wagt es nicht, sich dir zu nähern, denn er ist von großer Scham überwältigt und fürchtet deinen Fluch. Dieser Herr der Erde, oh Monarch, hat eine große Schlacht verursacht und scheut nun deine Nähe aus Furcht vor deinem Zorn. Er hat mit Pfeilen diejenigen durchbohrt, die seiner Verehrung würdig waren, seine Lehrer, Verwandten und Angehörigen sowie viele, denen er höchsten Respekt schuldig war. So wagt er es nicht, vor dein Angesicht zu treten.

Bhishma antwortete:
Wie die Aufgabe der Brahmanen in der Übung von Wohltätigkeit, dem Studium und der Buße besteht, so ist es die Aufgabe der Kshatriyas, ihre Körper im Kampf zu opfern, oh Krishna. Ein Kshatriya sollte auch Väter, Großväter, Brüder, Lehrer, Verwandte und Angehörige schlagen, die sich ihm ungerechterweise zum Kampf stellen. Das ist ihre allbekannte Aufgabe. Der Kshatriya, oh Kesava, gilt als pflichtbewußt, der im Kampf sogar seine Lehrer tötet, wenn sie der Sünde und dem Begehren verfallen sind und Selbstbeherrschung und Gelübde mißachten. Der Kshatriya gilt als pflichtbewußt, der im Kampf jene schlägt, die aus Habgier die ewigen Grenzen der Tugend ignorieren. Der Kshatriya gilt als pflichtbewußt, der in einem solchen Kampf die Erde in einen blutigen See verwandelt, der das Haar der getöteten Krieger anstelle von schwimmendem Gras und Schilf hat, die geschlagenen Elefanten als seine Felsen und die Standarten als Bäume an seinen Ufern. Ein Kshatriya sollte immer zum Kampf bereit sein, wenn er herausgefordert wird, weil Manu selbst sagte, daß der Kampf um Gerechtigkeit sowohl zum Himmel als auch zum Ruhm auf Erden führt.

Vaisampayana fuhr fort:
Nachdem Bhishma so gesprochen hatte, näherte sich Yudhishthira, der Sohn von Dharma, mit großer Demut dem Kuru Helden und stand vor seinem Angesicht. Er ergriff die Füße von Bhishma, der ihn daraufhin mit liebevollen Worten erfreute. Bhishma roch am Kopf von Yudhishthira und bat ihn Platz zu nehmen. Dann sprach der Sohn der Ganga, dieser Erste der Bogenschützen, zu Yudhishthira: „Fürchte dich nicht, oh Bester der Kurus! Frage mich, oh Sohn, ohne jegliche Furcht!“

Kapitel 56 - Bhishma über die Kraft der Könige

Vaisampayana sprach:
Nachdem sich Yudhishthira vor Hrishikesha verbeugt und Bhishma verehrt hatte, begann er mit Erlaubnis aller Ältesten, die dort versammelt waren, seine Fragen an Bhishma zu stellen.

Und Yudhishthira sprach:
Personen, die mit den Pflichten und Tugenden bekannt sind, sagen, daß die königlichen Aufgaben die höchste Wissenschaft aller Aufgaben ist. Ich denke auch, daß die Last dieser Aufgaben die schwerste ist. Belehre mich deshalb, oh König, über diese Aufgaben. Oh Großvater, sprich ausführlich über die Pflichten der Könige. Das Wissen über die königlichen Aufgaben ist die Zuflucht aller weltlichen Wesen. Oh Nachfahre des Kuru, Tugend, Gewinn und Vergnügen *(des Volkes)* sind von den königlichen Aufgaben abhängig. Es ist auch klar, daß die Wege zur Befreiung ebenso von ihnen abhängen. Wie die Zügel für die Rosse oder die Eisenhaken für die Elefanten, so sind die königlichen Pflichten die Zügel, um die Welt zu führen. Wenn die Pflichten der königlichen Weisen vergessen werden, würde Unordnung auf Erden entstehen und alles in Verwirrung geraten. Wie die aufgehende Sonne die dämonische Dunkelheit zerstreut, so vernichtet dieses hohe Wissen die übelbehafteten Folgen für die Welt. Deshalb, oh Großvater, belehre mich vor allem über die königlichen Aufgaben, denn du, oh Führer der Bharatas, bist der Erste aller Pflichtbewußten. Oh Feindevernichter, Vasudeva betrachtet dich als den Besten aller Gelehrten. Deshalb bitten wir dich gemeinsam um dieses höchste Wissen.

Und Bhishma sprach:
Ich verbeuge mich vor Dharma als das Höchste, vor Krishna als das vollkommene Brahman und vor allen Brahmanen! So möchte ich die Belehrung über die ewigen Aufgaben *(der Menschen)* beginnen. Höre von mir, oh Yudhishthira, mit konzentrierter Aufmerksamkeit den ganzen Umfang der königlichen Pflichten im Detail und auch von anderen Aufgaben, die du zu wissen wünschst. Oh Bester der Kurus, an erster Stelle sollte der König, der sein Volk erfreuen möchte, mit Demut den Göttern und Brahmanen dienen, und sich selbst stets im Einklang mit dem Gesetz verhalten. Indem er die Götter und Brahmanen verehrt, begleicht der König seine Schulden bezüglich Pflicht und Moral und gewinnt den Respekt seines Volkes. Oh Sohn, handle stets mit Geschicklichkeit, weil ohne geschicktes Handeln das bloße Schicksal niemals die von Königen gewünschten Ziele vollbringt. Diese zwei, Anstrengung und Schicksal, gehören immer zusammen. Ich betrachte sogar die Anstrengung höher, weil das Schicksal durch die Ergebnisse beeinflußt wird, die durch Anstrengung verursacht werden. So laß dich nicht entmutigen, wenn ein begonnenes Werk unglücklich endet. Dann solltest du das gleiche Werk mit doppelter Achtsamkeit erneut beginnen. Das ist die hohe Pflicht der Könige.

Es gibt nichts, was soviel zum Erfolg von Königen beiträgt, wie die Wahrheit. Der König, welcher der Wahrheit gewidmet ist, findet das Glück sowohl hier als auch künftig. Wie auch für Rishis die Wahrheit der größte Reichtum ist, so gibt es für Könige nichts, daß ihnen soviel Vertrauen bringt, wie die Wahrhaftigkeit. Der König, der mit allen Fähigkeiten und gutem Verhalten begabt ist, der selbstgezügelt, bescheiden und rechtschaffen lebt, der seine Leidenschaften kontrolliert, der vorzügliche Eigenschaften hat und weitsichtig ist, verliert niemals den Wohlstand. Durch Ausübung der Gerechtigkeit, durch Beachtung der Dreiheit des Verbergens eigener Schwäche, der Feststellung der Schwächen der Feinde und der Bewahrung der eigenen Berater, sowie durch ein aufrichtiges Verhalten erhält der König seinen Wohlstand, oh Freude der Kurus. Wenn der König kraftlos wird, wird er von allen ignoriert. Wenn er zornvoll wird, werden seine Untertanen gequält. So achte stets auf diese beiden *(extremen)* Arten des Verhaltens. Oh Erster der Toleranten, die Brahmanen sollten durch dich niemals bestraft werden. Denn die Brahmanen, oh Sohn des Pandu, sind die höchsten Wesen auf Erden. Der hochbeseelte Manu, oh König der Könige, sang dazu zwei Slokas. Bezüglich deiner Aufgaben, oh Nachkomme des Kuru, solltest du stets an sie denken:

„Das Feuer entsprang dem Wasser, die Kshatriyas den Brahmanen und das Eisen dem Stein. Diese drei *(Feuer, Kshatriya und Eisen)* können ihre Kraft über jedes andere Geschöpf ausüben, aber wenn sie auf ihre eigene Quelle stoßen, erlischt ihre Macht. Wenn das Eisen gegen Stein kämpft, das Feuer gegen Wasser oder der Kshatriya gegen Brahmanen, dann werden sie bald schwach."

Wenn das so ist, oh Monarch, dann erkenne, daß die Brahmanen stets deiner Verehrung würdig sind. Die Führenden unter den Brahmanen sind wie Götter auf Erden. Werden sie standesgemäß verehrt, bewahren sie die Veden und die Opfer. Aber jene, oh Tiger unter den Königen, die zwar Ehre für sich begehren, aber feindlich gegen die drei Welten wirken, sollten stets durch die Kraft deiner Arme unterdrückt werden. Der große Rishi Usanas, oh Sohn, sang in alten Zeiten zwei Slokas. Höre sie, oh König, mit gesammelter Aufmerksamkeit:

„Der rechtschaffene Kshatriya, der seine Aufgaben beachtet, sollte sogar einen vedengelehrten Brahmanen züchtigen, wenn dieser ihn mit erhobener Waffe angreift. Der pflichtbewußte Kshatriya, der die Gerechtigkeit hochhält, wenn sie bedroht wird, wird durch diese Tat nicht zum Sünder, weil der Zorn des Angreifers den Angreifer selbst schlägt."

Unter diesen Bedingungen, oh Tiger unter den Königen, sollte man die Brahmanen beschützen. Doch wenn sie die Gesetze übertreten, sollten sie aus deinem Herrschaftsgebiet verbannt werden. Habe stets Mitgefühl, oh König, selbst wenn jemand Strafe verdient. Wenn ein Brahmane des Brahmanenmordes schuldig wird, oder das Bett seines Lehrers oder anderer Altehrwürdiger verletzt, oder der Abtreibung oder des Verrats gegen den König schuldig wurde, sollte seine Strafe die Verbannung aus deinem Herrschaftsgebiet sein. Für Brahmanen ist keine körperliche Züchtigung vorgeschrieben. So solltest du auch alle bevorzugen *(für Staatsämter)*, die den Brahmanen Respekt erweisen. Es gibt keinen Schatz, der für Könige wertvoller ist, als die Versammlung der berufenen Minister und Staatsdiener. Und unter den sechs Arten von Festungen, die in den Schriften beschrieben werden, ist jene die beste, die aus einem *(dienstbereiten und liebenden)* Volk besteht. Deshalb sollte der König, der mit Weisheit begabt ist, stets Mitgefühl zu den vier Kasten seiner Untertanen zeigen. Der König, der gerecht und wahrhaftig ist, kann seine Untertanen zufriedenstellen. Du darfst jedoch nicht, oh Sohn, immer und jedem Vergebung zeigen. Denn ein schwacher König gilt als der schlechteste seiner Art, wie ein kraftloser Elefant. In den durch Vrihaspati niedergelegten Schriften, gibt es einen Sloka aus alten Zeiten, der zu diesem Thema paßt. Höre, oh König, wie ich ihn rezitiere:

„Wenn der König immer nur vergibt, wird ihn auch der Gemeinste beherrschen können, wie ein Elefantenführer im Nacken eines Elefanten sitzt."

Doch auch zornvoll sollte er nicht ständig sein. Er sollte wie die Frühlingssonne scheinen, weder zu kalt noch so heiß, daß es den Schweiß hervortreibt. Oh Monarch, durch die unmittelbare Erfahrung der Sinne, durch Vermutung, Vergleiche und durch die Kanons der Schriften sollte der König Freunde und Feinde studieren.

Oh Großzügiger, mögest du all jene unheilsamen Bräuche vermeiden, die Vyasanas *(Leidenschaft, Sucht)* genannt werden. Es ist nicht notwendig, daß du ihnen ganz aus dem Weg gehst. Aber wichtig ist, daß du ihnen nicht verfällst. Denn wer diesen Gewohnheiten verhaftet ist, der kann von jedem beherrscht werden.

Der König, der keine Liebe zu seinem Volk hegt, erweckt in ihm Angst. So sollte sich der König zu seinen Untertanen stets wie eine Mutter zum Kind in ihrem Leib verhalten. Höre, oh Monarch, den Grund dafür. Wie eine Mutter alle eigensinnigen Wünsche unbeachtet läßt und nur das Wohl ihres Kindes sucht, so sollten sich zweifellos auch die Könige *(zu ihrem Volk)* verhalten. Der rechtschaffene König, oh Erster der Kurus, sollte sich immer auf solche Art und Weise benehmen, daß er sein eigenes Wohl für das Wohl seines Volkes nach hinten stellt.

Du solltest auch niemals, oh Sohn des Pandu, deine Standhaftigkeit verlieren. Denn der standhafte König, der als Züchtiger der Übeltäter bekannt ist, hat keinen Grund zur Angst. Oh Erster der Redner, so solltest du nicht allzuviel mit deinen Dienern scherzen. Höre über die schlechten Folgen eines solchen Verhaltens. Wenn sich der Herr zu freizügig mit ihnen vermischt, beginnen die Abhängigen, ihn zu ignorieren. Sie vergessen ihre eigene Stellung und verlieren die Achtung vor dem Herrn. Sie führen ihre Befehle nur zögerlich aus und enthüllen die Geheimnisse ihres Meisters. Sie bitten um Dinge, die nicht erfragt werden sollten, und greifen nach der Nahrung, die für ihren Herrn bestimmt ist. Sie bekunden ihren Zorn und bemühen sich, ihren Herrn zu überstrahlen. Irgendwann versuchen sie sogar, über den König zu herrschen. Sie akzeptieren Bestechungsgelder, intrigieren und sabotieren die Staatsgeschäfte. Sie führen den Staat durch Mißbrauch, Täuschung und Hintergehung in den Ruin. Sie treiben es mit den Palastdienerinnen und kleiden sich im gleichen Stil wie ihre Herren. Sie werden so schamlos, daß sie vor ihrem Herrn sogar rülpsen, pupsen oder ausspucken. Oh Tiger unter den Königen, sie werden sich nicht scheuen, schamlos über ihn zu tratschen. Wenn der König zu mild und nicht ernsthaft genug ist, werden ihn seine Diener mißachten und selbst Rosse, Elefanten und ebenso gute Wagen benutzen, wie der König. Seine Berater, die am Hof versammelt sind, werden öffentlich solche Reden führen, wie: „Das steht nicht in deiner Macht, oh König! Das ist Unsinn, was du befiehlst!" Wenn der König dann zornig wird, lachen sie nur. So werden sie auch nicht erfreut, wenn ihnen die Gunst des Königs geschenkt wird, weil sie an eigensinnige Freuden gewöhnt sind. Sie werden die Geheimnisse ihres Herrn nicht bewahren und üble Gerüchte verbreiten. Ohne die kleinste Furcht ignorieren sie die Befehle ihres Königs. Wenn die Ornamente des Königs, sein Essen, die Badeutensilien oder die Salben nicht bereitstehen, dann zeigen die Diener nicht einmal in seiner Anwesenheit die kleinste Furcht. Sie achten nicht, was ihnen zusteht, sondern sind unzufrieden mit dem, was ihnen gegeben wird, und begehren das, was dem König gehört. Sie wollen mit dem König spielen, wie mit einem Vogel an der Leine. Und den Leuten erzählen sie, daß der König mit ihnen sehr vertraut ist und sie liebt. Oh Yudhishthira, diese und viele andere Übel entstehen, wenn der König unglaubwürdig und kraftlos wird.

Kapitel 57 - Bhishma über die Tugend der Könige

Bhishma sprach:
Ein König, oh Yudhishthira, sollte immer handlungsbereit sein. Er ist nicht des Lobes würdig, wenn er kraftlos wie eine Frau ist. Diesbezüglich hat der heilige Usanas einen Sloka gesungen. Oh König, höre aufmerksam, wie ich ihn rezitiere:

„Wie eine Schlange Mäuse verschlingt, so verschlingt die Erde diese Beiden: Einen König, der dem Kampf abgeneigt ist, und einen Brahmanen, der übermäßig an Ehefrauen und Kindern haftet und sein Hausleben nicht verlassen will."

Mögest du das, oh Tiger unter den Königen, immer in deinem Herzen tragen! Schließe Frieden mit jenen Feinden, mit denen man Frieden halten sollte, und wage Krieg mit denen, die bekämpft werden müssen. Sei er dein Lehrer oder dein Freund, wer feindlich gegen dein siebenfaches Königreich handelt *(König, Armee, Minister, Volk, Schatz, Land und Städte)*, sollte geschlagen werden. Dafür gibt es einen alten Sloka, der von König Marutta mit Zustimmung von Vrihaspati über die Aufgaben der Könige gesungen wurde:

„Entsprechend der ewigen Ordnung gibt es auch Strafe für den Lehrer, wenn er hochmütig und zügellos wird und nicht beachtet, was getan oder gelassen werden sollte."

Der weise König Sagar, der Sohn von Bahu *(bzw. Asit)*, verbannte zum Wohl der Bürger seinen ältesten Sohn Asamanj. Denn Asamanj, oh König, ertränkte die Kinder der Bürger in der Sarayu, und sein Vater bestrafte ihn deshalb mit der Verbannung. Auch der Rishi Uddalaka verstieß seinen bevorzugten Sohn und großen Asketen Swetaketu, weil er die Brahmanen unaufrichtig behandelte. Das Glück seiner Untertanen, Gerechtigkeit und wahrhaftes Verhalten sind die ewigen Pflichten der Könige. Ein König sollte niemals den Reichtum von anderen begehren. Er sollte rechtzeitig geben, was gegeben werden sollte. Wenn er kraftvoll handelt, wahrhaft spricht und maßvoll vergibt, kann sein Wohlstand niemals sinken. Mit einer von Lastern gereinigten Seele sollte der König fähig sein, seinen Zorn zu beherrschen, und all seine Beschlüsse sollten den Geboten der heiligen Schriften entsprechen. Er sollte stets *(vernünftig)* nach Tugend, Gewinn, Liebe und Erlösung streben. Er sollte jedoch seine Absichten bezüglich der drei weltlichen Lebensziele *(von Tugend, Gewinn und Vergnügen)* stets verbergen. Denn kein größeres Übel kann dem König widerfahren als die Enthüllung seiner Absichten.

Könige sollten stets die vier Kasten in der Erfüllung ihrer Aufgaben beschützen. Es ist ihre ewige Pflicht, eine Verwirrung der Aufgaben zwischen den Kasten zu verhindern. Der König sollte weder zu wenig, noch zu viel Vertrauen haben. Mit Weisheit sollte er die Vorteile und Nachteile der sechs wesentlichen Mittel der Herrschaft bedenken *(Frieden, Krieg, Angriff, Verteidigung, Bündnisse und Spaltung)*. Der König, der die Schwächen seiner Feinde aufmerksam beobachtet und im Streben nach Gerechtigkeit, Gewinn und Vergnügen vernünftig bleibt, der kluge Spione einsetzt, um Geheimnisse zu erkunden, und sich bemüht, die Offiziere seiner Feinde durch reiche Geschenke zu werben, der verdient Lob. Der König sollte wie Yama Recht sprechen und wie Kuvera Reichtum sammeln. Er sollte achtsam die Vor- und Nachteile seiner Einnahmen und Ausgaben im Herrschaftsgebiet beobachten. Er sollte diejenigen unterstützen, die seiner Unterstützung wirklich bedürfen und ein wachsames Auge auf sie haben. Mit freundlicher Rede begabt, sollte er mit einem Lächeln *(und nicht mit saurer Miene)* sprechen. Er sollte es nie versäumen, den Altehrwürdigen aufzuwarten. Er sollte nie begehren, was anderen gehört. Er sollte sich stets gerecht verhalten und sich sorgfältig beobachten. Er sollte niemals die Rechtschaffenen unterdrücken. Den Reichtum der Straftäter möge er den Tugendhaften übergeben. Und weil der König über Nehmen und Geben entscheidet, sollte er sein Innerstes stets unter Kontrolle haben, wie auch seine äußerliche Erscheinung. Mit gerechtem Verhalten sollte er zur richtigen Zeit geben oder auch nehmen.

Der König, der Wohlstand wünscht, sollte zu seinem Dienst stets tapfere Männer verpflichten, die hingebungsvoll, zuverlässig, hochgeboren, gesund und wohlgebildet sind, die aus guten Familien stammen, die wohlerzogen, anständig, höflich, ehrlich, gelehrt in der Wissenschaft, erfahren in der Welt, ihre Aufgaben kennen und standhaft wie Berge sind, wobei sie niemals das Wohl kommender Welten vergessen. Es sollte keinen Unterschied zwischen ihm und ihnen bezüglich der weltlichen Freuden geben. Die einzige Unterscheidung sollte im königlichen Schirm und der Befehlsmacht bestehen. Sein Verhalten vor ihrem Angesicht und hinter ihrem Rücken sollte stets dasselbe sein. Der König, der sich so verhält, wird nie in Sorgen versinken. Ein unaufrichtiger und begehrlicher König, der jeden verdächtigt und seine Untertanen mit Steuern schwer belastet, wird bald sein Leben durch seine eigenen Diener und Verwandten verlieren. Doch der König, der Gerechtigkeit übt und stets bestrebt ist, die Herzen seines Volkes zu gewinnen, wir nie ganz versinken, selbst wenn er durch Feinde angegriffen wird. Schnell gewinnt er seine Position zurück. Wenn der König nicht gewalttätig ist, wenn er keine schlechten Gewohnheiten hat, in seinen Strafen gerecht urteilt und seine Leidenschaften zügelt, dann wird er für alle zum Gegenstand des Vertrauens, wie die Berge des Himavat. Jener ist der Beste der Könige, der stets mit Weisheit handelt, der Großzügigkeit bewahrt, der bereit ist, die Schwächen seiner Feinde zu nutzen, der angenehme Eigenschaften hat, der das Wohl aller vier Kasten beobachtet, der im Handeln fleißig ist, der seinen

Zorn unter Kontrolle hat, der nicht rachsüchtig, sondern hochgesinnt und friedvoll ist, der das Opfer und andere religiöse Handlungen pflegt, nicht der Prahlerei verfällt und kraftvoll alle beabsichtigten Werke verfolgt. Und der ist der Beste unter den Königen, in dessen Herrschaftsgebiet die Menschen ohne Angst leben, wie die Kinder in ihrem Vaterhaus, und dessen Untertanen ihren Reichtum nicht verstecken müssen und wissen, was heilsam und unheilsam für sie ist. Der ist wahrlich ein König, dessen Untertanen ihre jeweiligen Aufgaben erfüllen und sogar bereit sind, ihren Körper für die Pflichterfüllung zu opfern, dessen wohlbehütetes Volk friedlich lebt, gehorsam, demütig, fügsam, keinen Streit liebt und zur Wohltätigkeit geneigt ist. Ein König erntet ewiges Verdienst in dessen Herrschaftsgebiet weder Boshaftigkeit, Heuchelei, Betrug noch Neid leben. Ein König verdient wirklich die Herrschaft, der die Weisheit, die heiligen Schriften und das Wohl seiner Leute achtet, der den Pfad der Rechtschaffenen beschreitet und tolerant ist. Ein König verdient die Herrschaft, dessen Spione und Absichten bezüglich dessen, was getan und nicht getan werden soll, seinen Feinden verborgen bleiben. Der folgende Vers wurde in alten Zeiten von Usanas aus dem Bhrigu Stamm im „Rama Charita“ bezüglich der königlichen Aufgaben gesungen:

„Zuerst sollte man einen König haben, dann eine Ehefrau und dann Reichtum. Denn wenn es keinen König gibt, wer sollte Familie und Reichtum beschützen?“

Für jene, die ein Königreich wünschen, gibt es keine andere ewige Aufgabe, die wichtiger wäre, als das Beschützen. Der Schutz, den der König seinen Untertanen gibt, erhält die ganze Welt. Manu, der Sohn der Prachetas, sang dazu die folgenden zwei Verse bezüglich der Aufgaben von Königen. Höre sie aufmerksam:

„Folgende sechs Personen sollten wie ein undichtes Boot auf dem Meer gemieden werden: Ein Lehrer, der nicht lehrt. Ein Priester, der die Veden nicht studiert hat. Ein König, der keinen Schutz gewähren kann. Eine Ehefrau, die nicht liebevoll ist. Ein Kuhhirte, der gern in der Stadt umherstreifen, und ein Friseur *(bzw. Handwerker)*, der lieber in den Wäldern wandern würde.“

Kapitel 58 - Bhishma über die Aufgabe des Beschützens

Bhishma sprach:

Der Schutz der Untertanen, oh Yudhishthira, ist die Quintessenz aller königlichen Aufgaben. Der göttliche Vrihaspati lobte keine andere Aufgabe so sehr. Der heilige Usanas mit der großen Sicht und der strengen Buße, der tausendäugige Indra, Manu, der Sohn der Prachetas, der göttliche Bharadwaja, der heilige Gaurasiras, sowie alle, die Brahma gewidmet sind und das Brahma sprechen, haben die Aufgaben der Könige erklärt. Sie alle loben besonders die Aufgabe des Beschützens, oh Erster der Tugendhaften. So höre nun über die Mittel, wodurch der Schutz gesichert werden kann. Diese Mittel bestehen in der Beschäftigung von Spionen und Dienern, die ihren gerechten Lohn erhalten, in angemessenen Steuern, die man nicht räuberisch oder grundlos fordert, oh Yudhishthira, in der Auswahl ehrlicher Menschen *(für Staatsämter)*, im Heldentum, in Erfahrung und Weisheit, in der Wahrhaftigkeit, im Streben nach dem Wohl aller Untertanen und im konsequenten Kampf gegen alle Feinde, in gerechter Bestrafung durch körperliche Züchtigung und Geldbußen, im besonderen Schutz und der Beschäftigung der Ehrlichen und Hochgeborenen *(im Staatsdienst)*, in der Bewahrung des Bewahrenswerten, in der Gesellschaft mit Weisen und Gelehrten, in einer wohlversorgten Armee, in der Beobachtung der Untertanen, in der Beständigkeit der Geschäfte, im Füllen der Schatzkammer, in vertrauenswürdigen Wächtern der Stadt, im Schlichten von Streitigkeiten unter den Bürgern, in der Pflege von Freundschaften und Bündnissen, in der genauen Beobachtung von Dienern und Offizieren des Staates, im Schutz der Städte und der Erhaltung alter, baufälliger Bauwerke, im beständigen Kampf gegen die Feinde mit den Mitteln der Versöhnung, Spaltung, Diplomatie, Krieg, usw., ohne dabei einen Feind zu ignorieren, in der ständigen Handlungsbereitschaft und indem man sich von den Übelgesinnten trennt. Die Bereitschaft zur Anstrengung ist für Könige die Wurzel aller königlichen Aufgaben. Dies wurde von Vrihaspati so verkündet. Höre die von ihm gesungenen Verse:

„Durch Anstrengung wurde das Amrit gewonnen. Durch Anstrengung wurden die Dämonen geschlagen, und durch Anstrengung gewann Indra die Souveränität im Himmel und auf Erden. Der Held der Taten ist höher als der Held der Worte. Die Helden der Worte sind die Diener und Verehrer der Helden der Tat. Ein König ohne Anstrengung, selbst wenn er mit Intelligenz begabt ist, ist wie eine Schlange ohne Gift und wird stets von seinen Feinden überwältigt."

Ein König sollte niemals einen Feind ignorieren, auch wenn er sich stark fühlt und den Feind als schwach betrachtet. Denn selbst ein kleiner Funke kann eine Feuersbrunst erzeugen, und ein Tropfen Gift kann töten. Mit nur einer Art der militärischen Kräfte kann ein Feind aus einer Festung heraus das ganze Land sogar eines mächtigen und wohlhabenden Königs quälen. Die Geheimnisse eines Königs, die Stärken der Truppen, die innersten Wünsche seines Herzens, seine hohen Ziele und die Fehler, die er machte oder machen wollte, sollten stets hinter einer starken königlichen Erscheinung verborgen sein. So sollte er immer gerecht auftreten, um sein Volk zu regieren. Denn ein ungerechter König kann niemals auf Dauer die Last eines umfassenden Reiches tragen, wie auch ein kraftloser König keinen hohen Status durch den Verdienst seiner Taten gewinnt. Ein Königreich, das der hungrige Feind wie einen Batzen Fleisch begehrt, kann niemals durch Redseligkeit und Einfältigkeit beschützt werden. Ein König, O Yudhishthira, sollte deshalb stets den guten Mittelweg zwischen Offenheit und Geheimhaltung suchen. Wenn sich ein König zum Schutz seines Volkes in Gefahr begibt, gewinnt er großen Verdienst. So sollte das Verhalten von Königen sein. Damit habe ich dir einen Teil der königlichen Aufgaben erzählt. Sage mir, oh Bester der Kurus, was du noch erfahren möchtest.

Vaisampayana fuhr fort:
Nach diesen Worten sprachen die versammelten Ruhmreichen, wie Vyasa, Devasthana, Ashwa, Vasudeva, Kripa, Satyaki und Sanjaya, voller Freude und mit Gesichtern, die aufgeblühten Blumen glichen: „Ausgezeichnet! Ausgezeich-

net!“, und sangen das Lob für diesen Tiger unter den Menschen, Bhishma, diesen Ersten aller Tugendhaften. Dann berührte Yudhishthira, dieser Führer der Kurus, mit traurigem Herzen und tränengebadeten Augen freundlich die Füße von Bhishma und sprach:
Oh Großvater, ich werde dich morgen nach jenen Sachen weiter befragen, über die ich meine Zweifel habe. Denn für heute ist die Sonne, welche die Feuchtigkeit aller irdischen Dinge aufgesaugt hat, am Untergehen.

Dann grüßten Kesava, Kripa, Yudhishthira und die anderen all die Brahmanen und umrundeten den Sohn der Ganga, um dann zufrieden auf ihre Wagen zu steigen. Danach badeten sie alle, die vorzügliche Gelübde beachteten, im Strom der Drishadwati. Dort opferten sie ihren Vorfahren Wasser, rezitierten still ihre heiligen Mantras und führten die anderen verheißungsvollen Handlungen durch. Und als das Abendgebet mit den ordnungsgemäßen Riten vollbracht war, betraten diese Feindevernichter die nach dem Elefanten benannte Stadt *(Hastinapura).*

Kapitel 59 - Wie die Herrschaft und das Wissen in die Welt kamen

Vaisampayana sprach:
Am nächsten Morgen erhoben sich die Pandavas und Yadavas von ihren Betten, führten die Morgenriten durch, die in den heiligen Schriften geboten werden, und fuhren auf ihren Wagen, die befestigten Städten glichen, zum Feld der Kurus, um sich dem sündlosen Bhishma zu nähern. Dort erkundigten sie sich bei diesem Ersten der Wagenkrieger, ob er die Nacht glücklich verbrachte hatte. Und nachdem sie all die Rishis gegrüßt und von ihnen gesegnet wurden, nahmen die Könige ihre Plätze um Bhishma herum ein. Dann sprach der gerechte König Yudhishthira mit der großen Energie, nachdem er Bhishma ordnungsgemäß verehrt hatte, mit gefalteten Händen die folgenden Worte.

Yudhishthira sprach:
Oh Bharata, woher stammt das Wort Raja *(König)*, das auf Erden verwendet wird? Erzähle mir das, oh Feindevernichter! Begabt mit Händen, Armen und Kopf wie viele andere, mit Verstand und Sinnen wie andere, mit den gleichen Freuden und Leiden, mit Rücken, Mund und Bauch wie der Rest der Welt, mit Lebenssaft, Knochen, Mark, Fleisch und Blut, mit Ein- und Ausatmung, mit Odem und Körper, mit Geburt und Tod wie andere Menschen begabt und wahrlich gleich in allen Eigenschaften des Menschseins - aus welchem Grund wird ein Mensch zum König, um die anderen vielen Menschen in der Welt zu regieren, die ebenfalls voller Intelligenz und Mut sind? Woher kommt es, daß ein Mensch über die weite Welt herrscht, die von tapferen, kraftvollen und hochgeborenen Menschen mit gutem Verhalten übersät ist? Warum bemühen sich alle Menschen, gerade seine Gunst zu gewinnen? Warum ist das ganze Reich erfreut, wenn dieser eine Mensch sich freut, und das ganze Reich verwirrt, wenn dieser Eine verwirrt ist? Darüber wünsche ich, oh Stier der Bharatas, ausführlich zu hören. Oh Erster der Redner, sag mir alles darüber. Oh König, dafür muß es

einen sehr gewichtigen Grund geben, wenn man bedenkt, daß sich das ganze Reich vor einem Menschen verbeugen soll wie vor einem Gott.

Bhishma sprach:
Höre mit konzentriertem Geist, oh Tiger unter den Königen, ausführlich, wie einst im goldenen Krita Zeitalter die königliche Herrschaft entstand. Am Anfang gab es keine Herrschaft, keinen König, keine Bestrafung und keinen Bestrafer. Alle Menschen lebten friedlich zusammen, von der Wahrheit beschützt. Doch als sie so gemeinsam lebten, oh Bharata, fanden sie mit der Zeit, daß ihre Aufgaben *(bzw. Tätigkeiten)* leidvoll wurden. Unvollkommenheit begann ihre Herzen anzugreifen. Und der Unvollkommenheit unterworfen, wurde die Wahrnehmung der Menschen getrübt, und damit begann ihre Wahrhaftigkeit zu schwinden. Und als ihre Wahrnehmung verdunkelt wurde und die Menschen der Unwissenheit verfielen, wuchs die Begierde in ihnen, oh Führer der Bharatas. So bemühten sich die Menschen um Dinge, die ihnen nicht gegeben wurden, und die Habgier wuchs in ihnen als eine Leidenschaft. Als sie der Habgier unterworfen wurden, verunreinigte sie bald der Zorn als weitere Leidenschaft. Und einmal dem Zorn unterworfen, verloren sie alle Weisheit bezüglich dessen, was getan oder gelassen werden sollte. Sie gaben sich ungehemmt dem sexuellen Genuß hin. Sie logen, wie sie wollten, und jegliche Unterscheidung zwischen reiner und unreiner Nahrung, zwischen Tugend und Laster verschwand. Als diese Verwirrung unter die Menschen kam, verschwanden auch die Veden. Und mit den Veden ging die Gerechtigkeit *(das Dharma)* verloren. Als sowohl die Veden wie auch die Gerechtigkeit verloren waren, wurden die Götter von Sorge erfüllt. Und überwältigt von Kummer, oh Tiger unter den Männern, suchten sie bei Brahma Zuflucht. Nachdem sie den großen göttlichen Vater des Weltalls verehrt hatten, sprachen sie sorgengequält mit gefalteten Händen:
Oh Gott, die ewigen Veden *(bzw. ewige Ordnung)* in der Welt der Menschen werden durch Unvollkommenheit und Habgier äußerst bedrängt. Deshalb sind wir schwer besorgt. Durch den Verlust der Veden, oh Höchster Herr, ist auch die Gerechtigkeit verlorengegangen. Oh Herr der drei Welten, damit beginnen wir, auf das Niveau der Irdischen zu sinken. Die Menschen pflegten uns einst mit Opfern zu erhöhen, während wir sie mit fruchtbarem Regen ernährten. Weil nun aber die frommen Riten unter den Menschen verkommen, ist große Sorge unser Los. So bedenke, oh Großer Vater, was uns nützen könnte, damit dieses durch deine Macht geschaffene Weltall nicht untergeht.

So angesprochen, antwortete ihnen der selbstgeborene und göttliche Herr:
Ich werde bedenken, was zum Nutzen aller ist. Laßt eure Sorgen zerstreut sein, ihr Ersten der Götter!

Der Große Vater erschuf daraufhin durch seine Intelligenz eine Ansammlung von Wissen, die aus hunderttausend Lehren bestand. In diesem Werk wurden die Lebensziele von Tugend, Gewinn und Liebe dargelegt, welche der Selbstgeschaffene die dreifache Belehrung nannte. Dann lehrte er ein viertes Ziel, die sogenannte Befreiung mit entgegengesetztem Sinn und Wirkung. Darin werden die drei Grundeigenschaften *(Gunas)* hinsichtlich der Befreiung behandelt, nämlich die Güte, Leidenschaft und Dunkelheit *(Sattwa, Rajas und Tamas)*, sowie ein weiteres Thema *(der Yoga ohne Hoffnung auf Seligkeit oder Belohnung in dieser oder einer anderen Welt)*. Eine weitere Belehrung handelt vom dreifachen Leiden bezüglich Geburt, Altern und Sterben, sowie von den Sechs *(Bedingungen einer Handlung)*, wie Selbst, Ort, Zeit, Mittel, Tat, Verbindung und Ursachen. Auch die religiösen Riten, die in den drei Veden erklärt werden, der Erkenntnisprozeß, die notwendigen Handlungen zum Lebenserwerb *(Landwirtschaft, Handel, usw.)* und der sehr umfassende Bereich der strafenden Gesetze gehören zu diesem Wissen. Auch die Themen zum Verhalten gegenüber Beratern, Spionen, Prinzen, Agenten und Gesandten mit den Mitteln der Versöhnung, Spaltung, Bestechung, Bestrafung und Toleranz als fünftes werden, oh König, ausführlich dargelegt. Auch die vielfältigen Überlegungen und ihre Fehler, Ratschläge zur Politik, die Ergebnisse guter und schlechter Ratschläge, sowie schlechte, mittelmäßige und gute Bündnisse, die aus Angst, Diplomatie oder für Gewinn geschlossen werden, sind ausführlich beschrieben. Auch die vier Zeiten für militärische Unternehmungen und die drei Arten des Sieges, durch Gerechtigkeit, Reichtum und Macht oder Betrug sind in diesem Wissen enthalten. Auch die drei Attribute von schlecht, mittelmäßig und gut bezüglich der fünf *(Berater, Königreich, Festung, Armee und Schatzkammer)*, sowie die zwei Arten der Kriegsführung, nämlich offen und verdeckt, die acht Arten der offenen Kriegsführung und die acht Arten der verdeckten werden ausführlich behandelt. Kampfwagen, Elefanten, Pferde und Fußsoldaten, oh Sohn des Pandu, sowie Handwerker für die Waffen, Versorgungstroß, bezahlte Spione und ortskundige Führer aus dem Land, wo der Krieg stattfindet, sind die acht Instrumente für die offene Kriegsführung oder die äußeren Kräfte, oh Kauravya. Der Gebrauch von organischem und anorganischem Gift im dreifachen Einsatz durch Berührung, in Nahrung oder Getränken, sowie Beschwörungsformeln *(werden als Mittel der verdeckten Kriegsführung dargelegt)*. Auch Feinde, Verbündete und Neutrale werden erklärt, *(sowie die Bedingungen für die Kriegsführung wie)* die verschiedenen Eigenschaften von Straßen und Gelände, der Selbstschutz, die Aufsicht über den Aufbau der Wagen und der anderen Kriegs- und Gebrauchswerkzeuge, die verschiedenen Mittel, um Männer, Elefanten, Wagen und Rosse zu beschützen und zu kräftigen, die verschiedenen Arten von Kampfreihen, Strategien und Kriegsmanövern, die speziellen Konstellationen der Planeten und Sterne als unheilsame Vorboten, Katastrophen *(wie Erdbeben)*, geschickte Methoden des Angriffs und Rückzugs, die Kenntnisse der Waffen und ihres richtigen Gebrauchs, die Ordnung der Truppen, die Mittel zur Motivation der Armee durch Heiterkeit und Vertrauen, Krankheiten, Zeiten der Not und Gefahr, das Wissen über die führenden Soldaten im Kampf, die Methoden für Alarm- und Befehlsweiterleitung, das Einschüchtern des Feindes durch die Demonstration prachtvoller Standarten, die verschiedenen Methoden, um das feindliche Königreich durch Räuber, Verbrecher, Brandstifter und Giftmörder zu quälen, die Spaltung unter den Führungskräften der feindlichen Armee, das Zerstören von Getreide und Pflanzungen sowie der feindlichen Elefanten, Alarme provozieren, Bestechung, Vertrautheit erwecken, auch Anwendung, Wachstum und Harmonie der sieben wesentlichen Herrschaftsprinzipien, die Kapazität für *(geplante)* Arbeiten und die nötigen Mittel, die Methoden, um das Königreich zu erweitern, die Mittel, um den Feind zu besiegen, die Bestrafung und Zügelung von Starken, die gerechte Justizpflege, die Bekämpfung des Feindes durch Ringen, Schießen und Werfen von Waffen, die Methoden des Verschenkens und des Gebens notwendiger Dinge, die Bedürftigen versorgen und die Versorgten überwachen, die rechte Zeit für reiche Geschenke, die Freiheit von Lastern und Leidenschaften, die Eigenschaften des Königs und die Qualifikation von militärischen Offizieren.

Auch die Quellen von Verdienst und Sünde, die verschiedenen Arten übelgesinnter Motivation, das Verhalten von Abhängigen, die stetige Wachsamkeit und die Überwindung der Unachtsamkeit, der Erwerb von Reichtum, die Bewahrung des Erreichten, die Gaben an Würdige und die Verwendung des Reichtums zu frommen Zwecken, um alle Wünsche zu erfüllen und die Gefahr und das Leid des Lebens zu zerstreuen, werden in diesem Werk erklärt. Auch die unheilsamen Laster, die aus Zorn und Begierde *(aus Abneigung & Zuneigung)* geboren werden, sind in allen zehn Arten vom Selbstgeschaffenen in diesem Werk genannt worden. So bezeichnen die Gelehrten die Jagdsucht, Spielsucht, Trinksucht und Sexsucht als die vier Laster, welche aus der Begierde entspringen, weiterhin Grobheit der Rede, Gewalttätigkeit, Ungerechtigkeit, Selbstquälung, Selbstmord und Frustration als die sechs Laster, die aus dem Zorn geboren werden. Sogar die verschiedene Arten von *(Kriegs-)*Maschinen und ihren Funktionen sind dort beschrieben worden, wie auch die Verwüstung feindlicher Länder, die Angriffe der Feinde, die Zerstörung und Veränderung von Grenzsteinen, das Niederbrennen von Wäldern, die Belagerung von Festungen, die Nutzung der Landwirtschaft und des Handwerks, die Lagerung von Proviant, Kleidung und Rüstungen *(für die Soldaten)* und die besten Wege ihrer Herstellung. Auch die Eigenschaften und der Gebrauch von Panavas, Anakas, Muschelhörnern und Trommeln, die sechs Arten des Reichtums *(Juwelen, Tiere, Länder, Roben, Dienerinnen und Gold)* und die Wege für deren Erwerb und Verlust, die Befriedung neuerworbener Territorien, die Honorierung der Guten und die Kultivierung der Freundschaft mit den Gelehrten, die Regeln bezüglich der Opfergaben und religiösen Riten wie das Homa, die Berührung von verheißungsvollen Artikeln, das rituelle Schmücken des Körpers, die Arten der Vorbereitung und Verwendung des Essens, das fromme Verhalten, die Wege zum Wohlstand, wie wahrhaftige und freundliche Rede, die Gelübde und Handlungen bei Festivitäten, Versammlungen und im Haushalt, die offenen und heimlichen Taten aller Personen an Versammlungsorten, die beständige Beobachtung des Verhaltens der Menschen, die Immunität der Brahmanen vor Strafe, die angemessene Bestrafung, die Ehrung von Abhängigen hinsichtlich Verwandtschaft und Verdienst, der Schutz der Untertanen und die Mittel zur Erweiterung des Königreichs, die Ratschläge, die ein König bezüglich der vier Arten von Feinden beachten sollte, wenn er zwischen anderen Königen steht, die vier Arten von Verbündeten und die vier Arten der Neutralen, die zweiundsiebzig Handlungen, die in medizinischen Werken über den Schutz der Gesundheit aufgezählt sind, Übung und Training des Körpers sowie die Methoden von besonderen Ländern, Stämmen und Familien sind in diesem Werk behandelt bezüglich der vier

Lebensziele von Tugend, Gewinn, Liebe und Befreiung mit den verschiedenen Mitteln ihres Erwerbs, wie auch die Wünsche nach verschiedenstem Reichtum. Oh Freigiebiger, die Methoden, wie die Landwirtschaft und andere Wirtschaftszweige, die zur Hauptquelle der Staatseinnahmen werden, die verschiedenen Mittel, um Illusionen zu erzeugen und zu benutzen, sowie auch das Wissen, daß stehendes Wasser *(toter Reichtum)* mit der Zeit verfault, sind in diesem Werk enthalten. So ist, oh Tiger unter den Königen, dieses gewaltige Wissenswerk geschaffen worden, um die Menschen zurück auf den Pfad der Gerechtigkeit und Tugend zu führen.

Und nachdem er dieses riesige Werk mit nützlichem Wissen in die Welt gebracht hatte, sprach der himmlische Vater zu den Göttern mit Indra an ihrer Spitze:
Zum Nutzen der Welt und um die dreifache Anhäufung *(von Tugend, Gewinn und Liebe)* hervorzubringen, habe ich dieses Wissen geschaffen, das die Quintessenz der Sprache repräsentiert. Mit Hilfe der Gesetze wird dieses Wissen die Welt stützen. Durch Belohnung und Strafe wird dieses umfangreiche Wissen unter den Menschen seine Funktion erfüllen. Und weil die Menschen durch diese Bedrängnis *(zum Erwerb ihrer Lebensziele)* geführt werden, oder mit anderen Worten, weil Bedrängnis alles führt und regiert, deshalb soll dieses Wissen in den drei Welten Dandaniti *(bedrängendes, beherrschendes Wissen)* heißen. Es enthält die Essenz aller sechs Handlungen im Staat *(Frieden, Krieg, Angriff, Rückzug, Verteidigung, Diplomatie)* und möge von allen hochgeborenen Personen stets beachtet werden. So sind *(die vier Lebensziele von)* Tugend, Gewinn, Liebe und Erlösung darin ausführlichst behandelt.

Danach war der Herr der Uma, der göttliche und vielgestaltige Shiva mit den großen Augen, diese Quelle allen Segens, der Erste, der dieses Werk studierte und meisterte. Doch in Anbetracht der allmählichen Abnahme der menschlichen Lebenszeit kürzte der göttliche Shiva dieses bedeutungsvolle Wissen, das von Brahma angesammelt wurde. Die gekürzte Sammlung, die Vaisalakasha genannt wird, bestand aus zehntausend Lehren und wurde von Indra studiert, der dem Brahma gewidmet und mit großem asketischem Verdienst begabt war. Indra kürzte es auf fünftausend Lehren und nannte es Vahudantaka. Später kürzte es der mächtige Vrihaspati durch seine Intelligenz auf dreitausend Lehren und nannte es Varhaspatya. Dann kürzte es Kavya *(Sukra)*, dieser berühmte und asketische Lehrer der Dämonen mit der unermeßlichen Weisheit, auf eintausend Lehren. Und angesichts der menschlichen Lebenszeit und des allgemeinen Verfalls kürzten die großen Rishis dieses Wissen zum Wohle der Welt noch weiter. Da näherten sich die Götter dem Herrn der Wesen und sprachen zu Vishnu:

„Oh Gottheit, bestimme einen Würdigen unter den Sterblichen, der die Herrschaft über alle anderen haben möge!“

Der göttliche und mächtige Narayana überlegte einen Moment und erschuf durch seinen Willensbeschluß einen Sohn namens Virajas, der aus seiner Energie geboren wurde. Doch der hochselige Virajas wünschte die Herrschaft auf Erden nicht. Sein Geist, oh Sohn des Pandu, war einem Leben der Entsagung zugeneigt. Virajas hatte einen Sohn namens Krittimat. Auch der entsagte den irdischen Freuden. Und Krittimat hatte einen Sohn namens Kardama. Auch Kardama übte strenge Entsagung und zeugte einen Sohn namens Ananga, der *(erste)* Herr der Wesen. Ananga wurde durch seine Frömmigkeit zum Beschützer der Geschöpfe und war mit dem Wissen der Herrschaft wohlbekannt. Ananga zeugte einen Sohn namens Ativala, der in der Politik erfahren war. Doch durch das umfassende Reich, daß er nach dem Ableben seines Vaters erhielt, wurde er zum Sklaven seiner Leidenschaften. Mrityu, oh König, hatte eine geistgeborene Tochter die unter dem Namen Sunitha in den drei Welten gefeiert wurde. Sie war mit Ativala verheiratet und brachte einen Sohn namens Vena zur Welt. Doch auch Vena war ein Sklave des Zorns und der Böswilligkeit und verhielt sich ungerecht zu allen Wesen. Die Rishis, die das Brahma sprechen, schlugen ihn mit ihren Klingen aus Kusha Gras, die mit Mantras gestärkt waren. Und ihre Mantras murmelnd, durchbohrten sie den rechten Schenkel von Vena. Daraufhin erschien aus diesem Schenkel ein Zwerg auf Erden wie eine glühende Kohle mit blutroten Augen und schwarzem Haar. Und jene Brahmanen sprachen zu ihm: „Nishida *(sitz)* hier!" Aus ihm entsprangen daraufhin die Nishadas, nämlich jene übelgesinnten Stämme, die in den Bergen und Wäldern wohnen, sowie jene Hunderte und Tausende, die Mlechas genannt werden und auf den Vindhya Bergen leben. Dann durchbohrten die großen Rishis den rechten Arm von Vena. Da entsprang eine Person, die einem zweiten Indra glich. In Rüstung gehüllt, mit Krummsäbeln, Bögen und Pfeilen bewaffnet und in der Waffenkunst wohltrainiert, kannte er alle Veden und ihre Zweige. Und das ganze Wissen der Herrschaft, oh König, kam zu diesem Besten der Menschen.

Dann sprach dieser Sohn von Vena mit gefalteten Händen zu den großen Rishis: Ich habe ein Verständnis erreicht, das sehr scharf ist und die Gerechtigkeit kennt. Sagt mir ausführlich, was ich damit tun soll. Jede nützliche Aufgabe, die ihr mir freundlicherweise zeigen möget, werde ich ohne Zögern vollbringen.

So angesprochen, antworteten ihm die anwesenden Götter wie auch die Rishis: Vollbringe furchtlos all jene Aufgaben, in denen Gerechtigkeit wohnt. Betrachte alle Wesen mit gleichen Augen ohne Rücksicht auf deine Vorlieben. Überwinde Begierde, Zorn, Habsucht und Stolz und beachte stets die Gebote der Gerechtigkeit. So bestrafe mit deinen eigenen Händen jene Menschen, wer auch immer sie sind, die vom Pfad ihrer Aufgaben abgehen. Schwöre, daß du in Gedanken, Worten und Taten stets die Tugenden bewahrst, die auf Erden durch die Veden aufgestellt wurden. Schwöre auch weiter, daß du furchtlos die Aufgaben bewahrst, die in den Veden durch das Wissen der Herrschaft aufgestellt wurden, und daß du niemals eigensinnig handelst. Oh Mächtiger wisse, daß Brahmanen von der Strafe freigestellt wurden und gelobe, die Welt vor einer Vermischung der Kasten zu beschützten.

So angesprochen, antwortete der Sohn von Vena den durch die Rishis angeführten Göttern:
Wenn die Götter und Brahmanen mir helfen, werde ich diese Aufgabe erfüllen.

Und die Brahmanen sprachen „So möge es sein!“. Dann wurde Sukra, diese tiefe Brahma Quelle, zu seinem Priester. Die Valakhilyas wurden seine Berater und die Saraswatas seine Begleiter. Der große und berühmte Rishi Garga wurde sein Astrologe. Die Srutis loben Prithu, den Sohn von Vena, unter den Herrschern als den achten nach Vishnu *(Vishnu->Viraja-> Krittimat->Kardama->Ananga->Ativala->Vena->Prithu)*. Etwas vor ihm wurden Suta und Magadha geboren, die seine Barden und Lobsänger wurden. Zufrieden mit ihren Diensten gab Prithu, der königliche Sohn von Vena mit der großen Heldenkraft, dem Suta das Land an der Meeresküste und dem Magadha das Land, das heute als Magadha bekannt ist. Wir haben auch gehört, daß die Oberfläche der Erde damals noch sehr uneben war, und erst Prithu sie geglättet hat. Denn am Anfang eines jeden Manwantara *(der Zyklus eines Manus, jeder Brahmatag hat 14 Manwantaras)* ist die Erde sehr uneben. Der Sohn von Vena entfernte die überall herumliegenden Felsbrocken mit dem Horn seines Bogens, oh Monarch, wodurch all die Hügel und Berge aufgeschüttet wurden. Danach versammelten sich Vishnu, Indra mit den Göttern, die Rishis, die Regenten der Welten und die Brahmanen, um Prithu *(als König der Erde)* zu krönen. Die Erde selbst, oh Sohn des Pandu, kam in ihrer verkörperten Form, um ihren Tribut an Juwelen und Edelsteinen zu zahlen. Auch der Ozean als Herr der Flüsse, der Himavat als König der Berge und Indra als König der Götter schenkten ihm unerschöpflichen Reichtum, oh Yudhishthira. Sogar der große Meru, dieser goldene Berg, gab ihm reichlich von diesem Edelmetall. Der göttliche Kuvera, der auf den Schultern der Menschen getragen wird, dieser Herr der Yakshas und Rakshasas, gab ihm ebenfalls genügend Reichtum, um die irdischen Bedürfnisse von Tugend, Gewinn und Liebe zu befriedigen. Rosse, Wagen, Elefanten und Menschen kamen zu Millionen in die Welt, sobald der Sohn von Vena es wünschte. Zu jener Zeit gab es weder Altersschwäche, noch Hungersnot, Katastrophen oder Krankheit *(auf Erden)*. Aufgrund des von diesem König gewährten Schutzes hatte niemand Angst vor Reptilien, Dieben oder ähnlichem. Wenn er über das Meer gehen wollte, pflegte sich das Wasser zu verfestigen. Die Berge gaben ihm den Weg frei und seine Standarte wurde nirgendwo behindert. Er zog aus der Erde, wie ein Melker von einer Kuh, die siebzehn Arten Getreide für die Nahrung aller Wesen mit all den Yakshas, Rakshasas und Nagas. Dieser hochbeseelte König veranlaßte alle, die Gerechtigkeit als wichtigstes Gut zu betrachten. Und weil er alle Leute zufriedenstellte, wurde er Raja *(König)* genannt. Und weil er die Brahmanen beschützte, verdiente er den Namen Kshatriya. Und weil die Erde *(in seinem Reich)* für ihre Tugend berühmt wurde, nannte man sie auch Prithvi *(die Tochter von Prithu)*. Der ewige Vishnu selbst, oh Bharata, bestätigte seine Macht, indem er zu ihm sprach: „Keiner, oh König, soll dich übertreffen!“ Und der göttliche Vishnu erfüllte den Körper dieses Monarchen aufgrund seiner Entsagung. Deshalb verehrte das ganze Weltall den göttergleichen Prithu als Größten der menschlichen Götter *(der Könige)*.

Oh Monarch, dein Königreich sollte immer mit Hilfe dieses Wissens von der Herrschaft beschützt werden. Du solltest dein Reich durch sorgfältige Beobachtung mittels deiner wandernden Spione auf solche Art und Weise bewahren, daß es keiner verletzen kann. Alle guten Taten, oh König, führen zum Wohl. So sollte das Verhalten eines Königs durch seine hohe Vernunft geführt werden, entsprechend den vorhandenen *(irdischen)* Möglichkeiten und Mitteln. Welche andere Ursache könnte es geben, weshalb die Menge in Folgsamkeit für einen Monarchen lebt, als die Göttlichkeit ihres Herrschers? In jener Zeit *(als die Herrschaft in die Welt kam)* wuchs eine goldene Lotusblume aus der Augenbraue von Vishnu. Und aus der Lotusblüte wurde die Göttin Shri geboren. Sie wurde die Gattin des höchst intelligenten Dharma. Und mit Shri zeugte Dharma den Sohn Artha. Damit sind alle drei, nämlich Dharma, Artha und Shri *(Tugend, Verdienst und Wohlstand)* in der Herrschaft gegründet. Ein König, der mit dem Wissen der Herrschaft begabt ist, nimmt seine Geburt, indem er durch die Erschöpfung seines Verdienstes vom Himmel auf die Erde kommt. Solch eine Person hat göttliche Größe und ist wahrlich ein Teil von Vishnu auf Erden. Er entfaltet große Intelligenz und gewinnt Überlegenheit über andere. Ihn überschreitet keiner, denn die Götter haben ihn eingesetzt. Aus diesem Grund folgt jeder in der Welt einem solchen Herrscher, dem die weltliche Befehlsgewalt gegeben wurde. Ein guter Herrscher, oh König, führt zum Guten. Deshalb folgt die Menge seinen Geboten, obwohl er derselben Welt angehört und ebenfalls aus Fleisch und Blut ist. Jeder, der einmal das liebenswürdige Gesicht von Prithu erblickt hatte, wurde ihm gehorsam. Von da an betrachtete er ihn als herrlich, wohlhabend und höchst gesegnet. Aufgrund der Kraft seines Zepters entfaltet sich die Moral und Gerechtigkeit auf Erden, womit sich auch die Tugend wieder verbreiten konnte.

So, oh Yudhishthira, wurde die Geschichte aller vergangenen Ereignisse, der Ursprung der großen Rishis, des heiligen Wassers, der Planeten, Sterne und Sternbilder, der Aufgaben bezüglich der vier Lebensweisen, sowie die vier Arten des Homa, die Eigenschaften der vier Kasten der Menschen und die vier Zweige des Lernens in diesem Werk *(in Form von Wissen)* gesammelt. Alles was man auf Erden wissen kann, oh Sohn des Pandu, ist in diesem Werk des Großen Vaters enthalten: Die Geschichten und die Veden, die Wissenschaften, die Wege der Buße, der Weisheit, der Gewaltlosigkeit, der Wahrhaftigkeit, der Illusion, der hohen Tugend, der Verehrung der Alten, der Hingabe, der Reinheit, der Handlungsbereitschaft und des Mitgefühls zu allen Wesen. Daran gibt es keinen Zweifel. Seit dieser Zeit, oh Monarch, haben die Gelehrten zu lehren begonnen und sprachen, daß es keinen Unterschied zwischen einem Gott und einem König gibt. Damit habe ich dir jetzt alles über die Größe der Könige erzählt. Über welches Thema soll ich als nächstes sprechen, oh Führer der Bharatas?

Kapitel 60 - Über die vier Kasten und ihre Aufgaben

Vaisampayana sprach:
Danach verehrte Yudhishthira seinen Großvater, den Sohn der Ganga, mit gefalteten Händen und konzentriertem Geist und fragte noch einmal:
Was sind die allgemeinen Aufgaben aller vier Kasten der Menschen, und was sind die speziellen Aufgaben jeder Kaste? Welche Lebensweise sollte durch welche Kaste angenommen werden? Welche Aufgaben werden speziell für

Könige genannt? Durch welche Mittel wächst ein Königreich, und was sind die Mittel, wodurch der König selbst wächst? Und wie, oh Stier der Bharatas, wachsen die Bürger und Diener des Königs? Welche Arten von Reichtum, Strafen, Festungen, Verbündeten, Beratern, Priestern und Lehrern sollte ein König vermeiden? Wem sollte der König in welchen Arten der Not und Gefahr vertrauen? Vor welchen Übeln sollte der König sich beständig schützen? Erzähle mir das alles, oh Großvater.

Und Bhishma sprach:
Ich verneige mich vor Dharma, der das Große ist, und vor Krishna, der das Brahman ist. Und auch in Verneigung vor den Brahmanen, werde ich jetzt über die ewigen Aufgaben sprechen. Die Zügelung des Zorns, Wahrhaftigkeit, Gerechtigkeit, Vergebung, Nachkommenschaft, Reinheit, Friedfertigkeit, Einfachheit und Wohltätigkeit - diese neun Aufgaben sind für alle vier Kasten gleich.

Über die Aufgaben, die speziell für Brahmanen sind, werde ich jetzt erzählen. Die Selbsterkenntnis, oh König, gilt als erste Aufgabe der Brahmanen. Durch das Studium der Veden und geduldige Entsagung werden alle ihre Werke vollbracht. Während er die Gelübde seiner Aufgaben beachtet, ohne irgendeine unwürdige Handlung, kommt der Reichtum *(von allein)* zu einem friedlichen Brahmanen, der *(als Schüler)* Erkenntnis erreicht hat. Dann sollte er heiraten und sich um Nachwuchs bemühen, Wohltätigkeit üben und Opfer durchführen. Die Weisen sagen, daß so erhaltener Reichtum genossen werden sollte, indem er verteilt wird. Durch das Studium der Veden sind alle frommen Taten vollbracht. Ganz gleich, ob er darüber hinaus noch anderes erreicht oder nicht - wenn er sich dem vedischen Studium widmet, gilt er als Brahmane und Freund aller Wesen.

Ich werde dir nun, oh Bharata, die Aufgaben eines Kshatriya beschreiben. Ein Kshatriya, oh König, sollte geben, aber nicht betteln. Er sollte Opfer durchführen, aber nicht als Priester in den Opfern von anderen amtieren. Er sollte *(die Veden)* studieren, aber nicht lehren. Er sollte das Volk beschützen und stets den Untergang der Räuber und Übelgesinnten suchen, indem er seine Heldenkraft im Kampf zeigt. Jene unter den Kshatriya Herrschern, die große Opfer durchführen, die die Weisheit der Veden erwerben und Siege im Kampf gewinnen, werden die Ersten von jenen, die zukünftig viele selige Bereiche durch ihre Verdienste erreichen. Die Kenner der alten Schriften loben den Kshatriya nicht, der unverwundet aus dem Kampf *(als Feigling)* zurückkehrt. Dies gilt als Verhalten eines elenden Kshatriyas. Es gibt keine höhere Aufgabe für ihn als die Ungerechtigkeit zu bekämpfen. Geschenke, Studium und Opfer bringen den Königen Wohlstand. Doch wenn ein König religiöses Verdienst zu erwerben wünscht, sollte er sich *(als Beschützer)* dem Kampf widmen. Nachdem er veranlaßt hat, daß alle seine Untertanen ihre jeweiligen Aufgaben beachten, sollte der König für Gerechtigkeit unter ihnen sorgen. Ganz gleich, ob er darüber hinaus handelt oder nicht - wenn er nur seine Untertanen beschützt, vollbringt er alle seine religiösen Werke und wird von den Besten der Menschen ein Kshatriya genannt.

Ich werde dir jetzt, oh Yudhishthira, die ewigen Aufgaben der Vaisyas beschreiben. Ein Vaisya sollte Geschenke machen, die Veden studieren, Opfer durchführen und Reichtum durch gerechte Mittel erwerben. Mit der rechten Aufmerksamkeit sollte er auch seine Haustiere beschützen, wie der Vater seine Kinder. Alle anderen Aufgaben gelten für ihn als unwürdig. Indem er seine Haustiere beschützt, wird er großes Glück erreichen. Der Schöpfer selbst, der die Haustiere geschaffen hat, gab sie in die Obhut der Vaisyas. Den Brahmanen und Kshatriyas übertrug er *(dagegen die Sorge für)* alle Wesen. Ich werde dir auch erklären, was der Beruf des Vaisya ist und wie er seinen Unterhalt verdienen soll. Wenn er *(für andere)* sechs Kühe hält, kann er die Milch einer Kuh als Vergütung nehmen. Wenn er *(für andere)* hundert Kühe hält, kann er ein Paar als Lohn behalten. Wenn er mit Waren handelt, kann er den siebenten Teil der Gewinne *(als seinen Anteil)* nehmen. Ein Siebentel ist auch sein Anteil am Gewinn aus dem Handel mit Hörnern, aber nur ein Sechzehntel am Handel mit Hufen. Wenn er Felder bestellt, ist ein Siebentel des Ertrags sein Anteil. Das sollte sein jährliches Einkommen sein. Ein Vaisya sollte nie abgeneigt sein, sich um die Viehhaltung zu kümmern. Und solange der Vaisya dazu geneigt ist, sollte niemand anderes *(aus einer anderen Kaste)* diese Aufgabe übernehmen.

Ich werde dir jetzt, oh Bharata, die Aufgaben der Shudras beschreiben. Der Schöpfer bestimmte den Shudra als Diener der anderen drei Kasten. Deshalb ist der Dienst für die drei anderen Kasten die Aufgabe des Shudra. Durch solchen Dienst kann ein Shudra großes Glück erreichen. Er sollte den Mitgliedern der drei anderen Kasten gemäß ihres Alters aufwarten. Ein Shudra sollte keinen Reichtum anhäufen, denn durch Reichtum würde er die Mitglieder der höheren Kasten ihm gehorsamen machen und damit Sünde ansammeln. Nur mit Erlaubnis des Königs kann ein Shudra auch Reichtum verdienen, nämlich um religiöse Handlungen durchzuführen. Ich werde dir jetzt über den Beruf erzählen, dem er folgen sollte, und die Mittel, durch die er seinen Lebensunterhalt verdienen kann. Es wird gesagt, daß die Shudras ihren Unterhalt von den anderen Kasten erhalten sollten. Darüber hinaus sollten abgenutzte Schirme, Turbane, Betten und Sitze, Schuhe und Fächer den Shudra Dienern gegeben werden. Auch alte Kleidung, die nicht mehr passend ist, sollten die Zweifachgeborenen den Shudras überlassen. Denn dies sind ihre Einnahmen entsprechend der Ordnung. Die Moralgelehrten sagen, daß einem Shudra, der sich irgend jemandem aus den drei Kasten der Zweifachgeborenen zum Dienst anbietet, auch die passende Arbeit gegeben werden sollte. Stirbt ein Shudra ohne Sohn, so sollte sein Herr die Begräbniskuchen darbringen. Auch die Schwachen und Alten unter ihnen sollten versorgt werden. Dafür sollte der Shudra seinen Meister niemals verlassen, auch wenn der Dienst mühsam ist. Auch wenn der Herr seinen Reichtum verliert und verarmt, sollte er mit allem Eifer vom Shudra Diener unterstützt werden. Ein Shudra kann keinen Reichtum besitzen, den er sein Eigen nennt. Alles gehört gesetzlich seinem Herrn. Das Opfern, das als Aufgabe der drei anderen Kasten aufgestellt wurde, ist auch dem Shudra bestimmt, oh Bharata. Ein Shudra ist jedoch nicht befugt, das Swaha, Swadha oder andere vedische Mantras zu sprechen. Deshalb sollte der Shudra, ohne die vielen vedischen Gelübde einzuhalten, die Götter mit einfachen Opfern anbeten, die Pakayajnas genannt werden. Die Gabe von Purnapatra *(Reiskörner)* gilt als Dakshina in solchen Opfern. Es wird erzählt, daß vor langer Zeit ein Shudra namens Paijavana *(in einem seiner Opfer)* entsprechend der Aindragni Regel ein Dakshina gab, das aus hunderttausend Purnapatras *(Reiskörner)* bestand *(anstatt hunderttausend Kühe oder Pferde, die er nicht besitzen konnte)*. So ist das Opfern eine Aufgabe für die Shudras, wie für die drei anderen Kasten.

Für alle Opfer gilt die Hingabe als das Wichtigste. Hingabe ist heilig und heilsam. Sie reinigt alle Opfernden. So sind für Shudras die Zweifachgeborenen wie Götter. Und sie verehren diese Götter in ihrem Opfer *(des Dienstes)*, um all ihre Wünsche zu erfüllen. Und weil alle anderen drei Kasten den Brahmanen entsprungen sind, so sind die Brahmanen die Götter auf Erden. Was auch immer sie sagen, wird zu deinem zukünftigen Wohl sein. Deshalb gehört das Opfern *(bzw. die Hingabe)* zur wesentlichen Aufgabe aller vier Kasten. Diese Aufgabe ist für alle Pflicht. Die Zweifachgeborenen, welche die Rig, Yajur und Saman Veden kennen, sollten den hohen Göttern *(Agni, Indra usw.)* opfern. Der Shudra, der ohne Rig, Yajur und Saman ist, hat Prajapati *(Brahma)* als Gott *(der auch ohne die Riten der Veden angebetet werden kann)*. Geistige Opfer, O Herr, sind für alle Kasten erlaubt. *(Das Opfer des Körpers ist den Brahmanen vorbehalten. Das Opfer der Rede mit Mantras dürfen auch Kshatrias und Vaisyas ausführen.)* Es ist nicht wahr, daß die Götter und andere hohe Wesen deshalb das Opfer eines Shudras mißachten. Denn das hingebungsvolle Opfer ist für alle Kasten bedeutsam. Doch die Brahmanen sind den Göttern am nächsten. Sie opfern für das Wohl aller Wesen. Das Opferfeuer *(der Shudras)* namens Vitana ist dem untergeordnet, obwohl es *(wie alle Opferfeuer)* durch die Vaisyas geschaffen und mit Mantras belebt wurde. Die Brahmanen sind die Priester bei der Ausführung der Opfer der drei anderen Kasten. So werden alle vier Kasten geheiligt.

Alle Kasten stehen untereinander durch die Zwischenkasten in enger Blutsverwandtschaft. Denn ursprünglich stammen alle von den Brahmanen ab. Beim Ermitteln der Abstammung wird man sehen, daß unter allen Kasten die Brahmanen zuerst geschaffen wurden. So wie ursprünglich auch Saman, Yajur und Rig nur ein Veda *(bzw. Wissen)* war. Diesbezüglich rezitieren die Kenner der alten Geschichten einen Text, oh König, der im Lob auf das Opfern von den Vaikhanasa Munis anläßlich eines Opfers gesungen wurde:

„Kurz vor oder während dem Sonnenaufgang sollte man mit gezügelten Sinnen entsprechend der Ordnung mit hingebungsvollem Herzen die Opfergabe ins Opferfeuer gießen. Hingabe ist eine der mächtigsten Handlungen. Hinsichtlich des Opfers ist die Vielfalt, die Skanna *(das Verstreute)* genannt wird, der Beginn, während das Eine, das Askanna *(das Unverstreute)*, das Ziel ist. Opfer sind vielgestaltig, wie auch ihre Riten und Früchte. Der Brahmane, der Hingabe hat und in den Schriften gelehrt ist, ist befähigt ein Opfer anzuführen. Jeder, der ein Opfer mit Hingabe durchzuführen wünscht, sollte *(von ihm)* als rechtschaffen betrachtet werden, selbst wenn er zufällig ein Dieb, ein Straftäter oder der Schlechteste aller Sünder ist. Die Rishis loben einen solchen Menschen. Und zweifellos haben sie Recht. Denn das ist das große Gebot, daß alle Kasten mit den Mitteln, die in ihrer Macht stehen, stets Opfer durchführen sollen. Es gibt nichts in den drei Welten, das dem Opfer gleichkommt. Deshalb wird gesagt, daß jeder mit gutwilligem Herzen Opfer darbringen sollte, und das mit bestmöglichster Hingabe und Vertrauen."

Kapitel 61 - Über die vier Lebensweisen

Bhishma sprach:
Oh Starkarmiger, höre jetzt, wie ich die vier Lebensweisen und ihre jeweiligen Aufgaben beschreibe. Die vier Lebensweisen, die durch die Zweifachgeborenen angenommen werden können, sind Vanaprasta *(Waldeinsiedler)*, Bhaikshya *(Bettelmönch)*, der besonders verdienstvolle Garhasthya *(Hausvater)* und Brahmacharya *(Schüler)*. Nach den Initiationsriten der Zweifachgeborenen *(der geistigen Geburt)*, und nachdem man für einige Zeit das heilige Feuer bewacht und die Veden studiert hat, und nachdem man all die wichtigen Aufgaben des Hauslebens *(als Garhasthya)* sorgfältig erfüllt hat, sollte man nach den reinigenden Riten bezüglich des Tragens verfilzter Locken *(als Asket)* mit gereinigter Seele, gezügelten Sinnen und Selbstbeherrschung mit oder ohne seine Ehefrau in die Wälder ziehen und dort die Vanaprasta Art des Lebens annehmen. Nachdem man die Schriften der Aranyakas *(über das Waldleben)* studiert, den Lebenssamen gezügelt und sich von allen weltlichen Angelegenheiten zurückgezogen hat, kann der tugendhafte Einsiedler zur Einheit mit der ewigen Seele gelangen, die keinen Verfall kennt. Denn es ist das Merkmal der schweigenden Munis, daß sie ihren Lebenssamen ausgetrocknet haben. Jeder gelehrte Brahmane, oh König, sollte sich vor allem darin üben. Man sagt, oh König, der Brahmane, der nach Befreiung strebt, ist befähigt, ein Bettelmönch zu werden, nachdem er das Studentenleben abgeschlossen hat. Er schläft dort, wo ihn der Abend einholt, er ist mit jeder Situation zufrieden, ist heimatlos, lebt von dem, was ihm gegeben wird, übt Meditation und Selbstdisziplin, zügelt die Sinne, überwindet jegliche Begierde und betrachtet alle Wesen als gleichwertig ohne jegliche Anhaftung und Abneigung. So gelangt der weise Brahmane durch diese Lebensweise zur Einheit mit der ewigen Seele, die keinen Verfall kennt.

Wer nach dem Studium der Veden als Hausvater leben möchte, sollte auch hier alle nötigen religiösen Handlungen vollbringen. Er sollte Kinder zeugen und Freude an der Welt haben. Mit Sorgfalt sollte er alle Aufgaben dieser Lebensweise vollbringen, die von den Asketen gelobt wird und sehr schwierig zu meistern ist *(ohne Sünde anzuhäufen)*. Er sollte mit seiner angetrauten Ehefrau zufrieden sein und sich ihr nicht außerhalb ihrer fruchtbaren Phase nähern. Er sollte die Gebote der heiligen Schriften beachten und niemals hinterlistig oder betrügerisch sein. Er sollte sich enthaltsam ernähren, die Götter ehren, sowie dankbar, freundlich, friedfertig und voller Vergebung sein. Er sollte ein ruhiges, fügsames Herz bewahren und achtsam den Göttern und Pitris ihre Gaben darbringen. Er sollte gastfreundlich sein, vor allem zu den Brahmanen, ohne eigensinnigen

Stolz, zu allen wohltätig und stets den vedischen Riten gewidmet. Diesbezüglich rezitieren die berühmten und großen Rishis einen Vers, der durch Narayana selbst gesungen wurde und voller Bedeutung und hohen asketischen Verdienstes ist. Höre, wie ich ihn wiederhole:

„Durch Wahrheit, Einfachheit, Verehrung der Gäste, Erwerb von Tugend und Verdienst sowie durch die Liebe zu den angetrauten Ehefrauen kann man verschiedenartiges Glück sowohl hier als auch in der kommenden Welt genießen."

Die großen Rishis sagten, daß der Unterhalt von Kindern und Ehefrauen sowie das Studium der Veden zu den wesentlichen Aufgaben dieser hohen Lebensweise *(der Häuslichkeit)* zählen. Der Zweifachgeborene, der beständig die Opfer bewahrt, geht ordnungsgemäß durch diese Lebensweise hindurch. Und indem er alle seine Aufgaben gerecht erfüllt, gewinnt er segensreichen Lohn im Himmel. Nach seinem Tod winken ihm unsterbliche Früchte. Wahrlich, sie warten auf ihn in der Ewigkeit, wie Knechte stets auf der Hut sind, die Befehle ihres Herrn auszuführen.

Oh Yudhishthira, wer die Brahmacharya Lebensweise *(eines Schülers)* führt, sollte stets den Veden gewidmet sein, still die Mantras rezitieren, die ihm vom Lehrer gegeben werden, alle Götter verehren, pflichtbewußt seinem Lehrer mit einem aschebeschmierten Körper dienen, beständig die Gelübde mit gezügelten Sinnen beachten und immer die volle Aufmerksamkeit den Belehrungen schenken, die er erhält. Tiefgründig über die Veden nachdenkend und alle ihm gegebenen Aufgaben erfüllend, sollte er stets achtsam seinem Lehrer aufwarten und sich demütig vor ihm verneigen. Frei von den sechs Arten des Opferdienstes der Brahmanen *(dem Rezitieren, Belehren, Opfern, Amtieren, Geben und Nehmen)* besteht die wesentliche Aufgabe eines Brahmacharin in der Überwindung von Begierde und Anhaftung, um niemanden zu bevorzugen oder zu benachteiligen und um sogar seinen Feinden Gutes tun zu können, oh Herr.

Kapitel 62 - Über die individuellen Aufgaben

Yudhishthira sprach:
Sage uns, oh Großvater, was am vorzüglichsten ist, größtes Glück gewährt, keine Gewalt verursacht und dem Wohl der Welten dient? Was kann Tugend, Gerechtigkeit und Seligkeit für Menschen wie mich bringen?

Und Bhishma sprach:
Die vier Lebensweisen, oh Mächtiger, sind besonders für Brahmanen aufgestellt worden. Die anderen drei Kasten nehmen sie nur bedingt an, oh Bester der Bharatas. Denn viele Wege, oh König, führen zum Himmel, und jene, die für die königliche Kaste besonders passend sind, wurden bereits erklärt. Und das sind nicht nur Beispiele, sondern die Wege, denen alle Kshatriyas folgen sollten. Der Brahmane, der nach diesen Aufgaben der Kshatriyas oder auch der Vaisyas und Shudras greifen würde, wäre wie ein Übelgesinnter tadelnswert in dieser Welt und würde in der folgenden Welt zur Hölle gehen. Jene Schimpfnamen, die unter Menschen für Sklaven sowie Hunde, Wölfe oder andere Biester üblich

sind, wären auch für einen solchen Brahmanen passend, der das verfolgt, was unwürdig für ihn ist. Doch jener Brahmane, der in allen vier Lebensweisen auf rechte Art die sechsfachen Übungen pflegt *(Atemkontrolle, Meditation, usw.)*, der alle seine Aufgaben vollbringt, der nicht rastlos ist und seine Leidenschaften überwindet, dessen Herz rein ist, der stets der Buße gewidmet, zufrieden und wohltätig ist - der hat bereits unerschöpfliche Bereiche der Seligkeit in der kommenden Welt gewonnen. Jeder entfaltet sein inneres Wesen durch die Art seiner Taten entsprechend den Umständen, dem Ort, der Mittel und der Motivation. Du solltest deshalb, oh König, das höchst verdienstvolle Studium der Veden *(als Aufgabe der Brahmanen)* als ebenbürtig zu den Aufgaben der königlichen Regierung, der Landwirtschaft, des Handels oder des Dienens betrachten. Die Welt wird durch die Zeit in Bewegung gesetzt, und alle Geschehnisse werden durch den Lauf der Zeit bestimmt. Auch die Menschen vollbringen all ihre guten, schlechten oder mittelmäßigen Handlungen unter dem Einfluß der Zeit. Jene verdienstvollen Taten eines vorherigen Lebens, die den größten Einfluß auf das folgende nehmen, werden darin erschöpft. So sind die Menschen stets mit den Taten beschäftigt, die ihren Neigungen entsprechen. Diese Neigungen führen jedes Wesen auf seinen individuellen Weg.

Kapitel 63 - Über die Lebensweisen und Aufgaben

Bhishma sprach:

Das Spannen der Bogensehne, die Vernichtung der Feinde, Landwirtschaft, Handel, Viehhaltung und bezahltes Dienen sind für einen Brahmanen unpassend. Ein kluger Brahmane, der das Hausleben führt, sollte die sechs vedischen Handlungen ordnungsgemäß durchführen. Und nachdem er alle Aufgaben als Hausvater erledigt hat, wird der Rückzug in die Wälder gelobt. Ein Brahmane sollte den Dienst eines Königs, gewinnbringende Landwirtschaft oder Handel, alle Arten weltlicher Geschäfte und jegliche Gesellschaft vermeiden, außer mit seinen angetrauten Ehefrauen. Jener kleinliche Brahmane, der von seinen Aufgaben abfällt und übelgesinnt wird, sinkt in den Zustand eines Sklaven, oh König. Der Brahmane, der eine Shudra Frau heiratet, der zum Übeltäter, Schausteller oder Knecht wird oder andere unwürdige Handlungen durchführt, wird zum Sklaven. Mag er die Veden rezitieren oder auch nicht, oh König, wenn er solchen unwürdigen Handlungen verhaftet ist, versklavt er sich selbst, und bei einem Festessen gebührt ihm der entsprechende Platz unter Sklaven. Solche Brahmanen, oh König, sollten bei Opferdiensten gemieden werden. Und was auch immer an Gaben von Nahrung, die den Göttern und Ahnen gewidmet wurden, solchen Brahmanen gegeben wird, die ohne Selbstbeherrschungen, unrein, übelgesinnt und grausam sind, und damit von ihren gegebenen Aufgaben abfallen, kann *(dem Geber)* keinerlei Verdienst bringen. Deshalb, oh König, sind Selbstdisziplin, Reinheit und Einfachheit als die Aufgaben der Brahmanen aufgestellt worden. Darüber hinaus, oh Monarch, sind für den Brahmanen alle vier Lebensweisen von Brahma bestimmt worden. Wer selbstgezügelt den Soma in Opfern getrunken hat, wer wohlwollendes Mitgefühl zu allen Wesen und Geduld übt, um alles zu ertragen, wer nicht wünscht, seine Lebenssituation durch den Erwerb von Reichtum zu verbessern, wer offenherzig, einfach, mild, gewaltlos und vergebend ist, der ist wahrlich ein Brahmane und nicht, wer der Sünde zugeneigt ist. Die Brahmanen, oh König, nutzen die Hilfe der Shudras, Vaisyas und Kshatriyas, um die Tugend zu vergrößern. Wenn deshalb die Mitglieder dieser *(drei)* Kasten kein friedliches Verhalten zeigen *(um den anderen beim Erwerb der Tugend zu helfen)*, wird ihnen Vishnu keinen Segen gewähren, oh Sohn des Pandu. Und wenn Vishnu nicht zufrieden ist, geht das Glück aller Wesen im Himmel verloren, sowie das Verdienst aus den Aufgaben der vier Kasten, wie auch die Gebote der Veden, alle Arten hingebungsvoller Opfer und andere religiöse Handlungen und schließlich auch alle Aufgaben bezüglich der verschiedenen Lebensweisen.

Höre jetzt, oh Sohn des Pandu, über jene Aufgaben, die in den vier Lebensweisen beachtet werden sollten. Diese sollte jeder Kshatriyas kennen, der dafür sorgen will, daß die Mitglieder der Kasten *(in seinem Königreich)* ihre jeweiligen Aufgaben erfüllen. Für einen Shudra, der zu lernen wünscht, der seine Aufgaben im Leben erfüllt und einen Sohn gezeugt hat, der sich durch sein reines Verhalten den höheren Kasten annähert, sind alle Lebensweisen erlaubt, außer den *(schweren asketischen)* Gelübden der völligen Stille und Selbstdisziplin. Oh König, wie für Shudras, die ihre Aufgaben gemeistert haben, so ist auch für Vaisyas und Kshatriyas die Lebensweise der Bettelmönche gestattet. Nachdem sie die Aufgaben ihrer Kaste erfüllt und ihrer Verwandtschaft gedient haben, kann sich ein Vaisya in ehrwürdigen Jahren mit Erlaubnis des Königs in eine andere Lebensweise begeben. Hat ein Kshatriya, oh Sündloser, die Veden und die Abhandlungen über die Aufgaben der Könige studiert, Kinder gezeugt und seine Familie versorgt, Soma getrunken, regiert und alle Untertanen gerecht beschützt, das Rajasuya, Pferdeopfer oder andere große Opfer durchgeführt, gelehrte Brahmanen eingeladen, um die Schriften zu rezitieren und ihnen Geschenke gemäß ihren Wünschen dargebracht, hat er kleine und große Siege im Kampf errungen, seinen Sohn oder einen anderen hochgeborenen Kshatriya zum Schutz der Untertanen auf den Thron gesetzt, die Ahnen mit den rechten Riten befriedigt, die Götter durch Opfer und die Rishis durch das Studium der Veden verehrt, dann mag der Kshatriya, der im Alter eine andere Lebensweise wünscht, oh König, seine bisherige verlassen und jene annehmen, womit er *(asketischen)* Erfolg zu erreichen glaubt. So kann ein Kshatriya, um das Leben eines Rishis zu führen, die Bhikshu Lebensweise *(der Bettelmönche)* annehmen. Doch das sollte er niemals tun, um die Welt zu genießen. Hat er das Hausleben verlassen, sollte er das Leben eines Bettlers führen und nur darum bitten, was sein Leben gerade noch erhalten kann. Ein Bettlerleben ist für die drei Kasten *(der Kshatriyas, Vaisyas und Shudras)* allerdings nicht zwingend, oh Freigiebiger. Wenn sie es aber wünschen, steht diese Lebensweise allen vier Kasten (*nach Erfüllung ihrer Pflichten*) offen.

Unter Menschen sind die Aufgaben der Kshatriyas die wichtigsten. Denn die ganze Welt lebt von der Kraft ihrer Arme. Alle großen und kleinen Aufgaben der drei restlichen Kasten sind davon abhängig, wie gut die Kshatriyas ihre Pflichten erfüllen. Das haben auch die Veden erklärt. Erkenne, daß alle übrigen Aufgaben in den Kshatriya Pflichten gegründet sind, wie der Fußabdruck aller anderen Tiere kleiner als der Fußabdruck des Elefanten ist. Die Schriftgelehrten sagen, daß die weltlichen Aufgaben der anderen drei Kasten nur kleine Fürsorge oder Schutz gewähren und damit auch kleineren Verdienst bringen, während die Aufgaben der Kshatriyas großen Schutz gewähren und damit großen Verdienst bringen. Die königlichen Aufgaben sind die Ersten der Aufgaben. Alle Kasten werden von ihnen beschützt. Die weltliche Zügelung begründet die königlichen Aufgaben, oh Monarch, und Zügelung, so wird gesagt, ist eine ewige Tugend und die Erste von allen. Wenn das Wissen von der Herrschaft verschwindet, werden auch die Veden vergehen. Alle Gebote, welche die Aufgaben der Menschen prägen, werden kraftlos. Wahrlich, wenn diese uralten Aufgaben der Kshatriyas aufgegeben werden, werden auch die anderen Aufgaben bezüglich aller Lebensweisen verlorengehen. Alle Arten der Zügelung sieht man in den königlichen Pflichten. Alle Arten der Initiationen *(für menschliche Entwicklungsstufen)* entstehen daraus. Alle Arten des Lernens sind damit verbunden und alle Arten des weltlichen Verhaltens damit konfrontiert. Wie das Töten von Tieren mit niederer Motivation dazu führt, daß die Tugend und die religiösen Handlungen des Schlächters zerstört werden, so werden auch alle anderen Aufgaben, die ohne königlichen Schutz sind, zur Quelle für große Sorgen und Mißerfolge, und die Menschen, die dann voller Angst sind, mißachten bald die ihnen bestimmten Aufgaben.

Kapitel 64 - Über die Wichtigkeit der Kshatriya Aufgaben

Bhishma sprach:

Oh Sohn des Pandu, die Aufgaben bezüglich alle vier Lebensweisen, die der Yatis *(Asketen)* und die Gewohnheiten der Menschen im allgemeinen sind alle von den königliche Aufgaben abhängig. Alle weltlichen Werke, oh Führer der Bharatas, geschehen unter dem Schutz der Kshatriyas. Wenn die Herrschaft nicht funktioniert, werden alle Wesen vom Übel eingeholt. Denn die Aufgaben der Menschen sind nicht eindeutig, weil es so viele verschiedene Neigungen gibt. Von zahllosen äußeren Einflüssen verführt, wird ihr inneres Wesen oft verdeckt. Andere vertrauen den Behauptungen der Menschen, ohne wirklich etwas über ihre wahren Aufgaben im Leben zu wissen, und finden sich schließlich in einem verwirrten Glauben wieder, der keine höhere Vision mehr kennt. Die Aufgaben der Kshatriyas sind klar, produktiv für zukünftiges Wohlergehen, offensichtlich bezüglich ihrer Ergebnisse, unvergänglich und für die ganze Welt nützlich. Oh Yudhishthira, wie die Aufgaben der drei Kasten sowie der Brahmanen und aller, die sich von der Welt zurückgezogen haben, von jener verdienstvollen Lebensweise des Hauslebens abhängen, so ist auch die ganze Welt mit allen verdienstvollen Handlungen von den königlichen Aufgaben abhängig. Ich habe dir bereits erzählt, oh Monarch, wie sich viele tapfere Könige in alten Zeiten dem Herrn aller Wesen, dem göttlichen und mächtigen Vishnu mit der großen Heldenkraft genähert haben, um ihre Zweifel über das Wissen der Herrschaft aufzulösen. Diese Könige, welche die Belehrungen der Schriften und ihre Erfahrungen bedachten, warteten damals Narayana auf, nachdem sie ihre Taten *(als Herrscher)* gegen die Aufgaben anderer Lebensweisen abgewogen hatten. Und sie erkannten, daß auch all die Himmlischen, die Sadhyas, Vasus, Aswins, Rudras, Viswas,

Maruts und Siddhas, welche am Anfang der Zeit vom Ersten der Götter geschaffen wurden, stets aufmerksam alle Kshatriya Pflichten bewahren. Darüber werde ich dir jetzt eine Geschichte erzählen, die voller Weisheit bezüglich Tugend und Gewinn ist:

In alten Zeiten, als sich die Dämonen vermehrten und alle Grenzen und Unterschiede fielen *(und sich Verwirrung ausbreitete)*, wurde der starke Mandhatri zum König, oh Monarch. Dieser Herrscher der Erde führte ein großes Opfer durch, um den mächtigen Narayana, diesen Gott der Götter ohne Anfang, Mitte und Ende zu schauen. In diesem Opfer betete er voller Demut zum großen Vishnu. Der Höchste Herr nahm die Gestalt von Indra an und begab sich zu ihm. Begleitet von vielen guten Königen brachte Mandhatri diesem mächtigen Gott seine Verehrung dar. Und das hohe Gespräch, das zwischen diesem Löwen unter den Königen und dem berühmten Gott in Form von Indra stattfand, rührte den strahlenden Vishnu sehr.

Und Indra sprach:
Oh Erster aller Tugendhaften, warum bemühst du dich, den Uralten und Ersten der Götter, Narayana mit der unvorstellbaren Energie und den unendlichen Illusionen zu schauen? Weder ich selbst noch Brahma können diese Gottheit mit der universalen Form erblicken. Ich werde dir andere Wünsche gewähren, die in deinem Herzen sind, weil du der Vorzüglichste aller Sterblichen bist. Deine Seele ruht im Frieden, du bist der Gerechtigkeit gewidmet, hast deine Sinne gezügelt und bist voller Heldentum. Du versuchst entschlossen, alles für das Wohl der Götter zu tun. Auch für deine Weisheit, Hingabe und hohes Vertrauen werde ich dir jeden gewünschten Segen gewähren.

Und Mandhatri antwortete:
Ich verneige mich tief vor dir, oh Götterherr. Doch zweifellos wünsche ich den Ersten der Götter zu sehen. Alle *(irdischen)* Wünsche abwerfend, möchte ich religiöses Verdienst sammeln und die Beste aller Lebensweisen führen, diesen segensreichen Pfad, den alle höchst achten. Indem ich die hohen Aufgaben eines Kshatriya ausübe, möchte ich viele Bereiche mit unerschöpflichem Verdienst in der kommenden Welt gewinnen und durch diese Aufgaben meinen Ruhm ausbreiten. Ich weiß jedoch nicht, wie man jene hohen Aufgaben in der Welt erfüllt, die vom Ersten der Götter geflossen sind.

Indra sprach:
Wer als König seine Aufgaben nicht kennt, kann die höchste Belohnungen für die Pflichterfüllung nicht erreichen. Die königlichen Aufgaben flossen zuerst aus dem ursprünglichen Gott. Die anderen Lebensaufgaben entsprangen später seinem Körper. Unendlich waren diese anderen Aufgaben, einschließlich jener der Vanaprasta Lebensweise *(der Waldeinsiedler)*, die später geschaffen wurden. So sind auch ihre Früchte unerschöpflich. Die königlichen Aufgaben stehen jedoch über allen. In ihnen sind alle anderen Aufgaben eingeschlossen. Aus diesem Grund gelten die Kshatriya Aufgaben als die Ersten von allen. In alten Zeiten handelte Vishnu gemäß den Kshatriya Pflichten. Er unterdrückte und bekämpfte gewaltsam die Feinde mit seiner unermeßlichen Energie und gewährte damit den

Göttern und Rishis Erleichterung. Wenn der göttliche Vishnu nicht mit unvorstellbarer Kraft alle seine Feinde unter den Dämonen geschlagen hätte, dann wären die Brahmanen, der Schöpfer der Welten *(Brahma)* und die Kshatriya Aufgaben, die zuerst vom Höchsten Gott geflossen sind, alle untergegangen. Wenn dieser Erste und Höchste der Götter nicht seine Heldenkraft durch die Unterwerfung der Erde mit all ihren Dämonen demonstriert hätte, dann wären alle Aufgaben der vier Kasten und Lebensweisen mit den Brahmanen zerstört worden. Auch die ewigen Lebensaufgaben *(der Menschen)* wären damit verlorengegangen. Allein durch die Ausübung der Kshatriya Pflichten konnten sie lebendig bleiben. In jedem Yuga werden die Aufgaben der Brahmanen bezüglich der Erkenntnis von Brahma neu gesetzt. Aber auch diese werden durch die königlichen Aufgaben beschützt. Deshalb werden sie als die Ersten betrachtet.

Das Leben im Kampf opfern, Mitgefühl mit allen Wesen, Erfahrung in den Angelegenheiten der Welt, Schutz des Volkes, Bewahrung vor Gefahr, Besänftigung der Besorgten und Bedrückten - all das gehört zu den Kshatriya Aufgaben der Könige. All jene, die keine gesunde Selbstbeherrschung üben und damit von Begierde und Haß regiert werden, begehen vor allem aus Angst vor den Königen keine offenen Handlungen der Sünde. Und die anderen, die friedlich und rechtschaffen sind, werden unter der Herrschaft der Könige erfolgreich in all ihren Aufgaben sein. Aus diesem Grund gelten die Kshatriya Aufgaben als rechtschaffen. Zweifellos leben alle Wesen glücklich in der Welt, die von Königen beschützt werden, die ihre Kshatriya Aufgaben ausüben, wie die Kinder von ihren Eltern beschützt werden. Die Kshatriya Aufgaben sind damit die Ersten aller Aufgaben. Diese großen und unvergänglichen Aufgaben umfassen den Schutz aller Wesen. Sie sind ewig und führen zu ewiger Befreiung.

Kapitel 65 - Fortsetzung der Geschichte von Mandhatri

Indra sprach:
Die hohen Kshatriya Aufgaben, die mit solcher Energie gefüllt sind und in ihrer Ausführung alle anderen Aufgaben umschließen, sollten von Königen wie dir, oh Mandhatri, beachtet werden, die hochgeboren sind und das Wohlergehen der Welt suchen. Wenn ihre Ausübung schwindet, sind alle Wesen vom Untergang bedroht. Die Könige, die Mitgefühl mit allen Wesen haben, sollten ihre Aufgaben als die Ersten von allen betrachten. Sie sollten das Land kultivieren und fruchtbar machen, große Opfer darbringen, um sich zu reinigen, niemals um etwas betteln und ihre Untertanen beschützen. Das Geben bezeichnen die Weisen als die Erste der Tugenden. Und von allen Arten des Gebens wiederum ist das Opfer des Körpers im Kampf das Höchste. Du hast mit eigenen Augen gesehen, wie die Herrscher der Erde, die stets die Kshatriya Aufgaben beachteten, ihre Lehrer verehrten und großes Wissen erwarben, um schließlich ihre Körper im Kampf hinzugeben.

Der Kshatriya, der nach religiösem Verdienst strebt und die Brahmacharya Lebensweise *(als Schüler)* absolviert hat, sollte ein Leben der Häuslichkeit führen, das immer lobenswert ist, und im Entscheiden der gewöhnlichen Rechtsfragen *(zwischen seinen Untertanen)* stets gerecht urteilen. Weil dadurch alle Kasten ihre jeweiligen Aufgaben erfüllen können und weil sie Schutz, Ordnung und Unterhaltsmittel für alle gewähren, sowie wegen der großen, dafür nötigen Kraft und Anstrengung, gelten die Kshatriya Aufgaben als grundlegend für alle und damit als die Ersten. Denn die anderen Kasten können in ihren jeweiligen Aufgaben nur auf dieser Basis erfolgreich sein. Deshalb sagt man, daß die einen von den anderen bezüglich ihrer Verdienste abhängen. Jene Menschen, die jegliche gesunde Selbstbeherrschungen ignorieren und übermäßig der Gier nach weltlichen Dingen anhaften, bezeichnet man als von der Natur der Tiere. Sie verlangen nach der Justiz durch die Ausübung der königlichen Pflichten. Auch deshalb gelten diese Aufgaben als die Ersten von allen. Für vedenkundige Brahmanen sollte es allerdings selbstverständlich sein, daß sie stets den Geboten entsprechend ihrer Lebensweise folgen. Wenn aber ein Brahmane eigensinnig anders handelt, dann sollte er wie ein Shudra bestraft werden *(denn dann ist er kein Brahmane mehr)*. Die Aufgaben der vier Lebensweisen und die Riten, wie sie in den Veden beschrieben werden, oh König, sollten von den Brahmanen stets bewahrt werden. Wisse, daß sie keine anderen *(weltlichen)* Aufgaben haben. Für den Unterhalt eines Brahmanen, der dagegen handelt, sollte ein Kshatriya nicht mehr sorgen. Sein religiöses Verdienst wird infolge seiner Taten von selbst schwinden, denn ein Brahmane ist wie die Verkörperung von Dharma *(und ihn trifft die Gerechtigkeit von innen her)*. Ein Brahmane, der gegen die vedischen Gebote handelt, verdient keinen Respekt und vor allem kein Vertrauen. So sind die Aufgaben der verschiedenen Kasten. Kshatriyas sollten sie beschützen, damit sie lebendig bleiben und wachsen mögen. Dies sind die königlichen Aufgaben der Kshatriyas und deshalb die Ersten von allen. Ich denke, es sind Aufgaben für Helden, und gerade die wahren Helden, werden die Besten in ihrer Erfüllung sein.

Mandhatri fragte:
Welche Aufgaben haben die Yavanas, Kiratas, Gandharvas, Chinas, Savaras, Barbaras, Sakas, Tusharas, Kankas, Pathavas, Andhras, Madras, Paundras, Pulindas, Ramathas, Kambojas und die anderen Stämme, die aus den Brahmanen, Kshatriyas, Vaisyas und Shudras entsprungen sind und im Herrschaftsgebiet eines Königs leben? Und was sind die Aufgaben von uns Königen gegenüber jenen wilden Stämmen? Darüber wünsche ich alles zu hören. Oh berühmter Gott, belehre mich! Denn du, oh Führer aller Götter, bist der Freund von uns Kshatriyas.

Und Indra sprach:
Alle wilden Stämme sollten ihren Müttern und Vätern, ihren Lehrern und anderen Ältesten, sowie den Waldeinsiedlern und ihren Königen dienen und die Aufgaben und vedischen Riten befolgen. Sie sollten Opfer zu Ehren der Ahnen durchführen, Brunnen graben, den durstigen Reisenden Wasser geben, Obdach anbieten und die Brahmanen würdig beschenken. Gewaltlosigkeit, Wahrhaftigkeit, Friedfertigkeit, der Unterhalt von Brahmanen und Angehörigen, die Pflege ihrer Ehefrauen und Kinder, Reinheit, Ruhe und Opfer sind die Aufgaben, die von jedem aus diesen Klassen geübt werden sollten, falls sie sich Wohlstand wünschen. Sie sollten alle Arten von Pakayajna *(Speise)* Opfer mit kostbaren

Geschenken von Nahrung und Reichtum durchführen. Diese und ähnlichen Aufgaben, oh Sündloser, wurden in alten Zeiten für die Personen solcher Klassen bestimmt. Denn diese verdienstvollen Handlungen sind für alle Menschen gleich und sollten auch von wilden Stämmen beachtet werden, oh König.

Mandhatri sprach:
In der Welt der Menschen gibt es viele Übelgesinnte, die verborgen in allen vier Kasten und Lebensweisen leben.

Indra sprach:
Mit dem Schwinden der königlichen Aufgaben und des Wissens über die Herrschaft werden alle Wesen, oh Sündloser, zunehmend gequält. Das goldenen Krita Zeitalter verschwindet, die Verwirrung bezüglich der verschiedenen Lebensweisen wird immer mehr zunehmen, und unzählige Bettelmönche *(bzw. Lehrer)* mit unterschiedlichsten religiösen Ansichten werden erscheinen. Die Puranas und die hohen Wahrheiten der Religion mißachtend, werden die Menschen, von Begierde und Haß gedrängt, unheilvolle Wege beschreiten. Doch wenn sündhafte Menschen von Hochbeseelten mit dem Stab der Herrschaft gezügelt werden, dann kann die hohe und ewige Religion als heilsame Quelle lebendig bleiben. Unfruchtbar sind alle Gaben, Opfer und Darbringungen an die Ahnen von Menschen, die den König mißachten, der über ihnen steht. Selbst die großen Götter mißachten keinen tugendhaften König, der wahrlich ein ewiger Gott auf Erden ist. Der himmlische Herr aller Wesen, der das Weltall erschuf, bestimmte den Kshatriya als Herrscher über die Menschen aufgrund ihrer Neigungen und Abneigungen bezüglich ihrer Aufgaben. Ich respektiere und verehre jeden, der mit Hilfe seiner Intelligenz die Ausführung der menschlichen Aufgaben bewahrt. Auf diese Bewahrung gründen sich alle Kshatriya Pflichten.

Bhishma fuhr fort:
So sprach der göttliche und mächtige Narayana in Gestalt von Indra diese Worte und begab sich, von den Maruts begleitet, in seine ewige Wohnstätte der unerschöpflichen Glückseligkeit. Oh Sündloser, wenn diese Aufgaben bereits in alten Zeiten von den Guten so geübt wurden, welcher weise Mensch mit gereinigter Seele würde die Kshatriya Pflichten noch mißachten? Wie Blinde vom Weg abkommen, so treffen alle, die ungerecht handeln oder das Handeln verweigern, auf ihren Untergang. Oh Tiger unter den Männern, bewahre diesen Zyklus *(der Aufgaben)*, der am Anfang der Zeit in Gang gesetzt wurde, und seit alters her die Zuflucht der Menschen ist. Ich weiß, oh Sündloser, daß du dazu wirklich fähig bist.

Kapitel 66 - Über die Verdienste der Kshatriya Aufgaben

Yudhishthira fragte:
Du hast zu mir über die vier Lebensweisen der Menschen gesprochen. Ich wünsche, noch ausführlicher davon zu erfahren.

Und Bhishma sprach:
Oh starkarmiger Yudhishthira, alle Aufgaben, die in dieser Welt von Rechtschaf-

fenen erfüllt werden sollten, sind dir genauso bekannt wie mir. So höre jetzt, oh Erster der Tugendhaften, die Antwort auf deine Frage in Hinblick auf die Verdienste aus den Aufgaben, die andere in den verschiedensten Lebensweisen erfüllen. Denn alle Verdienste, oh Sohn der Kunti, von Personen, die ihre Aufgaben in den vier Lebensweisen erfüllen, haften auch dem rechtschaffenen König an, oh Erster der Männer. Ein König, der nicht durch Begierde und Haß beherrscht wird, der mit Hilfe des herrschaftlichen Wissens regiert und der alle Wesen gerecht behandelt, oh Yudhishthira, erreicht die Verdienste der Bhaikshya Lebensweise *(der Bettelmönche)*. Der gelehrte König, der die Würdigen zur rechten Gelegenheit beschenkt, der weiß, wie man belobigt und bestraft, der sich an die Gebote der heiligen Schriften hält und dessen Seele ruhig ist, der gelangt zum Verdienst der Garhasthya Lebensweise *(der Hausväter)*. Der hingebungsvolle König, der stets jene verehrt, die der Verehrung würdig sind und sie entsprechend beschenkt, der erreicht, oh Sohn der Kunti, den Verdienst der Bhaikshya Lebensweise *(der Bettelmönche)*. Der König, oh Yudhishthira, der mit all seiner Macht vor Unheil bewahrt, der seine Untertanen, Verwandten und Freunde beschützt, der stets die Asketen und alle anderen Verehrungswürdigen achtet, der täglich den Ahnen opfert und alle lebenden Wesen beschenkt, der sein Königreich verteidigt, um die Rechtschaffenen zu schützen, der gelangt zum Verdienst der Vanaprasta Lebensweise *(der Waldeinsiedler)*. Aufgrund des Schutzes aller Wesen wie auch seines Königreichs verdient ein König das Verdienst von so vielen Opfern, wieviel er Wesen beschützt und gelangt entsprechend zum Verdienst der Sannyasa Lebensweise *(der Besitzlosen)*. Das tägliche Studium der Veden, Vergebung, Verehrung und Dienst am Lehrer führen zum Verdienst der Brahmacharyas *(Schüler)*. Der König, der jeden Tag still seine Mantras rezitiert und die Götter gemäß den Geboten anbetet, erreicht, oh Tiger unter den Männern, das Verdienst der Hausväter. Der König, der den Kampf übt, um mit seinem Leben das Königreich zu beschützen, der die Waldeinsiedler und vedengelehrten Brahmanen beschenkt, der erreicht das Verdienst der Waldeinsiedler. Der König, oh Yudhishthira, der unter allen Umständen gleiches Mitgefühl zu allen Wesen zeigt und sich völlig der Grausamkeit enthält, der erreicht die Verdienste aller Lebensweisen. Der König, oh Erhalter des Kuru Stamms, der allen Bedrängten, die seinen Schutz suchen, Erleichterung gewährt, der alle Lebewesen beschützt und achtet, wie sie es verdienen, der erreicht den Verdienst der Hausväter. Das Beloben und Bestrafen der Ehefrauen, Brüder, Söhne und Enkel sind die häuslichen Aufgaben jedes Königs und seine beste Buße. Durch Unterstützung der Rechtschaffenen und Verehrungswürdigen und durch den Schutz der Weisen, die zur Selbsterkenntnis gelangt sind, erreicht ein König, oh Tiger unter den Männern, das Verdienst der Hausväter. Der Unterhalt von jenen, oh Bharata, die als Einsiedler oder ähnlich leben, ist die häusliche Aufgabe eines Königs. Der König, der ordnungsgemäß die vom Schöpfer aufgestellten Aufgaben beachtet, erreicht die seligen Verdienste aller Lebensweisen. Der König, oh Kunti Sohn, in dem keine Tugend fehlt, dieser Erste der Menschen, der ordnungsgemäß das Amt oder den Stand, den Stamm oder die Familie, sowie die alten Menschen ehrt, die Ehre verdienen, der gilt für die Weisen als einer, der alle Lebensweisen beachtet und lebt. Der König, oh Tiger unter den

Männern, der die individuellen Aufgaben in seinem Land und seiner Familie bewahrt, der zur rechten Zeit die Rechtschaffenen reichlich beschenkt, der sogar in Zeiten der Gefahr und Angst ein Auge auf die Aufgaben aller Menschen hat, der erreicht die Verdienste aller Lebensweisen.

Der König erhält stets seinen Anteil an den Verdiensten, welche die Rechtschaffenen unter seinem Schutz gewinnen. Wenn er aber, oh König, die Rechtschaffenen innerhalb seines Herrschaftsbereiches nicht beschützt, dann sammelt er auch ihre Sünden an. Auch jene, oh Yudhishthira, die den Königen *(beim Schutz ihrer Untertanen)* helfen, erwerben ebenso einen Anteil aller Verdienste. Die Gelehrten sagen, daß das Hausleben, das wir angenommen haben, die wichtigste aller Lebensweisen ist. Die Gründe dafür sind klar. Es ist wahrlich heilig, oh Tiger unter den Männern. Wer alle Wesen wie sich selbst betrachtet, wer keinem Schaden zufügt und seinen Zorn gezügelt hat, der erreicht großes Glück sowohl jetzt als auch in Zukunft. So ein König kann den Ozean der Welt leicht überqueren mit den königlichen Aufgaben als sein schnelles Boot, das vom Wind der wohltätigen Gaben angetrieben wird, mit den heiligen Schriften als Segel, seiner Intelligenz als kraftvollem Steuermann und getragen von der Macht der Gerechtigkeit. Wenn die Wurzel der Begierde in seinem Herzen von allen irdischen Dingen abgezogen ist, dann gilt er als einer, der in der Vernunft allein ruht. In diesem Zustand gelangt er bald zu Brahma. Heiter geworden durch Meditation und die Zügelung von Begierde und Leidenschaft, oh Tiger unter den Männern, kann der König, der die Aufgabe des Beschützens erfüllt, wahrlich großen Verdienst erreichen. Deshalb, oh Yudhishthira, übe dich sorgfältig im Schutz der frommen, vedenkundigen Brahmanen wie auch aller anderen Menschen. Allein durch das Beschützen, oh Bharata, gewinnt der König einen Verdienst, der hundertfach größer ist als der eines Einsiedlers in den Tiefen des Waldes.

Damit habe ich dir, oh ältester Sohn des Pandu, die verschiedenen Aufgaben der Menschen beschrieben. Bewahre die königlichen Aufgaben, die ewig sind und seit alters her von großen Männern geübt werden! Wenn du dich mit konzentriertem Geist dem Schutz *(deines Volkes)* widmest, oh Tiger unter den Männern, kannst du die Verdienste aller vier Lebensweisen und aller vier Kasten der Menschen erreichen!

Kapitel 67 - Über die Aufgaben eines Königreiches

Yudhishthira fragte:
Du hast die Aufgaben der vier Lebensweisen und vier Kasten erklärt. Sprich jetzt bitte, oh Großvater, über die Hauptaufgaben eines Königreiches.

Und Bhishma sprach:
Die Weihe und Krönung eines Königs ist die erste Aufgabe eines Königreiches. Ein Königreich, in dem Anarchie herrscht, wird bald schwach und von Räubern heimgesucht. In einem Reich der Gesetzlosigkeit kann keine Gerechtigkeit wohnen, und die Einwohner verschlingen einander. Anarchie ist das größte Übel eines Staates. Die heiligen Schriften erklären, daß es Indra selbst ist, der bei der Krönung eines Königs gekrönt wird. Deshalb sollte jeder, der wirklich nach

Wohlstand strebt, seinen König wie Indra verehren. Und keiner sollte in einem von Anarchie zerrissenen Reich wohnen. Denn Agni befördert die Opfergaben nicht *(zu den Göttern)*, die in einem Reich, wo Anarchie herrscht, ins Opferfeuer gegossen werden. Wenn sich ein starker König solch einem Reich nähert, um es in sein Herrschaftsgebiet einzugliedern, dann sollten ihm die Bewohner entgegenkommen und den Eroberer mit Respekt empfangen. Das wäre ein Verhalten, das mit Weisheit im Einklang steht. Denn es gibt kein größeres Übel als Anarchie. Wenn der Eroberer zu Gerechtigkeit neigt, dann wird alles gut. Wird er aber verärgert, dann könnte er große Zerstörung über das Land bringen. Denn eine Kuh, die sich schwer melken läßt, muß viele Qualen ertragen. Das Holz, das noch biegsam ist, wird nicht verheizt. Und der Baum, der sich im Wind neigen kann, wird vom Sturm nicht zerbrochen. Geführt durch diese Beispiele, oh Held, sollten sich die Menschen vor dem Starken beugen. Der Mensch, der sich vor einem Mächtigen verneigt, der verneigt sich vor Indra selbst. Aus diesen Gründen sollten die Menschen, die nach beständigem Wohlstand streben, einen König krönen. Denn in einem Land, wo Anarchie und Gesetzlosigkeit herrschen, kann man sich weder an Reichtum noch an Ehefrauen erfreuen. Denn in Zeiten der Anarchie findet der sündige Mensch großes Vergnügen daran, den Reichtum anderer Leute zu rauben. Wenn jedoch sein gestohlener Reichtum von anderen weggeschnappt wird, dann verlangt er plötzlich einen König. Deshalb ist es offensichtlich, daß in Zeiten der Anarchie sogar die Übelgesinnten nicht glücklich sein können. Der Reichtum von einem wird von zwei anderen entrissen, und den entreißen wiederum andere, die sich verschworen haben. Der Freie wird zum Sklaven, und die Ehefrauen werden gewaltsam entführt. Aus diesen Gründen schufen die Götter Könige, um das Volk zu beschützen.

Wenn es keinen König auf Erden gäbe, um den Stab der Herrschaft zu führen, würde jeder Stärkere den Schwächeren jagen, wie die Fische im Wasser. Wir haben schon oft gehört, daß ganze Völker aufgrund von Anarchie untergingen, wie die stärkeren Fische die schwächeren verschlingen. Und wir haben auch gehört, daß sich dann einige unter ihnen versammelten, verschiedene Entschlüsse faßten und sprachen:
Wer lügt, beschimpft oder gewalttätig wird, wer die Ehefrauen anderer ver- oder entführt oder den Reichtum raubt, der anderen gehört, sollte von uns verstoßen werden.

Um das Vertrauen unter allen Klassen des Volkes zu fördern, faßten sie solche Entschlüsse und lebten damit für einige Zeit. Doch bald wandten sie sich voller Sorgen an den Großen Vater und sprachen:
Ohne einen König, oh göttlicher Herr, gehen wir unter. Ernenne uns einen König! Wir alle werden ihn verehren, und er soll uns beschützen.

So gebeten befragte der Große Vater *(ihren Stammvater)* Manu. Doch Manu hatte Bedenken und sprach:
Ich fürchte alle sündigen Taten. Ein Königreich zu regieren, ist besonders unter Menschen äußerst schwierig, die der Illusion verfallen und in ihrem Verhalten nicht wahrhaft sind.

Darauf sprachen die Bewohner der Erde zu ihm:
Fürchte nichts! Die Sünden, welche die Menschen begehen, werden sie allein selbst zu ertragen haben *(ohne dich im Geringsten zu verunreinigen)*. Für das Wachstum deiner Schatzkammer werden wir dir den fünfzigsten Teil unserer Haustiere und Edelmetalle, sowie den zehnten Teil unseres Korns geben. Und wenn unsere Jungfrauen in das heiratsfähige Alter kommen, dann werden wir, wenn du es wünschst, dir die schönsten unter ihnen überlassen. Und jene der Männer, welche die Besten im Gebrauch von Waffen, Reittieren und Kampfwagen sind, sollen immer hinter dir stehen, wie die Götter hinter Indra. Auf diesem Weg wird deine Kraft wachsen und du wirst unbesiegbar und mächtig unser König sein, der uns freudig beschützt, wie Kuvera die Yakshas und Rakshasas. Auch der vierte Teil aller Verdienste, welche die Menschen unter deinem Schutz gewinnen werden, soll dein sein. Gestärkt durch diesen Verdienst, den wir dir freiwillig geben, mögest du uns beschützen, oh König, wie Indra mit den hundert Opfern die Götter beschützt. Wie die Sonne mit ihren Strahlen alles erobert, so ziehe dann aus, um Siege zu gewinnen. Zerschlage den Stolz der Feinde und laß stets die Gerechtigkeit *(in der Welt)* triumphieren!

So angesprochen von jenen Bewohnern der Erde, stellte sich der energievolle Manu mit großer Kraft an ihre Spitze. Von hoher Abstammung erschien er in seiner Heldenkraft wie ein loderndes Feuer. Und wie die Götter die Kraft von Indra bestaunen, so wurden die Bewohner der Erde beim Anblick dieser Kraft von Ehrfurcht gepackt und strebten nach der Erfüllung ihrer jeweiligen Aufgaben. So machte Manu seine Runde durch die Welt, bekämpfte überall die Boshaftigkeit und stellte die menschliche Ordnung wieder her, wie eine Regenwolke *(die fruchtbares Naß bringt)*.

Oh Yudhishthira, so sollten die Menschen auf Erden, die beständigen Wohlstand wünschen, zuerst einen König für den Schutz aller wählen und krönen. Wie Schüler sich in Gegenwart der Lehrer oder die Götter in Gegenwart von Indra demütig verneigen, so sollten sich alle Menschen vor dem König beugen. Denn wer von seinem eigenen Volk geachtet wird, den werden auch die Feinde achten. Wer aber von seinem Volk ignoriert wird, den werden auch die Feinde bald überwältigen. Und wenn der König von seinen Feinden überwältigt wird, werden auch seine Untertanen unglücklich. Deshalb sollte der König mit Schirmen, Fahrzeugen, Ornamenten und Palästen, sowie mit Essen, Trinken und einem erhöhten Thron mit allen Utensilien für Präsentation und Gebrauch verehrt werden. Durch solche Mittel wird der König unbesiegbar und damit fähig, seine Aufgaben des Schutzes zu erfüllen. Er sollte stets mit einem Lächeln sprechen. Und freundlich angesprochen, sollte er auch freundlich antworten. Dankbar, voller Hingabe und mit gezügelten Leidenschaften sollte er die Erwartungen seines Volkes erfüllen. Vom Volk geachtet sollte er stets mild, freundlich und großzügig regieren.

Kapitel 68 - Die Geschichte von König Vasumanas

Yudhishthira fragte:
Warum, oh Stier der Bharatas, sagen die Brahmanen, daß der König als menschlicher Herrscher wie ein Gott ist?

Und Bhishma sprach:
Diesbezüglich, oh Bharata, ist ein Gespräch zwischen Vrihaspati und Vasumanas aus alten Zeiten überliefert. Es gab einst einen König in Kosala, der mit großer Intelligenz gesegnet war und Vasumanas genannt wurde. Als sich die Gelegenheit bot, da befragte er den großen Heiligen Vrihaspati, der voller Weisheit ist. König Vasumanas war stets der Wohltätigkeit für alle gewidmet und wußte um die Wichtigkeit der Demut. Und so umrundete er den großen Weisen demütig und verbeugte sich gebührend vor ihm. Dann befragte er den tugendhaften Vrihaspati über die Gebote bezüglich eines Königreichs mit dem Wunsch, das Glück der Menschen zu sichern.

Vasumanas fragte:
Wodurch gedeihen die Wesen und wodurch werden sie zerstört? Oh Weiser, wen oder was verehrend, können sie ewiges Glück erreichen?

So befragt vom König der Kosalas mit der unermeßlichen Energie, belehrte ihn der weise Vrihaspati gelassen über den Respekt, der Königen dargebracht werden sollte.

Und Vrihaspati sprach:
Man kann sehen, oh Kluger, daß die Aufgaben aller Menschen im König gegründet sind. Nur aus Furcht vor dem König verschlingen sich die Menschen nicht gegenseitig. Es ist der König, der auf Erden den Frieden durch die Erfüllung seiner Aufgaben sichert, indem er jegliche Übertretung der vernünftigen Selbstbeherrschung und alle Arten der Begierden bekämpft. Ist er damit erfolgreich, erstrahlt er im Ruhm. Oh König, wie sich alle Menschen nicht mehr erkennen können und in völlige Dunkelheit versinken, wenn sich Sonne und Mond nicht erheben, wie Fische in seichtem Wasser und Vögel an einem sicheren Ort nach Belieben umherstreifen, aber sich wiederholt selbst angreifen und überwältigen und damit zugrunde gehen, so versinkt auch ein Volk in völlige Dunkelheit und geht zugrunde, wenn es keinen König hat, der es beschützt wie ein Hirte seine Herden. Wenn der König seine Aufgaben des Schutzes nicht erfüllen würde, dann würden die Starken die Reichtümer der Schwächeren mit Gewalt ergreifen und sogar ihr Leben bedrohen. Niemand könnte mehr in Frieden leben und am Eigentum Freude finden. Ehefrauen, Söhne, Nahrung und andere Besitztümer wären ständig bedroht. Chaos würde überall herrschen, wenn der König seine Aufgabe nicht erfüllt. Übelgesinnte Menschen würden Wagen, Roben, Ornamente, Edelsteine und andere Reichtümer gewaltsam rauben, wenn der König sie nicht beschützen würde. Ohne den Schutz des Königs würden die verschiedensten Waffen auf die Rechtschaffenen niedergehen, und Unrecht würde zur Gewohnheit. Ohne königlichen Schutz würden die Menschen ihre altgewordenen Mütter und Väter mißachten oder sogar verletzen, sowie ihre Lehrer, Gäste und Ältesten. Wenn der König nicht herrscht, würden

alle, die irgendetwas Begehrenswertes besitzen, auf Tod, Raub und Verfolgung stoßen, und die nützliche Idee vom Eigentum würde verschwinden. Wenn der König nicht beschützt, würde alles vorzeitig vergehen, das ganze Land wäre von Räubern überflutet, und jeder würde in eine schreckliche Hölle fallen. Wenn der König nicht herrscht, würden alle Grenzen der Ehe und des zwischenmenschlichen Umgangs vergehen. Landwirtschaft und Handel würden im Chaos versinken. Die Moral würde verfallen und schließlich ganz verloren gehen. Die drei Veden würden verschwinden und die vedischen Opfer nicht mehr durchgeführt. Keine Ehe würde mehr geschlossen und die ganze Gesellschaftsordnung zerbrechen, wenn der König die Aufgabe des Schutzes nicht erfüllt. Die Stiere würden die Kühe nicht decken, die Milchbehälter würden nicht gebuttert, und die Menschen, die von der Viehzucht leben, würden aussterben, wenn der König nicht herrscht. Ohne königlichen Schutz würden bald alle untergehen, von Angst verwirrt, ohne Sinn und Gefühl und schreiend in ihrer Qual. Es gäbe keine Opfer mehr, die sich über das Jahr verteilen und mit Gaben gemäß der Ordnung vollendet werden, wenn der König die Aufgabe des Schutzes nicht erfüllte. Ohne königlichen Schutz würden die Brahmanen nicht die vier Veden studieren, in Entsagung leben und durch Erkenntnis und beständige Gelübde gereinigt werden. Ohne königlichen Schutz würde selbst der Brahmanenmörder keine Strafe erhalten, sondern unbehelligt umherlaufen. Ohne königlichen Schutz würden die Menschen sich den Reichtum gegenseitig aus den Händen reißen, alle vernünftigen Schranken würden fallen, und die Menschen würden voller Angst die Flucht suchen. Ohne königlichen Schutz würden alle Arten der Ungerechtigkeit wachsen, die Kasten würden sich vermischen, und Hungersnot würde das Königreich verwüsten. Denn aufgrund des königlichen Schutzes können die Menschen überall furchtlos schlafen, ohne ihre Häuser und Türen mit Bolzen und Balken zu verrammeln. Keiner muß die Beleidigungen von anderen ertragen, noch viel weniger tätliche Angriffe, wenn der König die Erde gerecht beschützt. Wenn der König herrscht, können die mit Ornamenten geschmückten Frauen überall furchtlos wandern, ohne daß sie von männlichen Verwandten beschützt werden müßten. Die Menschen würden sich rechtschaffen und friedlich gegenseitig unterstützen. Durch den königlichen Schutz können die Mitglieder der drei Kasten ihre hohen Opfer durchführen und sich mit Achtsamkeit dem Lernen widmen. Die Menschenwelt hängt von der Landwirtschaft und dem Handel ab und wird durch die Veden bewahrt. Alle diese werden wiederum vom König beschützt, der seine Aufgaben erfüllt. Weil der König diese schwere Last auf sich nimmt und seine Untertanen mit Hilfe seiner Macht beschützt, kann das Volk glücklich leben. Wer würde ihn nicht verehren, durch dessen Dasein die Leute bestehen können und mit dessen Untergang die Leute untergehen würden? Wer vollbringt, was dem König angenehm und nützlich ist, und wer diese Last der königlichen Aufgaben mit tragen hilft, wodurch er jede Kaste mit Ehrfurcht erfüllt, gewinnt sowohl diese als auch die kommende Welt. Der Mensch, der nur daran denkt, den König zu verletzen, trifft zweifellos schon hier auf Qualen und geht den Weg zur Hölle. Keiner sollte den König mißachten, indem er ihn für einen gewöhnlichen Menschen hält, weil er in Wirklichkeit eine hohe Gottheit in menschlicher Gestalt ist.

Der König nimmt fünf verschiedene Formen gemäß den fünf verschiedenen Gelegenheiten an. So wird er Agni, Aditya, Mrityu, Kuvera oder Yama. Wenn der König, durch Lüge hintergangen wird und mit seiner wilden Energie die sündigen Übeltäter verbrennt, so sagt man, daß er die Form von Agni *(dem Feuergott)* annimmt. Wenn er durch seine Spione die Taten der Untertanen beobachtet und vollbringt, was zum allgemeinen Nutzen ist, nimmt er die Form von Aditya *(dem Sonnengott)* an. Wenn er im gerechten Zorn hunderte Übelgesinnte mit ihren Familien zerstört, dann trägt er die Form des Zerstörers *(des Totengottes Mrityu)*. Wenn er die Übeltäter zügelt, indem er sie streng genug bestraft, und die Rechtschaffene fördert, indem er sie genügend belohnt, dann nimmt er die Form von Yama *(dem Gott der Gerechtigkeit)* an. Wenn er mit reichen Geschenken jene auszeichnet, die ihm wertvolle Dienste erwiesen haben, und denen ihren Reichtum entreißt, die ihn verletzen, wenn er den einen Wohlstand gibt und anderen nimmt, dann, oh König, sagt man, daß er die Form von Kuvera *(dem Gott des Reichtums)* auf Erden annimmt. Kein kluger Mensch, der tatkräftig und wohlgesinnt den Erwerb von Tugend wünscht, sollte jemals üble Gerüchte über den König verbreiten. Kein Mensch kann jemals glücklich werden, indem er gegen den König handelt, selbst wenn er zufällig der Sohn des Königs, sein Bruder, Begleiter oder Freund ist. Mag auch das Feuer, das vom Wind angefacht wird, noch einen Rest übriglassen, aber der Zorn eines Königs, läßt nichts von der Person zurück, die ihn verletzt. Was auch immer dem König gehört, sollte mit Respekt gemieden werden. Man sollte den königlichen Besitz fürchten, wie den Tod selbst. Wer nach dem Besitz des Königs greift, wird untergehen wie ein Hirsch, der Gift berührt hat. Der kluge Mensch sollte den königlichen Besitz wie seinen eigenen beschützen. Wer nach dem Besitz des Königs greift, der versinkt voller Dummheit in eine tiefe Hölle der ewigen Dunkelheit und Schande.

Wer würde nicht den König verehren, der mit solchen Titeln angesprochen wird, wie die Freude des Volkes, der Quell des Glücks, Bewahrer des Wohlstandes, der Erste von Allen, der Heiler von Verletzungen, der Herr der Erde oder der Beschützer der Menschen? Wer deshalb seinen Wohlstand wünscht, wer eine gesunde Selbstbeherrschung beachtet, seine Seele unter Kontrolle hält, seine Leidenschaften zügelt, wer mit Intelligenz und Erinnerung gesegnet ist, und wer *(in den weltlichen Geschäften)* klug handelt, der sollte stets dem König verbunden sein. Der König sollte den Minister gebührend ehren, der dankbar, voller Weisheit, großherzig, loyal, selbstbeherrscht, tugendhaft und achtsam in den Dingen der Politik ist. Der König sollte alle Menschen unterstützen, die treu, dankbar, diszipliniert, tugendhaft, tapfer, wohltätig und eigenständig im Handeln sind. Klugheit macht die Menschen stolz, der König macht sie bescheiden. Wer vom König verfolgt wird, kann niemals glücklich sein. Wer aber die Gunst des Königs erreicht, der wird glücklich. Der König ist das Herz seines Volkes. Er ist ihre große Zuflucht, er ist ihr Ruhm und ihr höchstes Glück. Jene Menschen, oh Monarch, die dem König verbunden sind, werden erfolgreich diese und die kommende Welt meistern. Und nachdem der König diese Erde mit Hilfe der Qualitäten von Selbstdisziplin, Wahrheit und Freundschaft regiert, und die Götter durch große Opfer verehrt hat, erhält er großen Ruhm und eine ewige Wohnstatt im Himmel.

Und Bhishma fuhr fort:
Nachdem dieser Beste der Monarchen, der heroische Vasumanas, der Herrscher von Kosala, auf diese Weise durch Vrihaspati, dem Sohn von Angiras, belehrt wurde, begann er, seine Untertanen gerecht zu beschützen.

Kapitel 69 - Über die besonderen Aufgaben der Könige

Yudhishthira fragte:
Welche anderen besonderen Aufgaben bleiben für den König zu tun? Wie sollte er sein Königreich beschützen und wie seine Feinde unterwerfen? Wie sollte er seine Spione anstellen? Wie sollte er das Vertrauen in den vier Kasten seiner Untertanen, seiner Diener, Ehefrauen und Söhne fördern, oh Bharata?

Und Bhishma sprach:
Höre aufmerksam, oh Monarch, über die verschiedenen Aufgaben der Könige, jene Handlungen, die der König oder jeder andere Herrscher im besonderen vollbringen muß. Der König sollte zuerst sich selbst überwinden und danach bemüht sein, auch seine Feinde zu unterwerfen. Denn wie könnte ein König, der nicht fähig ist, sich selbst zu beherrschen, seine Feinde besiegen? Die Zügelung der fünf Sinne gilt als Selbstbeherrschung. Der König, der es schafft, seine Sinne zu unterwerfen, ist auch fähig, seine Feinde zu besiegen. Er sollte, oh Freude der Kurus, seine Wachsoldaten an seinen Grenzen, in seinen Festungen, Palästen, Städten, Parks und Vergnügungsgärten sowie auf allen Wegen aufstellen, wohin er selbst geht, oh Tiger unter den Männern. Er sollte als Spione Männer beauftragen, die wie Dumme, Blinde oder Taube erscheinen. Er sollte sie zuvor gründlich prüfen, ob sie zuverlässig sind, mit Weisheit begabt und auch fähig, Hunger und Durst zu ertragen. So sollte der König immer ein wachsames Auge auf all seine Berater, Freunde und Söhne in seiner Stadt und den Provinzen sowie in den Fürstentümern haben. Dabei sollten seine Spione so angestellt werden, daß sie sich gegenseitig nicht kennen. Gut ist es, oh Bulle der Bharatas, wenn er die Spione seiner Feinde findet, indem er seine eigenen Spione unter den Bettlern, in Geschäften, Vergnügungsstätten, Versammlungsorten, Gärten, Parks, Schulen und überall dort plaziert, wo sich Leute versammeln, selbst an seinem eigenen Hof und in den Häusern der Bürger. Der kluge König kann damit die von seinen Feinden geschickten Spione finden. Und wenn diese bekannt sind, läßt sich großer Nutzen daraus ziehen, oh Sohn des Pandu.

Wenn der König nach kritischer Selbstbetrachtung feststellt, daß er schwächer als der Feind ist, sollte er nach Befragung seiner Berater Frieden mit seinem Feind halten. Der weise König sollte sogar mit einem schwächeren Feind Frieden schließen, wenn sich daraus irgendein Vorteil ergibt. Der Schutz seines Königreiches sollte immer durch Gerechtigkeit erreicht werden, und daher sollte der König mit allen Frieden halten, die tugendhaft, ehrlich, mächtig und fähig sind. Wenn sich der König aber bedroht fühlt und ihn der Ruin treffen könnte, dann sollte er alle Angreifer besiegen, die er zuvor achtsam beobachtet und identifiziert hat. Ein König sollte sich aufmerksam um alle kümmern, die nützen oder verletzen könnten oder ihn in Zeiten der Not retten. Und wenn er von seiner Kraft überzeugt in den Kampf zieht, sollte er zuvor seine Hauptstadt gut sichern und an der Spitze einer großen Armee heiter und voller Mut den Befehl zum Abmarsch geben, ohne sein Ziel denen zu offenbaren, die keine Verbündeten oder Freunde sind, oder bereits mit anderen Krieg führen und damit unzuverlässig sein könnten, oder einem Schwächeren als er. Ein König sollte nicht lange unter der Bedrohung eines Stärkeren leben. Wenn auch schwächer, sollte er sich stets bemühen, den Stärkeren zu bedrängen und entschlossen seine Herrschaft ausbauen. Das Königreich des Stärkeren kann er durch Waffen, Feuer oder Gift schwächen. Er kann auch Uneinigkeit unter dessen Beratern und Dienern verursachen. Vrihaspati hat gesagt, daß ein kluger König den offenen Krieg für den Erwerb von Land stets vermeiden sollte. Neue Ländereien sollten durch die drei wohlbekannten Mittel von Versöhnung, Geschenken und Spaltung erworben werden. Der weise König sollte mit dem zufrieden sein, was mit diesen Mitteln gewonnen werden kann.

Der König, oh Freude der Kurus, sollte ein Sechstel vom Einkommen seiner Untertanen als Tribut nehmen, um den Aufwand zu deren Schutz zu decken. Er sollte auch entsprechend viel oder wenig Reichtum den zehn Arten von Straftätern mit Gewalt entziehen, die in den Schriften beschrieben werden, um den Schutz seiner Untertanen zu sichern. Denn seine Untertanen sollte ein König stets wie seine eigenen Kinder betrachten. Im Schlichten ihrer Streitigkeiten ist allerdings kein Mitleid angebracht. Um die Beschwerden und Antworten der Streitenden in gerichtlichen Klagen anzuhören, sollte der König stets Personen ernennen, die voller Weisheit sind und in weltlichen Angelegenheiten Erfahrung haben, weil der Staat vor allem auf einer gerechten Justiz beruht. Er sollte auch ehrliche und vertrauenswürdige Menschen über seine Minen, Fährschiffe, Elefantenabteilungen und die Vorräte von Salz und Korn einsetzen. Denn der König, der stets mit Anstand das Zepter der Herrschaft schwingt, erntet großes Verdienst. Die gerechte Herrschaft ist die hohe Aufgabe der Könige und verdient höchstes Lob. Der König sollte mit den Veden und ihren Zweigen bekannt sein, Weisheit haben, Buße und Wohltätigkeit üben und dem Opfern gewidmet sein. Alle diese Qualitäten sollten in einem König beständig wohnen. Wenn der König in der Rechtsprechung scheitert, kann er weder Himmel noch Ruhm gewinnen.

Wenn ein kluger König durch einen Stärkeren angegriffen wird, sollte er Zuflucht in einer Festung suchen, um sich dort mit seinen Freunden zur Beratung zu versammeln und die richtigen Mittel zu bedenken. Und durch geschickte Politik der Versöhnung oder Spaltung mag er den Kampf gegen den Angreifer führen. Er sollte die Einwohner der Wälder auf die Bergstraßen schicken, wenn nötig, ganze Dörfer evakuieren und alle Einwohner in die kleineren Städte oder den Stadtrand der großen Städte umsiedeln. Er sollte alle wohlhabenden Untertanen und die führenden Beamten sichern, die Bewohner des offenen Landes in gut geschützte Festungen schicken, die Kornspeicher an sichere Plätze bringen, und, wenn das unmöglich ist, sie verbrennen. Er sollte Männer aussenden, um das Getreide auf den Feldern, die der Feind erobert hat, zu zerstören. Und wenn sie scheitern, sollte er seine Truppen schicken. Er sollte alle wichtigen Brücken über die Flüsse in seinem Königreich zerstören, das Wasser aus den Zisternen lassen oder ungenießbar machen. Kann er die Aufgabe des Schutzes nicht selbst erfüllen, sollte er im Hinblick auf die gegenwärtigen und zukünftigen Verhältnisse den Schutz eines Herrschers aus einem anderen Königreich suchen, der zufällig den gleichen Feind hat und fähig ist, sich mit ihm auf dem Schlachtfeld zu treffen. Er sollte um seine Festungen herum auch alle kleineren Bäume fällen und von den großen die Zweige abhauen, aber die heiligen Bäume verschonen. Er sollte Schutzwälle mit Spießen und Wassergräben mit Krokodilen um seine Festungen errichten, aber kleine Öffnungen lassen, um Waffen abzuschießen, und achtsam alle Verteidigungsmaßnahmen ergreifen, wie zum Beispiel kräftige Tore. An allen Toren sollte er Kriegsmaschinen aufstellen und auf den Festungswällen Sataghnis und andere Waffen. Er sollte Brennholz bunkern und Brunnen graben für die Wasserversorgung der Garnison. Er sollte alle Häuser, die aus Gras und Stroh sind, mit Lehm verputzen lassen und wenn es Sommer ist, sollte er aus Furcht vor dem Feuer alle Lager von Gras und Stroh sichern. Er sollte befehlen, daß alles Essen nur nachts gekocht wird. Kein Feuer sollte während des Tages entzündet werden, außer das tägliche Homa. Besondere Sorge gelte den Feuern in Schmieden und Entbindungsräumen. Die Feuerstellen in den Häusern der Bewohner sollten gut überwacht werden. Für den wirksamen Schutz der Stadt sei öffentlich verkündet, daß jeden gebührende Strafe trifft, der ein Feuer am Tage entzündet. Während solcher Zeiten sollten alle Bettler, Taugenichtse, Wahnsinnige und Trinker aus der Stadt vertrieben werden, weil ihre Anwesenheit üble Folgen haben könnte. An Orten der öffentlichen Zuflucht, an Tirthas, in Versammlungen und den Häusern der Bürger sollte der König fähige Spione plazieren. Er sollte breite Straßen errichten lassen, sowie Geschäfte und Wasserstellen an den richtigen Orten. Depots *(für Nahrungsmittel)*, Waffenarsenale, Lager und Soldatenunterkünfte, Ställe für Pferde und Elefanten, Gräben, Straßen und Seitenwege, Häuser und Gärten für die Ruhe und das Vergnügen sollten so eingerichtet werden, daß ihre Lage dem Feind nicht bekannt ist, oh Yudhishthira. Ein König, der von einer feindlichen Armee bedrängt wird, sollte Reichtum sammeln, sowie Öl, Fett, Honig, geklärte Butter, Medikamente, Holzkohle, Munja und Kusha Gras, Futter, Brennstoff, Pfeilgift und Waffen aller Arten wie Bögen, Pfeile, Speere, Schwerter und Lanzen. Diese Dinge sollte der König immer vorrätig haben. Er sollte besonders Drogen, Wurzeln und Früchte sowie die vier Arten der Ärzte, Schauspieler und Tänzer, Athleten und Verkleidungskünstler bereithalten. *(Und ist der Sieg errungen,)* dann mag der König seine Hauptstadt schmücken und all seine Untertanen erfreuen. Dann sollte er schnell alle Personen unter seine Kontrolle bringen, die ihm im Kampf feindlich gesinnt waren, seien es seine Diener, Berater, Bürger oder benachbarte Monarchen. Nachdem dies vollbracht ist, kann er jene belobigen, die ihm mit Reichtum, Taten oder nützlichen Ratschlägen im Kampf geholfen haben. Die Schriften sagen, oh Freude der Kurus, daß ein König seine Schuld bezahlt, wenn er seine Feinde zerstreut oder ganz besiegt.

Ein König sollte auf sieben Dinge aufpassen: Auf sich selbst, seine Berater, seine Schatzkammer, seine Beamten und Richter, seine Freunde, seine Provinzen und seine Hauptstadt. Er sollte mit Sorge sein Königreich beschützen, das aus diesen sieben Gliedern besteht. Der König, oh Tiger unter den Männern, der in den sechs Mitteln, der dreifachen Anhäufung und der hohen Anhäufung erfahren ist, wird erfolgreich die Herrschaft der ganzen Erde gewinnen. Höre, oh Yudhishthira, wie ich die sechs Mittel nenne: Friedliche Herrschaft durch kluge Verträge, Aufmarsch zum Kampf, Spaltung der Feindeskraft, Einschüchterung durch Machtdemonstration, Bereitschaft für Krieg und Frieden sowie Bündnisse. Höre jetzt achtsam, was die dreifache Anhäufung genannt wird: Ausgeben, Bewahren und Einnehmen. Die hohe Anhäufung besteht aus der Dreiheit von Tugend, Gewinn und Vergnügen. Diese Ziele sollten vernünftig verfolgt werden. Mit Hilfe der Tugend wird ein König stets erfolgreich die Erde regieren. Diesbezüglich hat Vrihaspati, der Sohn von Angiras, zwei Verse gesungen. Sei gesegnet, oh Sohn der Kunti, und höre sie:

„Nachdem ein König alle seine Aufgaben erfüllt, die Erde und seine Städte beschützt hat, gelangt er zu großer Seligkeit im Himmel. Welche Buße und welche Opfer benötigte ein König noch, der sein Volk gerecht beschützt? Solch ein König gilt als erfahren in jeglicher Tugend."

Yudhishthira fragte:
Es gibt das Wissen von der Herrschaft, es gibt den König und es gibt die Untertanen. Sage mir, oh Großvater, welcher gegenseitige Nutzen ergibt sich unter ihnen?

Bhishma sprach:
Höre mich, oh König, wie ich den großen Segen des Wissens von der Herrschaft in heiligen Worten voller Bedeutung beschreibe. Das Wissen um die Herrschaft zwingt alle Menschen zur Erfüllung der Aufgaben ihrer jeweiligen Kaste. Ordnungsgemäß angewandt, drängt es das Volk zu tugendhaften Taten. Wenn sich die vier Kasten um ihre jeweiligen Aufgaben kümmern, wenn alle vernünftigen Grenzen bewahrt werden, wenn Frieden und Glück aus dem Herrscherwissen fließen, wenn die Leute ohne Angst leben können, und die drei höheren Kasten entsprechend ihrer Aufgaben nach Harmonie streben, dann wisse, daß die Menschen in solchen Zeiten wahrlich glücklich sind. Ob es nun der König ist, der das Zeitalter macht, oder das Zeitalter den König, ist eine Frage, über die du keinen Zweifel haben solltest. Die Wirklichkeit ist, daß der König das Zeitalter bestimmt. Wenn der König mit festem und vollem Vertrauen auf das Wissen der Herrschaft regiert, dann sagt man, daß das Beste aller Yugas beginnt, welches Krita *(das Goldene)* genannt wird. Gerechtigkeit bringt das Krita Zeitalter hervor. Dort kann keine Ungerechtigkeit bestehen. Denn die Herzen der Menschen in allen vier Kasten finden keinerlei Freude an Ungerechtigkeit. Es gibt keine Zweifel, daß alle Menschen ihre gewünschten Ziele erreichen und das bewahren, was sie erworben haben. Alle vedischen Riten bringen heilsame Verdienste. Alle Jahreszeiten sind angenehm und frei von Übel. Die Stimmen, die Worte und der Geist aller Menschen sind klar und heiter. Krankheiten verschwinden, und alle

Menschen haben ein langes, erfülltes Leben. Ehefrauen werden nicht zu Witwen, und keiner wird zum Geizhals. Die Erde trägt Getreide, ohne daß es angebaut werden müßte. Kräuter und Pflanzen wachsen in Hülle und Fülle. Rinden, Blätter, Früchte und Wurzeln gedeihen kräftig und reichlich. Keiner sieht irgendwo Ungerechtigkeit. Alles ist in Ordnung. Dies erkenne, oh Yudhishthira, als Merkmale des Krita Zeitalters. Wenn sich der König aber nur noch auf drei von vier Teilen des Herrscherwissens stützt und ein Viertel versäumt, dann beginnt das Zeitalter, welches Treta *(das Silberne)* genannt wird. Ein Viertel Ungerechtigkeit folgt der Beachtung von Dreiviertel *(Gerechtigkeit)*. Die Erde gibt Getreide, Kräuter und Pflanzen aber erwartet dafür, daß sie angebaut werden. Wenn der König das hohe Wissen nur noch zur Hälfte beachtet und die andere Hälfte versäumt, dann beginnt das Dwapara *(das Bronzene)* Zeitalter. Eine Hälfte Ungerechtigkeit folgt aus dem halbem Herrscherwissen. Die Erde verlangt die Bebauung und gibt nur noch die Hälfte an Getreide. Wenn der König aber das hohe Wissen ganz aufgibt und seine Untertanen mit unheilsamen Mitteln unterdrückt, dann beginnt das Kali *(das Eiserne)* Zeitalter. Während des Kali Yugas wächst die Ungerechtigkeit ins Uferlose, und keiner sieht mehr Gerechtigkeit. Die Herzen der Menschen in allen Kasten fallen von ihren jeweiligen Aufgaben ab. Die Shudras nehmen das Leben der Bettelmönche an, und die Brahmanen leben als Diener. Die Menschen scheitern an ihren Zielen und können das Erreichte nicht bewahren. Die vier Kasten vermischen sich, die vedischen Riten bleiben ohne Früchte, die Jahreszeiten sind nicht mehr angenehm und voller Übel. Die Stimmen, die Worte und der Geist der Menschen verlieren ihre Kraft. Krankheiten nehmen zu, und Menschen sterben vorzeitig. Ehefrauen werden zu Witwen, und viele Grausamkeiten wird man unter den Menschen sehen. Die Wolken regnen nicht zur rechten Zeit, und das Getreide verliert an Kraft. Das fruchtbare Wachstum nimmt überall ab, wenn der König nicht mit ganzer Achtsamkeit durch sein hohes Wissen sein Volk beschützt. Damit ist der König der Schöpfer des Krita, Treta, Dwapara oder Kali Zeitalters. Wenn er das goldene Krita Yuga verursacht, erreicht er den ewigen Himmel. Wenn er das Treta verursacht, erwirbt er den Himmel für eine beschränkte Zeit. Wenn er das Dwapara verursacht, gelangt er gerade noch zur Glückseligkeit im Himmel gemäß seiner Verdienste. Wenn er aber das Kali Yuga verschuldet, übernimmt der König eine schwere Last an Sünde. Befleckt durch seine Boshaftigkeit wird er unzählige Jahre in der Hölle leiden, denn versunken in den Sünden seiner Untertanen, sammelt er für sich selbst große Sünde und Schande an. Deshalb sollte der kluge Kshatriya das hohe Wissen der Herrscher stets bewahren und darum kämpfen, jene hohen Ziele zu erreichen und das zu erhalten, was bereits gewonnen wurde. Das Wissen von der Herrschaft, das alle Menschen ihre jeweiligen Aufgaben erfüllen läßt, das der Grundstein aller gesunden Unterscheidungen ist und in Wirklichkeit die Welt stützt und am Laufen hält, beschützt alle Menschen wie die Eltern ihre Kinder, wenn es richtig angewendet wird. Erkenne, oh Bulle unter den Männern, daß das Leben der Wesen davon abhängt. Das höchste Verdienst, das ein König erwerben kann, ist das richtige Verständnis und die Anwendung dieses Herrscherwissens. Deshalb, oh Nachkomme des Kuru, beschütze deine Untertanen rechtschaffen mithilfe dieses hohen Wissens! Indem du die Untertanen auf diese Weise beschützt, wirst du sicher jene große Glückseligkeit im Himmel erreichen, die so schwer zu erreichen ist.

Kapitel 70 - Über die verschiedenen Tugenden der Könige

Yudhishthira fragte:
Durch welches Verhalten, oh bester Kenner aller Arten des Verhaltens, kann ein König erfolgreich und einfach in dieser und der kommenden Welt das gewinnen, was den Wohlstand gedeihen läßt?

Bhishma sprach:
Es gibt sechsunddreißig Tugenden *(die ein König beachten sollte)*, die mit sechsunddreißig weiteren verbunden sind. Der Tugendhafte kann durch diese Qualitäten mit Sicherheit großes Verdienst erwerben. Der König sollte seine Aufgaben ohne Zorn und Böswilligkeit beachten und niemals die Güte aufgeben. Er sollte Vertrauen haben, den Wohlstand ohne Gier und Grausamkeit gewinnen und in Vergnügungen ohne Anhaftung sein. Er sollte mit Heiterkeit Angenehmes sprechen, ohne Prahlerei tapfer sein, tolerant und freigiebig, aber nicht zu Unwürdigen. Er sollte Heldenkraft ohne Grausamkeit zeigen, Bündnisse schließen, Übelgesinnte meiden, Freunde suchen und keine Spione anstellen, die ihm nicht ergeben sind. Er sollte seine Ziele niemals mit Habgier verfolgen oder vor Übelgesinnten offenbaren. Er sollte über die Verdienste von anderen sprechen, aber nie über seine eigenen. Er sollte die Übeltäter bestrafen, aber nie die Rechtschaffenen. Er sollte niemals Übelgesinnte in seinen Dienst nehmen oder ihre Hilfe suchen, niemals strafen ohne sorgfältige Untersuchung, niemals die Ratschläge offenbaren, die er bekommen hat, und niemals Habgierige beschenken. Er sollte anderen vertrauen, aber niemals denen, die ihn einmal verletzt haben. Er sollte niemals Böswilligkeit hegen, seine angetrauten Ehefrauen beschützen, im Inneren rein sein, nie vom Mitleid überwältigt werden, nicht zu viele Freundschaften mit Frauen pflegen, sich gesund ernähren, ohne Stolz die Würdigen verehren, seinen Lehrern und Ältesten aufrichtig dienen, die Götter ohne Eigensinn anbeten, nach Wohlstand streben und niemals Schändliches tun. Er sollte Demut haben, in weltlichen Geschäften klug sein, stets die rechte Zeit abwarten, die Menschen trösten und nie mit leeren Reden wegschicken, in seinen Versprechungen aufrichtig sein, niemals in Unwissenheit handeln, seine Feinde besiegen und sich nie in Sorgen verstricken. Er sollte zur rechten Gelegenheit Charakter zeigen und das rechte Strafmaß kennen. So solltest du dich verhalten, oh Yudhishthira, während du dein Reich regierst, wenn du Wohlstand wünschst! Der König, der anders handelt, beschwört große Gefahr herauf. Wer jedoch alle diese Tugenden beachtet, die ich aufgezählt habe, erntet vielfältigen Segen auf Erden und großen Lohn im Himmel.

Vaisampayana fuhr fort:
Nachdem der höchst intelligente König Yudhishthira, der geduldig zusammen mit seinen Brüdern die Belehrungen empfing, diese Worte des Sohns von Shantanu gehört hatte, verehrte er seinen Großvater und begann seit dieser Zeit, entsprechend zu regieren.

Kapitel 71 - Über den gerechten Schutz des Volkes

Yudhishthira sprach:
Sage mir, oh Großvater, auf welche Weise der König seine Untertanen beschützen sollte, um Sorgen zu vermeiden und die Gerechtigkeit zu bewahren?

Bhishma sprach:
Ich werde dir, oh König, jene ewigen Aufgaben kurzgefaßt nennen. Denn wenn ich sie im Detail beschreiben sollte, würde ich kein Ende finden. Die Brahmanen, die ihren Aufgaben gewidmet und in den Veden gelehrt sind, die hohe Gelübde bewahren, die Götter regelmäßig anbeten und nach Vollkommenheit streben, solltest du verehren, wenn sie dein Haus besuchen und ihnen Ämter bei deinen Opfern anvertrauen. Wenn sie erscheinen, solltest du dich mit deinen Priestern erheben, voller Verehrung ihre Füße berühren und alles Notwendige *(für ihren würdigen Empfang)* tun. Durch diese hingebungsvollen Handlungen, die zu deinem Wohl sind, mögest du jene Brahmanen veranlassen, ihren Segen über dich für den Erfolg deiner Ziele auszusprechen. Und gesegnet mit Ehrlichkeit, Weisheit und Intelligenz, oh Bharata, solltest du Wahrhaftigkeit annehmen und Begierde und Haß ablegen. Denn der unwissende König, der nach Gewinn strebt, ohne Begierde und Haß zu überwinden, der scheitert im Erwerb der Tugend und verliert schließlich jeden Gewinn. Umgib dich also nie mit gierigen Menschen, die bezüglich Vergnügen und Gewinn verblendet sind. Du solltest in all deinen Werken stets mit jenen zusammenarbeiten, die von Habgier frei und mit Weisheit gesegnet sind. Denn die Verblendeten, die von Begierde und Haß befleckt sind und unerfahren in weltlichen Gesetzen, werden die Leute stets durch vielfältigste, unheilbringende Spitzfindigkeiten quälen, wenn ihnen entsprechende Autorität verliehen wird.

Der König sollte seine Schatzkammer mit dem sechsten, fair berechneten Teil vom Ertrag des Bodens als Tribut, mit Geldbußen und Enteignung von Straftätern, sowie mit den Steuern entsprechend der Schriften für Großhändler und Händler als Gegenleistung für gewährten Schutz füllen. Durch diese Einnahmen und die gerechte Regierung des Königreiches sollte er stets mit Achtsamkeit so handeln, daß seine Untertanen keine Unterdrückung spüren. Denn die Menschen folgen gern einem König, der die Aufgabe des Schutzes richtig erfüllt, der Großzügigkeit kennt, der in der Gerechtigkeit beständig ist, wachsam und von Begierde und Haß frei. Versuche niemals, deine Schatzkammer durch ungerechtes und habgieriges Handeln zu füllen! Denn dieser König, der gegen die Gebote der heiligen Schriften handelt, wird im Erwerb von Wohlstand und religiösem Verdienst scheitern. Wer nur daran denkt, Reichtum anzuhäufen, kann niemals Wohlstand und Verdienst gewinnen, und man wird bald sehen, daß er all seinen Reichtum für unwürdige Dinge verschwendet. Der habgierige König, der durch Vernarrtheit seine Untertanen quält, indem er Steuern erhebt, die von den heiligen Schriften nicht sanktioniert sind, gilt als einer, der sich selbst belügt *(und den Ast absägt, auf dem er sitzt)*. Wie man niemals Milch gewinnt, wenn man die Euter einer Kuh abschneidet, so bringt ein Königreich, das durch unwürdige Mittel gequält wird, dem König keinen Gewinn. Nur wer eine Milchkuh stets mit Zärtlichkeit behandelt, erhält Milch von ihr. So erntet auch der König vielfältige Früchte, der über sein Reich mit den rechten Mitteln herrscht. Indem er das Königreich gerecht beschützt und vernünftig regiert, wird er, oh Yudhishthira, stets mit Erfolg genügend Reichtum gewinnen. Denn die Erde, die vom König wohlbeschützt ist, gibt Getreide und Reichtum, wie eine zufriedene Mutter ihrem Kind die Milch.

Folge, oh König, dem Beispiel des Gärtners und nicht des Köhlers. Werde wie er und erfülle die Aufgaben des Schutzes, und du wirst die Erde lange genießen können. *(Der Köhler holzt die Bäume ab und verbrennt sie, der Gärtner pflegt und erntet.)* Nur wenn im Kampf gegen ein feindliches Königreich deine Schatzkammer erschöpft wird, dann magst du auf den Reichtum aller anderen zurückgreifen, außer den von Brahmanen. Laß dein Herz beim Anblick des Reichtums der Brahmanen nicht schwach werden, selbst wenn du in großer Bedrängnis bist! Ich brauche wohl nicht viel über die Zeit zu sprechen, wenn du im Wohlstand lebst. Dann solltest du ihnen nach deinen Kräften Reichtum geben, wie sie es verdienen, und sie beschützen und bei allen Gelegenheiten zufriedenstellen. Durch dieses Verhalten kannst du in der kommenden Welt jene Regionen erreichen, die so schwer zu erreichen sind. Verhalte dich tugendhaft und beschütze deine Untertanen! Damit wirst du, oh Freude der Kurus, einen Ruhm erlangen, der unvergänglich, hoch und rein ist. Beschütze deine Untertanen rechtschaffen, oh Sohn des Pandu, dann wird dich keine Reue und keine Qual einholen. Der Schutz der Untertanen ist die höchste Aufgabe des Königs, weil das Mitgefühl zu allen Wesen und ihr Schutz vor Verletzung als höchstes Verdienst gilt. Wer die Aufgaben kennt, der weiß, daß es für den König kein höheres Verdienst gibt, als dieses große Mitgefühl, welches er beim Schutz aller Wesen zeigt. Die Sünde, die ein König ansammelt, wenn er nur einen einzelnen Tag versäumt, seine Untertanen vor ihren Ängsten zu beschützen, ist so groß, daß er nach tausend Jahren Hölle noch kein Ende seines Leidens erreichen wird. Dagegen ist das Verdienst, das ein König erntet, indem er seine Untertanen nur einen einzigen Tag gerecht beschützt, so hoch, daß er zehntausend Jahre den Lohn im Himmel genießt. Alle jene Bereiche, die von Personen erworben werden, die tugendhaft das Leben als Schüler, Hausvater oder Einsiedler führen, gewinnt ein König in kurzer Zeit, wenn er nur seine Untertanen rechtschaffen beschützt.

So beachte, oh Sohn der Kunti, mit großer Sorgfalt diese Aufgabe! Dann wirst du, oh Pandu Sohn, den Lohn der Gerechtigkeit ernten, weder Unglück noch Leiden erfahren und großen Wohlstand im Himmel erreichen. Ein solches Verdienst kann niemals von Personen gewonnen werden, die keine Könige sind. Nur ein wahrhafter König kann eine solche Belohnung für seine Tugend verdienen. Voller Intelligenz hast du ein Königreich gewonnen. So beschütze nun dein Volk gerecht! Befriedige Indra mit dem Somaopfer und deine Freunde und Wohlgesinnten mit der Erfüllung ihrer Wünsche!

Kapitel 72 - Über die Rolle der Brahmanen im Königreich

Bhishma sprach:

Der König sollte den *(Brahmanen)* als seinen Priester ernennen, der die Rechtschaffenen fördert und die Übelgesinnten zügelt. Diesbezüglich wird eine alte Geschichte über ein Gespräch zwischen Pururava, dem Sohn von Ila, und Matariswan *(dem Windgott)* erzählt.

Pururava fragte:
Woraus sind die Brahmanen entsprungen und woraus die drei anderen Kasten? Aus welchem Grund wurden die Brahmanen die Ersten? Bitte belehre mich darüber.

Und Matariswan antwortete:
Der Brahmane, oh Bester der Könige, ist dem Mund von Brahma entsprungen, der Kshatriya von seinen beiden Armen und der Vaisya von seinen beiden Schenkeln. Um diesen drei Kasten zu dienen, oh Herrscher der Menschen, kam eine vierte Kaste, nämlich der Shudra, von den Füßen Brahmas ins Leben. Als Erste geschaffen, nimmt der Brahmane Geburt auf Erden als der Herr aller Wesen. Seine Aufgabe ist hier die Bewahrung der Veden und des Dharmas. Dann schuf Brahma für die Regierung der Erde und das Zepter der Herrschaft eine zweite Kaste, nämlich den Kshatriya, zum Schutz aller Wesen. Der Vaisya wurde geschaffen, um die zwei anderen Kasten und sich selbst durch Landwirtschaft und Handel zu ernähren. Und schließlich wurde der Shudra zum Diener der drei Kasten von Brahma bestimmt.

Da fragte Pururava:
Sage mir aufrichtig, oh Gott des Windes, wem diese Erde gerechterweise gehört. Gehört sie den Brahmanen oder den Kshatriyas?

Der Windgott sprach:
Alles, was im Universum existiert, gehört dem Brahmanen aufgrund seiner hohen Geburt und Bedeutsamkeit. Die Weisen sagen: Was der Brahmane ißt, das ist sein Eigen, was er bewohnt, das ist sein Eigen und was er opfert, das ist sein Eigen. Damit verdient er die Verehrung aller Kasten. Er ist der Erstgeborene und der Erste. Wie eine Frau, die ihren Mann verloren hat, dessen jüngeren Bruder für ihn akzeptiert, ebenso hat die Erde aufgrund der Verweigerung der Brahmanen *(bezüglich der Herrschaft)* die nächstgeborene Kaste, nämlich die Kshatriyas, als ihren Herrn akzeptiert. Das ist die oberste Regel und nur in Zeiten der Not mag es eine Ausnahme geben. Wenn du wirklich bestrebt bist, die Aufgaben deiner Kaste zu erfüllen, um den höchsten Bereich im Himmel zu gewinnen, dann widme das ganze Land, daß du beherrschst, den Brahmanen, die mit Wissen und Tugend gesegnet sind, die ihre Aufgaben kennen, die Entsagung üben, die mit ihrem Los zufrieden sind und nicht nach Reichtum begehren. Denn der hochgeborene Brahmane, der Weisheit und Demut hat, führt den König in jeder Weise durch seine hohe Intelligenz. Durch heilsame Ratschläge fördert er den Wohlstand des Königs. Der Brahmane zeigt ihm seine Aufgaben, die er stets beachten sollte. Solange ein kluger König, der ohne Stolz die Pflichten seiner Kaste bewahrt, gern die Belehrungen der Brahmanen hört, solange ist er gesegnet und genießt Ruhm. Damit hat der Priester des Königs seinen Anteil am Verdienst, den der König erwirbt. Wenn der König sich entsprechend verhält, werden ihm seine Untertanen vertrauen, sie werden tugendhaft handeln,

ihre Aufgaben erfüllen und sich geborgen fühlen. Damit erhält der König den vierten Teil aller tugendhaften Werke, die seine Untertanen, die von ihm gerecht beschützt werden, in seinem Reich vollbringen.

Die Götter, Menschen, Ahnen, Gandharvas, Nagas und Rakshasas leben alle von den Opfern, die ihnen dargebracht werden. Aber in einem Land ohne König kann es keine beständigen Opfer geben. Denn das Opfer lebt durch den König *(der zur Pflichterfüllung drängt),* und dadurch können die Götter und Ahnen von den Opfergaben leben. Im Sommer wünschen die Menschen den angenehmen Schatten der Bäume, kühles Wasser und frischen Wind. Im Winter finden sie das Feuer angenehm, warme Kleidung und Sonne. So kann das Menschenherz Freude durch Klang, Berührung, Geschmack, Anblick und Geruch erfahren. Ein Mensch, jedoch, der durch Angst verwirrt ist, findet keinerlei Vergnügen an all diesen Dingen. So gewinnt jeder, der die Ängste der Menschen zerstreut, großes Verdienst. Denn es gibt keine Gabe, die in den drei Welten so verdienstvoll ist, wie die Gabe der Lebendigkeit. Der König ist Indra, Yama und Dharma in einer Person. So nimmt der König verschiedene Formen an, um alles am Leben zu erhalten.

Kapitel 73 - Über die Bedeutung der Brahmanen

Bhishma sprach:
Der König, der seine Augen auf religiösen Verdienst und Gewinn richtet, deren Beachtung oft nicht einfach ist, ernennt alsbald einen Priester, der gelehrt und mit den Veden sowie den anderen heiligen Schriften vertraut ist. Jene Könige, die tugendhafte Priester haben, die auch in der Politik erfahren sind und selbst ähnliche Qualitäten besitzen, genießen Wohlstand in jeder Richtung. Sowohl die Priester als auch der König sollten solche Qualitäten haben, die der Beachtung würdig sind, ihre Gelübde bewahren und Entsagung üben. Dann werden sie erfolgreich die Untertanen, Götter, Ahnen und Kinder *(ihr Volk)* unterstützen und wachsen lassen. Es wird sogar gesagt, daß sie in ihrem Herzen verwandt und untereinander Freunde sein sollten. Durch solche Freundschaft zwischen Brahmane und Kshatriya werden die Untertanen glücklich. Wenn sie einander nicht achten, würde das Volk untergehen. So gelten die Brahmanen und Kshatriyas auch als Ahnherrn aller Menschen. Diesbezüglich wird die alte Geschichte über ein Gespräch zwischen dem Sohn von Ila *(Aila bzw. Pururava)* und Kasyapa erzählt. Höre sie, oh Yudhishthira.

Aila fragte:
Wenn der Brahmane den Kshatriya verläßt oder der Kshatriya den Brahmanen, wer unter ihnen sollte höher betrachtet werden, und auf wen verlassen sich die anderen Kasten, um ihr Leben zu erhalten?

Kasyapa sprach:
Das Königreich eines Kshatriya ist vom Ruin bedroht, wenn Brahmane und Kshatriya gegeneinander kämpfen. So ein Königreich, in dem das Chaos herrscht, wird von Räubern heimgesucht, und alle guten Menschen betrachten den Herrscher als einen gottlosen Barbar. Weder ihre Kinder noch ihre Haustie-

re gedeihen. Ihre Milchtöpfe werden nicht verbuttert und die Opfer vernachlässigt. Die Kinder studieren die Veden nicht in einem Königreich, wo die Brahmanen die Kshatriyas verlassen haben. In ihren Häusern wird der Reichtum niemals wachsen. Ihre Kinder werden nicht tugendhaft, bleiben unwissend und vernachlässigen die Opfer. Und jene Kshatriyas, welche die Brahmanen verlassen, werden im Inneren unrein und nehmen mit der Zeit die Natur der Räuber an. Denn Brahmane und Kshatriya sind wesenhaft miteinander verbunden und beschützen sich gegenseitig. Der Kshatriya ist die Grundlage für das *(weltliche)* Wachstum der Brahmanen, und der Brahmane ist die Grundlage für das *(geistige)* Wachstum der Kshatriyas. Wenn jeder dem anderen hilft, gelangen beide zu großem Wohlstand. Doch wenn ihre Freundschaft, die seit ältesten Tagen besteht, zerbricht, wird alles in Verwirrung geraten. Keiner, der danach strebt, den Ozean des Lebens zu durchqueren, wird seine Aufgabe erfüllen können, wie ein verlorenes, einzelnes kleines Boot auf dem endlosen Meer. Die vier Kasten der Menschen geraten in Verwirrung, und alles wird vom Untergang bedroht. Wenn jedoch der Brahmane beschützt wird, der einem Lebensbaum gleicht, dann wird es Gold und Honig regnen, anstatt Tränen und Sünden. Wenn die Brahmanen von den Veden abfallen und *(ohne Kshatriya Herrscher)* den Schutz in den Schriften suchen, dann wird Indra nicht zur rechten Zeit den Regen schikken, und verschiedensten Katastrophen werden unaufhörlich das Königreich quälen. Wenn ein sündiger Übeltäter, der vielleicht sogar eine Frau oder einen Brahmanen getötet hat, nicht mehr auf den Tadel seiner Mitmenschen stößt und keine Furcht vor dem König kennt, dann droht dem Kshatriya Herrscher höchste Gefahr. Denn aufgrund der Sünden dieser Übeltäter manifestiert sich Gott Rudra im Königreich. Wahrlich, die Sündigen bringen durch ihre Sünden diesen Gott der Rache über das Land. Er zerstört dann alles, die Übelgesinnten wie die Ehrlichen *(ohne Unterschied)*.

Aila fragte:
Woher entspring dieser Rudra? Was ist seine Form? Wesen können doch nur durch Wesen zerstört werden. Belehre mich darüber, oh Kasyapa! Woher kommt diese göttliche Strafe?

Kasyapa sprach:
Rudra existiert in den Herzen der Menschen. Er zerstört die Körper selbst, in denen er wohnt, wie auch die Körper von anderen. Man sagt, Rudra ist wie ein innerer Sturm und seine Form gleicht dem Windgott, einer Feuersbrunst oder einer Gewitterwolke.

Aila sprach:
Was könnte der Mensch gegen den Wind, eine Feuersbrunst oder Gewitterwolken tun? Es sind doch die Sünden von Begierde und Haß, die ihn binden und seiner Freiheit berauben.

Kasyapa sprach:
Wenn ein Feuer in einem einzigen Haus ausbricht, kann es ein ganzes Wohnviertel oder ein komplettes Dorf verbrennen. Ähnlich verunreinigt dieser Gott

die Sinne von wenigen, aber die Verwirrung trifft dann alle, die Ehrlichen und die Übelgesinnten, ohne jede Unterscheidung.

Aila fragte:
Wenn diese Strafe alle gleich trifft, die Ehrlichen und die Übeltäter, aufgrund der Sünden, die von den Sündern begangen wurden, warum sollte sich dann ein Mensch um tugendhaftes Handeln bemühen? Wahrlich, warum sollte man sündige Handlungen fürchten?

Kasyapa sprach:
Indem man jede Verbindung mit der Sünde vermeidet, wird man rein und unbefleckt. Wenn man jedoch mit sündhaften Menschen verbunden ist, wird man auch ihre Strafe ertragen müssen. Denn wenn feuchtes mit trockenem Holz vermischt wird, wird es vom Feuer aufgrund dieser Verbindung nicht verschont werden. Deshalb sollte man jegliche Verbindung mit dem Sündhaften lösen.

Aila sprach:
Die Erde trägt die Ehrlichen und die Übelgesinnten, die Sonne wärmt beide, der Wind weht für beide und das Wasser reinigt sie in gleicher Weise.

Kasyapa sprach:
Wahrlich, das ist der Lauf dieser Welt, oh Prinz! In der kommenden Welt ist es jedoch anders. Dort gibt es große Unterschiede zwischen Personen, die rechtschaffen oder sündig gehandelt haben. Die Bereiche, die tugendhafte Menschen gewinnen, sind honigsüß und haben die Herrlichkeit des Goldes oder eines Opferfeuers, in das geklärte Butter gegossen wurde. Diese Bereiche sind mit der Quelle des Amrits, dem Nektar der Unsterblichkeit verbunden. Der Tugendhafte genießt dort große Glückseligkeit. Tod, Alter und Sorgen gibt es nicht. Der Bereich für die Sündhaften ist jedoch die Hölle. Dunkelheit und unaufhörlicher Schmerz warten dort, und alles ist voller Sorgen. In Schande versunken, wird der Mensch von sündigen Taten dort viele lange Jahre mit Reue ringen müssen. So wird eine Spaltung zwischen Brahmanen und Kshatriyas das Volk mit unerträglichem Kummer quälen. Dies erkennend, sollte der König einen Brahmanen als Priester ernennen, der mit Weisheit und Erfahrung gesegnet ist. Er sollte zuerst den Priester in sein Amt einsetzen, bevor er selbst gekrönt wird. Das ist heiliges Gebot. Denn die Schriften erklären, daß der Brahmane das Erste aller Wesen ist. Und alle vedischen Gelehrten wissen, daß der Brahmane zuerst geschaffen wurde. Aufgrund seiner Erstgeburt sind alle vorzüglichen Dinge in dieser Welt mit ihm verbunden. Und als rechtmäßiger Eigentümer aller vorzüglichen Dinge, die aus dem Schöpfer geflossen sind, ist der Brahmane auch wegen dieser Bedeutsamkeit der Verehrung und des hohen Respekts aller Wesen würdig. Deshalb sollte ein König, auch *(bzw. besonders)* wenn er mächtig ist, entsprechend den Geboten der Schriften den Brahmanen alles widmen, was in der Welt vorzüglich und begehrenswert ist. Denn der Brahmane stützt das *(geistige)* Wachstum der Kshatriyas und der Kshatriya das *(weltliche)* Wachstum der Brahmanen. Deshalb sollten die Brahmanen stets und besonders von Königen verehrt werden.

Kapitel 74 - Über die Stärke der Kshatriyas und Brahmanen

Bhishma sprach:
Es wird gesagt, daß sich die Bewahrung und das Wachstum des Königreichs im König gründen und die Bewahrung und das Wachstum des Königs in seinem Priester. Denn ein Königreich genießt wahre Glückseligkeit, wenn die inneren *(geistigen)* Ängste der Untertanen durch die Brahmanen zerstreut werden und alle äußeren *(weltlichen)* Ängste durch den König mit der Kraft seiner Arme. Diesbezüglich ist ein altes Gespräch zwischen König Muchukunda und Kuvera überliefert. König Muchukunda hatte bereits die ganze Erde überwunden und begab sich nun zu Kuvera, dem Herrscher über Alaka *(und Gott des Reichtums)*, um seine Kraft zu prüfen. Doch König Kuvera erschuf *(durch seine asketische Macht)* eine große Armee von Rakshasas, und diese besiegten die durch Muchukunda angeführte Armee. Beim Anblick seiner zerschlagenen Armee begann König Muchukunda, seinen eigenen, erfahrenen Priester zu rügen, oh Feindevernichter. Daraufhin widmete sich sein rechtschaffener Priester Vasishta, der die Wahrhaftigkeit von Muchukunda kannte, äußerst strenger Askese und sorgte dafür, daß jene Rakshasas vernichtet wurden. Und als die Truppen von König Kuvera geschlagen waren, zeigte sich der Gott vor Muchukunda.

Und der Herr des Reichtums sprach:
Keiner der vielen Könige, die oft noch stärker waren als du, kamen mit der Hilfe ihrer Priester zu mir, wie du es getan hast. Sie alle waren in Waffen erfahren und voller Kraft. Mich als Geber von Wohl und Weh betrachtend, kamen sie, um mich zu ehren. Wahrlich, wenn du die Kraft der Arme hast, solltest du sie auch zeigen. Warum hast du so stolz gehandelt und die Hilfe der Brahmanen genutzt?

Erzürnt über diesen Vorwurf, sprach Muchukunda ohne Stolz und Angst zum Herrn der Schätze folgende Worte voller Tiefe und Gerechtigkeit:
Der selbstgeborene Brahma erschuf die Brahmanen und Kshatriyas aus dem gleichen Kern. Wenn sie ihre Kräfte getrennt ausüben, können sie niemals imstande sein, die *(Ordnung der)* Welt zu bewahren. Die Kraft der Askese und der Mantras *(bzw. des Geistes)* wurde den Brahmanen gegeben und die Kraft der Arme und der Waffen den Kshatriyas. Gestärkt durch beide Kräfte sollten Könige ihre Untertanen beschützen. Auch ich handle auf diese Weise. Warum rügst du mich dafür, oh Herr von Alaka?

So angesprochen antwortete Vaisravana dem König Muchukunda und seinem Priester:
Wisse, oh König, daß ich niemandem die Herrschaft gebe, dem sie nicht bestimmt ist. Und ich werde sie auch niemandem entreißen, dem sie gebührt. So herrsche nun grenzenlos über die ganze Erde *(wie ich sie dir gebe)*.

Doch darauf antwortete König Muchukunda:
Ich wünsche nicht, oh König, die Herrschaft als ein Geschenk von dir zu genießen. Ich wünsche, die durch die Kraft meiner Arme gewonnene Herrschaft auszuüben.

Bhishma fuhr fort:
Auf diese Worte von Muchukunda hin, erkannte Kuvera, wie furchtlos der König die Kshatriya Aufgaben beachtete und wurde mit großer Bewunderung erfüllt. Und König Muchukunda, der den Kshatriya Pflichten gewidmet war, herrschte weiterhin über die ganze Erde, die er durch die Kraft seiner Arme gewonnen hatte. Der tugendhafte König, der über sein Reich mit der Hilfe und geistigen Führung der Brahmanen herrscht, wird erfolgreich die ganze Erde überwinden und großen Ruhm erreichen. Der Brahmane sollte jeden Tag seine religiösen Riten bewahren und der Kshatriya seine Waffen. Denn gemeinsam sind sie die rechtmäßigen Herrscher der ganzen Welt.

Kapitel 75 - Über den himmlischen Verdienst des Königs

Yudhishthira sprach:
Beschreibe mir, oh Großvater, das Verhalten, womit ein König sein Volk gedeihen läßt und in der kommenden Welt die Bereiche der Glückseligkeit verdient.

Bhishma sprach:
Der König, oh Bharata, sollte tolerant sein, Opfer durchführen, Gelübde und Buße beachten und seiner Aufgabe gewidmet sein, die Untertanen zu beschützen. Indem er gerecht sein Volk beschützt, sollte er alle Rechtschaffenen durch persönlichen Respekt und Geschenke ehren. Denn wenn der König die Gerechtigkeit achtet, wird sie auch vom Volk geachtet. Was auch immer der König tut und liebt, das lieben auch seine Untertanen. Seinen Feinden sollte er stets wie der Tod mit erhobenem Herrscherstab in der Hand erscheinen, um sein Reich konsequent vor jeglichen Räubern zu beschützen. Damit verdient der König, oh Bharata, den vierten Teil der Verdienste, die seine Untertanen unter seinem Schutz gewinnen. Wahrlich, allein durch den Schutz seiner Untertanen erwirbt der König diesen vierten Teil der Verdienste, die sie durch Studium, Gaben, Opfer und Verehrung der Götter ansammeln. In gleicher Weise erwirbt der König aber auch den vierten Teil aller Sünden, die seine Untertanen aufgrund aller Qualen im Königreich begehen, die aus der Vernachlässigung der königlichen Schutzpflicht entstehen. Einige sagen sogar, daß der König die Hälfte oder auch das ganze Maß von jeder Sünde verdient, die daraus entsteht, wenn er als König grausam und unwahrhaft wird. Höre auch das Mittel, wodurch sich der König von solchen Sünden reinigen kann. Wenn der König daran scheitert, einem seiner Untertanen den Reichtum wiederzubeschaffen, der von Dieben gestohlen wurde, dann sollte er den Schaden aus seiner eigenen Schatzkammer begleichen, oder wenn es nicht ausreicht, mit dem Reichtum seiner Verwandten. Alle Kasten sollten den Wohlstand der Brahmanen beschützen, wie auch ihren Körper und ihr Leben. Wer Brahmanen verletzt, sollte aus dem Königreich verbannt werden. Alles ist beschützt, wenn der Wohlstand der Brahmanen beschützt ist. Denn durch die Gnade des Brahmanen, der so gesichert ist, wird der König mit Erfolg gekrönt. Die Menschen suchen den Schutz eines fähigen Königs, wie die Lebewesen die Wohltat der Wolken oder die Vögel die Zuflucht eines großen Baumes. Ein grausamer und gieriger König mit lüsterner Seele, der

nur die Befriedigung seiner Begierden sucht, wird es niemals schaffen, seine Untertanen zu beschützen.

Yudhishthira sprach:
Das ist wahr. Ich begehrte niemals, nicht einmal für einen Moment das Glück um meinetwillen, das die Herrschaft gibt oder die Herrschaft selbst. Ich wünschte es jedoch wegen der Verdienste, die man damit erwerben kann. Doch dann schien es mir, daß keinerlei Verdienst damit verbunden war. So hatte ich auch kein Bedürfnis mehr nach der Herrschaft, wenn sie ohne Verdienst ist. Ich wollte mich deshalb in die Wälder mit dem Wunsch zurückziehen, dort Verdienst zu sammeln. Den Herrscherstab niederlegend und meine Sinne zügelnd, wollte ich in die heiligen Wälder gehen und mich dort bemühen, das Verdienst der Gerechtigkeit als Asket zu erwerben, der von Früchten und Wurzeln lebt.

Bhishma sprach:
Oh Yudhishthira, ich weiß, was in deinem Herzens ist und kenne deine friedvolle Gesinnung. Du wirst allerdings nicht allein durch Friedlichkeit dein Königreich erfolgreich beherrschen können. Dein Herz ist weich, du bist mitfühlend, äußerst gerecht, gewaltlos, tugendhaft und voller Gnade. Doch allein dafür werden dich die Leute als König nicht allzusehr achten. Folge dem Verhalten deines Vaters und Großvaters! Könige sollten nicht so weich sein, wie du es gern möchtest. Überwinde diese Angst *(vor der Erfüllung deiner Aufgaben)* und lege diese Weichheit in deinem Verhalten ab. Denn damit wirst du es niemals schaffen, jenes hohe Verdienst der Gerechtigkeit zu gewinnen, das aus dem Schutz der Untertanen entsteht. Das Verhalten, zu dem dich deine eigenen Ansichten und Weisheiten treiben, steht nicht mit jenem Segen im Einklang, den dein Vater Pandu oder deine Mutter Kunti für dich zu erbitten pflegten. Dein Vater bat stets um Mut, Kraft und Wahrhaftigkeit für dich, und deine Mutter um Edelmut und Großzügigkeit. Die Opfer mit Swaha und Swadha werden durch die Götter und Ahnen stets von den Kindern erwartet. Ob dir nun die Hingabe, das Studium, die Opfer und der Schutz der Untertanen gefällt oder nicht, du bist dafür geboren, diese Aufgaben zu erfüllen. Der Ruhm eines Menschen, oh Kunti Sohn, bleibt ungetrübt, solange er nicht scheitert, die Lasten zu tragen, die ihm auferlegt wurden und die jedes Wesen vor den Wagen des Lebens spannen. Sogar ein Pferd, wenn es richtig erzogen wurde, kann seine Lasten tragen ohne sie abzuwerfen. *(Was soll man da über einen Menschen sagen?)* Solange die Taten und Worte diesen Aufgaben entsprechen, sammelt man keine Kritik *(bzw. Sünde)* an. Denn jeder Erfolg, so sagt man, hängt von den richtigen Handlungen ab. Doch kein Mensch, sei er ein tugendhafter Hausvater, ein König oder ein Brahmacharin, hat es jemals geschafft, ohne zu stolpern *(ohne Fehler)* durch das Leben zu gehen. So ist es besser, tugendhafte Handlungen durchzuführen, selbst wenn der Verdienst nicht sicher scheint, als auf alle Taten völlig zu verzichten, weil das Nichterfüllen der gegebenen Aufgaben sündig ist. Wenn die hochgesinnten und rechtschaffenen Leute im Land Wohlstand gewinnen können, dann ist der König in all seinen Angelegenheiten erfolgreich. So sollte sich ein tugendhafter König, der ein Königreich gewonnen hat, stets um die Herrschaft bemühen, manchmal durch Geschenke und freundliche Worte, wenn nötig aber auch mit

Gewalt. Denn es gibt keinen tugendhafteren König als den, auf den sich die Rechtschaffenen, Edlen und Gelehrten im Reich bezüglich ihres Lebensunterhaltes verlassen können, und unter dessen Herrschaft sie zufrieden leben.

Yudhishthira sprach:
Welche Taten, oh Herr, führen zum Himmel? Was ist das Wesen der großen Glückseligkeit, die der Himmel gewähren kann? Und was ist der hohe Erfolg, den man damit erreicht? Sage mir bitte, was du darüber weißt.

Bhishma sprach:
Der Mensch, der einer angstgequälten Person Erleichterung verschafft, sei es auch nur für kurze Zeit, der ist unter uns im Himmel am würdigsten. Damit offenbare ich dir eine tiefe Wahrheit *(über das Wesen des Himmels)*. So werde mit Freude zum König der Kurus, oh Erster der Menschen! Erwirb den Himmel, beschütze die Guten und strafe die Übeltäter! Laß deine Freunde zusammen mit allen ehrlichen Menschen ihren Lebensunterhalt durch dich *(als König)* erhalten, wie alle Wesen vom Gott der Wolken und die Vögel von einem großen Baum mit köstlichen Früchten. Denn diese Menschen suchen den Schutz einer Person, die herausragend, mutig, kraftvoll, mitfühlend, selbstkontrolliert, liebevoll zu allen, wahrhaftig und gerecht ist.

Kapitel 76 - Über gute und schlechte Brahmanen

Yudhishthira sprach:
Oh Großvater, unter den Brahmanen gibt es manche, welche die rechten Aufgaben ihrer Kaste erfüllen, während manche auch anderen Aufgaben nachgehen. Erkläre mir bitte den Unterschied zwischen ihnen.

Bhishma sprach:
Jene Brahmanen, oh König, die voller Weisheit und Wohltätigkeit sind und alle Wesen mit dem Auge der Einheit betrachten, gelten als dem Brahma gleich. Jene, die in den Rig, Yajur und Saman Veden gelehrt und den Methoden ihrer Kaste gewidmet sind, gleichen den hohen Göttern, oh König. Diejenigen jedoch, die weder hochgesinnt, noch den Aufgaben ihrer Kaste ergeben sind und darüber hinaus noch unheilsamen Praktiken anhaften, ähneln den Shudras. Ein tugendhafter König sollte Tribut oder unbezahlten öffentlichen Dienst von jenen Brahmanen fordern, die sich in den vedischen Überlieferungen nicht geschult haben und ihre Opferfeuer nicht pflegen. Jene, die sich vor Gericht benutzen lassen, um Leute zu beschwören, die nur für Geld beten und Opfer für Vaisyas und Shudras durchführen, die in Opfern für ganze Dörfer amtieren und lange Reisen über den Ozean unternehmen, diese fünf gelten unter den Brahmanen als Chandalas. Jene unter ihnen, die sich als Ritwikas, Purohitas *(Berufspriester)*, Berater, Gesandte und Boten anstellen lassen, sind den Kshatriyas gleich, oh König. Und jene unter ihnen, die *(als Krieger)* auf Pferden oder Elefanten reiten, auf Kampfwagen stehen oder Fußsoldaten werden, sind wie die Vaisyas. Wenn die Schatzkammer des Königs zur Neige geht, kann er Tribut von ihnen fordern. Er sollte jedoch immer jene Brahmanen verschonen, die *(in ihrem Verhalten)* den Göttern oder dem Brahma gleich sind. Die Veden sagen,

daß der König der Herr des Reichtums aller Kasten ist, außer der Brahmanen. Er kann allerdings auch von ihnen den Reichtum nehmen, wenn sie von ihren gegebenen Aufgaben abgefallen sind. Der König sollte niemals solche Brahmanen ignorieren, die ihre Aufgaben versäumen. Um die Tugend im Volk zu bewahren, sollte er sie bestrafen und entmachten. Der König, oh Monarch, in dessen Reich ein Brahmane zum Dieb wird, wird von den Gelehrten als Mitverursacher dieser Untat betrachtet. Sie sagen, wenn ein vedengelehrter Brahmane bei der Erfüllung seiner Aufgaben zum Dieb wird, weil es ihm an Nahrung mangelt, dann sei es die Pflicht des Königs gewesen, für seinen Unterhalt zu sorgen. Wenn er aber trotz genügender Unterstützung zum Dieb geworden ist, dann sollte er, oh Feindevernichter, mit all seinen Angehörigen aus dem Königreich verbannt werden.

Kapitel 77 - Über den Verdienst des Königs

Yudhishthira fragte:
Von wessen Reichtum, oh Stier der Bharatas, wird der König als Herr betrachtet? Wie sollte er sich diesbezüglich verhalten? Sage mir das, oh Großvater.

Und Bhishma sprach:
Die Veden erklären, daß der König der Herr des Reichtums aller Untertanen ist, außer der Brahmanen, die ihre gegebenen Aufgaben beachten. Der König sollte nur jene Brahmanen nicht verschonen, die ihre Pflichten versäumen. Die Rechtschaffenen sagen, daß dies die uralte Berufung der Könige ist. Denn ein König, oh Monarch, unter dessen Herrschaft ein Brahmane zum Dieb wird, gilt als Urheber dieser Missetat und sammelt diesbezüglich auch die Sünde an. Wenn so etwas geschieht, betrachten sich Könige als schuldig. Alle Rechtschaffenen versorgen deshalb die Brahmanen mit allen Mitteln ihres Unterhalts. Dazu ist die Rede überliefert, die einst der König der Kaikeyas einem Rakshasa hielt, als dieser ihn entführen wollte. Dieser König der Kaikeyas, oh Monarch, der starke Gelübde beachtete und gesegnet mit den vedischen Überlieferungen war, wurde eines Tages, als er in den Wäldern verweilte, durch einen Rakshasa gewaltsam ergriffen.

Und der König sprach:
Es gibt in meinem Reich weder Diebe noch Übeltäter oder irgendwelche Süchtigen nach Alkohol und ähnlichem. Es gibt keinen in meinem Herrschaftsgebiet, der sein heiliges Feuer vernachlässigt oder keine Opfer durchführt. Wie konntest du fähig sein, mein Herz zu ergreifen? Es gibt keinen Brahmanen unter meiner Herrschaft, der ungelehrt ist, seine Gelübde nicht beachtet oder keinen Soma getrunken hat. Es gibt keinen ohne heiliges Feuer und Hingabe. Wie konntest du fähig sein, meine Seele zu ergreifen? In meinem Reich gab es kein Opfer, das ohne Dakshina beendet wurde. Keiner studiert die Veden, ohne die entsprechenden Gelübde zu beachten. Die Brahmanen in meinem Königreich belehren, studieren, opfern, amtieren in Opfern, geben und erhalten Geschenke. Sie alle erfüllen diese sechs Werke. Die Brahmanen in meinem Reich sind den Aufgaben ihrer Kaste gewidmet. Verehrt und versorgt, sind sie freundlich und wahrhaft. Wie konntest du nur fähig sein, meine Seele zu ergreifen? Auch die Kshatriyas in

meinem Königreich sind den Aufgaben ihrer Kaste gewidmet. Sie betteln nie, aber geben und sind mit Wahrheit und Tugend gesegnet. Sie unterrichten nicht, aber studieren und führen Opfer durch, doch amtieren nicht in den Opfern der anderen. Sie beschützen die Brahmanen und fliehen nie aus dem Kampf. Wie konntest du nur fähig sein, meine Seele zu ergreifen? Die Vaisyas unter meiner Herrschaft beachten all die Aufgaben ihrer Kaste. Durch ein einfaches Leben und ohne Betrug gewinnen sie ihren Unterhalt aus der Landwirtschaft, der Viehhaltung oder dem Handel. Sie alle sind achtsam, ehrlich, und ihren religiöse Riten und heilsamen Gelübden gewidmet. Sie geben den Gästen das Erwartete, sind selbstgezügelt, rein und ihren Verwandten und Angehörigen zugetan. Wie konntest du nur fähig sein, mein Herz zu ergreifen? Auch die Shudras in meinem Reich beachten die Aufgaben ihrer Kaste. Sie dienen demütig, aufmerksam und ordnungsgemäß den anderen drei Kasten, ohne jegliche Böswilligkeit zu hegen. Ich unterstütze die Hilflosen, Alten, Schwachen, Kranken und Witwen, indem ich ihnen Unterhalt gewähre. Ich habe nie die besonderen Steuern von Familien und von Ländern abgeschafft, die traditionsgemäß seit langer Zeit vorhanden waren. Die Asketen in meinem Königreich werden beschützt, verehrt, beachtet und mit Nahrung versorgt. Wie konntest du nur fähig sein, mein Herz zu ergreifen? Ich esse nie von meinem Teller, bevor nicht die anderen versorgt sind. Ich nähere mich niemals den Ehefrauen anderer Männer. Ich vergnüge oder erfreue mich nie allein. Keiner in meinem Königreich bittet um Nahrung, außer den Bettelmönchen. Und keiner der Bettelmönche wünscht eine andere Lebensweise. Keiner außer den Priestern gießt die geklärte Butter in das Opferfeuer. Wie konntest du nur fähig sein, meine Seele zu ergreifen? Ich mißachte niemals die Gelehrten, Alten oder Asketen. Wenn auch das ganze Volk schläft, ich halte Wache. Mein Priester ist mit Selbsterkenntnis und Entsagung gesegnet. Er ist mit allen Aufgaben bekannt. Voller Weisheit hat er die ganze Macht über mein Königreich. Durch Hingabe suche ich Erkenntnis und durch Wahrhaftigkeit und den Schutz der Brahmanen die glückseligen Bereiche im Himmel. Durch meinen Dienst bin ich mit meinen Lehrern verbunden. So fürchte ich keine Rakshasas. In meinem Königreich gibt es keine Witwen, keine übelgesinnten oder ihren Aufgaben nicht ergebenen Brahmanen, keine Betrüger oder Diebe, keine Brahmanen, die für Unwürdige arbeiten, und keine Verbrecher. So fürchte ich keine Rakshasas. Es gibt keine zwei Fingerbreit auf meinem Körper, die ohne Narben von Waffen wären. Ich kämpfe stets für die Gerechtigkeit. Wie konntest du nur fähig sein, mein Herz zu ergreifen? Das Volk meines Königreiches begrüßt mich überall mit Segnungen, damit ich immer fähig sein möge, die Kühe und Brahmanen zu beschützen, sowie Opfer durchzuführen. Wie konntest du nur fähig sein, mich zu ergreifen?

Das sprach der Rakshasa:
Weil du unter allen Umständen deine Aufgaben beachtest, oh König der Kaikeyas, so gehe zu deiner Wohnstätte zurück. Sei gesegnet, ich verlasse dich! Denn jene, oh König der Kaikeyas, welche die heiligen Kühe, die Brahmanen und alle ihre Untertanen beschützen, haben nichts von Rakshasas zu befürchten und noch viel weniger von sündigen Personen. Jene Könige, welche ihre *(geistige)*

Führung den Brahmanen anvertrauen, deren Macht auf den Brahmanen beruht und dessen Untertanen die Pflichten der Gastfreundschaft bewahren, die werden stets den Himmel erreichen.

Bhishma fuhr fort:
Du solltest deshalb besonders die Brahmanen beschützen. Beschützt durch dich, werden sie dich beschützen. Ihr Segen, oh König, wird immer auf rechtschaffene Könige herabkommen. Nur für die Bewahrung der Gerechtigkeit sollten jene Brahmanen, welche die Aufgaben ihrer Kaste nicht beachten, bestraft und verbannt werden. Ein König, der sich auf diese Weise zu den Leuten seiner Stadt und der Provinzen verhält, erreicht in dieser Welt Wohlstand und residiert im Himmel an der Seite von Indra.

Kapitel 78 - Über die Ausnahmen in Notzeiten

Yudhishthira fragte:
Es wird gesagt, daß sich in Zeiten der Not ein Brahmane durch die Ausübung der Kshatriya Aufgaben am Leben erhalten kann. Sollte er sich auch irgendwann durch die Ausübung der Vaisya Aufgaben ernähren?

Bhishma sprach:
Wenn ein Brahmane aufgrund des Verfalls der Kshatriya Pflichten seine Unterhaltsmittel verliert und in Bedrängnis kommt, dann kann er sich natürlich auch mit den Methoden eines Vaisya durch Landwirtschaft, Handel oder Viehhaltung ernähren.

Yudhishthira fragte:
Wenn ein Brahmane, oh Stier der Bharatas, zu den Aufgaben eines Vaisyas Zuflucht nimmt, welche Dinge darf er verkaufen, ohne seine Reinheit zu verlieren?

Bhishma sprach:
Oh Yudhishthira, Wein, Salz, Sesam, Tiere mit Mähnen, Stiere, Honig, Fleisch und gekochtes Essen sollte ein Brahmane unter allen Umständen meiden. Ein Brahmane, der damit Geld verdiente, würde in die Hölle sinken. Ein Brahmane, der eine Ziege verkauft, begeht die Sünde, als würde er den Gott des Feuers verkaufen, bei einem Schaf den Gott des Wasser, bei einem Pferd den Gott der Sonne, bei gekochtem Essen die Mutter Erde, und bei einer Kuh begeht er die Sünde, als würde er das Opfer selbst und den Somasaft *(den Weg zur Erlösung)* verkaufen. Deshalb sollte ein Brahmane damit keinen Handel treiben. Die Rechtschaffenen loben nie den Verkauf von gekochtem Essen, um rohes zu erhalten *(Getreide, Früchte usw.)*. Rohe Nahrung kann jedoch gegeben werden, um gekochtes Essen zu beschaffen, oh Bharata. „Wir möchten das gekochte Essen von dir nehmen. Du magst kochen, wir geben dir die rohen Zutaten!“ In einem solchen Vertrag, ist keine Sünde. Höre, oh Yudhishthira, ich werde dir die uralte Methode erklären, welche Rechtschaffene seit ewigen Zeiten beachten: „Ich gebe dir das, so gib mir jenes dafür.“ Dieser Handel ist gerecht. Dinge mit Gewalt zu nehmen, ist voller Sünde. Der faire Handel ist der übliche Weg, dem sogar die Rishis gefolgt sind. Zweifellos ist das rechtschaffen.

Yudhishthira fragte:
Wenn, oh Herr, alle Kasten ihre jeweiligen Aufgaben aufgeben und ihre Hand gegen den König erheben, dann wird die Macht des Königs sicherlich vergehen. Durch welche Mittel sollte der König dann zum Beschützer und zur Zuflucht der Leute werden? Löse mir diese Zweifel, oh König, und sprich darüber ausführlich zu mir.

Bhishma sprach:
Durch Hingabe, Entsagung, Opfer, Ruhe und Selbstdisziplin sollten alle Kasten von den Brahmanen angeführt in einer solchen Situation ihr Wohl suchen. All jene, die mit der vedischen Kraft begabt sind, sollten sich überall erheben, und wie die Götter ihren Indra stärken, so sollten sie *(durch ihre Wahrhaftigkeit)* die Kraft des Königs vermehren. Man sagt, daß die Brahmanen die wichtigste Zuflucht des Königs sind, wenn seine Macht schwindet. Ein weiser König sucht die Stärkung seiner Macht durch die Kraft der Brahmanen. Wenn dann der König im Streben nach Frieden im Land mit Sieg gekrönt wird, dann betätigen sich alle Kasten wieder von selbst in ihren jeweiligen Aufgaben. Wenn allerdings die Räuber, welche jegliche Selbstbeherrschungen verloren haben, weiterhin überall Verwüstung verbreiten, dann können auch alle anderen Kasten zu den Waffen greifen. Sie sammeln damit keine Sünde an, oh Yudhishthira.

Yudhishthira sprach:
Wenn die Kshatriyas den Brahmanen feindlich werden, wer wird dann die Brahmanen und die Veden beschützen? Was soll dann die Aufgabe der Brahmanen sein, und wer wird ihre Zuflucht?

Bhishma sprach:
Durch die Kraft ihrer Askese und Entsagung sollten sie mit oder ohne Hilfe von Illusion die Kshatriyas unterwerfen. Wenn sich die Kshatriyas zu den Brahmanen übelgesinnt verhalten, dann sind es die Veden selbst, von denen sie unterworfen werden. Die Kshatriyas sind den Brahmanen entsprungen, wie das Feuer dem Wasser und das Eisen dem Stein. Damit wurde die Macht des Feuers, der Kshatriyas und des Eisens unwiderstehlich. Aber wenn sie auf ihre ursprüngliche Quelle treffen, wird ihre Kraft neutralisiert. Wenn das Eisen auf Stein schlägt, das Feuer gegen das Wasser kämpft oder der Kshatriya gegen den Brahmanen, dann wird seine Kraft nicht lange bestehen. So, oh Yudhishthira, wird die Energie der Kshatriyas schwinden, so groß und unwiderstehlich sie auch sein möge, sobald sie gegen die Brahmanen gerichtet wird.

Wenn aber die Energie der Brahmanen verweichlicht und auch die Kraft der Kshatriyas schwindet, und wenn das Volk beginnt, die Brahmanen zu mißachten, dann werden jene, die sich dann ohne Todesangst mit gerechter Empörung und großer Geisteskraft zum Kampf für die Bewahrung der Brahmanen, der Tugend und sich selbst erheben, hohe Bereiche der Seligkeit gewinnen. Alle sollten *(unter diesen Bedingungen)* die Waffen für die Brahmanen ergreifen. Die Tapferen, die um die Brahmanen kämpfen, gelangen zu den glücklichen Regionen im Himmel, die für jene bestimmt sind, die stets die Veden achtsam studiert haben, die beständige Entsagung übten und nach einer Zeit des Fastens, ihren

Körper dem auflodernden Feuer übergeben haben. Wer auch immer aus den drei Kasten die Waffen für die Brahmanen ergreift, sammelt damit keine Sünde an. Man sagt, daß es keine höhere Aufgabe gibt, als unter solchen Umständen sein Leben *(im Kampf)* zu opfern. Ich verneige mich vor ihnen und gesegnet seien sie, die ihr Leben hingeben, um die Feinde der Brahmanen zurückzudrängen. Mögen wir auch jene hohen Regionen erreichen, die ihnen bestimmt sind. Denn Manu selbst hat gesagt, daß diese Helden die Region Brahmas erreichen.

Wie man von jeglicher Sünde gereinigt wird, wenn man das abschließende Bad in einem Pferdeopfer nimmt, so werden auch jene von allen Sünden gereinigt, die unter der Schärfe der Waffen im Kampf gegen übelgesinnte Menschen fallen. Gerecht und ungerecht sind *(keine absoluten Maße, sondern)* von Ort und Zeit abhängig. So groß ist die Macht von Ort und Zeit *(in der Bewertung menschlicher Taten)*. Wer stets der Menschlichkeit gewidmet ist, wird die hohen Himmel erreichen, selbst wenn er im Kampf zur Gewalt greift. Viele rechtschaffene Kshatriyas sind trotz ihrer gewaltvollen Taten im Kampf *(die unter anderen Bedingungen sündhaft wären)* zum seligen Ende gelangt. So begeht auch der Brahmane keine Sünde, wenn er zu den Waffen greift, um sich selbst zu schützen, um die Ordnung der Kasten zu bewahren oder um Räuber zu strafen.

Yudhishthira sprach:
Wenn die Kshatriyas schwach sind, dann werden die Räuber ihre Häupter erheben, und aufgrund dieser Verwirrung wird die Kastenordnung zerfallen. Wenn sich daraufhin ein anderer kraftvoller Mann, sei es ein Brahmane, Vaisya oder Shudra, erhebt, um diese Räuber zu schlagen, wahrlich, oh Bester der Könige, wenn er es schafft, das Volk zu beschützen, indem er gerecht den Stab der Herrschaft schwingt, ist diese Tat dann gerechtfertigt oder verstößt sie gegen die Ordnung? Es scheint, daß andere die Waffen ergreifen sollten, wenn sich die Kshatriyas als schwach erweisen.

Bhishma sprach:
Sei er ein Shudra oder ein Mitglied irgendeiner anderen Kaste, wer zum Rettungsfloß auf einem reißendem Strom wird, wo es keine andere Rettung gibt, der verdient zweifellos jeglichen Respekt. Jeder, oh König, auf den sich hilfebedürftige Menschen, die durch Räuber unterdrückt und gequält werden, verlassen können, um glücklich zu leben, verdient es, durch alle liebevoll verehrt zu werden, als ob er ein guter Verwandter wäre. Wer die Ängste von anderen zerstreut, ist immer der Verehrung würdig, oh Nachkomme der Kurus. Welchen Sinn haben die Ochsen, die keine Lasten bewegen, die Kühe, die keine Milch geben, oder eine Ehefrau, die unfruchtbar ist? So fragt man sich auch, welchen Sinn ein König hat, der unfähig ist, sein Volk zu beschützen. Wie ein Elefant aus Holz, ein Hirsch aus Leder, ein hilfloser Mann, ein Eunuch oder ein unfruchtbares Feld, so ist ein Brahmane, der die Veden nicht kennt, und ein König, der keinen Schutz gewähren kann. Sie sind beide wie eine Wolke, die sich auflöst und keinen Regen gibt. Nur derjenige, der stets die Rechtschaffenen beschützt und die Übeltäter zügelt, verdient es, ein König zu sein und diese Welt zu regieren.

Kapitel 79 - Über den Charakter des Priesters

Yudhishthira fragte:
Wie, oh Großvater, sollte derjenige handeln und sich verhalten, der als Priester in unseren Opfern eingesetzt wird? Welche Art Mensch sollte er sein, oh König? Sag mir das bitte, oh Erster der Redner.

Und Bhishma sprach:
Es ist bestimmt, daß nur jene Brahmanen als Priester berechtigt sind, welche die Chhandas *(vedischen Verse)* einschließlich der Saman Lieder kennen und alle Riten entsprechend den Srutis. Außerdem sollten sie fähig sein, all die religiösen Handlungen durchzuführen, die zum Wohlergehen des Königs führen. Sie sollten ergeben und vertrauenswürdig sein, den König freundlich ansprechen und auch untereinander freundlich sein, sowie alle Wesen mit gleichem Auge betrachten. Sie sollten gewaltlos, wahrhaftig, einfach, aufrichtig und ohne Übertreibung sein. Wer friedlich, ohne Stolz, bescheiden, selbstgezügelt, zufrieden, wohltätig, weise und harmlos zu allen Wesen ist, wer seine Gelübde bewahrt, Begierde und Haß überwunden hat, ohne Neid, aber voller Weisheit ist, dem gebührte der Sitz von Brahma selbst. Priester mit solchen Qualitäten, oh Herr, sind die Besten und verdienen jeden Respekt.

Yudhishthira fragte:
Es gibt vedische Texte über die Gabe des Dakshinas *(des Priesterlohnes)* in Opfern. Es gibt jedoch keine Bestimmung, wieviel gegeben werden muß. Dies ist bezüglich des Gebens nicht festgelegt. Die beschriebene Strafe bei Nichterfüllung ist allerdings schrecklich und ohne Rücksicht auf das Vermögen des Opfernden. Die Veden sagen, daß man mit Hingabe Opfer durchführen sollte. Aber was kann diese Hingabe bringen, wenn der Opfernde das Gebot des Dakshinas verletzt?

Bhishma sprach:
Kein Mensch kann Glückseligkeit oder Verdienst gewinnen, indem er die Veden mißachtet, betrügt oder lügt. Ein solcher Gedanke ist absurd. Und das Dakshina bildet eines der Glieder des Opfers und trägt zur Bewahrung der Veden bei. Ein Opfer ohne Dakshina kann nie zur Erlösung führen. Die Wirkung einer einzelnen Purnapatra *(Schüssel voll Reis)* ist allerdings jedem anderen Dakshina gleich, egal wie reichlich es ist. Damit, oh Herr, kann jeder aus den drei Kasten Opfer durchführen. Die Veden sagen, daß Soma *(der klare Vollmond als Symbol für den Weg zur Erlösung)* der König der Brahmanen ist. Und doch scheint es, als würden sie ihn mit der Durchführung der Opfer verkaufen, obwohl sie den Soma nie verkaufen sollten, um ihren Lebensunterhalt zu gewinnen. Deshalb haben die wahrhaften Rishis entsprechend der Tugend erklärt, daß jeder Gewinn aus dem Soma wieder geopfert *(bzw. gewidmet)* werden sollte, um dem Opfer Kraft zu geben. Diese drei, nämlich die Person *(der Priester)*, die Opfergabe und der Soma sollten von gutem Charakter sein. Eine Person mit übelgesinntem Charakter wirkt weder in dieser noch in der kommenden Welt zum Wohl. So haben wir auch gehört, daß eine Opfergabe aus Reichtum, der durch leidenschaftliche Arbeit gewonnen wurde, nicht besonders verdienstvoll ist, selbst wenn sie von

einem hochbeseelten Brahmanen dargebracht wird. Und die Veden behaupten *(bezüglich des Soma als Weg zur Erlösung)*, daß Entsagung das höchste Opfer ist. Damit sollte ich nun etwas über die Entsagung sprechen. Oh weiser König, höre mich! Gewaltlosigkeit, Wahrhaftigkeit, Wohlwollen und Mitgefühl werden von den Weisen als wahre Entsagung betrachtet und nicht das Abzehren des Körpers. Mißachtung der Veden, Übertretung der heiligen Gebote und Verlust aller gesunden Selbstbeherrschung führen zur Selbstzerstörung. Höre, oh Sohn der Pritha, was jene sagen, die zehn Opfergaben zehnmal am Tag ins Opferfeuer geben: „Für diejenigen, die das Opfer der Entsagung darbringen, ist der Yoga auf dem Weg zum Brahman ihr Schöpflöffel, das Herz ihre geklärte Butter und das hohe Wissen ihr Pavitra *(ein Büschel Kusha Gras um geheiligtes Wasser zu verspritzen)*.“ Alle Arten der Unwahrhaftigkeit bedeuten den Tod, und alle Arten der Wahrhaftigkeit gelten als Brahman. Dies ist das Ziel der Erkenntnis. Die Gedankenkonstrukte der Systematiker können dies nie berühren.

Kapitel 80 - Über die Arten der Freunde

Yudhishthira fragte:
Nicht einmal die einfachste Tat, oh Großvater, kann von einem Menschen ohne Hilfe vollbracht werden. Wie sollte es bei der Regierung eines Königreiches anders sein? Deshalb frage ich dich, wie die Minister des Königs sich verhalten sollten? Auf wem sollte das Vertrauen des Königs ruhen und auf wem nicht?

Bhishma sprach:
Könige, oh Monarch, haben vier Arten von Freunden. Das sind jene, die das gleiche Ziel haben, die dem König ergeben sind, die Freunde durch Geburt und die *(durch Geschenke und Gunst)* gewonnen worden sind. Ein fünfte Art sind die Rechtschaffenen, die nur einer Seite dienen und keiner zweiten. Ein solcher wählt die Seite, wo die Gerechtigkeit ist, und handelt entsprechend rechtschaffen. Ihm sollte der König niemals jene Absichten offenbaren, die dessen Zustimmung nicht finden können. Denn ein König, der nach Erfolg strebt, wird vielfältige Pfade in der Welt gehen müssen, die nicht immer gerecht erscheinen. Von den ersten vier Arten der Freunde sind die zweiten und dritten *(die Ergebenen und Seelenverwandten)* zuverlässiger, während die ersten und vierten *(die Sympathisanten und Gekauften)* mit Argwohn betrachtet werden sollten. Bezüglich jener Handlungen, die der König persönlich durchführen sollte, möge er stets alle vier mit Vorsicht betrachten. Bei der Beobachtung seiner Freunde sollte er niemals unachtsam sein. Ein unachtsamer König wird leicht von anderen überwältigt. Ein übelgesinnter Mensch trägt gern das Gewand der Gerechtigkeit, und die Wahrhaften erscheinen oft gegenteilig. So kann ein Feind schnell zum Freund, aber auch schnell wieder zum Feind werden. Menschen haben selten einen beständigen Geist. Wem könnte man immer völlig vertrauen? Alle wichtigen Werke sollten deshalb stets unter der Beobachtung des Königs geschehen. Ein blindes Vertrauen ist sowohl für die Tugend als auch für den Verdienst zerstörerisch. Wer allerdings ohne jegliches Vertrauen ist, der ist so gut wie tot. Wie auch übermäßige Vertrauensseligkeit den vorzeitigen Tod bringt. Denn durch solche Gutgläubigkeit beschwört man große Gefahr herauf. Wer einem anderen blind

vertraut, so sagt man, lebt nur noch unter dessen Vollmacht und Duldung. Aus diesem Grund sollte man auf gesunde Weise Mißtrauen wie auch Vertrauen haben. Diese ewige Regel der Politik, oh Herr, solltest du stets bewahren. Man sollte immer denen mißtrauen, die durch deine eigene Niederlage deinen Reichtum gewinnen würden. Die Klugen betrachten sie stets als Feind. Wer allerdings große Freude empfindet, wenn der König stärker wird, und bei dessen Schwächung leidet, der zeigt alle Anzeichen eines guten Freundes. Wer mit dir fallen würde, wenn du fällst, dem kannst du völlig vertrauen wie deinem eigenen Vater. Ihn solltest du mit aller Kraft fördern, wenn du selbst wachsen möchtest. Wer sich sogar in seinen religiösen Riten bemüht, dich vor Schaden zu bewahren, der wird dich auch bei anderen Gelegenheiten beschützen und sollte als guter Freund betrachtet werden. Wer dir jedoch Schaden wünscht, der ist dein Feind. Ein Freund ist wie dein eigenes Selbst, der Angst hat, wenn Katastrophen dich einholen, und Freude, wenn der Wohlstand über dir scheint. Wer mit angenehmer Ausstrahlung und freundlicher Stimme gesegnet ist, mit Großzügigkeit, Wohlwollen und edler Geburt, kann ein guter Freund sein. Wer mit weitsichtiger Intelligenz und Erinnerung begabt ist, wer in weltlichen Geschäften weise und im tiefsten Wesen gewaltlos ist, wer nie dem Zorn nachhängt und nie unzufrieden ist, egal ob er beachtet oder ignoriert wird, sei er dein Priester, Lehrer oder Freund, sollte immer deine Verehrung haben. Und wenn er das Amt deines Beraters akzeptiert und in deinem Haus wohnt, kann er über deine geheimsten Absichten und den wahren Zustand all deiner Angelegenheiten informiert werden, seien sie religiös oder weltlich. Du kannst ihm vertrauen wie deinem eigenen Vater.

Für ein Amt sollte immer nur einer betraut werden und nicht zwei oder drei auf einmal. Sie könnten schnell in Streit geraten. Man sieht oft, daß mehrere Personen mit der gleichen Aufgabe untereinander nicht übereinstimmen. Wer Ruhm gewonnen hat, jegliche Selbstbeherrschungen beachtet, nie eifersüchtig auf andere ist, die kompetent und fähig sind, nie übelgesinnt handelt, nie die Gerechtigkeit aus Lust, Angst, Habgier oder Zorn aufgibt, wer in weltlichen Geschäften klug und mit weiser und gewichtiger Rede gesegnet ist, sollte der Erste deiner Minister sein. Personen von edler Geburt und gutem Verhalten, die nie der Prahlerei nachhängen, die tolerant, tapfer, anständig, gelehrt und fähig sind, sollten als Minister ernannt werden, um all deine Angelegenheiten zu beaufsichtigen. Von dir geachtet und mit dem ihnen verliehenen Reichtum zufrieden, werden sie dein Wohl suchen und eine große Hilfe für dich sein. In Ämtern, die mit Gewinn und anderen wichtigen Dingen zu tun haben, bringen sie stets großen Wohlstand. Von einem Gefühl gesunder Konkurrenz bewegt, erfüllen sie alle gegebenen Aufgaben mit Gewinn und beraten sich, wenn notwendig, untereinander.

Deine Verwandten solltest du fürchten, wie den Tod selbst. Ein Verwandter kann den Wohlstand eines anderen Verwandten nur schwer ertragen, wie ein Lehnsherr den Wohlstand seines Oberherrn nicht ersehen kann. Niemand außer einem Verwandten kann Freude beim Untergang eines Angehörigen fühlen, der mit Ehrlichkeit, Milde, Großzügigkeit, Bescheidenheit und Wahrhaftigkeit gesegnet ist. Doch jene, die keine Verwandten haben, können auch nicht glücklich sein. Kein Mensch ist schlimmer dran, als einer ohne Verwandte. Wer keine Verwandten hat, kann von Feinden leicht überwunden werden. Die Verwandten bilden die Zuflucht von demjenigen, der von anderen Menschen gequält wird, weil es Verwandte nie ertragen können, wenn andere ihre Familie angreifen. Selbst wenn ein Verwandter von seinen Freunden bedrängt wird, fühlen sich alle anderen Verwandten ebenfalls von ihm verfolgt. So haben Verwandte stets Vor- und Nachteile. Wer keine Verwandten hat, wird es nie lernen, anderen seine Gunst zu zeigen oder sich zu demütigen. So findet man in Verwandten beides, Probleme und Gewinn. Aus diesem Grund sollte man seine Verwandten stets in Wort und Tat verehren und ihnen gute Dienste tun, ohne sie jemals zu verletzen. Wenn man ihnen im Herzen auch mißtraut, nach außen sollte man stets Vertrauen zeigen. Ihre Natur bedenkend, kann man in jedem etwas Gutes erkennen. Wer auf diese Weise achtsam ist, wird seine bisherigen Feinde entwaffnet und in Freunde umgewandelt finden. Wer sich so beständig unter Angehörigen und Verwandten sowie zu Freunden und Feinden verhält, wird immerwährenden Ruhm gewinnen.

Kapitel 81 - Die Geschichte von Krishna und der Uneinigkeit im Königreich

Yudhishthira fragte:
Wenn man es aber nicht schafft, auf diese Weise seine Angehörigen und Verwandten zu gewinnen, dann werden jene, die eigentlich Freunde werden sollten, zu Feinden. Wie sollte man sich dann verhalten, damit die Herzen sowohl der Freunde als auch der Feinde gewonnen werden können?

Bhishma sprach:
Diesbezüglich wird die alte Geschichte über ein Gespräch zwischen Krishna und dem himmlischen Weisen Narada erzählt.

Eines Tages sprach Krishna:
Weder ein ungelehrter und dummer Freund, noch ein gelehrter Freund mit unbeständiger Seele verdienen es, oh Narada, die geheimen Absichten von jemandem zu erfahren. Aber im Vertrauen auf deine Freundschaft möchte ich dir etwas sagen, oh Weiser, der du nach Belieben die Himmel durchwandern kannst. Denn man sollte mit einem anderen stets so sprechen, wie man dessen Geist einschätzt.

Ich verhalte mich niemals mit sklavischer Unterwürfigkeit zu meinen Angehörigen durch schmeichelhafte Reden über ihren Wohlstand. Ich gab ihnen die Hälfte von dessen, was ich gewonnen hatte, und vergebe ihnen auch ihre schlechten Reden. Doch wie man einen Feuerstock reibt, wenn man Feuer wünscht, so zerreiben die übelgesinnten Reden meiner Verwandten mein Herz. Wahrlich, oh himmlischer Rishi, diese neidischen Reden verbrennen mein Herz Tag für Tag. Die Kraft wohnt in Sankarshana *(meinem älteren Bruder Balarama)*, die Milde in Gada *(meinem jüngeren Bruder)*, und Pradyumna *(mein Sohn)* übertrifft mich sogar an persönlicher Schönheit. Und dennoch fühle ich mich hilflos, oh

Narada! Viele unter den Andhakas und Vrishnis sind mit großem Wohlstand gesegnet, mit Kraft, zuverlässigem Mut und beständiger Ausdauer. Auf wessen Seite sie stehen, diese werden weder schwanken noch untergehen sondern alles erreichen. Beide Seiten verehren mich, die Ahukas und Akruras, und ich kann für niemanden Partei ergreifen. *(Ahuka ist ein Andhaka König und der Großvater von Kansa. Akrura ist Krishnas Onkel aus dem Vrishni Stamm und der Schwiegersohn von Ahuka. Es handelt sich wohl um zwei Fürstentümer, die in Streit geraten sind.)* Was könnte leidvoller sein, als auf beiden Seiten zu stehen? Und was könnte wiederum leidvoller sein, als sie beide zu verlieren? Ich fühle mich wie die Mutter von zwei gegeneinander kämpfenden Brüdern, die beiden den Sieg wünscht. Oh Narada, so werde ich von beiden Seiten bedrängt. Mögest du mir sagen, was zu meinem Wohle ist sowie zum Wohle meiner Verwandten.

Und Narada sprach:
Probleme, oh Krishna, sind von zweierlei Art, nämlich äußerliche und innerliche. Sie entstehen, oh Nachkomme des Vrishni, aus deinen eigenen Taten oder den Taten von anderen. Das Problem, das dich hier eingeholt hat, ist ein inneres und aus deinen eigenen Taten geboren. Balarama und andere der Bhojas sind Anhänger von Akrura und haben diese Seite gewählt, entweder wegen des Reichtums, aus purer Laune oder von Worten und Neid bewegt. Du selbst hast den Reichtum verschenkt, den du gewonnen hast *(durch die Tötung des Tyrannen Kansa in Mathura)*. Und obwohl du von Menschen umgeben bist, die deine Freunde sein sollten, hast du durch deine eigene Tat dieses Problem *(der Streitigkeiten im Reich)* heraufbeschworen. Du kannst nun aber diesen Reichtum und das Königreich von Babhru *(Akrura)* und Ugrasena nicht einfach zurücknehmen, wie man das Essen nicht noch einmal ißt, das man erbrochen hat. *(König Ugrasena aus dem Andhaka Stamm wurde mit seinem Minister Vasudeva, dem Vater von Krishna, von seinem eigenem Sohn Kansa vom Thron gestürzt und eingesperrt. Krishna tötete Kansa und gab das Reich an Ugrasena zurück.)* Wenn du es ihnen entreißt, oh Krishna, mußt du innere Uneinigkeit befürchten. Selbst wenn diese Tat erfolgreich wäre, so würde sie doch gewaltigste Leistungen erfordern und brächte viele Schwierigkeiten. Ein großes Schlachten und ein großer Verlust von Reichtum wären die Folge, vielleicht sogar der Untergang. Verwende lieber eine Waffe, die nicht aus Stahl gemacht ist, die sehr weich und dennoch fähig ist, alle Herzen zu durchbohren. Das beständige Schärfen dieser Waffe wird die Zungen deiner Verwandten heilen.

Krishna sprach:
Was ist das für eine Waffe, oh Weiser, die nicht aus Stahl gemacht wurde, die weich ist und dennoch alle Herzen durchbohren kann, und die ich verwenden soll, um die Zungen meiner Angehörigen zu heilen?

Narada sprach:
Gib Nahrung und Unterhalt, so gut du kannst, und Vergebung, Ehrlichkeit und Freude, sowie Ehre denen, denen Ehre gebührt. Dies ist eine Waffe, die nicht aus Stahl gemacht wird. Zerstreue die Wut deiner Verwandten allein mit freundlichen Worten als Antwort auf ihre neidvollen Reden und besänftige ihre Her-

zen, Gedanken und verleumderischen Zungen. Nur große Menschen mit gereinigter Seele, die mit Vorzüglichkeit und Freunden gesegnet sind, können schwere Lasten ertragen. So nimm diese große Last auf und trage sie auf deinen Schultern. *(Krishna zieht später mit seinem ganzen Volk nach Dwaraka, um dort friedlich ein neues Königreich zu gründen.)* Alle Ochsen können schwere Lasten auf ebenen Straßen tragen, doch nur die stärkeren unter ihnen auch auf steinigen Wegen. Aus der Uneinigkeit wird Zerstörung kommen und alle Bhojas und Vrishnis gemeinsam einholen. Du, oh Kesava, bist der Erste ihrer Führer. So handle mit Weisheit, damit die Bhojas und Vrishnis nicht untergehen. Nichts außer Intelligenz und Vergebung, Selbstbeherrschung der Sinne und Offenheit bilden die Weisheit einer Person. Das Wachstum des eigenen Stammes ist immer lobenswert und ruhmvoll und bewahrt ein langes Leben. So handle du, oh Krishna, auf solche Art und Weise, daß deine Angehörigen nicht untergehen! Es gibt nichts Unbekanntes für dich bezüglich der Politik und des Krieges, oh Herr. Die Yadavas mit den Kukuras, Bhojas, Andhakas und Vrishnis hängen von dir ab, wie auch alle Welten und Regenten der Welt, oh Starkarmiger! Die Rishis, oh Madhava, beten stets um dein Wachstum. Du bist der Herr aller Wesen. Du kennst die Vergangenheit, Gegenwart und Zukunft. Du bist der Erste unter allen Yadavas. Sie alle verlassen sich auf dich, um glücklich leben zu können.

Kapitel 82 - Die Geschichte von Kalakavrikshiya

Bhishma sprach:
Das, was ich dir gerade erzählt habe, ist das beste Mittel. Doch höre jetzt, oh Bharata, über ein zweites Mittel. Jeder Mensch, der sich bemüht, die Interessen des Königs zu stärken, sollte stets von ihm beschützt werden. Wenn jemand zu dir kommt, oh Yudhishthira, bezahlt oder unbezahlt, um dich über einen Verlust deiner Schatzkammer zu unterrichten, der von einem Minister veruntreut wurde, solltest du ihm eine private Audienz gewähren und ihn vor dem *(beschuldigten)* Minister beschützen. Denn ein der Veruntreuung schuldiger Minister wird versuchen, oh Bharata, solche Informanten zu vernichten. Wenn sich die Plünderer des königlichen Schatzes gegen jene verbünden, die ihn bewahren wollen, dann sind diese so gut wie tot, wenn sie nicht vom König beschützt werden. Diesbezüglich wird eine alte Geschichte erzählt über das, was der Weise Kalakavrikshiya zum König von Kosala gesprochen hatte. Wir hörten, daß eines Tages der Weise Kalakavrikshiya zu Kshemadarsin kam, der den Thron des Königreichs von Kosala erstiegen hatte. Mit dem Ziel, das Verhalten aller Staatsdiener des neuen Königs zu untersuchen, reiste der Weise mit einem Käfig in der Hand, in dem ein Krähe saß, überall durch das Königreich. Und er sprach zu allen Menschen: „Vernehmt die Wahrsagung der Krähe! Die Krähe berichtet mir alles über Gegenwart, Vergangenheit und Zukunft." Dies im Reich verkündend, begann der Weise unter dem Volk die Verbrechen aller Staatsdiener zu beobachten. Und nachdem er alles im Königreich untersucht und erfahren hatte, daß nämlich viele der vom König ernannten Beamten der Veruntreuung schuldig waren, kam der Weise mit seiner Krähe, um den König zu besuchen. Bei Hofe verkündete der Gelübdetreue: „Ich bin ein Wahrsager!" Und im Palast sprach er zum anwesenden Minister, der mit dem Abzeichen seines Amtes

geschmückt war, daß ihn seine Krähe informiert hat, welche Verbrechen er wo getan hatte, und daß er alles davon weiß, wie er die königliche Schatzkammer geplündert hatte. „Meine Krähe hat mir dies berichtet. Gestehe oder beweise bald das Gegenteil dieser Beschuldigung!“ Dann verkündigte der Weise auch die Namen der anderen Beamten, die der Veruntreuung ähnlich schuldig geworden waren und sprach: „Meine Krähe spricht nie irgendetwas Falsches.“ So angeklagt und vom Weisen bedroht, verbündeten sich alle Beamten des Königs, oh Nachkomme der Kurus, und töteten seine Krähe, während der Weise nachts schlief.

Als der zweifachgeborene Rishi seine Krähe mit einem Pfeil durchbohrt im Käfig liegen sah, begab er sich am Morgen zu Kshemadarsin und sprach:
Oh König, ich ersuche deinen Schutz! Du bist allmächtig und der Herr des Lebens und der Reichtümer von allen. Auf dein Gebot hin, kann ich dir sagen, was zu deinem Nutzen ist. Ich betrachte dich als meinen Freund und bin in Sorge um dich. Daher bin ich gekommen, von Hingabe geführt und bereit, dir mit ganzem Herzen zu dienen. Ich bin hier, um dir ohne jede Rücksicht auf die Räuber zu sagen, daß du stetig deines Reichtums beraubt wirst. Wie ein Wagenlenker ein gutes Roß drängt, so bin ich hierhergekommen, um dich als Freund zu warnen. Ein Freund, der über seine Interessen wacht und nach Wohlstand und Wachstum strebt, sollte einem Freund vergeben, der sich getrieben durch Hingabe und Zorn ihm aufdrängt, um ihm Gutes zu tun.

Darauf antwortete ihm der König:
Warum sollte ich deine Rede nicht ertragen können? Ich bin nicht blind gegenüber meinem Wohl. Ich gewähre dir die Erlaubnis, oh Zweifachgeborener! Sprich wie du möchtest. Ich werde sicherlich deinen Weisungen folgen, die du mir, oh Brahmane, geben wirst.

Und der Weise sprach:
Nach dem Ermitteln der Verdienste und Schulden deiner Diener und auch der Gefahr, welche dich durch jene bedroht, bin ich aus Hingabe zu dir gekommen, um dir alles zu berichten. Die Gelehrten haben seit alters her erklärt, auf welche Weise man anderen dienen soll, oh König. Das Los derer, die dem König dienen, ist sehr schwer und leidvoll. Verbindungen mit Königen sind wie Verbindungen mit giftigen Schlangen. Könige haben viele Freunde wie auch viele Feinde. Wer Königen dient, muß deren Feinde und auch die Könige selbst zu jeder Zeit fürchten, oh Monarch. Wer dem König dient, sollte niemals der Unachtsamkeit in seiner Pflichterfüllung schuldig werden. Wahrlich, jeder Diener, der Wohlergehen wünscht, sollte seine Aufgaben achtsam erfüllen. Seine Unachtsamkeit könnte den Zorn des Königs entfachen und solcher Zorn kann der Untergang *(des Dieners)* sein. Man sollte sorgfältig lernen, wie man sich selbst benimmt und in Gegenwart des Königs verweilen, wie in Gegenwart eines lodernden Feuers. Bereit, zu jeder Zeit sogar sein Leben zu opfern, sollte man dem König stets wie einer Giftschlange Aufmerksamkeit schenken, weil er die Macht hat und der Herrscher über Leben und Reichtum aller ist. Man sollte immer vermeiden, schlechte Reden vor dem König zu führen, freudlos oder in

unehrerbietiger Haltungen zu sitzen, mit Verachtung zu warten, verächtlich umherzugehen oder unverschämte Gesten und respektlose Emotionen zu zeigen. Wenn der König zufrieden ist, kann er wie ein Gott Wohlstand bringen. Wenn er zornig wird, kann er wie ein flammendes Feuer bis zu den Wurzeln verbrennen. Das, oh König, wurde von Yama gesprochen, und diese Wahrheit kann man in allen Angelegenheiten der Welt erkennen. So werde ich jetzt handeln, um deinen Wohlstand zu sichern. Freunde wie wir können Freunden wie dir die Hilfe ihrer Weisheit in Zeiten der Gefahr gewähren. Meine Krähe, oh König, ist wegen dir getötet worden. Dafür werde ich dich jedoch nicht verantwortlich machen. Denn es waren deine Feinde *(welche diesen Vogel getötet haben)*. Beobachte achtsam, wer deine Freunde und wer deine Feinde sind! Das solltest du ganz allein tun, ohne dich auf andere zu verlassen. Viele in deinem Staatsdienst sind der Unterschlagung schuldig geworden. Sie suchen nicht mehr das Wohl deiner Untertanen. Ich habe ihre Feindschaft herausgefordert. Verschworen mit jenen Dienern die stets an deiner Seite sind, begehren sie das Königreich und streben nach deinem Untergang. Ihre Pläne waren jedoch aufgrund unerwarteter Bedingungen noch nicht erfolgreich. Aus Furcht vor diesen Menschen, oh König, sollte ich dieses Königreich verlassen und mir eine andere Bleibe suchen. Ich habe keine weltlichen Bindungen mehr, denn sie haben mit ehrloser Absicht diesen Pfeil auf meine Krähe geschossen und den Vogel, oh Herr, ins Reich von Yama geschickt. Das habe ich, oh König, mit meinen Augen gesehen, deren Sicht durch Entsagung gewachsen ist. In Begleitung dieser Krähe habe ich dein Königreich durchquert wie einen Fluß, der voller Krokodile und anderer Bestien ist. Wahrlich, mit dem Beistand dieses Vogels, habe ich dein Herrschaftsgebiet durchwandert wie ein Tal im Himalaja, das aufgrund umgefallener Baumstämme, verstreuter Felsen, dorniger Büsche, Löwen, Tiger und anderer Raubtiere unzugänglich ist. Die Gelehrten sagen, daß ein Bereich, der wegen Dunkelheit unzugänglich ist, mithilfe von Licht durchquerbar wird, wie ein Fluß mit einem Boot. Es gibt jedoch keine Mittel, um in den Irrgarten der königlichen Angelegenheiten einzudringen oder ihn zu durchqueren. Dein Königreich gleicht einem unzugänglichen dunklen Wald. Selbst du *(als König)* kannst ihm nicht mehr vertrauen. Wie könnte ich es? Gut und Böse liegen überall im Dunkeln. Kein Wohnort ist mehr sicher. Rechtschaffene werden getötet, während Ungerechte wachsen und gedeihen. Der Gerechtigkeit folgend sollten die Betrüger geschlagen werden, nicht die Rechtschaffenen. Es ist deshalb nicht gut, noch länger in diesem Königreich zu bleiben. Ein verständiger Mensch sollte dieses Land bald verlassen. Es gibt einen Fluß, oh König, mit Namen Sita, wo alle Boote versinken. Dein Königreich ist diesem Fluß ähnlich. Ein allzerstörendes Netz scheint sich überall auszubreiten. Dir droht der Fall, der jedem Honigsammler droht. Dein Reich ist wie ein köstliches Essen, das Gift enthält. Dein Wesen neigt sich zur Illusion und nicht zur Wahrhaftigkeit. Du wirst zur Grube, oh König, die voller giftiger Schlangen ist. Dein Inneres, oh König, gleicht bald einem Fluß mit süßem Wasser, der aber nur noch mit Gefahr zu erreichen ist, denn die steilen Ufer sind überall mit Dornengestrüpp überwachsen. Du lebst wie ein Schwan inmitten von Hunden, Geiern und Schakalen. Wie ein mächtiger Baum, der von Parasitenpflanzen überwuchert wird, die üppig wachsen und schließlich den ganzen Baum überdecken. Und wenn eine Feuersbrunst kommt, die das Schlinggeflecht erfaßt, dann wird der herrschaftliche Baum mit verbrennen. Deine Minister, oh König, sind diese Parasitenpflanzen, von denen ich spreche. Wehre sie ab und richte sie! Sie wurden durch dich genährt. Aber sie verschworen sich gegen dich und zerstören deinen Wohlstand. Ich weiß um die Schuld deiner Staatsdiener und lebe in deinem Haus in beständiger Gefahr, wie in einem Zimmer mit einer Giftschlange oder wie der Geliebte der Ehefrau eines Helden. Mein Ziel ist es, das Verhalten des Königs zu prüfen, der mein Beschützer ist. Ich möchte wissen, ob der König seine Leidenschaften gezügelt hat, ob seine Diener ihm gehorsam sind, ob er von ihnen geliebt wird, und ob er seine Untertanen liebt. Um all das zu erfahren, bin ich zu dir gekommen, oh Bester der Könige. Wie die Nahrung für eine hungrige Person, so bist du mir lieb geworden. Ich mag jedoch deine Minister nicht, wie eine Person ohne Durst keine berauschenden Getränke mag. Sie haben mich beleidigt, weil ich dein Wohl suche. Ich habe keinen Zweifel, daß dies der Grund ihrer Feindschaft mir gegenüber ist. Ich selbst hege keine feindlichen Absichten ihnen gegenüber. Ich versuche nur, ihre Schuld aufzudecken. Doch wie man eine verwundete Schlange fürchten sollte, so sollte jeder einen übelgesinnten Feind fürchten!

Der König sprach:
Wohne in meinem Palast, oh Brahmane! Ich werde dich stets mit Ehre, Respekt und Würde behandeln. Wer dich verachtet, soll nicht bei mir wohnen. So sprich, was als nächstes bezüglich der Übeltäter getan werden sollte. Sieh, oh Heiliger, daß der Stab der Herrschaft gerecht ausgeübt wird und daß in meinem Königreich alles wohlgetan ist. Bedenke alles und führe mich auf solche Art und Weise, daß ich Wohlstand gewinnen kann.

Der Heilige sprach:
Schließe deine Augen vorerst vor diesem Verbrechen von ihnen *(der Tötung der Krähe)* und schwäche sie einen nach dem anderen. Beweise dann ihre Schuld und bestrafe sie nacheinander. Denn wenn viele Leute des gleichen Vergehens schuldig werden, können sie, indem sie vereint handeln, sogar die spitzesten Dornen weich machen. Damit deine verdächtigten Minister nicht gegen dich handeln, verheimliche vorerst deine Absichten. Diese Vorsicht empfehle ich dir! Wir Brahmanen sind im Innersten mitfühlend und wollen niemandem Schmerz zufügen. Wir wünschen dein Wohl wie auch das Wohl aller anderen, wie wir es uns auch selbst wünschen. So bin ich dein Freund, oh König. Ich bin als der Weise Kalakavrikshiya bekannt und stets der Wahrheit gewidmet. Dein Vater betrachtete mich bereits liebevoll als Freund. Als die Not dieses Königreich während der Herrschaft deines Vaters heimsuchte, oh König, übte ich vielfältige Askese *(um sie zu vertreiben)* und gab jede andere Beschäftigung auf. Dies spreche ich aus Zuneigung zu dir, damit du nicht noch einmal den Fehler begehst *(unwürdigen Personen zu vertrauen)*. Du hast von deinem Vater ein gesundes Königreich erhalten. Bedenke nun alles zu seinem zukünftigen Wohl und Weh. Du hast fähige Berater in deinem Königreich. Warum, oh König, bist du der Unachtsamkeit schuldig geworden?

Bhishma fuhr fort:
Danach ernannte der König von Kosala neue Minister aus der Kshatriya Kaste und den Brahmanen *(Kalakavrikshiya)* als seinen Purohita. Nach dieser Veränderung brachte der König von Kosala sein ganzes Reich wieder unter seine Herrschaft und erwarb großen Ruhm. Der Weise Kalakavrikshiya verehrte die Götter in vielen großartigen Opfern für den König. Und weil der König von Kosala seine nützlichen Ratschläge erhört hatte, überwand er bald die ganze Erde und verhielt sich in jeder Hinsicht, wie der Weise ihm geraten hatte.

Kapitel 83 - Über die Eigenschaften der Staatsbeamten

Yudhishthira fragte:
Wie, oh Großvater, sollten die Eigenschaften von Höflingen, Richtern, Offizieren, Generälen und Ministern eines Königs sein?

Bhishma sprach:
Wer Bescheidenheit, Selbstdisziplin, Wahrhaftigkeit, Aufrichtigkeit und Mut besitzt, gilt als geeignet für das Amt des Richters. Die Zweifachgeborenen, die stets auf deiner Seite und voller Mut, Gelehrsamkeit, Freundschaft und Durchhaltevermögen in allen Taten sind, solltest du, oh Sohn der Kunti, als deine Kriegsminister in Zeiten der Not einsetzen. Die Hochgeborenen, die von dir verehrt, stets ihre ganze Kraft zu deinem Nutzen einsetzen und dich nie verlassen in Wohl oder Weh, Krankheit oder Tod, solltest du als Höflinge unterhalten. Die Hochgeborenen aus deinem Königreich, die Weisheit, Herrlichkeit, Edelmut, Gelehrsamkeit und Würde haben und dir ganz ergeben sind, mögen als Offiziere in deiner Armee dienen. Niedriggeborene mit gieriger Gesinnung, die gewalttätig und schamlos sind, werden dir, oh Herr, nur so lange dienen, so lange ihre Hände feucht sind *(aus Angst vor dir)*. Die Hochgeborenen mit edlem Verhalten, die alle Zeichen und Gesten verstehen, die ohne Grausamkeit sind und die rechten Bedingungen von Ort und Zeit kennen, die suchen immer das Wohl ihres Herrn in allen Taten und sollten vom König als Minister in all seinen Angelegenheiten ernannt werden. Die mit Geschenken von Reichtum, Ehren, Lob und Freundschaft erobert wurden, deshalb als Freunde gelten und in all deinen Angelegenheiten deinen Nutzen suchen, sind stets würdig, dein Glück zu teilen. Die im Verhalten beständig sind, mit Gelehrtheit und Wahrhaftigkeit gesegnet, die vorzügliche Gelübde beachten, großherzig und aufrichtig sind, werden stets deine Interessen unterstützen und dich niemals aufgeben. Wer andererseits unwürdig und übelgesinnt ist, keine Selbstbeherrschung kennt und vom guten Verhalten abgefallen ist, sollte durch dich stets gezwungen werden, alle vernünftigen Grenzen zu beachten. Und wenn du dich zwischen zwei Seiten entscheiden mußt, dann solltest du niemals die vielen aufgeben, um die Seite von einem zu vertreten, es sei denn, der eine übertrifft in seiner Vorzüglichkeit die vielen. Als vorzügliche Eigenschaften gelten Heldenkraft, Ruhm, Hingabe und gesunde Selbstbeherrschung. Wer alle fähigen Personen achtet, wer keine Gefühle von Neid und Konkurrenz hegt, wer nicht überheblich gegenüber weniger Verdienstvollen ist, wer die Gerechtigkeit nie aus Lust, Angst, Zorn oder Habgier aufgibt, wer mit Demut gesegnet ist, in der Rede ehrlich und im

Charakter vergebend, wer seine Seele unter Kontrolle hat, voller Würde und in jeder Hinsicht geprüft ist, der sollte von dir als Berater gewonnen werden. Adel, Edelmut, Vergebung, Weisheit und Reinheit der Seele, Mut, Dankbarkeit und Wahrhaftigkeit sind, oh Sohn der Pritha, Zeichen der Erhabenheit und Güte. Ein kluger Mensch, der sich auf diese Weise verhält, kann seine Feinde ihrer Feindschaft entwaffnen und sie in Freunde verwandeln.

Ein König, der Selbstbeherrschung hat, mit Weisheit gesegnet ist und nach wahrem Wohlstand strebt, sollte die Vorzüge und Fehler seiner Minister sorgfältig untersuchen. Ein König, der Wohlstand wünscht und Ruhm unter seinen Zeitgenossen, sollte Minister haben, die mit seinen vertrauten Freunden verbunden sind, von hoher Geburt in seinem eigenen Königreich, die nicht zur Korruption neigen, rein von Ehebruch und ähnlichen Lastern sind, gut geprüft, edlen Familien angehören, gelehrte Nachkommen von Vätern und Großvätern sind, die schon ähnliche Ämter hatten und mit Demut gesegnet sind. Der König sollte fünf solche Minister anstellen, die sich um seine Angelegenheiten kümmern, ohne Stolz, aber mit Intelligenz, aufrichtiger Gesinnung, Energie, Geduld, Vergebung, Reinheit, Loyalität, Entschlossenheit und Mut, deren Vorzüge und Fehler gut geprüft wurden, die reif an Jahren und fähig sind, die Lasten des Amtes ohne Betrug zu tragen. Menschen mit weiser Rede und Heldentum, die auch unter Schwierigkeiten voller Kraft sind, von hoher Geburt, wahrhaft, vorrausschauend und friedfertig, die um die Bedingungen von Ort und Zeit wissen und das Wohl ihres Herrn suchen, sollten vom König als Minister in allen Angelegenheiten des Königreichs angestellt werden. Wer ohne Energie ist und von Freunden verlassen, kann niemals mit Durchhaltevermögen arbeiten. Solch ein Mensch scheitert in fast jedem Geschäft. Und ein unerfahrener Minister, selbst wenn er mit hoher Geburt gesegnet ist und Tugend, Gewinn und Liebe achtet, wird unfähig sein, den richtigen Weg der Handlungen zu wählen. Ähnlich werden die Niedriggeborenen, selbst wenn sie höchst gelehrt sind, oft wie Blinde ohne einen Führer in allen Handlungen irren, die Geschick und Voraussicht verlangen. Auch wer kraftlos in seinen Absichten ist, selbst wenn er mit Intelligenz und Gelehrtheit begabt wurde und die Mittel kennt, wird nicht beständig mit Erfolg handeln können. Ein Mensch mit übelgesinntem Herzen und ohne Bildung kann zwar seine Hand zur Arbeit zwingen, aber scheitert bereits daran, das rechte Ziel seiner Arbeit zu sehen. Ein König sollte sein Vertrauen nie auf einem Minister ruhen lassen, der ihm nicht ergeben ist und ihm niemals seine Beschlüsse bekanntgeben. Solch ein übelgesinnter Minister kann sich mit anderen verbünden und den König zerstören, wie das Feuer mithilfe des Windes in das Innere eines Baumes eindringt und ihn verbrennt.

Jeder Herrscher könnte eines Tages im Zorn seine Diener ihres Amtes entheben oder sie wütend mit harten Worten tadeln, sie dann auch wieder einsetzen und mit Macht ausstatten. Eine solche Behandlung können nur Diener ertragen und verzeihen, die ihrem Herrn wirklich hingegeben sind. Manchmal werden sogar die Minister durch ihren König schwer verletzt. Deshalb sollten nur jene unter ihnen, die ihren Zorn zügeln können, um ihrem Herrn Gutes zu tun und mit ihrem König Glück und Leid teilen, von ihm in all seinen Angelegenheiten befragt werden. Wer allerdings nicht wahrhaft ist, selbst wenn er seinem Herrn hingegeben, klug und mit zahlreichen Tugenden gesegnet ist, sollte vom König nie befragt werden. Wer mit den Feinden verbunden ist und die Interessen der Untertanen des Königs nicht vertritt, sollte als ein Feind erkannt werden. Auch mit ihm sollte sich der König nie beraten. Wer unerfahren, unrein oder mit Stolz befleckt ist, wer um die Feinde des Königs wirbt, der Prahlerei anhängt, unfreundlich, gierig oder zornig ist, sollte ebenfalls nicht befragt werden. Ein Fremder, selbst wenn er dem König ergeben und höchst gelehrt ist, sollte vom König geehrt und ernährt, aber nie befragt werden, wie auch jener, dessen Herr durch königlichen Beschluß fälschlicherweise verbannt wurde, selbst wenn er später wieder mit Ehren und Reichtum beschenkt wird. Auch ein Wohlgesinnter, dessen Eigentum einmal wegen einer geringen Übertretung beschlagnahmt wurde, sollte nicht befragt werden, selbst wenn er mit jeder Vorzüglichkeit begabt ist. Wer jedoch voller Weisheit, Intelligenz und Gelehrtheit ist und im Königreich geboren wurde, wer rein und in allen Taten rechtschaffen ist, der verdient es, vom König befragt zu werden. Wer mit Erfahrung und Wissen gesegnet ist, wer die Gesinnungen seiner Freunde und Feinde kennt, wer dem König ein Freund ist, wie sein zweites Selbst, der verdient es, befragt zu werden, wie auch der Ehrliche, Bescheidene und Friedvolle, dessen Vater bereits dem König zuverlässig gedient hat. Wer zufrieden und ehrfürchtig, wahrhaft, würdevoll und mutig ist, wer boshafte und übelgesinnte Menschen meidet, mit Politik und der rechten Zeit vertraut ist, der verdient es, vom König befragt zu werden. Wer alle Menschen durch Versöhnung erobern kann, der sollte, oh Monarch, vom König befragt werden, der nach Herrschaft gemäß dem königlichen Wissen strebt. Auch wem das Volk in Stadt und Land wegen seiner Rechtschaffenheit vertraut, wer fähig ist zu kämpfen und die Regeln der Politik kennt, der verdient es, vom König befragt zu werden. Deshalb sollten alle Menschen mit solchen Qualitäten, welche die Gesinnungen von allen kennen und nach hohen Taten streben, vom König geehrt und die Ämter der Minister erhalten. Dies sollten nie weniger als drei sein.

Minister sollten achtsam die Schwächen ihres Herrn beobachten, von sich selbst, den Untertanen und den Feinden. Denn die Wurzeln eines Königreichs sind die Ratschläge zur Politik, die von den Ministern kommen. Sie sind eine Quelle des Wachstums. Minister sollten auf solche Art und Weise handeln, daß die Feinde die Schwächen ihres Herrn nicht entdecken können. Denn wenn der Feind Schwäche zeigt, dann sollte er angegriffen werden. Wie die Schildkröte ihre Glieder durch das Zurückziehen in ihren Panzer schützt, so sollten die Minister ihre Ratschläge schützen. Sie sollten sogar auf diese Weise ihre eigenen Schwächen verbergen. Die Minister eines Königreichs, die fähig sind, ihre Ratschläge *(nach Außen)* geheim zu halten, gelten als mit Weisheit gesegnet. Denn die Ratschläge sind die Rüstung eines Königs und die Glieder seiner Untertanen und Beamten. Man sagt, ein Königreich ist so sicher wie seine Spione und Agenten, und so kraftvoll wie die politischen Ratschläge. Wenn sich Herrscher und Minister einander beistehen, um Stolz und Zorn, Hochmut und Neid zu unterwerfen, dann können sie beide glücklich werden. Ein König sollte sich mit solchen Ministern beraten, die von den fünf Arten der Täuschung frei sind. Zuerst sollte er die verschiedenen Meinungen von mindestens drei Ministern erfahren. Damit sollte er nach reiflicher Überlegung zu seinem Lehrer gehen, um ihn über jene Meinungen und sein eigene zu informieren. Sein Lehrer sollte ein Brahmane sein, der bezüglich Tugend, Verdienst und Liebe wohlerfahren ist. Den möge der König zur Klärung mit gesammeltem Geist um seine Meinung fragen. Wenn dann nach Beratung mit ihm eine Entscheidung erreicht wird, dann sollte er sie ohne Anhaftung in die Praxis umsetzen. Jene, die mit den Geboten der Beratung bekannt sind, sagen, daß sich Könige stets auf diese Weise beraten sollten. Und nachdem die Beschlüsse auf diesem Weg gefaßt wurden, sollten sie realisiert werden. So sind sie fähig, alle Ziele zu erreichen. Wo der König seine Beratungen hält, sollten keine Zwergwüchsigen, Buckligen, Abgezehrten, Lahmen, Blinden, Geisteskranken, Frauen oder Eunuchen anwesend sein. Während einer Beratung sollte sich niemand bewegen, weder nach vorn oder nach hinter, weder aufstehen oder niedersetzen oder ähnliches. Auf einem Boot oder einem Platz ohne Gras und Sträucher, wo die Umgebung klar eingesehen werden kann, sollte der König zur rechten Zeit Beratungen halten und Fehler in Rede und Gesten vermeiden.

Kapitel 84 - Über die freundliche Rede

Bhishma sprach:
Diesbezüglich, oh Yudhishthira, wird auch ein Gespräch zwischen Vrihaspati und Indra erzählt.

Indra fragte:
Was ist die beste Tat, oh Zweifachgeborener, womit der sorgsam Handelnde den Respekt aller Wesen und großen Ruhm gewinnt?

Und Vrihaspati sprach:
Freundliche Rede, oh Indra, ist das, wodurch man den Respekt aller Wesen und großen Ruhm verdienen kann. Dieses eine, oh Indra, bringt allen Glück. Damit kann man stets die Liebe aller Wesen gewinnen. Wer nie ein Wort spricht und dessen Stirn immer nur voller Runzeln ist, der wird von allen Wesen gemieden werden. Das geschieht, weil er sich der freundlichen Rede enthält. Wer aber andere, denen er begegnet, gleich zuerst mit einem Lächeln anspricht, der wird es schaffen, daß jeder mit ihm zufrieden ist. Selbst Geschenke, wenn sie ohne freundliche Rede gegeben werden, erfreuen den Empfänger nicht und sind wie Reis ohne Curry. Sogar wenn Besitztümer der Menschen mit freundlicher Rede genommen werden, oh Indra, kann solche Freundlichkeit den Unmut der Erleichterten beschwichtigen. Deshalb sollte ein König, selbst wenn er den Stab der Herrschaft schwingt, stets freundliche Worte sprechen. Freundlichkeit verfehlt nie ihre Wirkung und erreicht stets die Herzen. Eine Person mit guten Taten und wohlwollender, angenehmer und freundlicher Rede ist *(in ihrer Wirkung)* unvergleichlich.

Bhishma fuhr fort:
Nach diesen Worten seines Priesters begann Indra, gemäß dieser Belehrung zu handeln. So übe auch du, oh Sohn der Kunti, diese hohe Tugend!

Kapitel 85 - Über die Wahl der Minister

Yudhishthira fragte:
Oh Erster der Könige, auf welche Weise sollte der König seine Untertanen beherrschen, damit er große Glückseligkeit und ewigen Ruhm erreichen kann?

Bhishma sprach:
Ein König mit gereinigter Seele, der seine Aufgabe erfüllt und sein Volk beschützt, gewinnt Verdienst und Ruhm sowohl in dieser als auch in der kommenden Welt, indem er wahrhaft und gerecht handelt.

Yudhishthira fragte:
Mit wessen Hilfe und auf welchem Weg sollte sich der König so verhalten? Oh großer Weiser, erzähle mir alles darüber. Ich glaube nicht, daß diese hohen Tugenden, von denen du gesprochen hast, alle zusammen in einer einzelnen Person bestehen können.

Bhishma sprach:
Du bist mit großer Intelligenz begabt, oh Yudhishthira! Es ist, wie du sagst. Eine solche Person ist sehr selten, die mit all diesen guten Qualitäten gesegnet ist. Um es kurz zu sagen, ein solches Verhalten ist äußerst schwierig zu erreichen, selbst durch sorgfältiges Streben. Ich werde dir jedoch beschreiben, welche Arten von Ministern du dafür ernennen solltest. Vier Brahmanen mit reinem Verhalten aus der Snataka Kaste, die in den Veden erfahren sind und mit einem Sinn für Würde, acht Kshatriyas voller physischer Kraft und erfahren in der Waffenkunst, einundzwanzig Vaisyas mit viel Reichtum, drei bescheidene Shudras mit reinem Verhalten, die ihre täglichen Aufgaben erfüllen, und einer aus der Suta Kaste mit den Kenntnissen der Puranas, der mit den acht Kardinaltugenden gesegnet ist - dies sollten deine Minister sein. Jeder von ihnen sollte *(mindestens)* fünfzig Jahre alt, voller Würde und frei von Neid sein, mit den heiligen Schriften der Srutis und Smritis bekannt, bescheiden, gerecht, entscheidungsfähig, sowie frei von Habgier und den sieben schrecklichen Lastern, die Vyasanas *(Leidenschaften)* genannt werden. Der König sollte sich mit den führenden acht Ministern beraten und die Ergebnisse in seinem Königreich unter dem Volk bekanntgeben.

Mit folgendem Verhalten solltest du stets gerecht über dein Volk wachen. Eigne dir nie etwas an, was dir anvertraut wurde oder um dessen Besitz sich zwei andere streiten. Damit würde die Gerechtigkeit untergraben. Und der Ungerechtigkeit folgt quälende Sünde, auch für dein Königreich. Dein Volk wird Angst vor dir haben, wie kleine Vögel beim Anblick eines Falken, und dein Königreich wird wie ein löchriges Boot auf dem Meer versinken. Wenn ein König seine Untertanen mit Ungerechtigkeit regiert, wird die Angst sein Herz erobern und das Tor des Himmels bleibt ihm verschlossen. Ein Königreich, oh Bulle unter den Männern, hat seine Wurzel in der Gerechtigkeit. Minister, Königsöhne oder bezahlte Beamte, die vom Eigennutz bewegt ungerecht handeln, werden mit dem König selbst in die Hölle sinken. Alle Hilflosen, die durch Stärkere bedrückt werden und daraufhin in mitleiderregendes Wehklagen verfallen, sollten ihren Beschützer im König finden. Doch in allen Streitfällen zwischen solchen Parteien sollte die Entscheidung stets auf Beweisen von Zeugen beruhen. Nur wenn einer der Streitenden keine Zeugen hat und ohne Hilfe ist, mag der König den Fall nach bestem Wissen entscheiden. Alle Bestrafungen sollte der König gemäß dem Maß der Straftaten bestimmen. Die Wohlhabenden sollten mit Geldstrafen und Beschlagnahmungen, die Armen mit Freiheitsentzug bestraft werden. Die besonders Übelgesinnten mag der König sogar mit körperlicher Züchtigung zügeln. Die Rechtschaffenen sollten dagegen mit angenehmen Reden und Geschenken gefördert werden. Wer jedoch den Tod des Königs sucht, sollte auf die Todesstrafe treffen. Diese Strafe gilt auch für jene, die der Brandstiftung, des Raubs oder der Verletzung der gesellschaftlichen Kastenordnung schuldig wurden. Ein König, oh Monarch, der die Strafen ordnungsgemäß entsprechend dem Wissen von der Herrschaft bestimmt, sammelt mit dem Strafen keine Sünde an sondern ewigen Verdienst. Jener unwissende König, der nach eigensinniger Lust und Laune bestraft, verdient Schande in dieser Welt und sinkt danach in die Hölle. Keiner sollte je für die Schuld eines anderen bestraft werden. Erst nach reiflicher Überlegung mag man eine Person verurteilen oder freisprechen. Doch unter keinen Umständen sollte ein König einen Gesandten töten. Wer einen Gesandten tötet, der sinkt mit all seinen Ministern sicher in die Hölle. Der König, der die Kshatriya Aufgaben kennt und einen Gesandten tötet, der treu seine Nachricht übermittelt, die ihm aufgetragen wurde, belastet seine Ahnen mit der Sünde, ein Kind im Mutterleib getötet zu haben. Deshalb sollte ein Gesandter die sieben Vorzüglichkeiten besitzen. Er sollte aus ehrbarer Familie stammen, hochgeboren, redegewandt, klug, freundlich und treu sein, sowie ein besonders gutes Gedächtnis haben. Die Leibwache des Königs sollte mit ähnlichen Qualitäten begabt sein, wie auch der Offizier, der mit dem Schutz der Hauptstadt oder königlichen Festung beauftragt wird. Dieser Minister des Königs sollte auch mit den Geboten der Schriften bekannt und im Führen von Kriegen und Bilden von Verträgen erfahren sein. Er sollte Mut, Intelligenz und Bescheidenheit besitzen sowie Geheimnisse bewahren können. Darüber hinaus sollte er von hoher Geburt sein, Geisteskraft und reines Verhalten haben. Wenn er mit diesen Qualitäten gesegnet ist, sollte er als würdig erachtet werden. Ähnliche Qualitäten sollte auch der Armeekommandant des Königs besitzen. Darüber hinaus müßte er die verschiedenen Arten der Gefechtsformationen und den Gebrauch der Kriegsgeräte beherrschen. Er sollte imstande sein, Regen, Kälte, Hitze und Wind zu ertragen und wachsam die Schwächen der Feinde beobachten. Der König, oh Monarch, sollte fähig sein, seine Feinde in einem Gefühl der Sicherheit zu wiegen. Er selbst sollte niemandem ganz vertrauen, nicht einmal seinem eigenen Sohn. Damit habe ich dir, oh Sündloser, die Gebote der Schriften erklärt. Ein gesundes Mißtrauen zu allen gilt als das höchste Geheimnis der königlichen Macht.

Kapitel 86 - Über die Hauptstadt des Königs

Yudhishthira fragte:
Wie sollte die Stadt beschaffen sein, in welcher der König wohnt? Sollte er eine bereits bestehende wählen oder eine besondere bauen lassen? Sage mir das bitte, oh Großvater!

Bhishma sprach:
Es ist gut, oh Bharata, über das Verhalten zu fragen, dem man folgen sollte und auch über die Verteidigungsanlagen, die man für die Stadt des Königs einrichten sollte. Ich werde deshalb darüber sprechen, besonders über die Verteidigung von Festungen. Höre meine Worte und dann triff alle erforderlichen Vorbereitungen und verhalte dich entsprechend. In Anbetracht der sechs verschiedenen Arten von Festungen sollte der König seine Städte ausbauen, in denen alles Nötige reichlich vorhanden ist. Die sechs Arten sind die Wasserfestung, Mauerfestung, Bergfestung, Menschenfestung, Sumpffestung und Waldfestung. Der König mit seinen Ministern und der völlig loyalen Armee sollten in jener Stadt wohnen, die durch eine Festung verteidigt wird, die ein reichliches Lager von Reis und Waffen enthält, die durch undurchdringliche Mauern und einen Graben geschützt wird, wo es von Elefanten, Rossen und Wagen wimmelt, die von gelehrten Menschen und versierten Handwerkern bewohnt wird, die mit Proviant jeglicher Art gut versorgt wird, deren Bevölkerung tugendhaft, geschäftstüchtig, stark und energievoll ist, die viele offene Plätze und Reihen von Geschäften hat, wo die Gerechtigkeit wohnt, Frieden herrscht und keine Gefahr besteht, die in ihrer Schönheit erstrahlt und von Musik und Liedern erschallt, wo alle Häuser geräumig sind, viele tapfere und wohlhabende Persönlichkeiten wohnen, die Hymnen der Veden erklingen, wo oft Feste und Jubel stattfinden und stets die Götter verehrt werden. Dort wohnend sollte der König seine Schatzkammer füllen, seine Kräfte und Freunde vermehren und für Gerechtigkeit sorgen. Er sollte allen Mißbrauch und jedes Übel in Stadt und Land bekämpfen. Er sollte Vorräte jeder Art ansammeln und sorgfältig seine Arsenale und die Lager mit Reis und anderem Korn füllen, sowie mit Brennstoff, Eisen, Spreu, Holzkohle, Bauholz, Hörnern, Knochen, Bambus, Fett, Öl, Ghee, Honig, Medizin, Flachs, Harz, Reis, Waffen, Pfeilen, Lederschützern *(für Bogensehnen)*, Darmsaiten, Seilen und Schnüren aus Munja Gras und anderen Pflanzen. Er sollte auch die Anzahl der Zisternen und Brunnen erhöhen, die große Mengen Wasser enthalten, und alle grünenden Bäume beschützen. Er sollte mit Ehrung und Aufmerksamkeit die Gelehrten, Ritwijas, Priester, mächtigen Bogenschützen, Architekten, Astronomen und Astrologen, erfahrenen Ärzte, Handwerker und alle weiteren Menschen mit Weisheit, Intelligenz, Selbstdisziplin, Klugheit, Mut, Gelehrtheit, hoher Geburt und Geisteskraft unterstützen. Der König sollte stets die Rechtschaffenen fördern und die Ungerechten züchtigen. Er sollte mit Entschlossenheit handeln und die verschiedenen Kasten zu ihren jeweiligen Aufgaben anhalten. Mit rechter Achtsamkeit sollte er durch Spione das öffentliche Verhalten und die Stimmung der Einwohner seiner Städte und Provinzen feststellen und wenn nötig, entsprechende Maßnahmen ergreifen. Der König sollte persönlich seine Spione und Räte, seine Schatzkammer und die Rechtspre-

chung beaufsichtigen. Denn von diesen, so sagt man, hängt alles ab. Mit Spionen die seine erweiterten Augen sind, sollte der König alle Taten und Absichten von Feinden, Freunden und neutral Gesinnten feststellen, um dann mit Achtsamkeit seine Maßnahmen zu bedenken, um die Loyalen zu ehren und die Feindlichen zu bestrafen. Der König sollte auch stets die Götter mit Opfern verehren und Geschenke machen, ohne irgend jemanden zu verletzen. Er sollte seine Untertanen beschützen und niemals etwas tun, was die Gerechtigkeit behindert oder durchkreuzt. Auch die Hilflosen, Waisen, Alten und Witwen sollte er stets ernähren und beschützen, wie auch die Asketen und sie zur rechten Zeit mit Stoffen, Gefäßen und Nahrung beschenken. Der König sollte aufmerksam die weisen Asketen *(in seinem Reich)* über sich und sein Königreich informieren, sowie über alle Maßnahmen, und sich stets demütig in ihrer Anwesenheit verhalten. Wenn er hochbeseelte Asketen voller Weisheit sieht, die alle irdischen Dinge aufgegeben haben, möge er sie mit Gastgeschenken, Decken, Nahrung und Ehrensitzen würdigen. In welche Notlage der König auch fällt, einem weisen Asketen kann er immer vertrauen. Selbst die Räuber vertrauen diesen Menschen. Der König sollte seinen Reichtum den Asketen widmen und von ihnen Weisheit empfangen, aber alles mit Maß und Achtsamkeit. Unter ihnen sollte er sich Freunde suchen, die in seinem Königreich wohnen, im Königreich seiner Feinde, in den Wäldern und zum vierten in den tributpflichtigen Königreichen. Er sollte ihnen stets Gastfreundschaft, Ehre und Unterhalt gewähren, ob sie im eigenen Reicht wohnen, im Reich der Feinde oder in den Wäldern. Voller Entsagung und beständiger Gelübde werden sie in Zeiten der Not, wenn der König um ihren Schutz bittet, ihm alles gewähren, was er möchte. Damit habe ich dir kurzgefaßt die Eigenschaften der Stadt erzählt, in welcher ein König wohnen sollte.

Kapitel 87 - Über den Schutz des Königreiches

Yudhishthira fragte:
Wie, oh König, kann ein Königreich gefestigt und beschützt werden? Das wünsche ich zu erfahren, oh Stier der Bharatas!

Bhishma sprach:
Höre mich mit Achtsamkeit. Ich werde dir erzählen, wie man ein Königreich festigt und beschützt. Für jedes Dorf sollte ein Oberhaupt gewählt werden und über zehn Dörfer ein Oberaufseher. Über zwei solchen Oberaufsehern sollte ein Beamter stehen. Über diese sollten Verwalter über hundert Dörfer ernannt werden und darüber Verwalter über tausend. Das Oberhaupt sollte das Verhalten jeder Person im Dorf kennen, sowie alle Vergehen und Mißstände, um sie dem Oberaufseher über zehn Dörfer zu melden. Dieser berichtet dem Beamten, der für zwanzig Dörfer verantwortlich ist, der wiederum das Verhalten aller Personen in seinem Herrschaftsgebiet dem Verwalter der hundert Dörfer meldet. Das Oberhaupt sollte die Kontrolle über alle Erzeugnisse und Besitztümer des Dorfes haben. Jedes Oberhaupt sollte seinen Anteil beitragen, um den Beamten der zehn Dörfer zu unterstützen, und dieser den Verwalter der zwanzig Dörfer. Der Verwalter von hundert Dörfern sollte jede Ehre vom König erhal-

ten und für seinen Unterhalt ein großes Dorf, oh Führer der Bharatas, mit viel Volk und Reichtum. Dieses Dorf sollte jedoch unter der Kontrolle des Verwalters von tausend Dörfern sein. Dieser hohe Staatsbeamte, der Herr über tausend Dörfer ist, sollte eine kleine Stadt für seinen Unterhalt bekommen. Er sollte die Einnahmen aus Korn, Gold und anderen Besitztümern genießen. Dafür muß er alle Aufgaben bezüglich der Streitigkeiten und anderer innerer Angelegenheiten erfüllen. Die Aufsicht über diese Beamten sollte ein tugendhafter Minister mit Autorität haben. In jeder Stadt sollte es so einen Beamten geben, der sich auch um die Belange der Rechtsprechung kümmert. Wie sich ein kraftvoller Planet durch alle Sternformationen bewegt, so sollte sich dieser Minister bewegen und die ihm untergeordneten Beamten beherrschen. Durch Spione kann er deren Verhalten beobachten. Solche hohen Beamten sollten das Volk vor allen Übeltätern, Räubern, Mördern, Betrügern, Besessenen und Gewalttätigen beschützen.

Unter Beobachtung der Verkäufe und Käufe, der Handelsstraßen, Nahrung und Kleidung, Lager und Gewinne aus dem Handel sollte der König mittels seiner Beamten die Steuern einziehen. Nach sorgfältiger Feststellung des Umfangs der Produktion, der Einnahmen und Ausgaben der Produzenten sowie dem Stand des Handwerks sollte der König die Steuern der Handwerker mit Rücksicht auf die jeweiligen Berufe erheben. Der König, oh Yudhishthira, kann hohe Steuern nehmen, aber er sollte niemals solche Steuern erheben, die das Volk unfruchtbar machen. Keine Steuer sollte festgelegt werden, ohne Ertrag und Umfang der Arbeit zu kennen, die für das jeweilige Produkt notwendig sind. Denn niemand würde noch arbeiten oder nach Erträgen streben, wenn es am Ende keinen Lohn bringt. Der König sollte nach reiflicher Überlegung die Steuern so festlegen, daß sowohl er als auch die Hersteller des besteuerten Artikels einen Anteil erhalten. Niemals sollte der König aus Begierde seine eigenen Fundamente und die Fundamente vieler anderer zerstören und stets jene Taten vermeiden, wodurch er den Haß seines Volkes provozieren könnte. Wahrlich, wenn er dies alles beachtet, kann er große Beliebtheit gewinnen. Denn die Untertanen hassen einen König, der sich einen traurigen Ruf wegen seiner Gefräßigkeit *(hinsichtlich Steuern und Auflagen)* erwirbt. Und woher sollte ein König, den sein Volk haßt, Wohlstand gewinnen? Solch ein König kann nie sein Wohl sichern. Ein König mit gesunder Intelligenz sollte sein Königreich wie eine Kuh melken, die ein Kalb hat. Wenn auch dem Kalb erlaubt wird zu saugen, dann wächst es kräftig, oh Bharata, und trägt später schwere Lasten. Wenn aber die Kuh, oh Yudhishthira, zu viel gemolken wird, dann wird das Kalb mager und kann dem Herrn wenig dienen. Ähnlich werden die Untertanen in einem Königreich, das zu schwer belastet wird, nie irgendwelche großartigen Taten vollbringen. Der König, der sein Königreich selbst beschützt, der seinen Untertanen *(hinsichtlich Steuern und Auflagen)* Nachsicht zeigt und von dem lebt, was leicht zu erhalten ist, wird viele große Erfolge erreichen. Gewinnt damit der König nicht genügend, um all seine Ziele zu erfüllen? Das komplette Königreich wird in diesem Fall seine Schatzkammer, während seine eigene Schatzkammer sein Ruheraum wird. Wenn die Einwohner der Städte und Provinzen arm sind, sollte der König, der von ihnen direkt und indirekt abhängt, Mitgefühl mit ihnen haben, so gut er kann. Er sollte alle Räuber züchtigen, die den Stadtrand heimsuchen, und die Leute seiner Dörfer schützen und glücklich machen. Die Untertanen teilen dann das Wohl und Weh des Königs und sind äußerst zufrieden mit ihm.

Vor allem in Notzeiten sollte der König bestrebt sein, genügend Reichtum anzusammeln. Dann möge er sich nacheinander zu den Hauptzentren seines Reiches begeben, um den Untertanen die drohende Gefahr zu verkünden, indem er spricht:
Dieses Reich ist schwer in Not, denn eine große Gefahr droht uns von Seiten des Feindes. Es gibt keinen Grund zu hoffen, daß diese feindliche Gefahr wie ein blühender Bambus vergeht und von selbst besiegt wird. Viele meiner Feinde haben sich gemeinsam wie unzählige Räuber erhoben und versuchen, unser Königreich zu bedrängen, damit es auf seinen Untergang treffe. Hinsichtlich dieser großen und schrecklichen Gefahr bitte ich um euren Reichtum, um die Mittel eures Schutzes zu bestreiten. Wenn die Gefahr vergangen ist, werde ich euch zurückgeben, was ich jetzt nehme. Im Gegensatz zu unseren Feinden, die nicht zurückgeben werden, was sie euch gewaltsam rauben. Darüber hinaus werden sie eure Verwandten und Ehepartner töten. Ihr wünscht euch sicherlich Reichtum für eure Kinder und Ehefrauen. Ich freue mich über euren Wohlstand und bitte euch, wie ich meine eigenen Kinder bitten würde. Ich werde euch nur nehmen, was in eurer Macht steht, zu geben. Ich möchte damit niemanden ruinieren. Doch in Zeiten der Not solltet ihr, wie starke Stiere, solche Lasten ertragen. In Zeiten der Not sollte euch der Reichtum nicht das Liebste sein.

So sollte ein König, der die rechte Zeit kennt, mit angenehmen, freundlichen und schmeichelhaften Worten seine Boten aussenden und den Tribut seiner Untertanen fordern. So sollte er auch die entsprechenden Steuern von den Vaisyas in seinem Reich erheben, indem er ihnen die Notwendigkeit aufzeigt, die Verteidigungsanlagen zu befestigen und die Ausgaben für die Verwaltung und Regierung zu decken, indem er die Gefahr einer feindlichen Invasion beschreibt und die Wichtigkeit ihres Schutzes, damit sie in Frieden leben und arbeiten können. Wenn der König die Vaisyas nicht gut behandelt, werden sie ihm verlorengehen, indem sie sein Herrschaftsgebiet verlassen oder in die Wälder ziehen. Er sollte ihnen deshalb mit Güte begegnen, sich stets mit ihnen versöhnen, sie beschützen und alles zu ihrem Wohl tun, damit sie sich sicher fühlen und an ihrem Besitz erfreuen können. So sollte der König, oh Bharata, die Vaisyas stets so behandeln, daß ihre produktive Kraft wachsen kann. Denn die Vaisyas vergrößern die Kraft eines Königreichs, fördern die Landwirtschaft und entwickeln den Handel. Ein kluger König sollte sie deshalb stets zufriedenstellen. Voller Achtsamkeit und Milde, sollte er verträgliche Steuern für sie erheben. Es ist eigentlich leicht, den Vaisyas mit Güte zu begegnen, denn nichts ist für den Wohlstand eines Königreichs von größerem Nutzen, oh Yudhishthira, als die Vaisyas.

Kapitel 88 - Über das Gedeihen eines Königsreiches

Yudhishthira fragte:
Sage mir, oh Großvater, wie sollte sich ein König verhalten, wenn er neben Reichtum noch mehr wünscht?

Bhishma sprach:
Ein König, der nach religiösem Verdienst strebt, sollte sich dem Wohl seiner Untertanen widmen und sie mit Rücksicht auf Ort und Zeit mit seinem ganzen Wissen und seiner Macht beschützen. Er sollte in seinem Herrschaftsgebiet all die Maßnahmen ergreifen, die nach seiner Meinung ihr Wohl, wie auch das seinige sichern. Ein König sollte sein Königreich behandeln, wie man den Honig der fleißigen Bienen sammelt *(so daß auch das Volk überleben kann)*, oder wie man eine Kuh melkt, ohne ihr Euter zu verletzen oder das Kalb hungern zu lassen. Er sollte wie ein Blutegel handeln, der das Blut sanft herauszieht, oder wie eine Tigerin ihre Jungen mit ihren Zähnen trägt, ohne sie zu verletzen, oder wie eine Maus, die trotz ihrer scharfen Zähne die Hufe von schlafenden Tieren so anknabbert, daß sie es kaum merken. Nach und nach sollte ein heranwachsender Untertan belastet und damit sein Gewinn geteilt werden, damit ein faires Gleichgewicht entsteht. Der König sollte die Lasten seiner Untertanen allmählich erhöhen, wie man auch langsam die Belastung eines jungen Ochsen vergrößert. Mit Sorge und Milde handelnd, sollte er ihnen schließlich die Zügel umlegen und schon bald werden sie sich leicht führen lassen. Wahrlich, solche Mittel sollten verwendet werden, um sie gehorsam zu machen. Reine Unterwerfung mit Gewalt kann das nie erreichen. Es ist allerdings unmöglich, sich zu allen Menschen gleich zu verhalten. Deshalb sollte man die Ersten unter ihnen versöhnen, damit sie das restliche Volk führen. Wenn Spaltung unter dem Volk entsteht, das die Lasten tragen soll, sollte der König selbst hervortreten, um sie zu befrieden und dann im Frieden genießen, was sie gemeinsam erschaffen. Der König sollte niemanden mit Steuern belasten, die nicht erträglich sind. Er sollte sie allmählich und versöhnlich zur rechten Zeit und in der rechten Form auferlegen. Diese Methoden, die ich dir erkläre, sind legitime Mittel der Königsherrschaft. Sie gelten nicht als Methoden der Täuschung. Wer versucht, Rosse durch unwürdige Methoden zu zügeln, der macht sie nur wütend. Kneipen, Prostituierte, Zuhälter, Gaukler, Spieler, Betreiber von Spielhöllen und andere Personen dieser Art, welche die Quellen von Unordnung im Staat sind, sollten abgewehrt werden. Wenn sie im Reich wohnen, quälen und erniedrigen sie die nach Tugend strebenden Untertanen.

Keiner sollte irgendetwas von irgend jemandem fordern *(an Almosen, Anleihen, Steuern usw.)*, wenn es nicht nötig ist. Manu selbst hat in alten Zeiten dieses Gebot für alle Menschen aufgestellt. Wenn alle Menschen nur vom Fordern und Betteln lebten und sich der Arbeit enthalten würden, dann müßte diese Welt zweifellos untergehen. Ein König, der solche Menschen nicht zügelt, erntet den vierten Teil ihrer Sünden. Das erklären die Srutis. Deshalb soll sie zügeln und den vierten Teil ihrer Verdienste ernten. Denn wenn das Volk solche Abwege geht, wird der Wohlstand bald verschwinden. Und wie könnte sich ein Mensch, der solcher Begierde verfallen ist, sündigen Taten enthalten? Nur in Notzeiten sollte ein Hausvater andere um etwas bitten. Und wohltätige Menschen, die ihr Mitgefühl zeigen möchten, können der Tugend folgen und ihm das Gewünschte geben. Aber im Grunde sollte es keine Bettler in deinem Königreich geben, noch Räuber, die sich nur das Gute nehmen und keine Wohltätigkeit üben. Laß solche Menschen in deinem Reich wohnen, welche die Interessen der Gemeinschaft fördern, anderen Gutes tun und niemals andere vernichten. Auch jene Beamten, oh König, die von den Untertanen mehr nehmen, als bestimmt wurde, sollten bestraft werden. Du solltest dann andere ernennen, die nur nehmen, was der Ordnung entspricht.

Landwirtschaft, Viehhaltung, Handel und ähnliche Arbeiten sollten auf viele Untertanen nach dem Prinzipien der Arbeitsteilung verteilt werden. Wenn jedoch ein Landwirt, Viehzüchter, Händler oder Handwerker von einem Gefühl der Unsicherheit übermannt wird *(aufgrund von Dieben und tyrannischen Beamten)*, trifft Schande den König. Er sollte vor allem seine einflußreichen Untertanen beachten, sie ehren und zu ihnen sprechen: „Fördert mit mir die Interessen des Volkes!" Denn in jedem Königreich bilden die Wohlhabenden das Vermögen im Land. Und zweifellos ist ein Wohlhabender ein großes Vorbild. Wer weise, mutig, wohlhabend, einflußreich, rechtschaffen, sparsam, wahrhaftig oder besonders intelligent ist, hilft beim Schutz *(seiner Mitmenschen)*. Aus diesen Gründen, oh Monarch, liebe alle Wesen und zeige selbst die Qualitäten von Wahrheit, Ehrlichkeit, Friedfertigkeit und Gewaltlosigkeit! So solltest du den Stab der Herrschaft ausüben, die Schatzkammer füllen, deine Freunde unterstützen und dein Königreich durch Wahrhaftigkeit und Gerechtigkeit festigen, unterstützt von deinen Freunden, der Schatzkammer, der Armee und deiner Macht!

Kapitel 89 - Über die Bewahrung der Herrschaft

Bhishma sprach:
Laß in deinem Reich nicht jene Bäume abschlagen, die eßbare Früchte hervorbringen. Denn Früchte und Wurzeln sind die Nahrung der Brahmanen. Die Weisen haben dies als ein Gebot der Religion erklärt. Was nach der Speisung der Brahmanen übrigbleibt, mag dem restlichen Volk gehören. Niemand sollte irgendetwas nehmen, wodurch er die Brahmanen verletzt. Wenn ein Brahmane aus Mangel an Lebensunterhalt ein Königreich aufzugeben wünscht, sollte ihm der König persönlich voller Zuneigung und Respekt die Mittel des Unterhalts darbringen. Wenn er dann trotzdem noch gehen möchte, sollte er sich zur Versammlung der Brahmanen begeben und sprechen: „Dieser Brahmane möchte das Königreich verlassen. In wem soll dann mein Volk eine Autorität finden, um sie geistig zu führen?" Wenn er danach immer noch ausreisen möchte und irgendetwas spricht, dann mag der König ihm erwidern: „Vergiß das Vergangene!" Das, oh Sohn der Kunti, ist ewig königliche Pflicht. Dann sollte er fortfahren: „Wahrlich, oh Brahmane, manche Leute sagen, daß nur soviel einem Brahmanen zugeteilt werden sollte, daß er genügend zum Leben hat. Ich akzeptiere diese Meinung nicht. Ich denke, wenn sich ein Brahmane bemüht, ein Königreich wegen mangelnder Versorgung durch den König zu verlassen, dann sollte er alle gewünschten Mittel erhalten. Selbst wenn er beab-

sichtigt im Luxus zu leben, sollte man ihn dennoch bitten zu bleiben und mit all diesen Dingen beschenken." Denn Landwirtschaft, Viehhaltung und Handel versorgen alle Menschen mit den Mitteln für das weltliche Leben. Doch die Kenntnisse der Veden versorgen sie mit den Mitteln zum Erreichen des Himmels. Wer deshalb versucht, das Studium der Veden und die vedischen Wege zu behindern, sollte als Räuber betrachtet werden. Um diese zu bekämpfen, haben die Brahmanen die Kshatriyas geschaffen. So unterwirf deine Feinde, beschütze deine Untertanen, verehre die Götter durch Opfer und kämpfe voller Mut, oh Freude der Kurus!

Ein König sollte jene beschützen, die Schutz verdienen. Dies ist der Beste unter allen Herrschern. Jene Könige, die ihre Aufgabe des Schutzes nicht erfüllen, führen ein eitles Leben. Zum Wohle all seiner Untertanen sollte sich der König immer bemühen ihre Taten und Gesinnungen zu beobachten, oh Yudhishthira, und dafür Spione und Geheimagenten nutzen. Hege dein Volk, indem andere durch dich beschützt werden, du durch andere, andere durch andere und du durch dich selbst! Sich selbst beschützend, sollte der König die Erde bewahren. Denn gelehrte Menschen sagen, daß alles seine Wurzel im Selbst hat. Der König sollte stets folgendes bedenken: „Was sind meine Schwächen? Welche schlechten Gewohnheiten habe ich? Wo ist die Quelle meiner Schwäche? Was ist die Ursache für meine Fehler?" Der König sollte geheime und vertraute Agenten durch das Königreich wandern lassen, um festzustellen, ob sein bisheriges Verhalten vom Volk akzeptiert wird oder nicht. Wahrlich, er sollte herausfinden, ob sein Verhalten allgemein gelobt wird, ob es für die Leute der Provinzen annehmbar ist, und ob er es schafft, einen guten Ruf in seinem Königreich zu bewahren. Unter den Tugendhaften, Weisen, Mutigen, Fremden, Dienern, Ministern, Unabhängigen und Kritikern solltest du nie zum Gegenstand der Mißachtung werden, oh Yudhishthira. Doch kein Mensch, oh Herr, wird es je schaffen, daß alle Menschen in der Welt eine gute Meinung von ihm haben. Jeder hat Freunde, Feinde und neutral Gesinnte, oh Bharata.

Yudhishthira fragte:
Wie erwirbt man Überlegenheit unter Helden, die alle gleich an Armkraft und Vollkommenheit sind? Und wie kann er erfolgreich über sie herrschen?

Bhishma sprach:
Beweglichere Wesen *(Tiere)* verschlingen die Unbeweglicheren *(Pflanzen)*. Tiere mit Zähnen verschlingen die Zahnlosen. Zornige Giftschlangen verschlingen kleinere Arten. So herrscht auch unter Menschen der starke König über die schwächeren. Dabei sollte der König, oh Yudhishthira, stets achtsam gegenüber seinem Volk und seinen Feinden sein. Wenn er unachtsam wird, fallen sie über ihn her wie die Geier. Sei wachsam, oh König, daß die Vaisyas in deinem Reich sowie die durchreisenden Händler, die in den Wäldern und unzugänglichen Gegenden schlafen, nicht zu sehr durch die auferlegten Steuern gequält werden. Laß deine Bauern nicht unter zu schwerem Druck dein Königreich verlassen. Denn jene, welche die Lasten des Königs tragen, ernähren auch die anderen Bewohner des Königreichs. Laß durch deine Gaben *(und dein Wirken)*, oh König,

in dieser Welt die Götter, Ahnen, Menschen, Nagas, Rakshasas, Vögel und Tiere leben! Dies, oh Bharata, ist der Weg, um ein Königreich zu regieren und seine Herrscher zu schützen. Diesbezüglich werde ich dir im Folgenden ein Gespräch berichten, oh Sohn des Pandu.

Kapitel 90 - Die Rede des Utathya

Bhishma sprach:
Utathya, dieser Erste aller Vedenkundigen aus dem Stamm von Angiras, belehrte einst aus Freundschaft den Sohn von Yuvanaswa namens Mandhatri. Ich werde dir jetzt, oh Yudhishthira, alles berichten, was der vedenkundige Utathya damals zu diesem König gesprochen hat.

Utathya sprach:
Man wird zum König, um im Interesse der Gerechtigkeit und nicht nach eigener Laune zu handeln. Wisse, oh Mandhatri, daß der König der Beschützer der Welt ist. Wenn er gerecht handelt, erreicht er den Status eines Gottes. Wenn er ungerecht handelt, sinkt er in die Hölle. Alle Wesen beruhen auf Gerechtigkeit. Die Gerechtigkeit beruht wiederum auf dem König. Deshalb ist jener, der die Gerechtigkeit hochhält, ein wahrer König. Und mit rechtschaffener Seele und jeglicher Gnade gesegnet, gilt er als Verkörperung der Tugend. Wenn ein König daran scheitert, gerecht zu herrschen, verlassen die Götter seinen Palast, und er erntet nur Schmach unter dem Volk. Die Anstrengungen von Menschen, die ihre Aufgaben beachten, sind stets mit Erfolg gekrönt. Aus diesem Grund bemühen sich alle, den Geboten der Gerechtigkeit zu folgen, die den Wohlstand fördern. Wenn die Sündhaftigkeit nicht zurückgehalten wird, schwindet rechtschaffenes Verhalten, und die Ungerechtigkeit nimmt immer weiter zu. Wenn die Sündhaftigkeit nicht gezügelt wird, kann niemand gemäß dem Eigentumsrecht, wie es in den Schriften niedergelegt ist, sagen: „Dieses Ding gehört mir und dieses nicht." Wenn die Sündhaftigkeit in der Welt herrscht, können die Menschen weder Ehefrauen, Haustiere, Felder oder Häuser ihr eigen nennen und genießen. Die Götter erhalten keine Verehrung mehr, die Ahnen keine Opfergaben und die Gäste keine Gastfreundschaft, wenn die Sündhaftigkeit nicht zurückgehalten wird. Die zweifachgeborenen Klassen werden die Veden nicht studieren, hohe Gelübde beachten oder Opfer darbringen. Der Geist der Menschen, oh König, wird schwach und verwirrt, als wäre er von Waffen verwundet. Mit dem weitsichtigen Blick auf beide Welten, schufen die Rishis den König als Herrscher, damit er die Verkörperung der Gerechtigkeit auf Erden sein möge. So wird er Raja genannt, weil durch ihn das Licht der Gerechtigkeit erstrahlt. Ohne Gerechtigkeit heißt er Vrishala *(Dunkelheit)*. Der göttliche Dharma *(Herr der Gerechtigkeit)* trägt auch den Namen Vrisha. Wer Vrisha schwächt, wird Vrishala genannt. Ein König sollte deshalb die Gerechtigkeit fördern. Alle Wesen gedeihen, wenn die Gerechtigkeit wächst, und verfallen, wenn sie schwindet. Deshalb sollte die Gerechtigkeit niemals schwinden.

Gerechtigkeit wird auch Dharma genannt, weil sie beim Erwerb und der Bewahrung des Wohlstandes *(Dhana)* hilft. Die Weisen, oh König, haben erklärt, daß dieses Dharma zügelt und den unheilsamen Taten Grenzen setzt. Der selbstgeborene Brahma erschuf dieses Dharma *(als Weltordnung)* für das Wachstum der Wesen. Deshalb sollte ein König nach den Geboten des Dharma handeln, um seinem Volk zu nützen. Auch aus diesem Grund, oh Tiger unter den Königen, gilt Gerechtigkeit als das Beste an der Welt. Und dieser Erste der Menschen, der über seine Untertanen gerecht herrscht, wird König genannt. So überwinde Begierde und Haß, und beachte das Gebot der Gerechtigkeit! Unter allen Dingen, oh Führer der Bharatas, die zum Wohlstand von Königen beitragen, ist die Gerechtigkeit das Erste. Dharma ist einst den Brahmanen entsprungen. Deshalb sollten die Brahmanen stets verehrt werden. Du solltest, oh Mandhatri, mit Demut die Wünsche der Brahmanen erfüllen. Wer das versäumt, lädt Gefahr auf sich. Durch solche Vernachlässigung wird der König keine wahrhaften Freunde finden, und die Zahl seiner Feinde wird wachsen.

Aufgrund seiner törichten Böswilligkeit zu Brahmanen wurde einst die Göttin des Wohlstandes verärgert. Und obwohl sie lange bei ihm gewohnt hatte, verließ sie den Dämon Vali, den Sohn von Virochana, und begab sich zu Indra, dem Führer der Götter. Als Vali sah, wie die Göttin mit Indra lebte, bereute er sein eitles Verhalten. Dies, oh Mächtiger, ist das Ergebnis von Böswilligkeit und Stolz. Sei wachsam, oh Mandhatri, so daß die Göttin des Wohlstandes dich nicht im Zorn verläßt. Die heiligen Schriften erklären, daß das Unrecht mit der Göttin des Wohlstandes einen Sohn zeugte namens Stolz. Dieser Stolz, oh König, führte viele unter den Göttern und Dämonen in den Untergang, wie auch unzählige Könige auf Erden. Sei deshalb wachsam, oh König! Wer es schafft, den Stolz zu überwinden, wird zum König. Wer von ihm überwunden wird, lebt als Sklave. Wenn du, oh Mandhatri, ein ewiges Leben *(der Glückseligkeit)* wünschst, dann lebe als König, der diese beiden, den Stolz und die Ungerechtigkeit, überwunden hat!

Enthalte dich der Gesellschaft mit Berauschten *(vom Stolz usw.)*, mit Unachtsamen *(gegenüber den Geboten der Gerechtigkeit)*, mit Spöttern der Religion, mit Gefühllosen und Unvernünftigen, und umwirb sie nicht, wenn sie versammelt sind. Halte dich von Ministern fern, die du einmal bestraft hast und besonders von Frauen. Meide sie wie klippenreiche Berge und sumpfige Länder, wie uneinnehmbare Festungen voller Elefanten und Pferde oder Giftschlangen. Wandere nicht in der Dunkelheit, vermeide Geiz, Hochmut, Angeberei und Zorn! Verkehre nicht mit fremden oder verheirateten Frauen, Eunuchen, Zügellosen oder jungen Mädchen. Wenn der König die Laster nicht zügelt, folgt die Vermischung der Kasten, und sündhafte Rakshasas, Unfruchtbare, Behinderte und Geistlose beginnen ihre Geburt sogar in anständigen Familien zu nehmen. Deshalb sollte der König besonders darauf achten, zum Wohle seiner Untertanen gerecht zu handeln. Wenn ein König unachtsam handelt, werden große Übel folgen. Ungerechtigkeit wird die Kasten verwirren. Kälte- und Hitzewellen zur falschen Jahreszeit, Wassermangel, Überschwemmungen und Seuchen quälen dann die Menschen. Unheilverkündende Sterne erscheinen in solchen Zeiten und schreckliche Kometen, sowie andere Vorzeichen, die den Untergang des Königreiches ankündigen. Wenn der König keine Maßnahmen für seinen Schutz und den der Untertanen ergreift, werden beide untergehen. Zuerst werden sich zwei verbinden und den Reichtum von einem rauben. Danach werden viele kommen und die zwei berauben, und keine Jungfrau ist mehr sicher. Solche Mißstände entstehen aus den Fehlern des Königs. Alle Eigentumsrechte gehen unter den Menschen verloren, wenn der König die Gerechtigkeit aufgibt und unachtsam handelt.

Kapitel 91 - Die Fortsetzung der Rede des Utathya

Utathya sprach:
Wenn der König tugendhaft handelt, dann läßt es der Gott der Wolken zur rechten Zeit regnen, und wachsender Wohlstand ernährt die glücklichen Untertanen. Ein Wäscher, der nicht weiß, wie man den Schmutz aus Stoffen wäscht, ohne die Farben zu verderben, der ist in seinem Beruf sehr ungeschickt. Gleiches gilt für den König, in dessen Reich die Brahmanen, Kshatriyas, Vaisyas und Shudras von den gegebenen Aufgaben ihrer Kaste abfallen. Das Dienen ist die Aufgabe der Shudras, die Landwirtschaft der Vaisyas, die Herrschaft der Kshatriyas und Entsagung, Askese, Mantras und Studium die Aufgaben der Brahmanen. Der Kshatriya, der weiß, wie man die Fehler im Verhalten der anderen Kasten korrigiert und sie wie ein geschickter Wäscher rein hält, der ist wahrlich ihr Vater und verdienter König. Die jeweiligen Zeitalter von Krita, Treta, Dwapara und Kali, oh Stier der Bharatas, sind vor allem vom Verhalten des Königs abhängig. Er ist es, der das Zeitalter bestimmt. Die vier Kasten, die Veden und die Aufgaben hinsichtlich der vier Lebensweisen werden alle verwirrt und geschwächt, wenn der König unachtsam ist. Die drei Arten des Feuers, die drei Veden und das Opfer mit Dakshina gehen alle verloren, wenn der König unachtsam ist. Der König ist der Bewahrer aller Wesen oder ihr Zerstörer. Der gerechte König wird als Bewahrer betrachtet, während der sündhafte als Zerstörer wirkt. Die Ehefrauen des Königs, seine Kinder, Angehörigen und Freunde werden alle unglücklich und leiden, wenn der König unachtsam ist. Elefanten, Rosse, Kühe, Kamele, Mulis, Esel und andere Tiere verlieren ihre Energie, wenn der König nicht rechtschaffen ist. Es wird gesagt, oh Mandhatri, daß der Schöpfer die Herrschaft erschuf, um das Schwache zu beschützen. Schwäche ist wahrlich ein großes Wesen, weil alles von ihr abhängt *(das Leben und der Weg zum Himmel)*. Dafür verehren alle Wesen den König und sind seine Kinder. Wenn deshalb, oh Monarch, der König ungerecht wird, werden alle Wesen gequält. Die glühenden Augen eines Schwachen, eines Munis und einer Giftschlange gelten als unwiderstehlich. Nähere dich niemals feindlich dem Schwachen! Betrachte das Schwache stets als Gegenstand der Demut. Gib acht, daß dich die Augen des Schwachen mit deinen Angehörigen nicht verbrennen! In einem Geschlecht, das durch die Augen des Schwachen verbrannt wurde, werden keine Kinder mehr geboren. Solche Augen verbrennen bis zu den Wurzeln. Bekämpfe deshalb niemals einen Schwachen! Schwäche ist stärker als die größte Kraft, weil die Kraft, die durch Schwäche verbrannt wurde, völlig vergeht. Wenn ein Schwacher, der erniedrigt oder geschlagen wurde, nach Hilfe ruft und keinen Beschützer findet, dann wird der gerechte Zorn der Götter den König einholen und seinen Untergang verursachen. Ergreife niemals in der Euphorie deiner Macht, oh Herr, den Reichtum eines Schwachen! Gib acht, daß dich die Augen des

Schwachen nicht wie ein loderndes Feuer verbrennen! Die verschütteten Tränen der durch Lüge gequälten Menschen schlagen die Kinder und Haustiere des Lügners. Wie eine Kuh *(die erst nach dem Kalben Milch gibt)*, trägt eine sündige Tat nicht gleich unmittelbare Früchte. Wenn die Frucht am Täter selbst nicht erscheint, dann erscheint sie an seinem Sohn oder Enkelsohn. Wenn ein schwacher Mensch keinen Retter mehr *(auf Erden)* findet, dann wird irgendwann der mächtige Herrscherstab der Götter zuschlagen.

Wenn die Untertanen des Königs wie Bettler leben müssen, werden diese Bettler den Untergang des Königs bringen. Wenn sich alle Beamten des Königs in den Provinzen zur Ungerechtigkeit verschwören, dann sagt man, daß der König das ganze Unheil über sein Königreich gebracht hat. Wenn die Beamten des Königs mit ungerechten Mitteln aus Lust und Habgier von den Untertanen Reichtum erpressen, die mitleiderregend um Gnade bitten, ist der Untergang des Königreiches bereits besiegelt. Ein mächtiger Baum wächst, solange er lebendig ist, zu seiner vollen Größe heran. Dann kommen zahlreiche Wesen, um seinen Schutz zu suchen. Wenn er jedoch gefällt wird oder verbrennt, dann verlieren alle, die bei ihm Zuflucht gesucht hatten, ihre Heimat. Wenn die Bewohner eines Königreichs rechtschaffen handeln, alle religiösen Riten bewahren und die guten Qualitäten des Königs loben, dann erntet auch er wachsenden Wohlstand. Wenn die Bewohner jedoch aus Verblendung die Gerechtigkeit aufgeben und ungerecht handeln, wird das Elend auch den König einholen. Wenn sich sündhafte Menschen, deren unheilsame Taten offensichtlich sind, unter Rechtschaffenen bewegen dürfen, dann wird Kali das Reich dieses Herrschers ergreifen. Nur wenn der König dafür sorgt, daß alle Übeltäter gezüchtigt werden, gedeiht sein Königreich im Wohlstand. Dafür sollte er seine Minister entsprechend honorieren und ihnen ihre Aufgaben in Politik und Militär zuweisen. Solch ein Herrscher genießt die weite Erde für immer.

Der König, der ordnungsgemäß alle guten Taten und Reden belohnt, wird großes Verdienst ansammeln. Die Freude an guten Dingen, nachdem man sie mit anderen geteilt hat, das rechte Honorieren der Minister und die Unterwerfung der Überheblichen gelten als die großen Aufgaben eines Königs. Alle Menschen durch Gedanken, Worte und Taten zu beschützen und dabei selbst den eigenen Sohn nicht zu entschuldigen, sind die großen Aufgaben des Königs. Die Schwachen zu unterstützen, indem man mit ihnen teilt und damit ihre Kraft wachsen läßt, ist die Aufgabe des Königs. Der Schutz des Königreichs, die Vernichtung der Räuber und der Sieg im Kampf sind die Aufgaben des Königs. Keinen aus Vernarrtheit zu entschuldigen, wenn er ein Verbrechen mit Worten oder Taten begangen hat, ist die Aufgabe des Königs. Jene zu beschützen, die um Schutz bitten, wie er seine eigenen Kinder beschützen würde, und niemanden seiner zustehenden Ehren zu berauben, sind die Aufgaben des Königs. Das Verehren der Götter mit ergebenem Herzen in Opfern, die mit reichlichen Gaben vollendet werden, und das Überwinden von Lust und Neid sind die Aufgaben des Königs. Die Tränen der Geplagten, Hilflosen und Alten zu trocknen und sie mit Freude zu erfüllen, sind die Aufgaben des Königs. Das Fördern der Freunde und das Schwächen der Feinde sowie die Belobigung der

Rechtschaffenen sind die Aufgaben des Königs. Mit Freude die Gebote der Wahrhaftigkeit zu beachten, stets Land zu verschenken, die Gäste zu versorgen und die Abhängigen zu unterhalten, sind die Aufgaben des Königs. Der König, der jene fördert, die Gunst verdienen und jene bestraft, die Strafe verdienen, erntet großes Verdienst sowohl in dieser als auch der kommenden Welt. Denn der König ist Yama selbst *(der Gott der Gerechtigkeit)*. Er, oh Mandhatri, ist der Gott für alle Rechtschaffenen. Indem er seine Sinne unterwirft, kann er großen Wohlstand erwerben. Wenn er sie nicht zügelt, wird er Sünde ansammeln. Der richtige Lohn für Ritwijas, Priester und Lehrer sowie die Sorge um ihr Wohl sind die Aufgaben des Königs. Wie Yama alle Wesen ohne Vorlieben regiert, so sollte auch der König alle seine Untertanen ordnungsgemäß zügeln. Es wird auch gesagt, daß der König dem Tausendäugigen *(Indra)* in jeder Hinsicht gleicht. Denn das, oh Bulle unter den Männern, wird im Staat als Recht betrachtet, was er als solches verkündet. Du solltest Achtsamkeit, Vergebung, Vernunft, Geduld und Liebe zu allen Wesen kultivieren. Du solltest auch die Kraft und Schwächen aller Menschen beachten und lernen, zwischen Recht und Unrecht zu unterscheiden. Du solltest dich würdevoll zu allen Wesen verhalten, Wohltätigkeit üben und freundliche Worte gebrauchen. Du solltest deine Bewohner in Stadt und Land in ihrem Wohlergehen unterstützen. Ein König, der nicht klug ist, wird nie seine Untertanen beschützen können. Herrschaft, oh Herr, ist eine sehr verdienstvolle Last, die zu ertragen ist. Nur ein König, der mit Weisheit und Mut gesegnet ist und das Wissen der Herrschaft besitzt, kann ein Königreich beschützen. Wer dagegen energielos und ungebildet ist und das große Wissen nicht hat, wird diese Last der Herrschaft nie ertragen können.

Mit Hilfe von hochgeborenen und tugendhaften Ministern, die in weltlichen Geschäften erfahren sind, ihrem Herrn ergeben und voller Gelehrtheit, solltest du die Herzen und Taten aller Menschen einschließlich der Asketen in den Wäldern erforschen. So wirst du die eigentlichen Aufgaben aller Kasten der Menschen erfahren können. Das wird dir beim Beachten deiner eigenen Aufgaben helfen, ob du in deinem Land verweilst oder in anderen Reichen. Unter den drei Zielen von Tugend, Gewinn und Liebe *(Dharma, Artha und Kama)* ist die Tugend das erste. Wer von tugendhafter Seele ist, erreicht großes Glück sowohl in dieser als auch der kommenden Welt. Wenn die Menschen entsprechend motiviert sind, würden sie sogar ihre Ehefrauen und Söhne *(für ein höheres Ziel)* aufgeben. Durch gutes Vorbild, Geschenke, freundliche Worte, Achtsamkeit und Reinheit kann ein König großen Wohlstand gewinnen. Sei deshalb, oh Mandhatri, nie unachtsam bezüglich dieser Qualitäten und Taten. Der König sollte stets seine eigenen Schwächen beobachten, wie auch die seiner Feinde. Und er sollte auf solche Art und Weise handeln, daß die Feinde niemals seine Schwächen entdecken und sie sofort angreifen, wenn die ihrigen sichtbar werden. Das ist der Weg auf dem Indra, Yama, Varuna und alle großen königlichen Weisen gehandelt haben. Bewahre auch du dieses Verhalten! Folge diesem Weg, oh großer König, dem die königlichen Weisen gefolgt sind! Beschreite diesen himmlischen Pfad, oh Stier der Bharatas! Denn die energievollen Götter, Rishis,

Pitris und Gandharvas werden das Lob von einem gerechten König in allen Welten singen.

Bhishma fuhr fort:
So angesprochen durch Utathya folgte Mandhatri ohne zu zögern dieser Belehrung, oh Bharata, und wurde der alleinige Herr der weiten Erde. Handle auch du, oh König, so rechtschaffen wie Mandhatri! Dann wirst du nach der Herrschaft der Erde eine Wohnstätte im Himmel gewinnen.

Kapitel 92 - Die Rede des Vamadeva

Yudhishthira fragte:
Wie sollte sich ein rechtschaffener König, der den Pfad der Gerechtigkeit gehen möchte, verhalten? Dies frage ich dich, oh Erster der Menschen. Bitte antworte mir, oh Großvater!

Und Bhishma sprach:
Diesbezüglich wird berichtet, was der weise Vamadeva, der die wahre Bedeutung von allem kannte, einst sang. Damals bat König Vasumanas, der mit Wissen, Standhaftigkeit und Reinheit gesegnet war, den großen Rishi Vamadeva mit dem hohen asketischen Verdienst:
Belehre mich, oh Heiliger, in Worten voller Gerechtigkeit und tiefster Bedeutung über das Verhalten, daß ich beachten sollte, um nicht von meinen vorgeschriebenen Aufgaben abzufallen.

Zum Herrlichen, der so gelassen saß wie einst Yayati, der Sohn von Nahusha, sprach Vamadeva, dieser Erste der Asketen mit der großen Energie:
Handle gerecht! Es gibt nichts Höheres als Gerechtigkeit. Jene Könige, welche die Gerechtigkeit bewahren, können die ganze Erde überwinden. Der König, der die Gerechtigkeit als das wirksamste Mittel betrachtet, um seine Ziele zu vollbringen, und der gemäß den Ratschlägen der Rechtschaffenen handelt, erstrahlt in Gerechtigkeit. Der König dagegen, der die Gerechtigkeit mißachtet und mit roher Gewalt handeln will, sinkt bald von der Gerechtigkeit ab und verliert sowohl Tugend als auch Gewinn. Der König, der gemäß den Ratschlägen eines bösartigen und sündhaften Ministers handelt, wird zum Zerstörer der Gerechtigkeit und verdient es, durch seine Untertanen mitsamt seiner ganzen Familie vernichtet zu werden. Wahrlich, schon bald wird er auf seinen Untergang treffen. Der König, der unfähig ist, die Aufgaben der Staatsmacht zu erfüllen, der durch seine Launen in all seinen Taten regiert wird und der Prahlerei nachhängt, wird bald ruiniert, selbst wenn er zufällig der Herrscher der ganzen Erde wäre. Der König dagegen, der nach Wohlstand strebt, von Böswilligkeit frei ist, seine Sinne unter Kontrolle hat und mit Weisheit gesegnet ist, der gedeiht in der Fülle wie der anschwellende Ozean, in den sich hunderte Flüsse ergießen. Er sollte nie denken, daß er zuviel Tugend, Liebe, Reichtum, Intelligenz und Freunde hat. Auf dem König gründet das Verhalten der Welt. Indem er diesen Rat erhört, erreicht der König Ruhm, Verdienst, Wohlstand und Volk. Der tugendhafte König, der den Erwerb von Tugend und Reichtum durch solche Mittel sucht und alle Maßnahmen sorgfältig bedenkt, wird großen Wohlstand

gewinnen. Der König dagegen, der engherzig und ohne Zuneigung ist, seine Untertanen durch übermäßige Strafen quält und in seinen Werken überstürzt handelt, wird bald untergehen. Der König, der ohne Weisheit ist, wird nicht einmal seine eigenen Fehler erkennen. Hier bedeckt ihn Schande, und bald schon sinkt er in eine zukünftige Hölle. Wenn der König aber jene recht belohnt, die den Lohn verdienen, wenn er wohltätig ist, den Wert der freundlichen Rede erkennt und bei allen Gelegenheiten anwendet, werden seine Untertanen alle Katastrophen auflösen, die ihn einholen, als wären sie selbst davon betroffen. Der König dagegen, der keinen Lehrer auf den Pfaden der Gerechtigkeit hat, der nie andere um Rat bittet und immer nur Reichtum nach seiner Laune erwerben will, der wird das Glück niemals lange genießen. Nur ein König, der den tugendhaften Belehrungen seiner Lehrer gewissenhaft folgt, die Angelegenheiten seines Königreichs persönlich beaufsichtigt und in allen Werken von den Geboten der Tugend geführt wird, kann für lange Zeit glücklich sein.

Kapitel 93 - Die Fortsetzung der Rede des Vamadeva

Vamadeva fuhr fort:

Wenn der machtvolle König ungerecht gegenüber den Schwachen handelt, werden alle, die in seiner Familie geboren werden, dieses Verhalten nachahmen. Und andere werden wiederum diese Übelgesinnten, welche die Sünde ins Land bringen, als Vorbilder nehmen. Solche Nachahmung von ungezügelten Menschen bringt bald den Untergang eines Königreichs. Denn das Verhalten des Königs, der seine Aufgaben gerecht erfüllt, wird im allgemeinen von den Menschen als Vorbild anerkannt. Das Verhalten eines Königs dagegen, der von seinen Aufgaben abfällt, wird durch sein Volk nicht lange geduldet. Der unbesonnene König, der die Gebote der heiligen Schriften mißachtet und mit eigensinniger Willkür in seinem Reich handelt, wird bald untergehen. Der Kshatriya, der dem Verhalten nicht folgt, das seit ewiger Zeit von anderen Kshatriyas beachtet wird, gilt als abgefallen von den Kshatriya Aufgaben, sei er besiegt oder unbesiegt *(im Kampf)*. Der König, der im Kampf einen königlichen Feind überwältigt hat, der früher Gutes getan hat und sich nun demütig zeigt, gilt ebenfalls als abgefallen von den Kshatriya Aufgaben, wenn er ihm aus Böswilligkeit nicht die gebührende Ehre erweist. Der König sollte seine Macht zeigen, mit Freude leben und in Zeiten der Gefahr tun, was notwendig ist. Solch ein Herrscher wird von allen Wesen geachtet und nie den Wohlstand verlieren.

Falls du eine Person *(irrtümlicherweise)* verletzt hast, solltest du ihr dafür einen guten Dienst tun. Denn der Ungeliebte wird wieder geliebt, wenn er Angenehmes vollbringt. Lügenhafte Reden sollten stets vermieden werden. Anderen solltest du stets ungebeten Gutes tun. Du solltest niemals die Gerechtigkeit aus Begierde, Haß oder Böswilligkeit aufgeben. Gib auch niemals unfreundliche Antworten, wenn dich jemand fragt. Sprich niemals Unwürdiges. Handle nicht überstürzt. Sei nie der Bosheit zugeneigt. Durch solche Mittel wird jeder Feind besiegt. Gib dich nicht der Euphorie hin, wenn Angenehmes geschieht. Laß dich nicht von Sorgen überwältigen, wenn Unangenehmes erscheint. Sei nicht betrübt, wenn dein Reichtum erschöpft ist, sondern erinnere dich stets an die

Aufgabe, deinen Untertanen Gutes zu tun. Der König, der immer so handelt, wie er auch selbst behandelt werden möchte, wird in all seinen Maßnahmen erfolgreich sein und nie den Wohlstand verlieren. Der König sollte stets mit Achtsamkeit jene ergebenen Diener hegen, die ihrem Herrn nicht schaden wollen, sondern immer sein Wohl suchen. Er sollte für alle wichtigen Dienste Personen ernennen, die ihre Sinne unterjocht haben, die hingegeben, wahrhaftig und fähig sind. Wer mit dieser Qualifikation den König erfreut und nie versäumt, die Interessen seines Herrn zu bewahren, sollte vom König mit Staatsangelegenheiten betraut werden. Ansonsten verliert er jeden Wohlstand, wenn er die wichtigen Ämter vergibt an Dummköpfe, Sinnessklaven, Gierige, Unwürdige, Betrüger, Heuchler, Böswillige, Übelgesinnte, Unwissende, Kleingeistige oder Süchtige nach Spiel, Frauen, Jagd und Trinken.

Der König, der zuerst sich selbst beschützen kann und dann auch andere beschützt, die den Schutz verdienen, wird die Befriedigung fühlen, seine Untertanen im Wohlstand wachsen zu sehen. Solch ein König wird wahre Größe erreichen. Er sollte durch geheime Agenten, die ihm ergeben sind, das Verhalten und die Taten anderer Könige genau beobachten. Damit kann er seine Überlegenheit bewahren. Wer einen mächtigen König verletzt hat, sollte sich nie mit dem Gedanken trösten, daß er in weiter Entfernung lebt. Solch ein verletzter König wird über seinen Peiniger herfallen, wie der Falke in einem Moment der Unachtsamkeit auf seine Beute herabstößt. Deshalb sollte ein König, dessen Macht gefestigt wurde und der von seiner Kraft überzeugt ist, höchstens einen schwächeren Rivalen angreifen, aber nie einen stärkeren. Ein tugendhafter König, der die Herrschaft der Erde durch seine Heldenkraft erworben hat, sollte seine Untertanen rechtschaffen beschützen und seine Feinde im Kampf schlagen. Denn alles in dieser Welt ist dem Untergang geweiht. Nichts ist hier sicher. Deshalb sollte der König an der Gerechtigkeit festhalten und seine Untertanen rechtschaffen beschützen. Die Verteidigung, der Kampf, die Justiz, kluge Politik und die Bewahrung der Untertanen im Wohlstand - diese fünf Taten vergrößern den Herrschaftsbereich eines Königs. Wer diese sorgsam beachtet, gilt als Bester unter den Königen. Damit kann er sein Königreich beschützen. Doch kein Mensch kann zu jeder Zeit alles beaufsichtigen. Deshalb sollte der König, der die Erde beständig regieren möchte, die Aufsicht seinen Ministern anvertrauen.

Das Volk wünscht einen König, der tolerant ist, der alle Dinge des Vergnügens mit anderen teilt, eine milde Gesinnung hat, reines Verhalten und seine Untertanen nie aufgibt. Man folgt einem solchen König in der Welt, der die Gebote der Weisheit hört, sie akzeptiert und seine eigensinnigen Wünsche aufgibt. Der König, der die Ratschläge seiner Wohlgesinnten aufgrund seiner erstarrten Ansichten nicht annimmt, der keine andere Meinung hören will und dem Vorbild hoher und edler Könige nicht folgt, gilt als abgefallen von den Aufgaben der Kshatriyas. Ein König sollte sich stets in Acht nehmen vor Ministern, die einmal bestraft wurden, und vor Frauen im Besonderen, wie vor klippenreichen Bergen, uneinnehmbaren Festungen voller Elefanten und Pferden sowie Giftschlangen. Der König, der seine führenden Minister mißachtet und Kleingeistige bevorzugt, wird bald in Problemen versinken, und seine Unternehmungen werden scheitern. Der schwache König, der von Zorn und Böswilligkeit getrieben wird, kann seine Angehörigen nicht lieben und ehren, die mit guten Qualitäten gesegnet sind und lebt damit bereits am Rande des Unterganges. Der König dagegen, der sich mit den Weisen und Erfahrenen verbündet, indem er ihnen Gutes tut, auch wenn er sie im Innersten nicht immer liebt, wird ewigen Ruhm genießen.

Du solltest niemals Steuern zur falschen Zeit erheben. Du solltest nicht verzweifeln, wenn dir Unangenehmes begegnet, noch übertriebene Freude haben, wenn irgendetwas Angenehmes erscheint. Versuche stets tugendhaft zu handeln! Beobachte, wer unter den abhängigen Königen dir aufrichtig ergeben ist, wer dir aus Angst dient und wer unter ihnen Schwächen und Laster hat. Selbst ein starker König sollte dem Schwachen nie vertrauen, weil im Moment der Unachtsamkeit die Schwachen den Starken wie eine Herde Geier angreifen können, die sich auf ihre Beute stürzen. Denn ein Mensch mit sündiger Seele versucht stets seinen Herrn zu verletzen, selbst wenn dieser freundlich spricht und alle guten Qualitäten hat. Setze deshalb dein Vertrauen nie auf solche Menschen. Auch Yayati, der Sohn von Nahusha, sprach in der Belehrung über die Mysterien der Königsmacht, daß ein Herrscher der Menschen sogar jene Feinde schlagen sollte, die eigentlich verachtenswert sind.

Kapitel 94 - Das Ende der Rede des Vamadeva

Vamadeva fuhr fort:
Der König sollte Siege ohne Kriege gewinnen. Durch Krieg und Gewalt erreichte Siege bezeichnen die Weisen nie als etwas Hohes, oh Monarch. Solange die eigene Macht eines Herrschers nicht gefestigt ist, sollte er keine neuen Herrschaftsbereiche erstreben. Das wird nicht viel Gutes bringen. Nur jene Macht eines Königs gilt als gefestigt, dessen innerer Staat stabil und voller Reichtum ist, dessen Untertanen loyal und zufrieden und dessen zahlreiche Beamte zuverlässig sind. Der König, dessen Armee gut motiviert und *(mit Sold und Ruhm)* zufrieden ist und fähig, die Feinde abzuschrecken, kann sogar mit einer kleinen Armee die ganze Erde erobern. Die Macht eines Königs, dessen Untertanen in Stadt und Land Mitgefühl mit allen Wesen haben und mit Reichtum und Korn gesegnet sind, gilt als gefestigt. Erst wenn der König erkennt, daß seine Macht größer als die seines Rivalen ist, sollte er sich mithilfe seiner Intelligenz bemühen, die Territorien und den Reichtum des Rivalen zu gewinnen. Ein König, dessen Ressourcen wachsen, der zu allen Wesen mitfühlend ist, der keine Zeit durch Unentschlossenheit verliert und sich sorgfältig selbst beschützt, wird erfolgreich Wohlstand gewinnen. Der König aber, der sich betrügerisch zu seinem eigenen Volk verhält und Unschuldige bestraft, der schlägt sich seine eigene Wurzel ab, wie die Axt einen Baum fällt. Wenn sich der König nicht um die Aufgabe kümmert, seine Feinde zu besiegen, werden diese niemals schwächer. Der König jedoch, der weiß, wie man seinen eigenen Charakter überwindet, hat den stärksten Feind bereits besiegt. Wenn der König mit Weisheit gesegnet ist, wird er niemals eine Handlung durchführen, die von rechtschaffenen Menschen mißbilligt wird. Er wird stets solche Taten vollbringen, die zu seinem eigenen und dem

Wohl aller führen. Wer auf diese Weise seine Aufgaben erfüllt hat, wird durch sein eigenes Gewissens glücklich und muß nie den Vorwurf von anderen fürchten oder der Reue nachhängen. Der König, der sich so verhält, wird beide Welten überwinden können und die wahren Früchte des Sieges genießen.

Bhishma fuhr fort:
So angesprochen von Vamadeva, handelte König Vasumana entsprechend. Und zweifellos wirst auch du auf diesem Weg beide Welten überwinden können.

Kapitel 95 - Über den fairen Kampf zwischen Kshatriyas

Yudhishthira fragte:
Wie sollte sich ein Kshatriya verhalten, der einen anderen Kshatriya im Kampf erfolgreich besiegen möchte? Beantworte mir bitte diese Frage.

Bhishma sprach:
Der König, ganz gleich ob mit oder ohne Armee im Rücken, der das Herrschaftsgebiet eines anderen Königs betritt, das er einnehmen möchte, sollte dort zu allen Leuten sprechen: „Ich bin euer König! Ich werde euch stets beschützen. Zollt mir den gerechten Tribut oder begegnet mir im Kampf!" Wenn ihn die Leute dann als ihren König akzeptieren, ist kein Kampf mehr nötig. Wenn sie allerdings Feindschaft zeigen, aber keine geborenen Kshatriyas sind und damit gegen ihre Aufgaben handeln, dann mögen sie mit allen Mitteln zurückgehalten werden. Denn die Leute anderer Kasten erheben schnell ihre Waffen, wenn sie einen Kshatriya unbewaffnet erblicken, der unfähig scheint, sich selbst zu beschützen, und reagieren aus Angst besonders feindlich.

Yudhishthira fragte:
Sage mir, oh Großvater, wie sich der Kshatriya König im Kampf verhalten sollte, der gegen einen anderen Kshatriya König angeht.

Bhishma sprach:
Ein Kshatriya in Rüstung sollte nicht gegen einen ungerüsteten Kshatriya kämpfen. Ein Kampf sollte stets Mann gegen Mann ausgetragen werden, bis einer kampfunfähig wird. Wenn der Gegner in Rüstung erscheint, sollte man ebenfalls die Rüstung anlegen. Wenn der Feind mit der Unterstützung einer Armee angreift, sollte man ihn ebenfalls mit einer Armee zum Kampf herausfordern. Wenn der Feind mit Täuschung kämpft, sollte er ebenfalls mit Täuschung bekämpft werden. Wenn er dagegen fair kämpft, sollte man ihm auch mit fairen Mitteln begegnen. Man sollte einen Wagenkrieger nicht auf einem Roß angreifen. Wagenkrieger sollte gegen Wagenkrieger kämpfen. Falls der Gegner kampfunfähig wird, sollte er nicht weiter angegriffen werden, wie auch ein Gegner, der in Panik geraten oder bereits besiegt ist. Weder vergiftete noch mit Stacheln bewehrte Pfeile sollten verwendet werden, denn dies sind die Waffen der Boshaften. Man sollte gerecht kämpfen, ohne sich vom Zorn davontragen zu lassen und ohne zu wüten. Folgende Krieger sollten im Kampf nicht getötet werden: Ein geschwächter oder verwundeter Mann, wer keinen Sohn hat, wessen Waffe zerbrochen ist, ein Ohnmächtiger, wessen Bogensehne zerschnitten wurde oder wer sein Fahrzeug verloren hat. Ein verwundeter

Gegner sollte entweder in sein eigenes Haus oder in das Lager des Siegers gebracht werden, um seine Wunden durch geschickte Chirurgen versorgen zu lassen. Wenn im Kampf zwischen rechtschaffenen Königen ein Krieger verletzt wird, sollte er geheilt und dann freigelassen werden. Das ist ewige Pflicht. Manu persönlich, der Sohn des Selbstgeborenen *(Brahma)*, hat gesagt, daß man fair kämpfen sollte. Der Tugendhafte sollte auch alle anderen Tugendhaften stets gerecht behandeln. Sie sollten an der Gerechtigkeit festhalten, ohne sie zu zerstören. Wenn ein Kshatriya, dessen Aufgabe der gerechte Kampf ist, einen Sieg durch unfaire Mittel gewinnt, sammelt er Sünde an. Solch ein betrügerisches Verhalten ist nichts anderes als Selbstmord. Nur Übelgesinnte verhalten sich so. Doch selbst sie sollten durch faire Mittel unterworfen werden. So ist es weit besser, sein Leben im fairen Kampf zu verlieren, als einen Sieg durch sündige Mittel zu gewinnen. Wie eine Kuh *(nicht sogleich Milch gibt)*, oh König, so zeigt die begangene Sünde nicht sofort ihre Früchte. Doch unfehlbar wird sie den Täter heimsuchen und seine Wurzeln und Zweige verbrennen. So freut sich ein Sünder, der seinen Reichtum durch sündige Mittel erwirbt, am Anfang außerordentlich. Wer aber sein Wachstum auf sündigen Wegen gewinnt, wird immer fester an die Sünde gebunden. Bald denkt er, daß jegliche Tugend sinnlos ist und spottet über Menschen, die sich um Wahrhaftigkeit bemühen. Indem er der Tugend mißtraut, wird er schließlich auf einen bitteren Tod treffen. Denn obwohl er bereits in der Schlinge von Varuna gefangen ist, fühlt er sich wie ein Unsterblicher. Aufgeblasen wie ein mit Wind gefüllter Lederbeutel distanziert sich dieser Sünder völlig von der Tugend. So fällt er bald um wie ein Baum, dessen Wurzeln am Flußufer ausgewaschen wurden. Dann sehen ihn die Leute wie einen irdenen Krug, der auf einem Stein zerbrochen wurde, und sprechen von ihm, wie er es verdient hat. Deshalb, oh Yudhishthira, sollte der König sowohl den Sieg als auch seinen wachsenden Wohlstand stets durch rechtschaffene Mittel suchen.

Kapitel 96 - Über faire Eroberungen

Bhishma sprach:
Ein König sollte nie versuchen, die Erde durch ungerechte Mittel zu erobern, selbst wenn ihn diese Eroberung zum Herrscher der ganzen Erde machen würde. Welcher König könnte sich lange daran erfreuen, wenn er den Sieg durch unfaire Mittel gewonnen hat? Ein Sieg, der durch Ungerechtigkeit befleckt ist, ist unsicher und führt niemals zum Himmel. Solch ein Sieg, oh Stier der Bharatas, schwächt sowohl den König als auch die Erde. Ein Krieger, dessen Rüstung abgefallen ist, oder der um Zuflucht bittet mit den Worten „Ich bin dein!" oder seine Hände faltet und seine Waffen niederlegt, mag zwar ergriffen, aber niemals getötet werden. Wenn ein feindlicher König von den Truppen des Angreifers besiegt wurde, dann sollte sich der besiegte König ergeben und den Kampf beenden. Er sollte dem Sieger in seinen Palast folgen und ihn ein ganzes Jahr lang von den Worten überzeugen „Ich bin dein Diener!". Ob er es nun ausspricht oder nicht, wenn der besiegte Gegner ein Jahr im Haus des Siegers verbringen konnte, hat er ein neues Leben gewonnen. Auch eine Jungfrau, die ein König gewaltsam aus dem Haus seines Rivalen entführen konnte, sollte er

für ein Jahr nicht antasten und dann fragen, ob sie ihn heiraten möchte. Wenn sie ablehnt, sollte sie zurückgesandt werden. In ähnlicher Weise sollte er sich auch bezüglich aller anderen Reichtümer verhalten, die gewaltsam erworben wurden *(und sie erst nach einem Jahr verwenden)*. Den Reichtum aber, den der König von Dieben und anderen Hingerichteten beschlagnahmt hat, sollte er niemals verwenden. Die Kühe, die vom Feind geraubt wurden, mögen den Brahmanen übergegeben werden, damit sie die Milch dieser Tiere trinken können. Die vom Feind gewonnenen Stiere mögen in der Landwirtschaft arbeiten oder zum Feind zurückkehren.

Die Ordnung gebietet, daß ein König stets mit einem König kämpfen sollte. Wer kein König ist, sollte niemals einen König schlagen. Und wenn ein Brahmane, der den Frieden wünscht, furchtlos zwischen zwei kämpfende Armeen geht, sollten beide den Kampf sofort beenden. Sonst würde die ewige Regel gebrochen, daß ein Brahmane weder getötet noch verwundet werden darf. Wenn irgendein Kshatriya diese Regel bricht, wird er zum Übeltäter seiner Kaste. Und wie jeder Kshatriya, der die Gerechtigkeit zerstört und alle gesunden Grenzen überschreitet, verdient er den Titel eines Kshatriyas nicht mehr und sollte aus der Gesellschaft verbannt werden. Ein König, der nach wahren Siegen strebt, sollte sich niemals so verhalten. Denn welcher Gewinn könnte größer sein als ein fairer Sieg?

Nachdem ein Königreich erobert wurde, sollte das erregte Volk so schnell wie möglich mit beruhigenden Reden und Geschenken versöhnt werden. Das ist eine gute Politik des Königs. Wenn sie anders behandelt werden, würden sie das Königreich und die Seite des Eroberers schnell verlassen und dessen Untergang heraufbeschwören. Denn unzufriedene Menschen warten auf das Unglück des Königs und stehen in Zeiten der Gefahr auf Seiten seiner Feinde, oh Monarch. Ein gegnerischer König sollte nie durch unerlaubte Mittel getäuscht noch lebensgefährlich verwundet werden. Denn durch die tödliche Wunde könnte ein kostbares Leben verloren gehen. Auch wenn der König nur kleine Ressourcen besaß, sei zufrieden damit und betrachte sein Leben als höchsten Reichtum.

Ein König, dessen Herrschaftsgebiet weitläufig und voller Reichtum ist, dessen Untertanen loyal und dessen Diener und Beamte zufrieden sind, gilt als ein fest verwurzelter König. Ein König, dessen Ritwijas, Priester, Lehrer und andere Hochgestellten, die in allen Schriften gelehrt sind und Ehre verdienen, ordnungsgemäß respektiert werden, gilt als erfahren auf den Wegen der Welt. Durch ein solches Verhalten gewann Indra die Souveränität der Welt. Und durch ein solches Verhalten können sogar die irdischen Könige den Status eines Indra erreichen. König Pratardana besiegte seine Feinde in einem großen Kampf, gewann ihren ganzen Reichtum einschließlich von Korn und Kräutern, aber verließ dann ihr Land unberührt. König Divodasa nahm dagegen nach dem Sieg über seine Feinde nur die Reste ihrer Opferfeuer, die geklärte Butter und die Nahrungsspende. Doch damit verlor er bereits den großen Verdienst seiner Eroberungen. König Nabhaga gab *(nach seinen Eroberungen)* ganze Königreiche mit ihren Herrschern den Brahmanen als Opfergabe, ausgenommen den Reichtum der gelehrten Brahmanen und Asketen. Oh Yudhishthira, das Verhalten der rechtschaffenen Könige in alten Zeiten war ausgezeichnet und findet meine ganze Zustimmung. Der König, der Wohlstand wünscht, sollte stets mit rechtschaffenen Mitteln nach Gewinn streben, aber niemals durch Täuschung oder mit Stolz.

Kapitel 97 - Über den Heldentod der Kshatriyas

Yudhishthira fragte:
Ich denke, oh König, es gibt keine Betätigung *(in den vier Kasten)*, die sündhafter als die der Kshatriyas ist. Denn beim Angriff oder in der Verteidigung tötet der König immer wieder viele Menschen. Durch welche Taten gewinnt der König die Bereiche der Glückseligkeit? Oh Stier der Bharatas, beantworte mir diese Frage, oh Gelehrter.

Bhishma sprach:
Durch das Bestrafen der Übeltäter, durch das Fördern der Rechtschaffenen sowie durch Opfer und Geschenke werden Könige gereinigt. Es ist wohl wahr, daß Könige, die nach Sieg streben, viele Wesen quälen. Aber wie sie selbst siegreich wachsen, so bringen sie auch neues Wachstum für alle. Durch die reinigende Macht von Geschenken, Opfern und Buße vernichten sie ihre Sünden und ihre Verdienste nehmen zu, damit sie fähig sind, allen Wesen Gutes zu tun. Es ist wie bei einem Bauer, der seine Wiese mäht, indem er sowohl das saftige Gras als auch das Unkraut abschneidet. Damit vernichtet er das saftige Gras nicht, sondern läßt es nur um so kräftiger wachsen. So vernichten auch die bewaffneten Kshatriyas viele, die dem Untergang geweiht sind. Doch dieser umfassende Untergang verursacht neues Wachstum und die Förderung von denen, die bleiben und gedeihen. Wer die Leute vor Plünderung, Mord und Qual beschützt, gilt wegen dieses Schutzes ihres Lebens vor den Räubern der Welt als Geber von Reichtum, Leben und Nahrung. Deshalb genießt der König, weil er auf diese Weise die Götter durch ein umfassendes Opfer verehrt, dessen Dakshina die Angst des Volkes zerstreut, jede Art der Glückseligkeit in dieser Welt und gelangt nachher zum Wohnsitz von Indra im Himmel. Der König, der auszieht, um seine Feinde für die Sache der Brahmanen zu bekämpfen und sein Leben dabei opfert, gilt als eine Verkörperung des Opfers mit grenzenlosen Opfergaben. Selbst die Götter sehen keinen Höheren auf Erden als einen König, der mit seinen Köchern voller Pfeile furchtlos gegen den Feind ankämpft. In diesem Fall entspricht die Zahl der Pfeile, mit denen er die Körper seiner Feinde durchbohrt, der Anzahl der ewigen Bereiche, die er genießen wird und die jeden Wunsch erfüllen. Das Blut, das von seinem Körper fließt und der große Schmerz, den er dabei erträgt, reinigen ihn von allen Sünden. Die in den Schriften Gelehrten sagen, daß die Schmerzen, die Kshatriyas im Kampf ertragen, als Buße dienen, um ihren Verdienst zu erhöhen, wenn die Rechtschaffenen voller Ehrfurcht hinter ihnen stehen und um das Leben der zum Kampf eilenden Helden bitten, wie um Regen aus den Wolken. Wenn diese Helden die Bittenden hinter sich in Zeiten der Angst vor Gefahren beschützen, ohne ihnen selbst den gefährlichen Kampf zu erlauben, dann wird ihr Verdienst groß sein. Und wenn

daraufhin die furchtsamen Leute diese mutigen Taten schätzen und ihre Verteidiger stets respektieren, dann tun auch sie, was richtig und gerecht ist. Würden sie anders handeln, könnten sie sich niemals von ihrer Angst befreien.

Es gibt allerdings große Unterschiede zwischen Menschen, die anscheinend gleich sind. Nicht alle Kshatriyas stürmen mit furchterregendem Lärm zum Kampf gegen die bewaffneten Reihen der Feinde. Doch wahrlich, der Held der gegen die Scharen der Feinde stürmt, geht den Pfad zum Himmel. Wer jedoch von feiger Angst überwältigt wird, sucht seine Sicherheit in der Flucht und verläßt seine Kameraden in der Gefahr. Mögen nie solche Feiglinge unter den Männern deines Stammes geboren werden! Die Götter selbst mit Indra an ihrer Spitze bedecken jene mit zahlreichen Übeln, die ihre Kameraden im Kampf verlassen und mit unverwundeten Gliedern entfliehen. Wer sein eigenes Leben retten will, indem er seine Kameraden verläßt, sollte mit Stöcken oder Steinen erschlagen oder in eine trockene Grasmatte gerollt, zu Tode verbrannt werden. Wer unter den Kshatriyas eines solchen Verhaltens schuldig wird, sollte seinen Tod wie ein wildes Tier finden *(und nicht durch die Schärfe der Waffen)*. Der gewöhnliche Tod im ruhigen Sterbebett mit unkontrolliertem Ausstoß von Schleim und Urin und mitleiderregendem Gejammer ist für einen Kshatriya eine Sünde. Die Schriftgelehrten loben nie den Tod, auf den ein Kshatriya mit unverwundetem Körper stößt. Kshatriyas sind Helden, und ihr Tod im eigenen Haus, oh Herr, ist unwürdig. Jede unheldenhafte Tat ist sündhaft und unrühmlich für sie. In Krankheit hört man oft den Jammer „Ach, welche Sorgen! Oh weh, wie schmerzhaft! Ich muß wohl ein großer Sünder sein.“ Mit abgezehrtem Anblick und Gestank, der von Körper und Kleidung strömt, bringt der kranke Mensch seinen Verwandten großen Kummer. Und im Streben nach jenem Zustand der Gesunden, wünscht solch ein Mensch oft sogar den eigenen Tod *(in seiner Qual)*. Wer aber ein Held ist, Würde und Mut hat, verdient einen solchen unrühmlichen Tod nicht. Von seinen Kameraden umgeben sollte ein Kshatriya im Kampf gegen seine Feinde durch die Schärfe der Waffen sterben. Im Streben nach der Freude des Sieges und erfüllt mit gerechtem Zorn kämpft ein Held voller Kraft und leidet nicht unter den schmerzvollen Wunden, die der Feind seinen Gliedern zufügt. Indem er auf den Tod im Kampf stößt, erntet er jenen hohen Verdienst, der voller Ruhm und Respekt in der Welt ist, und erreicht schließlich den Wohnsitz von Indra im Himmel. Der Held, der niemals dem Kampf seinen Rücken kehrt und mit seiner ganzen Kraft und ohne Rücksicht auf sein Leben an vorderster Front kämpft, wird an der Seite von Indra sein. Wo auch immer der Held inmitten der Feinde auf den Tod stößt, wenn er weder unwürdige Angst noch Verzweiflung zeigt, erntet er hohe Bereiche der ewigen Seligkeit in der kommenden Welt.

Kapitel 98 - Über die hohen Verdienste der Helden

Yudhishthira fragte:

Oh Großvater, sage mir, welche Bereiche jene Helden verdienen, die niemals fliehen und im Kampf auf den Tod stoßen.

Bhishma sprach:
Diesbezüglich, oh Yudhishthira, wird die alte Geschichte von einem Gespräch zwischen Ambarisha und Indra erzählt. Als Ambarisha, der Sohn von Nabhaga, zum Himmel gelangte, der so schwer zu erreichen ist, erblickte er seinen eigenen Generalissimus in jenen himmlischen Bereichen in der Gesellschaft von Indra. Der König sah seinen mächtigen General in jeder Art von Energie strahlend, wie er in himmlischer Gestalt auf einem wunderschönen Wagen immer weiter zu noch höheren Bereichen reiste. Und beim Anblick dieses Wohlstandes seines Generals Sudeva und wie er jene hohen Bereiche durchquerte, sprach der hochbeseelte Ambarisha voller Bewunderung die folgenden Worte zu Indra.

Ambarisha sprach:
Ich habe die ganze, vom Meer begrenzte Erde ordnungsgemäß regiert, habe im Streben nach religiösem Verdienst die Aufgaben aller vier Kasten überwacht, wie sie in den Schriften erklärt sind, habe mit Beständigkeit alle Gebote der Brahmacharya Lebensweise erfüllt und mit pflichtbewußter Hingabe meinem Lehrer und den anderen Altehrwürdigen gedient, habe mit den rechten Gelübden die Veden und die Schriften über die königlichen Pflichten studiert, habe die Gäste mit Essen und Trinken versorgt, die Ahnen mit Gaben und Sraddhas, die Rishis mit dem aufmerksamen Studium der Schriften und den Initiationen *(in die Mysterien der Religion)*, sowie die Götter mit vielen ausgezeichneten und hohen Opfern, ich habe die Kshatriya Aufgaben gemäß den Geboten der Schriften beachtet, habe meine Augen furchtlos auf die feindlichen Truppen gerichtet und gewann viele Siege im Kampf, oh Indra! Dieser Sudeva, oh Führer der Götter, war früher der Generalissimus meiner Armee. Er war ein Krieger mit ruhiger Seele. Wodurch konnte er mich übertreffen? Er verehrte nie die Götter in hohen und großen Opfern. Er befriedigte nie die Brahmanen *(durch viele kostbare Geschenke)* gemäß den Geboten. Wodurch konnte er mich nur übertreffen?

Indra sprach:
Von diesem Sudeva, oh Herr, wurde das große Opfer des Kampfes zahlreich dargebracht. So geschieht es auch jedem anderen Menschen, der dem gerechten Kampf gewidmet ist. Jeder gerüstete Krieger, der gegen seine Feinde in Kampfreihen vorwärts schreitet, nimmt an diesem Opfer teil. Wahrlich, es entspricht der großen Ordnung, daß jeder Krieger, der auf diese Weise handelt, als Vollbringer des großen Opfers des Kampfes gilt.

Ambarisha sprach:
Was sind die Opfergaben in diesem Opfer? Was wird ins Opferfeuer gegossen? Was ist sein Dakshina? Und wer wird als seine Ritwijas *(Opferpriester)* betrachtet? Das erkläre mir, oh Vollbringer der hundert Opfer!

Indra sprach:
Die Elefanten sind die Ritwijas dieses Opfers, die Rosse seine Adhvaryus *(Gehilfen)*. Das Fleisch der Feinde ist die Opfergabe, und das Blut wird *(als geklärte Butter)* ins Opferfeuer gegossen. Schakale, Geier und Raben, wie auch die geflügelten Pfeile sind seine Sadasyas *(die beim Opfer sitzen)*. Diese trinken die Reste der flüssigen Darbringung und essen die Reste der Opfergaben in diesem Opfer. Die

zahllosen Lanzen, Speere, Schwerter, Spieße und Äxte, strahlend, scharf und gut gehärtet, sind die Schöpflöffel der Opfernden. Die geraden, spitzen und harten Pfeile, welche die Körper der Feinde durchbohren können und von wohlgespannten Bögen abgeschossen werden, sind die großen, doppelmündigen Schöpflöffel. Die Schwerter in den Scheiden aus Tigerhaut und mit den Griffen aus Elfenbein, die fähig sind, sogar die Rüssel von Elefanten abzuschlagen, dienen als Sphises dieses Opfers *(Holzstöcke, womit Linien auf die Opferplattform gemalt werden)*. Die Schläge der strahlenden und scharfen Lanzen, Speere, Schwerter und Äxte aus hartem Eisen bilden den großen Reichtum im Opfer. Das Blut, das aufgrund der heftigen Angriffe über das Schlachtfeld läuft, ist das abschließende Trankopfer *(von geklärter Butter)* ins Feuer dieses Opfers, das voller Verdienst ist und jeden Wunsch gewähren kann. Die Rufe wie „Schlag" und „Stich", die in vorderster Front gehört werden, bilden die Saman Lieder, die vom vedischen Sänger im Hause von Yama gesungen werden. Die Reihen der Feinde sind der Behälter für die Opfergaben. Die Scharen der Elefanten, Rosse und mit Schildern ausgestatteten Krieger sind der Feueraltar dieses Opfers. Die kopflosen Körper, die sich erheben, nachdem Tausende geschlagen wurden, bilden den achteckigen Pfosten aus Khadira Holz für den Helden, der dieses Opfer durchführt. Die Schreie der Elefanten, die mit Haken angetrieben werden, sind die Ida Mantras. Die Kesselpauken und Schläge der Bogensehnen bilden den Takt des Udgatri *(Vorsängers)*, oh König.

Wenn das Eigentum der Brahmanen geraubt wurde, dann erwirbt jeder, der seinen geliebten Körper opfert, um dieses Eigentum zu beschützen, durch diese Tat der Selbsthingabe den Verdienst eines Opfers mit unendlichen Gaben. Der Held, der für die Sache seines Herrn an der Spitze der Armee seine Heldenkraft zeigt und nicht aus Angst flieht, wird meine Bereiche der Glückseligkeit gewinnen. Wer den Opferaltar des Schlachtfeldes mit blauen, mondförmigen Schwertern und abgetrennten, keulenartigen Armen bestreut, wird meine Bereiche der Glückseligkeit gewinnen. Der Krieger, der zum Sieg entschlossen ohne zu zaudern in die Mitte der feindlichen Reihen eindringt, wird meine Bereiche der Glückseligkeit gewinnen. Der Krieger, der im Kampf einen Fluß aus Blut verursacht, schrecklich und schwer zu überqueren, der die Kesselpauken als seine Frösche und Schildkröten hat, die Knochen der Helden als Sand, das Blut und Fleisch als Sumpf, die Schwerter und Schilder als Rettungsflöße, das Haar der gefallenen Krieger als schwimmendes Kraut und Moos, die Scharen der Rosse, Elefanten und Wagen als Brücken, die Standarten und Banner als Sträucher und Schilf, die Körper der getöteten Elefanten als Inseln und riesige Alligatoren, die Schwerter und Krummsäbel als Paddel der Rettungsflöße und die Geier, Kankas und Raben als Schwimmvögel - dieser Krieger voller Mut und Kraft, der alle furchtsamen Menschen mit Todesangst erfüllt, beendet das mächtige Opfer, indem er die abschließende Reinigung vollzieht. Der Held, dessen Altar *(in solch einem Opfer)* mit den Häuptern der Feinde und mit toten Rossen und Elefanten bestreut wird, gewinnt meine Bereiche der Glückseligkeit. Die Weisen sagen, daß der Krieger, der die Reihen der feindlichen Armee als die Kammern seiner Ehefrauen betrachtet und die Reihen seiner eigenen Armee als den Behälter der Opfergaben, der die Kämpfer südlich von sich als seine Sadasyas und nördlich als seine Agnidhras *(die Priester, die das Opferfeuer füttern)* nimmt, und der auf die feindliche Armee wie auf sein angetraute Ehefrau blickt, der wird meine Bereiche der Glückseligkeit gewinnen. Der freie Raum zwischen zwei kampfbereiten Heerscharen ist wie der Altar eines Opfers und die drei Veden sind seine drei Opferfeuer. Auf diesem Altar führt er unter der Vergegenwärtigung der Veden sein Opfer durch. Der unrühmliche Krieger jedoch, der sich vom Kampf aus Angst abwendet, ist vom Feind geschlagen und sinkt in die Hölle. Daran gibt es keinen Zweifel. Der Krieger dagegen, dessen Blut den Opferaltar durchnäßt, der überall mit Haar, Fleisch und Knochen bedeckt ist, wird sicherlich ein hohes Ende erreichen. Der mächtige Krieger, der den Kommandanten der feindlichen Armee geschlagen hat und den Wagen seines gefallenen Gegners besteigt, gilt als Teil der Heldenkraft von Vishnu selbst sowie der Intelligenz von Vrihaspati, dem Lehrer der Himmlischen. Der Krieger, der lebendig den Kommandanten der feindlichen Armee, seinen Sohn oder einen anderen respektierten Führer ergreifen kann, wird meine Bereiche der Glückseligkeit gewinnen.

Man sollte sich nie um einen Helden grämen, der im Kampf gefallen ist. Denn ein gefallener Held, der nicht bejammert wird, der geht zum Himmel und verdient den Respekt seiner Bewohner. Ihm braucht man kein Essen und Trinken auf seinem Weg mitzugeben, noch bedarf er reinigende Bäder oder eine Periode der Trauer. Höre mir zu, wie ich die Glückseligkeit beschreibe, die auf einen solchen Helden wartet. Es kommen tausende Apsaras schnell herbei *(um den Geist des ermordeten Helden zu empfangen)* und wünschen ihn als ihren Herrn. Der Kshatriya, der ordnungsgemäß seine Aufgabe im Kampf beachtet, erwirbt durch diese Tat das hohe Verdienst von Buße und Gerechtigkeit. Wahrlich, ein solches Verhalten seinerseits entspricht dem ewigen Pfad der Pflicht. Solch ein Mensch erntet die Verdienste aller vier Lebensweisen, solange er gerecht kämpft und stets die Alten, Kinder, Frauen, Fliehenden oder sich Ergebenden verschont. Nachdem ich selbst im Kampf Jambha, Vritra, Vala, Paka, Virochana und Samvara mit den hunderten Illusionen, den unbesiegbaren Namuchi und Viprachitti, diese Söhne von Diti und Danu geschlagen habe, sowie auch Prahlada, bin ich zum Führer der Himmlischen geworden.

Bhishma fuhr fort:
Als König Ambarisha diese Worte von Indra hörte und sie akzeptierte, verstand er, wie Krieger *(durch den Kampf)* Erfolg gewinnen *(und die Bereiche der himmlischen Glückseligkeit erreichen)* können.

Kapitel 99 - Weiter über das Heldentum

Bhishma sprach:
Diesbezüglich wird auch die alte Geschichte vom Kampf zwischen Pratardana *(dem König von Kasi)* und dem Herrscher von Mithila erzählt. Der Herrscher von Mithila namens Janaka ermunterte nach Ausführung des Opfers vor dem Kampf alle seine Truppen. Höre mir zu, oh Yudhishthira, wie ich davon berichte. Janaka, der hochbeseelte König von Mithila, der die Wahrheit von allem erkannt

hatte, zeigte seinen Kriegern sowohl den Himmel als auch die Hölle. Er sprach zu ihnen:
Seht, das sind die Bereiche mit großer Herrlichkeit für jene, die furchtlos kämpfen. Diese Regionen sind ewig, voller Gandharva Mädchen und können jeden Wunsch gewähren. Auf der anderen Seite sind die Bereiche der Hölle, die für jene bereitstehen, die vorm Kampf fliehen. Dort werden sie endlos lang in Schande dahinfaulen müssen. Deshalb seid entschlossen, euer Leben zu opfern, und überwindet eure Feinde! Fallt nicht in diese unrühmliche Hölle! Die Hingabe des Lebens im Kampf ist für die Helden das glückliche Tor zum Himmel.

So angesprochen von ihrem König, oh Bezwinger von feindlichen Städten, besiegten die Krieger von Mithila ihre Feinde im Kampf und erfreuten damit ihren Herrscher. Die Krieger mit entschlossener Seele sollten an der Spitze des Kampfes stehen. Die Wagenkrieger sollten in der Mitte der Elefanten aufgestellt werden. Hinter den Wagenkriegern sollten die Reiter kommen und hinter den Reitern die Fußsoldaten, die in Rüstungen gehüllt sind. Der König, der seine Armee stets auf diese Weise formiert, wird seine Feinde besiegen. Deshalb, oh Yudhishthira, sollte die Gefechtsformation immer so aufgestellt werden. Gut motiviert wünschen die Helden die Glückseligkeit im Himmel durch fairen Kampf zu gewinnen. Wie Makaras *(Meeresungeheuer)* den Ozean aufwühlen, so zerschlagen sie die feindlichen Reihen. Sich gegenseitig deckend, beschützen sie auch jene unter ihnen, die im Kampf entmutigt wurden. Der Sieger sollte stets das neu eroberte Land beschützen und den überwältigten Feind nicht unnötigerweise weiterjagen. Denn der Angriff von überwältigten Personen, die verzweifelt und ohne alle Hoffnung auf Leben und Sicherheit sind, wird unaufhaltbar ihre Verfolger treffen. Deshalb, oh König, solltest du deine Truppen nicht drängen, den besiegten Feind noch weiter zu verfolgen. Heldenmütige Krieger möchten niemals jene schlagen, die eilig davonlaufen. Das ist ein weiterer Grund, warum der überwältigte Feind nicht euphorisch gejagt werden sollte.

Die Langsamen werden stets von den Schnellen verschlungen, die Zahnlosen durch die Zahnbewehrten, das Wasser von den Durstigen und die Feiglinge von den Starken. Feiglinge fördern stets den Mißerfolg, obwohl sie ähnlich wie die Sieger auch Rücken, Bauch, Arme und Beine haben. Die Furchtsamen stehen mit geneigten Köpfen und gefalteten Händen vor denen, die mit Mut gesegnet sind. Diese Welt beruht auf den Armen der Helden, wie der Sohn auf seinem Vater. Deshalb verdienen Helden stets Respekt. Es gibt nichts Höheres in den drei Welten als Heldentum. Der Held beschützt und hegt alle. So hängt alles vom Helden ab.

Kapitel 100 - Über die Mittel zum Erfolg

Yudhishthira fragte:
Sage mir, oh Großvater, wie Könige, die nach Sieg streben, ihre Truppen zum Kampf führen sollten, auch wenn die Frage der Gerechtigkeit oft zweifelhaft ist.

Bhishma sprach:
Einige sagen, daß die Gerechtigkeit ihr Fundament in der Wahrheit hat, manche

betrachten die höhere Vernunft als Basis, andere das rechtschaffene Verhalten und wieder andere die Anwendung entsprechender *(fairer)* Mittel. Ich werde dir jetzt erklären, was die Mittel sind, um unmittelbare Verdienste zu ernten. Man nennt die Menschen Räuber, die alle gesunden Grenzen mißachten und immer wieder das erreichte religiöse Verdienst zerstören. Um ihnen zu widerstehen und sie zurückzuhalten, werde ich dir die Mittel erklären, wie sie in den Schriften dargelegt sind und den Erfolg aller Taten fördern. Beide Arten der Klugheit, die offene und die listige, sollten dem König zu Diensten sein. Doch obwohl er beide kennt, sollte er die listige vermeiden. Er sollte sie nur verwenden, um Gefahren zu widerstehen, die ihn zu überwältigen drohen. Feinde verletzen einen König *(zum Beispiel)* oft, indem sie Spaltung *(unter seinen Ministern, Truppen, Verbündeten oder Untertanen)* provozieren. In diesem Fall kann der König, der die Mittel der Täuschung kennt, mit ihrer Hilfe diesen Feinden entgegenwirken.

Für die Zeiten des Krieges sollten das Leder von Elefanten und Rindern, Knochen, Dornen, scharfzackige Waffen aus Eisen, Rüstungen, Yak Schwänze, scharfe und wohlgehärtete Waffen, alle Arten von Rüstungen in gelb und rot, Banner und Standarten verschiedenster Farben, Schwerter, Lanzen, scharfe Säbel, Streitäxte, Speere und Schilder gesammelt, angefertigt und reichlich gelagert werden. Diese Waffen sollten stets wohlgeschärft und die Soldaten voller Mut und Entschlossenheit sein. Es ist angebracht, die Truppen in den Monaten Chaitra oder Agrahayana *(April-Mai, November-Dezember)* marschieren zu lassen. Das Getreide reift in dieser Zeit, und das Wasser wird auch nicht knapp. Diese Jahreszeit, oh Bharata, ist weder zu kalt noch zu heiß. Deshalb sollten die Truppen in dieser Zeit bewegt werden. Wenn man jedoch erkennt, daß der Feind momentan besonders geschwächt ist, dann sollte man sofort und zu jeder Zeit aufmarschieren. Denn dies ist die beste Gelegenheit, um den Feind zu überwältigen. Es sollten dabei Straßen gewählt werden, die genügend Wasser und Gras am Rand bieten, und die glatt und leicht zu marschieren sind. Die Bereiche in der Nähe der Straßen sollten zuvor durch erfahrene und ortskundige Spione gut erkundet werden. Die Truppen sollten niemals wie Tiere quer durch die Wälder marschieren. Könige, die den Sieg wünschen, mögen gute Straßen benutzen. An der Spitze sollte eine Abteilung tapferer Männer marschieren, die hochgeboren und voller Kraft sind. Bezüglich der Festungen sind jene lobenswürdig, die hohe Mauern, einen Wassergraben auf jeder Seite und nur einen Eingang haben. Wenn der Feind angreift, kann man ihm darin widerstehen. Beim Aufbau eines Lagers ziehen jene, die in Kriegsdingen erfahren sind, einen Ort in Waldnähe einem offenen Feld vor. Das Lager sollte für die Truppen am Waldrand aufgebaut werden. Dieser Ort des Lagers, der Wachschutz aus Fußsoldaten und stetige Kampfbereitschaft sind die Mittel, um Gefahr und Verlust abzuwehren.

Wenn man im Kampf die Sternkonstellation Ursa Major *(der große Wagen oder die sieben Rishis Marichi, Atri, Angira, Pulastya, Pulaha, Kratu und Vasishta)* hinter sich hat, können die Truppen im Kampf bestehen wie massive Berge. Dadurch kann man sogar Feinde besiegen, die sonst unschlagbar wären. Die Truppen sollten so aufgestellt werden, daß der Wind von hinten kommt und auch die Sonne und der Planet Sukra *(Venus)* von hinten scheinen. Für einen Sieg ist dabei der Wind wichtiger als die Sonne und die Sonne wichtiger als Sukra, oh Yudhishthira. Im Krieg erfahrene Männer loben den Einsatz der Kavallerie an einem Ort, der nicht schlammig, uneben, von Bächen durchzogen oder voller Steine ist. Ein Feld, das von Sumpf und Löchern frei ist, ist für Wagenkrieger geeignet. Ein Gebiet, das mit Sträuchern und großen Bäumen überwachsen ist oder unter Wasser steht, ist für Elefantenkrieger passend. Ein schwer zugängliches Gelände, das mit großen Bäumen oder Bambusrohr bedeckt, gebirgig oder waldig ist, ist für den Einsatz der Infanterie gut. Eine Armee, oh Bharata, die eine große Infanterie besitzt, wird als besonders stark betrachtet. Eine Armee, in der Wagen und Reiter vorherrschen, gilt als besonders wirksam an heiteren Tagen *(ohne Regen)*. Eine Armee dagegen, in der Fußsoldaten und Elefanten überwiegen, ist in der regnerischen Jahreszeit kraftvoll. All diese verschiedenen Aspekte sollte ein König bezüglich der Eigenschaften von Ort und Zeit achtsam bedenken. Der König, der sich um all diese Bedingungen kümmert und unter einer günstigen Konstellation und einer verheißungsvollen Mondphase aufbricht, wird immer siegreich sein, indem er seine Truppen richtig führt.

Keiner sollte jene töten, die schlafen, durstig oder ermattet sind, deren Rüstung abgefallen ist, die meditieren, fliehen oder sterben, die gerade trinken oder essen, die wahnsinnig oder bewußtlos geworden sind, die schwer verwundet wurden, die Schutz suchen, die bereits in einen anderen Kampf verwickelt sind, die sich vom Kampf zurückziehen, die außerhalb ihres Lagers unterwegs sind, um Nahrung oder Futter zu beschaffen, die das Lager aufbauen oder dort arbeiten, die vor den Toren des Königs oder seinen Ministern warten, sowie die Diener *(der Anführer)* oder die Verwalter solcher Diener. Diejenigen unter deinen Kriegern, welche die Formation der Feinde zerbrochen oder deine zerschlagenen Truppen neu gesammelt haben, sollten doppelten Sold bekommen, sowie Essen, Trinken und ehrenvolle Sitze, wie es dir gebühren würde. Wenn dieser Krieger zuvor ein Führer von zehn Soldaten war, sollte er zum Führer von hundert ernannt werden. Und wenn dieser achtsame Held bereits ein Führer von hundert Soldaten war, sollte er zum Führer von tausend gemacht werden. Vor der Versammlung der großen Krieger sollte man zu ihnen sprechen:
Laßt uns den Sieg geloben und daß wir uns nie verlassen! Mögen die Feiglinge zu Hause bleiben und auch jene, die aufgrund ihres fehlenden Heldenmutes in der Hitze der Schlacht den Tod ihrer Führer verursachen. Mögen solche Männer erscheinen, die nie aus dem Kampf fliehen oder ihre Kameraden dem Tod überlassen. Denn wer sich selbst beschützt und auch seine Kameraden, der kann zuverlässig den Feind im Kampf besiegen. Die Folgen einer Flucht aus dem Kampf sind Armut, Tod, Schande und Tadel. Unangenehme und schneidende Reden müssen diese Männer ertragen, die aus dem Kampf fliehen, ihre Lippen und Zähne *(ihre Würde)* verlieren, alle Waffen wegwerfen oder sich vom Feind gefangennehmen lassen. Mögen sich nur die Krieger unserer Feinde so verhalten *(aber nicht unsere)*! Wer aus dem Kampf flieht, ist ein Lump unter Männern. So einer erhöht nur die Anzahl der Menschen auf Erden. Wahre Männlichkeit hat er weder in dieser noch in der kommenden Welt. Wegen ihm ziehen die siegrei-

chen Feinde, oh Herr, fröhlich dahin, von ihren Barden angesichts der fliehenden Gegner gelobt. Wenn die Feinde im Kampf den Ruhm eines Kriegers zerstören, ist das Elend, daß er dabei fühlt, so denke ich, schlimmer als der Tod selbst. Wisset, daß der Sieg die Wurzel von religiösem Verdienst und allem Glück ist. Was die Feiglinge als größtes Leiden betrachten *(Tod und Schmerz)*, das ertragen die wahren Helden mit Heiterkeit. Mit dem Himmel als Ziel sollten wir nicht am eigenen Leben haften und entschlossen kämpfen, um zu siegen oder zu sterben und ein seliges Ende im Himmel zu erreichen. Mit diesem Schwur und bereit, unser Leben zu opfern, wollen wir Helden mutig gegen die Reihen des Feindes stürmen.

An der Spitze sollte eine Abteilung von Kriegern mit Schwertern und Schildern stehen und an der Rückfront die Abteilung der Kampfwagen. Dazwischen mögen alle anderen Arten der Kämpfer plaziert werden. Das ist die Formation, um den Feind anzugreifen. Dabei sollten die erfahrenen Veteranen in der Armee stets an der Spitze kämpfen. Sie werden ihre Kameraden hinter sich beschützen. Auch alle anderen, die als die Besten an Kraft und Mut gelten, gehören an die vorderste Front. Die von Angst und Sorge Verwirrten mögen damit getröstet und ermutigt werden. Diese schwächeren Kämpfer sollten aber trotzdem auf dem Feld aufgestellt werden, um zumindest dem Feind eine große Armee zu demonstrieren. Wenn die Truppenstärke gering ist, sollten sie den Feind konzentriert an einer Stelle angreifen. Wenn es die Führer dann befehlen, können die Reihen wieder ausgedehnt werden. Wenn eine kleine Zahl von Truppen mit einer großen Armee kämpfen soll, sollte die Formation namens Suchimukha *(keilförmig mit spitzem Kopf)* gebildet werden. Wenn eine kleine Armee auf eine große trifft, mögen sich die Führer der ersteren mit ihren Kriegern die Hände schütteln und weit hörbar rufen „Der Feind ist gebrochen! Der Feind ist gebrochen!“ Und die Kraftvollen sollten dem Feind widerstehen und ihren Kameraden *(zur Motivation)* zurufen „Frische Verstärkung ist eingetroffen! Kämpft furchtlos gegen die Feinde!“. Die Besten unter ihnen sollten ihre Kampfschreie ertönen lassen, ihre Muschel- und Kuhhörner blasen und die Trommeln, Becken und Pauken schlagen lassen.

Kapitel 101 - Über den Charakter der Krieger

Yudhishthira fragte:
Welche Gesinnung, welches Verhalten, welche Gestalt, welche Rüstung und welche Waffen sollten die Kämpfer haben, die am besten für den Kampf geeignet sind?

Bhishma sprach:
Es ist gut, wenn tapfere Krieger stets jene Waffen und Fahrzeuge benutzen, mit denen sie vertraut sind. Die Gandharas, Sindhus und Sauviras kämpfen am besten mit ihren Nägeln *(bzw. Fäusten)* und Lanzen. Sie sind tapfer und voller Kraft. So können ihre Armeen alle Feinde besiegen. Auch die Usinaras haben große Kraft und sind in allen Waffen erfahren. Die Oststaatler sind besonders gut im Kämpfen vom Rücken der Elefanten und kennen alle Formen des unfairen Kampfes. Die Yavanas, Kambojas und Bewohner um Mathura sind im

Kämpfen mit bloßen Armen die Besten. Die Südländer dagegen im Schwertkampf. Es ist allerdings wohlbekannt, daß in fast jedem Land Helden mit großer Kraft und großem Mut geboren werden. Höre mir zu, wie ich ihre Merkmale beschreibe. Jene, die löwenhafte Stimmen und Augen haben, den Gang eines Löwen oder Tigers sowie die Augen von Tauben oder Schlangen, sind Helden, die feindliche Reihen zerschlagen können. Jene, die eine Stimme wie Hirsche und die Augen der Leoparden oder Stiere haben, sind mit großer Tatkraft gesegnet. Deren Stimme dem Klang der Glocken gleicht, sind leicht erregbar, grob und zornig. Jene, die eine Stimme so tief wie das Grollen der Wolken haben, ein zorniges Gesicht oder das Gesicht von Kamelen und deren Nasen und Zungen gebogen sind, sind höchst beweglich und können ihre Waffen aus großer Entfernung abschießen. Die einen Körper wie Katzen, dünnes Haar und dünne Haut haben, sind blitzschnell, rastlos und damit fast unbesiegbar im Kampf. Manche, welche die halbgeschlossenen Augen eines Leguans haben, die mild und schnell sind, mit Stimmen wie Pferde, können gegen alle Feinde kämpfen. Jene, die wohlgeformte, ansehnliche und symmetrische Körper mit breiter Brust haben, die beim Hören der feindlichen Trommeln oder Trompeten bereits zornig werden, die an jedem Kampf Freude finden, die ernste, grüne oder stechende Augen, dunkle Gesichter mit Stirnrunzeln oder die Augen des Mungos haben, sind alle tapfer und stets bereit, ihr Leben im Kampf zu opfern. Jene, die hinterlistige Augen, breite Stirnen und hervorstehende Backenknochen haben, starke Arme wie der Donnerkeil und Finger, die kreisförmige Zeichen tragen und deren Arterien und Sehnen sichtbar liegen, diese stürmen schnell voran, wenn die Armeen im Kampf aufeinandertreffen. Wie rasende Elefanten sind sie unwiderstehlich. Jene, die rötliche Haare haben, die in Locken enden, kräftige Flanken, Backen und Waden, erhobene Schultern, breite Nacken und furchterregende Gesichter, die feurig wie Sugriva *(ein Roß von Vasudeva)* oder die Nachkommenschaft von Garuda sind, die runde Köpfe, große Münder, die Gesichter von Katzen, schrille Stimmen und einen zornvollen Charakter haben, die mit Geschrei zum Kampf stürmen, die im Verhalten ehrgeizig und ungehobelt sind und in abgelegenen Gebieten wohnen, hängen nicht am Leben und fliehen niemals aus dem Kampf. Solche Krieger sollten stets an der Spitze stehen. Sie schlagen all ihre Feinde im Kampf und ertragen die feindlichen Schläge, ohne sich zurückziehen. Mit unkultiviertem Verhalten und absonderlichen Manieren betrachten sie weichliche Reden als Zeichen eines Verlierers. Wenn sie milde behandelt werden, zeigen sie Zorn gegen ihren Herrscher.

Kapitel 102 - Über die Omen und Mittel zum Erfolg

Yudhishthira fragte:
Was, oh Stier der Bharatas, sind die wohlbekannten Zeichen vom *(zukünftigen)* Erfolg einer Armee? Diese wünsche ich zu erfahren.

Bhishma sprach:
Ich werde dir, oh Stier der Bharatas, alle wohlbekannten Zeichen des *(zukünftigen)* Erfolgs einer Armee nennen. Wenn die Götter zornig und die Menschen vom Schicksal bedroht werden, führen die Gelehrten, die alles mit dem Auge

des himmlischen Wissens sehen, verschiedene verheißungsvolle Handlungen und sühnende Riten durch, einschließlich Feueropfer und stille Rezitation von Mantras, um die Übel abzuwehren. Der Armee, in der die Truppen und Tiere alle undeprimiert und fröhlich sind, oh Bharata, ist der Sieg so gut wie sicher. Der Wind bläst vorteilhaft von hinten, und Regenbogen erscheinen am Himmel. Die Wolken werfen ihre Schatten auf sie, und dazwischen scheint heiter die Sonne. Selbst die Schakale, Raben und Geier werden verheißungsvoll für sie. Einer solchen Armee ist hoher Erfolg sicher. Die Opferfeuer entflammen in reiner Herrlichkeit, das Licht strebt aufwärts, und die rauchlosen Flammen neigen sich ein wenig nach Süden. Die hineingegossenen Opfergaben entfalten einen angenehmen Duft. Diese gelten als Zeichen zukünftigen Erfolgs. Die Muschelhörner und Trommeln ertönen laut und tief. Die Kämpfer sind voller Bereitwilligkeit. Diese gelten als Zeichen zukünftigen Erfolgs. Wenn Hirsche und andere Vierfüßler hinten oder links von denjenigen zu sehen sind, die zum Kampf aufgebrochen sind oder gerade aufbrechen, gelten sie als vielversprechend. Wenn sie rechts von den Kriegern erscheinen, während sie kämpfen, gilt dies ebenfalls als ein Zeichen des Erfolgs. Wenn sie jedoch vor solchen Personen auftauchen, deuten sie Katastrophe und Mißerfolg an. Wenn Schwäne, Kraniche, Brachvögel und Spechte verheißungsvolle Schreie ausstoßen und alle kräftigen Kämpfer erfreuen, sind es Zeichen zukünftigen Erfolgs. Jene, deren Kampfreihen in Herrlichkeit erstrahlen und nur schwer anzuschauen sind aufgrund des Glanzes ihrer Waffen, Maschinen, Rüstungen und Standarten, sowie der feurigen Gesichter ihrer kraftvollen Helden, werden immer erfolgreich ihre Feinde besiegen. Wenn die Kämpfer einer Heerschar von reinem und würdigem Verhalten und der Barmherzigkeit geneigt sind, gilt dies als Zeichen zukünftigen Erfolgs. Wenn freundliche Reden, Befehle und Emotionen vorherrschen, und die Kämpfer mit Dankbarkeit und Geduld inspiriert werden, gilt das als Wurzel des Erfolgs. Eine Krähe links von einem kämpfenden Krieger und rechts von einem, der zum Kampf stürmt, wird als verheißungsvoll betrachtet. Erscheint sie aber im Rücken, deutet sie die Nichterfüllung der beabsichtigten Ziele an, während sie von vorn Gefahr verkündet.

Oh Yudhishthira, selbst wenn dir eine große Armee aus den vier Arten der Kräfte zur Verfügung steht, solltest du stets zuerst nach Frieden streben. Nur wenn alle Friedensversuche gescheitert sind, magst du den Krieg wählen. Der Sieg, oh Bharata, der durch Krieg gewonnen wurde, ist am wenigsten wert. Jeder Sieg im Krieg, so scheint es, ist von der Laune des Schicksals abhängig. Wenn eine große Armee zerbricht und die Truppen zu fliehen beginnen, ist es äußerst schwierig, ihre Flucht aufzuhalten. Eine solche Flucht ist so ungestüm wie ein mächtiger Fluß oder eine erschrockene Herde Rehe. Wenn nur einige den Kampf aufgeben, folgen ohne plausiblen Grund sogleich andere, obwohl sie tapfer und im Kampf erfahren sind. Und bald gleicht diese mächtige Armee aus tapferen Soldaten einer großen Herde panischer Ruru Hirsche auf der Flucht. Manchmal kann man sogar sehen, wie nur fünfzig entschlossene Männer, die sich aufeinander verlassen, die freudig kämpfen und bereit sind, ihr Leben zu opfern, einen Feind besiegen, der zahlenmäßig weit überlegen ist. Manchmal reichen sogar nur fünf, sechs oder sieben Männer, die hochmotiviert zusammenhalten, von hoher Geburt sind und die Wertschätzung aller genießen, die sie kennen. Doch ein Zusammenprall im Kampf ist niemals wünschenswert, so lange er vermieden werden kann. Zuerst sollte die Politik der Versöhnung, der Spaltung oder der Bestechung versucht werden. Der Krieg gilt stets als letztes Mittel. Schon beim Anblick einer feindlichen Armee werden die Furchtsamen von Angst gelähmt, als würden sie den himmlischen Donnerkeil vor sich sehen, und sie fragen sich „Oh weh, wo wird er einschlagen?“. Und wenn der Kampf dann wirklich wütet, werden Geist und Körper sowohl der Angreifer als auch der Verteidiger zutiefst erschüttert. Das ganze Land mit allen Bewohnern gerät in Verwirrung und Qual, oh König. Alle verkörperten Wesen werden bis ins Innerste von der Hitze der Waffen verbrannt und leiden Schmerzen. Ein König sollte deshalb unter allen Umständen die Künste der Versöhnung anwenden, gemischt mit wohldosierter Strenge. Wenn die Leute von Feinden bedroht werden, sind sie oft geneigt, sich zu einigen. Geheimagenten sollten ausgesandt werden, um die Verbündeten des Feindes zu spalten. Wenn die Spaltung erfolgreich war, sollte man versuchen, Frieden mit jenen Königen zu schließen, die stärker sind. Wenn der Angreifer diesen Weg nicht geht, kann er seinen Feind niemals völlig vernichten. Beim Angriff des Feindes sollte man stets versuchen, ihn von allen Seiten zu attackieren. Denn Vergebung gebührt nur den Guten, niemals den Übelgesinnten.

So höre jetzt, oh Pandava, vom Gebrauch der Vergebung und der Strenge. Der Ruhm eines Königs, der nach einer Eroberung Vergebung zeigt, breitet sich weit aus. Denn sogar die bisherigen Rivalen vertrauen einem König, welcher der Vergebung geneigt ist, selbst wenn er einer ernsten Übertretung schuldig wurde. Samvara hat gesagt, daß man Vergebung zeigen soll, nachdem man einen Rivalen besiegt hat, weil ein Holzstab, der unter Hitze gebogen wurde, seine neue Form behält. Die Schriftgelehrten loben die Vergebung jedoch nicht unter allen Bedingungen. Das wäre kein gutes Zeichen eines Königs. Sie sagen, daß ein besiegter Rivale weiterhin kontrolliert werden sollte, wie der Vater seinen Sohn in Schranken hält und weiterhin erzieht, ohne Wut und ohne ihn zu vernichten. Oh Yudhishthira, wenn ein König zu mild ist, wird er von allen ignoriert. Wenn er aber zu streng ist, wird er zum Gegenstand des Hasses aller Wesen. So solltest du beides üben, sowohl Strenge als auch Milde. Sprich freundliche Worte vor dem Angriff, oh Bharata, zeige nach dem Angriff Mitgefühl und laß die Besiegten erkennen, daß du nicht gern so gehandelt hast und sie bedauerst. Nachdem eine Armee besiegt wurde, sprich zu den Überlebenden:
Ich bin wahrlich nicht erfreut, daß so viele durch meine Truppen getötet wurden. Aber ach, obwohl ich ihnen wiederholt abgeraten habe, wollten sie mich nicht erhören. Ich wünschte, daß sie alle wieder lebendig wären. Sie haben diesen gewaltsamen Tod nicht verdient. Sie waren gute und aufrichtige Menschen und sind vorm Kampf nicht geflohen. Solche Menschen sind wahrlich selten. Solche Helden im Kampf zu töten, ist nichts, was mir angenehm wäre.

Nachdem er so zu den Überlebenden des besiegten Rivalen gesprochen hat, sollte der König jene unter seinen Truppen ehren, die tapfer den Feind geschlagen haben, aber niemals vor den Augen der Besiegten. Und um die verwundeten Krieger zu besänftigen, die durch die Hand des Feindes leiden müssen, mag der König, der ihr Vertrauen wünscht, sogar weinen und liebevoll ihre Hände ergreifen. So sollte sich ein König in jeder Situation versöhnlich zeigen. Ein König, der furchtlos und tugendhaft ist, wird von allen Wesen geliebt und gewinnt ihr Vertrauen, oh Bharata. Denn nur durch ihr Vertrauen kann er als Herrscher die Erde genießen. Der König sollte deshalb jegliche Unwahrhaftigkeit aufgeben und sich stets bemühen, das Vertrauen aller Wesen zu gewinnen. Er sollte seine Untertanen vor allen Ängsten beschützen, so wie er sich selbst auf Erden erfreuen möchte.

Kapitel 103 - Wie man starken und schwachen Rivalen begegnet

Yudhishthira fragte:
Sage mir, oh Großvater, wie sich ein König zu einem schwachen Rivalen verhalten sollte, zu einem starken oder zu einem, der viele Verbündete und eine große Armee hat.

Bhishma sprach:
Diesbezüglich, oh Yudhishthira, wird von einem Gespräch zwischen Vrihaspati und Indra berichtet. Eines Tages näherte sich Indra, der Feindevernichter und Führer der Himmlischen, mit gefalteten Händen Vrihaspati, dem Lehrer der Götter, und voller Verehrung sprach er zu ihm:
Wie, oh Zweifachgeborener, sollte ich mich zu meinen Rivalen verhalten? Wie sollte ich sie unterwerfen, ohne sie völlig zu vernichten? In einem Krieg zwischen zwei Armeen ist der Sieg niemals ganz sicher. Wie soll ich handeln, daß diese strahlende Göttlichkeit, die ich gewonnen habe und die alle meine Feinde verbrennt, mich nicht verläßt?

So angesprochen, antwortete Vrihaspati, der in Tugend, Gewinn und Liebe erfahren ist, das Wissen der königlichen Aufgaben besitzt und mit großer Intelligenz gesegnet wurde, dem fragenden Indra:
Man sollte niemals versuchen einen Rivalen durch pure Gewalt zu vernichten. Es sind die Halbstarken, die im Zorn brennen und ohne jegliche Vergebung nur nach Streit suchen. Wer den Untergang eines Rivalen wünscht, sollte dessen Wachsamkeit nicht herausfordern. Den eigenen Zorn, die Angst oder Zuversicht möge man in seiner Brust verbergen und nie äußerlich demonstrieren. Ohne dem Rivalen wirklich zu vertrauen, möge man sich verhalten, als ob man ihm völlig vertraute. So spricht man freundliche Worte zu ihm und vermeidet jegliche Provokation. Man verzichte auf alle unfruchtbaren Taten der Feindschaft, wozu auch die gemeine Rede zählt. Wie ein Vogelfänger, der sorgfältig das Gezwitscher der Vögel nachahmt, um sie einzufangen oder zu töten, so sollte auch ein König, oh Purandara, seine Feinde unterwerfen und entsprechend besiegen. Wenn man dann seine Rivalen überwältigt hat, darf man sich nie unachtsam schlafen legen. Denn ein übelgesinnter Feind wird sein Haupt erneut erheben, wie ein schlecht gelöschtes Feuer wieder auflodern kann. Solange der eigene Sieg nicht sicher erscheint, sollte jede Konfrontation mit den feindlichen

Waffen vermieden werden. Wurde der Feind in Sicherheit gewiegt, kann man ihn leichter unterwerfen und den Sieg erringen. Nach Beratung mit seinen Ministern und Gelehrten, die in der Politik erfahren sind, kann ein Rivale, der in Ruhe gelassen wurde und keinen Angriff plant, zur passenden Zeit geschlagen werden, besonders, wenn er gerade einen Fehltritt begangen hat. Der König verwende auch seine vertrauenswürdigen Agenten, um die Kräfte des Feindes durch Spaltung zu schwächen. So sollte er Anfang, Mitte und Ende seiner Rivalen erkunden und alle feindlichen Gefühle gegen sie verbergen. Dann sollte er die Kräfte seines Rivalen schwächen, die er sorgfältig erkundet hat, und die Künste der Spaltung, Bestechung und Verderbung anwenden. Er sollte nie in der Gesellschaft seiner Rivalen leben und lange genug auf die passende Gelegenheit warten, um sie zu schlagen, so daß er sie unverhofft trifft, wenn sie es am wenigsten erwarten. Ein König sollte niemals nur die Scharen der feindlichen Truppen zerschlagen, sondern zielgerichtet das tun, was seinen Sieg entscheiden kann. Dabei sollte er den Rivalen niemals so verletzen, daß diese Verletzung in dessem Herzen *(als Haß)* zu gären beginnt. Verwundungen durch scharfe Worte sind unangebracht. Wenn die Gelegenheit kommt, sollte der Schlag sicher ausgeführt werden, ohne den Gegner entkommen zu lassen. So, oh Führer der Götter, sollte sich ein König verhalten, der danach strebt, seine Rivalen zu überwältigen. Wenn die passende Gelegenheit, auf die man lange gewartet hat, einmal vergangen ist, kommt sie nicht gleich wieder für den, der damit sein Ziel erreichen will.

Mit Weisheit handelnd, sollte ein König vor allem die Kraft seines Rivalen brechen. Solange die Gelegenheit nicht günstig ist, sollte er nie versuchen, sein Ziel zu erzwingen. Und wenn die Gelegenheit kommt, dann möge er nicht *(mit unsinniger Gewalt)* überreagieren. Ein König sollte Begierde, Haß und Stolz überwinden, stets mit Achtsamkeit handeln und immer die Schwächen seiner Rivalen beobachten. Übermäßige Milde oder Strenge beim Regieren, Untätigkeit, Unachtsamkeit und betrügerische Mittel, oh Führer der Götter, ruinieren einen Herrscher, der ohne Weisheit handelt. Ein König, der diese vier Fehler überwinden und den betrügerischen Angriffen seiner Feinde widerstehen kann, wird zweifellos ein Sieger sein. Wenn ein Minister allein fähig ist, einen geheimen Auftrag zu erfüllen, dann sollte sich der König auch nur mit diesem Minister darüber beraten. Werden viele Minister befragt, sind sie oft bestrebt, die Last der Aufgabe auf die Schultern anderer zu verteilen, und das Geheimnis bleibt kein Geheimnis mehr. Nur wenn die Beratung mit einem Minister nicht ausreichend ist, sollte der König sich auf weitere stützen.

Auf unsichtbare Feinde sollte die göttliche Strafe herabgerufen werden. Sichtbaren Feinden mag man mit einer vierfachen Armee begegnen. Der König sollte aber stets zuerst die Künste der Spaltung und Versöhnung anwenden. Zur passenden Zeit sollte das passende Mittel genutzt werden. Zuweilen sollte sich ein König sogar vor einem mächtigeren Feind demütigen. Dabei möge er stets achtsam handeln und immer bemüht sein, den Untergang des Stärkeren zu erreichen, wenn dieser unachtsam wird. Durch Verneigung, Geschenke der Huldigung und freundliche Worte sollte man vor einem mächtigeren König

Demut zeigen und nie etwas tun, was seinen Verdacht erregen könnte. Der schwächere Herrscher sollte unter solchen Verhältnissen sorgfältig jede Tat vermeiden, die provozieren könnte. Deshalb sollte ein siegreicher König niemals einem besiegten Rivalen ganz vertrauen, weil auch die Besiegten stets wachsam bleiben.

Es gibt nichts, oh Bester der Götter, was schwieriger zu vollbringen ist, als das Erwerben von Wohlstand durch eine ruhelose Person, oh Herrscher der Unsterblichen. Selbst die bloße Existenz von Personen mit ruhelosem Geist ist stets gefährdet. Könige sollten deshalb mit Achtsamkeit ihre Freunde und Feinde beobachten. Wenn ein König zu mild ist, wird er ignoriert. Wenn er zu streng ist, verwirrt er die Leute mit Todesangst. Sei deshalb nicht zu streng und nicht zu mild! Wie ein kraftvoller Fluß unaufhörlich das hohe Ufer auswäscht und große Erdrutsche verursacht, so ruinieren Unachtsamkeit und politische Fehler mit der Zeit ein Königreich. Greife nie zu viele Rivalen gleichzeitig an. Durch die Künste der Versöhnung, Bestechung oder Spaltung sollten sie, oh Purandara, einer nach dem anderen überwältigt werden. Zu den anderen möge sich der König inzwischen friedlich verhalten. Ein weiser König sollte nie versuchen, selbst wenn er dazu fähig wäre, alle *(seine Rivalen)* auf einmal zu zerschlagen. Erst, wenn ein König eine große Armee versammelt hat, die voller Pferde, Elefanten, Kampfwagen, Infanterie und Kampfmaschinen ist, und diese sechsfachen Kräfte ihm völlig ergeben sind, und wenn er sich damit dem Rivalen nach ehrlicher Abwägung wirklich überlegen fühlt, dann sollte er ihn ohne weiteres Zögern überwältigen. Solange ein Rivale jedoch wesentlich stärker ist, ist selbst die Politik der Versöhnung nicht angebracht, sondern die verdeckten Mittel, um ihn zu schwächen. Bei solchen Rivalen ist höchste Vorsicht geboten. Weder wiederholte Angriffe, noch die Vernichtung von Getreide, die Vergiftung von Brunnen und Zisternen, noch andere Provokationen bezüglich der sieben Zweige der Regierung sind hier angebracht. Der König sollte unter diesen Bedingungen zuerst die verdeckten Mittel *(der Spaltung und Bestechung)* anwenden, um seine Feinde gegeneinander aufzubringen, aber selbst nach außen ein freundliches Verhalten zeigen. Er sollte durch zuverlässige Agenten die Taten seiner Rivalen in ihren Städten und Provinzen erkunden. Mit ihnen, oh Vernichter von Vala und Vritra, bedrängen die Könige ihre Feinde und dringen in ihre Festungen ein, um dort das Wichtige zu erkunden, und bedenken dann die richtigen politischen Maßnahmen in ihren eigenen Städten und Herrschaftsgebieten. Ihre Agenten belohnen sie im Verborgenen und in der Öffentlichkeit beschlagnahmen sie all ihren Besitz, ohne sie wirklich zu schädigen. Sie verkünden überall, daß es übelgesinnte Menschen sind, die für ihre eigenen Verbrechen bestraft wurden und senden sie damit zu den Städten und Provinzen ihrer Feinde. Darüber hinaus lassen sie in ihren Städten von vorzüglichen Schriftgelehrten, welche die Gebote der heiligen Schriften gut kennen, siegbringende Segnungen und feindezerstörende Riten durchführen.

Indra sprach:
Oh Bester der Zweifachgeborenen, was sind die Anzeichen einer übelgesinnten Person? Belehre mich, wie ich die Übelgesinnten erkennen kann.

Vrihaspati sprach:
Übelgesinnt ist, wer hinter dem Rücken der anderen ihre Fehler verkündet, wer angesichts der Vorzüge von anderen mit Neid erfüllt wird, und wer nur widerwillig das öffentliche Lob von anderen hört. Das bloße Schweigen bei solchen Gelegenheiten ist jedoch noch kein Anzeichen von Boshaftigkeit. Ein übelgesinnter Mensch atmet in einer solchen Situation schwer, beißt sich auf seine Lippen und schüttelt den Kopf. Er sucht oft die Gesellschaft und spricht dort Unsinniges. Er tut nie, was er verspricht, wenn er nicht ständig unter Aufsicht ist. Und ist er beaufsichtigt, entsteht selten etwas Gutes aus ihm. Der übelgesinnte Mensch ißt für sich allein *(ohne den Göttern zu opfern)* und nörgelt noch am Essen, das ihm gegeben wird, indem er spricht: „Niemals ist es, wie ich es will!“ Seine üble Gesinnung zeigt sich unter allen Umständen, im Sitzen, Liegen und Bewegen. Wer sich sorgt, wenn du dich sorgst, und sich freut, wenn du dich freust, zeigt seine Freundschaft mit dir. Ein entgegengesetztes Verhalten deutet auf einen Feind hin. Bewahre diese Sprüche in deinem Herzen, oh Herrscher der Götter! Die Gesinnung von übelgesinnten Menschen kann nie lange verborgen werden. So habe ich dir, oh Erster der Götter, die Anzeichen eines Übelgesinnten beschrieben. Folge stets der Wahrheit, wie sie in allen heiligen Schriften gelehrt wird, oh Herrscher der Himmlischen!

Bhishma fuhr fort:
Nachdem Indra, der gerade seine Feinde bekämpfte, diese Worte von Vrihaspati gehört hatte, handelte er entsprechend. Dem Sieg geneigt, beachtete dieser Feindevernichter zur rechten Zeit diese Belehrung und besiegte alle seine Gegner.

Kapitel 104 - Die Belehrung des Kalakavrikshiya über Entsagung

Yudhishthira sprach:
Wie sollte ein rechtschaffener König handeln, wenn die eigenen Beamten gegen ihn arbeiten, Schatzkammer und Armee nicht mehr unter seiner Kontrolle sind und er keinen Wohlstand mehr hat, um glücklich zu leben?

Bhishma sprach:
Diesbezüglich wird häufig die Geschichte von Kshemadarsin erzählt. Höre sie, oh Yudhishthira! Es wird berichtet, daß vor langer Zeit König Kshemadarsin, als er schwach wurde und in große Bedrängnis geriet, zum Weisen Kalakavrikshiya ging, ihn demütig verehrte und folgende Worte an ihn richtete.

Der König sprach:
Was sollte jemand wie ich tun, der Wohlstand verdiente, aber nach wiederholter Anstrengung daran scheiterte, sein Königreich zu bewahren, oh Brahmane, abgesehen von Selbstmord, Betteln, Diebstahl, Raub und irgendwelchen anderen ungerechten Taten? Oh Bester der Menschen, belehre mich darüber! Einer wie du, der die Tugend kennt und voller Mitgefühl ist, gilt als Zuflucht für jene, die durch Unheil gequält werden, sei es geistig oder körperlich. Man sagt, der Mensch sollte seine Begierden überwinden. Wenn er auf diese Weise handelt,

indem er Freude und Sorgen aufgibt und den Reichtum der Erkenntnis erntet, kann er Glückseligkeit finden. Ich bedaure all jene, die am weltlichen Glück anhaften, das von Besitztümern abhängig ist. All das wird wie ein Traum vergehen. Wer Besitztümer umfassend aufgeben kann, vollbringt wahrlich eine sehr schwierige Leistung. Doch ich selbst bin nicht einmal fähig, jene Besitztümer loszulassen, die mir gar nicht mehr gehören. Ich wurde meines Wohlstandes beraubt und bin in eine jämmerliche und traurige Notlage geraten. Belehre mich, oh Brahmane, um welches Glück ich noch kämpfen sollte.

So angesprochen vom aufrichtigen König von Kosala, gab der Weise Kalakavrikshiya mit der großen Herrlichkeit die folgende Antwort:
Es scheint, daß du es bereits verstanden hast. Voller Weisheit, wie du bist, müßtest du nur entsprechend handeln. Dein Glaube ist gut, wenn du sagst: „Alles, was ich sehe, ist vergänglich, ich selbst und alles was ich habe.“ Erkenne, oh König, daß alle Dinge, die du als so real existierend betrachtest, in Wahrheit nichtexistent sind. Der Weise erkennt das und entsprechend leidet er nicht mehr, welche Qual ihm auch begegnen möge. Alle Geschehnisse in Vergangenheit und Zukunft sind nie völlig real *(sondern von der Betrachtungsweise abhängig)*. Wenn du dieses höchste Ziel aller Erkenntnis tiefgründig erkennen kannst, wirst du von jeder Ungerechtigkeit befreit sein. Was auch immer von deinen Vorfahren *(an Besitz)* erworben wurde, und was auch immer von ihren Nachfahren geerbt wurde, ist ihnen alles wieder genommen worden. Meditiere darüber, wer es ist, der von Sorgen überwältigt wird. Alles was war, ist vergangen. Alles was besteht, wird ebenfalls vergehen. Sorgen haben nicht die Macht, es wiederzubringen. Man sollte deshalb niemals in Sorgen versinken. Wo, oh König, ist dein Vater heute? Und wo dein Großvater? Du siehst sie heute nicht, noch sehen sie dich. Deine eigene Vergänglichkeit bedenkend, warum grämst du dich um das Verlorene? Benutze deine Intelligenz, und du wirst erkennen, daß auch du vergehen wirst. Ich und du, oh König, deine Freunde und deine Feinde werden zweifellos auch vergehen. Wahrlich, alles wird vergehen. Jene Menschen, die jetzt zwanzig oder dreißig Jahre alt sind, werden sicher alle in den nächsten hundert Jahren sterben. Wenn ein Mensch es nicht übers Herz bringen kann, alle seine Besitztümer loszulassen, sollte er wenigstens versuchen zu erkennen, daß diese Dinge eigentlich nicht ihm gehören. Damit kann er sich viel Gutes tun. Zukünftige Anschaffungen sollte man nicht mehr als sein Eigentum betrachten. So wird man auch verlorenen Besitz nicht als etwas Eigenes sehen. Das Schicksal betrachte man als allmächtig. Wer so denkt, gilt als ein Mensch mit Weisheit. Eine solche Gewohnheit, die weltlichen Dinge zu betrachten, ist eine Eigenschaft der Guten.

Viele Männer, die dir an Intelligenz und Kraft gleichen, leben noch, obwohl sie allen Besitz und ihre Königreiche verloren haben. Sie sind nicht wie du und verlieren sich in Sorgen. Deshalb höre auf, dich auf diese Weise zu grämen. Bist du ihnen nicht an Intelligenz und Kraft ebenbürtig?

Der König sprach:
Wahrlich, ich habe das Königreich, das ich mit allem Volk regierte, durch das

Schicksal gewonnen. Die allmächtige Zeit *(das Schicksal)*, oh Zweifachgeborener, hat es mir auch wieder genommen. Und weil mir mein Königreich durch die Zeit entschwunden ist wie auf einem breiten Fluß, erkenne ich, daß ich gezwungen bin, mit dem zu leben, was mir gegeben wird.

Der Weise sprach:
Mit wahrhafter Erkenntnis grämt man sich weder um die Vergangenheit noch um die Zukunft. Mögest auch du, oh König von Kosala, diesen Geist finden bezüglich jeder Erscheinung, die du betrachtest. Wünsche stets nur das, was erreichbar ist, und nichts Unerreichbares. So erfreue dich an dem, was gerade ist und gräme dich nicht um das, was sein könnte. Erfreue dich an dem, oh König von Kosala, was du ohne Begierde erreichen kannst. Selbst wenn du allen Besitz verloren hast, sorge dich nicht und bewahre deine reine Gesinnung. Nur ein unglücklicher Mensch, der in Unwissenheit versunken ist, tadelt den höchsten Lenker, wenn er seinen vermeintlichen Besitz verliert, ohne mit dem zufrieden zu sein, was er hat und ist. Solch ein Mensch betrachtet sogar andere, die mit Wohlstand gesegnet wurden, als unwürdig dafür. Deshalb müssen jene, die voller Böswilligkeit und Hochmut sind und sich selbst als Wichtigstes betrachten, immer neues Elend ertragen. Du jedoch, oh König, bist durch solche Laster nicht befleckt. Ertrage den Wohlstand von anderen, auch wenn du selbst alles verloren hast. Geistig bewegliche Menschen können sogar den Wohlstand genießen, der andere umgibt. Denn der Wohlstand *(die Göttin Lakshmi)* verläßt bald jeden, der andere haßt. Menschen mit rechtschaffenem Verhalten und Weisheit, welche die Aufgaben des Yogas kennen, entsagen sogar freiwillig Wohlstand, Söhnen und Enkeln. Andere, die den irdischen Besitz als äußerst unzuverlässig und unhaltbar erkannt haben sowie abhängig von unaufhörlicher Arbeit und Mühe, versuchen, ihm ebenfalls zu entsagen. Du scheinst voller Weisheit zu sein. Warum grämst du dich noch so mitleiderregend und begehrst Dinge, die wahrlich nicht begehrenswert sind, unzuverlässig und von anderen abhängig? Du möchtest den Geist finden, der dir Glückseligkeit gibt!? Der Rat, den ich dir gebe, ist, allen Objekten der Begierde zu entsagen. In dieser Welt erscheinen Dinge, die vermieden werden sollten, oft in begehrenswerter Gestalt, während jene, die wahrhaft wertvoll sind, abschreckend wirken. Viele verlieren ihren Besitz auf der Jagd nach immer neuem Besitz. Sie betrachten die Besitztümer als die Wurzel unendlichen Glücks und streben eifrig danach. Sie erfreuen sich am Besitz und denken, daß es nichts Höheres gibt. In dieser eifrigen Begierde nach dem Erwerb von Reichtum vergißt solch ein Mensch alle anderen Tugenden des Lebens. Oh König von Kosala, viele, die diesen Reichtum plötzlich verlieren, der mit viel Mühe erworben wurde und im gleichen Verhältnis zu ihrer Begierde gewachsen war, geben dann, überwältigt von der Trägheit der Verzweiflung alle Hoffnung auf Wohlstand auf. Nur wenige mit rechtschaffener Seele und hohem Verdienst neigen sich in dieser Situation dem Erwerb von Tugend zu. Viele hassen dann jede Art des weltlichen Glücks und wünschen sich nur noch Glückseligkeit in der kommenden Welt. Manche begehen sogar Selbstmord, getrieben von der Begierde nach Reichtum. Sie denken, daß das Leben ohne Reichtum keinen Sinn mehr hat. Erkenne ihren mitleiderregenden

Zustand! Erkenne ihre Unwissenheit! Obwohl das irdische Leben so kurz und vergänglich ist, richten diese Menschen, von Unwissenheit bewegt, ihre Augen nur auf Reichtum. Wer könnte Besitztümer ansammeln, wenn am Ende ihr Verlust droht? Wer könnte das Leben erhalten, wenn am Ende der Tod droht? Wer könnte Gemeinschaft bewahren, wenn am Ende die Trennung droht?

Manchmal entsagt der Mensch dem Reichtum, und manchmal entsagt der Reichtum dem Menschen. Welcher wissende Mensch würde sich über den Verlust von Reichtum grämen? Es gibt unzählige andere Wesen in der Welt, die ständig Reichtum und Freunde verlieren. Betrachte sie mit deiner Weisheit, oh König, und du wirst erkennen, daß die Katastrophen, welche die Menschen einholen, aufgrund ihres eigenen Verhaltens erscheinen. Deshalb bemühe dich, Sinne, Denken und Rede zu zügeln. Denn wenn diese ungezügelt und dem Unheilsamen zugeneigt sind, kann sich kein Mensch von den Versuchungen der äußeren Objekte zurückhalten, von denen er beständig umgeben wird. So, wie niemand eine der Wahrheit entsprechende Idee von der Vergangenheit oder Zukunft bilden kann, weil nicht alles von Ort und Zeit bekannt ist, so sollte sich jemand mit deiner Weisheit und Heldenkraft nie in Sorgen verlieren über solche Begriffe wie Besitz, Trennung, gut oder schlecht. Eine solche Person mit Weitsicht, Mitgefühl, wohlgezügelter Seele, Entschlossenheit und beständigen Gelübden der Entsagung verliert sich nie in Sorgen und wird nie ruhelos durch die Begierde nach Besitz oder der Angst vor dem Verlust irgendwelcher kleinlichen Dinge. Es ist unpassend, daß solch ein Mensch ein betrügerisches Leben als Bettler annehmen sollte, ein Leben, das sündhaft, übelgesinnt und selbstquälerisch ist und nur eines Unwissenden unter den Menschen würdig. Begib dich in die großen Wälder und führe ein glückliches Leben dort, alleinsam und ernährt von Früchten und Wurzeln. Zügle Rede und Seele und sei vom großen Mitgefühl zu allen Wesen erfüllt! Wer heiter ein solches Leben im Wald führt wie ein alter Elefant mit mächtigen Stoßzähnen, ohne andere an seiner Seite und zufrieden mit dem, was die Natur gibt, gilt als einer, der nach der Art der Weisen lebt. Wie ein großer See, der trüb und aufgewühlt war, so gewinnt der Weise dort seine Stille und Klarheit von selbst zurück. Ich weiß, daß sogar jemand wie du, der in eine solch Notlage gefallen ist, auf diese Weise glücklich leben könnte. Wenn du keinen Weg mehr siehst, deinen weltlichen Wohlstand wiederzuerlangen und wenn dich deine Minister und Berater verlassen haben, dann steht dieser Weg für dich offen. Oder erhoffst du noch irgendeinen Nutzen vom Lauf des Schicksals zu ernten?

Kapitel 105 - Die Belehrung des Kalakavrikshiya über das Handeln

Der Weise fuhr fort:

Wenn du jedoch denkst, oh Kshatriya, daß du noch irgendwelche Heldenkraft in dir hast, dann werde ich dir die Methoden erklären, womit du dein Königreich wiedererlangen kannst. Wenn du diesem Weg folgen kannst und dich entsprechend bemühst, wirst du deinen Wohlstand zurückbekommen. Höre aufmerksam, was ich dir im Detail beschreibe. Kannst du gemäß diesen Ratschlägen handeln, wirst du umfassenden Reichtum, dein Königreich, die königliche Macht und großen Wohlstand gewinnen. Wenn du möchtest, oh König, dann erzähle ich dir von diesen Methoden.

Der König sprach:
Oh Heiliger, sage mir, was du sagen möchtest. Ich bin bereit, zuzuhören und gemäß deinem Rat zu handeln. Laß dieses heutige Zusammentreffen mit dir für die Zukunft fruchtbar sein!

Der Weise sprach:
Entsage dem Stolz, der Begierde, dem Haß, der Euphorie und der Angst! Verneige dich sogar vor deinen größten Feinden. Sei demütig und gehe mit gefalteten Händen als Diener zu König Janaka, dem Herrscher von Mithila, mit den stets guten und reinen Taten. Der König von Videha ist beständig der Wahrheit gewidmet und wird dir sicherlich großen Reichtum geben. Du sollst dann die rechte Hand dieses Königs werden und das Vertrauen aller gewinnen. Daraufhin wirst du viele andere Verbündete mit Mut und Beharrlichkeit finden, die im Verhalten rein und von den sieben Hauptsünden frei sind. Wer seine Seele zügelt und seine Sinne unter Kontrolle hat, kann es schaffen, sich zu erheben und andere zu erfreuen, indem er seine Aufgaben im Leben erfüllt. Geachtet durch Janaka, der mit Intelligenz und Wohlstand gesegnet ist, wirst du sicherlich die rechte Hand dieses Herrschers werden und das Vertrauen von allen genießen. Dann versammle eine große Armee, berate dich mit guten Ministern, verursache Spaltung unter deinen Feinden und bringe sie gegeneinander auf. Zerbreche sie, wie man eine Vilwa mit einer Vilwa zerbricht *(die Frucht der bengalischen Quitte).*

Du kannst auch Frieden mit den Rivalen deines Feindes schließen, um seine Macht zu schwächen. Du kannst dafür sorgen, daß dein Feind begehrlichen Dingen anhaftet wie schönen Frauen, Stoffen, Betten, Sitzen und Wagen, allen kostbaren Besitztümern, Häusern, exotischen Vögeln und Tieren, besonderen Säften, Parfümen und Früchten, so daß sich dein Feind von innen her selbst zerstört. Wenn man den Feind so behandelt und äußerlich Teilnahmslosigkeit zeigt, sollte jeder, der erfolgreich eine gute Politik betreiben möchte, dafür sorgen, daß der Feind nichts davon erfährt. Folge dem Verhalten, das durch die Klugen gelobt wird, und zeige dich als Freund und Genießer im Reich deines Feindes. Verhalte dich nach der Manier der Hunde, Hirsche und Krähen und demonstriere Freundschaft zu deinen Feinden. Du kannst sie auch versuchen, nach Errungenschaften zu begehren, die nur schwer und mit übermäßig viel Kraft zu gewinnen sind. So sorgst du dafür, daß sie in Feindschaft mit noch mächtigeren Feinden geraten. Lenke ihre Aufmerksamkeit auf königliche Gärten, kostspielige Betten und Sitze und leere damit die Schatzkammer deines Feindes, indem du ihnen diese verführerischen Dinge anbietest. Preise vor den Brahmanen große Opfer und reiche Geschenke, daß sie dich segnen und alle Hindernisse beseitigen. Sprich: „Zweifellos erreicht jeder, der rechtschaffen handelt, ein hohes Ende. Durch solche Taten verdienen Menschen die Bereiche der höchsten Glückseligkeit im Himmel.“ Wenn dann die Schatzkammern deiner Feinde erschöpft sind, kann jeder von ihnen unterworfen werden, oh König von Kosala. Ob sie nun gerecht sind oder nicht, ihre Rivalen werden sich freuen, wenn die Basis ihrer weltlichen Macht ruiniert ist. Die Schatzkammern sollten deshalb mit allen Mitteln erschöpft werden. Lobe auch niemals persönliche Anstrengung in Gegenwart deiner Feinde, sondern sprich von der Allmacht des Schicksals. Zweifellos trifft der Mensch, der sich nur auf das Schicksal und die Götter verläßt, bald auf den Untergang. Du kannst auch deinen Feind versuchen, das große Opfer Viswajit durchzuführen, womit er all seine Besitztümer verschenkt. Wenn dein Ziel erreicht ist, magst du ihn von der Tatsache informieren, daß der Erste Mann in seinem Königreich allen weltlichen Reichtum verloren hat. Dann zeige ihm einen bedeutenden, mit den Aufgaben des Yogas bekannten Asketen *(der deinen Feind von allen irdischen Besitztümern entwöhnen kann)*. Er wird sich dann wünschen, Entsagung zu üben und in die Wälder gehen, um Erlösung zu finden. Du könntest natürlich auch mithilfe von präparierten Drogen aus dem Sud hochwirksamer Kräuter oder künstlichen Salzen die Elefanten, Rosse und Krieger *(im Reich deines Feindes)* vergiften. Solche und viele andere klug ausgedachte Methoden sind möglich, die aber alle mit Betrug und Illusion verbunden sind. Eine listige Person könnte damit die ganze Bevölkerung eines feindlichen Königreichs vernichten.

Kapitel 106 - Das Ende der Belehrung des Kalakavrikshiya

Der König sprach:
Oh Brahmane, ich wünsche nicht, mein Leben durch Betrug oder Lüge zu erhalten. Ich begehre keinen Reichtum, wieviel auch immer, der auf ungerechten Wegen gewonnen werden soll. Am Anfang unseres Gesprächs schloß ich bereits diese Mittel aus. Ich möchte in dieser Welt nur mit solchen Mitteln leben, die nicht zum Tadel führen, sondern mir allseits zum Heil gereichen. Ich wünsche solche Taten zu vollbringen, die auch langfristig Gutes bringen. So kann ich diese Wege, die du mir aufgezeigt hast, nicht annehmen. Wahrlich, eine solche Belehrung steht dir nicht an!

Der Weise sprach:
Deine Worte, oh Kshatriya, bezeugen, daß du eine wahrhafte Gesinnung hast. Wahrlich, du bist gerecht in Neigung und Verständnis, oh Erfahrungsreicher. Ich werde mich zum Wohle von euch beiden bemühen, für dich und König Janaka. Ich werde für eine unzerbrechliche Verbindung zwischen dir und diesem König sorgen. Wer hätte nicht gern einen Minister wie dich, der in einer edlen Familie geboren wurde, von allen Taten der Ungerechtigkeit und Grausamkeit Abstand nimmt, der höchst gelehrt und wohlerfahren im Regieren ist und alle versöhnen kann? Dies sage ich, oh Kshatriya, weil du trotz des Verlustes deines Königreichs und trotz des großen Elends, in das du gesunken bist, immer noch gerecht und ohne Lüge zu leben wünschst. Der Herrscher der Videhas, welcher der Wahrheit fest gewidmet ist, wird mich bald besuchen kommen. Zweifellos wird er tun, um was ich ihn bitte.

Bhishma fuhr fort:
Danach lud der Weise den Herrscher der Videhas ein und sprach zu ihm:

Dieser Mensch ist von königlicher Geburt. Ich kenne sein innerstes Herz. Seine Seele ist ebenso rein wie ein klarer Spiegel oder die herbstliche Mondscheibe. Er wurde von mir auf jede Weise geprüft. Ich finde keinen Fehler in ihm. Laß deshalb Freundschaft zwischen euch sein. Vertraue ihm, wie du mir vertraust. Ein König, der ohne fähigen Minister ist, kann sein Königreich nicht einmal drei Tage lang regieren. Der Minister sollte mutig und auch mit großer Intelligenz gesegnet sein. Durch diese zwei Qualitäten kann man beide Welten überwinden. Erkenne, oh König, daß diese beiden Qualitäten für die Herrschaft eines Königreichs notwendig sind. Rechtschaffene Könige haben keine bessere Zuflucht als einen Minister mit solchen Attributen. Dieser hochbeseelte Mann ist aus königlichem Geblüt. Er geht den Weg der Rechtschaffenen. Dieser Mensch, der stets die Gerechtigkeit im Blick hat, wäre ein wertvoller Gewinn. Durch dich geehrt, wird er alle deine Feinde unterwerfen. Wenn er für dich kämpft, wird er vollbringen, was ein Kshatriya vollbringen sollte. Wahrlich, wenn er nach der Art seiner Väter und Großväter dich als Rivalen bedrängen würde, wäre es deine Pflicht, ihn zu bekämpfen, wenn du die Aufgabe der Kshatriyas beachtest, seine Rivalen zu besiegen. Doch ohne in den Kampf zu ziehen, bitte ich dich, ihn in deinen Dienst zu stellen, um dir Gutes zu tun. Richte deine Augen auf die Gerechtigkeit und gib jede Habgier auf, die unwürdig ist. Du solltest niemals die Aufgaben deiner Kaste aus Begierde oder Kampfeslust mißachten. Denn Sieg oder Niederlage, oh Herr, ist niemals sicher. Dies bedenkend, sollte Frieden mit einem Rivalen geschlossen werden, indem man ihm gutes Essen und anderen Genuß anbietet. Man kann das Spiel von Sieg und Niederlage in seinem eigenen Fall sehen. Viele, die sich bemühen, einen Feind zu vernichten, werden oft selbst im Laufe ihrer Anstrengungen vernichtet.

So angesprochen, antwortete König Janaka, nachdem er diesen Besten der Brahmanen geehrt und beschenkt hatte, der jede Ehre verdient:
Du bist voller Wissen und Weisheit. Das, was du mit dem Wunsch gesagt hast, uns Gutes zu tun, ist sicher für uns beide von großem Vorteil. Ein solches Verhalten wird uns zum Wohle gereichen. Dies spreche ich, ohne zu zögern.

Darauf sprach der Herrscher von Videha zum König von Kosala:
In Erfüllung meiner Kshatriya Aufgaben habe ich mithilfe guter Politik die Welt erobert. Von dir jedoch, oh Bester der Könige, wurde ich durch deine guten Qualitäten besiegt. Ohne jedes Gefühl der Erniedrigung mögest du deshalb als Sieger an meiner Seite leben. Ich ehre deine Weisheit und achte deine Heldenkraft. So werde ich dich nie mißachten und als Besiegten bezeichnen. Lebe du als ein Sieger mit mir. Angemessen gewürdigt mögest du, oh König, meinen Palast betreten.

Bhishma fuhr fort:
Dann verehrten die beiden Könige den weisen Brahmanen, und im gegenseitigen Vertrauen begaben sie sich zur Hauptstadt Mithila. Der Herrscher der Videhas bat den König von Kosala, seine Wohnstätte zu betreten, und ehrte ihn, der jede Ehre verdiente, mit dem Gastgeschenk des Wassers, um seine Füße zu reinigen, sowie mit Honig, Quark und den anderen üblichen Dingen. König

Janaka übergab seinem Gast sogar seine eigene Tochter als Ehefrau und verschiedene Arten von Juwelen und Edelsteinen. Dies *(die Bewahrung des Friedens)* ist die hohe Aufgabe der Könige. Denn Sieg und Niederlage sind niemals sicher.

Kapitel 107 - Über die Wichtigkeit der Adelsfamilien

Yudhishthira sprach:
Du hast, oh Feindevernichter, den Weg der Pflichten, das allgemeine Verhalten und die Mittel des Lebensunterhalts mit ihren Zielen für Brahmanen, Kshatriyas, Vaisyas und Shudras beschrieben. Du hast auch die Aufgaben der Könige, die Probleme ihrer Schatzkammern, die Mittel des Wachstums und das Thema Eroberung und Sieg erklärt. Du hast auch die Eigenschaften der Minister beschrieben, die Maßnahmen zum Wachstum der Untertanen, die Eigenschaften der sechsfachen Glieder eines Königreichs, die Qualitäten von Armeen, die Anzeichen der Übelgesinnten, Guten und Neutralen sowie der Hohen und Niederen, das Verhalten der Könige zum Wohle des Volkes und den Schutz und die Förderung der Schwachen. Du hast all diese Themen behandelt, oh Bharata, wie sie in den heiligen Schriften erklärt werden. Du hast auch davon gesprochen, wie Könige ihre Rivalen überwinden sollten. Ich wünsche jetzt gern, oh Erster der Intelligenten, vom Verhalten hören, das man den Edelmännern zeigen sollte, die sich um einen König versammeln. Ich möchte hören, wie sie gedeihen können, wie sie dem König dienstbar werden, oh Bharata, und wie sie ihre Feinde überwinden und Freunde erwerben können. Es scheint mir, daß schon Uneinigkeit allein ihren Untergang bringen kann. Ich denke, das größte Problem ist die Geheimhaltung unter ihnen, wenn viele eingeweiht werden müssen. Ich wünsche, oh Feindevernichter, ausführlich darüber zu hören. Nenne mir auch die Mittel, oh König, wodurch verhindert wird, daß sie mit dem König in Uneinigkeit geraten.

Bhishma sprach:
Oh Monarch, zwischen der Aristokratie und den Königen sind Habgier und Haß die Ursachen für Feindseligkeiten. Wenn eine Seite zur Habgier neigt, wird die andere Seite vom Haß erfüllt. Jeder Versuch, die anderen zu schwächen oder zu betrügen, führt zum Untergang beider. Durch Spione, Taktik, Gewalt, die Künste der Versöhnung, Bestechung und Spaltung und andere Methoden, um Schwäche, Verschwendung und Angst zu erzeugen, greifen sie sich gegenseitig an. Die Aristokratie eines Königreiches, die einem lebendigen Körper gleicht, trennt sich vom König, wenn dieser zuviel von ihnen fordert. Und sind sie erst vom König getrennt, werden sie alle unzufrieden, handeln aus Angst und helfen den Feinden ihres Herrschers. Wenn die Aristokratie eines Königreichs unter sich selbst uneinig ist, trifft sie auf den Untergang. Denn gespalten ist sie eine leichte Beute für Feinde. Die Edelmänner sollten deshalb stets geschlossen handeln. Wenn sie zusammenhalten, können sie durch ihre Macht viel Wohlstand gewinnen. Wahrlich, wenn sie geschlossen auftreten, werden sogar Fremde ihre Verbindung suchen. Gelehrte loben stets jene Edelmänner, die miteinander in Banden der Liebe vereint sind. Sie können alle glücklich sein, wenn sie das gleiche Ziel vereint. Und durch ihr Verhalten *(als Vorbilder)* fördern sie den Lauf

der Gerechtigkeit, und der Wohlstand im Land wird wachsen. Durch Zügelung ihrer Söhne und der Belehrung bezüglich ihrer Aufgaben im Leben sowie durch freundliches Verhalten zu allen Personen wird die Aristokratie gedeihen, solange ihr Stolz durch Weisheit niedrig gehalten wird. Durch Beachtung ihrer Aufgaben auch mithilfe ihrer Spione und durch kluge Mittel der Politik sowie dem Füllen ihrer Schatzkammern wächst der Wohlstand der Aristokratie, oh Starkarmiger. Durch gebührende Verehrung für jene, die voller Weisheit, Mut und Beständigkeit sind und in allen Tätigkeiten ihre volle Kraft zeigen, wächst der Wohlstand der Aristokratie. Begabt mit Reichtum und Ressourcen, mit den Kenntnissen der Schriften und allen Künsten und Wissenschaften rettet die Aristokratie das unwissende Volk aus jeder Art von Qual und Gefahr. Haß, Uneinigkeit, Unterdrückung, Verfolgung, Bedrängung und Ungerechtigkeiten führen schnell dazu, oh Führer der Bharatas, daß die Aristokratie den König verläßt und mit den Rivalen paktiert. Deshalb sollten die Führer der Aristokratie stets vom König geachtet werden. Die Angelegenheiten des Königreichs, oh König, hängen in reichem Maße von ihnen ab. Beratungen sollten nur mit den Führern der Aristokratie gehalten werden, und Geheimagenten, oh Feindezerstörer, sollten nur mit ihrer Zustimmung beauftragt werden. Der König sollte sich nicht mit jedem Mitglied der Aristokratie beraten, oh Bharata. Er sollte gemeinsam mit den Führern das tun, was zum Wohle aller Kasten ist. Wenn jedoch die Aristokratie zerfällt, gespalten und ohne Führer ist, sollte auf anderen Wegen gehandelt werden. Wenn die Mitglieder der Aristokratie miteinander streiten und jeder gemäß seinen eigenen Mitteln allein handelt, wird ihr Wohlstand schwinden, und verschiedenste Übel werden erscheinen. Deshalb sollten die Weisen und Gelehrten unter ihnen jeden Streit schlichten, sobald er sich erhebt. Wahrlich, wenn die Ältesten eines Stammes unbeteiligt zuschauen, werden Streitigkeiten unter den Mitgliedern ausbrechen. Solche Uneinigkeiten verursachen den Untergang ganzer Stämme und die Spaltung unter den Edelmännern. Schütze dich, oh König, vor allen Gefahren, die daraus entstehen! Die Gefahren, die von außen kommen, sind dagegen relativ unbedeutend. Diese Erste der Gefahren kann deine Wurzeln, oh König, an einem einzelnen Tag abschlagen. Es gibt Blutsverwandte in Familien, die unter dem Einfluß von Haß, Narrheit oder Habgier, die sich aus ihrer innersten Natur erheben, sogar aufhören, miteinander zu sprechen. Das sind Anzeichen des Niedergangs. Nicht durch Mut, Intelligenz, Herrlichkeit oder Reichtum können die Rivalen die Adelsfamilien zerstören. Es geschieht nur durch Spaltung und Bestechung, daß sie überwältigt werden können. Deshalb gilt der Zusammenhalt als die große Zuflucht der Aristokratie.

Kapitel 108 - Über die Verehrung von Mutter, Vater und Guru

Yudhishthira sprach:
Der Pfad der Aufgaben, oh Bharata, ist lang und hat auch viele Zweige. Was sind nach deiner Meinung die wichtigsten Aufgaben? Welche Taten betrachtest du im Leben als die bedeutendsten, um höchstes Verdienst sowohl in dieser als auch der kommenden Welt zu ernten?

Bhishma sprach:
Die Verehrung von Mutter, Vater und Lehrer betrachte ich als das Wichtigste. Der Mensch, der diese Aufgabe hier erfüllt, kann großen Ruhm und viele Bereiche der Glückseligkeit erreichen. Oh Yudhishthira, respektvoll sollte ohne zu Zögern alles getan werden, was auch immer sie gebieten, ob es gerecht erscheint oder nicht. Man sollte auch niemals etwas tun, was sie verboten haben. Zweifellos sollten ihre Gebote stets befolgt werden. Sie sind die drei Welten. Sie sind die drei Lebensweisen. Sie sind die drei Veden. Sie sind die drei heiligen Feuer. Der Vater gilt als das Garhapatya *(Hausvater-)* Feuer, die Mutter als das Dakshina-Feuer und der Lehrer als das Opferfeuer. Diese drei Feuer sind wahrlich die bedeutendsten. Wenn du dich achtsam um diese drei Feuer kümmerst, kannst du die drei Welten überwinden. Indem man dem Vater regelmäßig dient, kann man diese Welt überqueren. Indem man der Mutter ebenso dient, kann man zu den Bereichen der Glückseligkeit in der kommenden Welt gelangen. Indem man dem Lehrer regelmäßig dient, kann man die Region von Brahma erreichen. Wenn du dich zu diesen drei *(Mutter, Vater und Lehrer)* richtig verhältst, oh Bharata, wirst du großen Ruhm in den drei Welten gewinnen, und groß wird dein Verdienst und Lohn sein, oh Gesegneter. Verletze sie niemals! Iß nie, bevor sie essen, noch iß irgendetwas Besseres als sie. Gib ihnen niemals irgendeine Schuld. Man sollte ihnen stets mit Demut dienen. Dieses Verhalten bringt höchstes Verdienst. Auf diese Weise, oh Bester der Könige, kannst du Ruhm, Verdienst, Ehre und die Bereiche der Glückseligkeit in der kommenden Welt gewinnen. Wer diese drei achtet, wird in allen Welten geehrt. Wer sie nicht achtet, wird keinerlei heilsames Verdienst aus all seinen Taten ernten können. Solch ein Mensch, oh Feindevernichter, erwirbt weder in dieser Welt Verdienst, noch in der folgenden. Wer diese drei Altehrwürdigen ignoriert, gewinnt nirgends Ruhm. Solch ein Mensch erntet nichts Gutes in der kommenden Welt. Alles, was ich zu Ehren dieser drei weggegeben habe, bekam den hundertfachen oder sogar tausendfachen Wert. Es geschieht durch dieses Verdienst, oh Yudhishthira, daß ich jetzt die drei Welten klar vor meinen Augen liegen sehe.

Ein Morallehrer ist höher als zehn vedenkundige Brahmanen. Ein Dharmalehrer ist höher als zehn Morallehrer. Der Vater ist höher als zehn Dharmalehrer. Die Mutter ist höher als zehn Väter oder wichtiger sogar als die ganze Welt. Es gibt keinen Mensch, der solche Verehrung verdient wie die Mutter. Ich denke, nur der eigene geistige Lehrer *(Guru)* ist noch größerer Verehrung würdig als Vater oder sogar Mutter. Vater und Mutter sind die Erzeuger deines weltlichen Körpers, oh Bharata. Das spirituelle Leben jedoch, erhält man von seinem Lehrer. Dieses Leben ist unsterblich und keinem Verfall unterworfen. Vater und Mutter sollten nie verletzt werden, was auch immer sie tun. Wenn man Vater und Mutter nicht straft *(selbst wenn sie Strafe verdienen)*, begeht man keine Sünde. Wahrlich, solche ehrwürdigen Personen beflecken nicht einmal den König, wenn sie straffrei bleiben. Die Götter und Rishis entziehen ihre Gunst niemals jenen, die sich bemühen, sogar ihre sündigen Väter mit Verehrung zu hegen. Wer einen Menschen segnet, indem er ihn wahrhaft belehrt, ihm die Veden übermittelt und unsterbliches Wissen gibt, sollte wie Vater und Mutter betrachtet werden. Der Schüler sollte in dankbarer Anerkennung für die Gaben des Lehrers niemals etwas tun, was ihn verletzen könnte. Wer seinen Lehrer nach dem Empfang einer Belehrung nicht verehrt, indem er sie pflichtbewußt in Gedanken und Taten befolgt, begeht die Sünde, ein ungeborenes Kind zu töten. Es gibt keinen größeren Sünder in dieser Welt wie ihn. Lehrer zeigen stets große Zuneigung zu ihren Schülern. Deshalb gebührt den Lehrern entsprechende Verehrung. Wer deshalb dieses hohe Verdienst gewinnen möchte, das seit ältesten Tagen besteht, sollte seine Lehrer verehren und fröhlich mit ihnen alle Dinge des Vergnügens teilen.

Mit dem, der seinen Vater erfreut, ist Prajapati zufrieden. Wer seine Mutter erfreut, befriedigt die Erde selbst. Doch wer seinen Lehrer erfreut, befriedigt Brahma durch seine Tat. Deshalb ist der Lehrer der größeren Verehrung würdig als Vater oder Mutter. Wenn der Lehrer verehrt wird, sind die großen Rishis und Götter zusammen mit den Ahnen alle froh. Deshalb verdient der Lehrer die höchste Verehrung. Der Lehrer sollte niemals vom Schüler mißachtet werden. Weder Mutter noch Vater verdienen solchen Respekt, wie der eigene geistige Lehrer. Vater, Mutter und Lehrer sollten nie beleidigt werden. Keine Tat von ihnen sollte man kritisieren. Die Götter und großen Rishis sind mit dem zufrieden, der sich mit Demut zu seinen Lehrern verhält. Wer in Gedanken, Worten oder Taten Lehrer, Vater oder Mutter verletzt, sammelt damit die Sünde des Tötens von ungeborenem Leben an. Es gibt keinen größeren Sünder in der Welt. Der Sohn aus dem Samen des Vaters und dem Leib der Mutter, der von ihnen erzogen wurde und sie nicht als Gegenleistung im Alter versorgt, begeht damit sogar eine Todsünde. Es gibt wahrlich keinen größeren Sünder in der Welt. Wir haben nie gehört, daß sich von den vier Sünden, einen Freund zu verletzten, Undankbarkeit zu zeigen, eine Frau oder seinen Lehrer zu schlagen, jemals eine Person reinigen konnte. So habe ich dir jetzt allgemein alles gesagt, was man in dieser Welt tun sollte. Außer den genannten Aufgaben, gibt es nichts Wirksameres auf dem Weg zur Glückseligkeit. Ich habe alle Aufgaben bedacht und dir ihre Essenz erklärt.

Kapitel 109 - Über Wahrheit, Lüge und Gerechtigkeit

Yudhishthira fragte:
Wie, oh Bharata, sollte man handeln, wenn man der Tugend *(dem Dharma)* folgen möchte? Oh Stier der Bharatas, der du mit Weisheit gesegnet bist, beantworte mir bitte diese Frage. Wahrheit und Lüge existieren und hüllen alle Welten ein. Welche von diesen beiden, oh König, sollte eine Person nutzen, die der Tugend verbunden ist? Was ist Wahrheit? Was ist Lüge? Was ist ewige Tugend *(Dharma)*? Wann sollte man die Wahrheit sagen und wann nicht?

Bhishma sprach:
Wahrheit steht mit der Gerechtigkeit *(dem Dharma)* im Einklang. Es gibt nichts Höheres als Wahrheit. Ich werde dir jetzt erklären, oh Bharata, was den Menschen nicht allgemein bekannt ist. Dort, wo die Wahrheit die Wirkung einer Lüge haben könnte, sollte sie nicht ausgesprochen werden. Dort jedoch, wo die Wirkung einer Lüge der Wahrheit gleichkommt, kann man sogar eine Lüge

aussprechen. Eine unwissende Person, die eine von der Gerechtigkeit *(dem Dharma)* getrennte Wahrheit ausspricht, sammelt damit Sünde an. *(Denn es gibt Wahrheit, die so schädlich wie Lüge ist und es gibt Lüge, die so heilsam wie Wahrheit ist.)* Wer zwischen Wahrheit und Lüge *(entsprechend der Situation)* entscheiden kann, gilt als Kenner der Aufgaben im Leben. So kann sogar eine unwürdige Person, die sehr grausam und von unreiner Seele ist, großes Verdienst gewinnen, wie zum Beispiel der Jäger Valaka durch die Tötung des blinden Tieres *(das alle Wesen zerstören wollte) (siehe MHB8.69)*. Dagegen kann auch jemand aus falschem Verständnis, obwohl er stets nach Wahrhaftigkeit strebt, eine sündige Handlung begehen. *(Wie der Rishi, der aus Wahrheitsliebe den Ort verrät, wo sich Unschuldige vor Räubern verstecken, und damit die Sünde des Mordes ansammelt.)* Dagegen gewann wiederum eine Eule an den Ufern der Ganga *(durch eine ungerechte Tat)* großes Verdienst. *(Die Eule ging zum Himmel, nachdem sie mit ihrem Schnabel tausend Eier zerbrochen hatte, die von einer giftigen Schlange gelegt wurden.)*

Die Fragen, die du mir gestellt hast, sind wahrlich nicht einfach. Es ist schwer zu sagen, was Gerechtigkeit *(Dharma)* ist. Man kann sie nicht einfach vorzeigen. Keiner kann die Gerechtigkeit vollständig erklären. Sie wurde *(durch Brahma)* zum Heil und Wachstum aller Wesen geschaffen. Deshalb ist das, was zum Heil und Wachstum führt, Gerechtigkeit. Gerechtigkeit wurde geschaffen, um die Wesen davon zurückzuhalten, sich gegenseitig zu verletzen. Deshalb ist das, was gegenseitiges Verletzen verhindert, Gerechtigkeit. Gerechtigkeit wird Dharma genannt, weil sie alle Wesen erhält. Wahrlich, alle Wesen leben durch die Gerechtigkeit. Deshalb ist das, was die Wesen bewahren kann, Gerechtigkeit. Einige sagen, daß Gerechtigkeit das ist, was die Srutis *(heiligen Schriften)* darlegen. Manche sind auch anderer Meinung. Ich würde sie nicht tadeln, denn in den Schriften ist niemals alles enthalten.

Zum Beispiel fragen manchmal übelgesinnte Menschen, die den Reichtum anderer rauben wollen, bestimmte Dinge *(um an ihr Ziel zu gelangen)*. Auf solche Fragen sollte man nicht wahrhaft antworten. Das gebietet die Gerechtigkeit. Wenn man schweigen kann, sollte man schweigen. Wenn aber das Schweigen verdächtig ist, sollte man unter diesen Bedingungen besser etwas Unwahres sagen. Das gebietet die Gerechtigkeit. Auch wenn man übelgesinnten Menschen durch einen *(falschen)* Eid entfliehen kann, kann man es tun, ohne damit Sünde anzusammeln. Man sollte auch nie, selbst wenn man dazu fähig wäre, sündhafte Menschen mit Reichtum beschenken. Solche Geschenke an sündhafte Menschen bringen dem Gebenden nichts Gutes. Wenn jedoch ein Gläubiger seinen Schuldner zum Dienst verpflichten möchte, um sich das Darlehen zurückzahlen zu lassen, würden die Zeugen alle zu Lügnern, wenn sie vom Gläubiger aufgefordert nicht die Wahrheit des Vertrags verkündeten. Wenn dagegen Leben gefährdet ist oder zum Zwecke einer Ehe, kann man auch eine Lüge sprechen. Wer wahrlich nach Tugend strebt, begeht keine Sünde durch eine Lüge, wenn sie das Wohlergehen und den Besitz von anderen rettet oder der Entsagung dient. Wenn man versprochen hat, etwas zurückzuzahlen, wird man durch sein Versprechen gebunden. Bei Nichterfüllung wird der Schuldner zum Sklaven. Wer eine gerechte Verpflichtung mutwillig nicht erfüllt, sollte für dieses Verhalten unbedingt den Stab der Züchtigung zu spüren bekommen. Wer auf betrügerische Weise von den Lebensaufgaben seiner Kaste abfällt, versucht mit dämonischen Methoden sein Leben zu fristen. Solch ein Sünder, der nur durch Betrug lebt, sollte mit allen Mitteln bestraft werden. Sündhafte Menschen denken, daß es in dieser Welt nichts Höheres gibt als Reichtum. Sie sollten nie geduldet werden. Keiner sollte mit ihnen essen, denn sie gelten aufgrund ihrer Sündhaftigkeit als gefallen. Wahrlich, abgefallen von der Menschlichkeit und ausgeschlossen von der Gunst der Götter, sind sie wie unheilsame Geister. Meide ihre Gesellschaft, denn sie sind ohne Opfer und Entsagung! Wenn sie ihren Reichtum verlieren, begehen sie sogar Selbstmord, die mitleiderregendste aller Taten. Unter diesen Sündhaften gibt es keinen, bei dem es sinnvoll wäre, wenn du zu ihm sagst: „Das ist deine Aufgabe! Möge dein Herz dazu geneigt sein." Sie sind felsenfest überzeugt, daß es in dieser Welt nichts gibt, das dem Reichtum gleich wäre. Wer ein solches Wesen tötet, sammelt keine Sünde an. Wer ein solches Wesen tötet, tötet nur jemanden, den seine eigenen Taten schon sterben ließen. Nur ein Toter wird noch getötet. Wer gelobt, solche Sünder zu vernichten, sollte sein Gelübde bewahren. Solche Sünder leben wie Krähen und Geier in ihrer Verblendung. So werden sie nach der Auflösung ihrer *(menschlichen)* Körper auch entsprechend als Krähen und Geier wiedergeboren. Jeder wird auf die Weise behandelt, wie er andere behandelt. Wer betrügt und lügt, wird durch Lüge und Betrug geschlagen werden. Wer wahrhaftig lebt, wird der Gerechtigkeit begegnen.

Kapitel 110 - Über die Überwindung aller Hindernisse

Yudhishthira fragte:
Man sieht überall, daß die Geschöpfe fast ständig durch verschiedenste Hindernisse bedrängt werden. Sage mir, oh Großvater, auf welche Weise man all diese Hindernisse überwinden kann.

Bhishma sprach:
Jene Zweifachgeborenen, die beständig mit gezügelten Seelen ihre Aufgaben erfüllen, die in den Schriften für die entsprechende Lebensweise dargelegt werden, werden alle Hindernisse überwinden. Wer niemals sich selbst und andere betrügt, wer durch heilsame Entsagung gezügelt ist und alle weltlichen Begierden unter Kontrolle hat, wird alle Hindernisse überwinden. Wer nicht antwortet, wenn er beschimpft wird, wer andere nicht verletzt, wenn er selbst verletzt wird und wer gibt, aber nicht fordert, wird alle Hindernisse überwinden. Wer den Gästen stets Gastfreundschaft gewährt, wer nicht der Böswilligkeit geneigt ist und beständig die Veden studiert, wird alle Hindernisse überwinden können. Wer seine Aufgaben im Leben kennt, wer die Eltern und seine Lehrer würdigt und am Tage nicht schläft noch träumt, wird alle Hindernisse überwinden. Wer keine Sünde in Gedanken, Worten und Taten begeht, und wer andere Wesen nicht mutwillig verletzt, wird alle Hindernisse überwinden. Jene Könige, die nicht unter dem Einfluß von Leidenschaft und Habgier unerträgliche Steuern erheben und die ihre Herrschaftsgebiete beschützen, werden alle Hindernisse überwinden. Wer sich mit seinen angetrauten Ehefrauen in ihrer fruchtbaren

Phase verbindet, ohne die Gesellschaft anderer Frauen zu suchen, wer ehrlich ist und die Opferfeuer pflegt, wird alle Hindernisse überwinden. Wer voller Mut ist, ohne Angst vor dem Tod kämpft und den Sieg durch faire Mittel sucht, wird alle Hindernisse überwinden. Wer in dieser Welt stets wahrhaftig ist, selbst wenn sein Leben bedroht wird und als gutes Vorbild für alle anderen lebt, wird alle Hindernisse überwinden. Wer niemals mit Betrug handelt, stets freundlich spricht und seinen Reichtum zum Wohle aller verwendet, wird alle Hindernisse überwinden. Jene Zweifachgeborenen, welche die Veden zur rechten Zeit studieren und mit Hingabe Entsagung üben, werden alle Hindernisse überwinden. Jene Zweifachgeborenen, die ein Leben des Zölibats als Brahmacharyas führen, die Buße üben und durch die Weisheit der Veden und die rechten Gelübde gereinigt werden, werden alle Hindernisse überwinden. Jene Hochbeseelten, die alle Neigungen überwunden haben, die der Leidenschaft und Dunkelheit *(Rajas und Tamas)* angehören, und beständig die Güte *(Sattwa)* entfalten, werden alle Hindernisse überwinden. Jener Mensch, vor dem sich kein Wesen fürchtet, der selbst nichts fürchtet und alle Wesen als sein Selbst betrachtet, wird alle Hindernisse überwinden. Jener Beste der Guten, der niemals Neid beim Anblick des Wohlstandes anderer empfindet und sich aller unwürdigen Taten enthält, wird alle Hindernisse überwinden. Wer sich vor allen Göttern verneigt, wer alle Glaubensrichtungen achtet, wer das große Vertrauen und eine ruhige Seele hat, wird alle Hindernisse überwinden. Wer niemals nach Lob begehrt, aber andere lobt, und alle verehrt, die der Verehrung würdig sind, wird alle Hindernisse überwinden. Wer an den richtigen Tagen des Monats die Sraddhas mit reinem Geist für die Ahnen und Nachkommen durchführt, wird alle Hindernisse überwinden. Wer seinen Zorn zügelt, den Zorn der anderen beruhigt und niemals irgendein Geschöpf haßt, wird alle Hindernisse überwinden. Wer beständig Honig, Fleisch und berauschende Getränke meidet, der wird alle Hindernisse überwinden. Wer nur ißt, um das Leben zu erhalten, wer die Vereinigung mit Frauen nur zum Zwecke der Nachkommenschaft sucht und seinen Mund nur öffnet, um Wahrhaftiges zu sprechen, wird alle Hindernisse überwinden. Wer mit innerster Hingabe die Gottheit Narayana als Höchsten Herrn aller Wesen und Ursprung und Untergang aller Welten verehrt, wird alle Hindernisse überwinden.

Dieser Krishna hier, mit Augen, so rot wie die Lotusblume, mit gelben Roben und mächtigen Armen - dieser Krishna, der unser Wohlgesinnter, Bruder, Freund und Verwandter ist, das ist Narayana mit dem unvergänglichen Ruhm. Er überspannt nach Belieben alle Welten wie eine Haut. Er ist der mächtige Herr mit unvorstellbarem Sein. Er ist Govinda, das Erste aller Wesen. Dieser Krishna, der stets vollbringt, was für Arjuna und auch dich, oh König, angenehm ist, ist das Höchste aller Wesen, der Unzerstörbare und die Heimstatt ewiger Glückseligkeit. Wer mit innerster Hingabe die Zuflucht von Narayana sucht, der auch Hari genannt wird, wird alle Hindernisse überwinden. Wer diese Verse über die Überwindung von Hindernissen liest, vor anderen rezitiert und mit Brahmanen darüber spricht, wird sie alle überwinden. So habe ich dir, oh Sündloser, all jene Taten aufgezählt, durch die der Mensch alle Hindernisse,

Schwierigkeiten und Probleme sowohl in dieser als auch in der kommenden Welt überwinden kann.

Kapitel 111 - Wie man das Wesen anderer Menschen erkennen kann

Yudhishthira fragte:
Viele Menschen erscheinen in dieser Welt äußerlich ruhig, obwohl sie im Inneren unzufrieden sind. Andere, die mit einer wahrlich ruhigen Seele gesegnet sind, erscheinen ganz anders. Wie, oh Herr, kann man diese Menschen erkennen?

Bhishma sprach:
Diesbezüglich wird die alte Fabel von einem Tiger und einem Schakal erzählt. Höre sie, oh Yudhishthira! Einst regierte in der reichen Stadt Purika der König Paurika. Dieser König fiel jedoch von seinen Aufgaben ab, wurde äußerst grausam und fand sogar Freude am Verletzen anderer. Nach Ablauf seiner Lebenszeit ging er einen leidvollen Weg. Tatsächlich wurde er, befleckt durch die sündigen Taten seines menschlichen Lebens, als Schakal wiedergeboren. Doch er erinnerte sich an seinen ehemaligen Wohlstand, wurde von Reue erfüllt und enthielt sich allen Fleisches, selbst wenn es ihm andere gaben. Er wurde mitfühlend zu allen Wesen, ehrlich und beachtete strengste Gelübde. Nur zur festgelegten Zeit aß er Früchte, die von den Bäumen gefallen waren. Dieser Schakal lebte auf einem riesigen Leichenverbrennungsplatz und wohnte gern dort. Denn weil er nun einmal hier geboren war, wollte er ihn nie für einen besseren Ort eintauschen. Doch unfähig, die Reinheit eines solchen Verhaltens zu ertragen, versuchten die anderen Artgenossen seine Entschlossenheit zu brechen und sprachen mitleidsvoll die folgenden Worte zu ihm:
Obwohl du auf diesem schrecklichen Leichenplatz wohnst, wünschst du immer noch in solch innerer Reinheit zu leben. Ist das nicht ein einseitiges und eigensinniges Verständnis? Du bist doch von Natur aus ein Aasfresser. Werde wie wir! Wir alle wollen dir Nahrung geben. Iß das, was deine Nahrung sein soll und gib solche Reinheit des Verhaltens auf!

Diese Worte von ihnen hörend, antwortete der Schakal voller Achtsamkeit mit freundlichen Worten, die voller Bedeutung und zum Wohle aller waren:
Wenn auch meine Geburt niedrig war, so ist doch mein Verhalten nicht von der körperlichen Form abhängig. Ich möchte mich so verhalten, daß mein Ruhm wieder wachsen kann. Hört auch, warum ich auf diesem Leichenplatz wohne. Das eigene Selbst ist die Ursache der eigenen Taten. Deshalb sind der gewählte Wohnort oder die jeweilige Lebensweise nicht die Bedingungen für tugendhaftes Handeln. Wenn jemand an einem heiligen Ort einen Brahmanen tötet, sammelt er nicht auch die Sünde des Brahmanenmordes an? Wenn aber jemand an einem anderen Ort eine Kuh verschenkt, wird das fromme Geschenk dann keinen Verdienst bringen? Getrieben vom Wunsch nach dem Angenehmen, seid ihr immer nur bestrebt, eure Mägen zu füllen. Verblendet durch eure Unwissenheit, erkennt ihr die drei großen Fehler am Ende nicht. So versuche ich dieser Lebensweise zu entsagen, die von euch geführt wird, weil sie voller Leiden sowohl in dieser als auch der kommenden Welt ist und durch jenen tadelnswerten

Verlust der Tugend geprägt wird, der durch Unzufriedenheit und Versuchung entsteht.

Ein Tiger, der für seine Heldenkraft weitberühmt war, belauschte zufällig dieses Gespräch, hielt den Schakal für einen Gelehrten mit reinem Verhalten und ehrte ihn entsprechend, um ihn dann zu bitten, sein Minister werden.

Der Tiger sprach:
Oh Rechtschaffener, ich habe dir zugehört. Mögest du mir bei den Aufgaben der Regierung behilflich sein! Genieße alle gewünschten Dinge und vermeide die Unangenehmen. Ich sage dir auch den Grund. Unsereiner ist überall wegen seines gefährlichen Wesens bekannt. Mit deiner milden Gesinnung wirst du uns nützlich sein und selbst hohen Verdienst gewinnen.

Diese Worte des hochbeseelten Königs aller Tiere ehrend, neigte der Schakal seinen Kopf und antwortete voller Demut:
Oh König der Tiere, deine Worte sind wahrlich deiner würdig. Es ist sehr lobenswert, daß du nach Ministern mit reinem Verhalten suchst, die in den Lebensaufgaben und weltlichen Angelegenheiten erfahren sind. Du kannst deine große Macht, oh Held, ohne einen frommen Minister nicht bewahren. Du solltest, oh Gesegneter, jene unter deinen Ministern wie deine eigenen Eltern oder deinen Lehrer achten, die dir ergeben, in der Politik erfahren und unabhängig sind, die frei von Habgier und Betrug danach streben, dich mit Sieg zu krönen, die mit Weisheit stets dein Wohl suchen und mit großer geistiger Energie gesegnet sind. Doch ich, oh König der Tiere, bin mit meiner gegenwärtigen Situation zufrieden und wünsche nicht, nach etwas anderem zu greifen. Ich begehre weder luxuriöses Vergnügen noch das Glück, das daraus entsteht. Auch mein Verhalten wird nicht mit deinen bisherigen Beamten verträglich sein. Falls sie übelgesinnt reagieren, werden sie Uneinigkeit zwischen dir und mir verursachen. Die Abhängigkeit von anderen Personen, selbst wenn sie zufällig mit allem Wohlstand begabt sind, ist niemals wünschens- oder lobenswert. Mit gereinigter Seele und hochgesegnet, könnte ich nicht einmal Sündern mit Strenge begegnen. Mit großer Weitsicht und geistiger Kraft schaue ich nicht nach den kleinlichen Dingen. Voll wahrhafter Kraft und in allen Taten erfolgreich, handle ich nie unfruchtbar und bin mit jeder Freude gesegnet. Kleinheiten sättigen mich nicht. Ich war noch nie der Diener eines anderen. Darin bin ich, ehrlich gesagt, ganz unerfahren. Ich lebte nach Belieben in den Wäldern. Alle, die an der Seite von Königen leben, müssen große Schmerzen aufgrund der Anfechtungen gegen sie erleiden. Wer dagegen in den Wäldern wohnt, verbringt seine Tage furchtlos durch das Beachten seiner Gelübde. Die Angst, die im Herzen einer Person entsteht, die unter dem Befehl eines Königs lebt, ist jenen unbekannt, die ihre Tage zufrieden in den Wäldern verbringen und ihr Leben durch Früchte und Wurzeln fristen. Einfache Nahrung und Getränke kann man dort leicht erhalten, im Gegensatz zum luxuriösen Essen, das mit dem Preis der Angst gewonnen wird. Diese Alternativen bedenkend, bin ich der Meinung, daß das Glück dort ist, wo es weniger Angst gibt. Nur wenige der königlichen Beamten werden wegen ihrer eigenen Untaten gerecht bestraft. Viele von ihnen werden unter

falschen Anschuldigungen getötet. Wenn du trotzdem darauf bestehst, oh König der Tiere, daß ich dein Minister werde, dann möchte ich einen Vertrag mit dir schließen. Diese Worte, die ich zu deinem Wohl spreche, solltest du wahrlich hören und beachten. Folgende Vereinbarung mögest du niemals brechen: Ich werde mich nie mit deinen anderen Ministern beraten, denn in ihrem Streben nach Überlegenheit werden sie mir verschiedenste Fehler vorwerfen. Nur dir allein werde ich unter vier Augen das sagen, was zu deinem Nutzen ist. Bezüglich aller Probleme mit deinen Verwandten sollst du mich jedoch nicht fragen, was diesbezüglich zu deinem Wohl oder Schaden wäre. Nachdem du einen Rat von mir empfangen hast, sollst du deine anderen Minister nicht tadeln. Und niemals sollst du aus Wut meine Gefolgsleute und Diener bestrafen.

So angesprochen vom Schakal, antwortete der König der Tiere „So sei es!", und ließ ihm jede Ehre zukommen. Der Schakal akzeptierte damit das Ministeramt des Tigers. Doch beim Anblick, wie der Schakal geehrt und in allen seinen Taten geachtet wurde, verschworen sich die alten Beamten des Königs und begannen unaufhörlich, Haß gegen ihn zu hegen. Zuerst versuchten diese Übelgesinnten, ihn durch Bestechung und schmeichlerisches Verhalten auf ihre Seite zu ziehen, damit er die verschiedenen Mißbräuche im Staat dulden möge. Denn als Plünderer des Eigentums anderer Leute hatten sie lange im Vergnügen ihrer Nebeneinkünfte gelebt. Jetzt jedoch, unter der Herrschaft des Schakals, waren sie gehemmt, nach dem zu greifen, was anderen gehörte. Und unter der Gier nach immer mehr Reichtum begannen sie, ihn mit süßen Reden zu verlocken. Wahrlich, größte Geschenke wurden ihm als Bestechung angeboten, um sein Herz umzustimmen. Doch voller Weisheit zeigte der Schakal keine Anzeichen, auf ihre Versuchungen einzugehen. Daraufhin faßten einige unter ihnen den Entschluß, seinen Untergang zu bewirken, und trugen das beste Fleisch, das für den König der Tiere bestimmt war, heimlich ins Haus des Schakals. Der Schakal erkannte jedoch, wer sich verschworen und das Fleisch gestohlen hatte. Doch obwohl er alles wußte, duldete er die Tat mit Bedacht. Denn er hatte einen Vertrag mit dem König zur Zeit seines Amtsantritts geschlossen, in dem er sprach: „Wenn du meine Freundschaft wünschst, solltest du, oh Monarch, mir nie ohne Ursache mißtrauen."

Bhishma fuhr fort:
Als der König der Tiere sich hungrig fühlte, kam er zum Essen, aber fand nirgends das Fleisch, das sonst immer bereitstand. Darauf befahl der König „Findet den Dieb!". Und die betrügerischen Minister behaupteten, daß sein Fleisch von seinem gelehrten Minister, dem Schakal, gestohlen wurde, der auf seine eigene Weisheit so stolz war. Als der Tiger von dieser dummen Tat des Schakals hörte, wurde er von Zorn erfüllt. Und wirklich, der König gab seiner Wut nach und befahl den Tod seines Ministers. Und die Gelegenheit wahrnehmend, wandte sich der vorhergehende Minister an den König und sprach: „Der Schakal versucht ständig, uns alle Mittel zur Ernährung wegzunehmen." Nach dieser Beschuldigung sprach er weiter über die Tat des Schakals, wie er dem König sein Essen geraubt hat:
Genau so ist sein Verhalten! Er würde wohl jede Untat wagen. Wahrlich, er ist

nicht, wie du vernommen hattest. Er spricht nur über Tugend, aber seine wahre Gesinnung ist sündhaft. In Wirklichkeit ist er ein Schuft, der sich mit dem Gewand der Tugend verkleidet hat. Sein Verhalten ist in Wahrheit voller Sünde. Nur aus Eigennutz hat er Entsagung hinsichtlich seiner Nahrung und der Gelübde geübt. Wenn du es nicht glaubst, können wir dir die Beweise zeigen.

So sprach er und sorgte dafür, daß das gestohlene Fleisch im Haus des Schakals gefunden wurde. Und als der König sah, wie die Beute aus dem Haus des Schakals zurückgebracht wurde und allen Worten seines ehemaligen Ministers glaubte, befahl der König: „Laßt den Schakal hinrichten!" Diese Worte des Tigers hörend, kam seine Mutter zu ihm, um mit wohlgemeintem Rat den gesunden Verstand ihres Sohnes zu wecken.

Die ehrwürdige Dame sprach:
Oh Sohn, du solltest diese Beschuldigungen voller Täuschung nicht glauben. Übelgesinnte beschuldigen, getrieben durch Neid und Konkurrenz, oft die Ehrlichen. Streitsüchtige Feinde können den Aufstieg eines Frommen durch seine hohen Verdienste nicht ertragen. So beschuldigen sie sogar jene, die mit reiner Seele der Entsagung hingegeben sind. Sogar bezüglich eines Asketen, der in den Wäldern lebt und keinem Wesen schadet, erheben sich die drei Parteien, nämlich Freunde, Neutrale und Feinde. Der Habgierige haßt den Tugendhaften, wie der Faule den Fleißigen, der Ungelehrte den Gelehrten, der Arme den Reichen, der Ungerechte den Gerechten oder der Häßliche den Schönen. Viele der Eingebildeten, Unwissenden, Raubgierigen und Betrügerischen würden einen Unschuldigen falsch anklagen, selbst wenn dieser die Tugenden und die Intelligenz von Vrihaspati hätte. Wenn das Fleisch wirklich in deiner Abwesenheit aus deinem Haus gestohlen wurde, so erinnere dich, daß der Schakal jegliches Fleisch ablehnt, sogar wenn es ihm gegeben wird. Bedenke diese Tatsache gut. Übelgesinnte versuchen oft, wie Rechtschaffene zu erscheinen, und Rechtschaffene erscheinen manchmal wie Übelgesinnte. Jedes Geschöpf kann unter verschiedensten Aspekten erscheinen. Es ist deshalb notwendig, ihr wahres Wesen zu erkennen. Das Firmament erscheint wie ein Behältnis mit festem Boden und der Leuchtkäfer wie ein Feuerfunken. Doch in Wirklichkeit hat weder der Himmel Grenzen noch der Leuchtkäfer Feuer. Du siehst, daß es notwendig ist, alles genau zu untersuchen, was dem Auge, dem Ohr und den anderen Sinnen erscheint. Wer nach genauer Untersuchung alles erkennt, wird später nichts bereuen müssen. Es ist nicht besonders schwierig für einen Herrscher, oh Sohn, den Tod seines Dieners zu befehlen. Und doch ist es die Vergebung, die für machtvolle Personen stets lobenswert ist und ihren Ruhm erhöht. Du hattest den Schakal zu deinem ersten Minister ernannt. Mit dieser Tat hast du großen Ruhm unter allen benachbarten Führern gewonnen. Denn ein guter Minister ist schwer zu finden. Der Schakal ist dein Wohlgesinnter, so beschütze und unterstütze ihn! Ein König, der einen Unschuldigen als schuldig betrachtet, weil er von seinen Feinden falsch angeklagt wurde, wird bald untergehen durch jene übelgesinnten Minister, die ihn zu dieser Überzeugung verführten.

Nachdem die Mutter des Tigers ihre Rede beendet hatte, verkündete ein rechtschaffener Bote des Schakals vor der Reihe seiner Feinde alles, wie diese falsche Beschuldigung arrangiert wurde. Damit wurde die Unschuld des Schakals offenbart, er wurde freigesprochen und von seinem Herrscher geehrt. Der König der Tiere umarmte ihn mehrfach liebevoll. Der Schakal, jedoch, der die Wege der Welt kannte und das drohende Leiden sah, verneigte sich vor dem König der Tiere und bat um Erlaubnis, sein Leben durch das Hungergelübde *(Praya)* abzulegen. Doch der Tiger richtete seine Augen voller Zuneigung auf den tugendhaften Schakal, ehrte ihn mit ehrfürchtigem Respekt und versuchte, ihm von der Ausführung seines Wunsches abzuraten. Und als der Schakal seinen Herrscher voller Zuneigung sah, verbeugte er sich vor ihm und sprach mit tränenerwürgter Stimme:
Zuerst von dir geehrt, wurde ich später durch dich beleidigt. Dein Verhalten hat uns gespalten und zu Feinden gemacht. Es wäre deshalb nicht gut, wenn ich noch länger bei dir wohne. Diener, die unzufrieden sind, die aus ihren Ämtern vertrieben oder in ihrer ehemaligen Würde degradiert wurden, die durch eigene Schuld verarmten oder von ihren Feinden ruiniert wurden, die schwach, habgierig, wütend, verängstigt oder getäuscht worden sind, deren Besitz beschlagnahmt wurde, die überheblich, aber unfähig zu großen Leistungen sind und bei jeder kleinen Kritik in Wut geraten, sind schlummernde Katastrophen, die ihren Herrn bedrohen. Sie sind leicht zu täuschen, verlassen schnell ihren Herrn und werden wirksame Instrumente in den Händen der Feinde. Ich wurde durch dich beleidigt und von meinem Platz geworfen. Wie könntest du mir wieder vertrauen? Wie könnte ich weiter in deinem Haus wohnen? Von meiner Fähigkeit überzeugt und geprüft, hast du mir ein Amt übergeben. Doch dann hast du unseren Vertrag gebrochen und mich beleidigt. Wenn man das rechtschaffene Verhalten einer bestimmten Person vor anderen verkündet, sollte man sie später nicht als übelgesinnt anprangern, wenn man seine Glaubwürdigkeit bewahren möchte. So kann ich, mißachtet von dir, dein Vertrauen nicht länger genießen. Wen ich bedenke, wie schnell du dein Vertrauen zu mir verloren hast, werde ich mit Abscheu und Angst erfüllt. Wenn du mißtrauisch bist und ich angstvoll bin, werden unsere Feinde diese Situation nutzen, um uns zu verletzen. Deine Untertanen werden daraufhin besorgt und unzufrieden werden. So ein Zustand ist nicht gut. Die Klugen betrachten jene Position als unglücklich, wo man zuerst geehrt und später entwürdigt wird. Es ist oft schwieriger, das gewaltsam Entzweite wieder zu vereinigen, wie das Vereinte zu entzweien. Wenn sich zwei Personen nach einer Spaltung wieder verbünden, kann ihr Verhalten nicht mehr rein sein. Man kann wohl keinen Diener finden, der allein vom Wunsch bewegt wird, seinem Herrn zu nützen. Jeder Dienst entsteht aus der Motivation, sowohl dem Herrn als auch sich selbst Gutes zu tun. Alle weltlichen Taten haben irgendwo auch egoistische Motive. Selbstlose Taten oder Motive sind äußerst selten in dieser Welt. Jene Könige, deren Herzen ruhelos sind und deren Geist keine Stille kennt, können andere Menschen niemals wahrhaft erkennen. Unter Hundert könnte man vielleicht einen finden, der fähig und furchtlos ist. Der Aufstieg der Menschen wie auch ihr Fall kommt aus ihrem inneren Wesen. So

erscheinen Glück und Unglück sowie jede Größe durch unvollkommenes Erkennen.

Bhishma fuhr fort:
Nach diesen versöhnlichen Worten, die voller Tugend, Liebe und Gewinn waren, beruhigte der Schakal den König und zog sich in den Wald zurück. Ohne den Wunsch des Königs der Tiere zu erhören, legte der intelligente Schakal seinen Körper ab, indem er keine Nahrung mehr zu sich nahm, und stiegt zum Himmel auf *(als Lohn seiner guten Taten auf Erden).*

Kapitel 112 - Über die Intelligenz und das Handeln

Yudhishthira fragte:
Wie sollte ein König handeln und mit welchen Taten kann er glücklich werden? Erkläre mir dies ausführlich, oh Erster aller Pflichtbewußten.

Bhishma sprach:
Ich werde dir erklären, was du gern wissen möchtest. Höre von der ewigen Wahrheit, in der ein König in dieser Welt handeln sollte, und mit welchen Taten er glücklich werden kann. Er sollte sich niemals so verhalten, wie wir es aus der lehrreichen Geschichte vom Kamel kennen. Höre diese Geschichte, oh Yudhishthira: Es gab im goldenen Krita Zeitalter ein riesiges Kamel, das sich an alle Taten seines ehemaligen Lebens erinnern konnte. Die festesten Gelübde beachtend, übte dieses Kamel strengste Entsagung im Wald. Am Ende seiner Buße war der mächtige Brahma zufrieden mit ihm, und so wünschte der Große Vater, ihm einen Segen zu gewähren.

Und das Kamel sprach:
Laß meinen Hals, oh Heiliger, durch deine Gnade so lang werden, daß ich jede Nahrung ergreifen kann, selbst wenn sie hundert Yojanas entfernt ist!

Der hochbeseelte Segensspender sprach „So möge es sein!". Und das Kamel kehrte mit erfülltem Wunsch in seinen Wald zurück. Doch seit diesem Tage wurde das unwissende Tier mit dem erhaltenen Segen immer müßiger. Wahrlich, seitdem ging dieses dumme Tier, vom Schicksal betäubt, kein einziges Mal mehr grasen. Eines Tages, als es seinen langen Hals hundert Yojanas ausstreckte und mühelos beschäftigt war, die beste Nahrung auszuwählen, erhob sich ein großer Sturm. Das Kamel verbarg daraufhin seinen Kopf und einen Teil des Halses in einer Bergeshöhle, um auf das Ende des Sturmes zu warten. Doch inzwischen begann es auch in reißenden Strömen zu regnen, so daß die ganze Erde überschwemmt wurde. Da schleppte sich ein Schakal mühevoll mit seiner Frau, vom Regen durchnäßt und vor Kälte zitternd zu dieser großen Höhle und suchte eilig Schutz darin. Und weil er von Fleisch lebte und äußerst hungrig und matt war, begann der Schakal, oh Stier der Bharatas, beim Anblick des langen Kamelhalses, soviel davon zu fressen, wie er nur konnte. Als das Kamel merkte, daß sein Hals angefressen wurde, versuchte es besorgt, ihn zurückzuziehen. Aber wie es ihn auch hin- und herwand, der Schakal und seine Ehefrau ließen nicht locker und fraßen immer weiter. Innerhalb kürzester Zeit verlor das Kamel sein Leben. Die Schakale verließen dann, nachdem sie das Kamel getötet und gefressen hatten und der Sturm und Regen vorbei waren, zufrieden die Höhle. So traf dieses unwissende Kamel auf seinen Tod.

Erkenne, welch großes Übel mit der Untätigkeit kam! Vermeide unbedingt solche Untätigkeit und handle in der Welt stets mit gezügelten Sinnen und den richtigen Mitteln. Manu selbst hat gesagt, daß der Sieg von der Intelligenz abhängt. Alle Taten, die mithilfe der Intelligenz vollbracht werden, gelten als die Besten. Jene, die mithilfe der Armkraft erreicht werden, sind mittelmäßig, während die Taten mithilfe der Füße als niedrig gelten, weil sie die ganze Last mit sich herumtragen. Wenn der König seine Aufgaben mit Intelligenz vollbringt und seine Sinne zügelt, wird sein Königreich bestehen. Manu selbst sagte, daß es die Intelligenz ist, mit deren Hilfe eine fleißige Person siegreich sein wird. Wer in dieser Welt, oh Yudhishthira, der Weisheit zuhört, die nicht allgemein bekannt ist, wer viele Verbündete hat und stets mit Achtsamkeit handelt, kann alle seine Ziele erreichen, oh Sündloser. Mit solcher Hilfe gesegnet, kann man die ganze Erde beherrschen. Oh Heldenhafter, der du dem Indra gleich bist, dies verkünden die Weisen, welche die heiligen Geboten kennen, seit ältesten Zeiten. Auch ich spreche dies zu dir mit einer Sicht, die von den heiligen Schriften geleitet ist. So nutze deine Intelligenz und handle in dieser Welt, oh König!

Kapitel 113 - Über die Nachgiebigkeit vor dem Stärkeren

Yudhishthira fragte:
Sage mir, oh Stier der Bharatas, wie sich ein König, der ein Königreich zum wertvollen Besitz erhalten hat, zu einem wesentlich stärkeren Gegner verhalten sollte.

Bhishma sprach:
Diesbezüglich wird die alte Geschichte über ein Gespräch zwischen dem Ozean und den Flüssen erzählt. In alten Zeiten bat der ewige Ozean, dieser Herr der Gewässer, der zur Zuflucht der Feinde der Himmlischen wurde, alle Flüsse, ihm einen Zweifel zu lösen, der sich in seinem Geist erhoben hatte.

Der Ozean sprach:
Ihr Flüsse, ich sehe, daß ihr mit euren reißenden Strömen die mächtigen Stämme der Bäume mit allen Ästen davontragt, die mitsamt ihren Wurzeln ausgerissen wurden. Doch selten bringt ihr mir Schilfpflanzen. Dieses Schilf, das ebenfalls an euren Ufern wächst, hat doch viel weniger Kraft als die mächtigen Stämme der Bäume. Weigert ihr euch vielleicht aus Geringschätzung, auch sie auszureißen, oder sind sie euch zu irgendetwas nütze? Ich wünsche gern den Grund von euch zu hören. Wahrlich, warum sind es gerade die Schilfpflanzen, die keiner von euch knickt und von den Ufern reißt, wo sie wachsen?

So angesprochen, antwortete die Ganga dem Ozean, diesem Herrn aller Flüsse, die folgenden bedeutungsvollen Worte im Auftrag aller Flüsse.

Die Ganga sprach:
Die Bäume stehen fest an ihrem Ort und sind bezüglich ihres Standpunktes unbeweglich. Aufgrund dieser Starrheit versuchen sie, unseren Strömen zu

widerstehen und werden dann gezwungen, ihren Lebensort zu verlassen. Das Schilf handelt jedoch anders. Es neigt sich angesichts des anschwellenden Stromes, im Gegensatz zu vielen anderen. Wenn die Strömung wieder nachläßt, richtet es sich auf und lebt weiter. Das Schilf kennt die Tugenden der rechten Zeit und Gelegenheit. Es ist demütig und achtsam. Es ist standhaft, ohne starr zu sein. Deshalb bleibt es, wo es wächst, ohne von uns gebrochen zu werden. Denn jene Pflanzen, Bäume und Kletterpflanzen, die sich vor der Kraft von Wind und Wasser beugen, müssen keinen Bruch erleiden.

Bhishma fuhr fort:
Wer sich nicht vor der Übermacht eines Gegners beugen kann, der voller Kraft heranstürmt und fähig ist, zu binden oder zu töten, trifft schnell auf seinen Untergang. Ein Mensch mit Weisheit, der erst nach achtsamer Betrachtung der Kraft und Schwäche von sich und seiner Gegner handelt, muß keine Niederlage erleiden. Deshalb sollte ein intelligenter Mensch, der erkennt, daß sein Feind wesentlich stärker ist als er selbst, das Verhalten des Schilfes annehmen. Das ist ein Zeichen von Weisheit *(und nicht von Schwäche).*

Kapitel 114 - Über das Ertragen von Verleumdungen

Yudhishthira fragte:
Wie, oh Bharata, sollte sich ein Gelehrter, der mit Bescheidenheit gesegnet ist, verhalten, wenn er mit harten Worten inmitten einer Versammlungen durch einen Übelgesinnten angegriffen wird, der vor Eitelkeit aufgeschwollen ist, oh Feindevernichter?

Bhishma sprach:
Oh Herr der Erde, höre, wie dieses Thema *(in den Schriften)* behandelt wird, und wie eine gutherzige Person in dieser Welt die beleidigenden Reden von Unwissenden ertragen sollte. Wer von anderen beleidigt wird, aber seinem Zorn nicht nachgibt, kann sicher sein, daß er damit das Verdienst der guten Taten davonträgt, die der Beleidiger je getan hat. Wer dagegen unter Zorn jemanden beleidigt, der übernimmt all das schlechte Karma von dem, der die Beleidigung gelassen erträgt. Ein weiser Mensch sollte eine beleidigende Rede ignorieren wie eine Ansammlung unharmonischer Töne. Man sagt, wer davon überwältigt wird und mit Haß antwortet, hat bis jetzt vergebens gelebt *(denn es fehlt ihm an Selbstbeherrschung).* Ansonsten wird man vielleicht hören, wie der Dummkopf mit seiner übelgesinnten Tat prahlt: „Ich habe jenen Menschen, den alle achten, mit solchen Worten mitten in jener Versammlung angesprochen. Doch angegriffen von mir, konnte er nicht einmal antworten und bliebt schamvoll still, wie ein Toter." Sogar so kann ein übelgesinnter Mensch über eine Tat prahlen, womit wahrlich keiner prahlen sollte. Solch ein Dummkopf unter den Menschen sollte achtsam gemieden werden. Ein Mensch mit Weisheit sollte alles erdulden, was so eine kleingeistige Person spricht. Was sollte so ein Quatschkopf auch durch sein Lob oder seinen Tadel bewirken? Seine Rede verhallt wie das unharmonische Krächzen einer Krähe in den Wäldern. Wenn jene, die nur durch ihre harten Worte anklagen, diese Verleumdungen auch begründen könnten, dann sollten vielleicht ihre Worte Beachtung finden und einen Wert haben. Aber

tatsächlich sind diese Worte ebenso bedeutend, wie sie von Quatschköpfen ausgesprochen werden, die im Wortstreit sogar den Tod des Gegners herbeirufen. Diese Menschen verkünden durch solche Reden einfach nur ihre eigene Dummheit. In Wirklichkeit gleichen sie einem Pfau, der im Tanz *(durch seinen luftigen Federschmuck)* seinen ganzen Stolz präsentiert, welcher eigentlich gezügelt werden sollte. Wer sein reines Verhalten bewahren möchte, sollte nie mit einer solch sündhaften Kreatur sprechen, die bedenkenlos handelt und alles ausspricht.

Ein Mensch, der vor jemandem dessen Verdienst lobt, aber hinter seinem Rücken schlecht von ihm spricht, gleicht einem hinterhältigen Hund. Er verliert alle himmlischen Bereiche und die Früchte jeglicher Erkenntnis und Tugend, die er als Mensch erreichen könnte. Der Mensch, der schlecht von jenen spricht, deren Augen gerade nicht auf ihn gerichtet sind, verliert unverzüglich die Früchte all seiner Opferfeuer und aller Gaben, selbst wenn er hundert Leute beschenkte. Ein Mensch mit Weisheit sollte deshalb einen solchen Sünder meiden, der es verdient, von allen ehrlichen Menschen gemieden zu werden, wie man das *(unreine)* Fleisch eines Hundes meidet. Dieser Übelgesinnte, der einen Hochbeseelten öffentlich verleumdet, zeigt *(durch diese Tat)* seine boshafte Natur, wie eine ärgerliche Schlange ihre Haube aufrichtet. Der verständige Mensch, der sich bemüht, mit so einem Hinterhältigen zu streiten, der doch immer nur den Streit sucht, begibt sich in die leidvolle Situation eines dummen Esels, der im Treibsand versinkt. Ein Mensch, der immer nur von anderen schlecht spricht, sollte wie ein wütender Wolf, ein rasend brüllender Elefant oder ein wilder Hund gemieden werden. Schande auf diesen sündhaften Schuft, der sich selbst auf den Pfad der Dummen begeben hat und von jeder gesunden Selbstbeherrschung und Bescheidenheit abgesunken ist, und der ohne Rücksicht auf sein eigenes Wohl stets versucht, anderen zu schaden. Wenn ein ehrlicher Mensch einem solchen Übeltäter auf dessen Verleumdung antworten möchte, sollte er mit folgenden Worten belehrt werden:
Quäle dich nicht noch mehr! Solch ein Streitgespräch zwischen einem Ehrlichen und einem Unehrlichen wird von allen Weisen mit ruhiger Seele mißbilligt. Denn ein verleumderischer Schuft, der in Zorn gerät, kann sogar handgreiflich werden, kann Staub oder Spreu werfen oder den anderen schockieren, indem er wütend seine Zähne fletscht. All das ist weithin bekannt. Wer aber die Verleumdungen von übelgesinnten Menschen, die in Versammlungen ausgesprochen werden, mit Vergebung erträgt und diese hilfreichen Anweisungen immer wieder liest und sich ins Gedächtnis ruft, der wird nie von schmerzhafter Rede überwältigt werden.

Kapitel 115 - Über die Minister und Diener

Yudhishthira sprach:
Oh Großvater, oh Weiser, ich habe große Zweifel, die mich verwirren. Mögest du sie auflösen, oh König, denn du suchst stets das Wohl unserer Familie. Du hast zu uns über die verleumderischen Reden von Übelgesinnten mit unheilvollem Verhalten gesprochen. Ich möchte dich nun weiterhin befragen. Belehre

mich bitte, was für ein Königreich vorteilhaft ist, was das Heil der königlichen Linie fördert, was zum Wohl in der Zukunft und der Gegenwart führt, was bezüglich Essen und Trinken heilsam ist, sowie bezüglich des Körpers. Wie sollte ein König, der auf den Thron gesetzt wurde und dort umgeben von Freunden, Ministern und Dienern bestehen möchte, sein Volk zufriedenstellen? Ein König, der durch eigensinnige Zuneigung und Vorlieben davongetragen wird, wird zum Sklaven übler Partner, und wer Übelgesinnten folgt, weil ihn seine Sinne überwältigt haben, wird damit alle guten Diener von hoher Geburt abschrecken. Solch ein König wird nie jene Ziele erreichen können, deren Erfolg von guten Dienern abhängig ist. So mögest du mir, der du an Intelligenz dem Vrihaspati gleichst, jene Aufgaben der Könige erklären, die schwer erkannt werden können, und dadurch meine Zweifel lösen. Du, oh Tiger unter den Männern, wünschst stets das Wohl unseres Stammes und lehrst uns deshalb so ausführlich die Aufgaben der Königsherrschaft, wie uns auch Vidura, der mit großer Weisheit gesegnet ist, stets wertvolle Belehrungen gab. Deine Belehrungen im Herzen tragend, die zum Wohle unseres Stammes und Königreichs sind, möge ich meine Tage glücklich verbringen, wie jemand, der durch den Nektar der Unsterblichkeit die Zufriedenheit fand. So frage ich dich: Welche Klassen von Dienern mit welchen Besonderheiten sollten den König umgeben? Welche Diener aus welcher Geburt sind die empfehlenswerten Helfer bei den Aufgaben der Regierung? Denn ein König, der beschließt, allein und ohne Diener zu handeln, wird sein Volk nie erfolgreich beschützen können. Allerdings begehren alle Personen aus hoher Geburt auch nach Herrschaft.

Bhishma sprach:
Der König, oh Bharata, kann nicht allein sein Königreich regieren. Ohne Diener, die ihm helfen, wird er nicht erfolgreich sein. Selbst wenn er es schafft, etwas zu gewinnen, kann er es nicht allein bewahren. Ein König, dessen Diener mit Wissen und Weisheit gesegnet sind, die dem Wohl ihres Herrn gewidmet, von hoher Geburt und ruhiger Gesinnung sind, wird das Glück genießen können, daß mit der Herrschaft verbunden ist. Der König, dessen Minister aus edlen Familien stammen, die treu ergeben an seiner Seite leben, die ihrem Herrn gute Ratschläge geben und voller Weisheit und Güte sind, die mit dem Wissen über die Zusammenhänge der Dinge begabt sind, die weitsichtig denken, um die Tugenden der rechten Zeit wissen und sich nie darum grämen, was vergangen ist, wird das Glück genießen können, daß mit der Herrschaft verbunden ist. Der König, dessen Diener mit ihm Leid und Freude teilen, die stets sein Wohl suchen, die achtsam die Ziele ihres Herrn verfolgen und alle treu ergeben sind, wird das Glück genießen können, daß mit der Herrschaft verbunden ist. Der König, dessen Untertanen stets hochgesinnt und heiter sind und den Pfad der Gerechtigkeit gehen, wird das Glück genießen können, daß mit der Herrschaft verbunden ist. Jener ist der Beste der Könige, der alle erworbenen Ressourcen verteilt und von zufriedenen und vertrauenswürdigen Menschen beaufsichtigen läßt, welche die Mittel gut kennen, die den Reichtum wachsen lassen. Ein König wird Fülle und großes Verdienst gewinnen, dessen Lager und Scheunen durch unbestechliche, vertrauenswürdige und ergebene Diener beaufsichtigt werden,

die weder zu gierig noch zu verschwenderisch sind. Der König, dessen Staatsjustiz richtig verwaltet wird, so daß diese Verwaltung zu einer gerechten Bestrafung entweder des Anklägers oder des Angeklagten führt, und wo das Strafrecht sogar dem Vorbild von Sankha und Likhita folgt *(siehe MHB12.23)*, wird das hohe Verdienst gewinnen, das aus der Herrschaft fließt. Der König, der seine Untertanen durch Güte an sich bindet, der die Aufgaben der Könige kennt und der sich um die sechs Mittel der Herrschaft kümmert *(wie Frieden, Krieg, Angriff, Rückzug, Verteidigung und Diplomatie)*, wird das hohe Verdienst ernten können, daß mit der Herrschaft verbunden ist.

Kapitel 116 - Die Geschichte des Hundes der vom Rishi verwandelt wurde

Bhishma sprach:
Diesbezüglich wird auch die folgende Geschichte aus alten Zeiten erzählt. Sie wird unter guten und weisen Menschen als sehr bedeutsam betrachtet und behandelt das gegenwärtige Thema. Ich hörte sie in der Einsiedelei von Parasurama, dem Sohn von Jamadagni, wie sie vor vielen hohen Rishis erzählt wurde:

In einem großen, menschenleeren Wald lebte einst ein Asket von Früchten und Wurzeln und beachtete mit gezügelten Sinnen strengste Gelübde. Aufmerksam übte er Entsagung und Selbstdisziplin, hatte eine ruhige und reine Seele, rezitierte beständig die Veden, reinigte sein Innerstes durch Fasten und führte ein Leben der Güte zu allen Wesen. Und wie er mit großem Geist auf seinem Platz saß, wurde seine Güte allen Wesen bekannt, die in diesem Wald lebten, und sie pflegten sich ihm voller Zuneigung zu nähern. Wilde Löwen und Tiger, brünstige Elefanten riesiger Größe, Leoparden, Nashörner, Bären und andere wilde Tiere, die sonst gefährlich sind und andere angreifen, kamen friedlich zum Rishi und sprachen ihn mit den üblichen Fragen des Willkommens an. Wahrlich, sie alle verhielten sich wie Schüler und Diener zu ihm und taten stets, was ihm angenehm war. Sie kamen, erkundigten sich nach den üblichen Dingen und gingen wieder ihrer Wege. Nur ein Hund lebte wie ein Haustier dauerhaft dort und verließ niemals den Muni. Er war dem Weisen ergeben und hing sehr an ihm. Schwach und abgezehrt vom Fasten, lebte auch er von Früchten, Wurzeln und Wasser, und war ruhig und völlig harmlos. Er lag zu den Füßen dieses hochbeseelten Rishis und wurde mit einem menschenähnlichen Herz durch die Liebe des Rishis höchst anhänglich. Doch eines Tages kam ein Leopard mit großer Kraft, der von Fleisch und Blut lebte. Mit grausamer Gesinnung und stets mit Entzücken beim Anblick einer Beute erfüllt, erschien dieses wilde Tier wie ein zweiter Yama. Die Mundwinkel leckend und seinen Schwanz wütend peitschend kam der Leopard immer näher, hungrig und durstig, mit weit geöffneten Kiefern, die den Hund als Beute packen wollten. Als der Hund das Untier kommen sah, oh König, sprach er voller Angst um sein Leben zum Muni:
Oh Heiliger, dieser Leopard ist ein Feind der Hunde! Er möchte mich töten! Oh großer Weiser, handle so, daß alle meine Ängste vor diesem Tier durch deine Gnade zerstreut werden mögen. Oh Starkarmiger, zweifellos bist du mit Allwissenheit begabt *(und kannst mir helfen)*.

Bekannt mit den Gedanken aller Wesen, fühlte der Weise, daß der Hund großen Grund zur Angst hatte. Und begabt mit den sechs Qualitäten *(der Güte usw.)* und fähig, die Stimmen aller Tiere zu verstehen, sprach der Weise die folgenden Worte:
Hab keine Angst vor dem Tod durch den Leoparden! Laß deine natürliche Form verschwinden und werde selbst ein Leopard, oh Sohn!

Mit diesen Worten des Heiligen verwandelte sich der Hund in einen Leoparden mit einem Fell so strahlend wie Gold. Mit den markanten Zeichnungen auf seinem Körper und mächtigen Zähnen, erschien er nun furchtlos in diesem Wald. Damit verließen dem Leoparden beim Anblick seines Artgenossen sofort alle Gefühle der Feindseligkeit. Doch einige Zeit später kam ein wilder und hungriger Tiger mit offenem Maul in die Klause. Die Mundwinkel leckend und höchst begierig nach Blut, begann sich dieser Tiger dem Tier zu nähern, das zu einem Leoparden geworden war. Und beim Anblick des hungrigen Tigers mit schrecklichen Zähnen suchte der Leopard erneut den Schutz des Rishis, um sein Leben zu retten. Der Weise, der große Zuneigung zu diesem Tier hatte, das so lange mit ihm zusammen lebte, verwandelte unverzüglich seinen Leoparden in einen mächtigen Tiger, der keine Feinde mehr kannte. Und als der Tiger seinen Artgenossen vor sich sah, verschonte er ihn, oh König. Doch der Hund, der im Laufe der Zeit in einen mächtigen Tiger umgestaltet wurde, der sich nun einmal von Fleisch und Blut ernährte, fand nun kaum noch Geschmack an seiner ehemaligen Nahrung aus Früchten und Wurzeln. Wahrlich, von dieser Zeit an, oh Monarch, ernährte sich der verwandelte Tiger von den anderen Tieren des Waldes wie ein wirklicher König der Tiere.

Kapitel 117 - Fortsetzung der Geschichte

Bhishma fuhr fort:
Der in einen Tiger verwandelte Hund war mit dem Fleisch eines getöteten Tieres zufrieden und schlummerte dann bequem. Doch eines Tages, als er im Hof der Klause lag, kam ein wütender Elefant, der wie eine Gewitterwolke erschien. Von riesiger Statur, mit triefenden Schläfen, mit dem Zeichen der Lotusblüte auf seinem Körper, mit breiter Stirn und gewaltigen Stoßzähnen brüllte das Tier wie das Grollen von Gewitterwolken. Und beim Anblick des heranstürmenden Elefanten, der auf seine Kraft stolz war, wurde der Tiger von Angst erschüttert und suchte erneut den Schutz des Rishis. Der Beste aller Weisen verwandelte daraufhin den Tiger in einen Elefanten. Und als der echte Elefant seinen Artgenossen vor sich sah, so riesig wie ein Wolkenberg, wurde er abgeschreckt. Der Elefant des Rishis vergnügte sich dann mit viel Entzücken in Seen voller Lotusblüten, bis er vom Gold des Lotuspollen ganz befleckt war, und wanderte an ihren grünen Ufern umher, wo er tiefe Spuren hinterließ. Auf diese Weise verging mancher Tag. Doch eines Tages, als der Elefant in der Umgebung der Klause fröhlich umherschritt, näherte sich ein ausgewachsener Löwe mit voller Mähne, der aus einer Berghöhle stammte und daran gewöhnt war, Elefanten zu töten. Und beim Anblick des heranschleichenden Löwen, begann der Elefant des Rishis, voller Angst um sein Leben zu zittern, und suchte

erneut den Schutz des Weisen. Der Weise verwandelte daraufhin diesen König der Elefanten in einen Löwen. Als er den wilden Löwen dann als seinen Artgenossen erkannte, verlor er alle Furcht, und der wilde Löwe wurde beim Anblick eines Stärkeren seiner Art sogleich abgeschreckt. So begann der Löwe des Rishis im Wald dieser Einsiedelei zu wohnen. Doch aus Angst vor diesem Tier wagten die anderen Tiere sich nicht mehr in die Nähe der Klause. Wahrlich, sie schienen alle um ihr Leben zu fürchten. Doch nach einiger Zeit kam eines Tages ein noch mächtigeres Tier, voller Kraft, das alle Wesen mit Entsetzen erfüllte zu diesem Ort. Es war ein Sarabha mit acht Beinen und einem Auge auf der Stirn. Wahrlich, es näherte sich dieser Klause, um den Löwen des Rishis zu töten. Bei diesem Anblick verwandelte der Weise seinen Löwen in einen Sarabha mit noch größerer Kraft. Und der wilde Sarabha floh angesichts seines stärkeren und noch wilderen Artgenossen schnell aus diesem Wald. Nachdem das Tier vom Weisen in einen mächtigen Sarabha umgewandelt wurde, lebte es glücklich an der Seite seines Gestalters. Doch alle Tiere, die in der Umgebung wohnten, wurden von der Angst vor dem Sarabha erschüttert. Ihre Angst und der Wunsch, ihr Leben zu retten, trieben alle Tiere zur Flucht aus diesem Wald. Denn voller Entzücken fuhr der Sarabha jeden Tag fort, viele Tiere als Nahrung zu töten. Umgewandelt in eines der mächtigsten, fleischfressenden Tiere bevorzugte er schon längst nicht mehr die Früchte und Wurzeln, von denen er früher gelebt hatte. Und eines Tages wollte dieses undankbare Tier, das früher ein Hund gewesen und nun in einen Sarabha umgestaltet war, in seinem Durst nach Blut sogar den Weisen fressen. Doch durch seine asketische Macht erkannte er alles mit seiner geistigen Sicht, und voller Weisheit sprach der Heilige angesichts der Absicht des Tieres die folgenden Worte:
Oh Hund, du wurdest in einen Leoparden verwandelt, dann in einen Tiger, einen brünstigen Elefanten, einen kraftvollen Löwen und schließlich in einen mächtigen Sarabha. Voller Zuneigung zu dir, war ich es, der dir diese verschiedenen Gestalten gab. Du hattest und hast entsprechend deiner wahren Geburt nichts mit diesen Geschöpfen zu tun. Doch weil du nun versucht hast, oh Sündhafter, mich zu töten, der niemals ein Wesen verletzt hat, sollst du in deine eigene Art zurückfallen und wieder als Hund leben!

Nach diesem Fluch des Rishis verlor dieses niedere und dumme Tier mit sündhafter Seele die Gestalt eines so mächtigen Sarabha und nahm wieder die passende Form eines Hundes an.

Kapitel 118 - Über die guten Qualitäten der Könige und Diener

Bhishma fuhr fort:
Nachdem er seine passende Form wieder angenommen hatte, verlor der Hund alle Freude. Der Rishi tadelte ihn und vertrieb das sündhafte Wesen aus seiner Klause. Deshalb sollte ein intelligenter König entsprechend diesem Vorbild stets Diener ernennen, die für das Amt passend sind. Er sollte sie achtsam beaufsichtigen, nachdem er ihre Qualifikation bezüglich Wahrhaftigkeit, Reinheit, Ehrlichkeit, Glauben, Gelehrtheit, Verhalten, Geburt, Selbstdisziplin, Mitgefühl, Kraft, Energie, Würde und Vergebung geprüft hat. Ein König sollte nie einen

Minister ernennen, ohne ihn zuerst geprüft zu haben. Wenn sich ein König mit Niedriggeborenen umgibt, kann er nie glücklich sein. Eine Person von edler Geburt würde aufgrund der Reinheit des Blutes niemals versuchen, ihren Herrn zu verletzen, selbst wenn sie ohne Grund von ihm getadelt wird. Wer jedoch gemein und von niedriger Geburt ist, wird schnell zum Feind, wenn er auch nur wenige Worte der Kritik hört, selbst wenn er viel Wohlstand aus seiner Verbindung mit diesem ehrlichen Menschen gewonnen hat. Ein Minister sollte mit edler Geburt und Kraft gesegnet sein, versöhnlich und gezügelt, ohne sinnliche Laster und Gier, zufrieden mit seinem gerechten Erwerb, voller Freude über den Wohlstand seines Meisters und seiner Freunde, erfahren mit den rechten Bedingungen von Ort und Zeit, stets bestrebt, durch guten Dienst die Menschen für sich und seinen Herrn zu gewinnen, immer fleißig in seinen Aufgaben, voller Wohlwollen zu seinem Herrn, achtsam und treu in der Erfüllung seiner Pflichten, wohlerfahren in den Künsten von Krieg und Frieden, sowie in den Anforderungen an den König bezüglich der drei großen Lebensziele *(Dharma, Artha und Kama)*, geliebt von den Leuten in Stadt und Land, bekannt mit allen Arten der Gefechtsformationen, um die Reihen des Feindes zu brechen, fähig zum Motivieren der Armee seines Herrn mit Freude und Heiterkeit, erfahren in den Omen und Gesten, in allen Bedingungen des Aufmarsches und im Trainieren von Elefanten, frei von Stolz, aber selbstbewußt, klug in den weltlichen Geschäften, gerecht und rechtschaffen, mit vielen Freunden, freundlicher Rede, angenehmen Eigenschaften, Führungsqualitäten, politischer Erfahrung, guter Ausstrahlung und energisch im Handeln, fleißig, einfallsreich, freundlich, geduldig, tapfer, reich und fähig, seine Maßnahmen an die Bedingungen von Ort und Zeit anzupassen. Der König, der es schafft, einen solchen Minister zu gewinnen, kann nie erniedrigt oder von irgend jemandem überwältigt werden. Wahrlich, sein Königreich wird sich allmählich über die ganze Erde ausbreiten, wie das Licht des Mondes. Ein König, der die heiligen Schriften kennt, der die Gerechtigkeit als Höchstes von allem beachtet, der beständig den Schutz seiner Untertanen sucht und mit den folgenden Tugenden gesegnet ist, gewinnt die Liebe von allen. Er sollte geduldig, vergebend und rein sein, zur rechten Zeit streng, erfahren in den Wirkungen seiner Taten, respektvoll in seinem Verhalten zu den Älteren, gelehrt in den Schriften, bereitwillig im Hören von Belehrungen und Ratschlägen von denen, die kompetent sind zum Lehren und Beraten, fähig zum richtigen Entscheiden zwischen den möglichen Alternativen, intelligent und mit guter Erinnerung, der Gerechtigkeit geneigt, selbstgezügelt, freundlich, sogar seinen Feinden vergebend, wohltätig, im Glauben gegründet, mit angenehmer Ausstrahlung, hilfsbereit für alle Notleidenden, von wohlwollenden Ministern umgeben, frei vom Laster des Egoismus, nie ohne Ehefrau und nie überstürzt handelnd. Er sollte seine Minister stets belohnen, wenn sie irgendetwas Besonderes erreicht haben. Er sollte alle lieben, die ihm ergeben sind. Untätigkeit vermeidend, sollte er stets durch gute und gerechte Taten die Menschen anziehen. Sein Gesicht möge immer fröhlich erstrahlen. Er sollte bezüglich der Wünsche seiner Diener stets aufmerksam sein und nie dem Zorn nachgeben, sondern Großmut zeigen. Ohne den Herrscherstab je beiseite zu legen, möge er ihn mit Würde benutzen, um alle Untertanen auf dem Weg der Gerechtigkeit zu führen. Mit Spionen als seinen Augen sollte er stets die Sorgen seiner Untertanen beobachten und in allen Fragen der Tugend und des Wohlstandes informiert sein. Ein König, der mit diesen hundert Qualitäten gesegnet ist, verdient die Liebe von allen. Jeder Herrscher sollte sich um diese Qualitäten bemühen. Die Sorge des Königs gelte auch seiner Armee, oh Monarch, mit guten Kriegern, die alle notwendigen Qualifikationen haben, um ihm beim Schutz seines Königreichs behilflich zu sein. Ein König, der Wachstum wünscht, sollte seine Armee nie vernachlässigen. Der König, dessen Soldaten tapfer im Kampf, dankbar und voller Hingabe sind, dessen Armee aus erfahrenen Fußsoldaten besteht, aus furchtlosen Elefanten- und Wagenkriegern, die in ihrer Kriegskunst, im Bogenschießen und anderen Waffen wohlerfahren sind, kann damit die ganze Erde erobern. Der König, der stets bestrebt ist, alle Menschen durch Liebe an sich zu binden, der zu jeder Anstrengung bereit ist und dessen Reichtum seine Freunde und Verbündeten sind, wird der Erste aller Herrscher werden. Ein König, der es geschafft hat, vom ganzen Volk geliebt zu werden, könnte mit nur tausend mutigen Reitern, oh Bharata, die ganze Erde gewinnen.

Kapitel 119 - Über die geeigneten Staatsdiener

Bhishma sprach:
Der König, der geführt durch die Lehre aus der Geschichte des Hundes seine Staatsdiener für passende Ämter ernennt, wird das Glück genießen können, das mit der Herrschaft verbunden ist. Ein Hund sollte nicht durch unverdiente Ehren in eine Position gesetzt werden, die höher ist, als für ihn passend, denn sonst wird er vom Stolz berauscht. Minister sollten nur für Ämter ernannt werden, für die sie auch geeignet sind. Sie sollten all jene Qualifikationen besitzen, die für ihren jeweiligen Beruf erforderlich sind. Die Ernennung von ungeeigneten Personen wird nirgends gelobt. Der König, der seinen Beamten passende Ämter überträgt, wird aufgrund dieses Verdienstes erfolgreich sein und das Glück der Herrschaft genießen. Ein Sarabha sollte die Position eines Sarabha besetzen, ein Löwe die Macht eines Löwen bekommen, ein Tiger sollte ein Tiger sein und ein Leopard ein Leopard. So sollten alle Diener gemäß der Ordnung für jene Ämter ernannt werden, für die sie geeignet sind. Wenn du Erfolg wünschst, solltest du deine Diener niemals höher einsetzen, als sie es verdienen. Der unwissende König, der diese Lehre mißachtet, wird seinem Volk niemals Frieden bringen.

Ein König, der nützliche Diener wünscht, sollte jene meiden, die ohne Intelligenz und Weisheit sind, niedriggesinnte Sklaven ihrer Sinne und von niederer Geburt. Menschen, die ehrlich, hochgeboren und tapfer sind, ohne Böswilligkeit und Neid, hochgesinnt, im Verhalten rein und in weltlichen Dingen erfahren, verdienen es, als Minister ernannt zu werden. Die Demütigen, die bereit sind, ihre Aufgaben zu erfüllen, mit ruhigem Geist, reiner Gesinnung und vielen anderen Gaben der Natur gesegnet, werden nie zum Gegenstand der Kritik bezüglich ihres Amtes und sollten die vertrauten Partner des Königs sein. Ein Löwe sollte sich stets Löwen als Begleiter suchen. Wer als Begleiter eines Löwen kein Löwe ist, empfängt nur *(unverdienter Weise)* die Vorteile, die einem Löwen gebühren. Der Löwe, der zur Erfüllung seiner Aufgaben eine Schar Hunde als Partner wählt, wird aufgrund dieser Gesellschaft nie erfolgreich sein. Wenn der König, oh Herrscher der Menschen, Minister mit Mut, Weisheit, Gelehrtheit und hoher Geburt hat, könnte er die ganze Erde gewinnen.

Oh Erster der königlichen Herrscher, Könige sollten keine Diener unterhalten, die ohne Lernbereitschaft, Ehrlichkeit, Weisheit und Reichtum sind. Jene Menschen, die dem Dienst ihres Herrn mit ganzem Herzen gewidmet sind, werden nie durch irgendwelche Hindernisse erschüttert. Könige sollten stets mit ruhiger Stimme zu jenen Dienern sprechen, die immer das Wohl ihres Herrn durch gute Taten suchen.

Wie um die Diener, so sollten sich Könige auch mit großer Achtsamkeit um ihre Schatzkammern kümmern. Wahrlich, das sind ihrer Wurzeln. Der König sollte stets auf das Wachstum seiner Ressourcen achten. Mögen deine Scheunen, oh Herrscher, stets mit Getreide gefüllt und von ehrlichen Dienern beschützt sein. Bemühe dich, deinen Reichtum wie das Getreide gedeihen zu lassen. Laß deine Diener, die im Kampf erfahren sind, stets ihre Aufgaben *(des Schutzes)* erfüllen. Es ist gut, wenn sie auch im Umgang mit Rossen erfahren sind. Oh Freude der Kurus, kümmere dich um die Wünsche deiner Angehörigen und Freunde. Sei stets umgeben von Freunden und Verwandten. Suche das Wohl deiner Hauptstadt. Durch die Belehrung mit der Geschichte des Hundes habe ich dir das Verhalten erklärt, das du zu deinen Untertanen annehmen solltest. Was möchtest du weiter noch hören?

Kapitel 120 - Zusammenfassung der Aufgaben der Könige

Yudhishthira sprach:
Du hast, oh Bharata, über die vielen Aufgaben der Königsherrschaft gesprochen, die beachtenswert sind und in alten Zeiten von jenen aufgestellt wurden, die darin höchst erfahren waren. Du hast wahrlich ausführlich jene Aufgaben erklärt, die von den Weisen gelobt werden. Doch, oh Bulle der Bharatas, sprich jetzt noch einmal so von ihnen, daß sie mir auch im Gedächtnis bleiben mögen.

Und Bhishma sprach:
Der Schutz aller Wesen gilt als höchste Aufgabe der Kshatriyas. Höre, oh König, wie diese Aufgabe des Schutzes erfüllt werden soll. Ein pflichtbewußter König sollte viele Erscheinungsweisen annehmen können, wie ein Pfau die verschiedenen Farbtöne seiner Federn zeigt. Strebsamkeit, Schläue, Wahrhaftigkeit und Gerechtigkeit sind die wichtigsten Qualitäten, die er besitzen sollte. Mit tiefgründiger Unparteilichkeit sollte er die Qualitäten der Güte entfalten, wenn er Glückseligkeit erreichen möchte. Für ein besonderes Ziel, das er erreichen will, muß er die entsprechende Erscheinung *(als Herrscher)* annehmen, die dafür vorteilhaft ist. Ein König, der verschiedene Formen annehmen kann, wird sogar die subtilsten Ziele vollbringen können. Doch schweigsam wie der Pfau im Herbst sollte er seine Entschlüsse verbergen. Er sollte wenig sprechen, und das Wenige sollte freundlich sein. Er sollte einen edlen Charakter haben und in den heiligen Schriften erfahren sein. Er sollte stets alle Tore bewachen, durch die

Gefahren kommen und ihn einholen können, wie jene Hüter der Dämme, die das Wasser zu den großen Zisternen leiten, ohne die Felder und Häuser zu überschwemmen. Er sollte die Zuflucht bei Brahmanen suchen, die mit asketischem Erfolg gekrönt sind, wie die Menschen die Zuflucht der reinen Flüsse suchen, die von den Seen und Quellen der hohen Berge gespeist werden. Der König, der Reichtum anzuhäufen wünscht, sollte den Stab der Herrschaft stets sichtbar tragen, wie manche religiösen Anhänger ihr Sikha *(eine besondere Frisur mit einem Haarbüschel)*. Er sollte stets achtsam *(hinsichtlich der Erhebung seiner Steuern)* handeln, nachdem er Einkommen und Ausgaben seiner Untertanen geprüft hat, wie man auch nur ausgewachsenen Palmyra Palmen den Saft entzieht. Er sollte seine Untertanen gerecht behandeln. Der Schritt seiner Kavallerie sollte nur den Feind zertreten, gegen den er marschieren kann, wenn seine Macht stark genug geworden ist. Alle Quellen eigener Schwäche sollte er verbergen und die Fehler seiner Rivalen entdecken. Ihre Verbündeten sollte er spalten und überall Reichtum sammeln, wie man Blumen in den Wäldern pflückt. Jene Ersten der Monarchen, die vor Kraft strotzen und mit stolzerhobenen Köpfen wie Berge stehen, sollte er durch verborgene Mittel schlagen, durch Hinterhalte und Blitzangriffe.

Wie der Pfau in der Regenzeit, sollte er sein nächtliches Lager allein und unbeobachtet betreten, um in den inneren Gemächern die Gesellschaft seiner Ehefrauen zu genießen. Er sollte niemals seine Rüstung ablegen, sondern sich selbst beschützen und die Netze meiden, die ihm die Spione und Geheimagenten seiner Feinde ausbreiten. Er sollte sogar versuchen, die Spione seiner Feinde für sich zu gewinnen, sie aber ausreißen, wenn sich die Gelegenheit bietet. Wie die Pfauen sollte der König seine mächtigen und übelgesinnten Feinde durch Täuschung besiegen, ihre Kraft zerstören und sie vertreiben. Wie die Pfauen im Wald Insekten sammeln, so sollte sich auch der König Gutes tun und von überall Weisheit sammeln. So kann ein kluger König über sein Reich herrschen und eine Politik führen, die den Wohlstand wachsen läßt. Mithilfe seiner Intelligenz sollte er entscheiden, was zu tun ist und nach Beratung mit anderen den Entschluß entweder aufgeben oder bestätigen. Mithilfe dieser Intelligenz, die durch die heiligen Schriften geschärft wurde, kann er den Weg seiner Handlungen bestimmen. Darin besteht die Nützlichkeit der Schriften. Durch die Künste der Versöhnung mag er Vertrauen im Herzen seiner Feinde wecken, aber zur rechten Zeit seine Kraft zeigen. Indem er verschiedene Möglichkeiten der Handlungen in seinem Geist beurteilt, sollte er mit seiner Intelligenz die rechten Beschlüsse fassen. Ein König sollte in den Künsten der versöhnlichen Politik wohlerfahren sein, voller Weisheit, sowie fähig, das zu tun, was getan werden muß, und das zu vermeiden, was nicht getan werden sollte. Eine Person voller Weisheit und tiefgründiger Intelligenz bedarf immer weniger der Ratschläge oder Belehrungen. Ein kluger Mensch, der mit Intelligenz wie Vrihaspati selbst gesegnet ist, gewinnt nach jeder Beleidigung seine Gesinnung zurück wie glühendes Eisen, das im Wasser *(zu Federstahl)* wohlgehärtet wurde.

Ein König sollte alle Ziele für sich selbst und andere stets mit den Mitteln vollbringen, die in den heiligen Schriften dargelegt sind. Ein König, der die Wege zum Wohlstand kennt, sollte in seinen Ämtern nur solche Menschen beschäftigen, die eine freundliche Gesinnung haben und voller Weisheit, Mut und Kraft sind. Wenn er dann geeignete Diener angestellt hat, sollte er sie wie die Saiten eines Musikinstruments behandeln, nämlich mit der richtigen Spannung gemäß der beabsichtigten Noten. Der König sollte allen Personen Gutes tun, ohne die Gebote der Gerechtigkeit zu verletzen. Jener König steht fest wie ein Berg, den jeder als Freund betrachten kann. Sich selbst als oberste Instanz der Rechtsprechung betätigend, sollte der König ohne jede Unterscheidung durch persönliche Neigungen die Justiz hochhalten. Der König sollte in allen Ämtern solche Menschen einsetzen, welche die Eigenschaften besonderer Stämme oder Ausländer kennen, die in der Rede mild und im mittleren Alter sind, die keine Schulden haben und nach dem Guten streben, die stets achtsam und von Habgier frei sind, die Gelehrigkeit und Selbstdisziplin besitzen, in der Tugend beständig und stets bereit sind, die Interessen sowohl der Tugend als auch des Gewinns zu bewahren. Wenn der König auf diese Weise den Weg der Taten und ihre Ziele bestimmt hat, sollte er sie achtsam vollbringen, und durch seine Spione stets informiert, kann er glücklich leben. Der König, der weder dem Zorn noch der Euphorie ohne genügender Ursache nachgibt, der alle seine Unternehmungen selbst beaufsichtigt und sich um sein Einkommen und seinen Verbrauch mit eigenen Augen kümmert, wird erfolgreich den großen Reichtum der Erde gewinnen. Ein König gilt als bekannt mit den Aufgaben der Herrschaft, wenn er seine Beamten und Untertanen öffentlich belohnt, wenn er jene züchtigt, die Züchtigung verdienen, wenn er sich selbst beschützen kann und sein Königreich vor jedem Übel bewahrt. Wie die Sonne ihre Strahlen auf alles ergießt, was unter ihr ist, so sollte sich der König stets um sein Königreich mithilfe seiner Intelligenz kümmern und vor allem seine Spione und Beamten beaufsichtigen. Er sollte zur rechten Zeit die Steuern von seinen Untertanen einfordern und dabei niemals maßlos sein. Wie ein kluger Mensch jeden Tag seine Kuh melkt, so sollte der König sein Königreich jeden Tag melken. Wie die Biene fleißig den Honig Blüte um Blüte sammelt, sollte der König den Reichtum allmählich in seinem Königreich sammeln, um es zu erhalten. Nachdem er einen genügenden Teil eingenommen hat, sollte das Verbleibende zum Erwerb religiöser Verdienste und für die Wünsche nach Vergnügen ausgegeben werden. Doch ein König, der mit Intelligenz begabt ist und seine Aufgaben kennt, würde nie sinnlos vergeuden, was angesammelt wurde. Der König sollte auch kleinen Reichtum nie mißachten, wie auch schwache Feinde nicht. Mit seiner eigenen Intelligenz möge er sich selbst beobachten und niemals unwissenden Personen vertrauen.

Beständigkeit, Weisheit, Selbstdisziplin, Intelligenz, Gesundheit, Geduld, Mut und Beachtung der Bedingungen von Ort und Zeit - diese acht Qualitäten führen zum Wachstum des Reichtums, sei er klein oder groß. Jedes kleine Feuer, das mit geklärter Butter genährt wird, kann zu einer großen Flamme anwachsen. Ein kleiner Samen kann tausende Bäume hervorbringen. Deshalb sollte ein König, selbst wenn er hört, daß sein Reichtum groß ist, niemals die kleineren Dinge mißachten. Ein Feind, sei es ein Kind, ein Mann oder ein Greis, kann jeden überwältigen, der unachtsam ist. Jeder unbedeutende Feind kann wachsen und einen König schlagen. Deshalb gilt ein König, der die Forderungen der Zeit kennt, als der Beste aller Herrscher. Ein Feind, sei er stark oder schwach, der von Böswilligkeit getrieben wird, kann schnell den Ruhm eines Königs zerstören, dessen religiöses Verdienst schwächen und seine Energie rauben. Deshalb sollte ein König mit gezügeltem Geist niemals unachtsam sein, wenn er einen Feind erkennt. Wenn ein kluger König nach Fülle und Sieg strebt, sollte er nach genauer Betrachtung seines Verbrauchs und Einkommens, der bestehenden Ressourcen und der nötigen Aufwände entweder Frieden schließen oder Krieg führen. Diesbezüglich sollte der König die Hilfe eines intelligenten Ministers suchen. Auflodernde Intelligenz kann jeden Mächtigen *(Feind)* schwächen. Intelligenz kann die *(eigene)* wachsende Kraft beschützen und einen wachsenden Feind schwächen. Deshalb ist jede Tat lobenswert, die mit entsprechender Intelligenz unternommen wird. So kann ein König mit Geduld und ohne Fehler selbst mit wenig Kraft die Verwirklichung all seiner Wünsche erreichen. Doch jener König, der sich mit selbstsüchtigen Schmeichlern umgibt, wird niemals den kleinsten Vorteil gewinnen. Aus diesen Gründen sollte der König mit Milde bei der Eintreibung der Steuern von seinen Untertanen handeln. Wenn er sein Volk übermäßig bedrückt, findet er bald ein schnelles Ende, wie ein Blitz kurz aufflammt, um dann zu erlöschen.

In dieser Welt kann man Gelehrtheit, Buße, Wohlstand und wahrlich alles durch Anstrengung erreichen. Doch Anstrengung, wie sie in verkörperten Wesen erscheint, sollte stets von Weisheit regiert werden. Solche Anstrengung gilt als die Beste. Der menschliche Körper ist der Wohnsitz vieler intelligenter Wesen mit großer Energie, wie Indra, Vishnu, Sarasvati und andere. Ein Mensch mit Weisheit sollte deshalb den Körper niemals mißachten. *(Der Feind ist nicht der Körper, sondern die Begierde.)* Ein gieriger Mensch wird durch immer neue Geschenke versklavt. Der Habgierige wird nie gesättigt im Greifen nach dem Reichtum anderer. Jeder wird begehrlich, der immer nur Glück genießen will. Wenn eine solche Person seinen Reichtum verliert, verliert sie auch alle Tugend und Freude. So greift ein gieriger Mensch nach Reichtum, Vergnüglichkeiten, Ehefrauen, Kindern und Wohlstand von anderen. Im Habgierigen kann man jede Art der Sünde finden. Der König sollte deshalb niemals gierige Menschen als Minister oder Beamte ernennen.

Ein König sollte unscheinbare Personen als Spione schicken, um die Gesinnung und Taten der Rivalen zu erkunden. Ein weiser Herrscher sollte dadurch alle Angriffe und Ziele seiner Feinde vereiteln. Der vertrauensvolle und hochgeborene König, der Belehrungen von erfahrenen und tugendhaften Brahmanen sucht und von seinen Ministern beschützt wird, kann erfolgreich seine tributpflichtigen Könige unter rechter Kontrolle halten.

Oh König der Menschen, so habe ich dir zusammengefaßt alle Aufgaben erklärt, die in den heiligen Schriften aufgestellt wurden. Erfülle sie mithilfe deiner Intelligenz! Der König, der seinem Lehrer folgt, kann die Herrschaft der ganzen Erde gewinnen. Der König dagegen, der das Glück mißachtet, daß aus guter Politik ableitbar ist und jenes sucht, was der Zufall bringt, wird nie das Glück genießen, das in dieser Welt mit der Herrschaft verbunden ist und in der folgenden mit den Bereichen der Seligkeit. Ein König, der achtsam ist und sich richtig um die Bedingungen von Krieg und Frieden kümmert, kann sogar jene Rivalen besiegen, die für ihren Reichtum bekannt sind, die wegen ihrer Intelligenz und ihres guten Verhaltens verehrt werden, die mit allen Vorzüglichkeiten gesegnet, im Kampf tapfer und zu jeder Anstrengung bereit sind. Der König sollte stets jene Mittel suchen und finden, die den verschiedenen Zielen und verfügbaren Ressourcen angepaßt sind und sich dabei nie träge dem Schicksal überlassen. Wer in anderen Personen nicht ihre Reinheit oder Übelgesinntheit erkennen kann, wird niemals Wohlstand und Ruhm gewinnen. Wenn zwei Freunde eine Aufgabe gemeinsam erfüllen wollen, so loben die Weisen stets jenen, der den schwereren Anteil der Arbeit auf sich nimmt. So vollbringe diese Aufgaben der Könige, die ich dir erklärt habe! Setze dein Herz auf den Schutz der Menschen! Damit kannst du leicht den hohen Lohn der Tugend gewinnen. Denn alle Bereiche der Glückseligkeit in der kommenden Welt sind von den Verdiensten in dieser Welt abhängig.

Kapitel 121 - Das ewige Wesen der Herrschaft

Yudhishthira sprach:
Oh Großvater, du hast damit die Belehrung über die Aufgaben der Könige vollendet. Nachdem, was du gesprochen hast, erscheint mir die Herrschaft eine hohe Bedeutung zu haben und über allem zu stehen, denn alles hängt von der Herrschaft ab. Es scheint mir, oh Bharata, daß die Herrschaft, die eine enorme Macht hat und überall wirkt, das höchste wirkende Wesen unter den Göttern, hochbeseelten Rishis, Pitris, Yakshas, Rakshasas, Pisachas und Sadhyas, sowie den irdischen Geschöpfen einschließlich der Tiere und Pflanzen ist. Du hast gesagt, daß man überall im Universum sehen kann, daß alles Belebte und Unbelebte einschließlich der Götter, Dämonen und Menschen von der Herrschaft abhängen. So wünsche ich jetzt, oh Stier der Bharatas, aufrichtig alles über die Herrschaft zu erfahren. Welcher Art ist sie? Wie ist ihre Erscheinung? Was ist ihr Wesen? Warum entsteht sie? Wo liegt ihr Ursprung? Was sind ihre Eigenschaften? Was ist das Gute an ihr? Wie bleibt sie wachsam unter den lebenden Wesen? Wer ist es, der ewig wacht, um dieses Weltall zu beschützen? Wer ist das Erste aller Wesen? Wer ist der höchste Herrscher? Was hängt alles von der Herrschaft ab? Und wie funktioniert sie?

Bhishma sprach:
Oh Nachkomme des Kuru, höre, was Herrschaft ist und warum sie auch Vyavahara *(gerechtes Verhalten)* genannt wird. Das, wovon alles abhängt, heißt Herrschaft. Herrschaft ist das, wodurch die Gerechtigkeit aufrechterhalten wird. Diese wird Vyavahara genannt, weil ein Herrscher darüber wacht, daß sie bewahrt wird. In alten Zeiten, oh König, erklärte Manu vor allem diese Wahrheit: „Wer alle Wesen unabhängig von persönlicher Vorliebe gleich beschützt, indem er die Herrschaft gerecht ausübt, gilt als Verkörperung der Gerechtigkeit." Diese Worte, oh König, wurden damals in alten Zeiten von Manu gesprochen. Sie repräsentieren die hohen Worte von Brahma. Und wegen dieser

Ursprünglichkeit gelten sie als die Ersten der Worte. Weil diese Herrschaft dem Greifen nach dem Besitz anderer Leute entgegenwirkt, wird sie ebenfalls Vyavahara genannt. Auch die Ansammlung der Dreiheit *(von Dharma, Artha und Kama)* beruht auf einer gut angewandten Herrschaft. Herrschaft ist wie ein großer Gott. In seiner äußeren Form erscheint er wie ein loderndes Feuer. Seine Farbe ist dunkel wie die Blütenblätter der blauen Lotusblume. Er hat vier Zähne, vier Arme, acht Beine und unzählige Augen. Seine Ohren sind spitz wie Pfeile, und sein Haar steht aufrecht. Er hat verfilzte Locken und zwei Zungen. Sein Gesicht ist kupferfarben, und gekleidet ist er in ein Löwenfell. Solch eine wilde Gestalt kann dieser unwiderstehliche Gott annehmen. Er kann sogar in der Form eines Schwertes erscheinen oder als Bogen, Keule, Speer, Dreizack, Hammer, Pfeil, Streitaxt, Diskus, Schlinge, Knüppel, Lanze oder als jede andere Waffe, die es auf Erden gibt. Herrschaft bewegt diese ganze Welt. Wahrlich, Herrschaft wirkt auf Erden durch Stechen, Schneiden, Quälen, Schlagen, Zerbrechen oder Töten gegen alle Widersacher. Oh Yudhishthira, so nennt man die Herrschaft auch Schwert der Gerechtigkeit, Zorn des Unwiderstehlichen, Vater des Wohlstandes, Sieger, Herrscher, Aufseher, ewiges Gesetz, Brahma, großes Mantra, Rächer, Erster aller Gesetzgeber, unvergänglicher Richter, unwiderstehlicher Gott, Ewigseiender, Erstgeborener, Person ohne Anhaftung, Seele von Rudra, ältester Manu oder größter Wohltäter. Herrschaft ist der heilige Vishnu *(der höchste Erhalter)* und der mächtige Narayana. Und weil dieser Herrscher alldurchdringend ist, wird er auch Mahapurusha *(der Große Höchste Geist)* genannt. Seine Ehefrau ist die Tugend, die auch unter dem Namen Tochter des Brahma, Lakshmi *(Schönheit)*, Vriti *(Begrenzung)*, Sarasvati *(Belehrung)* oder Mutter des Weltalls bekannt ist.

Herrschaft hat so viele Formen. Segen und Fluch, Freude und Leid, Recht und Unrecht, Kraft und Schwäche, Glück und Unglück, Verdienst und Sünde, Tugend und Laster, Zuneigung und Abneigung, Wandel der Jahreszeiten und Monate, Tag und Nacht, Achtsamkeit und Unachtsamkeit, Heiterkeit und Zorn, Frieden und Selbstdisziplin, Schicksal und Anstrengung, Freisprechung und Verurteilung, Angst und Furchtlosigkeit, Verletzung und Heilung, Buße, Opfer und Askese, Gift und Medizin, Anfang, Mitte und Ende, Reue, Unverschämtheit, Wahnsinn, Arroganz, Stolz, Geduld, gute und schlechte Politik, Macht und Ohnmacht, Mitgefühl und Verachtung, Zerfall und Stabilität, Demut, Wohltätigkeit, rechte und unrechte Zeit, Weisheit, Illusion und Wahrheit, Glauben und Unglauben, Fähigkeit und Unfähigkeit, Gewinn und Verlust, Erfolg und Niederlage, Strenge und Milde, Tod und Leben, Erwerb und Nichterwerb, Einigkeit und Uneinigkeit, heilsam und unheilsam, Kraft und Schwäche, Böswilligkeit und Gutwilligkeit, Gerechtigkeit und Ungerechtigkeit, Scham und Schamlosigkeit, Bescheidenheit, Wohlstand und Elend, Energie, Tatendrang, Lernen, Redegewandtheit, Logik oder Vernunft - alle diese, oh Yudhishthira, sind Formen der Herrschaft in dieser Welt. Wahrlich, die Herrschaft hat unendliche Erscheinungen. Ohne Herrschaft, könnte kein Wesen bestehen. Ohne die Furcht vor der Rute der Herrschaft, oh Yudhishthira, würde wohl jeder jeden fressen.

Die Untertanen, oh König, die sich beständig der Herrschaft unterordnen, erhöhen die Macht ihres Herrschers. Deshalb gilt die Herrschaft als höchste Zuflucht von allen. Die Herrschaft, oh König, bindet die Welt an den Pfad der Gerechtigkeit *(dem Dharma)*. Abhängig von der Wahrheit besteht diese Gerechtigkeit vor allem in den Brahmanen. Und mit dieser Gerechtigkeit begabt fühlen sich die erfahrenen Brahmanen mit den Veden verbunden. Aus den Veden fließen die Opfer. Die Opfer befriedigen die Götter. Die zufriedenen Götter empfehlen die Bewohner der Erde ihrem König Indra. Und zum Wohle der Erdbewohner gibt Indra ihnen Nahrung *(in Form des Regens, womit Getreide und Vegetation wachsen kann)*. Das Leben aller Wesen hängt von ihrer Nahrung ab. Aus der Nahrung gewinnen die Wesen ihre Existenz und ihr Wachstum. Und die Herrschaft bleibt stets wachsam unter ihnen. Zu diesem Zweck nimmt sie die Form eines Kshatriyas unter den Menschen an. Er wacht über den Schutz der Menschen, bleibt stets achtsam und wirkt beständig. Darüber hinaus hat die Herrschaft noch weitere acht Namen, wie Gott, Person, Leben, Macht, Herz, Herrscher, Seele aller Dinge und Lebewesen. Gott gab sowohl Reichtum als auch den Stab der Herrschaft dem König, der voller Kraft und eine fünffache Ansammlung ist *(von Gerechtigkeit, Gesetz, Herrschaft, Göttlichkeit und Lebendigkeit)*. Edle Gesinnung, wohlhabende Minister, Wissen, die verschiedenen Arten der Kräfte *(wie Körperkraft, Geisteskraft, usw.)* mit den acht untengenannten Objekten und die anderen Kräfte *(die von einer gut gefüllten Schatzkammer abhängen)* sollte ein König suchen, oh Yudhishthira. Die acht Objekte sind Elefanten, Rosse, Kampfwagen, Boote, Soldaten, Arbeiter, Volk und Haustiere. Die gerüstete Armee, die Wagenkrieger, Elefantenkrieger, Kavallerie, Infanterie, Beamte und Ärzte sind die Glieder *(Handlungsorgane)* eines Königreichs. Mönche, Gesetzeslehrer, Astrologen, Priester für versöhnende Riten, Schatzkammer, Verbündete, Korn und alle anderen Ressourcen bilden den Körper eines Königreichs, der aus den sieben Attributen und acht Gliedern zusammengesetzt ist. Die Herrschaft ist dabei das stärkste Glied des Königreiches und dessen Schöpfer und Erhalter.

Gott selbst hat in seiner großen Güte die Herrschaft zum Gebrauch für Kshatriyas gesandt. Dieses ganze Universum ist gerechte Herrschaft. Es gibt nichts Würdigeres für einen König als Herrschaft, wodurch die Wege der Gerechtigkeit gewiesen werden. Brahma selbst hat für den Schutz der Welt, und um die Aufgaben der verschiedenen Wesen zu gebieten, diese Herrschaft herabgesandt. Eine erste Art davon ist die Herrschaft, die aus dem Streit von Rivalen entsteht und ebenfalls ihren Ursprung in Brahma hat. Hauptsächlich charakterisiert durch unterschiedliche Ansichten zweier Parteien, kann diese Herrschaft zum Wohlstand führen. Eine weitere Art der Herrschaft ist die Seele der Veden. Man sagt auch, sie hat die Veden als Grundlage. Dann gibt es, oh Tiger unter den Königen, noch eine *(dritte)* Art der Herrschaft, die mit den Familiengewohnheiten verbunden ist aber auch mit den heiligen Schriften im Einklang steht. Die oben genannte Herrschaft, die aus Rivalität entsteht, sollte man als wesenhaft für Könige erkennen. Sie sollte neben „Herrschen" auch unter dem Namen „Beweisen" bekannt sein. Doch obwohl diese Herrschaft durch äußerliche Beweise geregelt wird, gilt ihr Wesen als Gerechtigkeit nach den vedischen Geboten. Jene *(zweite Art der)* Herrschaft, welche die Veden als Seele hat, ist die Tugend als Aufgabe im Leben. Sie ist für alle heilsam, die in ihrem Leben nach Erlösung streben. Menschen mit gereinigten Seelen haben diese Herrschaft als allgemeinstes Gesetz bezeichnet. Die dritte Art der Herrschaft ist auch ein Lehrer der Menschen, der seine Wurzeln in den Veden hat, oh Yudhishthira. So bewahrt die Herrschaft die drei Welten, hat Wahrheit als Seele und führt zum Wohlstand. Was wir als Herrschaft erkennen, ist ewige Gerechtigkeit *(Dharma)*. Das, was man als Gerechtigkeit bezeichnet, ist die wahre Essenz der Veden. Das, was die Veden erklären, sind die Gebote der Tugend. Das, was die Gebote der Tugend sind, ist der Pfad der Gerechtigkeit. Und dieser Pfad war zu Beginn *(dieser Welt)* der Große Vater Brahma, der Herr aller Wesen. So wurde Brahma der Schöpfer des ganzen Weltalls mit den Göttern, Dämonen, Rakshasas, Nagas und Menschen sowie allen anderen Geschöpfen. Damit ist die Herrschaft, die durch Rivalität charakterisiert ist, auch aus ihm geflossen. Aus diesem Grund hat Er folgendes bezüglich der Herrschaft aufgestellt: „Weder Mutter noch Vater, Bruder, Ehefrau oder Priester ist vor der Herrschaft eines gerechten Königs immun, der entsprechend seiner Aufgabe handelt."

Kapitel 122 - Über die Entstehung der Herrschaft

Bhishma sprach:

Diesbezüglich wird die folgende alte Geschichte erzählt. Es gab unter den Angas einst einen König mit großer Herrlichkeit, der Vasuhoma genannt wurde. Dieser König handelte stets fromm, und gemeinsam mit seiner Gattin übte er strengste Entsagung. Er begab sich nach Munjaprishtha, einem Lieblingsplatz der Pitris und himmlischen Rishis. Dort, auf diesem Gipfel des Himavat in der Nähe des goldenen Berges Meru, saß einst *(der große Brahmane)* Parasurama unter dem Schatten eines wohlbekannten Banian Baumes und hatte *(voller Schande)* seine verfilzten Locken zusammengebunden. Seit dieser Zeit, oh Monarch, wird dieser Ort, der auch ein Lieblingsplatz von Rudra ist, von den Rishis mit den beständigen Gelübden Munjaprishtha genannt. König Vasuhoma lebte an diesem Ort, erwarb viele fromme Eigenschaften, die Wertschätzung der Brahmanen und den Ruhm wie ein himmlischer Rishi in seiner Heiligkeit. Eines Tages kam der Feindezerstörer und Freund von Indra, der hochbeseelte König Mandhatri zu Vasuhoma in die Einsiedelei der Berge. Dort sah Mandhatri den König Vasuhoma in seiner strengen Buße und stand demütig vor ihm. Vasuhoma ehrte seinen Gast mit Wasser für seine Füße und dem Arghya aus den üblichen Dingen, um ihn dann über sein Wohlergehen und sein siebenfaches Königreich zu befragen. Danach sprach Vasuhoma zu seinem königlichen Gast, der treu den altbekannten Methoden der Rechtschaffenen folgte: „Was, oh König, kann ich für dich tun?" So angesprochen, oh Freude der Kurus, antwortete Mandhatri, dieser Beste der Könige, höchst zufrieden dem weisen Vasuhoma, der gelassen saß:

Du hast, oh König, alle Lehren des Vrihaspati studiert. Oh Bester der Männer, sogar die Lehren des Usanas sind dir bekannt. Ich wünsche zu erfahren, was der Ursprung der Herrschaft ist. Was war vor der Herrschaft? Was steht an ihrer

Spitze? Wie wurde die Herrschaft zur Aufgabe der Kshatriyas? Belehre mich darüber, oh Weiser! Ich komme zu dir als Schüler, der bereit ist, dir zu dienen.

Und Vasuhoma sprach:
Höre, oh König, wie die Herrschaft, dieser Erhalter der Welt, entstand. Die Seele der Herrschaft ist die ewige Gerechtigkeit, und sie wurde geschaffen, um alle Wesen zu regieren und zu beschützen. Wir haben gehört, daß einst der Große Vater aller Welten, der göttliche Brahma, ein Opfer durchführen wollte, aber keinen Priester finden konnte, der solche Fähigkeiten wie er selbst hatte. Aus diesem Grund empfing er in seinem Kopf *(bzw. Geist)* und bewahrte dort den Fötus für viele lange Jahre. Nachdem tausend Jahre vergangen waren, nieste der große Gott, und dabei fiel das Kind aus seinem Kopf. Das göttliche Wesen, oh Feindevernichter, das damit von Brahma geboren wurde, bekam den Namen Kshupa. Mit großer Macht gesegnet, wurde er der Priester im Opfer des hochbeseelten Großen Vaters und später zum Herrscher der Geschöpfe, oh König. Denn mit Beginn dieses Opfers von Brahma verschwand dessen Herrschaft aufgrund der milden und friedlichen Form, die der Große Vater als Opfernder annahm *(und nicht mehr strafte)*. Als seine Herrschaft verschwunden war, begann eine große Verwirrung unter allen Wesen. Bald konnte keiner mehr unterscheiden, was getan und was gelassen werden sollte. Jede Unterscheidung zwischen reiner und unreiner Nahrung ging verloren. Die Menschen wußten nicht mehr, welches Getränk gesund war und welches nicht. Alle Wesen begannen, sich gegenseitig zu verletzen. Es gab keine Beschränkungen mehr bezüglich der sexuellen Vereinigung der Geschlechter. Kein Besitz war mehr sicher, und alle Wesen begannen, sich gegenseitig die Nahrung zu rauben. Der Starke fraß den Schwachen, und niemand hegte mehr die geringste Rücksicht für seinen Nachbarn. Da verehrte der Große Vater den göttlichen und ewigen Vishnu und sprach zur segenspendenden Gottheit:
Mögest du, oh Kesava, deine Gnade gemäß den gegenwärtigen Umständen zeigen. Sorge dafür, daß die entstandene Verwirrung vergehen möge.

So angesprochen meditierte der Erste der Götter, der mit einem gewaltigen Shula *(ein Speer als Symbol der Herrschaft)* bewaffnet war, eine Weile und manifestierte sich dann selbst in Form der Herrschaft. Aus dieser Form, die auf den Beinen der Gerechtigkeit stand, erschuf die Göttin Sarasvati das Wissen von der Herrschaft *(Danda-niti)*, welches sich bald über die Welt verbreitete. Danach meditierte der große Gott mit dem gewaltigen Shula erneut eine Weile und ernannte dann verschiedene Himmlische als Herrn oder Herrscher für spezielle Gruppen. So wurde der göttliche Indra mit den tausend Augen zum Herrscher der Götter. Yama, der Sohn des Vivasvat *(des Sonnengottes)*, wurde der Herrscher der Pitris *(Ahnen)*. Kuvera wurde der Herrscher des Reichtums und aller Rakshasas. Meru wurde der König der Berge und der Ozean der Herr der Flüsse. Der mächtige Varuna bekam die Herrschaft über das Wasser und die Dämonen. Der Tod wurde der Herr des Lebens und aller lebenden Wesen und das Feuer *(Agni)* zum Herrn aller Energie. Der mächtige Shiva, der hochbeseelte und ewige Mahadeva mit den drei Augen, wurde der Herr der Rudras. Vasishta wurde der Herr der Brahmanen und Jatavedas der Führer der Vasus. Surya *(die Sonne)* wurde der Herr aller Leuchtkörper und Chandramas *(der Mond)* der König der Sterne und Konstellationen. Ansumat *(Soma)* wurde der Herr aller Pflanzen, und der mächtige und Erste der Götter, nämlich Kumara oder Skanda mit den zwölf Armen, wurde der Führer aller Geister *(die Mahadeva dienen)*. Die Zeit als Ursache sowohl des Wachstums als auch des Untergangs wurde zum Herrscher über alle Geschöpfe, sowie über den vierfachen Tod *(durch Waffen, Krankheiten, Yama und Gewalt bzw. Geburt, Krankheit, Alter und Sterben)* und damit über Freude und Leid.

Die heiligen Schriften erklären, oh König, daß der höchste Gott Mahadeva, dieser Gott der Götter und Herr über die Rudras, der Träger des mächtigen Shula *(des Symbols der Herrschaft)* ist. Von ihm empfing Kshupa, der Sohn von Brahma, dem Ersten aller Tugendhaften und Herrscher aller Geschöpfe, den Stab der Herrschaft. Dabei übergab Mahadeva im Verlauf des großen Opfers entsprechend der Weltordnung nach gebührender Verehrung die Herrschaft als Beschützer der Gerechtigkeit zuerst an Vishnu. Vishnu gab sie Angiras, diesem Ersten der Asketen. Angiras gab sie an Indra und Marichi. Marichi gab sie an Bhrigu, der den Stab der Herrschaft zum Schutz der Gerechtigkeit an alle Rishis übergab. Die Rishis gaben ihn den Lokapalas *(den vier Welthütern)* und die Lokapalas an Kshupa. Kshupa übergab ihn an Manu, dem Sohn von Surya. Und Manu, der Herr der Sraddhas *(Ahnenriten)*, übergab den Stab der Herrschaft seinen *(königlichen)* Söhnen für die Sache der Gerechtigkeit und des wahren Wohlstandes mit folgender Bedingung. Die Herrschaft sollte nur *(einem irdischen König)* mit Urteilsvermögen verliehen werden, geführt von der Gerechtigkeit und nicht durch eigensinnige Launen. Ihr Ziel sei die Zügelung des Unheilsamen. So seien Geldstrafen und Beschlagnahmung als Verwarnungen gedacht und nicht, um die Schatzkammer des Königs zu füllen. Körperliche Züchtigungen, wie das Quälen, Verstümmeln, Töten oder Verbannen, sollen niemals aus trivialen Gründen geschehen.

Auf diese Weise übergab Manu, der Sohn von Surya, den Stab der Herrschaft für den Schutz der Welt. Seit dem wacht die Herrschaft in den Händen von hierarchischen Herrschern, um alle irdischen Wesen zu beschützen. An der Spitze der Götter steht Indra. Über ihm ist Agni mit den lodernden Flammen, dann Varuna, Prajapati und die Weltordnung *(Dharma)* als Sohn von Brahma und ewiges Gesetz. Darüber herrscht die Kraft, die dem Schutz gewidmet ist. Über dieser beschützenden Kraft herrschen die Eigenschaften der Pflanzen *(als Nahrung, Medizin und Opfer)* und die Eigenschaften von Erde und Wasser *(der Elemente)*. Darüber herrschen die Göttin Niriti *(als Vergänglichkeit)*, die Planeten und Sternkonstellationen *(als Schicksal)*, die Veden *(bzw. das Wissen)*, die mächtige, pferdeköpfige Form von Vishnu und der allmächtige und ewige Große Vater Brahma. Darüber wacht der göttliche und gesegnete Mahadeva, der über die Viswadevas und die großen Rishis herrscht. Diese wachen über den göttlichen Soma und die unsterblichen Götter. Durch die Götter, so wisse, herrschen die Brahmanen. Und durch die Brahmanen beschützen die Kshatriyas rechtschaffen alle Wesen. So wird diese große Welt, die aus belebten und unbelebten Geschöpfen besteht, durch die Kshatriyas beschützt. Damit werden die Wesen in dieser Welt wach gehalten, und die Herrschaft bleibt unter ihnen bewahrt. Voller

Herrlichkeit, wie der Große Vater selbst, hält die Herrschaft alles zusammen und ist die Stütze aller Geschöpfe.

Die Zeit, oh Bharata, herrscht stets über Anfang, Mitte und Ende *(aller Geschöpfe)*. Der Meister aller Welten, der Herr aller Wesen, der mächtige und segensreiche Mahadeva, der Gott der Götter, herrscht über alles. Er wird auch Kapardin, Shankara, Rudra, Bhava, Sthanu und Herr der Uma genannt. Damit besteht die Herrschaft am Anfang, in der Mitte und am Ende. So sollte auch jeder tugendhafte König, von der Herrschaft geführt, gerecht regieren.

Bhishma fuhr fort:
Wer diese Belehrung von Vasuhoma hört und sich entsprechend verhält, wird sicher all seine Wünsche erfüllen können. Damit habe ich dir, oh Bulle unter den Männern, alles über *(die Entstehung)* der Herrschaft erzählt, die das ganze Weltall durch Gerechtigkeit zügelt und regiert.

Kapitel 123 - Über die drei Lebensziele von Tugend, Reichtum und Vergnügen

Yudhishthira sprach:
Ich wünsche, oh Herr, über die bestehenden Ansichten bezüglich der Lebensziele von Tugend, Reichtum und Vergnügen *(Dharma, Artha und Kama)* zu hören. Wie bestimmen sie den Lauf des Lebens? Was sind die jeweiligen Wurzeln von Tugend, Reichtum und Vergnügen? Was sind die Ergebnisse jener drei? Manchmal sieht man sie miteinander verschmolzen, und manchmal scheinen sie getrennt und unabhängig voneinander zu bestehen.

Bhishma sprach:
Wenn Menschen in dieser Welt mit gutem Herzen versuchen, Reichtum mithilfe der Tugend zu gewinnen, dann kann man jene drei, nämlich Tugend, Reichtum und Vergnügen, in einem Zustand der Vereinigung bezüglich Zeit, Motivation und Handlung sehen. Reichtum hat seine Wurzel in der Tugend, und Vergnügen gilt als Frucht des Reichtums. Alle drei haben wiederum ihre Wurzel im zielgerichteten Willen. Und alle Ziele existieren in ihrer Gesamtheit, um den Wunsch nach Vergnügen *(bzw. Glück)* zu befriedigen. Darauf beruhen alle drei Lebensziele. Die Überwindung aller Ziele ist die Befreiung *(Moksha als viertes Lebensziel)*. Man sagt, daß die Tugend für den Schutz des Körpers gesucht wird und der Reichtum für den Erwerb der Tugend. Vergnügen ist vor allem die Befriedigung der Sinne. Alle drei haben deshalb die Qualität der Leidenschaft. *(Es gibt drei Qualitäten für menschliche Taten: Güte, Leidenschaft und Dunkelheit, im Sanskrit die drei Gunas: Sattwa, Rajas und Tamas. Siehe auch Bhagavatgita.)* Wenn Tugend, Reichtum und Vergnügen für das Erreichen des Himmels oder ähnlichen Lohn gesucht wird, gelten sie als fern, weil ihr Lohn in der Ferne liegt. Wenn sie jedoch im Sinne der Selbsterkenntnis gesucht werden, gelten sie als nah. Mit dieser Motivation sollte man nach ihnen streben. *(Die Tugend im Sinne der Reinigung, den Reichtum im Sinne von hohem Verdienst und das Vergnügen im Sinne einer allumfassenden Liebe.)* Man sollte diese Lebensziele niemals mißachten. Wenn man Tugend, Reichtum und Vergnügen vervollkommnen will, sollte man sich durch Entsagung von

ihrer Anhaftung befreien. Denn das hohe Ziel der dreifachen Anhäufung ist schließlich die Befreiung. Mögen die Menschen es erreichen!

Die weltlichen Handlungen, selbst wenn sie mit aller Intelligenz unternommen und vollbracht werden, bringen stets nur unzuverlässige Ergebnisse. Tugendhaftes Handeln ist nicht immer die Wurzel für Reichtum, denn auch Untugend kann zu Reichtum führen. Solche Gegensätze kann jeder in der Welt sehen. Oft bringt mühsam erworbener Reichtum nur großes Elend, und das Gegenteil *(wie Entsagung und Armut)* führt zum Erwerb von Tugend. So kann ein Unwissender, dessen Verstand durch Illusion verdunkelt wurde, nie das höchste Ziel von Tugend und Reichtum erreichen, das in der Befreiung liegt. Die Schlacke der Tugend ist der Wunsch nach Belohnung, die Schlacke des Reichtums ist der Neid und die Schlacke des Vergnügens das Begehren. Nur ohne diese Verunreinigungen können sie zum Höchsten führen.

Diesbezüglich wird von einem Gespräch erzählt, das in alten Zeiten zwischen Kamandaka und Angaristha stattfand. Eines Tages grüßte König Angaristha, nachdem er auf die rechte Gelegenheit gewartet hatte, den Rishi Kamandaka, als dieser bequem saß und stellte ihm folgende Fragen:
Wenn ein König, getrieben durch Begierde und Unwissenheit, Sünden begeht, welche er später bereut, durch welche Taten, oh Rishi, können jene Sünden aufgelöst werden? Es ist verbreitet unter den Menschen, daß sie häufig aus Unwissenheit viele Sünden im Glauben begehen, rechtschaffen zu handeln. Wie kann der König dieser Sünde Einhalt gebieten?

Kamandaka sprach:
Der Mensch, der Tugend und Reichtum aufgibt und nur das Vergnügen sucht, wird durch dieses Verhalten seine Vernunft zerstören. Und ohne Vernunft folgt geistige Verwirrung, die unverzüglich sowohl für die Tugend als auch für den Reichtum zerstörerisch wirkt. Aus geistiger Verwirrung entstehen leidvolle Gottlosigkeit und wachsende Boshaftigkeit. Wenn der König solche übelgesinnten Menschen mit sündigem Verhalten nicht zurückhält, leben alle guten Untertanen in Angst vor ihm, wie ein Gefangener in einem Raum, in dem sich eine Giftschlange verborgen hält. Die Untertanen folgen einem solchen König nicht, wie auch die Brahmanen und alle anderen frommen Personen. Damit schafft sich der König große Gefahr und schließlich seinen Untergang. Überwältigt von Schande und Tadel, muß er seine dahinschleichende, jämmerliche Existenz ertragen. Ein Leben in Schande ist jedoch dem Tode gleich. Jene, die in den heiligen Schriften erfahren sind, haben folgende Mittel aufgezeigt, um Sünde abzuwehren: Der König sollte sich stets dem Studium der drei Veden widmen. Er sollte die Brahmanen verehren und ihnen Gutes tun. Er sollte stets der Gerechtigkeit verpflichtet sein und Bündnisse mit edlen Familien suchen. Er sollte den hochgesinnten Brahmanen dienen, die mit der Tugend der Vergebung gesegnet sind. Er sollte Reinigungen zelebrieren, heilige Mantras rezitieren und damit seine Zeit zufrieden verbringen. Nachdem er alles Übelgesinnte in sich selbst überwunden hat, sollte er die Übel in seinem Königreich überwinden und die Gesellschaft von tugendhaften Menschen suchen. Er sollte alle Personen

durch freundliche Reden und gute Taten befriedigen. Er sollte allen verkünden „Ich bin für Euch da!“, und sogar die Tugenden seiner Rivalen loben. Mit solcher Gesinnung kann er bald seine Sünden bereinigen und die Hochachtung aller gewinnen. Zweifellos, durch solches Verhalten werden seine Sünden zerstört. Du solltest all jene hohen Aufgaben vollbringen, die deine Ältesten und Lehrer dir aufzeigen. Dann wirst du sicherlich großen Segen durch die Gnade deiner Ältesten und Lehrer erhalten.

Kapitel 124 - Über das tugendhafte Verhalten

Yudhishthira sprach:
Alle Wesen auf Erden, oh Erster der Menschen, loben tugendhaftes Verhalten. Ich habe jedoch große Zweifel über die Absicht ihres Lobes. Wenn wir fähig sind, dieses Thema zu verstehen, dann wünsche ich, oh Erster der Tugendhaften, alles über den Weg zu hören, auf dem tugendhaftes Verhalten erworben werden kann. Wahrlich, wie kann man solches Verhalten gewinnen, oh Bharata? Dies wünsche ich zu erfahren. Belehre mich auch, oh Erster der Sprecher, über die Eigenschaften solchen Verhaltens.

Bhishma sprach:
Oh Ehrenwerter, als damals Duryodhana beim Anblick jenes berühmten Wohlstandes *(im Neid)* brannte, der dir und deinen Brüdern in Indraprastha gehörte, und als er den Hohn erntete aufgrund seiner Mißgeschicke in eurem mächtigen Palast, hatte er seinem Vater Dhritarashtra die gleiche Frage gestellt. Höre, was dieser damals antwortete, oh Bharata! Nachdem er deinen mächtigen Palast gesehen hatte und den Reichtum, über den du herrschtest, sprach Duryodhana, als er vor seinem Vater saß, über das, was er gesehen hatte. Die Worte von Duryodhana hörend, antwortete Dhritarashtra seinem Sohn und auch Karna.

Dhritarashtra sprach:
Warum grämst du dich, mein Sohn? Ich wünsche ausführlichst, die Ursache zu hören. Wenn ich die entsprechende Ursache kenne, werde ich versuchen, dich zu belehren. Oh Bezwinger feindlicher Städte, auch du hast großen Wohlstand erhalten. Alle deine Brüder waren dir stets ergeben wie auch deine Freunde und Verwandten. Du hüllst deine Glieder in die besten Roben, du ißt das köstlichste Essen, und dich tragen die besten Rosse. Warum bist du so blaß und abgezehrt?

Duryodhana sprach:
Jeden Tag speisen zehntausend hochbeseelte Snataka Brahmanen im Palast von Yudhishthira von goldenen Tellern. Beim Anblick des ausgezeichneten Palastes, der mit den besten Blumen und Früchten geschmückt war, voller Rosse aus den Tittiri und Kalmasha Stämmen sowie den verschiedensten Roben, wahrlich, beim Anblick dieses mächtigen Wohlstandes meiner Feinde, den Söhnen des Pandu, der dem Wohlstand von Vaisravana *(Kuvera)* gleicht, brenne ich im Kummer, oh Bharata!

Dhritarashtra sprach:
Wenn du wünschst, oh Herr, solchen Wohlstand wie Yudhishthira zu gewinnen oder sogar noch mehr, dann widme dich, oh Sohn, dem tugendhaften Verhalten.

Zweifellos kann man allein durch sein Verhalten die drei Welten überwinden. Es gibt nichts Unmögliches für eine tugendhafte Person. Mandhatri überwand die ganze Welt an einem Tag, Janamejaya in drei Tagen und Nabhaga in sieben. Diese Könige waren voller Mitgefühl und Tugend. Aus diesem Grund kam die Erde wie von selbst zu ihnen, denn sie wurde von ihrer Tugend erobert.

Duryodhana sprach:
Ich wünsche, oh Bharata, zu erfahren, wie man dieses Verhalten erreichen kann, wodurch die ganze Erde so schnell gewonnen werden kann.

Dhritarashtra sprach:
Diesbezüglich ist folgende Geschichte überliefert, die einst Narada über das tugendhafte Verhalten erzählte. Vor langer Zeit gewann Prahlada, der Führer der Daityas *(Dämonen)*, durch das Verdienst seines tugendhaften Verhaltens die Herrschaft vom hochbeseelten Indra und unterwarf die drei Welten seiner Macht. Daraufhin näherte sich Indra mit gefalteten Händen dem *(Lehrer der Götter)* Vrihaspati. Voller Weisheit sprach der Führer der Götter zum großen Lehrer: „Ich bitte dich, sage mir, was die Quelle der Glückseligkeit ist." So angesprochen, belehrte ihn Vrihaspati, daß die Erkenntnis die Quelle der höchsten Glückseligkeit ist. Doch nachdem Vrihaspati die Erkenntnis als die Quelle der höchsten Glückseligkeit bezeichnet hatte, fragte ihn Indra erneut, ob es noch irgendetwas Höheres gäbe. Und Vrihaspati sprach: „Etwas gibt es, oh Sohn, das noch höher ist. Der hochbeseelte Bhargava *(Usanas, Lehrer der Dämonen)* kann dich aber besser darüber belehren. Begib dich zu ihm, oh Gesegneter, um ihn zu befragen, oh Führer der Himmlischen!" Gesegnet mit großem asketischen Verdienst und strahlender Herrlichkeit, begab sich Indra daraufhin zu Bhargava und empfing von ihm mit zufriedenem Herzen das Wissen, das zu seinem großen Nutzen war. Doch mit Erlaubnis des hochbeseelten Bhargava fragte der Vollbringer der hundert Opfer noch einmal den Weisen, ob es irgendetwas Höheres gibt als das, was der Weise ihm bereits erzählt hatte. Der allwissende Bhargava antwortete jedoch: „Der hochbeseelte Prahlada hat noch besseres Wissen." Erfreut darüber, nahm der höchst intelligente Indra, der Vernichter von Paka, die Gestalt eines Brahmanen an, ging zu Prahlada und fragte ihn: „Ich wünsche zu erfahren, was zur Glückseligkeit führt." Doch Prahlada antwortete dem Brahmanen: „Oh Bester der Zweifachgeborenen, ich habe gerade keine Zeit, denn die Aufgaben der Herrschaft über die drei Welten beanspruchen mich ganz, und deshalb kann ich dich jetzt nicht belehren." Darauf sprach der Brahmane: „Oh König, wenn du etwas Zeit hast, wünsche ich deine Belehrung darüber zu hören, welches Verhalten zum Heil führt." Mit dieser Antwort des Brahmanen, war König Prahlada zufrieden und mit den Worten „So sei es!", nützte er jede passende Gelegenheit, um dem Brahmanen wahrhaftes Wissen zu lehren. Der Brahmane verhielt sich währenddessen zu Prahlada, wie sich ein Schüler zu seinem Lehrer verhalten sollte und begann, ihm mit ganzem Herzen zu dienen. Und viele Male fragte ihn der Brahmane: „Oh Feindevernichter, mit welchen Mitteln bist du imstande gewesen, die Herrschaft der drei Welten zu gewinnen? Sage mir, oh rechtschaffener König, wie du das erreichen konntest." Und Prahlada, oh Monarch, antwortete ihm auf diese Frage:

Ich fühle, oh Zweifachgeborener, keinerlei Stolz wegen meiner Königsherrschaft, noch hege ich irgendwelche feindlichen Gefühle gegen die Brahmanen. Im Gegenteil, ich akzeptiere und folge den weisen Ratschlägen in der Politik, die sie mir auf Basis der Lehren des Sukra *(Usanas, der himmlische Lehrer der Dämonen)* erklären. Mit vollem Vertrauen sagen sie mir, was sie sagen möchten, und halten mich von allen Wegen zurück, die ungerecht oder unwürdig sind. So folge ich stets den Lehren des Sukra. Ich diene den Brahmanen und meinen Älteren. Ich hege keine Böswilligkeit in mir und bin der Gerechtigkeit verbunden. Der Zorn ist überwunden, das Ich gezügelt und alle Sinne unter Kontrolle. Jene Zweifachgeborenen, die meine Lehrer sind, gossen segensreiche Belehrungen über mich, wie die Bienen den Honig in die Zellen ihrer Kammern fließen lassen. Ich trinke den Nektar, den diese Gelehrten ausgießen, und wie der Mond unter den Konstellationen, so lebe ich unter meinesgleichen. Wahrlich, das ist der Nektar auf Erden, das ist das klarste Auge. So höre ich die Lehren von Sukra von den Lippen der Brahmanen und handle entsprechend. Darin besteht der Vorteil eines Menschen.

So sprach Prahlada zum Brahmanen. Und nachdem dieser ihm einige Zeit pflichtbewußt gedient hatte, sprach Prahlada, der Führer der Daityas *(Asuras bzw. Dämonen)*, eines Tages: „Oh Erster der Zweifachgeborenen, ich bin höchst zufrieden mit deinem pflichtbewußten Verhalten mir gegenüber. Bitte um einen Segen, oh Gesegneter, und wahrlich, ich werde dir gewähren, was du wünschst." Daraufhin antwortete der Brahmane dem Führer der Daityas: „Gern will ich dir folgen!" Und Prahlada, der mit ihm zufrieden war, erwiderte: „Wähle, was du möchtest!" So sprach der Brahmane: „Oh König, wenn du mit mir zufrieden bist und mein Wohl wünschst, dann möchte ich dein tugendhaftes Verhalten haben. Das ist der Segen, den ich erbitte." Bei diesen Worten wurde Prahlada sowohl mit Freude als auch großer Angst erfüllt. Wahrlich, als der Brahmane diesen Segen wünschte, fühlte der Daitya Anführer, daß der Bittende keine Person mit gewöhnlicher Energie war. Doch voller Verwunderung sprach Prahlada schließlich: „So möge es sein!"

Nachdem er den Segen gewährt hatte, wurde der Daitya Führer von Kummer erfüllt. Der Brahmane ging mit dem erhaltenen Segen davon und Prahlada, oh König, wurde durch eine tiefe Angst gequält und wußte nicht, was er tun sollte. Während der Daitya Führer noch saß und über diese Sache nachdachte, erhob sich eine lichtvolle Flamme aus seinem Körper. Sie hatte eine schattenhafte Form mit strahlender Herrlichkeit und gewaltiger Größe. Prahlada fragte diese Form: „Wer bist du?" Und sie antwortete: „Ich bin die Verkörperung deines tugendhaften Verhaltens. Du hast mich weggegeben, und so gehe ich davon. Ich werde künftig, oh König, in dem makellosen und Ersten der Brahmanen wohnen, der dein ergebener Schüler war." Mit diesen Worten verschwand die Form und ging sogleich in den Körper von Indra ein. Doch nach dem Verschwinden dieser Form kam eine andere, ähnliche Form aus dem Körper von Prahlada. Der Daitya Führer sprach sie an und fragte: „Wer bist du?" Die Form antwortete: „Erkenne mich, oh Prahlada, als die Verkörperung der Gerechtigkeit. Ich werde auch zum Ersten der Brahmanen gehen, weil ich, oh Führer der Daityas, stets dort wohne, wo die Tugend wohnt." Mit dem Verschwinden der Gerechtigkeit, oh Monarch, erschien ein dritte Form mit strahlender Herrlichkeit aus dem Körper des hochbeseelten Prahladas. Gefragt durch Prahlada, wer es sei, antwortete diese Form voller Glanz: „Erkenne mich, oh Führer der Daityas, als deine Wahrhaftigkeit. Ich werde dich verlassen und der Gerechtigkeit folgen." Nachdem die Wahrhaftigkeit im Gefolge der Gerechtigkeit entflohen war, erschien ein weiteres großes Wesen aus dem Körper von Prahlada. Und gefragt vom Daitya König, antwortete die mächtige Form: „Ich bin die Verkörperung deiner guten Taten. Wisse, oh Prahlada, daß ich stets dort lebe, wo die Wahrhaftigkeit lebt." Nachdem ihn auch die guten Taten verlassen hatten, erschien ein anderes Wesen mit lautem und tiefem Donner. Angesprochen durch Prahlada antwortete es: „Erkenne, daß ich die Macht der Erfolgreichen bin. Ich wohne stets dort, wo die guten Taten sind." Mit diesen Worten ging der Erfolg den guten Taten hinterher. Danach trat eine glanzvolle Göttin aus dem Körper von Prahlada. Der Daitya Führer fragte auch sie, und sie antwortete ihm, daß sie die Verkörperung des Wohlstandes sei *(Shri)* und fügte hinzu: „Ich wohnte in dir, oh unbesiegbarer Held! Du hast mich weggegeben, und so werde ich dem Erfolg nacheilen." Da fragte der hochbeseelte Prahlada von großer Sorge gequält noch einmal die Göttin: „Oh Göttin, wohin gehst du, oh Bewohnerin der Lotusblüte? Du bist stets der Wahrheit gewidmet und die Erste aller Göttinnen. Wer war dieser Beste der Brahmanen *(der mein Schüler war)*? Ich wünsche die Wahrheit zu erfahren!" Darauf sprach die Göttin des Wohlstandes: „Dem Gelübde des Brahmacharya hingegeben, war dieser Brahmane, der durch dich belehrt wurde, Indra selbst. Oh Mächtiger, er raubte dir die Herrschaft, die du über die drei Welten hattest. Oh Rechtschaffener, es kam durch dein tugendhaftes Verhalten, daß du die drei Welten unterwerfen konntest. Dies erkannte der Führer der Himmlischen und nahm dir deine Tugend. Gerechtigkeit, Wahrhaftigkeit, gute Taten, Erfolg und ich selbst, oh Weiser, haben ihre wahren Wurzeln im tugendhaften Verhalten."

Bhishma fuhr fort:
Mit diesen Worten verließ ihn auch die Göttin des Wohlstandes, wie alle anderen bereits gegangen waren, oh Yudhishthira! Da sprach Duryodhana noch einmal zu seinem Vater: „Oh Freude der Kurus, ich möchte die Wahrheit über das rechte Verhalten erfahren. Sage mir die Mittel, wodurch es erworben werden kann."

Dhritarashtra sprach:
Diese Mittel beschrieb der hochbeseelte Prahlada während der Belehrung des Indras. Doch höre noch einmal kurzgefaßt, oh Herrscher der Menschen, wie solches Verhalten erworben werden kann. Gewaltlosigkeit in Taten, Worten und Gedanken bezüglich aller Wesen sowie Mitgefühl und Hingabe bilden das Verhalten, das des Lobes würdig ist. Eine Tat oder Anstrengung, die nicht dem Wohl aller gewidmet ist, oder eine Tat, wodurch man später Reue fühlen muß, sollte nie getan werden. Dagegen sollten jene Handlungen vollbracht werden, durch die man das Lob aller Wesen gewinnen kann. Oh Bester der Kurus, damit habe ich dir kurzgefaßt erklärt, was tugendhaftes Verhalten ist. Oh König, wenn

auch Personen mit übelgesinntem Verhalten Wohlstand gewinnen können, so werden sie niemals lange Freude daran haben, oh Sohn, denn dieser Wohlstand hat keine gesunden Wurzeln. Erkenne dies wahrhaftig, oh Sohn, und strebe nach tugendhaftem Verhalten, wenn du Wohlstand erreichen möchtest, der größer als der von Yudhishthira ist.

Bhishma fuhr fort:
So sprach damals König Dhritarashtra zu seinem Sohn. Handle auch du gemäß dieser Belehrung, oh Sohn der Kunti, und du wirst sicher ihre guten Früchte ernten.

Kapitel 125 - Über das Spiel der Hoffnungen

Yudhishthira sprach:
Du hast, oh Großvater, von der großen Bedeutung des tugendhaften Verhaltens gesprochen. Woraus entstehen die vielen Hoffnungen diesbezüglich? Belehre mich darüber, denn dieser große Zweifel hat meinen Geist eingenommen. Es gibt keinen anderen, außer dir, oh Bezwinger feindlicher Städte, der ihn lösen kann. Oh Großvater, ich hatte damals große Hoffnungen bezüglich Duryodhana, daß er angesichts des drohenden Krieges ein tugendhaftes Verhalten annimmt. In jedem Menschen leben viele Hoffnungen. Doch wenn diese Erwartungen zerstört werden, ist das Elend groß und oft schlimmer als der Tod. Und Dhritarashtras Sohn, der übelgesinnte Duryodhana, zerstörte von mir Narren eine langgehegte Hoffnung. Schau nur, oh König, die Torheit meines Geistes! Ich denke, daß unsere Hoffnungen oft größer als die Berge mit all ihren Bäumen, größer als das Firmament oder vielleicht sogar unendlich sind, oh König. Solche endlosen Hoffnungen, oh Führer der Kurus, sind wohl äußerst schwer zu verstehen und noch schwieriger zu beherrschen. Angesichts dieser Schwierigkeit frage ich dich, ob es etwas gibt, was noch schwerer zu besiegen ist *(als die vielen Hoffnungen)*?

Bhishma sprach:
Ich werde dir, oh Yudhishthira, diesbezüglich ein Gespräch zwischen Sumitra und Rishabha erzählen, das in alten Zeiten stattfand. Höre mir zu: Sumitra, ein königlicher Weiser aus dem Haihaya Stamm ging einst auf die Jagd. Er jagte einen großen Hirsch und durchbohrte ihn mit einem geraden Pfeil. Doch voller Kraft lief der pfeilgespickte Hirsch davon. Der König, der ebenfalls voller Kraft war, verfolgte seine Beute mit entsprechend großer Geschwindigkeit. Das schnelle Tier durchquerte zügig eine Senke und dann eine flache Ebene. Und der König, jung, energisch und stark, bewaffnet mit Bogen und Schwert und in seine Rüstung gehüllt, verfolgte ihn immer weiter. Ohne Begleitung durchquerte der König auf seiner Jagd nach dem Tier viele Wälder, große und kleine Flüsse und Seen. Doch der Hirsch bewegte sich blitzschnell nach seinem Willen, zeigte sich hier und da dem König, nur um erneut zu entfliehen. Obwohl ihn der König mit vielen weiteren Pfeilen durchbohrte, schien dieser Bewohner der Wildnis mit ihm zu spielen und ließ seinen Verfolger immer wieder herankommen, oh Monarch. Doch dann zeigte er seine Schnelligkeit und durchquerte einen Wald nach dem anderen, um sich hier und da in der Nähe des Königs erneut zu

zeigen. Schließlich legte der Feindevernichter einen höchst außergewöhnlichen Pfeil auf seine Bogensehne, scharf, schrecklich und höchst tödlich. Aber das riesige Tier, als wollte es über die Anstrengungen des Verfolgers lachen, tat plötzlich einen großen Sprung und erreichte einen Ort jenseits der Reichweite des Pfeils. Der strahlend flammende Pfeil fiel wirkungslos zu Boden. Dann lief der Hirsch wieder in einen großen Wald, und der König setzte die Verfolgung fort.

Kapitel 126 - Sumitra befragt die Asketen über die Hoffnung

Bhishma fuhr fort:
Als der König den großen Wald betreten hatte, kam er zu einer Einsiedelei von Asketen. Und ermüdet von der großen Anstrengung, setzte er sich nieder, um sich auszuruhen. Als die Asketen ihn sahen, bewaffnet mit seinem Bogen, erschöpft und hungrig, näherten sie sich und ehrten ihn standesgemäß. Der König nahm die Ehren an, welche ihm die Rishis darbrachten, und befragte sie *(zum Gruß)* über das Gedeihen ihrer Askese. Und nachdem sie dem König ordnungsgemäß geantwortet hatten, fragten die Rishis, deren Reichtum die Askese ist, den Tiger unter den Herrschern über die Ursache, die ihn in diese Einsiedelei geführt hatte. Und sie sprachen:
Sei gesegnet! Welches begehrenswerte Ziel verfolgst du, oh König, weshalb du zu Fuß und bewaffnet mit Schwert, Pfeil und Bogen in diese Einsiedelei kommst? Wir möchten hören, woher du stammst, oh Geber von Ehren. Sage uns, in welcher Familie du geboren wurdest und wie dein Name ist.

So angesprochen, oh Bulle unter den Männern, sprach der König zu all den Brahmanen über sich selbst:
Ich wurde im Stamme der Haihayas geboren. Mein Name ist Sumitra, und ich bin der Sohn von Mitra. Ich bin auf der Hirschjagd und töte die Tiere zu Tausenden mit meinen Pfeilen. Begleitet von einer großen Armee, meinen Ministern und den Damen meines Hauses, brachen wir zur Jagd auf. Dann traf ich einen mächtigen Hirsch mit einem Pfeil, aber das Tier lief mit dem Pfeil im Körper schnell davon. Bei der Verfolgung erreichte ich zufällig diesen Wald und befinde mich nun unter euch, aller Königswürde beraubt, abgekämpft und mit enttäuschter Hoffnung. Was kann erbärmlicher sein, als daß ich diese Einsiedelei erreicht habe, völlig erschöpft, die Ehre als König verloren und meine Erwartungen enttäuscht. Oh ihr Asketen, ich bedauere nicht so sehr die verletzte Königsehre oder die weite Entfernung von meiner Hauptstadt, aber ich fühle einen beißenden Kummer aufgrund meiner enttäuschten Erwartung. Wie der Himavat als König der Berge und der ausgedehnte Ozean kein Vergleich zur Weite des Firmaments sind, so kann ich, oh ihr Asketen, das Ausmaß meiner Erwartung nicht beschreiben. Doch ihr, deren Reichtum die Entsagung ist, seid allwissend. Es gibt für euch nichts Unbekanntes. Damit seid ihr höchst gesegnet. So bitte ich euch, mir meine Zweifel zu lösen. Die Erwartungen der Menschen und das weite Firmament - was von beiden erscheint euch größer? Ich bitte euch, mich ausführlich zu belehren, warum die Erwartungen so schwer zu besiegen sind. Wenn das Thema für mich zu verstehen ist, dann bitte ich euch,

mir ohne weiteres Zögern alles zu erklären. Ich wünsche darüber zu hören, oh ihr Ersten der Zweifachgeborenen, falls es kein Mysterium ist, über das man schweigen sollte, oder diese Belehrung eurer Entsagung schaden könnte. Wenn die von mir gestellte Frage ein würdiges Thema ist, dann möchte ich gern ausführlich über das Wesen *(der Hoffnungen)* hören. Oh Asketen, die ihr der Entsagung gewidmet seid, bitte belehrt mich über diese Frage!

Kapitel 127 - Viradyumna befragt die Asketen über die Hoffnung

Bhishma fuhr fort:

Daraufhin sprach der Beste der Rishis, der zweifachgeborene Rishabha, der in der Mitte all jener Rishis saß, mit einem sanften Lächeln:

Oh Tiger unter den Königen, als ich einst zu den heiligen Orten pilgerte, kam ich auch, oh Herr, zur schönen Einsiedelei von Nara und Narayana. Sie befindet sich an dem entzückenden Ort Vadari, wo auch der himmlische See liegt *(aus dem die heilige Ganga herabfließt)*. Dort liest der Weise Aswasiras *(der Pferdeköpfige, Vishnu bzw. Narayana)* die ewigen Veden, oh König. Nachdem ich meine Waschungen in diesem See durchgeführt und mit den entsprechenden Riten den Ahnen und Göttern das Wasseropfer dargebracht hatte, betrat ich die heilige Einsiedelei, wo die Rishis Nara und Narayana all ihre Zeit in wahrer Freude verbringen. Nicht weit von ihnen schlug ich mein Lager auf, um dort zu verweilen. Als ich gelassen saß, sah ich einen sehr langen und abgezehrten Rishi kommen, der in Lumpen und Tierhäute gekleidet war. Gesegnet mit dem Reichtum der Entsagung, wurde er Tanu *(der „Magere“)* genannt. Im Vergleich zu anderen Menschen, oh Starkarmiger, erschien mir seine Länge achtmal größer. Und bezüglich seiner Magerkeit, oh königlicher Weiser, kann ich behaupten, daß ich nie einen Ähnlichen gesehen hatte. Sein Körper, oh König, war so dünn wie dein kleiner Finger. Sein Hals, die Arme, Beine und das Haar waren ganz außergewöhnlich. Sein Kopf war so *(dünn)* wie sein Körper und ebenfalls seine Ohren und Augen. Seine Stimme, oh Bester der Könige, und seine Bewegungen waren äußerst schwach. Als ich diesen völlig abgezehrten Brahmanen sah, wurde ich höchst nachdenklich und ehrfürchtig. Ich ehrte seine Füße, stand dann mit gefalteten Händen vor ihm und nannte meinen Namen und meine Familie, sowie den Namen meines Vaters, oh Bulle unter den Männern. Dann setzte ich mich langsam auf den Sitz, den er mir wies, und Tanu, dieser Erste der Tugendhaften, begann inmitten der Rishis, die in diesem Rückzugsort wohnten, eine Rede über Tugend und Gewinn zu halten.

Als er sprach, kam ein lotusäugiger König begleitet von seiner Armee und den Damen seines Hauses auf einem Wagen, der von schnellen Rossen gezogenen wurde, zu diesem Ort. Der König hieß Viradyumna, und mit vorzüglichen Eigenschaften war er überall berühmt. Sein Sohn hieß Bhuridyumna, aber er wurde seit einiger Zeit vermißt. Sein Vater war darüber äußerst traurig geworden und kam im Laufe seiner Suche nach ihm auch in diesen Wald. Er dachte: „Hier werde ich meinen Sohn bestimmt finden! Er muß doch hier irgendwo sein!“ Getrieben von dieser Hoffnung wanderte der König durch die Wälder. Und so

sprach er zum abgemagerten Rishi: „Zweifellos ist es schwierig, meinen höchst tugendhaften Sohn wiederzufinden. Aber ach, er war mein einziges Kind. Er ward verloren und kann nun nirgends gefunden werden! Dennoch sind meine Hoffnungen immer noch sehr groß. Von dieser Hoffnung erfüllt würde ich mein Leben geben, um ihn wiederzufinden." Als der heilige Tanu, dieser Erste der Munis, diese Worte des Königs hörte, meditierte er einige Zeit mit geneigtem Kopf. Beim Anblick des Meditierenden wurde der König ganz betrübt. Und voller Kummer begann er langsam und besorgt zu sprechen:
Oh himmlischer Rishi, ist etwas unbesiegbarer und quälender als die Hoffnung? Oh Heiliger, sage es mir, wenn ich würdig bin, es zu hören.

Da erinnerte sich der heilige und große Rishis, daß er vor langer Zeit durch Unwissenheit und vom Schicksal getrieben *(von diesem König)* beleidigt wurde. Der Rishi bat um ein goldenes Wassergefäß und etwas Stoff für Kleidung. Doch seine Hoffnungen wurden enttäuscht und der Weise wandte sich zornig ab. Doch nun sprach der tugendhafte König Viradyumna solche Worte, verehrte den Asketen, der von der ganzen Welt verehrt wurde, und saß genauso ausgebrannt und erschöpft vor ihm, wie du heute, oh Bester der Männer. Da bot der große Rishi dem König als Antwort das Wasser zum Waschen seiner Füße und die üblichen Dinge an, die zum Arghya *(Willkommensgeschenk)* entsprechend den Riten der Waldbewohner gehören. Danach, oh Tiger unter den Königen, umringten die Rishis diesen Bullen unter den Männern wie die Sterne der Konstellation Ursa Major *(Großer Bär)* den Polarstern, und fragten den unbesiegten König nach dem Grund seiner Ankunft in dieser Einsiedelei.

Kapitel 128 - Die Belehrung des Tanu über die Hoffnungen

Der König sprach:
Ich bin König Viradyumna und mein Ruhm hatte sich in alle Richtungen ausgebreitet. Doch nun ist mein Sohn Bhuridyumna *(„großer Ruhm")* verschwunden und auf der Suche nach ihm, bin ich in diesen Wald gekommen. Ihr Ersten der Brahmanen, dieses Kind ist mein einziger Sohn, und er ist noch sehr jung. Doch auch hier konnte ich ihn nicht finden. So werde ich weiter wandern, um ihn zu suchen.

Rishabha fuhr fort:
Nachdem der König diese Worte gesprochen hatte, neigte der Asket Tanu erneut seinen Kopf. Er blieb vollkommen still, ohne ein einziges Wort zu erwidern. In früheren Tagen wurde dieser Brahmane vom König nicht besonders geachtet. Aus Enttäuschung *(dieser Erwartungen)*, oh Monarch, hatte er lange Zeit strengste Entsagung geübt und gelobt, daß er zukünftig keinerlei Geschenke weder von Königen noch von den Mitgliedern anderer Kasten akzeptieren werde. Und so sprach er damals zu sich selbst: „Hoffnungen erschüttern jeden unwissenden Menschen. So werde ich alle Erwartungen aus meinem Geist vertreiben." Dies war sein Entschluß gewesen.

Nach einiger Zeit des Nachdenkens fragte König Viradyumna erneut diesen Ersten der Asketen:

Wie substantiell sind unsere Hoffnungen? Warum sind sie auf Erden so schwer zu erfüllen? Belehre mich, oh Heiliger, der du in Tugend und Gewinn wohlerfahren bist.

Rishabha fuhr fort:
Der heilige Brahmane mit dem dünnen, abgezehrten Körper erinnerte sich an die vergangenen Ereignisse *(seine enttäuschten Hoffnungen bezüglich des Königs),* und Tanu sprach, um auch den König daran zu erinnern:
Es gibt nichts, oh König, daß an Substanzlosigkeit unseren Hoffnungen gleichkommt. Ich hatte viele Könige darum gebeten, aber schließlich erkannt, daß nichts so schwierig zu erlangen ist, wie ein Bild, daß uns die Hoffnung vor das geistige Auge stellt.

Darauf sprach der König:
Auf deine Worte hin, oh Brahmane, verstehe ich nun, was substanzlose Hoffnungen sind und was nicht. Ich verstehe auch, wie schwierig es ist, einem Bild nachzujagen, welches die Hoffnung vor das geistige Auge gestellt hat. So betrachte ich deine Worte als wahrhaft, wie aus den Veden gelesen. Oh Weiser, ein Zweifel besteht aber immer noch in meinem Geist. Mögest du ihn lösen, oh Heiliger. Gibt es etwas Substanzloseres *(bzw. Hoffnungsloseres)* als deinen abgemagerten Körper, oh Asket? Sage mir das, oh Weiser, falls diese Belehrung für mich würdig ist.

Der magere Weise sprach:
Ein Erwartungsvoller, der zufrieden ist, ist wohl äußerst selten. Vielleicht gibt es auch gar keinen in der Welt. Aber noch seltener, oh Herr, ist eine Person, die niemals einen Erwartungsvollen enttäuscht. Die Hoffnungen, die auf solche Personen gesetzt werden, die zwar Versprechungen geben, aber sie nicht erfüllen wollen oder können, sind noch substanzloser als mein Körper. Die Hoffnungen, die auf einen undankbaren, hartherzigen, gewalttätigen oder müßigen Menschen gesetzt werden, sind ebenfalls substanzloser als mein Körper. Die weltlichen Hoffnungen, die ein Vater hegt, dessen einziger Sohn verloren ist, sind ebenfalls substanzloser als mein Körper. Die Hoffnungen, oh König, daß alte Frauen noch einmal Kinder gebären, selbst wenn sie mit jedem Reichtum begabt sind, sind ebenfalls substanzloser als mein Körper. Die Hoffnungen, die alte Männer auf die Ehe mit jungen Frauen setzen, sind ebenfalls substanzloser als mein Körper.

Bei diesen Worten, oh Monarch, verneigten sich König Viradyumna und die Damen seines Hauses vor diesem Bullen der Brahmanen und berührten demütig seine Füße mit ihren geneigten Köpfen.

Dann sprach der König:
Ich bitte um deine Gnade, oh Heiliger! Ich möchte meinen Sohn wiedersehen. Was du, oh Bester der Brahmanen, gesprochen hast, ist wahrlich so. Es gibt keinen Zweifel an der Wahrhaftigkeit deiner Worte.

Rishabha fuhr fort:
Da lächelte der heilige Tanu, dieser Erste der Tugendhaften, und sorgte durch

die Kraft seiner Erkenntnis und Entsagung dafür, daß der Sohn des Königs zu diesem Ort geführt wurde. Und nachdem der junge Prinz erschienen war, und der Weise damit den König belehrt hatte *(über die wahre Kraft der Hoffnung)*, offenbarte sich dieser Erste der Tugendhaften als verkörperter Gott der Gerechtigkeit. Wahrlich, er zeigte seine wunderbare und himmlische Form und ging mit einem reinen Herzen, das frei von Begierde und Zorn ist, in die naheliegenden Wälder. All das sah ich, oh König, und hörte die Worte, die ich dir wiederholt habe. So vertreibe deine Hoffnungen, die substanzlos sind!

Bhishma fuhr fort:
So angesprochen, oh Monarch, vom hochbeseelten Rishabha, warf König Sumitra bald alle leeren Hoffnungen ab, die er in seinem Herzen gehegt hatte. So werde auch du, oh Sohn der Kunti, durch diese Worte von mir, so ruhig und gelassen wie der Himavat. Von Sorgen überwältigt, hast du mich befragt und meine Antwort gehört. Nun bist du belehrt von mir, oh Monarch, auf daß du deine Sorgen zerstreuen mögest!

Kapitel 129 - Über die Tugend

Yudhishthira sprach:
Wie jemand, der reinen Nektar trinkt, werde ich beim Zuhören durch deine Worte nie übersättigt. Wie jemand mit Selbsterkenntnis durch Meditation nie gelangweilt wird, so werde auch ich durch deine Worte nie gelangweilt. Sprich deshalb noch einmal, oh Großvater, über die Tugend. Denn niemals werde ich vom Nektar deiner Belehrung über die Tugend gesättigt sein.

Bhishma sprach:
Diesbezüglich wird ein Gespräch zwischen Gotama und dem berühmten Yama aus alten Zeiten berichtet. Gotama lebte damals in einer großen Einsiedelei auf den Paripatra Hügeln. Höre, oh Yudhishthira, wie viele Jahre er dort wohnte. Es waren sechzigtausend Jahre, die der Weise in asketischer Entsagung dort verbrachte. Eines Tages, oh Tiger unter den Männern, begab sich Yama, dieser Hüter der Welt, zu diesem großen Weisen mit gereinigter Seele, während er strengste Entsagung übte. Yama schaute den großen Asketen Gotama mit der beständigen Entsagung an. Und der zweifachgeborene Weise verstand, daß Yama zu ihm gekommen war, verehrte ihn unverzüglich und saß mit gefalteten Händen und höchster Achtsamkeit. Der König des Dharma betrachtete diesen Bullen unter den Brahmanen, grüßte ihn gebührend und fragte, was er für ihn tun könne.

Darauf sprach Gotama:
Durch welche Taten kann man sich von den Schulden befreien, die man vor Mutter und Vater hat? Und wie kann man die Regionen der reinen Seligkeit erreichen, die so schwer zu erreichen sind?

Und Yama antwortete:
Sich selbst der Aufgabe der Wahrhaftigkeit widmend und Reinheit und Entsagung übend, sollte man Mutter und Vater unaufhörlich verehren. Man sollte

auch große Opfer mit reichlichen Gaben durchführen. Durch solche Taten gewinnt man viele Bereiche *(der Glückseligkeit)* mit wunderbaren Qualitäten.

Hier endet mit dem 129. Kapitel das Rajadharmanusasana Parva im Shanti Parva im gesegneten Mahabharata.

Apaddharmanusasana Parva - Die Gebote in Notzeiten

Kapitel 130 - Über die Ausnahmen in Zeiten der Not

Yudhishthira fragte:
Wie sollte sich ein König verhalten, der wenig Verbündete aber dafür viele Feinde hat, dessen Schatzkammer leer und dessen Armee schwach ist, oh Bharata? Wie sollte er sich verhalten, wenn er von übelgesinnten Ministern umgeben ist, wenn seine Absichten ausspioniert werden, wenn er seinen Weg nicht klar vor sich sieht, wenn ihn ein anderer König angreift und er gegen einen Gegner kämpfen muß, der wesentlich stärker ist? Wie sollte sich ein König verhalten, dessen Staatsverwaltung schlecht funktioniert, der die Voraussetzungen von Ort und Zeit mißachtet hat, der unfähig ist, weder Frieden mit seinen Feinden zu schließen, noch deren Spaltung zu verursachen? Sollte er den Erwerb des Reichtums auch durch ungerechte Mittel suchen? Oder sollte er sein Leben aufgeben, ohne weiter nach Reichtum zu streben?

Bhishma sprach:
Bereits erfahren mit den königlichen Aufgaben hast du mir, oh Stier der Bharatas, eine sehr subtile Frage gestellt. Ohne diese direkte Frage, oh Yudhishthira, hätte ich nie darüber gesprochen. Wahrlich, Gerechtigkeit kann sehr subtil sein. Man versteht sie, oh Stier der Bharatas, mithilfe der heiligen Schriften. Durch Nachdenken über das Gehörte und indem man gute Taten vollbringt, kann jeder an seinem Platz *(unter den gegebenen Bedingungen)* eine rechtschaffene Person werden. Durch intelligentes Handeln des Königs allein ist der Erwerb von Reichtum nicht garantiert. Bedenke mithilfe deiner Vernunft, was als Antwort auf deine Frage zu diesem Thema gegeben werden sollte. Bedenke, oh Bharata, die wirksamen Mittel, deren sich die Könige *(in Notzeiten)* bedienen können. Was allerdings die wahrhafte Tugend anbelangt, da würde ich diese Mittel nicht immer gerecht nennen. Wenn die Schatzkammer mit Gewalt durch Unterdrükkung *(des Volkes)* gefüllt wird, bringt dieses Verhalten den König an den Rand des Unterganges. Das ist die Einsicht aller intelligenten Menschen, die über dieses Thema nachgedacht haben. Welche heiligen Schriften oder Wissenschaften ein Mensch auch immer studiert, sie geben ihm nur jene Arten des Wissens, zu denen er selbst fähig ist. Solches Wissen erscheint ihm wahrhaft und angenehm. Unwissenheit führt zu Unfähigkeit bei der Suche nach geeigneten Mitteln. Dagegen werden die rechten Mittel mit Hilfe des Wissens zur Quelle großer Erfolge. So höre ohne Vorbehalte und jegliche Böswilligkeit *(mit reinem Herzen)* diese Belehrung.

Mit dem Schwund in der Schatzkammer schwinden auch alle anderen Kräfte des Königs. Der König sollte deshalb seine Schatzkammer füllen, wie jemand in der Wüste nach Wasser sucht. Doch auch entsprechend dieses uralten Gebotes sollte der König zur rechten Zeit seinem Volk Mitgefühl zeigen. Das ist ewige Pflicht. Für fähige und kompetente Menschen sind diese beiden Pflichten von einer Art. In Notzeiten können diese Pflichten aber auch gegensätzlich sein.

Natürlich kann ein König auch ohne Reichtum *(durch Buße und ähnliches)* religiöses Verdienst erwerben. Das Leben selbst *(das er als König beschützen sollte)* ist jedoch viel wichtiger als religiöses Verdienst. Ein schwacher König, der nur religiöses Verdienst erwirbt, wird nicht einmal die geeigneten Mittel für seine Ernährung erlangen können. Und weil er als König in dieser Situation keine weltliche Macht ausüben kann, deshalb betrachtet man in Notzeiten auch jene Mittel als nützlich, die nicht unbedingt mit der Tugend im Einklang stehen. Die Gelehrten wissen jedoch, daß solche Methoden Sünde anhäufen. Was sollte deshalb der Kshatriya tun, wenn die Zeit der Not vorüber ist?

Man sollte stets so handeln, daß die Gerechtigkeit *(das Dharma)* nicht zerstört wird und daß man seinen Feinden nicht unterliegen muß. Eben das wurde als Aufgabe der Könige erklärt. Er sollte sich niemals ruinieren lassen. Ein Ruinierter kann weder sich selbst retten noch andere. Sich selbst zu bewahren *(und sich nicht versinken zu lassen)* ist oberstes Gebot. So ist es auch Gebot, daß die Zweifachgeborenen, die ihre Aufgaben kennen, entsprechende Fähigkeiten haben sollten. Bei einem Kshatriya sollten die Fähigkeiten in der Herrschaft bestehen, weil die Macht der Waffen sein großer Besitz ist. Wenn jedoch dem Kshatriya jegliche Mittel fehlen, was sollte er dann nicht ergreifen, abgesehen vom Besitz der Asketen und Brahmanen? Wie auch ein Brahmane in Notzeiten im Opfer eines Unwürdigen amtieren kann und unreine Nahrung essen sollte, so gibt es keinen Zweifel, daß ein Kshatriya *(in Notzeiten)* von allem Reichtum nehmen kann, außer von Asketen und Brahmanen. Welche Erlösung könnte für einen Gequälten unwürdig sein? Welcher Weg in die Freiheit könnte für einen Gefangenen ein unwürdiger Weg sein? Wenn jemand genügend gequält ist, flüchtet er sogar auf unwürdigen Wegen. Für einen Kshatriya, der aufgrund seiner dürftigen Schatzkammer und Armee vom Untergang schwer bedrängt wird, ist weder ein Leben als Bettler noch als Vaisya oder Shudra vorgesehen. Der für einen Kshatriya bestimmte Beruf ist der Erwerb von Reichtum durch Kampf und Sieg. Er sollte niemals als Bettler gehen. Wer in gewöhnlichen Zeiten durch tugendhafte Methoden lebt, die für ihn bestimmt sind, mag in Notzeiten auch davon abweichen. So kann auch ein Kshatriya in Notzeiten, wenn die üblichen Methoden nicht verfolgt werden können, durch ungerechte und unwürdige Mittel überleben. Dieses *(Abweichen von der Norm)* kann man auch bei den besten Brahmanen sehen, wenn ihr Lebensunterhalt bedroht ist. Und wenn sich die Brahmanen so verhalten, welche Zweifel gibt es bezüglich der Kshatriyas? Daran ist nichts Unwahrhaftes. Ohne in Verzweiflung zu versinken und dem Ruin nachzugeben, darf ein Kshatriya nehmen, was er von reichen Personen nehmen kann. Bedenke, daß der Kshatriya zwar einerseits der Beschützer aber auch der Zerstörer von Menschen ist. Deshalb sollte ein Kshatriya in Notzeiten das ergreifen, was er kann, um sein Volk zu beschützen. Keine Person in dieser Welt, oh König, kann Leben erhalten, ohne andere Wesen zu verletzen. Selbst die besten Asketen, die ein einsames Leben in den Tiefen des Waldes führen, sind darin keine Ausnahme. Ein Kshatriya sollte nicht leben, indem er sich dem Schicksal ergibt, besonders jene nicht, oh Führer der Kurus, die nach Herrschaft streben.

König und Königreich sollten sich stets gegenseitig beschützen. Das ist ein ewiges Gebot. Wie der König all seinen Besitz opfert, um ein qualvoll versinkendes Königreich zu retten, so sollte das Königreich in der Krise auch den König unterstützen. Ein König sollte auch unter äußerster Qual niemals seine Schatzkammer aufgeben, sowie auch niemals seinen Justizapparat zur Bestrafung der Übeltäter, seine Armee, seine Fürsten, Freunde und Verbündeten und alle anderen notwendigen Einrichtungen im Staat. Die in den Pflichten erfahrenen Menschen sagen, daß man beim Essen von Früchten stets einige Samen zurückbehalten sollte. Diese Wahrheit erklärte einst Samvara, der für seine große Kraft der Illusion bekannt war, und sprach:
Schande auf das Leben eines Königs, dessen Königreich ermattet. Schande auf das Leben eines Untertanen, der wegen Reichtum in ein fremdes Land umzieht.

Die Wurzeln des Königs sind Schatzkammer und Armee. Die Armee hat wiederum ihre Wurzel in der Schatzkammer. Die Armee ist die Wurzel all seiner religiösen Verdienste *(bezüglich der Erfüllung seiner Aufgaben),* und darauf gründet sich wiederum die Sicherheit seines Volkes. Eine Schatzkammer kann aber nie gefüllt werden, ohne andere zu bedrücken, und eine Armee kann nicht funktionieren, ohne andere zu bedrängen. Deshalb sammelt der König keine Sünde an, wenn er in Notzeiten seine Untertanen erleichtert, um die Schatzkammer zu füllen. Selbst für Opfer werden viele Handlungen durchgeführt, die mit anderer Motivation sündig wären. Aus diesem Grund sammelt der König keine Sünde an, wenn er unwürdige Handlungen begeht *(um in Notzeiten seine Schatzkammer zu füllen).* Um Reichtum anzusammeln, werden *(in Notzeiten)* oft ungerechte Mittel verfolgt. Wenn diese Mittel prinzipiell abgelehnt werden, wäre der Ruin sicher. Alle Kräfte, die in dieser Welt zerstörend und bedrängend wirken, existieren für das Streben nach Wohlstand. Dies bedenkend, sollten alle intelligenten Könige zur rechten Zeit ihre Entscheidungen treffen. Wie Tiere und andere Dinge dem Opfer dienen, das Opfer für die Reinigung des Herzens, und Tiere, Opfer und Reinigung schließlich für die Befreiung, so dienen Politik und Herrschaft für die Schatzkammer, die Schatzkammer für die Armee und schließlich alle drei, Politik, Schatzkammer und Armee, um die Feinde zu besiegen und das Königreich zu beschützen und gedeihen zu lassen.

Ich möchte an dieser Stelle ein Beispiel nennen, das die subtilen Wege der Gerechtigkeit illustriert. Ein großer Baum wird abgeschlagen, um daraus einen Opferpfahl zu machen. Beim Abschlagen müssen bereits andere Bäume, die im Weg stehen, gefällt werden. Und auch diese töten beim Umfallen andere in ihrer Umgebung. So müssen auch jene geschlagen werden, die einer wohlgefüllten Schatzkammer im Wege stehen. Ich sehe keinen anderen Weg zum Erfolg. Durch diesen Reichtum kann sowohl diese Welt wie auch die folgende erhalten werden, sowie Gerechtigkeit und religiöser Verdienst. Ein König ohne weltlichen Reichtum ist mehr tot als lebendig. Im Sinne eines Opfers *(und nicht als Eigentum)* sollte Reichtum mit jedem Mittel erworben werden. Die Schuld einer sündigen Tat in qualvollen Zeiten ist nicht so groß wie in guten Zeiten, oh Bharata. Keine Person kann gleichzeitig den Weg des weltlichen Reichtums und der Armut gehen, oh König! Ich fand noch nie einen *(weltlich)* reichen Asketen im Wald. Bezüglich des Reichtums, den man in dieser Welt finden kann, kämpft jeder gegen jeden, und die Menschen sagen: „Das möchte ich haben! Das soll mein sein!" Es gibt nichts für einen König, oh Feindevernichter, das so lobenswert wie der Besitz eines Königreichs ist. Wenn ein König seine Untertanen mit schweren Steuern zur falschen Zeit quält, dann sammelt er große Sünde an. In Notzeiten ist das allerdings etwas anders.

Manche erwerben *(verdienstvollen)* Reichtum durch Geschenke und Opfer, manche, die zur Askese neigen, erwerben *(spirituellen)* Reichtum durch Entsagung, und andere wiederum erwerben *(weltlichen)* Reichtum mithilfe ihrer Klugheit. Eine Person ohne jegliches Vermögen gilt als schwach, während ein Reicher als mächtig betrachtet wird. Denn durch Vermögen *(weltlich und spirituell)* kann der Mensch alles erreichen. So kann auch ein König mit wohlgefüllter Schatzkammer alles vollbringen. Durch seine Schatzkammer kann der König religiöses Verdienst ansammeln, seine Wünsche nach Vergnügen erfüllen, sowie diese und die folgende Welt gewinnen. Die Schatzkammer sollte jedoch im Einklang mit der Gerechtigkeit gefüllt werden und nie durch sündhafte Methoden, außer jene, die in Notzeiten als rechtschaffen gelten.

Kapitel 131 - Das Gebot des Friedens

Yudhishthira fragte:
Was sollte ein König außerdem noch tun, der schwach und zögerlich ist, der aus Furcht um das Leben seiner Freunde nicht in den Kampf zieht, der stets unter Angst lebt und seine Absichten nicht geheimhalten kann? Was sollte ein König tun, dessen Städte und Königreich gespalten und von Feinden belagert sind, der ohne Reichtum und Ressourcen ist, der nicht einmal seine Freunde honorieren und an sich binden kann, dessen Minister uneinig oder bestochen sind, der die Feinde vor sich sieht, aber dessen Armee dezimiert und dessen Herz von der Stärke der Rivalen verwirrt wurde?

Bhishma sprach:
Wenn der angreifende Rivale von reinem Herzen ist und in Tugend und Gewinn erfahren, dann sollte ein *(furchtsamer)* König, wie du ihn gerade beschrieben hast, mit dem Eindringling Frieden schließen, ohne Zeit zu verlieren, und jene Teile des Königreichs wiederherstellen, die bereits erobert wurden. Wenn jedoch der Eindringling gewaltsam und sündhaft ist und sich bemüht, den Sieg durch unfaire Mittel zu gewinnen, sollte der König ebenfalls mit ihm Frieden schließen, indem er einen Teil seiner Territorien übergibt. Wenn der Eindringling allerdings nicht zum Frieden bereit ist, dann sollte der *(furchtsame)* König seine Hauptstadt und all seine Besitztümer aufgeben, um der Gefahr zu entfliehen. Wenn er damit sein Leben retten kann, kann er auf neuen Reichtum in der Zukunft hoffen. Welcher tugendhafte Mensch würde sein Leben wegwerfen, welches ein verdienstvollerer Besitz ist, um auf eine hoffnungslose Gefahr zu treffen, aus der die Flucht durch das Aufgeben seiner Schatzkammer und Armee möglich wäre? Solch ein *(furchtsamer)* König sollte zwar auch die Damen seines Hauses beschützen, aber wenn sie einmal in die Hände des Feindes gefallen sind,

ist angesichts der drohenden Gefahr kein Mitleid mehr angebracht. So lange es allerdings in seiner Macht als König steht, sollte er sich dem Feind nie ergeben.

Yudhishthira fragte:
Wenn seine eigenen Leute mit ihm unzufrieden sind, wenn er von Angreifern bedrängt wird, wenn seine Schatzkammer erschöpft ist und all seine Absichten ausspioniert werden, was sollte der König dann tun?

Bhishma sprach:
Ein König sollte sich unter solchen Verhältnissen ebenfalls bemühen, Frieden zu schließen. Wenn der Feind allerdings bösartig und ungerecht ist, sollte er all seine Tapferkeit zeigen. Er sollte sich damit bemühen, den Feind aus seinem Königreich zurückzudrängen oder im tapferen Kampf sein Leben opfern, um den Himmel zu erreichen. Ein König kann die ganze Erde sogar mit einer kleinen Armee überwinden, wenn diese loyal, gut motiviert und seinem Wohl ergeben ist. Wenn er im Kampf getötet wird, ist ihm der Himmel gewiß. Wenn er seine Feinde schlagen kann, wird er sich der Erde erfreuen. Wer sein Leben im tapferen Kampf opfert, erreicht die Gesellschaft von Indra selbst.

Kapitel 132 - Der Weg der Gerechtigkeit in Notzeiten

Yudhishthira fragte:
Wenn alle Methoden, die voll hoher Tugend und zum Wohle der Welt sind, verschwinden, wenn alle Mittel und Ressourcen für den Lebensunterhalt in die Hände von Räubern fallen, wenn wirklich eine solch katastrophale Zeit anbricht, durch welche Mittel sollte dann ein Zweifachgeborener existieren, oh Großvater, der voller Mitgefühl seine Söhne und Enkel nicht verlassen möchte?

Bhishma sprach:
Wenn eine solche Zeit beginnt, sollte der Zweifachgeborene mit Hilfe seiner Weisheit leben. Alles in dieser Welt wirkt für die Guten, nichts für die Übelgesinnten. Wer sich *(als König)* selbst zu einem Werkzeug des Wachstums macht, nimmt den Reichtum von den Übelgesinnten und gibt ihn den Guten. Dann sagt man, er hat die Tugend der Not erkannt. Um seine Herrschaft zu erhalten, sollte der König, oh Monarch, ohne seine Untertanen in Empörung und Aufruhr zu bringen, *(in Notzeiten)* auch nehmen, was vom Besitzer verwehrt wird, indem er gebietet: „Das ist mein!“ Der kluge Herrscher, der in gewöhnlichen Zeiten durch Erkenntnis und gerechtes Verhalten gereinigt wurde, aber in Notzeiten tadelnswert handelt, verdient nicht wirklich den Tadel. Wer sich stets selbst erhält, indem er seine Kraft zeigt, würde niemals anders leben wollen. Wer mit großer Kraft begabt ist, oh Yudhishthira, lebt zu jeder Zeit mithilfe dieser Kraft. Solch ein König sollte die gewöhnlichen Gebote ohne jegliche Ausnahme erfüllen. Ein König jedoch, der *(zusätzlich)* mit Weisheit gesegnet ist, wird diesen Geboten folgen und kann *(in Notzeiten)* auch darüber hinaus gehen. In solchen Zeiten sollte ein König jedoch niemals die Ritwijas, Purohitas, Lehrer und Brahmanen bedrängen, sondern sie ehren und in hoher Wertschätzung halten. Ansonsten würde er wahrlich Tadel und Sünde ansammeln.

Was ich dir sage, wird als ein wichtiges Gebot in der Welt betrachtet. Wahrlich, dies ist das ewige Auge *(der Gerechtigkeit, womit diese Methoden in Notzeiten betrachtet werden sollten)*. Von diesem Gebot sollte man geführt werden. Damit sollte beurteilt werden, ob ein König gut oder übelgesinnt handelt. Man sieht oft, daß viele Leute, die in Dörfern und Städten wohnen, von Neid und Haß getrieben, einander anklagen. Der König sollte nie auf solche Worte hören und sich weder geehrt noch getadelt fühlen. Verleumdungen sollten weder gesprochen noch gehört werden. Wenn die Verleumdungen weitergehen, sollte man seine Ohren schließen oder den Ort verlassen. Gegenseitige Verleumdungen sind Eigenschaften übelgesinnter Menschen. Sie zeigen ihre Verdorbenheit. Jene dagegen, oh König, die von den Tugenden der anderen in Versammlungen der Rechtschaffenen sprechen, sind gute Menschen. Wie ein Paar gutmütiger Stiere, die folgsam, ergeben und belastbar sind, ihre Hälse ins Joch stecken und bereitwillig den Karren ziehen, so sollte auch der König seine Lasten ertragen. Manche sagen, daß sich ein König so verhalten sollte, daß er die Mehrzahl auf seiner Seite hat. Manche betrachten die uralten Bräuche als höchste Richtschnur der Gerechtigkeit. Manche, die das Verhalten von Sankha zu Likhita favorisieren *(siehe MHB12.23)*, sind anderer Meinung. Manche bilden ihre Meinung durch Gutmütigkeit, andere durch Böswilligkeit. Es gibt auch Beispiele von großen Rishis, die gezeigt haben, daß sogar Lehrer, wenn sie übelgesinnt handeln, bestraft werden sollten. Wahrlich, es gibt keine absoluten Gebote *(bzgl. der Gerechtigkeit)* für solche Zeiten der Not. Sogar die Götter können verlassen werden, um Menschen zu bestrafen, die abscheulicher und übelgesinnter Praktiken schuldig wurden. Aber der König, der seine Schatzkammer durch betrügerische Taten füllt, sinkt sicher von der Gerechtigkeit ab. Es sollte jener Kurs der Tugend und Gerechtigkeit befolgt werden, der in jeder Hinsicht von denen beachtet wird, die gut und zufrieden leben, und der durch jedes ehrliche Herz gebilligt wird. Wer seine Lebensaufgaben als abhängig von allen vier Fundamenten kennt *(Veden, Smritis, uralte Bräuche, eigenes Herz)*, gilt als ein Kenner der Aufgaben. Es ist höchst schwierig, die Gründe für alle Aufgaben herauszufinden, so schwierig, wie die Beine einer Schlange zu finden. Wie ein Jäger die Spur eines angeschossenen Hirsches verfolgt, indem er den Bluttropfen auf der Erde folgt, ebenso sollte man sich bemühen, die Gründe der Aufgaben *(im Leben)* zu entdecken. Auf diese Weise sollte ein Mensch mit Demut den Pfad der Gerechtigkeit gehen. Wahrlich, dieser Art war das Verhalten der großen königlichen Weisen in alten Zeiten, oh Yudhishthira.

Kapitel 133 - Über die Schatzkammer und die Barbaren

Bhishma sprach:
Der König sollte seine Schatzkammer füllen, indem er Reichtum aus seinem eigenen Königreich zieht, wie auch aus den Königreichen seiner Rivalen. Aus der Schatzkammer entspringt sein religiöses Verdienst, oh Sohn der Kunti, und sie ist die Wurzel für das Wachstum seines Königreiches. Aus diesen Gründen muß die Schatzkammer gefüllt, sorgfältig beschützt und langsam vergrößert werden. Dies ist ewige Aufgabe. Die Schatzkammer kann weder durch völlig reine Taten noch durch übermäßige Gewalt gefüllt werden. Man sollte hier den

mittleren Weg gehen. Wie kann ein schwacher König eine wohlgefüllte Schatzkammer haben? Und wiederum, wie kann ein König mit einer leeren Schatzkammer stark sein? Wie kann ein schwacher Mensch ein Königreich beherrschen? Und wiederum, woher kann ein König ohne Königreich Wohlstand gewinnen? Für eine hochgeborene Person ist der Ruin dem Tode gleich. Aus diesem Grund sollte der König stets seine Schatzkammer, seine Armee, Verbündeten und Freunde bewahren und gedeihen lassen. Alle Menschen ignorieren einen König mit leerer Schatzkammer. Seine Diener werden unzufrieden sein mit dem Wenigen, das solch ein König geben kann, und ihre Bereitwilligkeit im Staatsdienst wird leiden. Dagegen wird ein wohlhabender König großen Ruhm gewinnen. Wahrlich, dieser Ruhm kann sogar manche Sünde verbergen, wie die Kleider einer Frau jene Körperteile, die nicht gezeigt werden sollten. Die früheren Rivalen des Königs werden beim Anblick seines neuen Wohlstandes voller Kummer sein, und wie Hunde werden sie ihm wieder dienen. Doch obwohl sie nur auf eine Gelegenheit warten, ihn zu schlagen, benimmt sich der König zu ihnen, als ob nichts geschehen wäre.

Wie, oh Bharata, kann ein bedrängter König glücklich werden? Der König sollte sich stets um wahre Größe bemühen. Er sollte sich nie aus Angst beugen. Seine Anstrengung ist der Kampfgeist. Im schlimmsten Fall sollte er zerbrechen, als sich von irgend jemandem erniedrigen zu lassen. Er sollte eher in den Wald gehen und dort mit den wilden Tieren leben, als inmitten von Ministern und Beamten, die wie Räuber jegliche Selbstbeherrschung verloren haben. Denn selbst die Barbaren der Wälder können eine Armee von Soldaten bilden, die zu den wildesten Taten bereit sind, oh Bharata. Wenn jedoch auch der König jegliche gesunde Beherrschung verliert, dann werden alle Menschen vor ihm Angst haben. Sogar die Barbaren, die wenig Mitgefühl kennen, meiden einen solchen König. Deshalb sollte der König stets Gesetze und Regeln aufstellen, um die Herzen solcher Leute zu erfreuen. Selbst Regeln bezüglich der trivialsten Dinge begrüßen sie mit Jubel. Manche von ihnen denken, daß diese Welt ein Nichts und die kommende ein Mythos ist. Solchen Ungläubigen, deren Herzen durch verborgene Ängste verwirrt sind, sollte man nie vertrauen. Wenn jedoch die Barbaren des Waldes, indem sie andere Tugenden beachten, nur Verwüstungen bezüglich des Eigentums *(bzw. der materiellen Dinge und nicht der geistigen Werte)* anrichten, können sie als harmlos betrachtet werden. Das Leben von tausenden Wesen wird durch diese Barbaren beschützt, die solche Gebote beachten. Einen fliehenden Feind im Kampf zu töten, die Entführung von Ehefrauen, Ehebruch, Verletzung von Jungfrauen, Undankbarkeit, Brahmanen berauben, Menschen ruinieren, sowie das Ausbluten von Dörfern und Städten werden unter ihnen als übelgesinnte Taten betrachtet, denen sie sich stets enthalten. Es ist wohl sicher, daß jene Könige erfolgreich sind, die sich um Vertrauen in den Herzen solcher Barbaren bemühen, nachdem sie Nutzen und Schaden einer völligen Ausrottung bedacht haben. Im Umgang mit Barbaren ist es wichtig, sie niemals ganz zu vernichten. Es sollte versucht werden, sie auf den Weg des Königs zu bringen. Er sollte ihnen nie mit Grausamkeit begegnen und denken, daß er mächtiger ist als sie. Jene Könige, die solche wilden Völker nicht ausrotten, müssen auch den eigenen Untergang nicht befürchten. Wer sie allerdings vernichten will, wird in beständiger Angst aufgrund dieser Taten leben müssen.

Kapitel 134 - Über die große Bedeutung der Kraft

Bhishma sprach:
Diesbezüglich erklären jene, die in den heiligen Schriften erfahren sind, zu den Aufgaben im Leben: Für einen Kshatriya mit Intelligenz und Wissen ist die offensichtliche Aufgabe der Gewinn von religiösem Verdienst und weltlichem Wohlstand. Er sollte sich niemals durch spitzfindige Diskussionen über mögliche Konsequenzen in einer zukünftigen Welt von dieser Aufgabe abbringen lassen. So sinnlos *(bzw. sinnvoll)* wie ein Streit über sichtbare Fußabdrücke ist, ob sie von einem Wolf stammen oder nicht, so ist auch die ganze Diskussion über die Natur der Gerechtigkeit und ihr Gegenteil. Niemand hat in dieser Welt jemals Gerechtigkeit oder Ungerechtigkeit unabhängig von ihren Wirkungen *(Früchten bzw. Fußabdrücken)* gesehen. Ein Kshatriya sollte deshalb den Erwerb der Kraft *(zur Wirkung)* suchen. Wer kraftvoll ist, kann alles erreichen. Reichtum führt zum Besitz einer Armee, und der Kraftvolle findet auch intelligente Berater. Wer ohne jeglichen Reichtum ist, ist wahrlich gefallen. Ein kleinlicher Besitz ist wie der lausige Rest eines königlichen Banketts. Selbst wenn ein starker Mensch manche Fehler begeht, spricht niemand aus Ehrfurcht schlecht von ihm oder greift ihn an. Wenn Gerechtigkeit *(Ordnung)* und Kraft mit Wahrhaftigkeit vereint werden, können sie den Menschen aus größten Gefahren retten. Wenn man beide vergleicht, erscheint mir die Kraft sogar bedeutender als die Gerechtigkeit *(Weltordnung, Dharma)*. Denn Gerechtigkeit wirkt durch Kraft. Gerechtigkeit existiert durch die Kraft, wie alle Lebewesen durch die Erde. Wie der Rauch vom Wind, so hängt Gerechtigkeit von der Kraft ab. Gerechtigkeit benötigt die Kraft, wie eine Kletterpflanze den Baum. Gerechtigkeit benötigt die Kraftvollen, wie das Vergnügen die Sinnesobjekte. Es gibt nichts, was kraftvolle Menschen nicht erreichen können. Für die Kraftvollen wird alles rein *(denn sie haben die Kraft zur Reinigung)*. Wenn ein schwacher Mensch sündhafte Taten begeht, kann er nie entkommen. Die Leute fühlen sich beunruhigt durch sein Verhalten wie beim Erscheinen eines ausgehungerten Wolfes. Wer seine Kraft verliert, führt ein Leben der Erniedrigung und Sorgen. Und ein tadelnswertes Leben der Erniedrigung ist dem Tode gleich. Die Gelehrten meinen, wer durch sein sündiges Verhalten von seinen Freunden und Begleitern fallengelassen wird, der wird immer wieder durch die scharfen Worte von anderen durchbohrt und muß dadurch im Kummer brennen.

Bezüglich der Sühne für sündige Taten sagen die Schriftgelehrten, daß man die drei Veden studieren sollte, den Brahmanen dienen und sie verehren, alle Menschen durch Gedanken, Worte und Taten erfreuen, alle Gehässigkeit abwerfen, die Nähe der Edlen suchen, demütig das Lob anderer verkünden, Mantras rezitieren, die üblichen Reinigungsriten durchführen, ein mildes Verhaltens annehmen, wenig sprechen, Entsagung üben und die Zuflucht von Brahmanen und Kshatriyas suchen. Wahrlich, wer viele unheilsame Handlungen begangen hat, sollte all das tun, ohne über die Vorwürfe der Leute ärgerlich zu sein. Wer sich auf diese Weise verhält, wird bald von all seinen Sünden gereinigt werden und die Achtung der Welt zurückgewinnen. Wahrlich, so gewinnt man große Achtung in dieser Welt und großen Lohn in der kommenden, und genießt hier durch sein Verhalten verschiedenes Glück, indem man seinen Reichtum mit anderen teilt.

Kapitel 135 - Über die Barbaren

Bhishma sprach:
Diesbezüglich wird die alte Geschichte eines Barbaren erzählt, der in dieser Welt Selbstbeherrschung übte und dafür in der folgenden nicht auf den Untergang traf. Es gab einst einen Barbaren namens Kayavya, der einen Kshatriya Vater und eine Nishada Mutter hatte. Kayavya übte die Lebensweise der Kshatriyas. Er war fähig im Kampf, voller Intelligenz und Mut, in den heiligen Schriften gelehrt, ohne Grausamkeit, den Brahmanen hingegeben und ein Verehrer seiner Ältesten und Lehrer, und so beschützte er die Asketen durch die Erfüllung seiner Aufgaben. Und obwohl er ein Barbar war, konnte er auf diese Weise dennoch die Glückseligkeit im Himmel gewinnen. Morgens und abends pflegte er den Zorn der Hirsche zu erregen, indem er sie jagte. Er war mit allen Gebräuchen der Nishadas wie auch aller Tiere wohlbekannt, die im Walde leben. Wohlerfahren in den Bedingungen von Ort und Zeit, streifte er durch die Berge. Und durch sein Wissen über die Gewohnheiten aller Tiere, verfehlten seine Pfeile niemals das Ziel, und seine Waffen waren mächtig. Allein konnte er viele Hunderte Krieger besiegen. Er verehrte jeden Tag seine alten, blinden und tauben Eltern im Wald. Mit Honig, Fleisch, Früchten, Wurzeln und anderen Arten ausgezeichneter Nahrung versorgte er gastfreundlich alle würdigen Gäste und tat ihnen viele gute Dienste. Er zeigte große Achtung für jene Brahmanen, die sich von der Welt zurückgezogen hatten, um in den Wäldern zu wohnen. Von den getöteten Hirschen brachte er häufig Fleisch mit. Und bei jenen, die aus Furcht vor anderen seine Geschenke wegen seines Berufs *(bzw. seiner Abstammung)* nicht annehmen wollten, pflegte er noch vor der Morgendämmerung zu ihren Häusern zu gehen und das Fleisch an ihren Türen abzulegen. Eines Tages wünschten viele tausend Barbaren, die wenig Mitgefühl in ihrem Verhalten und kaum Selbstbeherrschung kannten, ihn als ihren Führer zu wählen.

Die Barbaren sprachen:
Du kennst die Bedingungen von Ort und Zeit. Du hast Weisheit und Mut, sowie große Entschlossenheit in all deinen Unternehmungen. Sei unser oberster Führer, von uns allen respektiert! Wir werden tun, was du befiehlst. Schütze uns ordnungsgemäß, wie Vater oder Mutter *(ihre Kinder beschützen)*!

Kayavya sprach:
(Folgende Gebote gebe ich euch:) Tötet niemals eine Frau, einen angstvoll aus dem Kampf Fliehenden, ein Kind oder einen Asketen. Wer nicht kämpfen will, sollte nicht geschlagen werden, noch sollten Frauen mit Gewalt genommen oder geraubt werden. Keiner von euch sollte unter allen Wesen jemals eine Frau töten. Laßt die Brahmanen stets gesegnet sein und kämpft zu ihrem Wohl. Die Wahrhaftigkeit sollte niemals geopfert werden. Die Ehen der Menschen möget

ihr achten. Jene Häuser, in denen man Götter, Ahnen und Gäste verehrt, dürft ihr niemals schädigen. Unter allen Wesen verdienen es die Brahmanen, von euren Feldzügen nach Reichtum verschont zu werden. Ihnen solltet ihr sogar euer Letztes geben und sie verehren. Denn wer den Zorn der Brahmanen auf sich zieht, der wird vor ihrem Fluch keinen Retter in den drei Welten finden. Wer schlecht von den Brahmanen spricht und ihren Untergang wünscht, wird selbst untergehen, wie die Dunkelheit beim Aufgang der Sonne. Hier wohnend, sollt ihr die Früchte eurer Tapferkeit erwerben. Truppen sollen gegen jene gesandt werden, die sich weigern, uns Tribut zu zahlen. Der Stab der Herrschaft ist nur für Übelgesinnte gedacht und nicht zur Selbstbereicherung. Denn es heißt, wer die Rechtschaffenen unterdrückt, verdient den Tod. Jene, die sich bemühen, ihr Glück zu vergrößern, indem sie Königreiche auf skrupellose Weise quälen, werden bald als Maden in einer Leiche betrachtet. Diese Barbaren jedoch, die sich an die Gebote der heiligen Schriften halten, können mit der Zeit sogar Erlösung finden, selbst wenn sie ein Leben in der Wildnis geführt haben.

Bhishma fuhr fort:
Nachdem die Barbaren so angesprochen wurden, befolgten sie alle Befehle von Kayavya. Und indem sie sich der Sünde enthielten, gewannen sie bald großen Wohlstand. Und indem er sich selbst als Vorbild verhielt, den Würdigen Gutes tat und die Barbaren vor unheilsamen Praktiken zurückhielt, gewann Kayavya großen Erfolg und Ruhm. Wer an diese Geschichte von Kayavya denkt, wird keine Angst mehr vor den wilden Bewohnern des Waldes haben. Solch ein Mensch wird kein Wesen mehr fürchten, oh Bharata, nicht einmal übelgesinnte Menschen. Wenn er in den Wald geht, wird er dort sicher wie ein König leben können.

Kapitel 136 - Über das Füllen der Schatzkammer

Bhishma sprach:
Bezüglich der Methoden, womit ein König seine Schatzkammer füllen sollte, rezitierten in alten Tagen die in den heiligen Texten Erfahrenen die folgenden Verse, die von Brahma selbst gesungen wurden: Der Reichtum von Personen, der bestimmten Opfern oder den Göttern gewidmet wurde, sollte nie genommen werden. Ein Kshatriya sollte den Reichtum von denen nehmen, die keine religiösen Riten und Opfer durchführen und daraufhin wie Räuber betrachtet werden. Dem Kshatriya, der alle Geschöpfe auf Erden beschützt, gehören auch die Freuden der Herrschaft, oh Bharata. So steht ihm der ganze Reichtum der Erde zur Verfügung, wie keiner anderen Person. Diesen Reichtum sollte er für die Aufrechterhaltung seiner Herrschaft und für die Durchführung der Opfer verwenden, wie man ungenutzte *(bzw. wilde)* Pflanzen und Kräuter nimmt, um daraus nahrhaften Curry zu kochen. Pflichtbewußte Menschen sagten, daß jener Reichtum ungenutzt ist, der nicht im Opfer mit geklärter Butter die Götter, Ahnen und Menschen ernährt. Tugendhafte Herrscher, oh König, sollten auf diese Weise ihren Reichtum verwenden. Damit können viele rechtschaffene Leute ernährt werden. Er sollte jedoch diese Art von Reichtum nicht in seiner Schatzkammer horten. Wer sich selbst zum Werkzeug des Wachstums macht

und den Übelgesinnten ihren Reichtum nimmt, um die Rechtschaffenen damit zu fördern, gilt als höchst erfahren in der Tugend. Ein König sollte seinen Reichtum auch bezüglich der kommenden Welt gemäß seiner Kraft erweitern, aber nur allmählich, wie man Pflanzen wachsen sieht. Wie man viele Pflanzen auf ungenutzter Erde wachsen sieht, so können viele verdienstvolle Opfer aus ungenutztem Reichtum gedeihen. Dabei sollte man alle Personen aus dem Königreich vertreiben, die *(in ihrer Selbstsucht)* jegliche Opfer mißachten, wie man die Fliegen, Mücken und Ameisen von den Körpern der Kühe und der anderen Haustiere vertreibt. All das steht im Einklang mit der Tugend. Doch wisse: Wie die groben Bestandteile der Erde immer feiner werden, wenn man sie zwischen zwei Steinen reibt, so werden auch die Fragen der Tugend immer subtiler, desto mehr man darüber nachdenkt.

Kapitel 137 - Über das rechte Handeln

Bhishma sprach:
Es gibt zwei, die immer Glück genießen: Die für die Zukunft vorsorgen und die mit der Gegenwärtigkeit des Geistes gesegnet sind. Der zögerliche Mensch geht dagegen verloren. Höre diesbezüglich aufmerksam die folgende, ausgezeichnete Geschichte einer zögerlichen Person ohne Entschlossenheit im Handeln.

In einem See, der nicht besonders tief war und voller Fische, lebten drei Sakula-Fische, die enge Freunde waren. Unter diesen drei hatte einer viel Voraussicht und war stets geneigt, für die Zukunft vorzusorgen. Ein anderer war mit großer Geistesgegenwart gesegnet und der dritte war unentschlossen und zögerlich. Eines Tages kamen einige Fischer zum See und begannen, das Wasser über verschiedene Kanäle abzulassen. Angesichts des allmählich abnehmenden Wasserstandes sprach der Fisch, der viel Voraussicht hatte, zu seinen zwei Begleitern: „Eine große Gefahr droht allen Fischen, die in diesem See leben. Laßt uns schnell zu einem anderen Ort schwimmen, bevor unsere Auswege versperrt werden. Wer zukünftigem Übel durch kluges Handeln begegnet, kommt nie in ernste Gefahr. Nehmt meinen Ratschlag an und laßt uns alle diesen Ort verlassen.“ Darauf antwortete der Zögerliche von den Drein: „Er hat gut gesprochen. Es gibt jedoch keinen Grund zu solcher Hast. Das ist meine wohlüberlegte Meinung.“ Da sprach der andere Fisch, der für seine Geistesgegenwart bekannt war: „Wenn die Zeit gekommen ist, werde ich stets die richtige Entscheidung treffen.“ Die Antworten seiner zwei Begleiter hörend, schwamm der klug Vorausdenkende unverzüglich durch einen Fluß und erreichte einen anderen tiefen See. Als die Fischer nach einiger Zeit sahen, daß das Wasser flach genug war, trieben sie die verbleibenden Fische mit verschiedenen Mitteln zusammen. Sie begannen, den Rest des Wassers aufzuwühlen und die Fische einzufangen, wobei der zögerliche Sakula mit vielen anderen gefangen wurde. Während die Fischer alle Fische in ein großes Netz einschlossen, fühlte sich der geistesgegenwärtige Sakula in der Gesellschaft der Gefangenen sicher, zerbiß ein Stück des Netzes und blieb ruhig unter ihnen, weil er erkannte, daß er dies jetzt tun sollte, um den Anschein zu erwecken, daß alle gefangen wurden. Und als die Fischer glaubten, daß alle Fische im Netz waren, schleppten sie ihren Fang ein

Stück ins tiefere Wasser, um sie zu waschen. In diesem Moment flüchtete der geistesgegenwärtige Sakula aus dem Netz. Jener Fisch jedoch, der unwissend, stumpfsinnig und ohne Klugheit immer nur zögerte, konnte nicht entkommen und traf auf seinen Tod.

Bhishma fuhr fort:
So trifft jeder auf seinen Untergang wie der zögerliche Fisch, der aus Mangel an Intelligenz die Stunde der Gefahr nicht vorhersehen konnte. Wer sich klug wähnt, aber zur rechten Zeit nicht sein Wohl sucht, wie der geistesgegenwärtige Sakula, kommt ebenfalls in große Gefahr. Folglich gibt es zwei, die ihr Glück bewahren: Der Vorausschauende und der Geistesgegenwärtige. Wer jedoch unentschlossen und zögerlich ist, der trifft schnell auf seinen Untergang. Verschiedenartig sind die Abschnitte der Zeit, wie Sekunde, Minute, Stunde, Tag, Nacht, Woche, Monat, Jahr oder Zeitalter. Die Abschnitte der Erde werden Orte genannt. Dagegen kann man die Zeit nicht direkt sehen. Ob der Erfolg eines Zieles erreicht wird oder nicht, hängt von der Art und Weise ab, wie der Geist *(zur rechten Zeit und am rechten Ort)* darauf konzentriert ist. Diese zwei, der Voraussehende und der Gegenwärtige, werden von den Rishis als die Besten der Menschen in allen Abhandlungen über Tugend und Gewinn bezeichnet und sogar bezüglich der Befreiung. Wer mit Gegenwärtigkeit und Voraussicht die rechten Mittel für seine Ziele verwendet, wird immer viel gewinnen. Wer dabei noch die jeweiligen Bedingungen von Ort und Zeit beachtet, kann alles erreichen.

Kapitel 138 - Der Disput zwischen Katz und Maus über die Freundschaft

Yudhishthira sprach:
Du sagtest, oh Stier der Bharatas, daß Intelligenz, die für die Zukunft vorsorgt, wie auch jene, die den gegenwärtigen Problemen offen begegnen kann, überall höher ist, während Zögerlichkeit zum Untergang führt. Ich wünsche, oh Großvater, über diese höhere Intelligenz zu hören, womit ein König, der in den heiligen Schriften erfahren ist wie auch in Tugend und Gewinn, nicht überwältigt wird, selbst wenn er von vielen Feinden umgeben ist. Dies frage ich dich, oh Führer der Kurus. Mögest du mich diesbezüglich belehren. Ich wünsche alles zu hören, vor allem das, was in den Schriften über die Art und Weise dargelegt wird, wie sich ein König verhalten sollte, wenn er von übermächtigen Feinden angegriffen wird. Wenn ein König in Not gerät, werden sich eine Vielzahl Feinde, die er mit seinen vergangenen Taten provoziert hat, gegen ihn formieren, um zu siegen. Wie kann ein König, der schwach und allein ist, seinen Kopf retten, wenn er von allen Seiten von vielen mächtigen Königen zugleich herausgefordert wird? Wie sollte ein König in solchen Zeiten Freunde und Feinde unterscheiden? Wie, oh Stier der Bharatas, sollte er sich in solchen Zeiten zu Freunden und Feinden verhalten? Wie sollte ein König, der sein Wohl sucht, reagieren, wenn die vermeintlichen Freunde zu Feinden werden? Mit wem sollte er Krieg führen, und mit wem sollte er Frieden schließen? Wie sollte er sich inmitten der Feinde verhalten, selbst wenn er sich stark fühlt? Oh Feindever-

nichter, dies betrachte ich als eine der wichtigsten Fragen bezüglich der Erfüllung der königlichen Pflichten. Es gibt wenige Menschen, die eine Antwort auf diese Frage hören, und keiner kann sie beantworten, außer Bhishma, dem Sohn des Shantanu, der in der Wahrheit fest gegründet ist und alle Sinne unter Kontrolle hat. Oh höchst Gesegneter, bedenke diese Frage und belehre mich diesbezüglich.

Bhishma sprach:
Oh Yudhishthira, diese Frage ist deiner wahrlich würdig. Ihre Antwort ist voller Segen. So höre mich, oh Sohn, wie ich dir alle allgemein bekannten Aufgaben erkläre, die in Notzeiten einer Erfüllung bedürfen. Mal wird ein Feind zum Freund und mal ein Freund zum Feind. Der Lauf menschlicher Handlungen ist durch die endlosen Kombinationen der wechselnden Bedingungen niemals sicher. Bezüglich dessen, was getan oder vermieden werden sollte, ist es notwendig, stets die Bedingungen von Ort und Zeit zu beachten. Entsprechend sollte man entweder Frieden oder Krieg suchen. Die weisen und gelehrten Menschen, die dein Wohl wünschen, sollte man mit aller Kraft stets als Freunde gewinnen. Man sollte sogar mit Feinden Frieden schließen, wenn sich das Leben, oh Bharata, nicht anders bewahren läßt. Der dumme Mensch, der niemals Frieden mit Feinden schließen kann, wird kaum etwas gewinnen oder jene hohen Früchte erreichen, um die sich alle bemühen. Wer dagegen Frieden mit Feinden und Krieg gegen Freunde entsprechend den jeweiligen Bedingungen führen kann, wird große Früchte ernten. Diesbezüglich wird die alte Geschichte über ein Gespräch zwischen einer Katze und einer Maus am Fuße eines Banian Baumes erzählt:

Es gab einst einen großen Banian Baum inmitten eines riesigen Waldes. Er war mit vielen Arten von Kletterpflanzen bedeckt und ein Wohnort verschiedenartigster Vögel. Er hatte einen mächtigen Stamm, aus dem sich zahlreiche Äste in alle Richtungen ausstreckten. Er war entzückend anzuschauen und sein Schatten höchst erfrischend. Er stand in der Mitte des Waldes, und verschiedenartige Tiere lebten von ihm. Auch eine Maus mit großer Weisheit namens Palita *(„Vorsicht“)* lebte am Fuße dieses Baumes und hatte sich dort eine Höhle mit hundert Ausgängen geschaffen. Auf den Zweigen des Baumes wohnte glücklich eine Katze namens Lomasa *(„Haarige“)*, die täglich einige Vögel verschlang. Eines Tages kam ein Chandala in den Wald und baute sich dort eine Hütte. Jeden Abend nach Sonnenuntergang legte er seine Fallen aus. Und nachdem er die Netze aus ledernen Schnüren ausgebreitet hatte, ging er zu seiner Hütte und verbrachte glücklich die Nacht im Schlaf, um in der Morgendämmerung an jene Orte zurückzukehren. Jede Nacht gingen verschiedene Tiere in seine Fallen. Und so geschah es auch, daß eines Tages die Katze in einem Moment der Unachtsamkeit in den Schlingen gefangen wurde. Oh Weiser, als die Katze, die ein natürlicher Feind der Mäuse ist, im Netz gefangen war, kam die Maus Palita aus ihrem Loch und begann furchtlos umherzustreifen. Während sie vertrauensvoll auf der Suche nach Nahrung durch den Wald wanderte, sah die Maus das Fleisch *(das der Chandala dort als Köder ausgelegt hatte)*. Die Falle betretend, begann das kleine, leichte Tier, das Fleisch zu fressen und lachte im Inneren über ihren

Feind, der hilflos im Netz hing. Beim Fressen vergaß die Maus fast jede Gefahr, als sie plötzlich ihre Augen auf einen schrecklichen Feind richtete, der sich näherte. Dieser Feind war niemand anders als ein ruheloser Mungo mit kupferfarbigen Augen namens Harita *(„Dunkler“)*. Mit einem Körper, der einer Schilfblüte glich, versteckte und lebte er in unterirdischen Höhlen. Angelockt durch den Geruch der Maus kam das Tier schnell heraus, um seine Beute zu verschlingen. Schon stand er auf seinen Hinterbeinen mit erhobenem Kopf und leckte sich die Mundwinkel. Da erblickte die Maus zur gleichen Zeit einen anderen Feind, der in den Bäumen lebte und auf einem Ast des Banian saß. Es war eine nachtwandernde Eule namens Chandraka *(„Mondschein“)* mit scharfem Schnabel. Bei Anblick des Mungos und der Eule begann die Maus in großer Furcht zu denken:
In solcher Zeit größter Gefahr, wenn der Tod selbst mir ins Gesicht schaut, wenn es auf jeder Seite nur Schrecken gibt, wie sollte man da handeln, wenn man sein Wohl wünscht? Ich bin umringt von Gefahren und erblicke in jeder Richtung Feinde. Ich fürchte, mein Leben ist schwer bedroht. Meine Überlebenschance ist eins zu hundert. Gegenwärtig umgibt mich auf jeder Seite eine Gefahr. Wenn ich von dieser Falle auf dem Boden ohne entsprechende Vorsichtsmaßnahmen herabspringen sollte, wird mich sicher der Mungo ergreifen und verschlingen. Wenn ich auf dieser Falle bleibe, wird mich die Eule fassen. Und falls es diese Katze schafft, sich aus dem Netz zu entwirren, wird sie mich verschlingen. Es ist jedoch nicht gut, wenn jemand mit Intelligenz seine Vernunft verliert. Ich werde deshalb mit aller Kraft kämpfen, um mein Leben mit geschickten Mitteln und Intelligenz zu retten. Wer mit Intelligenz und Weisheit gesegnet ist und die rechten Mittel kennt, wird nie untergehen, wie groß und schrecklich auch die drohende Gefahr ist. Zur Zeit sehe ich jedoch keine andere Zuflucht als diese Katze. Sie ist zwar ein Feind, aber auch in Not. Der Dienst, den ich ihr tun kann, ist sehr groß. Wie sollte ich sonst handeln, um mein Leben zu retten, wenn ich von drei Feinden bedroht werde? Ich sollte jetzt den Schutz von einem dieser Feinde suchen, nämlich der Katze. Durch geschicktes Handeln will ich der Katze zu ihrem Wohle raten, so daß ich durch Klugheit allen drein entfliehen kann. Die Katze ist zwar mein großer Feind, aber auch in große Not gefallen. So will ich versuchen, ob ich dieses einfältige Wesen von ihren eigenen Interessen überzeugen kann. In solcher Qual könnte sie Frieden mit mir schließen. Wer durch einen Stärkeren bedrängt wird, sollte sogar mit einem Feind Frieden schließen. Die Gelehrten in der Politik sagen, daß sich ein Bedrängter so verhalten sollte, wenn er die Sicherheit seines Lebens sucht. In gefährlicher Lage ist ein kluger Feind besser als ein dummer Freund. So liegt mein Leben jetzt völlig in den Händen meines Feindes, der Katze, und ich werde sie bezüglich ihrer eigenen Befreiung ansprechen. Es ist wohl richtig, unter solchen Umständen die Katze als einen intelligenten und nützlichen Feind anzusehen.

Auf diese Weise überlegte sie, als sie die Feinde umgaben. Danach sprach die Maus, die mit den Wegen des Gewinns und den rechten Gelegenheiten für Frieden oder Krieg wohlvertraut war, mit süßen Worten zur Katze:
Ich spreche in Freundschaft zu dir, oh Katze! Lebst du noch? Ich möchte, daß

du lebst. Ich wünsche das Wohl von uns beiden. Oh Liebenswürdige, du hast keinen Grund zur Angst. Du sollst glücklich leben. Ich werde dich retten, wenn du mich nicht tötest. Es gibt einen guten Ausweg aus dieser Situation, der sich mir angedeutet hat, und wodurch du fliehen könntest, zum großen Nutzen für uns beide. Durch ernsthaftes Nachdenken habe ich diesen Ausweg für mich und dich erkannt, der uns nützlich sein wird. Dort sind Mungo und Eule, die beide mit übler Absicht lauern. Nur so lange, oh Katze, wie sie mich nicht angreifen, ist mein Leben sicher. Sieh nur, wie mich diese elende Eule mit ruhelosen Blicken und entsetzlichem Geschrei vom Ast dieses Baums anstarrt, was mich äußerst ängstigt. Eine Freundschaft mit Wohlgesinnten bedarf nur sieben gemeinsamer Schritte. Werde mein weiser Freund! Dann werde ich auch dich als Freund behandeln, und du brauchst keine Angst mehr zu haben. Ohne meine Hilfe, oh Katze, wirst du es niemals schaffen, das Netz zu zerreißen. Ich könnte es jedoch durchnagen, um dir zu helfen, wenn du davon abläßt, mich zu töten. Du hast in diesem Baum gelebt und ich an seinem Fuße. Wir beide haben hier viele lange Jahre gewohnt. All das ist dir bekannt. Ein Wesen, dem niemand vertraut und das niemandem vertraut, wird von den Weisen nie gelobt. Sie sind beide unglücklich. Laß uns deshalb ein Bündnis schließen, damit unsere Liebe zueinander wachsen kann. Die Weisen loben nie den Versuch, eine Handlung zu vollbringen, wenn die rechte Gelegenheit verpaßt wurde. Erkenne, daß die richtige Zeit für unser Bündnis gekommen ist. Ich wünsche, daß du lebst, und du solltest auch wünschen, daß ich lebe. Ein Mensch kann einen tiefen und großen Fluß auf einem Stück Holz überqueren. Man sieht, wie er das Stück Holz an das Flußufer schleppt, damit ihn das Stück Holz auf die andere Seite tragen kann. Ähnlich wird auch dieses Bündnis uns beiden Glück bringen. Ich werde dich retten, und du wirst mich retten.

Nachdem die Maus diese Worte gesprochen hatte, die für beide vorteilhaft waren, voller Bedeutung und diesbezüglich höchst annehmbar, wartete sie auf eine Antwort der Katze. Und wahrlich, dieser Feind der Maus mit Urteilskraft und Voraussicht antwortete ihr. Zuerst bedachte die Katze ihren Zustand, lobte dann voller Intelligenz und Redegewandtheit die Worte des Sprechers und ehrte die Maus durch eine freundliche Antwort. Mit scharfen Zähnen und Augen wie Lapislazuli antwortete die Katze Lomasa mit hoffnungsvoller Miene:
Ich bin erfreut über dich, oh Liebenswürdige! Gesegnet seist du, da du wünschst, daß ich lebe! Vollbringe ohne zu zögern, was du als vorteilhaft betrachtest, denn ich bin wahrlich in großer Not. Aber du scheinst, wenn das überhaupt möglich ist, in noch größerer Not zu sein. Laß uns unverzüglich dieses Bündnis schließen! Ich werde tun, was dafür nützlich und nötig ist, oh Mächtige. Wenn du mich rettest, werde ich dir dienen. Ich gebe mich in deine Hände und bin dir ganz ergeben. Ich werde dir aufwarten und wie ein Schüler dienen. Ich suche deinen Schutz und werde stets deinen Geboten folgen.

So angesprochen, antwortete die Maus Palita der Katze, die nun völlig unter ihrer Kontrolle war, und sprach folgende Worte mit ernster Bedeutung und hoher Weisheit:
Du hast höchst großmütig gesprochen. Ich hätte von dir kaum etwas anderes

erwartet. So höre mich, wie ich dir den Ausweg offenbare, den ich erkannt habe, und der uns beiden nützen wird. Ich werde mich unter deinem Körper verkriechen. Damit rette mich, denn der Mungo macht mir größte Angst. Doch friß mich nicht, denn ich kann dich retten. Beschütze mich auch vor der Eule, denn diese Üble will mich ebenfalls als ihre Beute ergreifen. Dann werde ich die Schlinge zernagen, die dich fesselt. Das schwöre ich bei der Wahrheit, oh Freund!

Diese vernünftigen und bedeutungsvollen Worte hörend, richtete Lomasa voller Entzücken ihre Augen auf Palita und lobte die Maus mit Willkommensrufen. Nach ihrem freundlich gesinnten Lob überlegte sie für einen Moment und sprach dann froh, ohne weitere Zeit zu verlieren:
Komm schnell zu mir! Gesegnet seist du, denn du bist wahrlich ein Freund, der mir so lieb wie mein Leben ist. Oh Weisheitsvolle, durch deine Gnade könnte ich mein Leben zurückbekommen. Gebiete und ich werde alles tun, was in meiner Macht steht! Laß Frieden zwischen uns sein, oh Freund! Bin ich erst von dieser Gefahr befreit, werde ich mit all meinen Freunden und Verwandten alles tun, was angenehm und vorteilhaft für dich ist. Oh Liebenswürdige, wenn ich aus dieser Not befreit bin, werde ich mich sicher bemühen, dich zu erfreuen. Ich werde dich als Dank für deinen Dienst bei jeder Gelegenheit verehren. Auch wenn jemand reichliche Dienste als Dank vollbringt, wird er doch niemals jenem gleich, der ihm zuerst Gutes getan hat. Denn stets vollbringt er seinen Dienst als Gegenleistung für einen erhaltenen Dienst und handelt nicht wie der Erstere ohne diese Motivation.

Bhishma fuhr fort:
Nachdem die Maus der Katze ihre eigenen Interessen klargemacht hatte, kroch sie vertrauensvoll unter den Körper ihres Feindes. Klug und abgesichert vor der Katze, lag die Maus nun vertrauensvoll unter der Brust der Katze, als ob es der Schoß ihres Vaters oder ihrer Mutter wäre. Und beim diesem Anblick verloren Mungo und Eule alle Hoffnung, diese Beute zu ergreifen. Wahrlich, angesichts der Zutraulichkeit zwischen Maus und Katze, waren Harita und Chandraka höchst verwirrt und erstaunt. Sie hatten beide Kraft und Intelligenz. Doch trotz ihrer Erfahrung im Ergreifen der Beute, sahen sich Mungo und Eule außerstande, Maus und Katze zu trennen. Wahrlich, angesichts dieses außergewöhnlichen Bündnisses zum gegenseitigen Nutzen, verließen sie beide den Ort und zogen sich in ihre jeweiligen Behausungen zurück. Danach begann die Maus Palita, die in den Bedingungen von Ort und Zeit erfahren war, langsam die Schnüre des Netzes zu zernagen, als sie unter dem Körper der Katze lag, und wartete auf die rechte Zeit, um ihre Arbeit zu beenden. Doch gequält durch die Schnüre, die sie fesselten, wurde die Katze ungeduldig, als sie sah, wie die Maus nur langsam die Schlingen zernagte. Und angesichts der Langsamkeit sprach die Katze, um das Werk zu beschleunigen:
Warum, oh Liebenswürdige, fährst du in deiner Arbeit nicht schneller fort? Mißachtest du mich jetzt, nachdem ich deinen Wunsch erfüllt habe? Oh Feindevernichter, zerbeiße schnell diese Schnüre! Der Jäger wird sicher bald erscheinen.

So angesprochen von der ungeduldigen Katze, die wohl nicht viel Weisheit besaß, antwortet die kluge Maus die folgenden, vorteilhaften Worte, die zu ihrem Wohle waren:
Warte und schweige, oh Liebenswürdige! Eile ist nicht notwendig. Beherrsche all deine Ängste! Wir kennen die Bedingungen der Zeit und verschwenden diese nicht. Wenn eine Tat zur unrechten Zeit vollbracht wird, wird sie nie erfolgreich werden. Doch eine Tat zur rechten Zeit, bringt stets gute Früchte. Wenn du zur falschen Zeit befreit wirst, werde ich große Angst vor dir haben müssen. Deshalb warte noch und sei nicht ungeduldig, oh Freund! Wenn der bewaffnete Jäger erscheint, und wir beide voller Angst sind, werde ich die Schnüre zerbeißen. Befreit, wirst du schnell in den Baum springen. Und in diesem Moment wirst du an nichts anderes denken, als dein Leben zu retten. Und während du, oh Lomasa, in Furcht fliehen wirst, um den Baum zu erklimmen, werde ich in mein Loch schlüpfen.

So angesprochen mit Worten, die für die Maus von Vorteil waren, antwortete die Katze, die mit Intelligenz und Redegewandtheit gesegnet war und voller Ungeduld, ihr Leben zu retten. Es sprach also die Katze, die ihren Teil des Vertrags schnell und richtig erfüllt hatte, zur Maus, die mit ihrem Teil keine Eile hatte:
Ich habe dich schnell aus großer Gefahr gerettet. Ach! Ehrliche Personen helfen ihren Freunden niemals auf diese Weise. Voller Freude über ihren Dienst, handeln sie, ohne zu säumen. Du solltest dich beeilen, das zu tun, was zu meinem Wohl ist. Oh Weisheitsvolle, streng dich etwas an, so daß uns beiden Gutes geschieht. Falls du dich aber an unsere ehemalige Feindschaft erinnerst und die Zeit verstreichen läßt, um zu entschlüpfen, dann wisse, oh übelgesinnte Kreatur, daß diese Tat *(durch diese Sünde)* dein Leben verkürzen wird! Wenn ich dir jemals unbewußt irgendein Unrecht getan habe, dann vergiß es bitte. Ich flehe um deine Vergebung! Sei gnädig mit mir!

Nachdem die Katze so gesprochen hatte, antwortete die Maus, die mit Intelligenz und Weisheit sowie den Kenntnissen der Gebote gesegnet war, mit diesen ausgezeichneten Worten:
Ich habe gehört, oh Katze, was du bezüglich deiner Ziele gesagt hast. Höre jedoch auch, was mit meinen Zielen im Einklang steht. Eine Freundschaft, in der es Gefahr gibt und die ohne Gefahr gar nicht entstanden wäre, sollte mit größter Vorsicht bewahrt werden, wie die Hand *(des Schlangenbeschwörers)* vor den Giftzähnen der Schlange. Wer sich nicht beschützt, wenn er ein Bündnis mit einem Stärkeren schließt, wird sehen müssen, wie dieses Bündnis mehr schadet als hilft. Niemand ist für immer dein Freund. Niemand ist für immer dein Wohlgesinnter. Personen werden Freunde oder Feinde entsprechend den Motiven ihrer Interessen. Interesse wirbt Interesse, wie gezähmte Elefanten ihre wilden Artgenossen fangen. Nachdem ein Werk vollendet wurde, ist der Ausführende kaum noch wichtig. Deshalb sollten alle Werke so durchgeführt werden, daß stets etwas übrigbleibt, was noch getan werden müßte. Wenn ich dich freigebe, während du von der Angst vor dem Jäger übermannt wirst, dann wirst du um dein Leben laufen, ohne je daran zu denken, mich zu ergreifen.

Sieh, alle Schnüre dieses Netzes sind von mir zerbissen worden. Nur eine ist noch übrig, die ich ebenfalls schnell zerbeißen kann. So sei beruhigt, oh Lomasa!

Während Maus und Katze auf diese Weise unter ernster Gefahr miteinander sprachen, neigte sich die Nacht dem Ende zu. Und damit drang eine große Angst ins Herz der Katze. Als schließlich der Morgen graute, erschien der Chandala Parigha *(„Schlächter")* an diesem Ort. Sein Anblick war schrecklich. Sein Haar war dunkelbraun, sein Bauch groß und seine Erscheinung äußerst wild. Sein riesiger Mund reichte von Ohr zu Ohr. Er war ganz schmutzig und hatte äußerst lange Ohren. Bewaffnet und begleitet von einer Hundeschar, erschien dieser grimmige Mann am Ort des Geschehens. Und beim Anblick dieser Person, die einem Boten von Yama glich, wurde die Katze völlig von Panik überwältigt und sprach zu Palita: „Was willst du jetzt tun?" Da zernagte die Maus eilig die restliche Schnur, welche die Katze noch zurückhielt. Vom Netz befreit rannte die Katze so schnell sie konnte und erreichte den Banian Baum. Auch Palita floh davon, befreit von der großen Gefahr und den schrecklichen Feinden, und verschwand in ihrem Loch, wie auch Lomasa inzwischen den hohen Baum erklettert hatte. Der Jäger sah sich um, hob sein Netz auf und verließ enttäuscht den Ort, um in seine Hütte zurückzukehren, oh Stier der Bharatas. Befreit von ihrer großen Gefahr und zurück im Leben, das so wertvoll ist, sprach die Katze aus den Zweigen des Baumes nach einiger Zeit zur Maus Palita, die aus ihrem Loch linste:
Ohne mit mir sprechen zu wollen, läufst du immer schnell davon. Ich hoffe, du verdächtigst mich nicht irgendeiner schlechten Absicht. Ich bin wahrlich dankbar, denn du hast mir einen großen Dienst erwiesen. Du hast mein Vertrauen geweckt und mir mein Leben zurückgegeben. Warum kommst du nicht zu mir in einer Zeit, wenn Freunde die Süße der Freundschaft genießen sollten? Wer Freundschaft geschlossen hat und sie später vergißt, wird als übelgesinnte Person betrachtet und kann in Zeiten der Not und Gefahr keine Freunde finden. Ich bin, oh Freund, von dir geehrt worden, indem du mir mit all deiner Kraft geholfen hast. Mögest du meine Gesellschaft genießen, da ich dein Freund geworden bin. Wie Schüler ihren Lehrer verehren, so werden all meine Freunde, Verwandten und Angehörigen dich achten und ehren. Und so werde auch ich dich mit all deinen Freunden und Angehörigen ehrfürchtig behandeln. Welche dankbare Person würde ihren Lebensretter nicht verehren? Sei du der Herr sowohl meines Körpers als auch meines Hauses. Sei du der Empfänger meines ganzen Reichtums und Besitzes. Sei du mein verehrter Berater und gebiete über mich wie ein Vater. Ich schwöre bei meinem Leben, daß du keine Angst vor uns haben mußt. An Intelligenz bist du dem Usanas gleich *(dem Lehrer der Dämonen)*. Durch die Macht deines Verstandes hast du uns besiegt. Begabt mit der Kraft des geschickten Handelns, hast du unser Leben gerettet.

Nach solch beruhigenden Worten der Katze antwortete die Maus, die mit allem bekannt war, was zum höchsten Nutzen ist, mit freundlichen Worten, die zu ihrem Wohle waren:
Ich habe alles gehört, oh Lomasa, was du gesprochen hast. So höre jetzt auch, wie ich darüber denke. Freunde sollten gut ausgesucht werden, wie man auch

Feinde gut beobachten sollte. Eine solche Aufgabe wird in dieser Welt sogar von Gelehrten als schwierig erachtet, abhängig von der jeweiligen Intelligenz. Schnell nehmen Freunde die Gestalt von Feinden an und Feinde die Gestalt von Freunden. Wenn Bündnisse der Freundschaft geschlossen werden, ist es für die Beteiligten oft schwierig zu erkennen, ob die anderen durch Begierde oder Zorn bewegt werden. Es gibt keinen absoluten *(bzw. „unbedingten")* Feind und auch keinen absoluten Freund. Es ist die Kraft der Bedingungen *(bzw. Umstände)*, die Freunde und Feinde schafft. Wer seine eigenen Interessen als gesichert betrachtet, solange eine andere Person lebt, und sie gefährdet sieht, wenn sie stirbt, betrachtet diese Person als Freund nur solange, wie jene Interessen nicht durchkreuzt werden. Es gibt keine Beziehung, die dauerhaft den Namen Freundschaft oder Feindschaft verdiente. Freunde und Feinde entstehen bezüglich der jeweiligen Interessen und Nützlichkeiten. Damit kann sich Freundschaft im Laufe der Zeit schnell in Feindschaft wandeln, wie auch ein Feind zum Freund werden kann. Die eigenen Interessen sind sehr mächtig. Wer stets blindes Vertrauen zu Freunden hat und immer nur Mißtrauen zu Feinden ohne jede Rücksicht auf Vernunft, wird sein Leben bald bedroht finden. Wer jegliches geschicktes Handeln ignoriert und nach einer anhaftenden *(bzw. unbedingten)* Verbindung mit Freunden oder Feinden strebt, wird bald als geistesgestört betrachtet. Man sollte sein Vertrauen nie auf einen setzten, der dafür unwürdig ist, noch sollte man einem Vertrauenswürdigen zu viel vertrauen. Die Gefahr, die aus blindem Vertrauen entsteht, bedroht die eigenen Wurzeln. Vater, Mutter, Kinder, Onkel und andere Verwandte und Angehörige werden alle durch Erwägungen von Interessen und Nützlichkeiten geleitet. So kann man sehen, daß Vater und Mutter sogar ihren langgeliebten Sohn verstoßen, wenn er ihnen nicht folgt. Die Leute achten sehr auf sich selbst. Schau nur die Wirkung des Eigennutzes!

Oh Intelligenter, dein Schicksal ist wahrlich schwer, wenn du sofort, nachdem du von anderen aus einer großen Gefahr befreit wurdest, schon wieder anderen helfen willst. Du kamst damals aus dem Baumwipfel herab und konntest in deiner Leichtsinnigkeit nicht sehen, daß dort ein Netz ausgebreitet lag. Ein Leichtsinniger kann sich selbst kaum beschützen. Wie sollte er anderen helfen? Solch eine Person ruiniert zweifellos all ihre Taten. Du sagtest mir mit süßen Worten, wie lieb ich dir bin. Höre jedoch, oh Freund, wie ich darüber denke. Man wird zum Freund unter entsprechenden Bedingungen und zum Feind unter anderen Bedingungen. Diese ganze Welt der Geschöpfe wird vom Wunsch nach Gewinn getrieben. Keiner liebt einen anderen *(ohne Ursache)*. Selbst die Freundschaft zwischen zwei leiblichen Brüdern oder die Liebe zwischen Mann und Frau hängt von Interessen ab. Ich kenne keine Art der Zuneigung zwischen irgendwelchen Personen, die von eigensinnigen Motiven frei wäre. Häufig sieht man, daß sich Brüder oder Ehegatten, die sich gestritten haben, danach aus natürlicher Zuneigung wieder verbünden. So etwas sieht man aber nicht zwischen Personen, die nichts miteinander zu tun haben. Der eine wird liebenswürdig wegen seiner Großzügigkeit, ein anderer wegen seiner süßen Worte, ein Dritter wegen seiner tugendhaften Taten. Gewöhnlich liebt man eine Person für den Zweck, dem sie dient. So entstand auch die Zuneigung zwischen uns aus einer triftigen Ursache. Doch diese Ursache besteht nun nicht mehr, so wenig wie die Zuneigung zwischen uns. Was ist jetzt der Grund, so frage ich dich, weshalb ich dir so lieb bin, außer deinem natürlichen Wunsch, mich zu deiner Beute zu machen? Du solltest wissen, daß ich diesbezüglich nicht vergeßlich bin. Die Zeit wandelt die Ursachen. Auch du suchst deine eigenen Interessen. Andere jedoch, die mit Weisheit gesegnet wurden, verstehen ihre Interessen, und die Welt folgt ihnen. Du solltest solche *(verführerischen)* Worte nicht an eine Person richten, die mit Weisheit begabt ist und ihre Interessen kennt. Du bist voller Kraft *(und der Stärkere von uns beiden),* und deine gegenwärtige Zuneigung ist jetzt unpassend.

Indem ich mein Wohl bedenke, bin ich in Frieden und Krieg beständig, die selbst sehr unbeständig sind. Die Umstände, unter denen Frieden geschlossen oder Krieg erklärt werden sollte, ändern sich ebenso schnell, wie die Wolken ihre Formen. An einem Tag bist du mein Freund, am nächsten wieder mein Feind. So bist du nun erneut mein Feind geworden. Schau nur die Vergänglichkeit der Erwägungen, wodurch die Lebewesen bewegt werden! Es gab Freundschaft zwischen uns, so lange ein Grund dafür existierte. Dieser Grund ist mit der Zeit vergangen und mit ihm unsere Freundschaft. Du bist mein natürlicher Feind. Unter außergewöhnlichen Umständen wurdest du mein Freund. Aber diese Umstände sind wieder vergangen. Der alte Zustand unserer Feindschaft, der völlig natürlich ist, ist nun zurückgekehrt. Sage mir, warum ich jetzt um deinetwillen dieses gefährliche Netz betreten sollte, das für mich ausgebreitet wurde, wenn ich doch die Gebote des geschickten Handelns kenne? Durch deine Stärke wurde ich von einer großen Gefahr befreit, wie auch du durch meine Kraft. Jeder von uns hat dem anderen gedient. Es gibt nun keinen Grund mehr, weshalb wir uns wieder freundschaftlich verbünden sollten. Oh Liebenswürdige, dein Ziel wurde erfüllt, wie auch das meine. Welchen Nutzen hätte ich jetzt noch für dich, außer einer guten Mahlzeit? Ich bin deine natürliche Nahrung, und du bist mein Jäger. Ich bin schwach, und du bist stark. Es kann keine beständige Freundschaft zwischen uns geben, wenn wir so ungleich sind. Ich verstehe deine Absichten. Aus dem Netz bist du gerettet und lobst mich so sehr, um leicht eine Mahlzeit aus mir zu machen. Du wurdest wegen deines Hungers im Netz gefangen. Dann wurdest du daraus befreit, und nun fühlst du wieder den quälenden Hunger. Nachdem du Zuflucht zu meiner Weisheit genommen hattest, versuchst du mich jetzt zu fressen. Ich weiß, daß du Hunger hast und dies die Stunde ist, in der du immer frißt. Du suchst nach Beute und richtest deine Augen auf mich. Du hast Kinder und Ehefrauen. Und du suchst trotzdem die Freundschaft mit mir und wünschst, mich mit Zuneigung zu behandeln und mir zu dienen? Oh Freund, ich kann diesem Vorschlag nicht vertrauen. Mich an deiner Seite sehend, warum sollten deine lieben Gattinnen oder Kinder mich nicht fressen? Ich werde deshalb eine Freundschaft mit dir scheuen. Es gibt keinen Grund mehr dafür.

Doch wahrlich, wenn du meinen guten Dienst nicht vergessen willst, dann bedenke, was gut für mich ist. Welches intelligente Wesen würde sich in die Hände eines Feinds geben, der für Gerechtigkeit nicht bekannt ist, den der

Hunger treibt und der nach Beute Ausschau hält? Sei gesegnet, ich werde jetzt gehen. Alles warnt mich vor dir, selbst wenn ich dich von weitem sehe. Ich werde mich nicht mit dir verbünden, beende deine Versuche, oh Lomasa! Wenn du denkst, daß ich dir einen guten Dienst getan habe, dann folge den Geboten der Freundschaft, falls ich einmal vertrauensvoll oder unachtsam umherstreife. Dann wäre wahrlich Dankbarkeit in dir. Ein Wohnsitz in der Nähe einer kraft- und machtvollen Person wird nie gelobt, selbst wenn die einstige Gefahr als vergangen betrachtet wird. Ich sollte mich immer vor jenen fürchten, die stärker sind. Wenn du allerdings nicht deine natürlichen Interessen suchst, dann sage mir, was ich für dich tun sollte. Ich werde dir sicher alles geben, außer meinem Leben. Um sein Leben zu bewahren, sollte man alles opfern können, sogar Familie, Königreich, Juwelen und Reichtum. Denn so lange man lebt, läßt sich die ganze Fülle wiedererlangen, die man den Feinden opfern mußte, um das Leben zu bewahren. Es ist niemals gut, das Leben wie irgendwelchen Besitz aufzugeben. Es sollte wahrlich beschützt werden, wie ich schon sagte, selbst wenn man Ehefrauen und Reichtum aufgeben muß. Wer sich immer mit Achtsamkeit beschützt und mit rechter Erwägung und Umsicht handelt, der wird infolge seiner Taten nie von Gefahren überwältigt. Die Schwachen sollten die Stärkeren stets fürchten. So wird ihre Vernunft, gegründet in der Wahrheit der heiligen Schriften, stets verläßlich bleiben.

Nach dieser freundlichen Rüge von der Maus errötet die Katze voller Scham und sprach zu Palita:
Aufrichtig schwöre ich dir, daß es nach meiner Meinung sehr tadelnswert ist, einen Freund zu verletzen. Ich kenne deine Weisheit. Ich weiß auch, daß du mein Wohl wünschst. Geführt durch die Gebote des Gewinns, sprachst du jedoch von einem Grund für einen Bruch zwischen uns. Du solltest mich, oh guter Freund, nicht verkennen. Ich hege große Freundschaft zu dir, weil du mein Leben gerettet hast. Auch ich kenne die Aufgaben im Leben und würdige die Verdienste anderer. Ich bin für erhaltene Dienste sehr dankbar und selbst dem Dienst an Freunden hingegeben, besonders dir. Deshalb, oh guter Freund, mögest du dich mit mir wieder verbünden. Auf deinen Befehl hin würde ich mit all meinen Angehörigen und Verwandten mein Leben opfern. Die Gelehrten und Weisen loben das Vertrauen in Personen mit einer geistigen Gesinnung, wie wir sie haben. Oh Erfahrene in den Wahrheiten der Tugend, es ziemt sich nicht für dich, mich auf irgendeine Weise zu verdächtigen.

So angesprochen von der Katze, überlegte die Maus ein wenig und sprach dann diese bedeutungsvollen Worte:
Du bist wahrlich eine gute Katze. Ich habe alles gehört, was du gesagt hast und war erfreut, dich so zu hören. Dessen ungeachtet, kann ich dir jedoch nicht vertrauen. Du kannst weder durch solche Lobreden noch durch reiche Geschenke unserer Freundschaft erzwingen. Ich sage dir aufrichtig, oh Freund, daß sich kein Weiser ohne triftigen Grund unter die Macht eines stärkeren Feindes stellt. Ein Schwacher, der ein Bündnis mit einem Stärkeren geschlossen hat, als beide von Feinden bedroht wurden, sollte stets achtsam sein und mit Bedacht handeln. Wenn das Ziel erreicht ist, sollte der Schwächere nicht weiter dem

Stärkeren vertrauen. Man sollte niemals einem vertrauen, der es nicht verdient hat, noch irgend jemandem blind. Man sollte allerdings stets bestrebt sein, das Vertrauen der anderen zu gewinnen, ohne jemals das Vertrauen auf einem Feind ruhen zu lassen. So sollte man unter allen Umständen sich selbst beschützen. Denn alle Besitztümer, die Kinder und alles andere sind nur so lange wertvoll, solange man lebendig ist. Kurz gesagt, die höchste Wahrheit in allen Belehrungen über das geschickte Handeln ist *(ein gesundes)* Mißtrauen. So ist Mißtrauen von größtem Nutzen und führt zum Wohlergehen. Wie schwach man auch ist, wenn man seinen Feinden mißtraut, selbst wenn sie stark sind, können sie dich nie unter ihre Macht bringen. Oh Katze, jemand wie ich sollte sein Leben stets vor Personen wie dir beschützen. So beschütze auch dein Leben vor dem Chandala, dessen Zorn erregt wurde!

Nachdem die Maus so sprach, rannte die Katze, die beim Erwähnen des Jägers höchst erschrocken war, eiligst davon und verließ die Zweige des Baumes. Und die weise Maus Palita, die in den Wahrheiten der heiligen Schriften erfahren war und die Kraft ihres Verstandes gezeigt hatte, verschwand in einem anderen Loch.

Bhishma fuhr fort:
Auf diese Weise schaffte es sogar die Maus Palita, obwohl sie schwach und allein war, durch ihre Weisheit viele mächtige Feinde abzuwehren. Wer mit Intelligenz und Gelehrsamkeit begabt ist, sollte mit einem mächtigeren Feind *(auf diese Weise)* Frieden schließen. Maus und Katze konnten entkommen durch ihr Vertrauen auf den Dienst des anderen. Damit habe ich dir ausführlich die Wege der Kshatriya Aufgaben angedeutet. Höre es noch einmal kurzgefaßt: Wenn zwei Personen, die einst in Feindschaft standen, Frieden schließen, ist es sicher, daß sie beide in ihrem Herzen den Wunsch hegen, den anderen zu beherrschen *(bzw. zu benutzen)*. In diesem Fall ist es der Weisere, der durch die Macht seines Verstandes den anderen beherrscht. Wer andererseits ohne Weisheit ist, der quält sich selbst durch seine Unachtsamkeit und wird vom Stärkeren überwältigt. Es ist deshalb nötig, daß man zwar Furcht kennt, aber keine Angst zeigt, und während man anderen nie vollkommen vertraut, sollte man vertrauensvoll erscheinen. Wer mit solcher Achtsamkeit handelt, stolpert nie und wenn, dann geht er nicht zugrunde. Zur rechten Zeit sollte man Frieden mit einem Feind schließen und zur rechten Zeit sollte man Krieg sogar gegen einen Freund führen. Jene, oh König, die mit den Bedingungen von Ort und Zeit vertraut sind, sagen, daß man sich auf diese Weise verhalten sollte. Erkenne dies, oh Monarch, und trage die Wahrheiten der heiligen Schriften im Geist. So sollte man mit all seinen gesammelten Sinnen und voller Achtsamkeit wie ein Angstvoller handeln, aber noch bevor man von der Angst überwältigt wird. Noch bevor sich die Gefahr entfaltet, sollte man wie eine Person in Gefahr handeln und Frieden mit dem Feind schließen. Solche Vorsicht und Achtsamkeit führen zur Scharfsinnigkeit des Verstandes. Wenn man wie ein Mensch in Angst handelt, noch bevor es Grund zur Angst gibt, wird man in jeder Gefahr ohne Angst sein. Denn aus der Angst einer Person, die stets furchtlos *(bzw. unvorsichtig)* gehandelt hat, wird man noch größere Ängste wachsen sehen. „Habe keine

Furcht!" Solch einem Rat sollte man niemandem gegeben. Wer im Bewußtsein seiner menschlichen Schwäche eine gesunde Furcht hegt, sucht immer den Rat von weisen und erfahrenen Menschen. Aus diesen Gründen sollte man Furcht kennen aber keine Angst zeigen, und mit gesundem Mißtrauen sollte man vertrauensvoll erscheinen, ohne selbst in den ernstesten Taten jemals unwahrhaft zu handeln.

So habe ich dir, oh Yudhishthira, die alte Geschichte *(von der Maus und der Katze)* erzählt. Du hast sie gehört, nun handle entsprechend inmitten deiner Freunde und Angehörigen! Indem du aus dieser Geschichte ein hohes Verständnis ableitest und den Unterschied zwischen Freund und Feind, sowie die rechte Zeit für Krieg und Frieden erkennst, wirst du die Mittel finden, um jeder drohenden Gefahr zu entkommen. Nachdem du Frieden in einer Zeit der umfassenden Gefahr mit dem Stärkeren geschlossen hast, solltest du wohlbedacht bezüglich deiner Verbindung mit dem Feind handeln *(nachdem die umfassende Gefahr vergangen ist)*. Wahrlich, wenn dein Ziel erreicht ist, solltest du dem Feind nicht weiter vertrauen. Dieser Weg der Politik steht im Einklang mit der dreifachen Anhäufung *(von Tugend, Gewinn und Vergnügen)*, oh König. Möge dich diese Belehrung führen, und mögest du Wohlstand gewinnen, indem du erneut deine Untertanen beschützt. Oh Sohn des Pandu, suche stets die Gesellschaft der Brahmanen in all deinen Vorhaben! Brahmanen bilden die große Quelle des Wohlstandes sowohl in dieser Welt als auch in der folgenden. Sie sind die Lehrer der Pflichten und der Tugend und stets dankbar, oh Mächtiger. Wenn sie verehrt werden, sichern sie dein Wohl. Deshalb verehre sie stets, oh König! Dann wirst du standesgemäß dein Königreich, großen Wohlstand, Ruhm, Verdienst und Nachkommen in der rechten Reihenfolge gewinnen. Mit einer Sicht, geleitet von dieser Geschichte über Frieden und Krieg zwischen Katz und Maus, dieser ausgezeichneten Geschichte, welche die Intelligenz schärfen kann, sollte sich ein König stets inmitten seiner Feinde verhalten.

Kapitel 139 - Eine Diskussion über Vertrauen

Yudhishthira sprach:
Du hast dargelegt, oh Mächtiger, daß man kein Vertrauen auf Feinde setzen sollte. Aber wie könnte ein König bestehen, wenn er niemandem vertrauen kann? Du sagtest, oh König, daß eine große Gefahr für Könige aus dem Vertrauen entsteht. Aber wie, oh Monarch, kann ein König, ohne anderen zu vertrauen, seine Feinde überwinden? Löse freundlicherweise diese Zweifel von mir. Mein Geist ist verwirrt, oh Großvater, von dem, was du über das Mißtrauen gesagt hast.

Bhishma sprach:
Oh König, höre dazu, das Gespräch zwischen Pujani und König Brahmadatta in dessem Haus. Es gab damals ein Vogelweibchen, die Pujani *(„Verehrenswerte")* genannt wurde und seit langem mit König Brahmadatta in den inneren Gemächern seines Palasts in Kampilya wohnte. Wie der Vogel Jivajivaka *(Papagei?)* konnte Pujani die Laute aller Tiere nachahmen. Obwohl ein Vogel von Geburt, hatte sie großes Wissen und war in jeder Wahrheit erfahren. Als sie dort lebte,

brachte sie Nachkommenschaft mit großer Herrlichkeit hervor. Zur gleichen Zeit bekam auch der König durch seine Königin einen Sohn. Und Pujani, die für den Schutz unter dem Dach des Königs dankbar war, pflegte jeden Tag zu den Küsten des Ozeans zu fliegen und zwei Früchte als Nahrung für ihr Junges und für den jungen Prinzen zu holen. Eine Frucht gab sie ihrem eigenen Kind und die andere dem Prinzen. Die Früchte, die sie brachte, waren süß wie Nektar und vermehrten Kraft und Energie. Jeden Tag brachte sie diese Früchte und verteilte sie auf gleiche Weise. Der kleine Prinz wurde durch die Früchte von Pujani immer stärker. Doch eines Tages sah er, als er auf den Armen seines Kindermädchens getragen wurde, den kleinen Nachkommen von Pujani. Er machte sich aus den Armen los, lief zum Vogel und begann, in seinem kindlichen Trieb mit dem kleinen Vogel zu spielen und den Spaß zu genießen. Dabei ergriff der Prinz den Vogel, der im gleichen Alter war, mit seinen Händen und quetschte dessen junges Leben heraus, um dann zu seinem Kindermädchen zurückzukehren. Als die Mutter, oh König, die auf ihrer üblichen Suche nach Früchten gewesen war, zum Palast zurückkehrte, erblickte sie ihr Junges auf dem Boden liegen, vom Prinzen getötet. Beim Anblick ihres toten Sohnes weinte Pujani schwere Tränen, und mit kummervollem Herz sprach sie bitterlich klagend:
Ach, niemand sollte mit einem Kshatriya leben, ihn als Freund haben oder Freude an seiner Gesellschaft finden. Solange sie einen Grund dazu haben, üben sie sich in Höflichkeit. Ist das Ziel erreicht, verwerfen sie das Werkzeug. Die Kshatriyas bringen nur Übel. Ihnen sollte niemals vertraut werden. Zwar bemühen sie sich nach einer Verletzung stets, den Verletzten zu besänftigen, doch alles umsonst. Ich werde entsprechend Rache für diese feindliche Tat an diesem grausamen und undankbaren Verräter meines Vertrauens nehmen müssen. Er ist einer dreifachen Sünde des Tötens an einem Wesen schuldig geworden, das am gleichen Tag geboren wurde, am gleichen Ort aufwuchs, mit ihm zu essen pflegte und von seinem Schutz abhängig war.

Nachdem sie diese Worte zu sich selbst gesprochen hatte, durchstieß Pujani mit ihren Krallen die Augen des Prinzen und gewann durch diese Rachetat etwas Genugtuung. Dann sprach sie erneut:
Eine sündige Tat, die absichtlich begangen wurde, belastet den Täter unverzüglich. Wer sich dagegen für eine Verletzung rächt, verliert durch diese Tat kein Verdienst. Wenn auch die Folge einer sündigen Tat am Täter selbst nicht gleich sichtbar wird, dann wird sie sicherlich an seinen Kindern oder Enkelkindern erscheinen.

Als Brahmadatta seinen Sohn erblickte, der durch Pujani sein Augenlicht verloren hatte, betrachtete er diese Tat als gerechte Vergeltung für das, was sein Sohn getan hatte, und antwortete Pujani.

Brahmadatta sprach:
Du wurdest von uns schwer verletzt. Du hast dich gerächt, indem du uns eine Verletzung zugefügt hast. Damit ist die Schuld beglichen. Verlasse uns deshalb nicht, sondern bleibe weiterhin hier wohnen, oh Pujani.

Doch Pujani sprach:
Die Gelehrten loben es niemals, wenn man weiterhin bei jener Person wohnen bleibt, die einen einmal verletzt hat. Unter solchen Umständen ist es für den Verletzten immer besser, den Ort zu verlassen. Man sollte sein Vertrauen nie auf jenem ruhen lassen, der einen verletzt hat. Der Dummkopf, der solchen Versicherungen vertraut, trifft bald auf seinen Untergang. Feindseligkeit kühlt nicht so schnell wieder ab. Selbst Söhne und Enkel solcher Feinde treffen *(durch dieses Erbe)* oft noch gegenseitig auf ihre Vernichtung. Und durch diesen Untergang ihrer Nachkommenschaft verlieren sie sogar noch die folgende Welt. Unter Menschen, die einander verletzt haben, ist eher Mißtrauen für ihr zukünftiges Wohlergehen förderlich. Einem, der das Vertrauen einmal verraten hat, sollte man nie wieder im geringsten vertrauen. Man sollte auch keinem vertrauen, der es nicht verdient, noch sollte man einem Vertrauenswürdigen blind vertrauen. Die Gefahr, die aus blindem Vertrauen entsteht, verursacht einen gründlichen Untergang. Man sollte sich aber bemühen, das Vertrauen anderer zu gewinnen, ohne daß man ihnen blind vertraut.

Vater und Mutter allein sind die besten Freunde. Die Ehefrau ist der Boden, um den Samen reifen zu lassen. Der Sohn ist des Mannes Samen. Der Bruder jedoch ist ein *(potentieller)* Rivale, und alle Freunde oder Begleiter sind bestechlich. *(Auf sie kann man sich niemals völlig verlassen.)* Man genießt oder erleidet in Wirklichkeit immer nur sein eigenes Glück oder Elend. Wie sollte da ein wahrer Frieden unter Personen, die einander verletzt haben, möglich sein? Die guten Gründe, weshalb ich in deinem Haus lebte, existieren nicht mehr. Der Geist einer Person, die jemanden verletzt hat, wird ganz natürlich von Mißtrauen erfüllt, wenn er sieht, wie er vom Verletzten mit Geschenken und Respekt verehrt wird. Solches Verhalten, besonders von Starken, erfüllt die Schwachen stets mit Argwohn. Eine intelligenzbegabte Person sollte jenen Ort verlassen, wo er zuerst verehrt wurde und danach Unehre und Verletzung erfuhr. Trotz jeder nachfolgenden Ehrung, die er hier erhalten könnte, sollte er auf diese Weise handeln. Ich habe in deinem Haus lange gewohnt und wurde während dieser ganzen Zeit von dir geachtet. Doch schließlich ist ein Grund zur Feindseligkeit entstanden. Ich sollte deshalb diesen Ort unverzüglich verlassen.

Brahmadatta erwiderte:
Eine Verletzung, die als Vergeltung einer erhaltene Verletzung begangen wird, sollte nie als Beleidigung betrachtet werden. Wahrlich, der Rächende begleicht durch diese Tat nur eine offene Schuld. Deshalb, oh Pujani, bleibe hier wohnen und verlaß diesen Ort nicht.

Pujani sprach:
Keine Freundschaft kann noch einmal zwischen Person gefestigt werden, die sich gegenseitig verletzt haben. Keines der beiden Herzen kann vergessen, was geschehen ist.

Brahmadatta sprach:
Es ist stets notwendig, daß sich der Verletzende und der Rächende wieder

versöhnen. Man konnte schon oft sehen, wie sich damit die Feindseligkeit wieder abgekühlt hat, und dann gab es auch keine neue Verletzung.

Pujani sprach:
Solche Feindseligkeit kann nie wieder sterben. Die verletzte Person sollte seinen Feinden nie vertrauen und denken: „Oh, ich wurde durch die Zusicherungen seines Wohlwollens besänftigt." Oft treffen die Menschen in dieser Welt aus *(falschem)* Vertrauen auf ihren Untergang. Deshalb ist es notwendig, daß wir uns trennen. Wer nicht einmal durch Gewalt und scharfe Waffen unterworfen werden kann, wird oft durch Versöhnung überwältigt, wie *(wilde)* Elefanten durch andere *(gezähmte)* Elefanten.

Brahmadatta sprach:
Allein aus der Tatsache, daß zwei Personen lange zusammen wohnten, entsteht natürliche Zuneigung und Vertrauen zwischen ihnen, selbst wenn man den anderen tödlich verletzt, wie man zum Beispiel zwischen einem *(hundeessenden)* Chandala und seinem Hund sehen kann. Unter Personen, die sich verletzt haben, kühlt das Miteinander die Schärfe der Feindseligkeit. Tatsächlich dauert diese Feindseligkeit dann nicht lange, sondern verschwindet bald wie das Wasser auf einem Blatt der Lotusblüte.

Pujani sprach:
Feindschaft entsteht aus fünf Ursachen. Gelehrte wissen das. Diese fünf Ursachen sind Begierde, Besitztümer, Streitigkeiten, natürliche Rivalität und Verletzungen. Wenn sich Feindschaft zu einem großzügigen Menschen erhebt, sollte er nie getötet werden, besonders nicht durch einen Kshatriya, weder durch offene noch durch verdeckte Mittel. In solch einem Fall sollte seine Schuld entsprechend aufgewogen werden. Wenn sich Feindschaft mit einem Freund erhebt, sollte kein weiteres Vertrauen auf ihn gesetzt werden. Solche Gefühle der Feindseligkeit liegen verborgen, wie das Feuer im Holz. Wie das Aurvya Feuer *(der Weltvernichtung)* im Wasser des Ozeans kann das Feuer der Feindseligkeit weder durch reiche Geschenke, Heldenkraft, Versöhnung oder Gelehrtheit ausgelöscht werden. Wenn das Feuer der Feindseligkeit als Ergebnis einer zugefügten Verletzung einmal entzündet ist, oh König, wird es nie erlöschen, ohne die entsprechende Ursache vernichtet zu haben. Wer eine Person verletzt hat, sollte ihr nie wieder als Freund vertrauen, auch wenn man den Verletzten mit Geschenken und Ehren besänftigt hat. Die Tatsache der zugefügten Verletzung füllt den Täter mit Angst. Ich habe dich nie verletzt, wie auch du mich nicht. Aus diesem Grund wohnte ich in deinem Haus. Das hat sich nun alles geändert, und ich kann dir deshalb nicht mehr vertrauen.

Brahmadatta sprach:
Es ist die Zeit, die jede Handlung vollbringt. Die verschiedensten Handlungen geschehen alle in der Zeit. Wer verletzte deshalb wen? Auch Geburt und Tod geschehen auf diese Weise. Die Wesen handeln durch die Zeit, und durch die Zeit vergeht ihr Leben. Manche sterben plötzlich, manche langsam und andere scheinen ewig zu leben. Wie Feuer den Brennstoff, so verbrennt die Zeit alle Geschöpfe. Oh selige Dame, ich bin deshalb nicht die *(wahre)* Ursache deiner

Sorgen, noch bist du die Ursache der meinen. Es ist die Zeit, die stets das Wohl und Weh der verkörperten Wesen bestimmt. So bleibe hier wohnen, wie es dir beliebt, voller Zuneigung und ohne Angst vor jeglicher Verletzung von mir. Was du getan hast, habe ich dir vergeben. So vergib auch mir, oh Pujani!

Doch Pujani sprach:
Wenn die Zeit gemäß deinen Worten die Ursache aller Taten ist, dann müßte natürlich niemand Gefühle der Feindseligkeit zu irgend jemandem auf Erden hegen. Dann frage ich jedoch, warum sich Angehörige um Rache bemühen, wenn ein Verwandter getötet wurde? Und warum schlugen sich in alten Tagen die Götter und Dämonen im Kampf? Wenn es nur die Zeit ist, die Geburt und Tod verursacht sowie Wohl und Weh, warum geben dann Ärzte den Kranken Medizin? Wenn es nur die Zeit ist, die alles gestaltet, wozu dann noch Arzneimittel? Warum verlieren sich die Leute, die im Kummer aller Sinne beraubt wurden, in ihrem wahnhaften Jammer? Wenn nur die Zeit nach deinen Worten die Ursache der Taten ist, wie könnte man durch rechtes Handeln religiöses Verdienst ansammeln? Dein Sohn tötete mein Kind, und ich habe ihn dafür verletzt. Wegen dieser Tat, oh König, hättest du mich erschlagen können. Vom Kummer um mein Kind getrieben habe ich deinem Sohn diese Verletzung angetan. Höre auch den Grund, warum du mich dafür hättest töten sollen. Menschen möchten die Vögel entweder getötet als Nahrung oder lebendig in Käfigen zum Vergnügen. Ich sehe keinen dritten Grund, außer das Schlachten oder Einsperren, weshalb Menschen unsere Art begehren würden. Die Vögel suchen aus Angst davor ihre Sicherheit in der Flucht. Die Vedengelehrten sagen deshalb, daß Tod und Gebundenheit beide leidvoll sind. Das Leben ist allen lieb. Alle Wesen jammern im Leiden und Schmerz, und sie alle wünschen ihr Glück. Das Leiden entsteht aus verschiedenen Quellen. Altersschwäche, oh Brahmadatta, ist Leiden. Der Verlust von Reichtum ist Leiden. Die Verbindung mit irgendetwas Unangenehmem oder Schlechtem ist Leiden. Die Spaltung oder die Trennung von Freunden und Angenehmem ist Leiden. So entsteht das Leiden aus Tod und Gebundenheit, und damit aus den Ursachen, die mit Begierde und anderen natürlichen Erscheinungen verbunden sind. Das Leiden, das aus dem Tod der eigenen Kinder entsteht, verändert und quält alle Wesen besonders stark. Einige Stumpfsinnige behaupten, daß sie kein Leiden beim Leiden der anderen spüren. Doch nur, wer das Leiden nicht kennt, kann unter Menschen so sprechen. Wer jedoch Sorgen und Elend erfahren hat, würde eine solche Rede nie wagen. Wer die Stiche jeder Art des Leidens kennt, fühlt das Leiden der anderen wie sein eigenes. Was ich dir, oh König, angetan habe und was du mir angetan hast, kann auch in hundert Jahren nicht abgewaschen werden. Für das, was wir einander angetan haben, kann es keine Versöhnung geben. Immer, wenn du zufällig an deinen Sohn denken wirst, wird deine Feindseligkeit zu mir aufgefrischt werden. Auch wenn jemand, der sich nach einer Verletzung gerächt hat, danach noch Frieden mit dem Verletzten schließt, kann das doch die Parteien nie wieder richtig vereinen, wie die Bruchstücke eines irdenen Topfes. Die Schriftgelehrten haben dargelegt, daß solches Vertrauen niemals Glück

bringt. So sang einst Usanas selbst *(der Lehrer der Dämonen)* zwei Verse für *(den Dämonenkönig)* Prahlada:

„Wer den Worten eines Feindes vertraut, seien sie aufrichtig oder nicht, trifft auf seinen Untergang wie ein Honigsucher in einer mit trockenem Gras bedeckten Grube. Man sieht oft, wie Feindseligkeiten sogar den Tod der Feinde überleben, weil die Leute immer weiter von den ehemaligen Streitigkeiten ihrer verstorbenen Väter vor den überlebenden Kindern sprechen."

Könige löschen Feindseligkeiten aus, indem sie Zuflucht zur Versöhnung nehmen. Aber wenn die Gelegenheit kommt, zerschlagen sie ihre Feinde wie irdene Töpfe voller Wasser, die auf Steine geschleudert werden. Wenn der König irgend jemanden verletzt hat, sollte er ihm nie wieder vertrauen. Wer einer verletzten Person vertraut, wird schwer leiden müssen.

Brahmadatta sprach:
Kein Mensch kann irgendein Ziel verwirklichen, wenn er keinerlei Vertrauen hat. Wer immer nur Angst *(und Mißtrauen)* hegt, ist verdammt, wie ein Toter zu leben.

Pujani sprach:
Wer entzündete Füße hat, wird sicher fallen, wenn er versucht zu laufen, selbst wenn er sich um Vorsicht bemüht. Wer entzündete Augen hat und sie gegen den Wind öffnet, wird sicherlich sehr darunter leiden. Wer in Überschätzung seiner Kraft einen zu steilen Bergpfad erklimmen und nicht umkehren will, verliert dabei bald sein Leben. Wer ohne nachzudenken sein Feld bestellt und dabei die Regenzeit ignoriert, wird keine gute Ernte haben. Wer täglich Nahrhaftes ißt, sei es bitter, sauer, salzig oder süß, kann ein langes Leben genießen. Wer dagegen gesundes Essen mißachtet und alles ißt, ohne die Folgen zu beachten, wird wohl bald sterben. Schicksal und persönliche Anstrengung wirken in gegenseitiger Abhängigkeit. Die Hochbeseelten vollbringen gute und große Werke, während die Unfruchtbaren nur dem Schicksal zollen. Sei es hart oder nicht, eine Handlung, die das Wohlergehen sichert, sollte getan werden. Der Untätige wird unglücklich werden und durch jegliche Katastrophen überwältigt. Deshalb sollte man seine eigene Kraft entfalten, auch wenn man alles andere aufgeben muß. Wahrlich, ohne Anhaftung sollte der Mensch tun, was zu seinem Wohle ist. Wissen, Mut, Klugheit, Kraft und Geduld gelten als seine natürlichen Freunde. Wer mit Weisheit gesegnet wurde, verbringt in dieser Welt sein Leben mithilfe dieser fünf. Dagegen bezeichnen die Gelehrten Häuser, Edelmetalle, Land, Ehefrauen und Freunde als zweitrangige Quellen des Wohlstandes. Diese kann man überall finden. Wer aber mit Weisheit gesegnet wurde, wird auch überall glücklich sein. Solch ein Mensch überstrahlt alle, und niemand hat Angst vor ihm. Selbst wenn er bedroht wird, überwältigt ihn nie die Angst. Der kleinste Reichtum von einem solchen Menschen wird sich beständig vermehren, denn er vollbringt jede Handlung mit Weisheit. Durch seine Selbstdisziplin wird er großen Ruhm gewinnen. An ihrer Umgebung verhaftete Menschen mit wenig Verständnis müssen ihre streitsüchtigen Ehefrauen beherbergen, die ihr Fleisch verzehren, wie die Nachkommenschaft mancher Krabben ihre Mutter verzehren. Es gibt Menschen, die aufgrund ihrer Unwissenheit ganz verzweifeln, wenn

sie ihr Zuhause verlassen müßten. Sie sagen sich selbst: „Das sind meine Freunde! Das ist mein Land! Ach, wie könnte ich sie verlassen?“ Man sollte sogar sein Vaterland verlassen, wenn es durch Plagen oder Hungersnot gequält wird. Man kann geachtet im eigenen Land leben oder auch in ein fremdes gehen. Ich werde mich deshalb an einen anderen Ort begeben. Denn ich wage es nicht länger, hier zu leben, weil mir dein Sohn, oh König, ein großes Unrecht angetan hat. Eine schlechte Ehefrau, einen schlechten Sohn, einen schlechten König, einen schlechten Freund, eine schlechte Verbindung und ein schlechtes Feld sollte man verlassen. Man sollte kein Vertrauen auf einen schlechten Sohn setzen. Welche Freude kann man an einer schlechten Ehefrau haben? Es kann auch kein Glück in einem schlechten Königreich geben. Von einem schlechten Feld kann man seinen Lebensunterhalt nicht erhoffen. Es kann keine beständige Gemeinschaft mit einem schlechten Freund geben, dem man nicht vertrauen kann. Eine schlechte Verbindung, zu der es keine Notwendigkeit gibt, bringt nur Schande. Sie ist wahrlich wie eine Ehefrau, die nur freundlich spricht. Nur der ist wahrlich ein Sohn, der seinen Vater glücklich macht. Nur der ist wahrlich ein Freund, dem man vertrauen kann. Nur das ist wahrlich ein fruchtbares Feld, mit dem man sein Leben fristen kann. Und nur der ist ein wahrhafter König, der gerecht und ohne Unterdrückung regiert, der auch die Armen ernährt und in dessen Reich es keine Angst gibt. Ehefrau, Land, Freunde, Kinder, Angehörige und Verwandte - alles kann man haben, wenn der König fähig ist und eine tugendhafte Sicht hat. Wenn der König aber sündhaft ist, werden seine Untertanen aufgrund seiner Quälerei bald untergehen. Der König ist die Wurzel der dreifachen Anhäufung *(von Tugend, Reichtum und Vergnügen)*. Er sollte seine Untertanen mit Achtsamkeit beschützen. Wenn er von ihnen den sechsten Teil ihrer Gewinne nimmt, sollte er sie auch alle beschützen, ansonsten ist er wahrlich ein Dieb. Der König, der seinen Schutz zugesichert hat und dann aus Habgier diese Pflicht nicht erfüllt, ist ein Herrscher mit übelgesinnter Seele, lädt sich alle Sünden seiner Untertanen auf und sinkt schließlich in die Hölle. Der König dagegen, der Schutz versprochen hat und seine Aufgabe erfüllt, wird dafür als umfassender Wohltäter von all seinen Untertanen geachtet. Manu, der Vater aller Wesen, hat gesagt, daß der König sieben Eigenschaften hat: Er ist Mutter, Vater, Lehrer, Beschützer, Feuer, Vaisravana *(König des Reichtums)* und Yama *(Herr des Todes)*. Indem sich der König voller Mitgefühl zu seinem Volk verhält, wird er ihr Vater genannt, und der Untertan, der ihn betrügt, wird im folgenden Leben als Tier wiedergeboren. Indem er seinen Untertanen Gutes tut und auch die Armen ernährt, wird der König seinem Volk eine Mutter. Indem er die Übeltäter bestraft, wird er als Feuer betrachtet, und indem er die Sünder zügelt als Yama. Indem er reiche Geschenke den Würdigen gibt, gilt der König als Kuvera, der König des Reichtums. Indem er bezüglich Moral und Tugend belehrt, wird er zum Lehrer, und indem er die Aufgabe des Schutzes erfüllt, zum Beschützer. Der König, der die Bewohner seiner Städte und Provinzen durch diese Fähigkeiten erfreut, wird durch diese Pflichterfüllung sein Königreich nie verlieren. Der König, der weiß, wie man seine Untertanen achtet, wird weder in dieser noch in der folgenden Welt leiden müssen. Der König dagegen, dessen Untertanen in stetiger Angst leben, von Steuern erdrückt und durch vielfältige

Übel heimgesucht, trifft bald auf eine Niederlage aus den Händen seiner Feinde. Der König jedoch, dessen Untertanen wie eine große Lotuspflanze in einem See wachsen, erhält bereits in dieser Welt jegliche Belohnung und schließlich alle Ehren im Himmel. Eine Feindschaft mit einer mächtigen Person, oh König, wird niemals gelobt. Der König, der die Feindschaft eines wesentlich Stärkeren provoziert, verliert sowohl sein Königreich als auch sein Glück.

Bhishma fuhr fort:
Nachdem der Vogel diese Worte zu König Brahmadatta gesprochen hatte, oh Monarch, verließ er ihn und flog dahin, wie es ihm beliebte. So habe ich dir, oh Erster der Könige, das Gespräch zwischen Brahmadatta und Pujani erzählt. Was möchtest du noch hören?

Kapitel 140 - Über das Verhalten in Zeiten des allgemeinen Verfalls

Yudhishthira fragte:
Oh Bharata, wenn beide, sowohl die Gerechtigkeit als auch die Menschen, aufgrund des allmählichen Verfalls der Yugas schwach werden und die Welt von Räubern gequält wird, wie sollte sich, oh Großvater, ein König dann verhalten?

Bhishma sprach:
Ich werde dir, oh Bharata, die Politik erklären, die der König in solch qualvollen Zeiten verfolgen sollte. Diesbezüglich wird die alte Geschichte von einem Gespräch zwischen Bharadwaja und König Shatrunjaya erzählt:

Es gab einst einen König namens Shatrunjaya unter den Sauviras. Er war ein großer Wagenkrieger. Er begab sich einst zu Bharadwaja und fragte den Rishi nach den Wahrheiten bezüglich des weltlichen Gewinns:
Wie kann ein unerreichtes Gut erreicht werden? Und wenn es erreicht wurde, wie kann es vermehrt werden? Und wenn es vermehrt wurde, wie kann es beschützt werden? Und wenn es beschützt wurde, wie sollte es verwendet werden?

So befragt nach den Geboten des weltlichen Gewinns, sprach der zweifachgeborene Rishi die folgenden, bedeutungsvollen Worte zu diesem Herrscher, um ihm die Gebote zu erklären.

Der Rishi sprach:
Der König sollte stets mit erhobenem Herrscherstab stehen und überall seine Kraft demonstrieren. Selbst ohne *(sichtbare)* Schwächen, sollte er die Schwächen seiner Feinde entdecken. Wahrlich, für diesen Zweck sollte er stets seine Augen verwenden. Beim Anblick eines Königs mit erhobenem Zepter, wird jeder von Ehrfurcht erfüllt. Deshalb sollte der König über alle Wesen mit dem Stab der Herrschaft regieren. Gelehrte Menschen mit wahrhaftem Wissen loben diese Herrschaft. Folglich gilt von den vier Mitteln der Regierung, nämlich Versöhnung, Bestechung, Spaltung und Herrschaft, der Herrscherstab als das Beste. Wenn dieses Fundament, das als Zuflucht dient, zerstört wird, dann gehen alle Abhängigen zugrunde. Wenn die Wurzeln eines Baums zerstört werden, wie

könnten die Zweige noch leben? Deshalb sollte ein weiser König auch zuerst die Wurzeln seines Feindes zerstören. Dann kann er ihn erobern und seine Verbündeten und Anhänger unter seine Herrschaft bringen. Wenn der König von Katastrophen eingeholt wird, sollte er unverzüglich nach weiser Beratung seine Heldenkraft auf rechte Weise zeigen, indem er mit Wirksamkeit kämpft oder sich mit Weisheit zurückzieht. In seiner Rede sollte er freundlich und demütig erscheinen, aber im Innersten scharf wie ein Rasiermesser sein. Er sollte Begierde und Zorn überwinden und angenehm sprechen. Wenn ein Bündnis mit einem Feind notwendig erscheint, sollte ein weitsichtiger König Frieden schließen, aber ohne blindes Vertrauen. Doch wenn es nicht mehr notwendig ist, sollte er sich von diesem Verbündeten schnell abwenden. Man sollte einen Rivalen mit schmeichelhaften Zusicherungen versöhnen, als ob er ein Freund wäre, aber stets in Furcht vor ihm leben, als hätte man eine Giftschlange im Haus. Der von Erinnerungen Beherrschte kann mit Versprechungen bezüglich der Vergangenheit besänftigt werden, der von Begierde Beherrschte mit Versprechungen über eine gute Zukunft und die von Weisheit Beherrschten mit gegenwärtigen Diensten. Wer als König Wohlstand wünscht, sollte seine Hände falten, Versprechungen geben, freundliche Worte sprechen, demütig sein Haupt neigen und sogar Tränen des Mitleids vergießen können. Man sollte seinen Feind ertragen, solange die Zeit ungünstig ist. Wenn sich jedoch die Gelegenheit bietet, sollte man ihn zerschlagen, wie einen irdenen Krug auf Stein. Es ist besser, oh Monarch, wenn ein König für einen Moment auflodert wie die Glut des harzigen Ebenholzes, als daß er nur für viele Jahre glimmt und raucht wie Spreu.

Ein König, der vielen Interessen dienen muß, sollte keine Bedenken haben, sich sogar mit undankbaren Menschen abzugeben. Solange er erfolgreich tätig ist, kann er das Glück genießen. Durch Untätigkeit verliert er jede Wertschätzung. Deshalb sollte man seine Werke nie vollkommen beenden, sondern immer etwas unfertig lassen. Ein König sollte sein Wohl suchen wie ein Kuckuck, ein Eber, der Berg Meru, ein leerer Raum, ein Schauspieler oder ein ergebener Freund. *(Wie der Kuckuck seine Untertanen durch andere versorgen lassen, wie ein Eber seine Feinde an ihren Wurzeln ausreißen, unüberwindbar wie der Berg Meru, stets bereit zum Ansammeln wie ein leerer Raum, wie ein Schauspieler verschiedene Gestalten annehmen, und wie ein ergebener Freund die Interessen seiner Untertanen beachten.)* Der König sollte öfters voller Achtsamkeit zu den Häusern seiner Feinde gehen und selbst wenn Katastrophen drohen, nach ihrem Wohl fragen. Die Müßigen gewinnen nie die Fülle, noch jene, die ohne Kampfgeist und Anstrengung oder vom Hochmut verunreinigt sind, sowie jene, die sich vor Unbeliebtheit fürchten oder ständig zögern. Der König sollte stets so handeln, daß die Feinde seine Schwächen nicht entdecken können, aber dabei die Schwächen seiner Feinde stets beurteilen. Er sollte wie eine Schildkröte leben, die ihre Glieder zurückziehen kann. Wahrlich, so sollte er alles verbergen können. Er sollte bezüglich der Steuern wie ein Kranich denken *(und Geduld üben)*. Er sollte seine Heldenkraft wie ein Löwe zeigen. Er sollte auf der Lauer liegen wie ein Wolf und seine Feinde attackieren wie ein Pfeil. Wein, Würfel, Frauen, Jagd und Musik - diese sollte er vernünftig genießen. Die Anhaftung daran bringt vielfältige Übel. Er sollte sich neigen können wie das Schilf und achtsam ruhen wie der Hirsch. Er sollte blind oder taub sein, wenn es notwendig ist. Ein weiser König zeigt seine Heldenkraft mit Rücksicht auf Ort und Zeit. Wenn diese ungeeignet sind, wird seine Kraft unfruchtbar bleiben. Auf die rechte Zeit achtend, seine eigene Kraft und Schwäche bedenkend und seine Kraft im Vergleich zum Feind verstärkend, sollte sich der König der Tat zuwenden. Der König, der einen Feind nicht zerschlägt, der bereits durch seine Armee unterworfen wurde, sorgt für seinen eigenen Tod wie die Krabbe, wenn sie empfängt. Einem Baum mit schönen Blüten kann es an Kraft *(für Früchte)* fehlen. Ein Baum, der Früchte trägt, kann schwer ersteigbar sein. Und unreife Früchte können wie reife erscheinen. Alle diese Fakten beachtend, sollte sich ein König nicht überwältigen lassen. Wenn er sich auf diese Art und Weise verhält, kann er sich gegen alle Feinde behaupten.

Der König sollte zuerst die Hoffnungen *(seiner Feinde)* stärken und dann Hindernisse in den Weg ihrer Hoffnungen stellen. Dann sollte er behaupten, daß diese Hindernisse wegen bestimmter Umstände erschienen sind und ernste Ursachen haben. So lange eine Gefahr nur droht, sollte er alle Vorbereitungen wie eine sorgenvolle Person treffen. Wenn jedoch die Gefahr eintritt, sollte er furchtlos handeln. Kein Mensch kann ohne Gefahr Wohlstand gewinnen. Wenn er es jedoch schafft, sein Leben inmitten von Gefahren zu bewahren, dann wird er sicher großen Nutzen ernten. Ein König sollte alle drohenden Gefahren erkennen und, wenn sie eintreffen, überwinden. Wenn sie wieder wachsen, sollte er sie trotz ehemaliger Überwindung als unbesiegt betrachten. Das Mißachten von gegenwärtigem Glück und das ständige Verfolgen von zukünftigem gilt nie als geschicktes Handeln einer intelligenzbegabten Person. Der König, der mit einem Rivalen Frieden geschlossen hat und vertrauensselig schläft, gleicht einem, der in der Krone eines Baumes schläft und erst im Fallen erwacht. Wenn man in Not gerät, sollte man sich mit allen verfügbaren Mitteln, seien sie angenehm oder nicht, wieder erheben, und nachdem man sich erhoben hat, sollte man Gerechtigkeit üben. Der König sollte stets die Feinde seiner Feinde ehren. Er sollte seine eigenen Spione als Agenten von seinen Feinden anstellen lassen, aber dafür sorgen, daß seine eigenen Spione nicht erkannt werden. Er sollte Spione, verkleidet als Ungläubige oder Asketen, in die Gebiete seiner Feinde entsenden. Sündhafte Diebe, die gegen die Gebote der Gerechtigkeit verstoßen und wie giftige Dornen im Volk wirken, findet man in Gärten und Orten der Unterhaltung, sowie an Raststätten, wo durstige Reisende Wasser trinken, in öffentlichen Gasthöfen, in Trinkhallen, in unrühmlichen Häusern sowie an heiligen Orte und in öffentlichen Versammlungen. Diese sollten erkannt, eingefangen und bestraft werden. Der König sollte niemandem vertrauen, der es nicht verdient hat, und dem Vertrauenswürdigen niemals blind. Aus falschem Vertrauen erheben sich vielfältige Gefahren. Eine gründliche Prüfung ist stets angebracht. Wenn er aus nützlichen Gründen auch Vertrauen bei seinem Feind erregt, sollte der König ihn schlagen, sobald dieser einen falschen Schritt macht. Er sollte den Rivalen fürchten, der sich vertrauensvoll gibt, wie auch jeden, der gefährlich ist. Gefahr, die aus einem Ungefürchteten entsteht, kann zum völligen Untergang führen. Durch Aufmerksamkeit, Schweigsamkeit und einfache Kleidung, ähnlich der

Asketen, sollte man das Vertrauen der Rivalen gewinnen, doch wenn die Gelegenheit kommt, wie ein Wolf hervorspringen. Ein König, der das Wohl seines Reiches sucht, sollte keine Bedenken haben, selbst seinen Sohn, Bruder, Vater oder Freund zu bestrafen, wenn sie sich bemühen, seine Ziele zu durchkreuzen. Selbst der eigene Lehrer verdient es mit dem Stab der Herrschaft gezügelt zu werden, wenn er arrogant wird und nicht mehr weiß, was getan und gelassen werden sollte, und ungerechte Wege betritt.

Wie die Vögel mit scharfem Schnabel die Früchte von den Bäumen hacken, so sollte der König, nachdem er durch Verehrung und Geschenke das Vertrauen in seinem Feind erweckt hat, sich gegen ihn wenden und seinen Reichtum ernten. Ohne den Feind tödlich zu verletzen und ohne nach der Art des Jägers gewaltsame Taten zu begehen, kann man den großen Wohlstand eines Königreiches nicht erwerben. Es gibt keine getrennten Arten der Wesen, die als Feinde oder Freunde gelten. Personen werden Freunde oder Feinde durch die Kraft der jeweiligen Umstände. Der König sollte seinem Feind nie erlauben zu flüchten, selbst wenn er mitleiderregend jammern sollte. Diesbezüglich sollte er unbewegt bleiben, denn es ist sein Aufgabe, jene zu bekämpfen, die ihn bedrängen. Ein nach Wohlstand strebender König sollte darauf achten, soviel Menschen wie möglich für sich zu gewinnen und ihnen Gutes tun. Besonders im Verhalten zu seinen Untertanen sollte er stets von Böswilligkeit frei sein und mit großer Sorge die Übeltäter bestrafen und abwehren. Wenn er genötigt ist, Reichtum zu nehmen, sollte er freundlich sprechen. Wenn er mit seinem Schwert jemand den Kopf abgeschlagen hat, sollte er trauern und Tränen verschütten. Ein nach Wohlstand strebender König kann andere durch freundliche Worte, Ehren und Geschenke gewinnen, um sie an seinen Dienst zu binden, aber sollte sich nie in unfruchtbare Diskussionen verlieren. Er sollte nie einen Fluß nur mithilfe seiner zwei Arme durchqueren. Kuhhörner zu essen ist unfruchtbar und ungesund. Man zerbricht sich nur die Zähne, während der Geschmack unbefriedigt bleibt. Die dreifache Anhäufung *(von Tugend, Gewinn und Vergnügen)* hat drei nachteilige Verbindungen *(Vergnügen schwächt den Gewinn, der Gewinn die Tugend und die Tugend das Vergnügen)*. Diese Verbindungen sorgfältig bedenkend, sollten die Nachteile vermieden werden.

Eine unbeglichene Schuld, der ungelöschte Rest eines Feuers und der unbesiegte Rest von Feinden wächst erneut und wird groß. Deshalb sollten diese vollkommen ausgelöscht werden. Solange eine unbereinigte Restschuld besteht, wächst diese beständig an. Dasselbe gilt für besiegte Feinde und vernachlässigte Erkrankungen. Ihr gefährliches Potential bleibt bestehen. Deshalb sollte jede Handlung gründlich und mit größter Achtsamkeit durchgeführt werden. Selbst ein kleiner Dorn, wenn er nicht vollständig herausgezogen wird, kann zu einer hartnäckigen Entzündung führen. So sollte der König auch ein feindliches Königreich besiegen, indem er dessen Streitkräfte zerschlägt, die Hauptstraßen blockiert und die Festungen zerstört. Könige sollten wie der Geier weitsichtig, wie ein Kranich geduldig, wie ein Hund wachsam, wie ein Löwe tapfer und wie eine Krähe furchtsam sein, und in die Länder ihrer Feinde mit Leichtigkeit und ohne Angst eindringen wie eine Schlange. Ein König kann einen mächtigeren Helden mit gefalteten Händen besiegen, einen Feigling durch Erschrecken, einen Begierigen durch Beschenken aber einen Gleichrangigen nur im Kampf. Er sollte mit Aufmerksamkeit Spaltung unter den Führern feindlicher Parteien erzeugen und diejenigen versöhnen, die ihm lieb sind. Seine eigenen Minister sollte er vor Spaltung und Zerrüttung beschützen. Wenn der König zu mild wird, ignorieren ihn die Leute. Wenn er zu streng wird, fühlen sich die Leute gequält. Die Regel ist, daß er streng sein sollte, wenn Strenge gefordert ist, und mild, wenn Milde angebracht ist. Durch Milde könne die Milden beherrscht werden. Durch Milde kann man sogar Gewalt besiegen. Es gibt nichts, das Milde nicht bewirken kann. Deshalb betrachtet man Milde als noch schärfer als Gewalt. Der König, der mild ist, wenn die Umstände Milde verlangen, und streng, wenn Strenge erforderlich ist, wird alle seine Ziele erreichen und seine Feinde besiegen. Wenn man die Feindseligkeit einer Person erregt hat, die mit Wissen und Weisheit begabt ist, sollte man sich nicht trösten, daß man in weiter Entfernung lebt. Weitreichend sind die Arme eines intelligenten Menschen, mit denen er verletzen kann, wenn er selbst verletzt wurde. Man sollte nicht versuchen, etwas Unerreichbares zu ergreifen. Man sollte auch dem Feind nichts nehmen, was er durch seine Kraft leicht wiedererlangen könnte. Man sollte sich nie bemühen, etwas auszugraben, was man nicht bis zur Wurzel ausgraben kann. Man sollte keinen schlagen, dessen Kopf nicht abfallen würde. Solche Wege möge ein König meiden. Doch dieses Verhalten, das ich dir hiermit dargelegt habe, sollte nur in Zeiten der Not verfolgt werden. Nur um dir Gutes zu tun, habe ich so zu dir gesprochen, um dich zu belehren, wie man sich beim Angriff vieler Feinde verhalten sollte.

Bhishma fuhr fort:
Nachdem der Herrscher des Königreichs der Sauviras diese Worte gehört hatte, welche der Brahmane mit dem Wunsch, ihm Gutes zu tun, gesprochen hatte, beachtete er voller Freude diese Gebote und gewann mit seinen Angehörigen und Freunden herrlichen Wohlstand.

Kapitel 141 - Über die Vernunft in Notzeiten

Yudhishthira sprach:
Wenn die hohe Gerechtigkeit in der Welt zerfällt und von fast allen mißachtet wird, wenn Ungerechtigkeit als Gerechtigkeit gilt, sich also Gerechtigkeit in ihr Gegenteil verkehrt, wenn jede gesunde Selbstbeherrschung verschwindet, wenn alle Gebote bezüglich der Gerechtigkeit verwirrt und die Leute von Königen und Räubern gleichermaßen gequält werden, wenn die Menschen aller vier Lebensweisen ihre Aufgaben vergessen, und alle Taten ihren Verdienst verlieren, wenn man Grund zur Angst in jeder Richtung aufgrund von Leidenschaft, Habgier und Narrheit sieht, wenn sich die Wesen nicht mehr vertrauen können, weil sie einander durch betrügerische Mittel quälen und täuschen, wenn die Häuser im ganzen Land geplündert und die Brahmanen mißachtet werden, wenn die Wolken nicht zur rechten Zeit Regen bringen, wenn jeder seine Hand gegen seinen Nachbarn erhebt, wenn alle Mittel des Lebensunterhalts unter die Macht von Räubern fallen, wenn wirklich eine solche Zeit der schrecklichen Not erscheint, durch welche Mittel sollte dann ein Brahmane aus Mitgefühl für seine

Nachkommen sein Leben fristen? Wahrlich, wie könnte ein Brahmane in solchen Zeiten *(fehlender Wohltätigkeit)* seinen Lebensunterhalt finden? Sag mir das, oh Großvater! Und wie sollte ein König in solcher Zeit leben, wenn die Welt von Sünde überwältigt wird? Wie, oh Feindevernichter, sollte ein König handeln, so daß er weder von der Gerechtigkeit noch vom Gewinn absinkt?

Bhishma sprach:
Oh Starkarmiger, Frieden und Wohlstand der Untertanen, Angemessenheit und Rechtzeitigkeit von Regen, Krankheit, Tod und andere Ängste hängen alle vom König ab. Daran habe ich keinen Zweifel. Oh Stier der Bharatas, auch das Erscheinen des Krita, Treta, Dwapara oder Kali Zeitalters hängt vom Verhalten des Königs ab. In solchen Zeiten des Leidens, wie du sie beschrieben hast, sollten die Rechtschaffenen ihr Leben mithilfe ihrer Urteilskraft *(bzw. Einsicht)* erhalten. Diesbezüglich wird die alte Geschichte von einem Gespräch zwischen Vishvamitra und einem Chandala in einem kleinen Dorf der Chandalas beschrieben. Am Ende des Treta und damit am Anfang des Dwapara Yugas gab es eine schreckliche Dürre über mehr als zwölf Jahre, wie sie die Götter bestimmt hatten. Denn als die Menschen am Ende des Yugas überaltert *(bzw. überlebt)* waren und starben, gab der tausendäugige Gott des Himmels keinen Regen mehr. Der Planet Vrihaspati *(Jupiter)* begann sich gegenläufig zu bewegen und sogar der Mond *(Soma)* verließ seine Bahn und ging nach Süden zurück. Nicht einmal ein Tautropfen war mehr zu sehen, von angesammelten Wolken ganz zu schweigen. Die großen Flüsse waren nur noch Rinnsale. Überall verschwanden Seen, Brunnen und Quellen, und die Erde verlor all ihre Schönheit aufgrund des Gebots der Götter. Das Wasser war überall knapp, und sämtliche Wasserstellen verödeten. Die Brahmanen enthielten sich der Opfer und Veden Rezitationen. Man hörte kaum noch das „Vashat" *(bzw. „Swaha")*, und keine versöhnenden Riten wurden mehr durchgeführt. Landwirtschaft und Viehhaltung waren vernachlässigt wie auch die Märkte und Geschäfte. Die Pfähle, wo die Opfertiere angebunden wurden, verschwanden, die Leute sammelten keine Opfergaben mehr, und die Freudenfeste verstummten. Überall sah man Haufen von Knochen, um welche die schrillen Schreie wilder Kreaturen *(wie Rakshasas, Gespenster und Aasfresser)* erschallten. Die großen Städte der Erde waren menschenleer und die Dörfer niedergebrannt. Gequält von Räubern, Waffen, schlechten Königen oder aus gegenseitiger Angst begannen die Menschen zu fliehen. Tempel und Kultstätten wurden verwüstet und die Alten gewaltsam aus ihren Häusern geworfen. Kühe, Ziegen, Schafe und Büffel kämpften *(um Nahrung)* und gingen in Scharen zugrunde. Auch die Brahmanen begannen überall zu sterben, und nirgends gab es noch Schutz. Kräuter und andere Pflanzen vertrockneten. Die Erde verlor ihre ganze Schönheit und erschien äußerst schrecklich, wie die Bäume auf einem Leichenverbrennungsplatz. In dieser qualvollen Zeit, als nirgends noch Gerechtigkeit zu sehen war, oh Yudhishthira, verwirrten sich den Menschen aus Hunger die Sinne und sie begannen, sich gegenseitig zu verzehren. Sogar die großen Rishis gaben ihre Gelübde, Opferfeuer und Götter auf, verließen ihre Einsiedeleien in den Wäldern und begannen *(auf der Suche nach Nahrung)* umherzuwandern.

Auch der heilige und große Rishi Vishvamitra, der mit großer Intelligenz gesegnet war, verließ von Hunger gequält sein Heim. Er hatte Ehefrau und Sohn an einem geschützten Ort zurückgelassen und lief ohne Opferfeuer, heimatlos, ohne reines Essen und beschmutzt umher. Eines Tages kam er in ein kleines Dorf inmitten eines Waldes, das von grausamen, an das Schlachten von Tieren gewöhnten Jägern bewohnt war. Das kleine Dorf lag voller zerbrochener Lehmtöpfe und Schalen. Hundehäute waren zum Trocknen aufgespannt. Knochen und Schädel von Ebern und Eseln lagen in Haufen überall herum. Die von den Toten genommenen Tücher flatterten im Wind, und die Hütten waren mit Girlanden aus verwelkten Blumen geschmückt. In den Hütten lagen abgeworfene Häute von Schlangen, und der ganze Ort erschallte vom lauten Krähen der Hähne, dem Gackern der Hühner und dem mißtönenden Geschrei der Esel. Hier und dort stritten die Bewohner mit harten Worten und schrillen Stimmen. Ringsherum sah man Opferstätten für Götter mit Eisenglocken, welche Symbole von Eulen und anderen Vögeln trugen. Das kleine Dorf war voller Hunde, die überall herumlagen. Der große Rishi Vishvamitra betrat von den Stichen des Hungers gedrängt auf der Suche nach Nahrung dieses kleine Dorf und bemühte sich, dort etwas Eßbares zu bekommen. Doch obwohl der Sohn von Kushika wiederholt bat, erhielt er weder Fleisch, Reis, Früchte, Wurzeln noch andere Nahrung. Darauf rief er: „Ach! Groß ist die Qual, die mich eingeholt hat!“, und fiel in diesem kleinen Dorf inmitten der Chandalas vor Schwäche zu Boden. Dann begann der Weise nachzudenken und sprach zu sich selbst: „Was ist das Beste, das ich jetzt tun sollte?“ Wahrlich, oh Erster der Könige, dieser Gedanke, der ihn ergriff, war ein Mittel, um den unmittelbaren Tod zu verhindern. Da erblickte er, oh König, ein großes Stück Fleisch von einem Hund, der kürzlich mit einer Waffe getötet worden war, und welches im Eingang einer Chandala Hütte hing. Der Weise überlegte kurz und gelangte zum Schluß, daß er dieses Fleisch stehlen sollte. Er sprach zu sich selbst:

Ich sehe kein anderes Mittel, um dieses Leben zu erhalten. Diebstahl ist in einer Zeit der Not sogar für einen Hochbeseelten erlaubt und wird seinen Ruhm nicht zerstören. Sogar ein Brahmane kann es tun, um das Leben zu bewahren. Das ist sicher. An erster Stelle sollte man von einer niedrigeren Person stehlen. In Ermangelung einer solchen, kann man von einem Gleichgestellten stehlen und wenn das nicht möglich ist, sogar von einem hochbeseelten und rechtschaffenen Menschen. So sollte ich angesichts meiner schwindenden Lebenskraft dieses Fleisch stehlen. Ich sehe keinen Fehler in diesem Diebstahl. Ich werde deshalb dieses Hundefleisch nehmen.

Mit diesem Entschluß legte sich der große Weise Vishvamitra zum Schlafen an diesem Ort nieder, wo der Chandala wohnte. Und nach einiger Zeit, als die Nacht fortgeschritten war, sah er das ganze Dorf der Chandalas schlafen. Da erhob sich der Heilige ganz ruhig und leise und betrat die Hütte. Der Chandala lag wie ein Schlafender mit schleimbedeckten Augen. Doch mit bösartigem Gesicht rief er plötzlich harte Worte mit einer gebrochenen und mißtönenden Stimme.

Der Chandala rief:
Wer ist da und versucht die Tür zu öffnen? Wenn auch das ganze Dorf der Chandalas schläft, ich bin wach! Wer auch immer du bist, du bist so gut wie tot!

Dies waren die harten Worte, welche den Weisen begrüßten. Ganz erschrocken errötete dieser voller Scham, und mit einem angstverstörten Herzen wegen des versuchten Diebstahls antwortete er:
Gesegnet seist du mit langem Leben, ich bin Vishvamitra! Ich kam hierher von den Stichen des Hungers gepeinigt. Oh Rechtschaffener, töte mich nicht, wenn deine Augen klar geworden sind!

Diese Worte des großen Rishis mit der gereinigten Seele hörend, erhob sich der Chandala erschrocken von seinem Bett und näherte sich dem Weisen. Dann faltete er seine Hände aus Verehrung und mit tränengebadeten Augen sprach er zum Sohn von Kushika:
Was suchst du hier mitten in der Nacht, oh Brahmane?

Und den Chandala versöhnend, sprach Vishvamitra:
Ich bin äußerst hungrig und kurz vorm Sterben. So wollte ich diese Hundelende stehlen. Aus Hunger habe ich diese Sünde gewagt, denn ein Verhungernder kennt diesbezüglich keine Scham mehr. Es ist der Hunger, der mich zu dem Verbrechen gedrängt hat, dir dieses Stück Hundefleisch zu stehlen. Mein Lebensatem will entfliehen, und der Hunger hat meine vedische Wahrhaftigkeit zerstört. Körperlich schwach und mit getrübten Sinnen, unterscheide ich nicht mehr zwischen reiner und unreiner Nahrung. Obwohl ich weiß, daß es sündig ist, wollte ich dennoch diese Hundelende stehlen. Nachdem ich keinerlei Almosen erhalten konnte, als ich in diesem Dorf von Haus zu Haus gegangen bin, entschloß ich mich zu dieser sündigen Tat. Das Feuer *(Agni)* ist der Mund der Götter und auch ihr Priester. Es sollte deshalb nichts annehmen außer reiner und sauberer Nahrung. Doch zuweilen verbrennt dieser große Gott auch alles andere. Wisse, daß ich nun diesbezüglich wie er geworden bin.

Diese Worte des großen Rishis hörend, antwortete der Chandala:
Höre mich an, und nachdem du meine Worte der Wahrheit gehört hast, handle auf solche Art und Weise, daß dein religiöses Verdienst nicht verlorengeht. Höre, oh zweifachgeborener Rishi, was ich dir über deine Aufgaben sage. Die Vedengelehrten erklären, daß ein Hund noch unreiner ist als ein Schakal, und die Lende des Hundes der schlechteste Teil an seinem Körper ist. Dein Entschluß, oh großer Rishi, war nicht weise, und dieser Diebstahl des Eigentums eines Chandalas, noch dazu von unreiner Nahrung, steht nicht im Einklang mit der Gerechtigkeit. Gesegnet seist du! Suche nach anderen Mitteln, um dein Leben zu bewahren! Oh großer Weiser, laß deine Buße nicht untergehen aufgrund deines starken Wunsches nach Hundefleisch. Du kennst die in den Schriften gebotenen Aufgaben und solltest niemals eine Handlung begehen, die zu einer Verwirrung der Aufgaben führt. Verletze die Gerechtigkeit nicht, denn du bist einer der Ersten, welche die Gerechtigkeit bewahren.

So angesprochen, oh König, antwortete der große Rishi Vishvamitra, vom Hunger gequält:
Ich habe lange Zeit ohne jegliche Nahrung verbracht. Doch nun sehe ich keinen Weg mehr, mein Leben zu bewahren. Ein schwer bedrohtes Leben sollte mit allen Mitteln bewahrt werden, die noch in der Kraft der Menschen liegen, ohne deren Charakter zu beurteilen. Später, wenn man dazu wieder fähig ist, sollte man den Erwerb von Verdienst suchen. Die Kshatriyas sollten das Verhalten von Indra beachten und die Brahmanen das von Agni. Die Veden sind ihr Feuer und ihre ganze Kraft. Ich kann deshalb sogar diese unreine Nahrung essen, um meinen Hunger zu stillen. Das, womit in der Not das Leben bewahrt werden kann, sollte sicherlich ohne Skrupel vollbracht werden. Leben ist besser als Tod. Lebend kann man Tugend erwerben. Deshalb wünsche ich, um mein Leben zu bewahren, mit meiner vollsten Überzeugung diese unreine Nahrung zu verspeisen. Gib mir deine Erlaubnis dazu! Wenn ich dann weiterlebe, werde ich den Erwerb der Tugend suchen und durch Buße und Erkenntnis die Sünde auflösen, die durch mein gegenwärtiges Verhalten angesammelt wurde, wie die Leuchtkörper des Firmaments sogar die dichteste Dunkelheit zerstreuen können.

Der Chandala sprach:
Durch das Essen solcher Nahrung kann einer wie du nicht lange leben. Du kannst damit weder Kraft erhalten noch jene Befriedigung, die das Amrit bietet. Du solltest nach einer anderen Art der Almosen suchen. Neige dein Herz nicht zum Essen von Hundefleisch. Der Hund ist zweifellos eine unreine Nahrung für die Mitglieder der zweifachgeborenen Kasten.

Vishvamitra sprach:
Jede andere Art von Fleisch ist während einer solchen Hungersnot kaum zu bekommen. Außerdem, oh Chandala, habe ich keinen Reichtum *(um Nahrung zu kaufen)*. Ich habe äußersten Hunger und kann nicht länger umherwandern. Diesbezüglich bin ich hoffnungslos und denke, daß dieses Stück Hundefleisch als Nahrung dienen kann.

Der Chandala sprach:
Nur die fünf Arten der fünfklauigen Tiere sind reine Nahrung für Brahmanen, Kshatriyas und Vaisyas. So ist es in den heiligen Schriften bestimmt. Strebe nicht nach Unreinem!

Vishvamitra sprach:
Der große Rishi Agastya hat sogar den Dämon Vatapi verzehrt, als er hungrig war *(siehe MHB3.99)*. Ich bin in Not und habe Hunger. Ich möchte deshalb dieses Stück Hundelende essen.

Der Chandala sprach:
Suche nach anderen Almosen! Eine solche Tat ziemt sich nicht für dich. Wahrlich, das sollten Brahmanen nie tun. Wenn du jedoch unbedingt willst, dann nimm dieses Stück Hundefleisch!

Vishvamitra sprach:
Jene, die in der Welt als Gute gelten, sind hinsichtlich der Aufgaben im Leben

bestimmend. Ihrem Beispiel folge ich und betrachte gegenwärtig dieses Stück Hundefleisch als besseres Essen als irgendetwas höchst Reines.

Der Chandala sprach:
Eine sündige Tat kann niemals als wahrhaftig gelten. Eine falsche Tat kann unter keinen Umständen richtig sein. Deshalb begehe keine sündige Handlung aus Verblendung!

Vishvamitra sprach:
Ein Mensch, der als Rishi gilt, kann nie etwas Sündiges tun *(auf Agastya bezogen)*. In der gegenwärtigen Situation sind Hirsch und Hund, so denke ich, dasselbe. Ich werde deshalb dieses Stück Hundefleisch essen.

Der Chandala sprach:
Auf Bitten der Brahmanen vollbrachte der Rishi *(Agastya)* seine Tat. Unter diesen Umständen war es keine Sünde. Gerechtigkeit ist das, wo keine Sünde ist. Sie sollte wie die Brahmanen, welche die Lehrer der drei anderen Kasten sind, beschützt und mit jedem Mittel bewahrt werden.

Vishvamitra sprach:
Ich bin ein Brahmane und dieser Körper ist ein Freund von mir. Er ist sehr wertvoll und höchster Verehrung würdig. Es war der Wunsch, diesen Körper zu erhalten, weshalb ich das Stück Hundelende stehlen wollte. So stark ist er geworden, daß ich keinerlei Angst mehr vor dir und deinen wilden Brüdern habe.

Der Chandala sprach:
Manche Menschen würden ihr Leben opfern, aber niemals unreine Nahrung essen wollen. Sie gewinnen die Verwirklichung all ihrer Wünsche sogar in dieser Welt, indem sie den Hunger überwinden. So überwinde auch du deinen Hunger und gewinne jenen Lohn!

Vishvamitra sprach:
Bezüglich meiner selbst beachte ich beständige Gelübde und setze mein Herz auf den Frieden. Doch gerade um die Wurzel des ganzen religiösen Verdienstes zu bewahren, werde ich diese unreine Nahrung essen. Ich bin sicher, daß Personen mit gereinigter Seele eine solche Tat als rechtschaffen betrachten würden. Andere sehen im Essen dieses Hundefleisches vielleicht eine Sünde. Doch selbst, wenn mein Entschluß falsch ist, dann werde ich durch diese Tat immer noch kein Chandala.

Der Chandala sprach:
Ich bin entschlossen, dich mit aller Kraft von dieser Sünde zurückzuhalten. Ein Brahmane, der eine sündhafte Handlung durchführt, fällt von seinem hohen Dasein ab. Nur aus diesem Grund tadle ich dich.

Vishvamitra sprach:
Die Kühe trinken weiter, unabhängig vom Quaken der Frösche. Bist du wirklich fähig über Gerechtigkeit zu entscheiden? Hör auf, dich zu überschätzen!

Der Chandala sprach:
Ich bin dir wirklich freundlich gesinnt. Nur aus diesem Grund predige ich dir. Handle tugendhaft und sündige nicht aus Versuchung!

Vishvamitra sprach:
Wenn du mir freundlich bist und mein Wohl wünschst, dann befreie mich aus dieser Not und trenne dich von diesem Stück Hundefleisch. Dann werde ich mich als gerettet betrachten durch die Hilfe der Gerechtigkeit *(und nicht durch eine sündige Tat)*.

Der Chandala sprach:
Ich wage es nicht, dir dieses Stück Fleisch zum Geschenk zu machen, noch darf ich es ruhig ertragen, wenn du es dir stiehlst. Wenn ich dir dieses Fleisch gebe oder du es dir als Brahmane nimmst, in beiden Fällen werden wir in der kommenden Welt in leidvolle Bereiche sinken.

Vishvamitra sprach:
Indem ich diese sündhafte Handlung heute begehe, werde ich sicherlich mein Leben retten, das sehr wertvoll ist. Dann kann ich Tugend üben und meine Seele wieder reinigen. Sage mir, was von beiden vorzuziehen wäre *(verhungern oder leben)*.

Der Chandala sprach:
Bezüglich der Erfüllung der Aufgaben einer Kaste oder Familie ist man selbst der beste Richter. So wirst du selbst wissen, welche dieser zwei Taten sündig ist. Ich denke jedoch, wer das Fleisch eines Hundes als rein betrachtet, würde bezüglich seiner Nahrung vor nichts mehr zurückschrecken.

Vishvamitra sprach:
Im Annehmen und im Essen von unreiner Nahrung ist Sünde. Wenn jedoch das Leben in Gefahr ist, gibt es diesbezüglich keine Sünde mehr. Außerdem hat das Essen unreiner Nahrung nur wenig *(karmische)* Konsequenzen, solange man nicht in das Töten oder andere verblendete Handlungen verwickelt und die Motivation nicht tadelnswert ist.

Der Chandala sprach:
Wenn das dein Argument ist, um unreine Nahrung zu essen, dann meine ich, daß du die Veden und arische Moral mißachtest. Belehrt durch deine beabsichtigte Tat, oh Erster der Brahmanen, dürfte ich keine Sünde mehr im Mißachten der Gebote für reine und unreine Nahrung sehen.

Vishvamitra sprach:
Man hat noch nie gesehen, daß man allein durch Essen eine ernste Sünde ansammelt. Selbst das Fallen durch Weintrinken ist nur ein moralisches Sprichwort *(um die Menschen vom Mißbrauch zurückzuhalten)*. Auch alle anderen verbotenen Taten, was auch immer es ist, tatsächlich sogar jede Sünde, zerstören nicht unbedingt das Verdienst einer Person.

Der Chandala sprach:
Der zweifachgeborene Gelehrte, der das Fleisch eines Hundes von solch einem

unwürdigen Ort und von einem unreinen Schuft stiehlt, der so ein sündhaftes Leben führt *(wie ich)*, begeht eine Handlung, die dem Verhalten von jenen entgegensteht, die als Rechtschaffen gelten. Aufgrund seiner Verbindung mit einer solchen Tat wird er sicher die Stiche der Reue erleiden müssen.

Bhishma fuhr fort:
Nachdem der Chandala diese Worte zum Sohn von Kushika gesprochen hatte, schwieg er. Und Vishvamitra mit der höheren Sicht trug die Lende des Hundes davon. Der große Asket hatte sich dieses Stück Hundefleisch genommen, um sein Leben zu bewahren, trug es in die Wälder, um es mit seiner Familie zu essen. Er war entschlossen, nachdem er zuerst die Götter gemäß den erwarteten Riten befriedigt hatte, dieses Fleisch nach Bedarf zu verspeisen. So entzündete der Asket ein Feuer gemäß den brahmanischen Riten und begann entsprechend dem Aindragneya Ritus dieses Fleisch in geheiligtem Charu zu kochen. Dann, oh Bharata, begann er die Zeremonien zu Ehren der Götter und Ahnen, indem er das Charu in so viele Portionen teilte, wie es gemäß den Geboten der Schriften notwendig war und lud die Götter mit Indra an ihrer Spitze ein *(um ihre Anteile zu akzeptieren)*. Und wahrlich, zur gleichen Zeit begann der Führer der Himmlischen den Regen wieder reichlich strömen zu lassen. Alle Wesen wurden durch diese Schauer neu belebt, und alle Kräuter und Pflanzen wuchsen wieder. Und als Vishvamitra die Riten zu Ehren der Götter und Ahnen vollendet hatte und sie ordnungsgemäß befriedigt waren, aß er selbst von diesem Fleisch. Danach verbrannte der Weise durch seine Buße all seine Sünde und erreichte nach langer Zeit den wundervollsten und höchsten Erfolg. Auf diese Weise und allein mit der Motivation, sein Leben zu bewahren, sollte ein Hochbeseelter, der mit Weisheit gesegnet wurde und die rechten Mittel kennt, mit all seiner Kraft sich selbst bewahren, wenn er in Not geraten ist. Durch Zuflucht zu solchem Verständnis sollte man stets sein Leben erhalten. Denn wer lebendig ist, kann religiöses Verdienst gewinnen, sowie Glück und Wohlstand genießen. Deshalb, oh Sohn der Kunti, sollte eine Person mit gereinigter Seele und Erkenntnis in dieser Welt handeln und auf seine Vernunft beim Unterscheiden zwischen Gerechtigkeit und Ungerechtigkeit vertrauen.

Kapitel 142 - Wie ein König Weisheit sammeln sollte

Yudhishthira sprach:
Wenn das, was so unvorstellbar ist und wie eine Lüge nie Beachtung finden sollte, *(als Aufgabe in der Not)* beschrieben wird, welche Tat sollte ich dann überhaupt noch vermeiden? Warum sollten dann nicht sogar die Räuber respektiert werden? Ich bin schwer verwirrt, und mein Herz schmerzt. Alle Bande, die mich bisher an die Tugend gebunden hatten, beginnen sich zu lösen. Ich kann weder meinen Geist beruhigen, noch könnte ich es wagen, auf dem von dir gewiesenen Weg zu wandeln.

Bhishma sprach:
Ich belehre dich diesbezüglich nicht über die Aufgaben, wie ich sie allein aus den Veden gehört habe. Was ich sagte, ist das lebendige Ergebnis von Weisheit und Erfahrung. Das ist der Nektar, den die Gelehrten *(wie die Bienen aus verschiedensten*

Blüten) gesammelt haben. Auch Könige sollten ihre Weisheit aus verschiedenen Quellen sammeln. Man kann seinen Weg durch die Welt nicht mithilfe einer Moral vollenden, die einseitig ist. Das Handeln muß der Vernunft *(bzw. der höheren Einsicht)* entspringen, und das Verhalten der Weisen sollte stets beobachtet werden, oh Sohn der Kurus. So achte auch meine Worte. Nur Könige, die mit höherer Einsicht gesegnet sind, können siegreich herrschen. Ein König sollte für die Beachtung der Tugend mithilfe seiner Vernunft sorgen und sich dabei von Weisheit aus verschiedenen Quellen führen lassen. Die Aufgaben eines Königs können nie erfüllt werden durch die starren Regeln einer einseitigen Moral. Ein kleingeistiger König kann niemals Weisheit zeigen, weil er keine Weisheit von seinen Vorbildern gesammelt hat. Gerechtigkeit erscheint manchmal wie Ungerechtigkeit und auch umgekehrt. Wer das nicht weiß, wird in außergewöhnlichen Situationen in große Verwirrung fallen. Noch bevor man davon überwältigt wird, sollte man die Bedingungen erkennen, oh Bharata, unter denen Gerechtigkeit und Ungerechtigkeit verkehrt erscheinen. Mit diesem Wissen kann ein weiser König, wenn die Gelegenheit kommt, mithilfe seiner Urteilskraft entsprechend reagieren. Solche Handlungen in außergewöhnlichen Zeiten werden von gewöhnlichen Leuten oft mißverstanden. Manche Menschen haben wahrhaftes Wissen und manche haben illusorisches Wissen. Ein weiser König sollte das Wesen jeder Art des Wissens erkennen und von jenen lernen, die als wahrhaft betrachtet werden. Jene, die wirklich die Tugend zerstören, nörgeln stets an den heiligen Schriften. Jene, die selbst keinen Reichtum haben, verkündigen überall die Widersprüchlichkeiten der Gebote zum Erwerb von Reichtum. Jene, die sich nur um Wissen bemühen, damit sie ihren eigenen Bauch füllen können, sind sündhaft, oh König, und Feinde der Tugend. Übelgesinnte Menschen mit unreifem Verstand können keine wahrhafte Sicht haben, gerade wie die Ungelehrten in den heiligen Schriften in ihren Taten nicht von den Geboten geführt werden können. Sie suchen nur die Fehler in den Schriften und schmähen sie. Und selbst, wenn sie einiges davon wirklich verstehen, haben sie doch die Gewohnheit, all die Gebote als unheilsam zu verkünden. Solche Menschen verkünden die Überlegenheit ihrer eigenen Ansichten, indem sie alles andere verneinen. Sie haben Worte als ihre Waffen und Worte als ihre Pfeile und reden, als wären sie Meister aller Wissenschaften *(lit. als hätten sie die Kuh des Wissens ausgemolken)*. Wisse, oh Bharata, daß sie das Wissen verkaufen und Rakshasas unter Menschen sind. Durch oberflächliche Argumente verwerfen sie jene Tugend, die von Rechtschaffenen und Weisen begründet worden ist. Wir haben gehört, daß die Texte über Tugend *(dem Dharma)* weder durch Diskussion noch durch Logik begriffen werden können. Indra selbst sagte, daß dies die Meinung des Weisen Vrihaspati *(dem Lehrer der Götter)* ist. Manche sind der Meinung, daß kein Gebot in den heiligen Schriften ohne Grund aufgestellt wurde. Andere wiederum, selbst wenn sie die Schriften richtig verstehen, verneinen die Gebote. Manche der Weisen erklären, daß Tugend *(Dharma)* nichts anderes ist als der bewährte Lauf der Welt. Ein Mensch mit wahrhafter Erkenntnis sollte in sich selbst die zum Heil aufgestellte Tugend erkennen. Wenn jedoch ein Mensch, sei er auch noch so klug, über Tugend unter dem Einfluß von Haß, Verwirrung oder Verblendung spricht, werden seine Wort ohne Kraft sein. Lobenswert sind Gespräche über Tugend, die von einem tiefgründigen Geist getragen werden, der die wahrhafte Bedeutung *(bzw. den wahrhaften Geist)* der heiligen Schriften sucht, und nicht irgendetwas anderem hinterher jagt. Dann werden selbst die Worte eines Ungelehrten, wenn sie voll tiefgründiger Bedeutung sind, als fromm und weise betrachtet. In alten Zeiten sprach Usanas *(der Lehrer der Dämonen)* zu den Daityas diese Wahrheit, die alle Zweifel entfernen sollte, nämlich daß das Wissen der Schriften kein Wissen ist, wenn es nicht vor der höheren Vernunft bestehen kann. Denn Unwissenheit und zweifelhaftes *(bzw. illusorisches)* Wissen ist das Gleiche. Es ziemt sich für dich, solches Wissen aufzulösen, nachdem die entsprechenden Wurzeln abgeschlagen wurden.

Wer diese Worte von mir nicht hören will, kann als einer betrachtet werden, der sich verleiten ließ. Kannst du nicht erkennen, daß du für die Verwirklichung kämpferischer Taten geschaffen wurdest? Schau mich an, oh liebes Kind, wie ich selbst bei der Erfüllung der Aufgaben meiner angeborenen Kaste unzählige Kshatriyas in den Himmel geschickt habe! Es gibt viele, die mich dafür nicht mögen. Die Ziege, das Pferd und der Kshatriya wurden von Brahma zu ähnlichen Zwecken geschaffen *(daß sie allen Wesen nützlich sein mögen)*. Deshalb sollte ein Kshatriya unaufhörlich das Wohl aller Wesen suchen. Die Sünde beim Töten einer Person, die nicht getötet werden sollte, entspricht in gleicher Weise der Sünde, wenn man jenen nicht tötet, der den Tod verdient hat. Auch das ist die gegebene Ordnung der Welt, die allerdings ein geistig schwacher König nie bedenkt. Deshalb sollte ein König seine Macht zeigen, damit all seine Untertanen ihre jeweiligen Aufgaben beachten. Wenn das versäumt wird, werden sie wie Wölfe umherschleichen und sich gegenseitig verschlingen. Ein König gilt als Schuft unter den Kshatriyas, in dessen Ländern die Räuber umgehen und das Eigentum anderer Leute plündern wie Krähen die kleinen Fische aus dem Wasser ziehen. Ernenne hochgeborene Männer mit vedischem Wissen als deine Minister, regiere diese Erde und beschütze deine Untertanen gerecht! Der Kshatriya, der es versäumt, Zölle und Gesetze einzurichten oder unwürdige Steuern von seinem Volk verlangt, gilt als ein Eunuch *(bzw. Unfähiger)* seiner Kaste. Ein König sollte weder zu streng noch zu mild herrschen. Ruhm gewinnt er durch Gerechtigkeit. Dabei sollte er stets beide Fähigkeiten haben und streng oder mild regieren, wie es nötig ist. Die Erfüllung der Kshatriya Aufgaben ist voller Kampf und oft leidvoll. Du trägst eine große Liebe in dir, aber bist *(als Kshatriya und König)* dennoch zum Kämpfen geschaffen. Deshalb herrsche über dein Königreich! Der höchst intelligente Indra hat gesagt, daß auch in Zeiten der Not die größte Aufgabe eines Königs in der Bestrafung der Übeltäter und dem Schutz der Rechtschaffenen besteht.

Yudhishthira sprach:
Gibt es überhaupt eine Regel *(bezüglich der königlichen Aufgaben)* die *(in Notzeiten)* niemals verletzt werden sollte? Dies frage ich dich als Ersten aller Tugendhaften. Belehre mich, oh Großvater!

Bhishma sprach:
Man sollte stets die Brahmanen verehren, die wegen ihrer Weisheit ehrwürdig,

der Entsagung gewidmet und reich an wahrhaftem Verhalten sind. Das ist wirklich eine hohe und heilige Aufgabe. Wie du die Götter achtest, so mögest du auch die Brahmanen achten. Erzürnte Brahmanen werden dir nichts Gutes bringen. Durch ihre Zufriedenheit wächst dein Ruhm, anderseits deine Angst. Zufrieden wirken Brahmanen wie Nektar, erzürnt wie Gift.

Kapitel 143 - Die Geschichte vom Vogelfänger und der Taube über Verdienst

Yudhishthira sprach:
Oh Großvater, der du mit großer Weisheit gesegnet und mit jeder Lehre bekannt bist, sage mir, was der Verdienst von demjenigen ist, der einen Zufluchtsuchenden beschützt.

Bhishma sprach:
Groß ist der Verdienst, oh Monarch, wenn man einen Bittenden erhört. Du bist wahrlich würdig, oh Bester der Bharatas, eine solche Frage zu stellen. Jene hochbeseelten Könige wie Sivi gelangten einst zu großer Seligkeit im Himmel, indem sie die Zufluchtsuchenden beschützt haben. Wir hörten, daß einst sogar eine Taube voller Mitgefühl einen bittenden Feind mit den gebührenden Gastriten empfangen hat und ihn schließlich mit ihrem eigenen Fleisch beköstigte.

Yudhishthira fragte:
Wahrlich, wie beköstigte jene Taube in alten Zeiten diesen bittenden Feind mit ihrem eigenen Fleisch? Und welchen Verdienst gewann sie mit diesem Verhalten, oh Bharata?

Bhishma sprach:
Höre, oh König, die ausgezeichnete Geschichte, die den Zuhörer von jeder Sünde reinigt, diese Geschichte, die einst Parasurama, der Sohn von Bhrigu, dem König Muchukunda erzählt hatte. Damals, oh Sohn der Pritha, stellte Muchukunda mit der rechten Demut dem Sohn des Bhrigu die gleiche Frage. Und dieser erzählte ihm, oh Monarch, die Geschichte von der Taube, die höchsten Erfolg *(himmlische Seligkeit)* erreichte.

Der Weise sprach:
Oh starkarmiger Monarch, höre mich, wie ich dir diese Geschichte erzähle, die voller Wahrheit ist und mit Tugend, Gewinn und Vergnügen verbunden. Vor langer Zeit pflegte ein übelgesinnter und furchterregender Vogelfänger, der dem Zerstörer selbst glich, durch einen großen Wald zu ziehen. Er war schwarz wie ein Rabe, hatte blutrote Augen und erschien wie Yama persönlich. Seine Beine waren lang, seine Füße kurz, sein Mund groß und seine Backenknochen hervorstehend. Er hatte weder Freunde, Verwandte noch Angehörige. Alle hatten ihn wegen des äußerst grausamen Lebens verlassen, das er führte. Wahrlich, so sollte ein Mensch mit übelgesinntem Verhalten von allen Klugen verlassen werden, weil jemand, der sich *(durch ein solches Leben)* selbst verletzt, auch anderen nichts Gutes tun kann. Solche grausamen und übelgesinnten Menschen, die das Leben anderer Wesen rauben, sind stets wie Giftschlangen eine Quelle der Angst für alle Geschöpfe. Er trug seine Netze in den Wald, tötete dort die Vögel und

pflegte das Fleisch jener geflügelten Wesen zu verkaufen, oh König. Mit diesem Verhalten lebte der Übelgesinnte viele lange Jahre, ohne jemals die Sündhaftigkeit seines Lebens zu erkennen. Mit der Zeit war er an die Jagd gewöhnt wie an eine Ehefrau und verfolgte unablässig diesen Beruf im Wald. Vom Schicksal betäubt, war ihm keine andere Beschäftigung lieb. Eines Tages, als er so durch den Wald wanderte, erhob sich ein großer Sturm, der die Bäume schüttelte und zu entwurzeln drohte. Im gleichen Moment erschienen dichte Gewitterwolken am Himmel, auf denen die Blitze spielten wie viele kleine Boote auf den Wellen des Ozeans. Indra mit den hundert Opfern trat in die Wolken ein, und im gleichen Moment wurde die Erde mit Wasser überschwemmt. Und während der Regen in reißenden Strömen fiel, verlor der Vogelfänger aus Angst all seine Sinne. Vor Kälte zitternd und von Angst verwirrt, irrte er durch den Wald. Doch er konnte keinen sicheren Ort finden, denn alle Pfade des Waldes standen unter Wasser. Durch die Kraft dieses Gewitters verloren auch viele Vögel ihr Leben und fielen zu Boden. Löwen, Bären und andere Tiere suchten nach höhergelegenen Orten, um dort auszuruhen. Alle Bewohner des Waldes wurden durch diesen schrecklichen Sturm und den heftigen Regen mit Angst erfüllt. Erschrokken und erschöpft wanderten sie durch die Wälder in kleinen und großen Sprüngen. Der Vogelfänger jedoch, konnte mit kälteerstarrten Gliedern weder dort ausruhen, wo er war, noch weiterlaufen. In diesem Zustand erblickte er eine Taube, die auf dem Boden lag und ebenfalls vor Kälte ganz steif war. Doch obwohl dieser Sündige in der gleichen Situation wie der Vogel war, ergriff er die Taube und sperrte sie in seinen Käfig. Selbst überwältigt vom Leiden, hatte er keine Skrupel, ein ähnlich leidendes Wesen mit Gewalt zu überwältigen. Wahrlich, so beging dieser Schuft allein durch die Macht der Gewohnheit selbst in dieser Situation noch solche Sünde.

Dann erblickte er plötzlich in der Mitte dieses Waldes einen königlichen Baum über dem der dunkle Himmel leuchtete. Er war der Wohnort von Myriaden von Vögeln, die dort Schatten und Schutz suchten. Es schien, als hätte ihn der Schöpfer zum Nutzen aller Wesen geschaffen wie einen wohltätigen Menschen in der Menschenwelt. Dann klärte sich der Himmel auch ringsherum auf und bedeckte sich bald mit Myriaden von Sternen, lächelnd, wie ein prächtiger See mit blühenden Lilien. Der Vogelfänger, der immer noch vor Kälte zitterte, erhob seine Augen in den klaren Sternhimmel, um nach Hause zu finden. Doch den wolkenlosen Nachthimmel auf allen Seiten betrachtend, begann er zu verstehen, daß seine Hütte weit entfernt war. So entschloß er sich, die Nacht im Schutz dieses Baums zu verbringen. Er verneigte sich vor ihm mit gefalteten Händen und sprach zu diesem König des Waldes: „Ich bitte um den Schutz aller Geister, die in diesem Baum wohnen.“ Nach diesen Worten breitete er einige Blätter zu einem Bett aus und legte sich dort nieder, wobei er seinen Kopf auf einem Stein ruhen ließ. Und trotz Kälte und Hunger schlief der Mann bald ein.

Kapitel 144 - Der Täuberich über die Vorzüglichkeit einer Ehefrau

Bhishma fuhr fort:

Oh König, auf einem der Zweige dieses Baumes lebte ein schönbefiederter Täuberich seit vielen Jahren mit seiner Familie. An diesem Morgen war seine Gattin zur Nahrungssuche ausgeflogen, aber noch nicht zurückgekehrt. Und angesichts der fortschreitenden Nacht begann der Vogel zu wehklagen:

Oh, mächtig war der Sturm und leidvoll der heutige Platzregen! Ach! Oh liebe Ehefrau, du bist noch nicht zurückgekehrt. Weh mir! Was kann die Ursache sein, daß sie nicht zu uns nach Hause kam? Ob es meiner lieben Gattin gut geht im Wald? Ohne sie erscheint mir dieses Nest ganz leer. Das Haus eines Hausvaters, selbst wenn es mit Söhnen, Enkeln, Schwiegertöchtern und Dienern gefüllt ist, ist dennoch einsam, wenn die Hausfrau fehlt. Ein Heim ohne Ehefrau ist kein Heim. Ein Heim ohne Ehefrau ist eine öde Wildnis. Wenn meine liebe Gattin mit den rotumringten Augen, dem buntgemischten Gefieder und der süßen Stimme heute nicht zurückkommt, wird mein Leben jeglichen Sinn verlieren. Ihren ausgezeichneten Gelübden folgend, aß sie niemals, bevor ich gegessen hatte, und badete niemals, bevor ich gebadet hatte. Sie setzte sich niemals, bevor ich mich setzte, und legte sich niemals nieder, bevor ich mich niederlegte. Sie freute sich, wenn ich mich freute, und sorgte sich, wenn ich mich sorgte. Wenn ich wegging, wurde sie traurig, und wenn ich ärgerlich war, sprach sie stets süße Worte zu mir. Ihrem Ehemann treu ergeben und voller Vertrauen auf ihn, tat sie immer, was angenehm und vorteilhaft für ihren Herrn war. Gesegnet ist ein Mann auf Erden, dem eine solche Gattin gegeben wird. Dieses liebenswürdige Wesen weiß, wann ich müde oder hungrig bin. Hingegeben und mit unvergänglicher Liebe ist meine berühmte Gattin äußerst sanftmütig und verehrt mich demütig. Selbst der Fuß eines Baumes kann zum Heim werden, wenn man dort mit seiner Gattin leben kann. Ohne Gattin ist dagegen jeder Palast eine öde Wildnis. Die Gattin ist der Lebenspartner in allen Taten bezüglich Tugend, Gewinn und Vergnügen. Selbst wenn man in ein fremdes Land aufbricht, ist die Ehefrau der vertraute Begleiter. So sagt man, daß sie der reichste Besitz ihres Gatten ist. In dieser Welt ist die Ehefrau der einzige Partner ihres Mannes in allen Sorgen des Lebens. Die Ehefrau ist stets die beste Medizin, die man in Krankheit und Leiden haben kann. Es gibt keinen besseren Freund als die Ehefrau. Es gibt keine bessere Zuflucht als die Ehefrau. Es gibt keinen besseren Verbündeten in der Welt als die Ehefrau im Erwerb von religiösem Verdienst. Wer in seinem Haus keine Ehefrau hat, die rein und von angenehmer Rede ist, sollte in die Wälder ziehen. Für so einen Menschen gibt es keinen Unterschied zwischen Haus und Wildnis.

Kapitel 145 - Fortsetzung der Geschichte

Bhishma fuhr fort:

Dieses mitleiderregende Wehklagen des Täuberichs auf dem Baum hörte die vom Vogelfänger ergriffene Taube und dachte sich:

Ob ich nun irgendein Verdienst habe oder nicht, grenzenlos ist mein Glück, wenn mein lieber Herr auf diese Weise von mir spricht. Eine Ehefrau, mit der ihr Herr unzufrieden ist, ist keine Ehefrau. Wenn der Ehemann mit seiner Frau zufrieden ist, sind es auch die Götter. Weil die Eheschließung in Gegenwart des Feuers stattfindet, ist der Ehemann der höchste Gott der Ehefrau. Ist ihr Mann unzufrieden, verbrennt sie mit der Zeit zu Asche, wie eine blütengeschmückte Kletterpflanze in einer Feuersbrunst.

So dachte die Taube voller Kummer im Käfig des Vogelfängers und rief dann zu ihrem leidenden Gatten:
Oh geliebter Herr, höre, was jetzt für dich vorteilhaft ist und folge meinem Rat. Werde zum Retter eines Zufluchtsuchenden! Dieser Vogelfänger liegt hier vor deiner Wohnstätte und wird von Kälte und Hunger gequält. Erfülle an ihm die Aufgaben der Gastfreundschaft. Die Sünde, die man ansammelt beim Töten eines Brahmanen oder einer heiligen Kuh, die als Mutter der Welt gilt, ist nicht geringer als einen Zufluchtsuchenden sterben zu lassen. Du bist mit Selbsterkenntnis gesegnet. So ziemt es sich für dich, dem Weg zu folgen, der uns Tauben durch diese Geburt bestimmt worden ist. Wir haben gehört, daß der Hausvater, der gemäß seinen Möglichkeiten Tugend übt, in der kommenden Welt die unerschöpflichen Regionen der Seligkeit erreicht. Du hast Söhne und damit ist die Nachkommenschaft gesichert. Wirf deshalb zum Ruhm von Tugend und Gewinn alle Anhaftung an deinen Körper ab, oh Vogel, und zeige diesem Vogelfänger höchste Verehrung, damit sein Herz zufrieden sein kann. Verliere dich nicht in irgendwelche Sorgen wegen mir. Du wirst weiterleben und Ehefrauen haben.

So sprach die liebenswürdige Taube in ihrem Leiden und richtete ihre Augen aus dem Käfig des Vogelfängers, worin sie gefangen war, hinauf zu ihrem Herrn.

Kapitel 146 - Fortsetzung der Geschichte

Bhishma fuhr fort:
Diese bedeutungsvollen und tugendhaften Worte seiner Ehefrau hörend, wurde der Täuberich mit großem Entzücken erfüllt und seine Augen badeten in Tränen der Heiterkeit. Er blickte zu diesem Vogelfänger, dessen Beruf das Schlachten der Vögel war, und ehrte ihn gemäß den heiligen Geboten der Gastfreundschaft.

Der Täuberich sprach:
Sei willkommen heute. Gebiete mir, was ich für dich tun kann. Sei unbetrübt und fühle dich wie zu Hause. Sage mir schnell, was dein Wunsch ist. Ich frage dich aus Zuneigung, weil du den Schutz aus unseren Händen erbeten hast. Gastfreundschaft sollte sogar einem Feind gezeigt werden, wenn er zu deinem Haus kommt, wie ein Baum seinen Schatten von keiner Person zurückzieht, die sich ihm nähert, selbst wenn es ein Holzfäller ist. Man sollte stets mit gewissenhafter Sorge die Aufgaben der Gastfreundschaft für einen Zufluchtsuchenden erfüllen. Wahrlich, dazu ist man besonders verpflichtet, wenn man zufällig ein Leben der Häuslichkeit führt, das durch die fünf Opfer getragen wird *(Studium, Opfer für Ahnen, Götter und alle Wesen sowie Gastfreundschaft)*. Wenn man ein Hausleben führt und aus Mangel an Weitsicht diese fünf Opfer vernachlässigt, verliert

man gemäß den heiligen Schriften sowohl diese als auch die kommende Welt. Deshalb sage mir vertrauensvoll und in klaren Worten, was deine Wünsche sind. Sei unbesorgt, ich werde sie alle erfüllen.

Diese Worte des Vogels hörend, antwortete der Vogelfänger: „Ich bin vor Kälte ganz steif. Sorge dafür, daß ich mich aufwärmen kann." So angesprochen, sammelte der Vogel viele trockene Blätter auf dem Boden, nahm ein einzelnes Blatt in seinen Schnabel und flog schnell davon, um Feuer zu holen. An einem Ort, wo Feuer brannte, erhielt er eine kleine Flamme, die er dann zurückbrachte, um jene trockenen Blätter in Brand zu setzen. Als sie in kräftigen Flammen aufloderten, sprach er zu seinem Gast: „Wärme deine Glieder vertrauensvoll und ohne Furcht." So angesprochen antwortete der Vogelfänger „So sei es.", und wärmte seine steifen Glieder. Und wie seine Lebensgeister zurückkamen, sprach der Vogelfänger zu seinem beflügelten Wohltäter: „Der Hunger quält mich. Ich wünsche mir etwas zu essen." Seine Worte hörend, antwortete der Vogel: „Ich habe keine Vorräte, die deinen Hunger stillen könnten. Wir Bewohner der Wälder leben stets von dem, was uns jeden Tag gegeben wird. Wie die Asketen des Waldes horten wir nie für Morgen." Nach diesen Worten wurde das Gesicht des Vogels ganz blaß *(vor Scham)*. Er wurde still, wußte nicht, was er tun sollte und betrachtete im Innersten die Unvollkommenheit seiner Art zu leben. Doch plötzlich wurde sein Geist klar, und der Vogel sprach zum Schlächter seiner Art: „Ich werde dich befriedigen. Warte nur einen Moment." Nach diesen Worten entzündete er ein Feuer aus trockenen Blättern und sprach voller Heiterkeit: „Ich hörte einst von hochbeseelten Rishis, Göttern und Pitris, wie groß der Verdienst der Gastfreundschaft ist. Oh Liebenswürdiger, sei mir wohlgesinnt! Ich sage dir aufrichtig, daß ich dich mit ganzem Herzen als meinen Gast ehren möchte." Mit diesem Entschluß umrundete der hochbeseelte Vogel mit einem Lächeln dreimal das lodernde Feuer, um dann selbst in die Flammen zu steigen. Bei diesem Anblick, wie der Vogel in das Feuer ging, begann der Vogelfänger nachzudenken und fragte sich: „Was habe ich getan? Ach! Zweifellos wird mein Karma dunkel und schrecklich sein aufgrund all meiner sündhaften Taten! Ich war äußerst grausam und bin nun der Verurteilung wert." Wahrlich, als der Vogelfänger sah, wie ihm der Vogel sein Leben opferte, erkannte er die Sündhaftigkeit seines Handelns und begann tief erschüttert ein langes Wehklagen.

Kapitel 147 - Fortsetzung der Geschichte

Bhishma sprach:
Als der Vogelfänger den Täuberich ins Feuer gehen sah, wurde er vom Mitgefühl überwältigt und sprach:
Ach, grausam und gefühllos, wie ich war, was habe ich getan!? Ich bin wirklich ein gemeiner Schuft! Groß wird meine Sünde sein für endlose Jahre.

In solche Selbstvorwürfe versinkend, begann er wieder und wieder zu klagen:
Jeglicher Ehre bin ich unwürdig. Mein Verstand ist übelgesinnt. In all meinem Streben bin ich voller Sünde. Ach, alle achtbaren Berufe habe ich verworfen und bin ein Vogelfänger geworden. Grausam, wie ich war, hat mir diese hochbeseelte

Taube durch das Opfer ihres eigenen Lebens zweifellos eine ernste Lehre erteilt. Ich sollte auf Ehefrauen und Söhne verzichten und dieses Leben beenden, das mir bisher so lieb war. Die hochbeseelte Taube hat mir diesen Weg gezeigt. Von diesem Tag an werde ich durch Entsagung diesen Körper austrocknen, wie eine flache Zisterne in der Hitze des Sommers. Der Mensch ist fähig Hunger, Durst, Buße und Abmagerung zu ertragen, bis überall die Adern hervorquellen. So werde ich durch verschiedene Arten des Fastens jene Gelübde beachten, die mich in die jenseitige Welt führen werden. Ach, durch das Opfer ihres Körpers hat mir diese Taube gezeigt, was Mitgefühl, Gastfreundschaft und wahre Hingabe ist. Belehrt durch ihr Beispiel werde ich künftig Tugend *(Dharma)* üben. Tugend ist die höchste Zuflucht *(aller Wesen)*. Wahrlich, ich werde solche Tugend üben, wie ich sie in dieser hingebungsvollen Taube, diesem Ersten aller beflügelten Wesen, erkannt habe.

So sprach der Vogelfänger, der einst so grausam war, und entschloß sich, den großen und ewigen Weg zu gehen, indem er die härtesten Gelübde annahm. Er verwarf seinen dicken Knüppel, den spitzen Eisenspeer, seine Netze und Schlingen sowie den Eisenkäfig und ließ die Taube frei, die er ergriffen und eingesperrt hatte.

Kapitel 148 - Fortsetzung der Geschichte

Bhishma fuhr fort:
Nachdem der Vogelfänger diesen Ort verlassen hatte, weinte die Taube in Erinnerung an ihren Ehemann voller Kummer und klagte:
Oh geliebter Herr, ich kann mich an kein einziges Beispiel erinnern, wo du mich jemals verletzt hättest. Das Witwendasein ist höchst jämmerlich, selbst wenn man Mutter vieler Kinder ist. Ohne ihren Mann wird eine Ehefrau hilflos und zum Gegenstand des Mitleids ihrer Freunde. Ich wurde von dir beschützt und aufgrund deiner großen Wertschätzung mir gegenüber stets mit süßen, angenehmen, bezaubernden und entzückenden Worten geehrt. Ich vergnügte mich mit dir in Tälern, an den Quellen von Flüssen und auf entzückenden Wipfeln von Bäumen. Ich war stets glücklich, mit dir durch die Lüfte zu fliegen, und pflegte oft mit dir zu spielen, oh geliebter Herr. Aber wo ist jetzt diese Heiterkeit? Beschränkt sind alle Gaben des Vaters, Bruders oder des eigenen Sohnes. Allein die Gaben, die nur ein Ehemann geben kann, sind grenzenlos. Welche Ehefrau würde dafür ihren Mann nicht verehren? Eine Frau hat keinen besseren Beschützer und kein größeres Glück als ihren Ehemann. Ihren ganzen Reichtum und Besitz aufgebend, sollte eine Frau ihren Ehemann als einzige Zuflucht haben. Doch ohne dich, oh Herr, ist das Leben hier nun sinnlos geworden. Welch reine Frau, die ihres Herrn beraubt wurde, würde es noch wagen, die Last des Lebens weiter zu ertragen?

So klagte die Taube, die ihrem Ehemann hingegeben war, voller Kummer und Mitgefühl und warf sich in die Flammen des auflodernden Feuers. Dort schaute sie ihren Ehemann mit Ornamenten geschmückt auf einem himmlischen Wagen, verehrt von vielen hochbeseelten und verdienstvollen Wesen, die ihn umgaben. Wahrlich, dort war er im Himmel mit feinsten Girlanden, kostbarsten Roben und jeglichen Ornamenten geschmückt. Um ihn schwebten unzählige himmlische Wagen, die von Wesen gefahren wurden, die verdienstvoll in dieser Welt gehandelt hatten. Auf seinem ätherischen Wagen stieg der Vogel zum Himmel auf, erreichte die rechten Ehren für seine Taten in dieser Welt, vergnügte sich weiterhin voller Heiterkeit und wurde von seiner Ehefrau begleitet.

Kapitel 149 - Ende der Geschichte

Bhishma fuhr fort:

Auch der Vogelfänger, oh König, sah das Paar auf ihrem himmlischen Wagen sitzen. Bei diesem Anblick wurde er mit Sorge erfüllt *(über sein drohendes Unheil)* und begann, die Mittel zu bedenken, womit er ebensolchen Verdienst gewinnen könnte. So sprach er zu sich selbst: „Ich werde durch Entsagung wie diese Taube zu einem ähnlich hohen Ziel gelangen!“ Mit dieser Entschlossenheit begab sich der Vogelfänger, der vom Schlachten der Vögel gelebt hatte, auf die große Reise ohne Rückkehr. Ohne sich weiter um Nahrung zu bemühen, lebte er von Luft allein, und besiegte die weltliche Anhaftung mit dem Wunsch, den Himmel zu gewinnen. Nachdem er weit gegangen war, sah er einen großen und entzückenden See, der mit reinem kühlem Wasser gefüllt und mit Lotusblüten und Scharen von Wasservögeln geschmückt war. Zweifellos versprach der Anblick eines solchen Sees, jeden Wunsch eines Durstigen zu stillen. Doch abgezehrt vom Fasten, wandte er seine Augen ab und betrat entschlossen und heiter einen dichten, von Raubtieren bewohnten Wald. Als er diesen Wald betrat, wurde er von vielen scharfen Dornen gequält. Völlig zerschunden durch die Stacheln und überall mit Blut bedeckt, begann er, in diesem Wald umherzuwandern, wo keine Menschenseele wohnte, aber alle Arten wilder Tiere. Nach langer Zeit der Entsagung entzündete sich dort ein großer trockener Busch aufgrund der Reibung zwischen den mächtigen Bäumen im Wind. Das wütende Feuerelement entfaltete daraufhin seine Herrlichkeit, wie es am Ende der Yugas erscheint, und begann, diesen großen Wald zu verbrennen, der voll mächtiger Bäume, dichter Sträucher und Kletterpflanzen war. Wahrlich, mit Flammen, die vom Wind angefacht wurden, und Myriaden von Funken, die in alle Richtungen flogen, begann der allesverzehrende Gott, diesen dichten Wald mit seinen Vögeln und Tieren zu verbrennen. Der Vogelfänger, der bereit war, seinen Körper abzulegen, lief mit erfreutem Herzen in diese alles verschlingende Feuersbrunst. Und durch dieses Feuer verbrannt, wurde der Vogelfänger von all seiner Sünde gereinigt und erreichte hohen Erfolg, oh Bester der Bharatas. Als das Fieber in seinem Herzen aufgelöst war, erkannte er sich schließlich selbst im Himmel, in Herrlichkeit strahlend wie Indra in der Mitte der Yakshas, Gandharvas und mit asketischem Erfolg gekrönten Wesen. Wahrlich, so stiegen der Täuberich mit seiner ergebenen Gattin und schließlich auch der Vogelfänger für ihre verdienstvollen Taten zum Himmel auf. Und auch an seiner Seite erschien unverzüglich eine hingebungsvolle Frau im Himmel, die in ihrer Herrlichkeit erstrahlte wie die weibliche Taube, von der ich gesprochen habe.

Dies war die alte Geschichte des Vogelfängers und der hochbeseelten Taube. Auf solche Weise erreichten sie ein verdienstvolles Ende durch ihre tugendhaften Taten. Wer diese Geschichte jeden Tag hört oder rezitiert, dem wird kein Übel mehr begegnen, selbst wenn Verblendung seinen Geist umhüllen sollte. Oh Yudhishthira, oh Erster aller Rechtschaffenen, der Schutz eines Zufluchtsuchenden ist wahrlich eine hohe Tat voller Verdienst. Selbst wer eine heilige Kuh getötet hat, kann durch dieses große Mitgefühl von seiner Sünde gereinigt werden, im Gegensatz zu einem Menschen, der den Tod eines Zufluchtsuchenden verursacht hat. Durch das aufmerksame Hören dieser heiligen und sündereinigenden Geschichte, wird man aus aller Qual gerettet und erreicht schließlich den Himmel.

Kapitel 150 - Die Geschichte von Janamejaya und dem Brahmanenmord

Yudhishthira fragte:
Oh Bester der Bharatas, wenn eine Person aus Unwissenheit Sünde begeht, wie kann er davon gereinigt werden? Bitte belehre mich darüber.

Bhishma sprach:
Ich werde dir diesbezüglich die von den Rishis gelobte Belehrung erzählen, die der Zweifachgeborene Indrota, der Sohn von Sunaka, dem König Janamejaya gab. Es gab vor langer Zeit einen König mit großer Kraft, der Janamejaya genannt wurde und der Sohn von Parikshit war. *(Es handelt sich wohl nicht um König Janamejaya im großen Schlangenopfer, sondern um einen Enkelsohn von Kuru.)* Dieser Herr der Erde wurde eines Tages aus Unwissenheit des Brahmanenmordes schuldig. Darauf verließen ihn alle Brahmanen zusammen mit seinen Priestern. Der König brannte Tag und Nacht in Reue und zog sich in die Wälder zurück. Sein ganzes Gefolge schmähte ihn, und so tat er diesen Schritt, um hohes Verdienst zu erreichen. In seiner Reue brennend, widmete sich der Monarch der strengsten Entsagung. Um sich von der Sünde des Brahmanenmordes rein zu waschen, wanderte er von Land zu Land über die ganze Erde und befragte viele Brahmanen. Ich werde dir jetzt die Geschichte seiner Sühne ausführlich erzählen:

Als König Janamejaya in schmerzlicher Erinnerung an seine sündige Tat umherwanderte, traf er eines Tages Indrota, den Sohn von Sunaka mit den beständigen Gelübden. Er näherte sich demütig und berührte ehrfurchtsvoll dessen Füße. Als der Weise den König vor sich erblickte, tadelte er ihn ernstlich und sprach:
Du hast eine große Sünde begangen. Du bist des Tötens von ungeborenem Leben schuldig geworden. Warum bist du hierhergekommen? Was erwartest du von uns? Berühre mich nicht, sondern geh deiner Wege! Deine Anwesenheit bringt uns nichts Gutes. Du riechst nach Blut, und dein Wesen gleicht einem Leichnam. Obwohl du äußerlich rein erscheinst, bist du im Inneren unrein. Obwohl du wie eine Lebender umherwanderst, bist du im Inneren tot. Und obwohl du innerlich tot und von unreiner Seele bist, neigst du weiterhin zur Sünde. Obwohl du schläfst und wachst *(wie andere Menschen)*, wird dein Leben voller Leiden vergehen. Dein Leben, oh König, ist verdienstlos und höchst elend. Du wurdest für unwürdige und sündhafte Taten geschaffen. Väter wünschen sich Söhne, um verschiedenartigen Segen zu erhalten, und hoffen, daß sie

Buße und Opfer durchführen, die Götter verehren sowie Entsagung und Wohltätigkeit üben. Siehe, der ganze Stamm deiner Vorfahren ist aufgrund deiner Taten in die Hölle gefallen. Alle Hoffnungen, die deine Väter auf dich gesetzt hatten, sind unfruchtbar geworden. Du lebst vergebens, weil du stets Haß und Böswilligkeit zu den Brahmanen hegtest, durch deren Verehrung andere Menschen ein langes Leben, Ruhm und den Himmel erreichen. Wenn du diese Welt verläßt, wirst du kopfüber *(in die Hölle)* fallen und aufgrund deiner sündigen Taten in dieser Neigung für unzählige Jahre bleiben müssen. Dort wirst du von Geiern gefoltert werden, die Eisenschnäbel haben. Und erst nach langer Zeit wirst du in diese Welt zurückkehren und deine Geburt unter leidvollen Bedingungen nehmen müssen. Wenn du denkst, oh König, daß diese Welt keine Wirkung hat, und die folgende Welt nur ein Mythos ist, werden dich die Gehilfen von Yama in den höllischen Bereichen davon überzeugen, deinen Unglauben aufzugeben.

Kapitel 151 - Der Tadel der Brahmanen

Bhishma sprach:

So angesprochen, antwortete Janamejaya dem Weisen:

Du rügst einen, der diese Rüge wahrlich verdient hat. Du kritisierst einen, der Kritik verdient. Du tadelst mich und meine Taten zu Recht. Doch ich flehe dich an, sei mir gnädig. Alle meine Taten sind sündhaft gewesen. Ich brenne jedoch in tiefster Reue, als ob ich in der Mitte eines lodernden Feuers säße. Wenn ich an meine Taten denke, ist mein Geist äußerst traurig. Wahrlich, ich habe viel Angst vor Yama. Wie kann ich das Leben noch weiter ertragen, ohne diesen Speer aus meinem Herzen zu ziehen? Oh Saunaka *(Indrota)*, besänftige deinen Zorn und belehre mich jetzt. Früher pflegte ich die Brahmanen zu achten. Und ich erkläre dir heute aufrichtig, daß ich Deinesgleichen erneut diese Achtung erweisen werde. Laß meine Stammeslinie nicht erlöschen. Laß diese Familie *(der Bharatas)*, in der ich geboren wurde, nicht im Staub vergehen. Es ist eine schwere Strafe, daß jene, die Brahmanen verletzt haben und dafür aufgrund der vedischen Gebote ihren ganzen Anspruch bezüglich der Welt und der Beziehungen zu ihren Mitmenschen verwirkt haben, keinen Nachfolger mehr haben sollten, um den Namen ihrer Familie fortzusetzen. So bin ich von Verzweiflung überwältigt und wiederhole deshalb meine Entschlossenheit *(mein Verhalten zu ändern)*. Ich bete zu dir, mich zu beschützten, wie die Heiligen die Armen beschützen. Sündhafte Wesen, die nicht opfern, gelangen nie zum Himmel. Nach dem Verlassen *(dieser Welt)*, müssen sie ihre Zeit in den Tiefen der Hölle wie die Pulindas und Khasas verbringen *(zwei Mlecha Stämme)*. Unwissend wie ich bin, belehre mich wie ein weiser Lehrer seinen Schüler oder wie ein Vater seinen Sohn. Sei gnädig mit mir, oh Saunaka!

Und Saunaka sprach:

Welch Wunder, daß eine Person ohne Weisheit viele unwürdige Handlungen durchführt? Wer dies erkannt hat, ist ein Mensch mit wahrhafter Weisheit und keinem Wesen böse *(wenn sie aus Unwissenheit Fehler begehen)*. Wer den Gipfel der Weisheit erklommen hat, kann nur noch Mitgefühl mit allen anderen Wesen haben, denn sein Selbst ist viel zu rein, um zum Gegenstand äußerlicher Sorge zu werden. Aufgrund seiner Weisheit überblickt er alle Wesen in der Welt wie ein Mensch auf einem Bergesgipfel das Treiben der Leute im Tal. Wer zum Gegenstand der Kritik guter Menschen wird, oder wer gute Menschen haßt und sich vor ihrem Anblick verbirgt, wird keinerlei Segen erhalten und erkennt nie das rechte Handeln. Du weißt, daß die Macht und Würde der Brahmanen in den Veden und anderen Schriften erklärt wurde. So handle nun auf solche Art und Weise, daß die Stille in dein Herz kommen kann, und laß die Brahmanen deine Zuflucht sein. Wenn die Brahmanen aufhören dich zu tadeln, wird die Glückseligkeit im Himmel dein Weg sein. Bereust du deine Sünden aufrichtig, wird deine innere Sicht klar werden und du wirst die Gerechtigkeit *(das Dharma)* schauen.

Janamejaya sprach:
Ich bereue wahrlich meine Sünden und werde mich bemühen, nie wieder von der Tugend abzufallen. Sei mir gnädig, oh Weiser! Ich wünsche den Weg der Glückseligkeit zu gehen.

Saunaka sprach:
Überwinde Arroganz und Stolz, oh König, und achte meine Belehrung. Gib dich hin zum Wohle aller Wesen und erinnere dich stets an die heiligen Gebote der Gerechtigkeit. Ich tadelte dich nicht aus Angst *(vor deiner Unreinheit)*, aus Unwissenheit *(über dein wahres Wesen)* oder aus Eigennutz. Höre jetzt gemeinsam mit diesen Brahmanen hier die Worte der Wahrheit, welche ich selbstlos sprechen werde. Damit möge ich dich auf die Wege der Tugend führen. Mögen die Leute darüber gackern, aufschreien und Schande auf mich rufen. Mögen sie mich sogar sündig nennen und mich, meine Angehörigen und Freunde verlassen. Zweifellos können alle, die mit Vertrauen meine wahrhaften Worte hören, voller Energie die Schwierigkeiten des Lebens erfolgreich überwinden. Manche, die mit großer Weisheit gesegnet wurden, werden *(meine Motivation)* richtig verstehen. Erkenne, oh Kind, meine Ansichten bezüglich der Brahmanen. Dann handle, oh Bharata, auf solche Art und Weise, daß sie durch meine Anstrengung *(bzw. Belehrung)* jeglichen Segen erhalten können. So gib nun dein Wort, oh König, daß du die Brahmanen nicht wieder verletzen wirst.

Und Janamejaya sprach:
Wahrlich, ich schwöre, indem ich sogar deine Füße berühre, daß ich weder in Gedanken, Worten noch in Taten die Brahmanen jemals wieder verletzen werde.

Kapitel 152 - Die Belehrung über die Sühne

Saunaka sprach:
So werde ich dich aus gegebenen Gründen über die Gerechtigkeit *(das Dharma)* belehren, denn dein Herz ist äußerst verwirrt. Begabt mit umfangreichem Wissen, großer Kraft und stolzem Herzen suchtest du die Gerechtigkeit bisher nach deinem eigenen Willen. Ein König ist am Anfang äußerst diktatorisch, streng und unnachgiebig. Erst später zeigt er Mitgefühl und vollbringt Gutes für alle Wesen. Das ist wahrlich wundervoll. Die Leute sagen, daß ein König, der allzu streng herrscht, die ganze Welt verbrennt. Auch du warst einst sehr streng.

Doch nun wendest du deine Augen auf die höhere Gerechtigkeit. Auf luxuriöses Essen und alle Vergnüglichkeiten hast du verzichtet und dich lange der harten Buße hinbegeben. All das, oh Janamejaya, ist sicherlich ein Wunder für Könige, die in Sünde versanken. Denn wenn ein Reicher verschwenderisch wird oder ein Asket immer entsagender, liegt darin kein Wunder, weil man sagt, das eine ist nah am anderen. Was in Verblendung getan wird, erzeugt Leiden in Hülle und Fülle. Was andererseits mit gesunder Vernunft vollbracht wird, führt zum Wohlergehen. Opfer, Wohltätigkeit, Mitgefühl, die Veden und die Wahrhaftigkeit - diese fünf, oh Herr der Erde, sind reinigend. Das sechste ist selbstlose Entsagung, die vor allem für Könige, oh Janamejaya, höchst reinigend ist. Auf diesem Weg wirst du sicherlich großen Verdienst und Glückseligkeit erreichen. Auch der Besuch heiliger Pilgerorte gilt als höchst reinigend. Diesbezüglich ist der folgende, von Yayati gesungene Vers, überliefert:

„Der Sterbliche, der Lebenskraft und Langlebigkeit wünscht, sollte mit Hingabe Opfer durchführen und Entsagung und Buße üben.“

Das Feld von Kuru *(Kurukshetra)* gilt als ein heiliger Ort und noch mehr der Fluß Sarasvati. Die Tirthas *(Pilgerorte)* der Sarasvati sind noch heiliger als die Sarasvati selbst, und die Tirtha Prithudaka ist davon die heiligste. Wer in Prithudaka gebadet und ihr Wasser getrunken hat, wird keinen vorzeitigen Tod befürchten müssen. Du solltest auch nach Mahasaras gehen, sowie zu allen Tirthas, die den Namen Pushkara tragen, nach Prabhasa, an den nördlichen See Manasa *(am Kailash)* und nach Kalodaka. Dann wirst du Lebenskraft und Langlebigkeit erwerben. An dem Ort, wo Sarasvati und Drisadvati zusammenfließen, liegt ebenfalls ein See namens Manasa. Ein Mensch mit vedischem Wissen sollte an diesen Orten baden. Manu hat gesagt, daß Wohltätigkeit von allen Aufgaben die Beste ist. Nur Entsagung ist noch besser als Wohltätigkeit. Diesbezüglich wird der folgende Vers von Satyavat rezitiert:

„*(Man sollte handeln)* wie ein Kind, das voller Einfalt ist und weder Verdienst noch Sünde besitzt.“

Denn bezüglich all der Geschöpfe in dieser Welt gibt es *(in Wahrheit)* weder Leiden noch Glück. *(Das, was man Leiden oder Glück nennt, ist ein Ergebnis der Unwissenheit.)* Das ist die wahre Natur aller lebenden Wesen. Von allen Wesen, sind jene die Höchsten, die sich der Entsagung gewidmet haben und weder an sündigen noch verdienstvollen Handlungen anhaften. So werde ich dir jetzt jene Taten nennen, die für einen König am besten sind: Entfalte deine Macht und dein Mitgefühl! Damit kannst du sogar den Himmel überwinden, oh König. Wer Macht und Mitgefühl hat, der kann wahrlich Gerechtigkeit erreichen. So herrsche über die Erde, oh König, und achte die Brahmanen wie dein eigenes Glück. Wie du früher die Brahmanen zu verurteilen pflegtest, so befriedige sie jetzt. Obwohl sie Schande über dich gerufen und dich verlassen haben, so verpflichte dich jetzt aufrichtig und von Selbsterkenntnis geführt, sie nie wieder zu verletzen. Vollbringe Taten, die für dich würdig sind, und suche, was zu deinem höchsten Wohl ist. Unter den Herrschern werden manche so kalt wie Eis, manche so grimmig wie Feuer, manche wie ein Pflug und andere wie ein Donnerblitz.

Wer seine Selbstzerstörung verhindern möchte, sollte sich nie mit übelgesinnten Kreaturen aus allgemeinen oder speziellen Gründen verbünden. Von einer sündigen Handlung, die man nur einmal begangen hat, kann man sich reinigen, indem man sie aufrichtig bereut. Von einer sündigen Handlung, die man zweimal begangen hat, kann man sich reinigen, indem man aufrichtig verspricht, sie nie wieder zu begehen. Von einer sündigen Handlung, die man dreimal begangen hat, kann man sich durch aufrichtige Entschlossenheit reinigen, zukünftig Wahrhaftigkeit zu üben. Wer aber eine solche Handlung wiederholt begeht, kann sich durch eine Reise an die heiligen Pilgerorte reinigen. Denn wer sich Wohlergehen wünscht, sollte alles tun, was zur Glückseligkeit führt. Wer in einer himmlisch duftenden Umgebung wohnt, wird diesen Duft bald selbst annehmen. Wer dagegen im höllischen Gestank lebt, wird selbst bald stinken. So wird ein Mensch, welcher der asketischen Entsagung gewidmet ist, bald von allen Sünden gereinigt werden. Auch wer lange Zeit die Opferfeuer verehrt, kann damit verschiedene Sünden bereinigen. Ein Schuldiger am Tod von ungeborenem Leben *(bzw. von Brahmanen)* wird gereinigt, wenn er drei Jahre das Feuer verehrt oder eine mindestens hundert Yojanas lange Pilgerreise an die Orte Mahasaras, Pushkara, Prabhasa oder zum nördlichen Manasa See unternimmt. Ein Mörder von Tieren wird von seinen Sünden gereinigt, indem er mindestens genauso viele ihrer Art aus großer Gefahr errettet. Manu hat gesagt, daß man durch das Eintauchen ins Wasser nach dreimaliger Rezitation des sündezerstörenden Aghamarshana Mantras *(aus dem Rig Veda)* die Früchte des abschließenden Reinigungsbades in einem Pferdopfer ernten kann. Solch eine Übung reinigt bald alle Sünden einer Person und man gewinnt damit die Wertschätzung der Welt zurück. Einem reinen Menschen werden alle Wesen gehorsam, als hätten sie keinen eigenen Willen mehr.

Oh König, in alten Tagen näherten sich die Götter und Dämonen dem himmlischen Lehrer Vrihaspati, verneigten sich, und von ihm aufgefordert sprachen sie: Du kennst, oh großer Rishi, die Früchte der Tugend, wie auch die Früchte jener anderen Taten, die zur Hölle in der folgenden Welt führen. Wie kann sich eine Person von Sünde befreien, nachdem sie den Unterschied zwischen Verdienst und Sünde erkannt hat? Belehre uns, oh großer Rishi, was die Früchte der Tugend und Gerechtigkeit sind, und wie ein Rechtschaffener seine Sünden auflösen kann.

Vrihaspati antwortete:
Wenn man durch Unwissenheit Sünde begangen hat und dann verdienstvolle Handlungen vollbringt, weil man deren Natur verstanden hat, kann man sich durch solche Tugend von der Sünde reinigen, wie ein schmutziges Kleidungsstück mit Seife gewaschen wird. Man sollte sich niemals rühmen, nachdem man eine Sünde begangen hat. Indem man Zuflucht im Glauben findet und sich von aller Böswilligkeit befreit, kann man den Weg zur Glückseligkeit gehen. Wer seine Schulden bereinigt, nachdem sie von guten Menschen aufgezeigt wurden,

kann trotz dieser begangenen Sünden wieder glücklich werden. Wie die Sonne, die sich am Morgen erhebt, die Dunkelheit zerstreut, so zerstreut tugendhaftes Handeln alle Sünden.

Bhishma fuhr fort:
Nachdem Indrota, der Sohn von Sunaka, diese Worte zu König Janamejaya gesprochen hatte, half er ihm bei der Durchführung eines Pferdeopfers. Und nachdem der König von seinen Sünden gereinigt war und seine Lebensfreude wiedererlangt hatte, strahlte er wie die Herrlichkeit eines aufflammenden Feuers, und der Feindevernichter betrat erneut sein Königreich, wie Soma als voller Mond am klaren Sternhimmel erscheint.

Kapitel 153 - Die Geschichte vom Geier und Schakal über das Vertrauen

Yudhishthira fragte:
Hast du, oh Großvater, jemals irgendeinen Sterblichen gesehen oder von einem gehört, der ins Leben zurückgekehrt ist, nachdem er dem Tod erlegen war?

Bhishma sprach:
Höre diesbezüglich, oh König, die folgende Geschichte aus alten Zeiten über ein Gespräch zwischen einem Geier und einem Schakal. Dies geschah wahrlich im Walde von Naimisha. Es gab einst einen Brahmanen, der nach großen Entbehrungen einen lotusäugigen Sohn erhalten hatte. Doch das Kind starb kurz darauf an Krämpfen. Die Angehörigen waren äußerst überwältigt vom Kummer. Mit lautem Wehklagen nahmen sie den kleinen Jungen, welcher der ganze Reichtum der Familie war, und trugen das verstorbene Kind zum Leichenverbrennungsplatz. Dort angekommen, begannen sie, das Kind nacheinander an ihre Brust zu drücken, und weinten bitterlich in ihrer Trauer. Mit schwerem Herzen erinnerten sie sich an die Lebendigkeit ihres Lieblings und konnten den toten Körper einfach nicht auf dem Boden ablegen und nach Hause zurückkehren. Angezogen von ihrem Wehgeschrei kam ein Geier herbei und sprach diese Worte:
Geht nun endlich wieder zurück und zögert nicht, die ihr doch nur ein kleines Kind hingeben müßt. Alle Angehörigen gehen diesen Weg und haben im Laufe der Zeit an diesem Ort schon Tausende Männer und Tausende Frauen zurückgelassen. Schaut doch, das ganze Weltall ist dem Wohl und Weh unterworfen. Überall kann man Verbindung und Trennung sehen. Die zu diesem Leichenplatz kommen, bringen die Leichen ihrer Angehörigen mit und sitzen *(aus Zuneigung)* bei diesen Körpern. Doch auch sie werden diese Welt aufgrund ihrer eigenen Taten verlassen, wenn die ihnen zugeteilte Lebenszeit abgelaufen ist. Wozu noch lange auf diesem Leichenplatz verweilen, diesem schrecklichen Ort, der voller Geier und Schakale ist, wo überall Skelette liegen und jeder Mensch von Todesangst bedrängt wird? Ob Freund oder Feind, keiner kommt jemals ins Leben zurück, der einmal der Macht der Zeit erlag. Dies ist wahrlich das Schicksal aller Geschöpfe in dieser Welt der Sterblichen. Jeder, der geboren wird, muß auch sterben. Wer sollte einen ins Leben zurückbringen, der gestorben ist und den Weg geht, den der große Zerstörer bestimmt hat? Die Stunde ist gekommen, wo die Menschen ihr Tagewerk beenden, und die Sonne bald hinter den Asta

Bergen versinkt. So geht in eure Häuser zurück und überwindet die Trauer um dieses Kind!

Nach diesen Worten des Geiers schien der Kummer der Angehörigen nachzulassen. Sie legten das Kind auf die bloße Erde und bereiteten sich zum Abschied vor. Sie versicherten sich immer wieder der Tatsache, daß das Kind gestorben war, und weil sie es nicht wiedersehen würden, begannen sie verzweifelt ihren Weg mit lautem Wehklagen zurückzugehen. Ohne jegliche Zweifel an seinem Tod und verzweifelt über diese Tatsache, gaben sie diesen Sproß ihrer Familie auf und verabschiedeten sich von ihm. Da kam ein Schakal, der so schwarz wie ein Rabe war, aus seinem Loch und sprach zu den gehenden Angehörigen:
Wahrlich, ihr habt als Verwandte dieses verstorbenen Kindes nur wenig Liebe. Dort scheint die Sonne *(bzw. Hoffnung)* noch am Himmel, oh ihr Unwissenden! Gebt eure Gefühle der Angst auf. Vielgestaltig sind die Tugenden der rechten Stunde. Dieser kann zum Leben zurückkehren. Ihr habt ein paar Büschel Kusha Gras auf dem Boden ausgebreitet und darauf wollt ihr euer liebes Kind auf dem Leichenplatz zurücklassen? Warum geht ihr weg mit Herzen aus Stahl und verwerft jegliche Zuneigung zu eurem Liebling? Sicherlich habt ihr keine große Liebe zu diesem Kind im zartesten Alter, dessen süßes Plappern euch außerordentlich erfreute, sobald es seine Lippen verließ. Schaut nur die Zuneigung, die sogar Vögel und wilde Tiere zu ihrer Nachkommenschaft hegen! Sie kennen kein Nachlassen bei der Pflege ihres Nachwuchses. Wie die Opfer der Rishis *(die ohne Wunsch nach Früchten oder Belohnungen unternommen werden)*, so verlangen die Vierfüßler, Vögel und Insekten keinen Lohn für ihre Zuneigung im Himmel. Obwohl sie an ihren Kindern Freude haben, erwarten sie keinen Nutzen davon für diese und die kommende Welt. Trotzdem hegen sie ihre Jungen voller Liebe, obwohl sie von ihnen im Alter nie gepflegt werden. Sind sie nicht auch traurig, wenn sie ihre Kleinen nicht mehr sehen? Wahrlich, wo kann man solche selbstlose Zuneigung voller Mitgefühl unter Menschen sehen? Wohin wollt ihr gehen und dabei euer Kind hier verlassen, das der Erhalter eures Stammes ist? Ihr solltet für einige Zeit Tränen vergießen und es noch etwas länger mit Zuneigung betrachten. Denn wahrlich, so geliebte Geschöpfe sollten nicht einfach aufgegeben werden. Es sind nur die wahren Freunde und keine anderen, die zu einem halten, der schwach oder krank ist, der verklagt wurde oder zum Leichenverbrennungsplatz getragen wird. Der Lebensatem ist allen lieb, und alle fühlen den Einfluß der Zuneigung. Schaut nur die Zuneigung, welche die Tiere hegen, die ihr als so ungebildet betrachtet! Wahrlich, wie könnt ihr weggehen und diesen Jungen aufgeben, mit Augen so groß wie die Blütenblätter der Lotusblume und so schön wie eine jungvermählte Braut, die mit Blumengirlanden geschmückt und rein ist?

Diese Worte des Schakals hörend, der damit ihren innersten Kummer berührte, gingen die Menschen wieder zurück zum Leichnam. Doch dort sprach der Geier:
Ach, ihr geistig schwachen Menschen! Warum kehrt ihr wegen des Gebotes eines grausamen und gemeinen Schakals mit wenig Intelligenz wieder um? Warum trauert ihr um diese Verbindung der fünf Elemente, verlassen von ihren

führenden Gottheiten, unbewohnt *(durch die Seele)* und unbeweglich und steif wie ein Stück trockenes Holz? Warum kümmert ihr euch nicht um euch selbst? Übt aufrichtige Entsagung, wodurch ihr euch von Sünde reinigen könnt. Alles kann durch Entsagung gewonnen werden. Was hilft dagegen das Wehklagen? Der Tod wird mit dem Körper geboren. Aufgrund dieses Unglücks ist dieser Junge gestorben und hat euch in unendlichen Kummer getaucht. Reichtum, Kühe, Gold, Juwelen und Kinder haben alle ihre Wurzel in der Entsagung. Entsagung kommt wiederum durch Yoga *(der Vereinigung der Seele mit der Gottheit)*. Unter den Wesen ist das Maß von Wohl und Weh von den Taten vorheriger Leben abhängig. Wahrlich, jedes Geschöpf, das in diese Welt kommt, bringt ihr eigenes Maß an Wohl und Weh *(bzw. ihr Karma)* mit sich. Der Sohn wird nicht durch die Taten des Vaters gebunden, noch der Vater durch die Taten des Sohns. Gebunden durch ihre eigenen Taten, seien sie heilsam oder unheilsam, müssen alle diesen gleichen Weg gehen. So vollbringt die Aufgaben des Lebens und meidet unheilsame Handlungen. Dient ehrfürchtig gemäß den Geboten der heiligen Schriften den Göttern und Brahmanen. So überwindet ihr eure Sorgen und die Trauer, sowie die elterliche Anhaftung. Verlaßt das Kind auf diesem besonderen Boden und geht, ohne weiter zu zögern. Der Täter allein erntet die Frucht seiner guten oder schlechten Taten, die er vollbringt. Was sollte der Kummer der Angehörigen hier helfen? Schon immer verlassen die Angehörigen ihre Mitmenschen an diesem Ort, selbst die Liebsten. Mit tränengebadeten Augen gehen sie davon und überwinden die Trauer um den Toten. Klug oder unwissend, reich oder arm, jeder erliegt der Zeit, begabt mit seinen guten und schlechten Taten. Was sollte das endlose Trauern hier helfen? Warum grämt ihr euch um die Toten? Die Zeit ist der Herr von allen und bedingt durch ihre wahre Natur, schaut die Zeit mit gleichen Augen auf alle Geschöpfe. Ob im Stolz der Jugend, im hilflosen Säuglingsalter, in gewichtigen Jahren oder noch im Mutterleib - jeder ist dem Zugriff des Todes *(bzw. der Zeit)* unterworfen. Dies ist nun einmal der Lauf der Welt.

Darauf sprach der Schakal:
Ach, die Liebe, die von euch Weinenden gehegt wurde, wurde von diesem dummköpfigen Geier geschwächt, weil ihr nun vom Kummer über euer verstorbenes Kind überwältigt seid. Das ist wohl so, weil ihr aufgrund seiner wohlplazierten Worte, die überzeugend Entsagung lehren, in eure Stadt zurückkehrt und alle Zuneigung verwerft, die man nicht so einfach aufgeben sollte. Ach, ich dachte, daß der Kummer wirklich groß ist, den Menschen fühlen, wenn sie laut wehklagen über den Tod eines Kindes und über den Leichnam auf dem Verbrennungsplatz, wie die Kühe, denen ihre Kälber genommen wurden. Heute verstehe ich jedoch, wie wahrhaft das Mitgefühl der Menschen auf Erden ist. Als ich ihre große Zuneigung sah, habe ich selbst sogar Tränen verschüttet. *(Aber ihre Liebe hat wohl nicht viel Kraft!)* Dabei sollte man sich in jeder Situation anstrengen. Dadurch erlangt man Erfolg durch das Schicksal. Es ist immer fruchtbar, wenn persönliche Anstrengung und Schicksal zusammenwirken. Deshalb sollte man niemals die Hoffnung verlieren. Wie kann Glück durch Hoffnungslosigkeit gewonnen werden? Durch Entschlossenheit und Vertrauen kann man alles

erreichen. Warum geht ihr dann so unentschlossen zurück? Wohin geht ihr und laßt in dieser Wildnis den Sohn eures Blutes zurück, diesen Erhalter eures Stammes? Wartet hier bis zum Sonnenuntergang, bis das abendliche Zwielicht kommt *(und solange noch Hoffnung ist)*. Dann könnt ihr vielleicht diesen Jungen *(lebendig)* davontragen, wenn ihr bei ihm bleibt.

Dagegen sprach der Geier:
Oh ihr Menschen, ich bin schon ganze tausend Jahre in dieser Welt, aber ich habe noch nie erlebt, daß ein totes Wesen, ganz gleich ob Mann, Frau oder Zwitter, nach dem Tode wieder zum Leben erwachte. Einige sterben bereits im Mutterleib, andere kurz nach der Geburt, im Säuglingsalter, in der Jugend oder im Alter. Das Glück aller Wesen einschließlich der Tiere und Vögel ist unbeständig in dieser Welt. Die Lebenszeit aller beweglichen und unbeweglichen Geschöpfe ist begrenzt und festgelegt. Sie haben ihre Ehegatten, Kinder oder andere Geliebte verloren, und so verlassen voller Trauer jeden Tag viele Menschen diesen Ort mit gequälten Herzen, um nach Hause zurückzukehren. So wurden schon Tausende, sowohl Freunde als auch Feinde an diesem Ort abgelegt, und nur die Angehörigen sind in ihr Leben zurückgekehrt. Laßt ab von diesem leblosen Körper, worin das Feuer des Lebens erloschen ist, und der nun ebenso steif ist, wie ein Stück trockenes Holz! Warum geht ihr nicht und verlaßt den Körper dieses Kindes, der nun wie trockenes Holz geworden und dessen Leben in einen neuen Körper eingegangen ist? Diese Liebe von euch ist bedeutungslos und dieses Umarmen des Jungen unfruchtbar. Er sieht nicht mehr mit seinen Augen und hört nicht mehr mit seinen Ohren. Laßt ihn hier zurück und geht, ohne weiter zu zögern. Hört auf meine Worte, die anscheinend grausam sind, aber in Wirklichkeit voller Vernunft, und welche die hohe Religion der Befreiung in sich tragen, und geht nun nach Hause.

Als die Menschen diese Rede vom Geier hörten, der mit Weisheit und Erkenntnis begabt und fähig war, zu belehren und das Verständnis zu erwecken, schickten sie sich erneut an, dem Leichenplatz ihren Rücken zuzukehren. Denn wahrlich, der Kummer verdoppelt sich beim Anblick des Verstorbenen und bei der Erinnerung an sein Leben. So waren diese Menschen aufgrund der Worte des Geiers entschlossen, diesen Ort zu verlassen. Doch sofort sprang der Schakal heran und richtete seine Augen auf das Kind, das im Schlaf des Todes lag.

Dann sprach der Schakal:
Warum verlaßt ihr dieses Kind auf die Worte des Geiers hin, dieses Kind mit dem goldenen Teint, das mit Ornamenten geschmückt und dazu fähig ist, die Ahnenopfer seinen Vorfahren zu sichern? Wenn ihr ihn verlaßt, wird eure Trauer nie enden, noch wird euer mitleiderregendes Wehklagen verstummen. Im Gegenteil, euer Kummer wird immer weiter wachsen. Man erzählt *(zum Beispiel im Ramayana 7.86)*, daß Rama mit der wahren Heldenkraft einen Shudra namens Sambuka tötete, womit die Gerechtigkeit wiederhergestellt und ein Brahmanenkind ins Leben zurückgeholt wurde. Ähnlich starb der Sohn des königlichen Weisen Sweta vor seiner Zeit, doch der tugendhafte Monarch konnte sein totes

Kind wiederbeleben. Auf die gleiche Weise könnte auch in eurem Fall ein Weiser oder ein Gott bereit sein, euren Wunsch zu erfüllen und sein Mitgefühl den Klagenden zeigen.

So angesprochen vom Schakal gingen die Menschen voller Kummer und Zuneigung zum Kind zurück und nahmen es mit lautem Wehklagen abwechselnd auf ihre Schöße. Doch durch ihr Geschrei wurde der Geier erneut angezogen.

Und der Geier sprach:
Warum badet ihr dieses Kind mit euren Tränen? Warum streichelt ihr es so herzlich mit euren Händen? Auf Befehl des grimmigen Königs der Gerechtigkeit ist das Kind in diesen Schlaf gesandt worden, der kein Erwachen kennt. Ob man mit dem Verdienst der Entsagung gesegnet ist, mit Reichtum begabt oder großer Intelligenz, diesen Weg müssen alle Geschöpfe gehen. Dies hier ist der Ort für die Toten. Er hat schon tausende Angehörige gesehen, die ihre jungen oder alten Verwandten hier abgelegt haben und dann ihre Tage und Nächte im Kummer verbrachten. Beendet diese Leidenschaft und verliert euch nicht im Kummer! Es ist unmöglich, daß dieses Kind ins Leben zurückkommen kann, selbst auf Bitten des Schakals nicht. Wenn eine Person einmal gestorben ist und ihren Körper verlassen hat, wird dieser Körper nicht wieder lebendig. Selbst wenn hunderte Schakale ihr Leben dafür opfern würden, könnten sie es in Hunderten von Jahren nicht schaffen, dieses Kind wiederzubeleben. Nur wenn Rudra *(Shiva)*, Kumara, Brahma oder Vishnu ihm einen Segen gewähren, nur dann kann dieses Kind ins Leben zurückkommen. Weder das Verschütten von Tränen, noch langgezogene Seufzer oder reichliches Wehklagen wird ihn ins Leben zurückbringen. Ich selbst, der Schakal und ihr als Angehörige von diesem Kind, wir sind mit all unseren Verdiensten und Sünden auf dem selben Weg *(den dieses Kind gegangen ist)*. Aus diesem Grund sollte ein Weiser mit Abstand alle Handlungen vermeiden, die andere verletzen, wie Beleidigungen, Gewalt, Ehebruch und alle anderen Sünden und Unwahrhaftigkeiten. Sucht achtsam nach Tugend, Wahrheit, Gerechtigkeit, Mitgefühl und Aufrichtigkeit zum Wohle aller Wesen! Sünde sammelt jeder an, der im Leben seine Mütter, Väter, Angehörige und Freunde nicht achtet und ehrt. Doch was nützt nun das Klagen um ihn, der mit seinen Augen nicht mehr sieht und unbewegt bleibt?

So angesprochen waren die Menschen, welche von Sorgen überwältigt waren und im Kummer wegen ihrer Zuneigung zum Kind brannten, wieder geneigt, nach Hause zu gehen und den toten Körper zurückzulassen.

Doch der Schakal sprach:
Ach, schrecklich ist die Welt der Sterblichen! Hieraus kann kein Geschöpf entfliehen, und doch ist die Zeit des Lebens viel zu kurz. Überall verliert man geliebte Freunde, und die Welt ist voller Hochmut und Lügen, voller Streitigkeiten und Verleumdungen. Wenn ich euer Verhalten betrachte, das Schmerz und Kummer erhöht, mag ich diese Welt der Menschen nicht im Geringsten. Ach, Schande auf euch, ihr Menschen! Ihr kehrt um wie Dummköpfe allein auf das Gebot eines Geiers hin, obwohl ihr im Kummer wegen des Todes eures Kindes brennt. Was seid ihr nur für grausame Geschöpfe? Wie könnt ihr einfach

weggehen und alle elterliche Zuneigung aufgrund der Worte eines sündigen Geiers mit unreiner Seele verwerfen? Dem Glück folgt Leiden, und dem Leiden folgt Glück. In dieser Welt, die sowohl von Glück als von Leiden umhüllt ist, ist keines dieser beiden wirklich beständig. Ihr unverständigen Menschen, wohin wollt ihr gehen und auf dem bloßen Boden dieses so wunderschöne Kind zurücklassen, diesen Sohn, der ein Schmuck eures Stammes ist? Wahrlich, ich kann den Gedanken nicht aus meinem Kopf bekommen, daß dieses Kind voller Anmut, Jugend und strahlender Schönheit noch lebendig ist. Es erscheint mir nicht recht, daß er sterben sollte. Ich fühle, daß ihr sicherlich bald wieder glücklich sein werdet. Die ihr jetzt vom Kummer wegen des Todes eures Kindes gequält seid, bestimmt wird euch bald wieder Gutes geschehen. Ihr wollt wohl nur den Unannehmlichkeiten des gegenwärtigen Leidens entfliehen und nach eigener Bequemlichkeit streben!? Doch wohin wollt ihr wie Unwissende gehen und euren Liebling verlassen?

Bhishma fuhr fort:
Auf diese Weise, oh König, wurden die Angehörigen des verstorbenen Kindes, die sich diesbezüglich nicht entscheiden konnten, was nun zu ihrem Wohle wäre, von diesem fleischfressenden Schakal, der auf diesem Leichenplatz wohnte und jede Nacht auf Nahrungssuche ging, mit verführerischen Worten erneut überredet, noch länger an diesem Ort zu verweilen.

Doch der Geier sprach:
Schrecklich ist dieser Ort, eine Wildnis, die des Nachts vom Geschrei der Eulen erschallt und von Geistern, Yakshas und Rakshasas nur so wimmelt. Schrecklich und bedrohlich wie die dunklen Berge der Gewitterwolken. Legt die Leiche nieder und beendet die Begräbnisriten! Wahrlich gebt den Körper auf und vollbringt jene Riten noch vor Sonnenuntergang, bevor die Himmelsrichtungen in Dunkelheit versinken. Die Falken lassen bereits ihre grimmigen Schreie hören, die Schakale heulen wild, die Löwen brüllen, und die Sonne versinkt. Die Bäume auf dem Leichenplatz wirken immer geisterhafter im dunklen Rauch der Scheiterhaufen. Die fleischfressenden Bewohner dieses Ortes, die vom Hunger gequält sind, brüllen bereits voller Ungeduld. All diese Wesen mit schrecklichen Formen, die an diesem fürchterlichen Ort leben, und all diese fleischfressenden Tiere mit grimmigen Eigenschaften, die in der Wildnis hausen, werden euch bald angreifen. Diese Wildnis ist wirklich schrecklich. Höchste Gefahr droht euch! Wahrlich, wenn ihr diese falschen und unfruchtbaren Worte des Schakals gegen euren gesunden Menschenverstand erhört, seid ihr alle verloren.

Doch der Schakal erwiderte:
Bleibt wo ihr seid! Es gibt keinen Grund zur Angst in der Wildnis, solange die Sonne scheint. Bis der Gott des Lichtes wirklich untergegangen ist, verweilt voller Hoffnung und getragen durch eure elterliche Liebe. Gebt euch nach Belieben ohne jegliche Angst dem Wehklagen hin und schaut weiter voller Zuneigung auf dieses Kind. Wenn diese Wildnis auch fürchterlich erscheint, euch droht keine Gefahr. In Wahrheit ist gerade die Wildnis in ihrem Wesen Stille und Frieden. Hier, an diesem Ort, haben tausende Ahnen von der Welt

Abschied genommen. Wartet, solange die Sonne scheint. Was sind euch die Worte dieses Geiers? Wenn ihr mit betäubtem Verstand die hartherzigen Reden des Geiers akzeptiert, dann wird euer Kind nie ins Leben zurückkehren!

Bhishma fuhr fort:
So sprach der Geier zu den Menschen, daß die Sonne bereits untergegangen ist, und der Schakal sprach, daß sie noch scheint *(daß noch Hoffnung ist)*. Sowohl der Geier als auch der Schakal waren hungrig und sprachen entsprechend zu den Angehörigen des toten Kindes. Sie beide hatten ihre Lenden gegürtet, um ihre jeweiligen Ansichten zu verteidigen. Gedrängt von Hunger und Durst, stritten sie weiter und hatten doch beide ihre Zuflucht in den heiligen Schriften. Und abwechselnd bewegt durch diese nektarsüßen Worte jener zwei Tiere, die beide mit Weisheit gesegnet waren, wollten die Angehörigen entsprechend bleiben oder gehen. Schließlich warteten sie an diesem Ort, bewegt von Kummer und Trauer mit bitterem Wehklagen. Sie merkten nicht, daß sie von den beiden Tieren, die ihre jeweiligen Ansichten vertraten, immer mehr verwirrt wurden. Und während Geier und Schakal, die beide voller Weisheit waren, noch miteinander disputierten und die Angehörigen des verstorbenen Kindes ihnen achtsam zuhörten, erschien der große Gott Shankara *(Shiva)*, der von seiner Gattin *(Uma)* gedrängt wurde, mit tränengebadeten Augen voller Mitgefühl. Er sprach zu den Angehörigen des verstorbenen Kindes: „Ich bin Shankara, der Segensspender!" Mit kummerschweren Herzen verneigten sich die Menschen demütig vor dem großen Gott und antworteten: „Wir wurden unseres einzigen Kindes beraubt und sind dem Tode nah. Mögest du uns das Leben gewähren, indem du unserem Sohn das Leben gewährst." So flehentlich gebeten nahm der berühmte Gott etwas Wasser in seine Hände und gab damit diesem toten Kind ein Leben, das sich über hundert Jahre erstrecken sollte. Und stets dem Wohle aller Wesen gewidmet, gewährte der berühmte Träger des Pinaka auch dem Schakal und dem Geier einen Segen, womit ihr Hunger beruhigt wurde *(in Bezug auf ihre tierische Existenz und ihre Leidenschaft im Disputieren)*. Erfüllt mit Entzücken und voller Wohlstand verbeugten sich die Menschen vor der Gottheit. Dann verließen sie diesen Ort, oh König, von Erfolg gekrönt und mit großer Freude.

Durch beharrliche Hoffnung, festes Vertrauen und die Gnade der Gottheit kann man die Früchte seiner Taten auch sogleich ernten. Betrachte die Kombination der Umstände und das Vertrauen jener Angehörigen. Während sie mit gequälten Herzen trauerten, wurden ihre Tränen getrocknet. Schau, wie sie innerhalb kurzer Zeit durch ihr beständiges Vertrauen die Gnade von Shankara gewannen und ihr Glück zurückkam, nachdem die Sorgen zerstreut wurden. Oh Führer der Bharatas, durch die Gnade von Shankara wurden diese trauernden Angehörigen mit Bewunderung und Entzücken durch die Wiederbelebung ihres Kindes erfüllt. Damit, oh König, warfen jene Brahmanen allen Kummer wegen ihres Kindes ab und gingen voller Entzücken freudig in ihre Stadt zurück, das neu belebte Kind auf ihren Armen. Wahrlich, so ein *(vertrauensvolles)* Verhalten ist allen vier Kasten geboten. Und wer diese verheißungsvolle Geschichte wiederholt hört, die voller Tugend, Gewinn, Liebe und Erlösung ist, gewinnt das Glück in dieser und die Seligkeit in der kommenden Welt.

Kapitel 154 - Die Geschichte vom Windgott und dem Salmali Baum

Yudhishthira fragte:
Oh Großvater, wenn eine Person, schwach, unwürdig und leichtsinnig aus Narrheit mit gemeinen und prahlerischen Reden einen mächtigeren Feind in seiner Nähe provoziert, der Milde und Strenge beherrscht und stets bereit zum Handeln ist, wie sollte man sich entsprechend der eigenen Kraft verhalten, wenn man von diesem zornvoll angegriffen und schwer bedroht wird?

Bhishma sprach:
Oh Führer der Bharatas, diesbezüglich wird die alte Geschichte über einen Salmali *(Baum)* und Pavana *(den Windgott)* erzählt. Es gab einst einen königlichen *(Salmali)* Baum an den Hängen des Himavat. Er war über viele Jahrhunderte gewachsen und hatte seine Zweige ringsherum weit ausgedehnt. Sein Stamm war mächtig und seine Krone riesig mit unzähligen Blättern. In seinem Schatten pflegten sich sogar erschöpfte und schweißgebadete Elefanten auszuruhen wie auch viele andere Tiere. Der Umfang seines Stammes war vierhundert Ellen, und dicht war der Schatten seiner Zweige und Blätter. Beladen mit Blüten und Früchten war er die Wohnstätte unzähliger Papageien. Auf ihren Reisen entlang dieser Wege pflegten auch ganze Karawanen von Händlern sowie wandernde Asketen im Schatten dieses entzückenden Königs des Waldes auszuruhen. Eines Tages sah auch der Weise Narada, oh Stier der Bharatas, die weit ausgestreckten und unzähligen Zweige dieses Baumes sowie den Umfang seines Stammes, näherte sich dem Baum und sprach:
Oh Entzückender! Oh Bezaubernder! Oh Erster der Bäume, oh Salmali, ich bin stets erfreut bei deinem Anblick! Oh bezaubernder Baum, malerische Vögel verschiedenster Arten, Elefanten und andere Tiere leben glücklich von deinen Zweigen und in ihrem Schatten. Deine Krone, oh weitverzweigter Monarch des Waldes, und dein Stamm sind riesig. Ich sah niemals Äste von dir, die vom Gott des Windes gebrochen wurden. Liegt es daran, oh Kind, weil Pavana mit dir zufrieden und dein Freund ist, so daß er dich in diesen Wäldern stets beschützt? Der berühmte Pavana, der mit großer Geschwindigkeit und Kraft begabt ist, warf schon die höchsten und stärksten Bäume um, ja sogar Berggipfel hat er bezwungen. Dieser heilige Träger der Düfte weht nach Belieben und trocknet ganze Flüsse, Teiche und Seen aus - ja, sogar die Höllenbereiche *(der Unterwelt Patala)*. Zweifellos beschützt dich Pavana aus Freundschaft. Dies ist wohl der Grund, daß du trotz deiner unzähligen Zweige, immer noch so dicht mit Blättern und Blüten geschmückt bist. Oh Monarch des Waldes, dein Grün ist voller Segen, weil diese geflügelten Wesen voller Freude auf deinen Ästen und Zweigen spielen. Während der Jahreszeit deiner Blüte hört man endlos die bezaubernden Klänge all der Bewohner deiner Zweige, wenn sie ihre wohlklingenden Lieder singen. Sogar diese Elefanten, oh Salmali, die Juwelen ihrer Art, die im Schweiß gebadet sind und *(vor Entzücken)* trompeten, kommen zu dir und sind glücklich in deinem Schatten. Ähnlich schmücken dich auch viele andere Tierarten, die in den Wäldern wohnen. Wahrlich, oh Baum, du erscheinst so herrlich wie der Berg Meru und bist vielfältig bewohnt. Und da dich Brahmanen, die mit

asketischem Erfolg gekrönt sind, Meditierende und andere Entsagende aufsuchen, gleicht dein Bereich, so denke ich, sogar dem Himmel selbst.

Kapitel 155 - Über die Kraft des Windes

Narada fuhr fort:
Zweifellos, oh Salmali, beschützt dich der grimmige und unwiderstehliche Gott des Windes stets aus Freundlichkeit oder Freundschaft. Es scheint, oh Salmali, daß es eine intime Beziehung zwischen euch gibt. Es scheint, daß du zu ihm gesprochen hast „Ich bin dein.“, und dich der Windgott aus diesem Grund beschützt. Ich sehe keinen Baum, Berg oder Palast in dieser Welt, der nicht durch den Wind gebrochen werden könnte. Zweifellos stehst du hier, oh Salmali, mit allen deinen Ästen, Zweigen und Blättern, weil der Wind dich aus irgendeinem Grund beschützt.

Der Salmali sprach:
Der Wind, oh Zweifachgeborener, ist weder mein Freund noch mein Verbündeter oder Wohltäter. Wahrlich, er ist auch nicht mein höchster Herr, so daß er mich beschützen müßte. Meine gewaltige Kraft und Macht, oh Narada, ist größer als die des Windes. In Wahrheit erreicht die Kraft des Windes nur einen achtzehnten Teil der meinen. Wenn der Wind in Zorn gerät und Bäume, Berge und andere Dinge zerstört, zügle ich seine Kraft, indem ich ihm meine Macht entgegenstelle. Wahrlich, der Wind, der so viele Dinge zerbricht, wurde von mir selbst wiederholt gebrochen. Deshalb, oh himmlischer Rishi, habe ich keine Angst vor ihm, selbst wenn er in Zorn gerät.

Narada sprach:
Oh Salmali, deine Ansicht scheint völlig verdreht zu sein. Es gibt zweifellos kein geschaffenes Wesen, das dem Wind an Kraft gleicht. Sogar Indra, Yama, Kuvera oder Varuna, der Herr des Wassers, sind dem Gott des Windes nicht ebenbürtig an Kraft. Was sollte man da von einem Baum sagen? Oh Salmali, welches Geschöpf auch immer in dieser Welt irgendeine Handlung ausführt, der ruhmreiche Windgott ist zu jeder Zeit die Ursache dieser Tat, weil er die treibende Kraft des Lebens ist. Wenn sich dieser Gott gemäßigt entfaltet, läßt er alle Lebewesen bequem existieren. Wenn er jedoch ungemäßigt erscheint, werden die Wesen der Welt von Katastrophen eingeholt. Was sonst, außer fehlender Vernunft könnte dich veranlassen, deine Verehrung dem Windgott zu entziehen, diesem Ersten aller Wesen im Weltall, der jegliche Verehrung verdient? Du bist übermütig und von arrogantem Verständnis. Wahrlich, du verlierst dich in bedeutungsloser Prahlerei. Deine Vernunft scheint durch Zorn und andere üble Leidenschaften verwirrt, denn du sprichst unwahrhaft, oh Salmali. Ich bin wahrlich nicht zufrieden mit dir aufgrund deiner Reden. Ich werde dem Gott des Windes all diese geringschätzigen Worte übermitteln. Die Sandelbäume, Salbäume, Kiefern, Zedern, Bambus und anderen Bäume mit guten Seelen, die viel stärker sind als du, haben noch nie so schmählich über den Wind gesprochen wie du eben, oh Übelgesinnter. Sie alle kennen die Kraft des Windes wie auch ihre eigene. Aus diesen Gründen beugen diese Besten der Bäume ihre Kronen in Verehrung dieses Gottes. Du jedoch, willst aus Narrheit die grenzen-

lose Kraft des Windes nicht anerkennen. Ich werde mich diesbezüglich zu diesem Gott begeben.

Kapitel 156 - Fortsetzung der Geschichte

Bhishma fuhr fort:
Nach diesen Worten zum Salmali, übermittelte Narada, dieser Erste aller Brahmakenner, dem Gott des Winds alles, was der Salmali über ihn gesprochen hatte.

Und Narada sprach:
Es gibt da einen Salmali an den Hängen des Himavat, der mit Zweigen und Blättern dicht geschmückt ist. Seine Wurzeln erstrecken sich tief in die Erde und seine Krone breitet sich weit ringsherum aus. Doch dieser Baum, oh Gott des Windes, achtet dich nicht. Er sprach viele Worte, die dich gering schätzten. Es ist wohl nicht gut, sie alle vor deinen Ohren zu wiederholen. Ich weiß, oh Wind, daß du das Erste aller geschaffenen Wesen bist. Ich weiß auch, daß du ein sehr bedeutendes und mächtiges Geschöpf bist, und daß du im Zorn dem Zerstörer selbst gleichst.

Diese Worte von Narada hörend, wandte sich der Gott des Windes dem Salmali zu und sprach zu ihm zornvoll:
Oh Salmali, du hast vor Narada geringschätzig von mir gesprochen. Wisse, daß ich der Gott des Windes bin. Ich werde dir sicherlich meine Kraft und Macht zeigen. Ich kenne dich gut. Du bist mir kein Fremder. Als der mächtige Große Vater die Welt erschuf, ruhte er für einige Zeit unter dir aus. Aus diesem Grunde habe ich dir bisher diese besondere Gunst gezeigt. Nur deshalb standest du unversehrt und nicht aufgrund deiner eigenen Kraft, oh Undankbarster der Bäume. Du achtest mich gering, als ob ich ein niederes Wesen wäre. Ich werde mich dir auf solche Art und Weise zeigen, daß du mich nicht wieder mißachten mögest.

So angesprochen, lächelte der Salmali siegessicher und antwortete:
Oh Gott des Windes, du bist wohl zornig mit mir. Zeige nur das Ausmaß deiner Kraft und wirf all deinen Zorn auf mich. Was willst du mir durch all deinen Zorn antun? Selbst wenn es wirklich deine eigene Kraft wäre *(und nicht die des Höchsten Herrn)*, hätte ich keine Angst vor dir. Ich bin dir an Kraft überlegen und brauche keine Angst vor dir zu haben. Denn die geistig Starken sind wirklich stark und nicht jene, die nur physische Kraft besitzen.

So angesprochen, antwortete der Windgott:
Morgen werde ich deine Kraft prüfen.

Doch als die Nacht kam, bedachte der Salmali die mächtige Kraft des Windes und erkannte sich selbst dem Gott unterlegen. So überlegte er:
Alles, was ich zu Narada sprach, war unpassend. Ich bin wahrlich dem Wind an Kraft nicht gewachsen. Seine Kraft ist unbezwingbar und wie Narada sprach, ist der Wind wahrlich übermächtig. Zweifellos bin ich auch an *(physischer)* Kraft schwächer als viele andere Bäume. Aber an Intelligenz mag mir kein Baum

gleich sein. Deshalb werde ich, gestützt auf meine Weisheit, dieser Gefahr ins Angesicht schauen, welche mir durch den Wind droht. Wenn sich alle anderen Bäume des Waldes auf solche Weisheit verlassen würden, wahrlich, dann könnte der Windgott uns nichts antun, wenn er seine Gewalt entfaltet. Sie haben jedoch nur wenig Verstand und erkennen deshalb nicht, wie ich es kann, warum und wie der Wind es schafft, sie ins Wanken zu bringen und zu entwurzeln.

Kapitel 157 - Ende der Geschichte

Bhishma fuhr fort:
So entschlossen, ließ der Salmali selbst alle seine großen und kleinen Zweige fallen. Und ohne die ganze Pracht an Zweigen, Blättern und Blüten erwartete er am Morgen tapfer den Wind, als dieser sich erhob. Voller Zorn und mit grimmigem Atmen kam der Wind herangestürmt und entwurzelte auf seinem Weg große Bäume, die nicht weit vom Salmali standen. Doch als er den Salmali seiner Krone mit allen Zweigen, Blättern und Blüten entblößt sah, da sprach er lächelnd voller Siegesfreude zu diesem Herrn des Waldes, der zuvor eine so mächtige Erscheinung hatte:
Gefüllt mit Zorn, oh Salmali, wollte ich dir genau das antun, was du dir nun selbst schon angetan hast, indem du alle deine Zweige abwarfst. Du bist jetzt deiner stolzen Krone und deiner Blütenpracht beraubt und stehst ohne Blätter und Triebe vor mir. Durch deinen eigenen listigen Entschluß bist du unter meine Macht gekommen.

Bhishma fuhr fort:
Diese Worte des Windes hörend, fühlte der Salmali große Scham. Und auch in Erinnerung an die Worte von Narada begann er, seine Narrheit außerordentlich zu bereuen. Sogar auf diese Weise, oh Tiger unter den Königen, wird eine schwache und übermütige Person, die einen stärkeren Feind provoziert, schließlich doch zur Reue gezwungen, wie in dieser Fabel vom Salmali Baum. Selbst wenn die Kräfte ausgewogen sind, sollte man nicht übermütig und vorschnell Feindschaft wagen und andere herausfordern. Und wenn, dann sollte man niemals mit seiner Kraft prahlen, oh König. So sollte auch ein Unwissender nie die Feindschaft eines Geistesstarken provozieren. Denn Geisteskraft kann einen Unwissenden verbrennen, wie das Feuer einen Haufen Stroh. Intelligenz ist der wertvollste Besitz, den ein Wesen haben kann. Doch die Kraft, oh König, ist in dieser Welt nicht weniger wert. Man sollte deshalb das zugefügte Unrecht eines wesentlich Stärkeren tolerieren, wie man auch manche Taten der kleinen Kinder, der Geistesgestörten, Blinden oder Tauben tolerieren kann. Die Wahrhaftigkeit dieser Rede hat auch dein Schicksal bezeugt, oh Yudhishthira. Und die elf Akshauhinis *(von Duryodhana)*, oh Feindevernichter, und die sieben *(von dir selbst)*, waren an Kraft immer noch nicht dem leichthändigen Arjuna mit der hohen Seele gleich. Alle Truppen *(von Duryodhana)* konnten deshalb von diesem ruhmreichen Pandava, diesem Sohn von Indra, zurückgeschlagen werden, als er im Vertrauen auf seine Kraft über das Schlachtfeld stürmte. So habe ich dir, oh Bharata, die Aufgaben der Könige und ihre Tugenden ausführlichst erklärt. Was möchtest du sonst noch hören, oh König?

Kapitel 158 - Über Sünder und Heilige

Yudhishthira sprach:
Ich wünsche, oh Stier der Bharatas, ausführlich über die Quelle der Sünde zu hören sowie über das Fundament, worin sie ihre Wurzeln hat.

Bhishma sprach:
Höre, oh König, was das Fundament der Sünde ist. Die Begierde allein ist der große Zerstörer *(von Verdienst und Güte)*. Aus Begierde entsteht die Sünde. Aus dieser Quelle entspringt ein Strom des Unheils und der Gottlosigkeit zusammen mit großem Leiden. Begierde ist auch die Quelle aller Hinterlist und Heuchelei in der Welt. Sie läßt die Menschen Sünden begehen. Aus Begierde entsteht der Haß *(die Abneigung)*. Aus Begierde entstehen Verlangen, Verblendung, Betrug, Stolz, Arroganz, Rachsucht, Schamlosigkeit, Verlust von Wohlstand und Tugend, Angst, Schande, Geiz, Habgier, Stolz über die Geburt, Gelehrtheit, Schönheit und den Reichtum sowie Grausamkeit und Böswilligkeit zu anderen Wesen, Mißtrauen, Unaufrichtigkeit, Straftaten, Diebstahl, Ehebruch, Beleidigungen, Ärger, Verleumdung, Gefräßigkeit, Mord, Gewalt, Lüge, Leidenschaft, Habsucht, Angeberei, Selbstsucht, Pflichtverletzung, Überstürztheit und alle anderen Arten unheilsamer Taten - all diese entstehen aus Begierde. Im *(gewöhnlichen)* Leben sind die Menschen, seien es Säuglinge, Jugendliche oder Erwachsene, unfähig diese Begierde aufzugeben. Und es ist die Natur der Begierde, daß sie sogar mit dem Zerfall des Lebens nicht vergeht. Wie der Ozean nie voll wird, auch wenn unzählige Flüsse mit riesigen Wassermassen unaufhörlich hineinfließen, so kann die Begierde durch immer neue Ansammlungen jeglicher Art nie gestillt werden. Diese Begierde, die durch Ansammeln nie befriedigt und durch Erfüllung von Wünschen nie gesättigt wird, welche in ihrer wahren Natur weder von Göttern, Dämonen, Gandharvas, Nagas und allen anderen Klassen der Wesen erkannt wird, diese unwiderstehliche Leidenschaft, die zusammen mit der Unwissenheit ihr Herz den Illusionen der Welt zuneigt, sollte stets Gegenstand der Überwindung von denen sein, die ihre Seele reinigen. Stolz, Böswilligkeit, Verleumdung, Unaufrichtigkeit und Selbstsucht sind Laster, oh Nachkomme des Kuru, die man an Personen mit befleckter Seele unter der Herrschaft der Begierde erkennen kann. Sogar Gelehrte, die in ihrem Gedächtnis all die umfangreichen Schriften tragen und fähig sind, die Zweifel der anderen zu zerstreuen, zeigen sich diesbezüglich mit schwachem Geist und fühlen großes Leiden aufgrund dieser Leidenschaft. Alle begehrlichen Menschen sind fest an Neid und Ärger gebunden. Deshalb sind sie jenseits des heilsamen Verhaltens. Mit unaufrichtigen Herzen sind ihre Reden verführerisch. Sie gleichen damit dunklen Gruben, deren Öffnungen mit Gras bedeckt sind. Sie kleiden sich heuchlerisch mit dem Mantel der Religion. Mit niederem Geist berauben sie die Welt und tragen dabei die Standarte der Religion und Tugend vor sich her. Gestützt auf die Kraft oberflächlicher Begründungen *(bzw. Logik)* schaffen sie verschiedenste Arten religiöser Dogmen und Sekten. Im Streben, ihre Begierden zu erfüllen, zerstören sie die Wege der Tugend und Gerechtigkeit. Wenn übelgesinnte Personen unter der Herrschaft der Begierde anscheinend die Ämter der Gerechtigkeit ausüben, wird man bald die Folgen dieser Entweihungen unter den

Menschen spüren. Stolz, Wut, Arroganz, Hartherzigkeit, Überheblichkeit und ein ständiger Taumel zischen Euphorie und Sorge kann man bei jenen sehen, oh Nachkomme des Kuru, die von der Begierde getrieben werden. So erkenne, daß alle, die unter dem Einfluß der Begierde stehen, zum Unheil neigen.

Ich werde dir jetzt auch über jene berichten, die als Heilige gelten und ein reines Verhalten *(ohne Sünde)* haben. Jene, die weder vor dem Tod in dieser Welt Angst haben noch vor der Geburt in der kommenden Welt, die nicht an tierische Nahrung gewöhnt sind und weder Anhaftung an das Angenehme noch Abneigung gegen das Unangenehme hegen, die heilsames Verhalten pflegen und Selbstdisziplin üben, denen Glück und Leid gleich wert sind, welche die Wahrheit als ihre höchste Zuflucht haben, die geben, aber nicht nehmen, die Mitgefühl pflegen und die Ahnen, Götter und Gäste verehren, die stets bereit sind, sich zum Wohle aller zu opfern, die im Geiste unerschrocken sind, die alle Aufgaben der heiligen Schriften beachten, die dem Wohl aller Wesen gewidmet sind und für sie alles hingeben können, sogar ihr Leben - diese gelten als gut und tugendhaft, oh Bharata. Diese Geschöpfe der Gerechtigkeit können vom Pfad der Tugend nicht abgedrängt werden. Denn ihr Verhalten, welches den Vorbildern der Rechtschaffenen alter Zeiten folgt, ist wesenhaft und könnte niemals anders sein. Sie sind vollkommen furchtlos, innerlich still, mild und der Wahrheit verbunden. Voller Mitgefühl, werden sie stets von den Rechtschaffenen verehrt. Sie sind von Begierde und Haß frei und an keine weltlichen Ziele gebunden. Sie haben keinen Egoismus und beachten heilige Gelübde. So sind sie stets verehrungswürdig. Deshalb diene ihnen beständig und suche ihre Belehrung, oh Yudhishthira. Sie erwerben nie Tugend mit dem Wunsch nach Reichtum oder Berühmtheit, sondern weil es eine Aufgabe im Leben ist, genauso, wie den Körper zu erhalten. Angst, Haß, Unruhe und Sorgen wohnen nicht in ihnen. Sie tragen niemals das äußerliche Gewand der Religion, um ihre Mitmenschen zu verführen. Sie hegen keine Geheimnisse, sind vollkommen zufrieden und urteilen nie fehlerhaft, wie es durch Begierde geschieht. Sie sind stets der Wahrheit und Aufrichtigkeit gewidmet und ihre Herzen fallen nie von der Gerechtigkeit *(dem Dharma)* ab. Du solltest ihnen stets deine Hochachtung zeigen, oh Sohn der Kunti. Sie sind weder über Gewinn erfreut, noch leiden sie unter Verlust. Ohne jegliche Anhaftung und befreit vom Egoismus, sind sie der Qualität der Güte verbunden und betrachten alles mit dem Auge der Einheit *(bzw. „Einsicht“)*. Gewinn und Verlust, Wohl und Weh, Angenehmes und Unangenehmes, Leben und Tod, sind in den Augen dieser festgegründeten Menschen gleichwertig. Sie sind der Selbsterkenntnis gewidmet und gehen den Pfad der Stille und Wahrheit. Mit gezügelten Sinnen und voller Achtsamkeit solltest du diese Hochbeseelten stets verehren, die solche allumfassende Liebe zur Tugend haben. Oh Gesegneter, die eigenen Worte wirken nur durch die Gunst der Götter zum Wohle. Ansonsten bleiben sie unfruchtbar oder wirken zerstörend.

Kapitel 159 - Über die Unwissenheit

Yudhishthira sprach:
Oh Großvater, du sagtest, daß die Wurzel aller Übel die Begierde ist. Nun

wünsche ich, oh Herr, auch ausführlich über die Unwissenheit diesbezüglich zu hören.

Bhishma sprach:
Wer aus Unwissenheit Sünde begeht, das Heilsame nicht erkennt und jene mißachtet, die sich heilsam verhalten, wird sich bald Schande in der Welt aufladen. Durch Unwissenheit sinkt man in die Hölle, denn Unwissenheit ist die Quelle des Leidens. Durch Unwissenheit erschafft man Sorgen und große Gefahr.

Yudhishthira sprach:
Oh König, ich wünsche ausführlich über den Ursprung, den Wohnort, die Geburt, das Wachstum, den Zerfall, die Wurzel, die wesenhaften Eigenschaften, die Entwicklung, die Zeit, die Ursache und die Folgen der Unwissenheit zu hören. Ich denke, alles Leiden in dieser Welt wird aus der Unwissenheit geboren.

Bhishma sprach:
Anhaftung, Haß, Verblendung, Euphorie, Sorgen, Selbstsucht, Sinneslust, Wut, Stolz, Unentschlossenheit, Faulheit, Verlangen, Abneigung, Neid und alle anderen sündhaften Taten können gemeinsam mit dem Name „Unwissenheit" bezeichnet werden. Höre nun, oh König, ausführlich über ihre Neigung, ihr Wachstum und alle anderen Eigenschaften, nach denen du fragtest. Erkenne zuerst, oh König, daß Unwissenheit und Begierde in ihrem Wesen das Gleiche sind. Beide bringen dieselben Früchte und dieselben Schulden hervor, oh Bharata. Unwissenheit hat ihren Wohnort in der Begierde. Wie die Begierde wächst, so wächst auch die Unwissenheit. Unwissenheit besteht dort, wo Begierde besteht. Wenn Begierde abnimmt, so nimmt auch die Unwissenheit ab. Wenn Begierde zunimmt, so nimmt auch die Unwissenheit zu. Vielfältig sind die Wege der Begierde. Ihre Wurzel ist die Unwissenheit, die damit auch die wesenhafte Eigenschaft der Begierde ist. Endlos sind die Wege der Unwissenheit. Unwissenheit erscheint, sobald man sich von den Objekten der Begierde getrennt sieht. So entsteht Unwissenheit aus Begierde und Begierde aus Unwissenheit. *(Begierde ist deshalb sowohl Ursache als auch Wirkung der Unwissenheit)*. Begierde ist eine treibende Kraft und deshalb sollte man sie zügeln. Janaka, Yuvanaswa, Vrishadarbha, Prasenajit und andere Könige erreichten den Himmel durch die Zügelung ihrer Begierde. So zügle auch du zum Wohle aller die Begierde mit wahrhafter Entschlossenheit, oh Führer der Kurus! Damit kann man sowohl in dieser als auch in der kommenden Welt glücklich sein.

Kapitel 160 - Über die Selbstzügelung

Yudhishthira sprach:
Oh Großvater, oh Tugendhafter, was bringt wahrhaft großen Verdienst für eine Person, die aufmerksam die Veden studiert und nach Tugend und Gerechtigkeit strebt? Das, was in dieser Welt zu hohem Verdienst führt, wird in den Schriften verschiedenartig erklärt. Was ist das, oh Großvater, sowohl hier als auch in der kommenden Welt? Der Weg der Aufgaben im Leben ist lang und hat unzählige Zweige, oh Bharata. Welche unter all diesen Aufgaben betrachtest du als beson-

ders beachtenswert? Belehre mich ausführlich, oh König, über das, was so umfangreich und weitverzweigt ist.

Bhishma sprach:
Ich werde zu dir über das sprechen, wodurch du hohes Verdienst erreichen kannst. Du bist mit Weisheit gesegnet und wirst mit diesem Wissen zufrieden sein. Ich werde es dir geben, wie man Nektar trinkt. Die Gebote der Aufgaben, die durch die großen Rishis entsprechend ihrer jeweiligen Weisheit erklärt wurden, sind wahrlich vielfältig. Doch das Höchste unter allen Geboten ist die Selbstzügelung. Die Altehrwürdigen, welche die Wahrheit erkannten, haben erklärt, daß Selbstzügelung zum höchsten Verdienst führt. Besonders für Brahmanen ist Selbstzügelung ewiges Gebot. Durch Selbstzügelung gewinnt man die guten Früchte seiner Taten. Selbstzügelung übertrifft *(an Verdienst)* Wohltätigkeit, Opfer und Vedenstudium. Selbstzügelung gibt Kraft. Selbstzügelung ist etwas Heiliges, wodurch ein Mensch von seinen Sünden gereinigt wird, seine wahrhafte Energie entfaltet und damit zur höchsten Glückseligkeit gelangt. Wir kennen keine andere Aufgabe in allen Welten, die der Selbstzügelung gleichkommen könnte. Wahrhafte Selbstzügelung ist von allen Tugenden in dieser Welt die Höchste. Durch Selbstzügelung, oh Bester der Menschen, erwirbt man große Tugend und das höchste Glück sowohl in dieser als auch der kommenden Welt. Der selbstgezügelte Mensch schläft glücklich, wacht glücklich wieder auf und bewegt sich glücklich durch die Welt. Sein Geist ist stets heiter. Ohne Selbstzügelung muß der Mensch viel Elend ertragen. Er lädt sich unzählige Leiden auf, die aus eigener Schuld geboren werden. Selbstzügelung gilt in allen vier Lebensweisen als bestes Gelübde.

So werde ich dir jetzt die Merkmale nennen, deren Summe man Selbstzügelung nennt. Vergebung, Geduld, Friedfertigkeit, Unparteilichkeit, Wahrhaftigkeit, Ehrlichkeit, Sinneskontrolle, Weisheit, Milde, Bescheidenheit, Beständigkeit, Großzügigkeit, Freiheit von Zorn und Böswilligkeit, Zufriedenheit, freundliche Rede und Wohlwollen - die Summe davon ist Selbstzügelung. Sie erscheint sodann als Verehrung der Lehrer und universales Mitgefühl, oh Sohn des Kuru. Der selbstgezügelte Mensch vermeidet sowohl Schmeichelei als auch Verleumdung. Untugend, Schande, Lüge, Sinneslust, Habgier, Stolz, Arroganz, Selbstverherrlichung, Angst, Neid und Verachtung werden vom Selbstgezügelten ebenfalls vermieden. Damit trifft ihn keine Schmach, und er ist frei von Neid. Er sucht keine Befriedigung mehr in den Dingen dieser Welt. Er ist wie der Ozean, der durch die hereinströmenden Flüsse keine Erfüllung erwartet. Der Mensch mit Selbstzügelung wird nicht mehr durch Anhaftungen an die irdischen Dinge gebunden und verliert sich nicht in solch sentimentalen Gefühle wie: „Ich bin dein, und du bist mein! Ihr gehört zu mir, und ich gehöre zu euch!" Ein Mensch, der diese Methoden der Selbstzügelung in der Stadt oder im Wald annimmt, und weder von Verleumdung noch Schmeichelei überwältigt wird, gelangt wahrlich zur Befreiung. Mit universaler Freundlichkeit, voll tugendhaftem Verhalten, mit heiterer Seele, voller Weisheit und befreit von den vielfältigen irdischen Anhaftungen wird sein Verdienst in der kommenden Welt groß sein. Mit ausgezeichnetem Verhalten, aufmerksamer Pflichterfüllung, Heiterkeit, Gelehrtheit und

Selbsterkenntnis wird solch ein Mensch in dieser Welt Ruhm und hohe Verwirklichung in der kommenden erreichen. Alle Taten, die auf Erden als gut betrachtet und von den Rechtschaffenen geübt werden, bilden den Weg der Entsagenden zur Selbsterkenntnis. Ein guter Mensch geht nie von diesem Pfad ab. Und mit reicher Erfahrung im Leben zieht er sich schließlich von der Welt zurück und begibt sich in das Lebensstadium des Waldeinsiedlers. Wer mit völlig kontrollierten Sinnen diesen Pfad geht und, im Innersten gestillt, den Tod erwartet, wird den Zustand von Brahman erreichen. Wer keine Angst mehr vor irgendeinem Wesen hat und vor dem sich kein Wesen mehr ängstigt, dem wird nach der Auflösung seines Körpers auch keine Angst mehr begegnen. Wer sein ganzes Verdienst hingibt, ohne etwas persönlich behalten zu wollen, wer mit dem Auge der Einsicht auf alle Geschöpfe schaut und alles mit universaler Liebe durchdringt, der erreicht wahrlich das Brahman. Wie die Spur der Vögel am Himmel oder der Fische im Wasser, so wird ein solcher Mensch auf Erden keine Spur mehr hinter sich sehen. Für jenen, oh König, der *(im Alter)* dem Hausleben entsagt und den Weg der Befreiung geht, warten viele lichtvolle Welten in der Ewigkeit. Wer die Anhaftung an alle Taten, an Riten, Buße und die verschiedenen Zweige des Lernens, also praktisch an alle Dinge der Welt aufgeben kann, wer rein und wahrhaft in seinen Wünschen wird, wer von allen Bindungen befreit ist, im Inneren voller Heiterkeit und mit reinem Herzen das Selbst erkennt, der gewinnt höchsten Ruhm in dieser Welt und erreicht den Himmel. Dieser ewige Bereich des Großen Vaters, welcher der vedischen Entsagung entspringt und in der innersten Höhle des Herzens verborgen ist, kann nur durch Selbstzügelung gewonnen werden. Wer Freude an der Wahrhaftigkeit hat, wer erleuchtet wurde und niemals irgendein Wesen verletzt, der hat keine Angst mehr davor, in diese Welt zurückzukehren, und noch weniger Angst vor der jenseitigen Welt.

Selbstzügelung hat eigentlich nur einen Fehler in dieser Welt. Wer sie übt, wird von den Leuten als schwach und dumm betrachtet. Oh Weisheitsvoller, es gibt einen Fehler, aber viele Verdienste. Durch Entsagung kann der selbstgezügelte Mensch unzählige lichtvolle Welten erreichen. Wozu müßte ein Selbstgezügelter noch in die Wälder fliehen? Anderseits, oh Bharata, wessen Nutzen hat die Waldeinsamkeit für einen ungezügelten Menschen? Wo auch immer der Selbstgezügelte lebt, dort ist die Waldeinsamkeit und die heiligste Einsiedelei.

Vaisampayana fuhr fort:
Diese Worte von Bhishma hörend, wurde Yudhishthira höchst befriedigt, als ob er Nektar getrunken hätte. Doch der König wollte noch mehr von diesem Ersten der Tugendhaften *(zum gleichen Thema)* hören. Und so fuhr der Erhalter des Kuru Stammes fort, ihn voller Freude zu belehren.

Kapitel 161 - Über die Entsagung

Bhishma sprach:
Die Wissenden erkennen, daß alles seine Wurzel in der Entsagung hat. Der Unwissende, der nichts geben will, wird auch nichts ernten können. Der mächtige Schöpfer erschuf dieses ganze Weltall durch Entsagung. Auf die gleiche

Weise erwarben die großen Rishis die Veden, nämlich durch die Macht der Entsagung. Es geschah auch durch Entsagung, daß der Große Vater Nahrung, Früchte und Wurzeln erschuf. Es geschieht durch Entsagung, daß die Asketen mit Erfolg gekrönt werden und die drei Welten mit gezügelten Seelen durchschauen. Jegliche Medizin, alle Gifte und Gegengifte sowie die verschiedenen Taten entfalten ihre beabsichtigte Wirkung durch Entsagung *(indem sie sich selbst geben)*. Das Erreichen aller Ziele hängt von Entsagung ab. Selbst was unerreichbar erscheint, kann durch Entsagung sicher gewonnen werden. Zweifellos erreichten die Rishis ihre sechsfachen himmlischen Eigenschaften durch Entsagung. Sei es der Süchtige, der Dieb, der Mörder oder Ehebrecher - alle können durch wahre Entsagung gereinigt werden. Entsagung ist von vielerlei Art und hat unterschiedlichste Gesichter. Doch von allen Arten der Entsagung, die man nach der Enthaltsamkeit von Sinnesgier und Ekstase noch üben kann, ist das Fasten die Höchste und Beste. Das sich Enthalten von übermäßiger Nahrung, oh König, ist sogar wirkungsvoller als Mitgefühl, Ehrlichkeit, Wohltätigkeit und Zügelung der Sinne.

Keine Handlung ist schwieriger als Hingabe. Keine Lebensweise ist verdienstvoller als das selbstlose Dienen *(„wie eine Mutter sein")*. Kein Wesen ist bedeutender als ein wahrhafter Kenner der drei Veden. Und keine Buße ist reinigender als die Entsagung. Man bewacht seine Sinne und die Tugend, um den Weg zum Himmel zu bewahren. Bezüglich dieser Sinneskontrolle und Tugendhaftigkeit gibt es keine wirkungsvollere Entsagung als das Fasten. Alle Rishis, Götter, Menschen, Tiere und was es sonst noch an mehr oder weniger belebten Geschöpfen gibt - sie alle üben *(allein durch ihr Wesen)* Entsagung. Was sie auch immer an Erfolg gewinnen, erreichen sie stets durch Entsagung *(denn für jeden Erfolg muß man irgendetwas geben, sei es auch nur Kraft)*. So gewannen auch die Götter ihre Überlegenheit durch Entsagung. Jeder kleinste Anteil an der Glückseligkeit ist immer das Ergebnis von Entsagung. Zweifellos kann man damit sogar den Status einer Gottheit erreichen.

Kapitel 162 - Über die Wahrhaftigkeit

Yudhishthira sprach:
Brahmanen, Rishis, Ahnen und Götter loben besonders die Aufgabe der Wahrhaftigkeit. Ich wünsche, von der Wahrhaftigkeit zu hören. Belehre mich darüber, oh Großvater! Was sind ihre Eigenschaften, oh König? Wie kann sie erworben werden? Was wird durch Wahrhaftigkeit gewonnen und wie? All das möchte ich erfahren.

Bhishma sprach:
Wie eine Vermischung der Aufgaben der vier Kasten nie gelobt wird, so besteht auch die Aufgabe der Wahrhaftigkeit in einem reinen und unvermischten Zustand. Für alle Rechtschaffenen ist Wahrhaftigkeit eine beständige Aufgabe. Wahrlich, Wahrhaftigkeit ist eine ewige Pflicht. Man sollte sich stets vor der Wahrheit ehrfürchtig verneigen, denn sie ist die höchste Zuflucht *(von allen)*. Wahrhaftigkeit ist Aufgabe, Wahrhaftigkeit ist Entsagung, Wahrhaftigkeit ist Yoga, und Wahrhaftigkeit ist das ewige Brahman. Wahrhaftigkeit gilt als ein

Opfer höchster Ordnung. Alles beruht auf Wahrhaftigkeit. Ich werde dir jetzt ihre Formen nacheinander nennen sowie ihre Merkmale in der entsprechenden Reihenfolge und schließlich auch den Weg, wie man Wahrhaftigkeit erwerben kann. Wahrhaftigkeit, oh Bharata, wie sie in der ganzen Welt existiert, erscheint in dreizehn Formen. Diese sind Unparteilichkeit, Selbstkontrolle, Vergebung, Bescheidenheit, Beständigkeit, Gutmütigkeit, Güte, Entsagung, Meditation, Würde, Aufrichtigkeit, Mitgefühl und Gewaltlosigkeit. Oh großer Monarch, dies sind die dreizehn Formen der Wahrhaftigkeit. Wahrhaftigkeit ist unveränderlich, ewig und unvergänglich. Sie kann durch Yoga und alle tugendhaften Methoden erworben werden. Wenn Begehren und Abneigung wie auch Sinneslust und Zorn überwunden werden, wird diese Eigenschaft, wodurch man auf Freund und Feind sowie Ehre und Unehre mit unvoreingenommenen Augen schaut, Unparteilichkeit genannt. Selbstkontrolle besteht in Neidlosigkeit, Geduld, Beständigkeit, Gewaltlosigkeit und wahrer Gesundheit. Selbstkontrolle kann durch Selbsterkenntnis erworben werden. Hingebungsvolle Wohltätigkeit und die Beachtung aller Aufgaben im Leben wird von den Gelehrten Gutmütigkeit genannt. Universale Gutmütigkeit entsteht durch beständige Hingabe zur Wahrhaftigkeit. Vergebung kann man daran erkennen, wenn ein geachteter und guter Mensch sowohl das Angenehme als auch das Unangenehme erdulden kann. Diese Tugend kann durch wahrhaftes Handeln gut erworben werden. Jene Tugend, wodurch ein intelligenter Mensch in Geist und Sprache ruhig wird, viele gute Taten vollbringt aber kein Lob erwartet, wird Bescheidenheit genannt. Sie wird ebenfalls durch wahrhaftes Handeln erworben. Jene Tugend, die zum Wohle der Gerechtigkeit *(Dharma)* und des Gewinns *(Artha)* vergeben kann, wird Geduld genannt und ist eine Form der Vergebung. Man erwirbt sie durch Beständigkeit und kann damit die Zuneigung der Menschen gewinnen. Das Loslassen der Anhaftung und aller irdischen Besitztümer wird Entsagung genannt. Entsagung kann nur erworben werden, wenn man ohne Wut und Böswilligkeit ist. Jene Tugend, wodurch man voller Achtsamkeit zum Wohle aller Wesen handelt, wird Güte genannt. Sie hat keine besondere Form und besteht in der Freiheit von jeglicher Ichhaftigkeit. Jene Tugend, wodurch man in Glück und Leid der Gleiche bleibt, wird Standhaftigkeit genannt. Jeder kluge Mensch, der sein Wohl wünscht, sollte diese Tugend stets üben wie auch Vergebung und Hingabe an die Wahrhaftigkeit. Ein Mensch mit Weisheit, der es schafft, Euphorie, Angst und Zorn zu zügeln, wird Standhaftigkeit gewinnen. Das Nichtverletzen aller Wesen in Gedanken, Worten und Taten, Güte und Wohltätigkeit sind die ewigen Aufgaben der Guten. Obwohl diese dreizehn Formen unterschiedlich erscheinen, haben sie doch ein und dasselbe Wesen, nämlich Wahrhaftigkeit. Alle von ihnen, oh Bharata, stützen und stärken die Wahrhaftigkeit einer Person. Es ist praktisch unmöglich, oh Monarch, die Verdienste der Wahrhaftigkeit zu erschöpfen. Aus diesen Gründen loben die Brahmanen, Ahnen und Götter besonders die Wahrhaftigkeit. Es gibt keine Aufgabe im Leben, die höher wäre als die Wahrhaftigkeit und keine schlimmere Sünde, als sich und andere zu belügen. Wahrlich, Wahrhaftigkeit ist das Fundament jeglicher Gerechtigkeit. Deshalb sollte man sie nie verlieren. Aus ihr kommt die Hingabe, das Opfer mit reichen Geschenken, die Agnihotras, die

Veden und alles andere, was zur Gerechtigkeit führt. Einst wurden tausend Pferdeopfer und die Wahrhaftigkeit gegeneinander gewogen. Die Wahrhaftigkeit wog immer noch schwerer als tausend Pferdopfer.

Kapitel 163 - Über die Laster

Yudhishthira sprach:
Erkläre mir, oh Weisheitsvoller, alles über die Quelle von Begierde und Ärger sowie von Sorgen und Verblendung, der Neigung zu Böswilligkeit, Eifersucht, Stolz, Verleumdung, der Unfähigkeit, das Gute der anderen zu ertragen, des Mitleids und der Angst. Belehre mich bitte aufrichtig und ausführlich darüber.

Bhishma sprach:
Diese dreizehn Laster, oh Monarch, werden als sehr mächtige Feinde aller Wesen betrachtet. Sie nähern sich und verlocken die Menschen von allen Seiten. Sie treiben und quälen einen unachtsamen oder sündhaften Menschen. Wahrlich, sobald sie eine Person sehen, greifen sie diese kraftvoll an, wie ein Wolf seine Beute anspringt. Aus ihnen entstehen alle Arten der Sünde und damit jegliches Leiden. Dies sollte jeder Sterbliche wissen, oh Bester der Menschen. Ich werde jetzt von ihren Quellen, Erscheinungen und den Mitteln ihrer Auflösung sprechen, oh Herr der Erde. Höre zuerst wahrhaft, ausführlich und mit ungeteilter Aufmerksamkeit vom Ursprung des Ärgers, oh König. Ärger entspringt der Begierde und wird durch die anderen Laster noch verstärkt. Durch Vergebung schläft er ein, und durch Hingabe verschwindet er. Die Sinneslust entspringt der Anhaftung, und die Unachtsamkeit verstärkt sie noch. Sie schwindet, wenn sich der Mensch entschlossen von ihr abwendet, und durch Weisheit stirbt sie. Der Neid auf andere entspringt zwischen Ärger und Begierde. Er vergeht durch Mitgefühl mit allen Wesen, Abkehr von weltlichem Besitz und durch wachsende Selbsterkenntnis. Neid entsteht auch, wenn man die Fehler anderer Leute betrachtet. Aber in weisen Menschen verschwindet er schnell aufgrund wahrhafter Erkenntnis. Verblendung hat ihren Ursprung in der Unwissenheit und erscheint durch sündhafte Gewohnheit. Wenn der Mensch, den dieses Laster angreift, nach und nach Entzücken an der Gesellschaft und Belehrung der Weisen findet, wird es bald schwach und zieht seinen Kopf ein. Die Menschen, oh Nachkomme des Kuru, sehen Widersprüche in allen heiligen Schriften. Aus dieser Quelle entspringt der Wunsch nach verschiedenen Arten der Handlungen *(bzw. Wege)*. Wird wahre Erkenntnis gewonnen, beruhigt sich dieser Wunsch. Die Sorgen verkörperter Wesen entspringen der Anhaftung und werden durch Trennung erweckt. Wenn man jedoch akzeptiert, daß die Toten nicht wieder lebendig werden *(wie sehr man sich auch sorgt)*, schwindet sie. Die Unfähigkeit, das Gute anderer Leute zu ertragen, entsteht aus Zorn und Habgier. Durch Mitgefühl mit allen Wesen und Abkehr von irdischem Besitz wird sie aufgelöst. Böswilligkeit entspringt fehlender Wahrhaftigkeit und einer Neigung zur Gewalt. Dieses Laster, oh Kind, schwindet durch den Dienst an Weisen und Heiligen. Stolz entspringt im Menschen durch seine Geburt, sein gelerntes Wissen und seinen Reichtum. Wenn jedoch diese drei wahrhaft durchschaut werden, verschwindet dieses Laster sofort. Eifersucht entspringt der

Sinnesbegierde und dem Genuß der gemeinen und vulgären Leute. Durch Weisheit wird sie zerstört. Verleumdung entsteht durch Abweichung vom gewöhnlichen Verhalten der Menschen und erscheint als unangenehme Rede voller Abneigung und Aggression. Sie verschwindet, oh König, wenn man diese ganze Welt durchschaut. Haß erscheint, wenn man von einer mächtigeren Person verletzt wird und außerstande ist, die Verletzung zu ertragen. Er schwindet jedoch durch Freundlichkeit. Mitleid entsteht aus dem Anblick der hilflosen und jämmerlichen Personen, von denen die Welt voll ist. Dieses leidvolle Gefühl verschwindet jedoch, wenn man die Kraft wahrer Tugend erkennt. Die Begierde entspringt in allen Wesen aus der Unwissenheit. Sie schwindet mit der Erkenntnis der Vergänglichkeit aller genußvollen Dinge. Es wird gesagt, daß nur die Seelenstille allein, diese dreizehn Laster unterwerfen kann. Alle diese dreizehn Laster befleckten die Söhne von Dhritarashtra. Du selbst hast durch beständiges Streben nach Wahrhaftigkeit und durch deine Hochachtung vor den Altehrwürdigen all diese Laster überwunden.

Kapitel 164 - Über die Boshaftigkeit

Yudhishthira sprach:
Ich habe durch die Beobachtung der Weisen und Heiligen erfahren, was Wohlwollen ist. Mit boshaften Menschen habe ich jedoch nie zusammengelebt, noch das Wesen ihrer Taten erfahren, oh Bharata. Wahrlich, die Leute meiden boshafte Personen mit grausamen Taten, wie sie Dornen, Fallgruben und Feuer meiden. Es ist offensichtlich, oh Bharata, daß boshafte Menschen sowohl in dieser als auch in der kommenden Welt in ihrem Leiden brennen müssen. Deshalb, oh Nachkomme des Kuru, belehre mich über das Wesen ihrer Taten.

Bhishma sprach:
Boshafte Personen führen stets übelgesinnte Handlungen durch und fühlen eine unwiderstehliche Neigung dazu. Sie verleumden andere und schaden sich selbst. Sie fühlen sich stets betrogen um das, was sie erwarten. Sie prahlen mit ihren eigenen Taten der Wohltätigkeit und betrachten andere mit böswilligen Augen. Sie sind sehr geizig, betrügerisch und voller Gerissenheit. Sie geben anderen nie ihr Gewünschtes, sind arrogant, prahlerisch und pflegen schlechte Gesellschaft. Sie fürchten und verdächtigen alle, mit denen sie in Kontakt kommen. Sie sind ohne Weisheit und voller Habgier. Sie loben ihre Kumpane und hegen unmäßige Abneigung und Haß auf alle Einsiedler, die sich in die Wälder zurückgezogen haben. Sie finden Freude daran, andere zu verletzen. Sie sind völlig unachtsam beim Unterscheiden zwischen Verdienst und Sünde. Sie sind voller Lügen, unzufrieden, äußerst begehrlich und voller Grausamkeit. Solche Leute betrachten einen tugendhaften und vollendeten Menschen wie eine Pest und denken, daß auch alle anderen, wie sie selbst, ohne Vertrauen sind. Sie verkünden groß die Fehler und Sünden anderer Leute, wie gering sie auch sein mögen. Aber ihre eigenen Sünden betrachten sie gering und erwarten sogar noch einen Nutzen davon. Und einen Menschen, der ihnen Gutes tat, sehen sie als Dummkopf, den sie klug getäuscht haben. Sie bereuen bald jegliche Geschenke des Reichtums, selbst an ihre Wohltäter. Erkenne auch jene als boshaft und übelgesinnt, die nur

für sich allein essen und trinken und auserwählteste Speisen sogar vor den sehnsüchtigen Augen der Bedürftigen konsumieren. Wer dagegen den ersten Teil den Brahmanen widmet und den Rest mit Freunden und Angehörigen teilt, der erreicht in dieser Welt Glück und in der kommenden Seligkeit. Damit habe ich dir, oh Führer der Bharatas, die Merkmale von übelgesinnten und boshaften Menschen beschrieben. Die Gesellschaft solcher Personen sollten kluge Menschen meiden.

Kapitel 165 - Über Brahmanen, Sünden und ihre Buße

Bhishma sprach:
Oh Bharata, um jene frommen, aber verarmten Brahmanen zu ernähren, die ihre Opfer pflegen, mit dem ganzen Veda wohlvertraut sind, nach dem Verdienst der Tugend streben, ihre Verpflichtungen vor Lehrern und Ahnen erfüllen und ihre Tage mit dem Rezitieren und Studieren der Schriften verbringen, sollte ihnen Reichtum und Wissen gegeben werden. *(Im alten Indien nahmen die Lehrer von ihren Schülern keinerlei Gebühren. Es gab zwar das Gurudakshina, aber erst am Ende des Studiums. Das Wissen der Veden für Geld zu verkaufen, war eine große Sünde. Dies gilt bis heute in Indien und zusätzlich werden sogar die Schüler von ihren Lehrern ernährt, welche von der Wohltätigkeit des ganzen Landes leben.)* Die wohlhabenden Brahmanen leben vom Dakshina, das ihnen *(als Geschenk in den Opfern)* gegeben wird. Jene die *(aufgrund ihrer sündigen Taten)* vom Status der Brahmanen abgesunken sind, sollten ungekochtes Essen außerhalb der Grenzen des Opferaltars erhalten. Die Brahmanen sind die Veden selbst und alle Opfer mit großen Gaben. Sie sind bestrebt, sich dabei gegenseitig zu übertreffen, und führen mit tugendhafter Neigung beständig ihre Opfer durch. Der König sollte ihnen deshalb wertvolle Geschenke verschiedenster Art geben. Der Brahmane, der ausreichenden Wohlstand hat, um seine Familie für drei oder mehr Jahre zu ernähren, verdient es, den Soma zu trinken *(und ein entsprechend großes Opfer zu zelebrieren)*. Wenn ein tugendhafter König regiert und ein begonnenes Opfer, besonders eines Brahmanen, aus Mangel an nur einem vierten Teil der geschätzten Ausgaben nicht vollendet werden kann, dann sollte der König für die Vollendung dieses Opfers von seinen Untertanen den Reichtum eines Vaisya nehmen, der eine große Viehherde besitzt, aber dem Opfern abgeneigt ist und keinen Soma trinkt. Oder er nimmt den Reichtum aus dem Haus eines reichen Shudra, weil ein Shudra *(der Dienerkaste)* keine Opfer durchführen darf *(bzw. keinen großen Reichtum besitzen sollte)*. Der König sollte auch keine großen Bedenken haben, von den Untertanen Reichtum zu nehmen, die keine Opfer pflegen, obwohl sie tausend Kühe besitzen. Der König kann auch öffentlich den Reichtum einer Person konfiszieren, die keinerlei Wohltätigkeit übt. Durch solche Handlungen erntet der König großes Verdienst.

Höre nun weiter darüber. Der Brahmane, der für drei Tage hungern mußte, kann ohne besondere Erlaubnis gemäß der Regel für jene, die sich nur um die Nahrung für einen Tag kümmern und nicht an morgen denken, das Nötige für eine Mahlzeit aus dem Kornspeicher, vom Feld, aus dem Garten oder anderswoher von einem Bauern nehmen. Er sollte jedoch diese Tat dem König melden, gefragt oder ungefragt. Wenn der König seine Aufgaben kennt, wird er einen solchen Brahmanen nicht bestrafen. Er sollte sich daran erinnern, daß ein Brahmane nur durch die Schuld der Kshatriyas vom Hunger gequält wird. Nachdem er die Gelehrtheit und das Verhalten dieses Brahmanen geprüft hat, sollte ihm der König den Unterhalt gewähren und ihn beschützen, wie ein Vater seinen Sohn. Am Ende jedes Jahres sollte man das Vaisvanara Opfer durchführen *(ein Opfer für das alldurchdringende Feuer)*. Doch jene, die in der Religion erfahren sind, sagen, daß auch eine alternative Handlung möglich ist, womit die Tugend nicht zerstört wird. Selbst die Viswadevas, Sadhyas, Brahmanen und großen Rishis hatten in Notzeiten keine Bedenken, auch anders zu handeln, als es in den heiligen Schriften dargelegt ist. Der Mensch jedoch, der fähig wäre, die gebotene Handlung zu erfüllen, aber zur Alternative greift, sollte als übelgesinnt betrachtet werden und wird keinerlei Glückseligkeit im Himmel gewinnen.

Ein vedengelehrter Brahmane sollte niemals über seine Energie und Gelehrtheit zum König sprechen. *(Denn es ist Aufgabe des Königs, dies festzustellen.)* Vergleicht man die Energie eines Brahmanen mit der eines Königs, wird man stets den Brahmanen als mächtiger finden. Aus diesem Grund kann die Energie der Brahmanen kaum ertragen oder von einem König zerschlagen werden. Der Brahmane gilt wesenhaft als Schöpfer, Herrscher, Lenker und Gottheit. An ihn sollte kein beleidigendes oder rohes Wort gerichtet werden.

Der Kshatriya sollte all seine Schwierigkeiten mit der Kraft seiner Arme überwinden, die Vaisyas und Shudras durch Reichtum und der Brahmane durch Mantras und Opfer. Die Folgenden sind jedoch nicht befähigt, die Opfergaben ins Feuer zu gießen, nämlich ein Mädchen oder eine junge Frau, wer die rechten Mantras nicht kennt, ein Unwissender oder ein Unreiner. Wenn sie es dennoch tun, werden sie damit in die Bereiche der Hölle fallen zusammen mit jenem, für den sie handeln. Deshalb sollte nur ein vedengelehrter Brahmane, der in allen Opfern erfahren ist, die Opfergabe ins Feuer gießen. Die Schriftgelehrten sagen, daß ein Mensch, der das Opferfeuer entzünden läßt, aber die zugehörige Nahrung nicht als Dakshina gibt, auch nicht als Entzünder des Opferfeuers gilt. Man sollte stets mit kontrollierten Sinnen und rechter Hingabe alle verdienstvollen Handlungen *(entsprechend der heiligen Schriften)* durchführen. Man sollte die Götter in einem Opfer nie anbeten, ohne daß ein Dakshina gegeben wird. Ein Opfer, das ohne Dakshina beendet wird, wirkt zerstörend für die eigenen Kinder, die Haustiere und den Weg zum Himmel. Solch ein Opfer zerstört auch die Vernunft, den Ruhm, die Errungenschaften und die Lebenszeit. Jene Brahmanen, die mit Frauen in ihrer unreinen Phase schlafen, die keine Opferfeuer pflegen oder in deren Familien die Veden nicht gelehrt werden, gelten als Shudras durch ihren Taten. Der Brahmane, der ein Shudra Mädchen heiratet und zwölf Jahre ununterbrochen im gleichen Dorf wohnt, wird auch ein Shudra durch seine Taten. Der Brahmane, der ein unverheiratetes Mädchen in sein Bett holt oder einen Shudra an seiner Seite sitzen läßt *(und damit die Ordnung verletzt)*, sollte zur Reinigung auf einem Bündel Heu hinter Kshatriyas oder Vaisyas sitzen und sich als gefallener Brahmane betrachten. Höre weiter, oh König, meine Worte zu diesem Thema. Die Sünde, die ein Brahmane in einer einzelnen Nacht begeht, indem er einem Mitglied einer niedrigeren Kaste dient oder sich mit ihm im Spiel vergnügt, wird gereinigt, indem er für drei Jahre das Gelübde beachtet, auf einem Bündel Heu hinter Kshatriyas oder Vaisyas zu sitzen.

Eine Lüge im Scherz ist keine große Sünde, noch jene, die vor einer Frau oder zum Zwecke einer Ehe gesprochen wurde. Ebenso, oh König, ist eine Lüge erlaubt, wenn sie den eigenen Lehrer beschützt oder Leben retten kann. Diese fünf genannten Arten der gesprochenen Lüge sind nicht sündhaft. Man kann nützliches Wissen mit Hingabe und Verehrung auch von einer weniger angesehenen Person erwerben, wie man auch Gold ohne Bedenken von einem unreinen Ort aufheben, eine wunderschöne tugendhafte Frau aus einer unangesehenen Familie heiraten oder das Amrit trinken kann, selbst wenn es aus Gift extrahiert wurde. Klares Wasser, Jungfrauen, Juwelen und andere Edelsteine können gemäß der heiligen Schriften niemals unrein sein. Zum Schutz der Brahmanen und heiligen Kühe oder um sich vor der Vermischung der Kasten zu bewahren, kann auch ein Vaisya zu den Waffen greifen.

Alkoholsucht, Brahmanenmord und die Schändung des Bettes des Lehrers sind Sünden *(sogenannte „Todsünden“)*, die, bewußt begangen, keine eigene Sühne kennen. Es wird gesagt, daß nur der Tod eine solche Sünde reinigen kann. Dasselbe gilt für den Diebstahl von Gold oder des Eigentums eines Brahmanen. Trinksucht, Ehebruch, Kastenvermischung und die Verführung einer Brahmanenfrau führen unvermeidlich zum *(seelischen)* Verfall. Wenn man längere Zeit mit einer solcherart gefallenen Person verbringt, sei es in Opfern, Belehrungen oder sexuellem Kontakt, wird man auch selbst fallen. Zu diesem Kontakt zählt allerdings nicht, wenn man mit ihnen auf einem Wagen fährt, zusammensitzt oder am selben Tisch ißt. Ausgenommen der fünf erwähnten Todsünden kann man sich von jeder Sünde wieder reinigen. Und wenn man gemäß der aufgestellten Gebote davon gereinigt ist, sollte man sie zukünftig vermeiden. Im Falle der ersten drei Todsünden *(Alkoholsucht, Brahmanenmord und Schändung des Bettes des Lehrers)* gibt es nach dem Tod für die Angehörigen keine Auflagen hinsichtlich der Begräbnisriten, der Ernährung und des Tragens von Ornamenten. Denn die überlebenden Angehörigen können den Verstorbenen damit nur wenig helfen.

Ein tugendhafter Mensch sollte in Beachtung seiner Aufgaben sogar seinem besten Freund oder den ehrwürdigen Eltern entsagen können. Wahrlich, bis sie ihre Reinigung nicht durchführen, sollten die Tugendhaften mit solchen Sündern nicht einmal sprechen. Ein Mensch, der sündig gehandelt hat, zerstört seine Sünde durch Buße und indem er zukünftig tugendhaft handelt. Wer danach noch einen Dieb als Dieb beschimpft, sammelt selbst die Sünde des Diebstahls an. Und wer jemanden fälschlicherweise einen Dieb nennt, erntet die doppelte Sünde des Diebstahls.

Die Jungfrau, die ihre Jungfräulichkeit verschenkt, sammelt drei Viertel der Sünde eines Brahmanenmordes an, während die Sünde des Mannes, der sie entjungfert, einem Viertel eines Brahmanenmordes gleicht. Wenn man Brahmanen verleumdet oder sie schlägt, sinkt man für hundert Jahre in Schande. Wenn man einen Brahmanen tötet, sinkt man für tausend Jahre in die Hölle. Keiner sollte deshalb von einem Brahmanen schlecht sprechen oder ihn verletzen. Wer einen Brahmanen mit einer Waffe schlägt, wird für so viele Jahre in der Hölle leben müssen, wie die Staubkörner zählen, die durch das Blut vom Verwundeten eingeweicht werden. Ein Schuldiger am Tod ungeborenen Lebens *(bzw. Brahmanen)* wird gereinigt, wenn er an den Wunden stirbt, die er im Kampf für die Sache der Brahmanen oder heiligen Kühe erhalten hat. Er kann auch gereinigt werden, indem er sich dem lodernden Feuer opfert. Ein Alkoholsüchtiger wird gereinigt, indem er heißes Wasser trinkt. Durch dieses Feuer wird er nach dem Tode in der kommenden Welt von dieser Sünde frei sein. Nur dadurch kann ein Zweifachgeborener die Bereiche der Glückseligkeit wiedererlangen. Der Sündige, der das Bett seines Lehrers beschmutzt hat, wird durch den Tod gereinigt, indem er eine glühende Frauenfigur aus Eisen umarmt. Oder er trennt sein Geschlechtsteil ab und trägt es in seinen Händen in Richtung Südwesten, um dann sein Leben abzulegen. Oder er opfert sein Leben im Kampf für die Sache eines Brahmanen, um sich von seiner Sünde reinzuwaschen.

Mit der Durchführung eines Pferde- oder Kuhopfers oder des Agnishtoma kann man seine Wertschätzung sowohl in dieser als auch in der kommenden Welt zurückgewinnen. Der Mörder eines Brahmanen sollte das Gelübde des Brahmacharya für zwölf Jahre einhalten, sich der Buße widmen, das Leben eines Asketen führen und mit einem Totenschädel in der Hand umherwandern, um seine Sünde öffentlich zu bekunden. Dies gilt auch als Sühne für jemanden, der bewußt eine schwangere Frau schlägt. Der Mensch, der eine solche Frau bewußt tötet, erntet die doppelte Sünde einen Brahmanenmordes. Ein Alkoholsüchtiger sollte fasten, das Gelübde des Brahmacharya üben, auf bloßem Boden schlafen und für mehr als drei Jahre die Opfer um das Agnishtoma durchführen, um schließlich ein Geschenk von tausend Kühen und einem Stier zu machen. Damit kann er seine Reinheit wiedergewinnen. Wer einen Vaisya getötet hat, sollte solch ein Opfer für zwei Jahre durchführen und ein Geschenk von hundert Kühen mit einem Stier machen. Wer einen Shudra getötet hat, sollte solch ein Opfer für ein Jahr durchführen und ebenfalls ein Geschenk von hundert Kühen mit einem Stier machen. Die gleiche Buße sollte jener durchführen, der einen Hund, einen Bär oder ein Kamel getötet hat. Wer eine Katze, Vogel, Frosch, Reptil oder Ratte getötet hat, übernimmt, so sagt man, die Sünde des Tierschlachtens, oh König.

Ich werde dir jetzt noch andere Arten der Sühne in der rechten Ordnung nennen. Für alle geringen Sünden sollte man bereuen und für ein Jahr ein Gelübde einhalten. Für die Verführung der Ehefrau eines vedengelehrten Brahmanen sollte man für drei Jahre das Gelübde von Brahmacharya üben und nur im vierten Teil des Tages ein wenig essen. Bei jeder anderen Ehefrau sollte man ähnliche Buße für zwei Jahre üben. Wenn man unzüchtige Gedanken in der Gesellschaft einer Frau hegt, sollte man für drei Tage nur von Wasser leben, um sich von seiner Sünde zu reinigen. Dasselbe gilt für denjenigen, der ein flammendes Feuer beschmutzt *(indem er unreine Dinge hineingibt)*. Wer ohne entsprechenden Grund seinen Vater, Mutter oder Lehrer mißachtet, wird sicher fallen, oh Nachkomme des Kuru. Das bestätigen die Gebote der heiligen Schriften.

Einer Ehefrau, die des Ehebruchs schuldig wurde, und einem inhaftierten Gefangenem sollte entsprechend den Schriften nur Essen und Kleidung gegeben werden. Jene Sühne, die für Männer bei einem Ehebruch geboten ist, sollte auch von einer Frau beachtet werden, die diesbezüglich schuldig wurde. Jene Ehefrau, die einen Mann einer höheren Kaste verläßt, um mit einem Kastenlosen zu schlafen, sollte vom König bestraft und von hungrigen Hunden öffentlich davongejagt werden. Und Männer, die Ehebruch unter solchen Verhältnissen begehen, sollte ein pflichtbewußter König bestrafen, indem er sie auf ein Bett aus Eisen legt, unter dem ein Holzbündel brennt.

Der unachtsame Sünder, der innerhalb eines Jahres keine Buße für seine Sünde durchführt, verdoppelt damit seine karmische Last. Wer mit einem solchen Menschen zwei Jahre verkehrt, sollte als Bettler über die Erde wandern und sich der Buße widmen. Wer vier Jahre mit ihm verkehrt, sollte fünf Jahre wandern. Wenn ein jüngerer Bruder vor seinem älteren Bruder heiratet, gelten die beiden Brüder und die Ehefrau aufgrund dieser Heirat als gefallen. Sie sollten die Gelübde üben, die für denjenigen vorgeschrieben sind, der sein Opferfeuer vernachlässigt hat, oder das Gelübde von Chandrayana *(Fasten)* für einem Monat oder ein anderes schmerzhaftes Gelübde, um sich von ihrer Sünde zu reinigen. Der jüngere Bruder sollte seine Ehefrau dem unverheirateten, älteren Bruder anvertrauen. Später, wenn er die Erlaubnis des älteren Bruders erhalten hat, mag der jüngere seine Ehefrau zurücknehmen. Durch solche Mittel können alle drei von ihrer Sünde gereinigt werden. Beim Töten von Tieren außer einer heiligen Kuh, wird der Täter nicht mit der Sünde eines Mordes befleckt. Denn die Gelehrten wissen, daß dem Menschen die Herrschaft über alle niederen Tiere übergeben wurde.

Ein Sünder sollte als Bettler umherwandern und in seiner Hand einen Yak Schweif und einen irdenen Topf halten, um damit seine Sündhaftigkeit öffentlich zu bekunden. Er sollte jeden Tag nur sieben Familien um Nahrung bitten und davon leben, was ihm von denen gegeben wird. Auf diese Weise kann er in zwölf Tagen von seiner Sünde gereinigt werden. Wer unfähig ist, den Yak Schweif in der Ausübung dieses Gelübdes in seiner Hand zu tragen, sollte das Gelübde der Bettelei *(wie oben beschrieben)* für ein ganzes Jahr einhalten. Unter Menschen ist dies die beste Sühne. Für jene, die zur Wohltätigkeit fähig sind, ist in allen diesen Fällen höchste Freigebigkeit geboten. Wer Glauben und Tugend hat, kann sich auch reinigen, indem er eine Kuh weggibt. Wer jedoch als Sühne das Fleisch, den Schmutz oder den Urin eines Hundes, Ebers, Menschen, Hahn oder eines Kamels essen oder trinken will, sollte die Initiation mit der heiligen Schnur besitzen. Wenn ein somatrinkender Brahmane den Alkoholgeruch aus dem Mund eines Trinkers eingeatmet hat, sollte er über drei Tage warmes Wasser oder warme Milch trinken. Man kann auch drei Tage warmes Wasser trinken und in dieser Zeit von Luft allein leben. Dies sind die ewigen Gebote, welche für die Sühne besonders für Zweifachgeborene aufgestellt wurden, die aus Unwissenheit und Verblendung Sünden begangen haben.

Kapitel 166 - Über das Schwert als Beste der Waffen

Vaisampayana sprach:
Am Ende dieser Belehrung fragte Nakula, der ein vollendeter Schwertkämpfer war, den Kuru Großvater, wie er auf seinem Bett aus Pfeilen lag.

Nakula sprach:
Der Bogen, oh Großvater, wird oft als Erste aller Waffen in dieser Welt betrachtet. Mein Geist neigt sich jedoch dem Schwert zu. Denn wenn die Bogensehne zerschnitten oder der Bogen zerbrochen wird, oh König, wenn die Rosse tot oder geschwächt sind, dann kann sich ein guter Krieger, der im Schwertkampf erfahren ist, mit Schwert und Schild beschützen. Ein Held, der mit dem Schwert bewaffnet ist, kann ganz allein vielen Bogenschützen widerstehen sowie vielen Gegnern, die mit Keulen und Speeren bewaffnet sind. Ich habe diesbezüglich Zweifel und möchte die Wahrheit erfahren. Welche, oh König, ist wirklich die Beste aller Waffen in allen Kämpfen? Wie wurde das Schwert am Anfang geschaffen und zu welchem Zweck? Wer war der erste Lehrer an dieser Waffe? Erzähle mir alles darüber, oh Großvater.

Vaisampayana fuhr fort:
Als der tugendhafte Bhishma, dieser vollendete Meister in der Kunst des Bogenschießens, die Worte des klugen Sohns der Madri hörte, da streckte er sich auf seinem Bett aus Pfeilen und gab folgende Antwort voll edler Worte mit höchster Bedeutung, mit wohlklingender Stimme und gut plazierten Worten. Er zeigte dem hochbeseelten Nakula sein weitreichendes Wissen, diesem Schüler von Drona, der in der Waffenkunst ebenfalls vollendet war.

Bhishma sprach:
Höre die Wahrheit, oh Sohn der Madri, über das, was du mich gefragt hast. Deine Frage begeistert mich wie ein Hügel, an dem Bäche mit roter Kreide herabfließen. Am Anfang war das Universum ein ausgedehntes Wasser, das jeglichen Raum ausfüllte, unbeweglich und ohne Himmel und Erde. Eingehüllt in Dunkelheit und unerkennbar hatte dieser Zustand etwas äußerst Schreckliches. Völliges Schweigen regierte überall in unermeßlicher Weite. Zur rechten Zeit nahm jedoch der Große Vater *(des Weltalls)* seine Geburt. Er schuf den Wind und das Feuer sowie die Sonne mit großer Energie. Danach schuf er auch den Himmel, den Luftraum, die Erde, die unteren Bereiche, die Himmelsrichtungen, das Firmament mit Mond und Sternen, die Konstellationen und Planeten, das Jahr, die Jahreszeiten, die Monate, die Tage und auch alle kleineren Abschnitte der Zeit. Danach nahm der göttliche Große Vater eine sichtbare Form an und zeugte *(durch die Macht seines Willens)* einige Söhne mit großer Energie. Dies waren die Weisen Marichi, Atri, Pulastya, Pulaha, Kratu, Vasishta, Angiras, der mächtige Herr Rudra *(Shiva)* und die Prachetas. Letztere bekamen einen Sohn namens Daksha, der wiederum sechzig Töchter hatte. Alle diese Töchter wurden von zweifachgeborenen Weisen geheiratet, um Nachkommen zu zeugen. Von ihnen stammen alle Wesen der Welten ab, einschließlich die Götter, Pitris, Gandharvas, Apsaras, Rakshasas, Nagas, Vögel, Fische, Affen und anderen Tiere, die Pflanzen und alle Wesen die lebend, aus Eiern oder in Feuch-

tigkeit geboren werden. So kam das ganze Weltall mit allen belebten und unbelebten Geschöpfen zur Existenz. Und nachdem Brahma, der universale Große Vater, auf diese Weise alles geschaffen hatte, verkündete er auch das ewige Wissen der Veden. Diese Religion wurde von den Göttern mit ihren Lehrern, Priestern, den Adityas, Vasus, Rudras, Sadhyas, Maruts, Aswins und Siddhas akzeptiert sowie von Bhrigu, Atri, Angiras, Kasyapa, Vasishta, Gautama, Agastya, Narada, Parvata und den Rishis der Valakhilyas, Prabhasas, Sikatas, Ghritapas, Somavayavyas, Vaiswanaras, Marichipas, Akrishtas, Hansas, den Feuergeborenen, den Vanaprasthas und Prasnis. Sie alle lebten nach den Geboten Brahmas.

Die Ersten der Danavas begannen jedoch, irgendwann die Gebote des Großen Vaters zu mißachten, und von Zorn und Habgier getrieben verursachten sie den Verfall der Gerechtigkeit. Dies waren Hiranyakashipu, Hiranyaksha, Virochana, Samvara, Viprachitti, Prahlada, Namuchi und Vali. Und ihnen folgten viele andere Daityas und Danavas, die jegliche Zügelung durch Pflichten und Wahrhaftigkeit mißachteten, sich vergnügten und Entzücken an allen Arten übelgesinnter Taten fanden. Und obwohl sie die gleiche Abstammung wie die Götter hatten, begannen sie, ihre göttlichen Brüder und die Weisen mit reinem Verhalten herauszufordern. Sie suchten nie das Wohl aller Wesen im Weltall und zeigten nicht einmal Mitgefühl mit Ihresgleichen. Die drei wohlbekannten Mittel ignorierend, begannen sie alle Wesen zu verfolgen und zu quälen, indem sie durch ihre gewaltige Kraft die Herrschaft suchten. Wahrlich, diese großen Dämonen waren voller Stolz und verwarfen jeden freundlichen Umgang mit anderen Wesen. Daraufhin begab sich der göttliche Brahma in Begleitung der zweifachgeborenen Weisen zu einem entzückenden Gipfel des Himavat, der sich über hundert Yojanas ausstreckte und mit verschiedensten Juwelen und Edelsteinen geschmückt war. Auf diesem hohen Gipfel schienen die Sterne zu ruhen wie unzählige Lotusblumen auf einem See. Auf diesem König der Berge, oh Herr, der mit Wäldern aus blühenden Bäumen bewachsen war, meditierte Brahma, der Erste aller Götter, für einige Zeit, um das Wohl der Welt zu fördern. Nachdem tausend Jahre vergangen waren, traf der mächtige Herr die Vorbereitungen für ein großartiges Opfer nach den heiligen Geboten. Den Opferaltar umringten die großen Rishis, die im Opfern erfahren waren und alle nötigen Handlungen vollbringen konnten. Er war geschmückt mit Holzbündeln, Opfergaben und den Flammen der lodernden Feuer. Er erstrahlte unvorstellbar schön mit all den goldenen Opferschalen und Behältern. Auch die großen Götter nahmen ihre Plätze an diesem Ort ein sowie die Sadasyas, welche heilige Rishis waren. Ich habe jedoch von den Rishis gehört, daß bald etwas sehr Außergewöhnliches in diesem Opfer geschah. Man erzählt, daß ein Wesen die Flammen um sich herum zerteilte und aus dem Opferfeuer stieg, das an Herrlichkeit dem Mond glich, wenn dieser sich am Firmament von Sternen umgeben erhebt. Seine Erscheinung war dunkel wie die Blütenblätter der blauen Lotusblume. Seine Zähne waren scharf, sein Körper muskulös und seine Statur riesig. Er schien unbesiegbar und mit endloser Energie begabt zu sein. Bei seinem Erscheinen erzitterte die Erde. Die Ozeane wurden mit hohen Wogen

und schrecklichen Wirbeln aufgewühlt. Meteore, die große Katastrophen vorhersagen, schossen durch den Himmel. Die Äste der Bäume begannen zu brechen, und alle Himmelsrichtungen waren in Aufruhr. Unheilvolle Stürme erhoben sich, und alle Wesen begannen, vor Angst zu zittern. Beim Anblick dieser schrecklichen Aufregung im Weltall und dieser Kreatur, die dem Opferfeuer entsprang, sprach der Große Vater zu den großen Rishis, den Göttern und Gandharvas:
Dieses Wesen ist aus meinem Geist entsprungen. Voller Energie ist sein Name Asi *(Schwert oder Krummsäbel)*. Zum Schutz der Welt und zum Untergang der Feinde der Götter habe ich ihn geschaffen.

Daraufhin gab dieses Wesen seine ursprüngliche Form auf und nahm die Gestalt eines Schwertes mit großer Herrlichkeit an, höchst poliert, scharfschneidig und bedrohlich wie das alles zerstörende Wesen am Ende der Yugas. Brahma übergab diese scharfe Waffe dem blaukehligen Rudra *(Shiva)*, der den Stier im Banner trägt, damit er die Weltordnung verteidigen möge. Daraufhin ergriff der göttliche Rudra mit der unermeßlichen Seele von den großen Rishis gepriesen dieses Schwert und wandelte seine Erscheinung. Er bekam vier Arme und wurde so riesig, daß er auf der Erde stehend, die Sonne mit seinem Kopf berührte. Mit aufwärts gerichteten Augen und höchst kräftigen Gliedern, begannen Flammen aus seinem Mund zu lodern. Er erschien mit verschiedenen Farben in blau, weiß und rot, trug ein schwarzes Hirschfell, das mit goldenen Sternen geschmückt war, und auf seiner Stirn war das dritte Auge, das an Herrlichkeit der Sonne glich. Auch seine zwei anderen Augen, von denen eines schwarz und das anderes gelbbraun war, erstrahlten hell. So erhob der göttliche Mahadeva, der Träger des Shula *(Dreizacks)* und Vernichter der Augen von Bhaga, dieses Schwert, dessen Herrlichkeit dem alles zerstörendem Yuga Feuer glich, zusammen mit einem großen Schild mit drei Metallspitzen, welches wie eine dunkle Wolkenmasse mit drei Blitzen erschien, und begann, seine mächtige Wirkung zu entfalten. Voller Kraft wirbelte er das Schwert im Himmel und suchte den Kampf. Laut war sein Schlachtruf und schrecklich der dunkle Klang seines Lachens. Wahrlich, oh Bharata, die Gestalt, die Rudra angenommen hatte, war äußerst furchterregend. Als die Danavas erfuhren, daß Rudra diese Gestalt für grimmige Taten trug, wurden sie mit Freude erfüllt und stürmten schnell heran, um ihn mit riesigen Felsen zu überschütten, mit brennenden Baumstämmen und anderen schrecklichen Waffen aus Eisen, die scharf wie Rasiermesser waren. Als die Danava Heerscharen jedoch dieses Erste aller Wesen, den unbesiegbaren Rudra, sahen, wie er seine Macht entfaltete, wurden sie ganz taub und begannen zu zittern. Obwohl Rudra allein und einhändig kämpfte, bewegte er sich mit dem Schwert in der Hand so schnell über das Schlachtfeld, daß die Dämonen tausende gleiche Rudras vor sich sahen, die alle gegen sie kämpften. Reißend, durchbohrend, quälend, schneidend, abschlagend und zermalmend bewegte sich der große Gott ungehindert durch die dichte Masse seiner Feinde, wie sich eine Feuersbrunst durch viele kleine Heuhaufen frißt. Und bald begannen die mächtigen Dämonen, geschlagen vom Gott mit dem wirbelnden Schwert, mit abgeschlagenen Köpfen, Armen und Schenkeln oder durchbohrten Körpern zur

Erde hinabzufallen. Andere unter den Danavas, die von den Schwertschlägen gequält waren, flohen mit großem Gebrüll in alle Richtungen davon. Manche drangen in das Innere der Erde ein und manche verkrochen sich in den Bergen, im Luftraum oder in den Tiefen des Ozeans. Während dieser schreckliche und wilde Kampf tobte, wurde die Erde ein Sumpf aus Fleisch und Blut und war überall höchst schrecklich anzuschauen. Bestreut mit den gefallenen Körpern der blutenden Dämonen, erschien die Erde, als wäre sie überall mit Bergen bedeckt, die von roten Kinshuka Blüten überwachsen sind. Durchnäßt vom Blut erschien die Erde so außergewöhnlich, wie eine wunderschöne Dame in karminroten Kleidern, die vom Alkohol berauscht ist. Und nachdem die Danavas geschlagen und die Gerechtigkeit in der Welt wiederhergestellt war, legte der vorzügliche Rudra seine schreckliche Form ab und nahm seine eigene, wohltätige Gestalt wieder an.

Danach verehrten alle Rishis und Himmlischen diesen Gott der Götter mit lautem Beifall und Siegesjubel. Schließlich übergab der göttliche Rudra dieses Schwert zum Schutz der Ordnung, das vom Blut der Dämonen gefärbt war, mit gebührender Verehrung an Vishnu. Vishnu gab es Marichi. Der göttliche Marichi gab es den großen Rishis, die es an Vasava *(Indra)* weitergaben. Vasava gab es den Regenten der Welt *(Lokapalas)*, die dieses große Schwert dem Sohn von Surya namens Manu anvertrauten. Dabei sprachen sie zu Manu:
Du bist der Urvater aller Menschen. Beschütze alle Wesen mit diesem Schwert, welches die Ordnung verkörpert. Zügle damit jene, welche die Grenzen der Tugend mit Körper oder Geist überschreiten. Beschütze sie entsprechend dem Dharma und nie nach persönlicher Neigung. Manche mögen mit Worten gerügt, andere mit Geldbußen oder Enteignung bestraft werden. Nur für schwere Vergehen sollte auch das Abschlagen von Gliedmaßen oder die Todesstrafe verhängt werden. All diese Strafen, beginnend mit der Rüge, werden als vielfältige Formen dieses Schwertes betrachtet. Dies sind die Formen, die das Schwert infolge der Übertretungen für die Übeltäter unter dem Schutz *(des Königs)* annimmt.

Mit der Zeit inthronisierte Manu seinen Sohn Kshupa als Herrscher aller Wesen und übergab ihm das Schwert zu ihrem Schutz. Von Kshupa ging es an Ikshvaku, dann an Pururavas, Ayus, Nahusha, Yayati, Puru, Amurtarya, Bhumisaya, und dann bekam es Bharata, der Sohn von Dushmanta. Von Bharata, oh Monarch, ging es an Ailavila, dann an König Dhundumara, Kamboja, Muchukunda, Marutta, Raivata, Yuvanaswa, Raghu, Harinaswa, Sunaka und an den rechtschaffen Usinara. Von Usinara bekamen es die Bhojas und Yadavas. Von den Yadus übernahm es Sivi, und dann ging es an Pratardana, Ashtaka, Prishadaswa, Bharadwaja, und von ihm erhielt es Drona. Von Drona wurde es von Kripa übernommen. Und von Kripa hast du mit deinen Brüdern dieses Beste der Schwerter erhalten. Die Konstellation, unter der das Schwert geboren wurde, ist Krittika *(die Plejaden, die auch mit dem Kriegsgott Skanda verbunden sind)*. Agni ist sein Gott, Rohini seine Gotra *(Familie, Abstammung)*, und Rudra ist sein hoher Lehrer. Das Schwert hat acht Namen, die nicht allgemein bekannt sind. Höre mir zu, wie ich sie dir aufzähle. Wenn man diese Namen rezitiert, oh Sohn des Pandu, kann man stets den Sieg gewinnen. Diese Namen sind Asi, Vaisasana, Khadga, Scharfschneidiger, Schwererreichbarer, Sirgarbha, Sieg und Beschützer der Gerechtigkeit. Von allen Waffen, oh Sohn der Madravati, ist das Schwert die beste. Die Puranas erklären wahrhaft, daß es zuerst von Mahadeva *(Shiva)* geschwungen wurde. Bezüglich des Bogens, oh Feindevernichter, war es Prithu, der ihn zuerst erschuf. Es geschah mithilfe dieser Waffe, daß dieser Sohn von Vena, während er die Erde viele Jahre tugendhaft regierte, von ihr Getreide und andere Nahrung im Überfluß erhielt. Mögest du, oh Sohn der Madri *(Nakula)*, stets beachten, was die Rishis als Zeugnis diesbezüglich sprachen. Alle Kampferfahrenen sollten das Schwert verehren.

Damit habe ich dir aufrichtig deine Frage über den Ursprung und die Schöpfung des Schwertes beantwortet, oh Stier der Bharatas. Wer dieser ausgezeichneten Geschichte über den Ursprung des Schwertes aufmerksam zuhört, wird in dieser Welt Ruhm und in der kommenden Glückseligkeit gewinnen.

Kapitel 167 - Über die Lebensziele von Dharma, Artha, Kama und Moksha

Vaisampayana sprach:
Als Bhishma nach diesen Worten schwieg, kehrten Yudhishthira *(und die anderen)* nach Hause zurück. Dort sprach der König zu seinen Brüdern und Vidura:
Der Lauf der Welt beruht auf Tugend, Gewinn und Liebe *(Dharma, Artha & Kama)*. Welches ist das Erste unter diesen drei? Welches ist das Zweite und welches das Letzte an Wichtigkeit? Auf welches dieser drei Ziele sollte sich der Geist konzentrieren, um die dreifache Anhäufung *(von Begierde, Haß und Unwissenheit)* zu überwinden? Möget ihr mir diese Fragen aufrichtig beantworten.

So angesprochen vom Führer der Kurus, sprach der mit Weisheit erleuchtete Vidura, der mit dem Wissen über Gewinn, mit dem Lauf der Welt und mit der Wahrheit *(der wahren Natur aller Dinge)* bekannt war, zuerst die folgenden Worte, indem er sich an den Inhalt der Schriften erinnerte.

Vidura sprach:
Studium der verschiedenen Schriften, Askese, Hingabe, Vertrauen, Opfern, Vergebung, Ehrlichkeit, Mitgefühl, Wahrhaftigkeit und Selbstzügelung bilden den Reichtum der Tugend. So nimm vor allem die Tugend an! Möge sich dein Herz niemals davon abwenden. Sowohl Gewinn als auch Vergnügen haben ihre Wurzeln darin. Ich denke, in diesem Wort *(Dharma)* ist alles eingeschlossen. Durch die Tugend haben die Rishis *(die Welt mit all ihren Problemen)* durchquert. Von der Tugend hängt diese ganze Welt ab. Durch die Tugend haben die Götter ihren Status der Überlegenheit erlangt. Auf der Tugend beruhen Gewinn und Wohlstand. Tugend, oh König, ist das Wichtigste bezüglich der Verdienste. Gewinn gilt als mittelmäßig und Vergnügen, so sagen die Wissenden, ist von den drei *(Lebenszielen)* am niedrigsten. Deshalb sollte man mit gezügelter Seele leben und seine Aufmerksamkeit vor allem auf die Tugend richten. Man sollte sich zu allen Wesen so verhalten, wie man auch selbst gern behandelt werden möchte.

Vaisampayana fuhr fort:
Nachdem Vidura seine Rede beendet hatte, sprach Arjuna, der Sohn der Pritha, der ebenfalls in Fragen der Tugend erfahren war und die Wahrheiten über Gewinn und Vergnügen kannte, herausgefordert durch die Frage von Yudhishthira.

Arjuna sprach:
Diese Welt, oh König, ist das Feld der Taten. Deshalb wird hier das Handeln gelobt. Landwirtschaft, Handel, Viehhaltung und die verschiedenen Arten der Handwerke bilden das, was man Gewinn nennt. Gewinn ist das Ziel all dieser Taten. Ohne Gewinn und damit ohne Reichtum kann weder Tugend noch Vergnügen erreicht werden. Dies behaupten auch die heiligen Schriften. Denn selbst Menschen mit ungereinigten Seelen können verschiedensten Reichtum anhäufen. Sie sind damit fähig, die höchsten Handlungen der Tugend durchzuführen und können ihre Wünsche befriedigen, die so schwer zu befriedigen sind. Tugend und Vergnügen werden von den Schriften als die Glieder des Reichtums erklärt. Mit dem Erwerb des Reichtums können sowohl Tugend als auch die lieblichen Dinge gewonnen werden. Wie alle Wesen Brahma verehren, so verehren sogar hochgeborene Menschen einen wahrlich Wohlhabenden. Sogar jene, die in Hirschfelle gekleidet sind und verfilzte Locken auf ihren Köpfen tragen, die Selbstgezügelten, die ihre Körper mit Asche einreiben, ihre Sinne unter völliger Kontrolle haben, ihre Köpfe kahl rasieren, der Entsagung gewidmet sind und in der Einsamkeit leben, hegen den Wunsch nach Gewinn. Auch andere, die in gelbe Roben gekleidet sind, lange Bärte tragen, die bescheiden, gelehrt, zufrieden und von allen Anhaftungen frei sind, hegen einen Wunsch nach Gewinn. Wieder andere, die den Methoden ihrer Vorfahren folgen, ihre jeweiligen Pflichten erfüllen und nach dem Himmel streben, suchen nach Gewinn. Gläubige und Ungläubige, selbst die härtesten Praktizierenden des höchsten Yogas bezeugen alle die Vorzüglichkeit des Gewinns. Man sagt, daß derjenige mit wahrem Reichtum begabt ist, der seine Abhängigen mit erfreulichen Dingen hegt und seine Feinde mit Strafen quält. Dies, oh Erster aller weisen Männer, ist meine aufrichtige Meinung. Höre jedoch auch was diese zwei *(Nakula und Sahadeva)* zu diesem Thema sagen möchten.

Vaisampayana fuhr fort:
Nachdem Arjuna geendet hatte, sprachen die zwei Söhne der Madri, Nakula und Sahadeva, die folgenden Worte mit hoher Bedeutung.

Nakula und Sahadeva sprachen:
Sitzend, liegend, gehend und stehend sollte man mit aller Kraft um den Erwerb von Wohlstand kämpfen. Wer wahren Wohlstand gewinnt, welcher schwer zu erwerben und höchst angenehm ist, der erreicht damit zweifellos alle Dinge des Vergnügens. Dieser Wohlstand, der mit der Tugend verbunden ist, wie auch die Tugend, die mit Wohlstand verbunden ist, gleichen sicherlich dem Nektar. Deshalb ist unsere Meinungen wie folgt: Eine Person ohne wahren Reichtum kann keinen Wunsch befriedigen. Doch wahrer Reichtum kann nur dort sein, wo auch Tugend ist. Ohne Tugend und Wohlstand zu sein, wird deshalb von

der Welt gefürchtet. Man sollte den Gewinn von Reichtum mit hingebungsvollem Geist suchen, ohne die Forderungen der Tugend zu mißachten. Wer in diesem Glauben lebt, wird alles erreichen können, was auch immer gewünscht ist. Man sollte zuerst Tugend üben, als nächstes Reichtum erwerben, ohne die Tugend zu opfern, und danach die Befriedigung des Vergnügens suchen, weil das die letzte Tat *(bzw. die Frucht)* von demjenigen sein sollte, der im Gewinnen von Reichtum erfolgreich war.

Vaisampayana fuhr fort:
Nach diesen Worten blieben die Zwillingssöhne der Aswins still, und Bhimasena ergriff das Wort.

Bhimasena sprach:
Wer ohne Liebe *(Kama)* ist, sucht niemals nach Reichtum. Wer ohne Liebe ist, sucht auch niemals nach Tugend. Wer ohne Liebe ist, kann keinen Wunsch fühlen. Deshalb ist die Liebe *(Kama)* das Erste der drei *(Lebensziele)*. Es geschieht unter dem Einfluß der Liebe, daß sich die großen Rishis der Buße widmen, wenn sie von Früchten, Wurzeln oder nur von Luft leben. Andere erwerben *(aus Liebe)* die Veden mit ihren Zweigen und üben die religiösen Riten, Opferhandlungen, Entsagung oder Wohltätigkeit. Händler, Bauern, Viehzüchter, Künstler, Handwerker und Priester - alle handeln sie aus Liebe. Einige tauchen aus Liebe sogar in die Tiefen des Ozeans. Liebe hat wahrlich verschiedenste Formen. Alles ist vom Wesen der Liebe durchdrungen. Kein Mensch wird jemals außerhalb der Liebe sein. Noch nie hat man so etwas in der Welt gesehen. Dies, oh König, ist die Wahrheit. Sowohl Tugend als auch Gewinn beruhen auf der Liebe. Wie die Butter die Essenz von Quark ist, so ist die Liebe die Essenz von Gewinn und Tugend. Wie das Öl das Beste der ölhaltigen Samen ist, Ghee das Beste der sauren Milch, und Blüten und Früchte das Beste der Bäume, so ist die Liebe das Beste von Tugend und Gewinn. Wie honigsüßer Saft aus Blüten gewonnen wird, so wird die Liebe *(bzw. das Vergnügen)* aus diesen beiden gewonnen. Liebe ist die Mutter von Tugend und Gewinn. Liebe ist die Seele dieser beiden. Ohne Liebe würden die Zweifachgeborenen weder Süßigkeiten noch Reichtum an die Brahmanen geben. Ohne Liebe würden die verschiedenen Arten der Handlung, die man in der Welt sehen kann, nie geschehen. Aus diesen Gründen ist es offensichtlich, daß die Liebe das Erste der drei Lebensziele *(von Dharma, Artha und Kama)* ist. So nähert man sich den schönen jungen Damen, die in ausgezeichnete Roben gekleidet und mit jeglichen Ornamenten geschmückt sind, und vom süßen Wein erheitert wurden, um sich mit ihnen zu erfreuen. Liebe, oh König, sollte das Erste für uns sein. Nachdem ich diese Frage bis zu ihren wahren Wurzeln durchdacht habe, bin ich zu diesem Schluß gekommen. Zögere nicht, oh Sohn des Dharma, diesen Schluß zu akzeptieren! Meine Worte sind nicht von leerer Bedeutung. Sie sind voller Gerechtigkeit und Tugend und von allen guten Menschen annehmbar. Tugend, Gewinn und Liebe sollten alle drei beachtet werden. Der Mensch, der sich nur einem dieser Ziele widmet, ist der geringste. Als mittelmäßig gilt, wer zwei von ihnen erstrebt. Aber der Beste seiner Art ist der, der sich um alle drei kümmert.

Nachdem Bhima, umgeben von seinen Freunden und mit Sandelholzpaste, ausgezeichneten Girlanden und Ornamenten geschmückt, diese Worte voller Weisheit zu jenen Helden gesprochen hatte, schwieg er. Und der gerechte König Yudhishthira, dieser Erste der Tugendhaften und Gelehrten, bedachte eine Zeitlang diese Worte von allen, erkannte die Unvollkommenheit ihrer Reden und äußerte selbst seine Meinung dazu.

Yudhishthira sprach:
Zweifellos habt ihr eure Schlußfolgerungen auf die heiligen Schriften gestützt getroffen, und jeder von euch kennt deren Gebote. Ich habe eure Worte, die ihr voller Überzeugung geäußert habt, vernommen. So hört nun auch mit konzentrierter Achtsamkeit, was ich zu euch spreche: Wer weder von Verdienst noch von Sünde gebunden wird, wer weder der Tugend, dem Gewinn noch dem Vergnügen anhaftet, wer jenseits aller Fehler ist, wer Gold und Stein gleichwertig betrachtet, der wird von Glück und Leid sowie der Notwendigkeit, irgendwelche Ziele zu erreichen, befreit. Alle Geschöpfe unterliegen der Geburt und dem Tod. Alles ist der Veränderung und Vergänglichkeit unterworfen. Immer wieder neu erweckt durch die verschiedenen Freuden und Leiden des Lebens, streben sie alle nach Befreiung. Aber wir wissen nicht, was wahre Befreiung ist. Der selbstgeborene und göttliche Brahma hat gesagt, daß es keine Befreiung gibt, solange man von den Fesseln der Anhaftung und Identifikation gebunden wird. Die Weisen suchen nach Erlösung *(Nirwana)*. Deshalb sollte man niemals irgendetwas als angenehm oder als unangenehm betrachten. Diese Ansicht scheint die heilsamste zu sein. Keiner kann in dieser Welt handeln, wie er will. Damit handle ich genau so, wie es sein soll. Der große Lenker führt alle Geschöpfe nach seinem Willen. Dieser Lenker ist das Eine und Höchste. Das solltet ihr alle erkennen. Keiner kann durch seine Taten das erzwingen, was nicht sein soll. Erkennt, daß immer nur das geschieht, was sein soll. Weil man durch das Überwinden der dreifachen Anhäufung *(von Tugend, Gewinn und Vergnügen)* die Befreiung *(Moksha)* erreichen kann, erscheinen diese *(drei Lebensziele)* für die Befreiung von höchstem Nutzen.

Vaisampayana fuhr fort:
Als Bhima und die anderen diese vorzüglichen Worte hörten, die voll höchster Bedeutung und dem Herz annehmbar waren, wurden sie von Entzücken erfüllt und verneigten sich mit gefalteten Händen vor diesem König des Kuru Stammes. Wahrlich, als diese Besten der Männer, oh König, die Rede des Monarchen hörten, die einer Girlande aus wohlklingenden Silben glich, alle Herzen eroberte und keinerlei Mißtöne kannte, begannen sie, Yudhishthira über alles zu loben. Und der hochbeseelte Sohn von Dharma, der mit größter Energie gesegnet war, lobte im Gegenzug seine hingebungsvollen Zuhörer. Danach wandte sich der König *(am nächsten Tag)* wieder an den hochbeseelten Bhishma, den Sohn der Ganga, um ihn über die Aufgaben *(der Könige)* zu befragen.

Kapitel 168 - Über die Freundschaft und die Geschichte des Gautama

Yudhishthira sprach:
Oh Großvater, oh Weisheitsvoller, ich möchte dir noch eine Frage stellen. Mögest du, oh Quelle des Glücks der Kurus, darüber alles erzählen. Welche Menschen gelten als freundlich gesinnt? Mit wem kann eine herzliche Freundschaft bestehen? Sage uns auch, wer gegenwärtig und zukünftig *(als Freund)* verläßlich ist. Ich bin der Meinung, daß weder üppiger Reichtum, noch Verwandte oder Angehörige wohlwollende Freunde ersetzen können. Doch ein Freund, der zuhören kann und auch noch Gutes tut, ist äußerst selten. Mögest du, oh Erster der Tugendhaften, zu diesem Thema ausführlich sprechen.

Und Bhishma sprach:
Höre mich, oh Yudhishthira, wie ich jene Menschen beschreibe, mit denen Freundschaft gesucht oder vermieden werden sollte. Wer voller Begierden ist, ohne Mitgefühl, wer die Aufgaben seiner Kaste mißachtet, wer unehrlich ist, ein Dieb, Geizhals, Sündhafter, Mißtrauischer, Müßiggänger, Unentschlossener, Hinterhältiger oder ein Verrufener, wer seinen Lehrer nicht ehrt, wer den sieben wohlbekannten Lastern verhaftet ist, wer in der Not seine Freunde verläßt, ein Übelgesinnter, Schamloser, Bösewicht, Gottloser oder ein Verleumder der Veden, wer seine Sinne nicht zügeln kann, wer nach Sinnesbegierden süchtig ist, wer lügt, betrügt und alle gesunden Grenzen mißachtet, wer ohne Weisheit, neidisch, sündhaft, bösartig, unrein, grausam oder ein Spieler ist, wer verletzend zu seinen Freunden wird, wer den Reichtum von anderen begehrt, wer unersättlich und nie zufrieden ist, wer bei jeder Kleinigkeit ärgerlich wird, wer keine Ruhe kennt, sich ohne Ursache streitet und immer nur an seine eigenen Interessen denkt, wer wie ein Feind handelt, aber wie ein Freund spricht, wer in seinen Ansichten verwirrt und blind ist, wer sich weder über sein Wohl noch das Wohl der anderen freuen kann, sollte als Freund gemieden werden, oh König. Wer süchtig, zornvoll, haßerfüllt, unehrenhaft, neidisch, gewalttätig, unbarmherzig, undankbar oder abstoßend ist, taugt nicht als Freund. Mit ihnen sollte keine Freundschaft gesucht werden. Dazu gehören auch jene, die stets bestrebt sind, die Fehler der anderen anzuprangern.

Höre jetzt, wie ich die Menschen beschreibe, die einer Freundschaft würdig sind. Nämlich jene, die von edler Geburt sind, die mit Redegewandtheit, Höflichkeit, Weisheit, Gelehrtheit, Verdienst und anderen Vorzüglichkeiten begabt sind, die wohltätig, fleißig, freundlich, dankbar und klug sind, die keine Habgier, sondern angenehme Qualitäten besitzen, die wahrhaftig sind und ihre Sinne unterworfen haben, die ihren Körper und Geist trainieren, aus guten Familien stammen und ihre Familien erhalten, die ohne Sündhaftigkeit sind und voller Ruhm, die sollten von Königen als Freunde akzeptiert werden. Auch jene, oh Monarch, die dankbar und zufrieden sind, wenn man ihnen hilft, die nicht grundlos ärgerlich oder wütend werden, die in der Wissenschaft des Gewinns wohlerfahren sind, die auch angegriffen, ihren Geist ruhig halten, die sich dem Dienst an Freunden als persönliches Opfer widmen, ihre Freunde nie verlassen und beständig bleiben, wie eine rote Wolldecke *(die ihre Farbe lange behält)*, die aus Stolz niemals die Armen mißachten, keine jungen Frauen aus Sinneslust und Unvernunft entehren, die ihre Freunde nicht irreführen und vertrauenswürdig sind, die Gerechtigkeit üben, die Gold und Stein mit gleichem Auge betrachten, die mit Entschlossenheit ihren Freunden und Wohlgesinnten verbunden sind, die ihre Untergebenen versorgen und selbstlos das Wohl ihrer Freunde suchen - mit solchen Personen kann man das freundschaftliche Bündnis wagen. Wahrlich, die Herrschaftsbereiche eines Königs wachsen in jede Richtung wie das Licht des Herrn der Sterne, wenn er mit solch hervorragenden Menschen Freundschaft schließt. Solche Bündnisse sollten mit Männern gesucht werden, die in der Waffenkunst wohlgeübt sind, die ihren Zorn unterworfen haben, die im Kampf stets stark, von hoher Geburt, gutem Verhalten und verschiedensten Fähigkeiten sind.

Oh Sündloser, unter jenen bösartigen Menschen, die ich vorhin erwähnt hatte, ist der abscheulichste, der undankbar ist und seine Freunde verletzt. So ein Übelgesinnter sollte immer gemieden werden. Das ist meine entschiedenste Meinung.

Da sprach Yudhishthira:
Darüber wünsche ich ausführlicher zu hören. Was sind das für Personen, die du als undankbar und verletzend zu ihren Freunden bezeichnet hast?

Bhishma sprach:
Diesbezüglich werde ich dir, oh Monarch, eine alte Geschichte erzählen, die im Lande der Mlechas geschah, das im Norden liegt. Im mittleren Teil des Landes gab es einen Brahmanen, der ohne vedisches Wissen war. Eines Tages kam er zu einem wohlhabenden Dorf und betrat es auf der Suche nach Wohltätigkeit. In diesem Dorf lebte ein Barbar, der großen Reichtum besaß, die unterscheidenden Merkmale aller Kasten kannte, den Brahmanen gewidmet, wahrhaftig und wohltätig war. So begab sich der Brahmane auch zum Wohnort dieses Barbaren und fragte nach Almosen. Dabei erbat er sich ein Haus zum Leben und Unterhalt für ein ganzes Jahr. Auf die Bitte des Brahmanen gewährte der Barbar ihm das Gewünschte und dazu noch ein Stück neuen Stoffs, das umsäumt war, und eine junge, verwitwete Frau. Als der Brahmane all diese Dinge erhalten hatte, war er voller Freude. Wahrlich, so begann Gautama glücklich in diesem geräumigen Haus zu leben, das ihm der Barbar zuteilte. Er versorgte auch die Verwandten und Angehörigen seiner Shudra Gattin, die er erhalten hatte. Auf diese Weise lebte er lange in diesem wohlhabenden Dorf der Jäger. Er begann mit großer Hingabe das Bogenschießen zu üben, und bald ging Gautama jeden Tag mit den anderen Jägern des Dorfes in die Wälder, um dort wilde Kraniche in Hülle und Fülle zu schießen. Und stets beschäftigt mit dem Töten lebender Wesen, wurde er darin höchst erfahren und verlor bald jedes Mitgefühl. Aufgrund seiner Vertraulichkeit mit den Jägern wurde er schnell einer von ihnen. Groß war die Zahl der wilden Kraniche, die er tötete, während er glücklich in diesem Dorf der Barbaren für viele Monate lebte.

Eines Tages kam ein anderer Brahmane in dieses Dorf. Er war in Lumpen und Hirschfelle gekleidet und trug verfilzte Locken auf seinem Kopf. Mit höchst reinem Verhalten war er dem Studium der Veden gewidmet. Er hatte eine bescheidene Gesinnung, war genügsam in seiner Ernährung, dem Brahman gewidmet und in den Veden vollendet. Er beachtete das Brahmacharya Gelübde und war einst ein lieber Freund des Brahmanen Gautama gewesen, denn er stammte aus dem Teil des Landes, wo auch Gautama geboren worden war. Und dieser Brahmane gelangte, wie gesagt, im Laufe seiner Wanderungen ebenfalls zu diesem Dorf der Barbaren, wo Gautama seine Wohnstätte genommen hatte. Er folgte dem Gelübde, niemals von einem Shudra Nahrung anzunehmen und suchte deshalb nach dem Haus eines Brahmanen. So wanderte er überall in diesem Dorf umher, das voller Familien der Barbaren war. Schließlich kam dieser Erste der Brahmanen auch zum Haus von Gautama und der Zufall wollte es, daß auch Gautama gerade aus den Wäldern zurückkehrte und seine Wohnstätte betrat. So trafen sich die zwei Freunde wieder. Gautama war mit Bogen und Messer bewaffnet und trug auf seinen Schultern die Last von geschlachteten Kranichen. Sein Körper war mit Blut beschmiert, das aus dem Beutel auf seinen Schultern tropfte. Als er diesen Mann wiederkannte, der einem Kannibalen ähnelte und von den reinen Methoden seiner angeborenen Kaste abgesunken war, begab er sich als Gast in sein Haus, oh König, und sprach zu ihm:
Was tust du hier aus Narrheit? Du bist ein Brahmane und der Erhalter eines Brahmanen Stammes. Du wurdest in einer anständigen Familie im mittleren Land geboren, wie kommt es, daß du wie ein Barbar in deinem Verhalten geworden bist? Erinnere dich, oh Zweifachgeborener, deiner berühmten Angehörigen vergangener Zeiten, die alle in den Veden wohlerfahren waren. Du bist eine Schande für deine Familie geworden. Erwecke dich durch eigene Anstrengung! Erinnere dich an die Energie, das Verhalten, das Lernen, die Selbstzügelung und das Mitgefühl *(das dir angeboren ist)* und verlasse diesen Wohnort, oh Zweifachgeborener!

So angesprochen von diesem wohlgesinnten Freund, oh König, antwortete ihm Gautama mit kummervollem Herzen:
Oh Erster der Zweifachgeborenen, ich bin arm und auch ohne Kenntnisse der Veden. Wisse, oh bester Brahmane, daß ich meine Wohnstätte hier nur wegen des Unterhalts genommen habe. Mit deinem Erscheinen heute, bin ich jedoch wahrlich gesegnet. Wir sollten morgen diesen Ort gemeinsam verlassen. Verbringe diese Nacht hier bei mir.

So angesprochen, verbrachte der kürzlich angekommene Brahmane, der voller Mitgefühl war, die Nacht an diesem Ort, aber vermied es, irgendetwas zu berühren. Wahrlich, obwohl er hungrig und wiederholt gebeten wurde, weigerte sich der Gast, irgendein Essen in diesem Haus anzunehmen.

Kapitel 169 - Gautama trifft den König der Kraniche

Bhishma sprach:
Oh Bharata, nachdem die Nacht vergangen war und der Beste der Brahmanen

das Haus verlassen hatte, verließ auch Gautama seine Wohnstätte und wanderte in Richtung des Meeres. Unterwegs traf er einige Händler, die auf dem Meer zu reisen pflegten. Mit dieser Karawane zog er weiter zum Ozean. Es geschah jedoch, oh König, daß diese große Karawane von einem wütenden Elefanten angegriffen wurde, als sie ein enges Tal durchquerten. Fast alle wurden getötet. Doch irgendwie entkam der Brahmane Gautama durch die Gunst des Schicksals dieser großen Gefahr und floh nach Norden, um sein Leben zu retten, ohne zu wissen, wohin er ging. Getrennt von der Karawane und umherirrend, wanderte er allein durch die Wälder der Kimpurushas. Auf der Suche nach dem Weg zum Ozean kam er in einen entzückenden und himmlischen Wald, der voll blühender Bäume war. Sein Schmuck waren Mangobäume, die Blüten und Früchte über das ganze Jahr trugen. Er glich den Wäldern von Nandana *(der Garten Indras im Himmel)* und wurde von Yakshas und Kinnaras bewohnt. Ihn zierten auch Salbäume, Palmyras, Tamalas, ganze Reihen von schwarzen Aloen und viele große Sandelbäume. Auf der entzückenden Hochebene, die er dort erblickte und die den Duft verschiedenster Pflanzen trug, hörte man beständig die Besten der Vögel ihre vorzüglichen Melodien singen. Andere geflügelte Bewohner der Lüfte, die man Bharundas nennt und menschenähnliche Gesichter haben, sowie auch die Bhulingas und viele andere Vögel der Bergregionen und Meeresbereiche sangen hier ihre entzückenden Lieder. Gautama ging durch diesen Wald und hörte auf die bezaubernden Sänger im Chor der Natur. Auf seinem Weg erblickte er bald einen sehr malerischen und ebenen Ort, der mit goldenem Sand bedeckt war und an Schönheit dem Himmel selbst glich, oh König. Dort stand ein großer und herrlicher Banian Baum mit einer kugelförmigen Krone. Er hatte viele Ausläufer, die dem Elternbaum an Schönheit und Größe glichen, und erschien wie ein Schirm über der Ebene. Der Ort unter dem großartigen Baum war mit Wasser durchnäßt, das nach Sandelholz duftete. Voller Schönheit und entzückender Blütenpracht im Überfluß, erschien dieser Ort wie der Garten des Großen Vaters selbst. Vom Anblick dieses bezaubernden und unvergleichlichen Ortes mit den blühenden Bäumen, heilig und herrlich wie die Wohnstatt eines Himmlischen, fühlte Gautama höchstes Entzücken. Er setzte sich mit zufriedenem Herzen nieder. Und wie er dort saß, oh Sohn der Kunti, erhob sich eine köstliche, bezaubernde und vorzügliche Brise, die den Duft vielerlei Blüten trug, die Glieder von Gautama kühlte und ihn mit himmlischer Heiterkeit erfüllte, oh Monarch. Durch diese duftende Brise wurde der Brahmane erfrischt und zufrieden und schlummerte bald ein. Inzwischen ging auch die Sonne hinter den Hügeln von Asta unter. Und als der höchst Strahlende seine Räume im Westen betrat und das abendliche Zwielicht kam, kehrte auch ein Vogel an diesen Ort zurück, der hier wohnte, in seiner Art vorzüglich war und aus den Bereichen von Brahma zurückkehrte. Sein Name war Nadijangha, und er war ein lieber Freund des Schöpfers. Er war der König der Kraniche, voller Weisheit und ein Sohn des Kasyapa. Auf Erden war er auch überall als Rajadharman *(König Dharma)* bekannt. Wahrlich, er übertraf jeden auf Erden an Ruhm und Weisheit. Als Kind einer himmlischen Jungfrau, voller Schönheit und Gelehrtheit glich er selbst einem Himmlischen in seiner Herrlichkeit. Geschmückt mit vielen Ornamenten, die der Sonne an Glanz glichen, schien dieses Kind einer Himmlischen in vollkommener Schönheit aufzulodern. Als Gautama diesen Vogel bemerkte, wurde er mit Erstaunen erfüllt. Doch gequält von Hunger und Durst begann der Brahmane sogleich seine Augen auf den Vogel zu richten mit dem Wunsch, ihn zu töten.

Doch Rajadharman sprach:
Willkommen, oh Brahmane! Durch ein gutes Schicksal bist du heute in mein Haus gekommen. Die Sonne geht unter und das abendliche Zwielicht erscheint. Sei du heute mein lieber und ausgezeichneter Gast in meinem Haus. Nachdem du meine Verehrung gemäß den Riten der heiligen Schriften empfangen hast, mögest du morgen früh nach Belieben deinen Weg fortsetzen.

Kapitel 170 - Gautama trifft den König der Rakshasas

Bhishma sprach:
Als Gautama diese süßen Worte hörte, war er höchst verwundert. Zur gleichen Zeit fühlte er eine große Neugier und starrte Rajadharman an, ohne daß er seinen Blick abwenden konnte.

Und Rajadharman sprach:
Oh Brahmane, ich bin der Sohn von Kasyapa und wurde von einer der Töchter des Daksha geboren. Voll großer Verdienste, bist du heute mein Gast. Sei willkommen, oh Erster der Brahmanen!

Bhishma fuhr fort:
Nachdem ihm der Kranich die Gastfreundschaft gemäß den heiligen Schriften angeboten hatte, bereitete er ihm ein ausgezeichnetes Bett aus Sala Blüten aus der Umgebung. Er bot ihm auch mehrere große Fische an, die er im tiefen Wasser der Bhagirathi *(Ganga)* gefangen hatte. Dann entzündete der Sohn von Kasyapa für seinen Gast Gautama ein loderndes Feuer und bereitete die großen Fische zu. Nachdem der Brahmane gegessen hatte und zufrieden war, begann der Vogel, der den Reichtum der Buße besaß, ihn mit seinen Flügeln zu fächeln, um dessen Erschöpfung zu vertreiben. Und wie er seinen Gast bequem sitzen sah, fragte er ihn nach seiner Abstammung. Darauf antwortete der Mann „Ich bin ein Brahmane und unter dem Namen Gautama bekannt.“, und verstummte sogleich wieder. Dann zeigte der Vogel seinem Gast das weiche Bett, das aus Blättern und duftenden Blüten bereitet war. Gautama legte sich dort nieder und fühlte unbeschreibliches Glück. Als Gautama bequem lag, fragte der redegewandte Sohn von Kasyapa, der dem Yama an Wissen über die Lebensaufgaben glich, nach dem Grund seiner Ankunft hier. Und Gautama antwortete:
Ich bin, oh Hochbeseelter, sehr arm. Um Reichtum zu gewinnen, möchte ich zum Ozean gehen.

Und der Sohn von Kasyapa erwiderte ihm freundlich:
Sei unbesorgt! Du wirst, oh Erster der Brahmanen, erfolgreich sein und wohlhabend nach Hause zurückkehren. Der weise Vrihaspati hat von vier Arten des Erwerbs von Reichtum gesprochen: Erbe, plötzlicher Gewinn durch glücklichen Zufall oder die Gunst der Götter, Erwerb durch eigene Arbeit oder Erwerb durch die Hilfe oder Güte von Freunden. Ich bin dein Freund geworden und

hege Wohlwollen zu dir. So werde ich mich darum bemühen, daß du zu Reichtum kommst.

Die Nacht verging, und der Morgen kam. Und als der Vogel seinen Gast gut erholt aus dem Bett steigen sah, sprach er zu ihm:
Gehe, oh Liebenswürdiger, jenen Weg und du wirst sicherlich erfolgreich sein. In einer Entfernung von ungefähr drei Yojanas gibt es einen mächtigen König der Rakshasas. Er ist voller Kraft, heißt Virupaksha und ist ein guter Freund von mir. Geh zu ihm, oh Erster der Brahmanen! Dieser Herrscher wird dir auf meine Bitte hin zweifellos soviel Reichtum geben, wie du möchtest.

So angesprochen, oh König, verließ Gautama voller Freude diesen Ort und aß unterwegs zur Sättigung einige Früchte, die so süß wie Ambrosia waren. Die Sandel, Aloen und Birkenbäume entlang der Straße bewundernd und ihren erfrischenden Schatten genießend, kam der Brahmane schnell voran. Dann erreichte er die unter dem Namen Meruvraja bekannte Stadt. Sie hatte große Portale aus Stein, hohe Mauern und war von allen Seiten mit einem Wassergraben umgeben. Große Felsbrocken und Kampfmaschinen aller Arten standen zur Verteidigung auf den Festungswällen bereit. Der kluge Herrscher der Rakshasas erfuhr bald davon, daß ihm sein Freund *(der Kranich)* einen lieben Gast gesandt hatte, und so wurde Gautama höchst freudig empfangen. Und der König des Rakshasas, oh Yudhishthira, befahl seinen Dienern: „Laßt Gautama schnell vom Tor hierher bringen." Auf diesen Befehl des Königs hin eilten die Diener schnell wie Falken aus dem herrlichen Palast ihres Herrschers und begaben sich zum Tor, wo Gautama wartete. Und die königlichen Boten, oh Monarch, sprachen zum Brahmanen:
Komm schnell, der König wünscht dich zu sehen. Du hast bestimmt schon vom ruhmreichen und mutigen Virupaksha, dem König der Rakshasas, gehört. Er erwartet dich ungeduldig. Komm schnell und weile nicht!

So angesprochen eilte der Brahmane, in seiner Überraschung alle Erschöpfung vergessend, den Boten hinterher. Voller Bewunderung sah er unterwegs den großen Reichtum dieser Stadt. Und schon bald betrat er den Palast des Königs in Gesellschaft der Boten, die sich bemühten, bei dieser Gelegenheit nur einen kleinen Blick auf den ruhmreichen König der Rakshasas zu erhaschen.

Kapitel 171 - Gautama wird beschenkt

Bhishma fuhr fort:
Gautama wurde in ein geräumiges Gemach geführt, wo er den König der Rakshasas traf. Und geehrt von ihm *(mit den üblichen Willkommensgaben)* nahm er seinen Platz auf einem ausgezeichneten Sitz ein. Der König fragte ihn nach dem Stamm seiner Geburt, seinen Methoden, dem Studium der Veden und seinen Gelübden. Der Brahmane gab jedoch nur Name und Familie bekannt, ohne auf die anderen Fragen zu antworten. Nachdem der König lediglich Namen und Familie seines Gastes erfahren hatte und sah, daß er ohne brahmanische Herrlichkeit und vedisches Wissen war, fragte er als nächstes nach seinem Wohnort.

Der Rakshasa sprach:
Wo ist dein Wohnsitz, oh Gesegneter, und zu welcher Familie gehört deine Ehefrau? Berichte mir aufrichtig und fürchte dich nicht. Vertraue uns ohne Angst!

Und Gautama antwortete:
Ich wurde im mittleren Land geboren und lebte in einem Dorf der Jäger. Dort habe ich ein Shudra Mädchen geheiratet, die eine Witwe gewesen war. Dies spreche ich wahrhaftig zu dir.

Bhishma fuhr fort:
Daraufhin begann der König nachzudenken, was er jetzt tun sollte, um Verdienst zu gewinnen. Er sprach zu sich selbst:
Dieser Mann ist von Geburt ein Brahmane und auch ein Freund des hochbeseelten Rajadharman. Er wurde von diesem Sohn von Kasyapa zu mir gesandt. Ich sollte tun, was für meinen Freund angenehm ist. Er ist mir sehr vertraut, wie ein Bruder und lieber Verwandter. Er ist wahrlich ein Freund meines Herzens. An diesem Vollmondtag des Monats Kartika sollen tausend Zweifachgeborene aus der Besten der Kaste in meinem Haus ernährt werden. Dieser Gautama möge mit ihnen speisen, und ich werde ihm auch Reichtum geben. Heute ist ein segensreicher Tag, und Gautama ist als Gast hierhergekommen. Der Reichtum, der *(an die Brahmanen)* weggegeben werden soll, steht bereit. Was gibt es da noch zu bedenken?

So erschienen zu jener Zeit im Palast tausend Brahmanen, höchst gelehrt, durch Waschungen gereinigt, geschmückt *(mit Sandelpaste und Blüten)* und gekleidet in lange Roben aus Leinen. Der Rakshasa König Virupaksha empfing diese Gäste, oh Monarch, gemäß den Riten, welche in den heiligen Schriften geboten werden. Auf Befehl des Königs wurden Felle für sie verteilt, und die königlichen Diener legten überall Matten aus Kusa Gras auf den Boden. Dort setzten sich diese Ersten der Brahmanen nieder, nachdem sie vom König standesgemäß empfangen wurden. Dann ehrte der Rakshasa Führer seine Gäste gemäß den Geboten mit Sesamkörnern, grünen Grashalmen und Wasser. Einige unter ihnen wurden stellvertretend ausgewählt, um die Viswadevas, Pitris und Götter des Feuers zu repräsentieren. Diese wurden mit Sandelholzpaste eingerieben und mit Blumen und anderen kostbaren Geschenken verehrt. Nach dieser Huldigung erschienen sie ebenso strahlend wie der Mond am Firmament. Dann wurden blankpolierte Teller aus Gold, die mit Gravuren geschmückt und mit ausgezeichneten Essen gefüllt waren, zusammen mit Ghee und Honig den Brahmanen gereicht. Auf diese Weise empfingen eine Vielzahl von Brahmanen jedes Jahr *(in den Tagen des Vollmondes)* der Monate Ashadha und Magha vom Rakshasa Führer nach gebührender Verehrung die beste Nahrung, die sie sich wünschten. Besonders am Tag des Vollmondes im Monat Kartika nach Ablauf des Herbstes pflegte der König den Brahmanen viel Reichtum verschiedenster Art, einschließlich Gold, Silber, Juwelen, Edelsteine, Perlen, wertvolle Diamanten, Steine aus Lapislazuli, Hirschfelle und Häute des Ranku Hirsches zu schenken. Wahrlich, oh Bharata, er opferte große Mengen unterschiedlichsten Reichtums, um ihn als Dakshina *(an*

seine brahmanischen Gäste) zu geben. Dann sprach der mächtige Virupaksha zu jenen Besten der Brahmanen:
Nehmt von diesen Juwelen und Edelsteinen so viel ihr wünscht und wegtragen möchtet. Nehmt auch jene goldenen Teller und Becher mit, die ihr beim Essen verwendet habt, und geht damit eurer Wege, oh ihr Ersten der Brahmanen.

Nach diesen Worten vom hochbeseelten Rakshasa König nahmen jene Bullen unter den Brahmanen soviel Reichtum, wie jeder wünschte. Und verehrt mit diesen kostbaren Juwelen und Edelsteinen, waren diese Besten der Brahmanen, die in ausgezeichnete Roben gekleidet waren, höchst zufrieden. Und noch einmal sprach der Rakshasa König, der die Rakshasas während dieser Zeit zurückgehalten hatte, zu jenen Brahmanen, die zu seinem Palast aus verschiedenen Ländern gekommen waren:
Heute, oh ihr Zweifachgeborenen, braucht ihr an diesem Ort keine Furcht vor den Rakshasas zu haben. Vergnügt euch nach Belieben, aber geht dann schnell eurer Wege.

Daraufhin verließen die Brahmanen diesen Ort in alle Richtungen, ohne weiter zu säumen. Auch Gautama, der sich eine schwere Last aus Gold aufgeladen hatte, ging eiligst davon. Die Last mühevoll tragend, erreichte er wieder den Banian Baum *(unter dem er den Kranich getroffen hatte)*. Dort setzte er sich müde, erschöpft und hungrig nieder. Und während Gautama sich dort ausruhte, erschien auch Rajadharman, der Beste der Vögel, oh König. Stets seinen Freunden gewidmet, erfreute er Gautama erneut mit den Gaben der Gastfreundschaft. Mit seinen Flügeln begann er, seinen Gast zu fächeln, um dessen Erschöpfung zu lindern. Voller Weisheit, verehrte er Gautama und bereitete ihm auch eine Mahlzeit zu. Doch gesättigt und erfrischt, begann Gautama zu überlegen:
Schwer ist diese Last, die ich vom strahlenden Gold, bewegt durch Habgier und Narrheit, mitgenommen habe. Ich habe noch einen langen Weg zu reisen und keinerlei Nahrung für diese Zeit. Was sollte ich tun, um mein Leben zu erhalten?

Dies waren seine Gedanken. So geschah es, daß er trotz intensiven Nachdenkens keine Lösung fand, wie er sich auf seiner langen Reise ernähren sollte. Und undankbar, wie er war, oh Tiger unter den Männern, kam ihm plötzlich folgender Gedanke:
Dieser König der Kraniche ist groß, hat eine Menge Fleisch und ist leicht zu fangen. Ich sollte ihn töten, den guten Braten mitnehmen und diesen Ort schnell verlassen.

Kapitel 172 - Gautama tötet seinen Wohltäter

Bhishma sprach:
Unter dem Banian Baum hatte der König der Vögel für den Schutz seines Gastes ein Feuer mit hohen und lodernden Flammen entzündet und genährt. Und des Nachts schlief auch der Vogel vertrauensvoll an einer Seite dieses Feuers. Aber der undankbare Brahmane blieb wach und plante den Tod seines Wohltäters. Mithilfe des lodernden Feuers tötete er den vertrauensvollen Vogel. Er freute sich über seinen Erfolg und sah in dieser Tat keinerlei Sünde. Er rupfte

ihm die Federn aus und briet das Fleisch auf dem Feuer. Dann packte er es zusammen mit dem Gold ein, was er bekommen hatte, und verließ eilig diesen Ort.

Einige Tage später sprach der Rakshasa König Virupaksha zu seinem Sohn:
Ach! Oh Sohn, ich sehe auch heute Rajadharman nicht, diesen Besten der Vögel. Jeden Morgen begibt er sich in die Bereiche von Brahma, um den Allvater zu verehren. Wenn er zurückkehrt, fliegt er nie nach Hause, ohne mir einen Besuch abzustatten. Zwei Tage und Nächte sind jetzt bereits vergangen, ohne daß er mich besucht hätte. Mein Geist ist deshalb voller Unruhe. Laß nach meinen Freund suchen! Dieser Gautama, der hierherkam, war ohne vedisches Wissen und brahmanische Herrlichkeit. Er hat seinen Weg zur Wohnstätte meines Freundes genommen. Ich fürchte, dieser Übelste unter den Brahmanen hat Rajadharman getötet. Den schlechten Lebenswandel und sein übelgesinntes Verständnis konnte ich ihm ansehen. Ohne Mitgefühl, sündhaft und mit grausamen und grimmigen Gesicht glich dieser Übelste unter den Menschen einem Räuber. Und dieser Gautama ist zur Wohnstätte meines Freundes gegangen. Deshalb ist mein Herz äußerst besorgt. Oh Sohn, begib dich schnell zur Behausung von Rajadharman und erkunde, ob dieser Vogel mit der reinen Seele noch lebt. Weile nicht!

So angesprochen von seinem Vater brach der Prinz in Begleitung anderer Rakshasas unverzüglich auf. Und am Fuß des Banian Baumes angekommen, erblickte er dort die Überreste von Rajadharman. Voller Kummer beeilte sich der Sohn des klugen Königs der Rakshasas mit seiner ganzen Kraft und Schnelligkeit, Gautama zu ergreifen. Der Rakshasas mußte auch nicht lange suchen, um den Brahmanen zu fangen und den toten Körper von Rajadharman ohne Flügel, Knochen und Füße zu entdecken. Er nahm den Gefangenen mit und kehrte mit großer Geschwindigkeit nach Meruvraja zurück, um dem König den verstümmelten Körper von Rajadharman und diesen undankbaren und sündhaften Wicht, nämlich Gautama, zu zeigen. Als der König die Überreste seines Freundes erblickte, begann er mit seinen Beratern und Priestern laut zu weinen. Wahrlich, laut war das Wehklagen, das man in seinem Palast hörte. Die ganze Stadt des Rakshasa Königs mit Männern, Frauen und Kindern versank in Trauer. Dann sprach der König zu seinem Sohn:
Laß diesen sündigen Schuft hinrichten! Mögen sich diese Rakshasas hier freudig von seinem Fleisch ernähren. Mit sündigen Taten, sündiger Gewohnheit, sündiger Seele und in Sünde versunken ist er, und so sollte dieser Schuft, so denke ich, getötet werden.

So angesprochen vom Rakshasa König verkündeten jedoch viele jener Rakshasas mit schrecklicher Heldenkraft ihre Abneigung, das Fleisch eines Sünders zu essen. Wahrlich, jene Wanderer der Nacht sprachen zu ihrem König mit geneigten Köpfen:
Übergib diesen abscheulichsten unter den Menschen den Barbaren. Mögest du uns nicht diesen sündigen Schuft als Nahrung geben.

Und der König antwortete ihnen:
So möge es sein! Übergebt diese undankbare Kreatur unverzüglich den Barbaren.

So befohlen, zerhackten die Rakshasas mit Lanzen und Streitäxten diesen abscheulichen Schuft in Stücke und gaben diese den Barbaren. Doch auch sie weigerten sich, das Fleisch dieses sündhaften Menschen zu essen. Selbst Aasfresser, oh Monarch, würden sich davor scheuen. Für einen, der seine Gelübde bricht, für einen Alkoholsüchtigen, einen Dieb und selbst für einen Brahmanenmörder gibt es eine Sühne, oh König, aber nicht für eine undankbare Person. So ein grausamer und abscheulicher Mensch, der undankbarerweise einen Freund getötet hat, wird nicht einmal von Aasfressen noch von den Würmern angerührt, die von Kadavern leben.

Kapitel 173 - Das Ende der Geschichte von Gautama

Bhishma sprach:
Der Rakshasa Herrscher ließ einen Scheiterhaufen für diesen König der Kraniche errichten, den er mit Juwelen, Edelsteinen, Düften und kostbaren Roben schmückte. Er setzte ihn persönlich in Brand und veranlaßte die Trauerriten seines Freundes gemäß den heiligen Geboten. In diesem Moment erschien die verheißungsvolle Göttin Surabhi *(die wunscherfüllende Kuh)*, die Tochter von Daksha, am Himmel über dem Ort, wo der Scheiterhaufen aufloderte. Ihre Euter waren voller Milch und von ihrem Mund, oh sündloser Monarch, tropfte der Milchschaum auf den Körper von Rajadharman. Damit wurde der König der Kraniche wieder lebendig. Er erhob sich aus den Flammen und verneigte sich vor seinem Freund Virupaksha, dem König der Rakshasas. Zur gleichen Zeit erschien der Führer der Himmlischen selbst in der Stadt von Virupaksha. Und Indra sprach zum Rakshasa König: „Durch ein glückliches Schicksal hast du den König der Kraniche wiederbelebt.“ Daraufhin erzählte ihm der Führer der Götter die alte Geschichte über den Fluch, den der Allvater über diesen Besten der Vögel namens Rajadharman verhängt hatte.

Er sprach zu Virupaksha:
Oh Monarch, im Laufe der Zeit geschah es eines Tages, daß dieser König der Kraniche seine Anwesenheit in der Region von Brahma versäumte. Damals sprach der Allvater im Zorn über den königlichen Vogel: „Weil dieser unachtsame Kranich mich heute vergessen hat, wird der Unwissende bald dem Tod begegnen.“ Aufgrund dieser Worte des Allvaters wurde der König der Kraniche von Gautama getötet und wiederbelebt durch die Kraft des Nektars der Unsterblichkeit, der den Körper durchtränkt hatte.

Nachdem Indra schwieg, sprach der Kranich Rajadharman mit tiefer Verneigung zum Führer der Himmlischen:
Oh Erster der Götter, wenn dein Herz voller Gnade mir zugeneigt ist, dann laß auch meinen lieben Freund Gautama ins Leben zurückkehren!

Als Indra diese Worte hörte, oh Bester der Männer, besprenkelte er den Brahmanen Gautama mit einigen Tropfen vom Nektar der Unsterblichkeit und gab ihm dadurch sein Leben zurück. Der König der Kraniche näherte sich seinem Freund Gautama, der auf seinen Schultern immer noch die Last des Goldes trug, umarmte ihn und fühlte große Freude dabei. Dann verabschiedete sich Rajadharman, dieser König der Kraniche, von Gautama mit den sündigen Taten und dem neuen Reichtum, und kehrte zu seiner eigenen Wohnstätte zurück. Zur rechten Stunde begab er sich *(nun wieder täglich)* in die Region des Allvaters. Und dieser ehrte den hochbeseelten Vogel mit jener Aufmerksamkeit, die einem Gast gebührt. Auch Gautama kehrte in sein Haus im Dorf der Jäger zurück und zeugte viele, in Sünde geborene Kinder mit seiner Shudra Ehefrau. Ein schwerer Fluch wurde von den Göttern über ihn verhängt, wodurch dieser undankbare Mensch innerhalb weniger Jahre mit seiner wiederverheirateten Ehefrau viele Kinder bekam, die ebenfalls undankbar waren und ihn für unzählige schreckliche Jahre in der Hölle versinken ließen.

All das, oh Bharata, wurde mir einst von Narada erzählt. Mich an diese ernste Geschichte erinnernd, habe ich dir, oh Stier der Bharatas, alles ausführlich berichtet. Woraus könnte ein undankbarer Mensch Ruhm gewinnen? Worin ist er gegründet? Wodurch kann er Glück erreichen? Ein Undankbarer verdient kein Vertrauen. Ein Undankbarer wird nie Befreiung finden. Keiner sollte jemals einen Freund verletzen. Wer einen Freund undankbarerweise verletzt, wird in eine schreckliche und endlose Hölle versinken. Jeder sollte dankbar sein und sich bemühen, seinen Freunden zu nützen. Alles kann man von guten Freunden erhalten. Sie können Ehre und Würde geben. Durch Freunde kann man die verschiedenen Dinge des Vergnügens genießen. Durch ihre Anstrengungen kann man den verschiedensten Gefahren und Nöten entkommen. Wer klug ist, sollte seine Freunde mit ganzer Aufmerksamkeit ehren. Eine undankbare, schamlose und sündige Kreatur sollte gemieden werden. Wer seine Freunde verletzt, ist ein Schuft seines Stammes. Solch ein Sünder ist von allen Menschen am unwürdigsten. So habe ich dir, oh Erster aller Tugendhaften, die Eigenschaften eines sündhaften Menschen beschrieben, der von Undankbarkeit befleckt ist und seine Freunde verletzt. Was möchtest du weiter noch hören?

Vaisampayana fuhr fort:
Oh Janamejaya, mit diesen Worten vom hochbeseelten Bhishma war Yudhishthira höchst zufrieden.

Hier endet mit dem 173. Kapitel das Apaddharmanusasana Parva im Shanti Parva im gesegneten Mahabharata.

Printed in Poland
by Amazon Fulfillment
Poland Sp. z o.o., Wrocław

84917081R00208